万川 reflections

一步万里阔

好奇心改变世界

月光社与工业革命

THE LUNAR MEN

JENNY UGLOW

[英]
詹妮·厄格洛——著　　杨枭——译

The Friends Who Made the Future
1730-1810

中国工人出版社

图书在版编目（CIP）数据

好奇心改变世界：月光社与工业革命 / (英)詹妮·厄格洛著；杨枭译.
-- 北京：中国工人出版社, 2020.4
书名原文: *THE LUNAR MEN: THE FRIENDS WHO MADE THE FUTURE 1730–1810*
ISBN 978-7-5008-7400-3

Ⅰ. ①好… Ⅱ. ①詹… ②杨… Ⅲ. ①产业革命－研究－英国－近代
Ⅳ. ①F456.19

中国版本图书馆CIP数据核字(2020)第045338号

著作权合同登记号：图字 01-2019-7233

好奇心改变世界：月光社与工业革命

出 版 人　王娇萍
责任编辑　董佳琳　金　伟　邢　璐
责任印制　栾征宇
出版发行　中国工人出版社
地　　址　北京市东城区鼓楼外大街45号　邮编：100120
网　　址　http://www.wp-china.com
电　　话　（010）62005043（总编室）　（010）62005039（印制管理中心）
　　　　　（010）62004005（万川文化项目组）
发行热线　（010）62005996　82029051
经　　销　各地书店
印　　刷　北京盛通印刷股份有限公司
开　　本　880毫米×1230毫米　1/32
印　　张　22.875
字　　数　530千字
版　　次　2020年9月第1版　2024年1月第5次印刷
定　　价　118.00元

致戴斯蒙德·金·海尔和雪娜·梅森

目　录

月光社主要成员

（按年龄排序）

约翰·怀特赫斯特

（John Whitehurst）1713—1788

马修·博尔顿

（Matthew Boulton）1728—1809

约西亚·韦奇伍德

（Josiah Wedgwood）1730—1795

伊拉斯谟·达尔文

（Erasmus Darwin）1731—1802

约瑟夫·普里斯特利

（Joseph Priestley）1733—1804

威廉·斯莫尔

（William Small）1734—1775

詹姆斯·基尔

（James Keir）1735—1820

詹姆斯·瓦特

（James Watt）1736—1819

威廉·威瑟林

（William Withering）1741—1799

理查德·罗弗尔·埃奇沃思

（Richard Lovell Edgeworth）1744—1817

托马斯·戴

（Thomas Day）1748—1789

塞缪尔·高尔顿

（Samuel Galton）1753—1832

月　圆

我永远不会忘记博尔顿先生告诉我的："先生，我在这里卖的是全世界都想拥有的东西——力量。"

詹姆斯·鲍斯威尔[1]，1774 年

其实，那是个万民骚动的
时刻：就连最温和的人也变得燥热
不安；各种情绪或观点相互
撞击、冲突，让平静的家庭充满
激扬的叫喊。那时普通人生活的
土壤都烧得灼人，竟无处落足。
当时——其实也不只是当时——我常说，
"这是何等荒唐的嘲弄，对于
历史，对于过去与未来的年代！"

威廉·华兹华斯，《序曲》，1805 年[2]

迂腐的天才总有些自以为是。

约瑟夫·普里斯特利，《回忆录》的评价，1806 年

---

[1] 詹姆斯·鲍斯威尔（James Boswell，1740—1795），英国传记作家，著有《约翰生传》《黑白地群岛之旅》等书。——本文脚注除特殊说明皆为译者注。

[2] 丁宏为，《序曲或一位心灵诗人的成长》，中国对外翻译出版公司，1999 年。

'O! pray! move on, Sir, said she, this is amazingly fine: I fancy myself travelling along with that little earth in its course round the gilded Sun . . .'

“噢！祈祷吧，前进吧，先生！她说这太棒了：我想象着自己和那小小的地球，一起沿着它的轨道绕着金色的太阳旅行……”[1]

前言 “震惊世界”

地球转了一圈，黑夜重新降临。月升、日落，人们所熟悉的一切都突然变得陌生。在路灯出现之前，持火炬的少年[2]为城里的夜行人照亮归途，而乡间只有星光和月光作唯一的指引。人们从咖啡屋、小酒馆、会社出来，为了安全总是结伴而行，因为黑夜之中有强盗出没。18 世纪的英国到处都是会社：唱歌的、喝酒的、研究放屁的、讨论诗歌的、一起做布丁的，还有政客组织。伯明翰的月

[1] 参见 18 世纪著作《绅士与女士的天文学对话》（*Astronomical dialogues between a gentleman and a lady*）。

[2] 持火炬的少年（linkboy）古时在伦敦城很常见。夜行人支付其费用，少年用火炬为其引路。

光社就是其中之一，是一群志同道合者组织的集会，规模不大，也不甚正式，只是在每个临近满月的星期一（也因此得名）简单地聚在某个成员家中。把酒言欢后，社员可以借着月光回家。虽然一样喝酒聊天，但月光社却有所不同——这群社员引领整个社会和文化进入现代化，成为我们今天所熟知的世界。这便是我为何想要写写他们。

从丘陵到旷野，月光社成员建造工厂、规划运河、制造出蒸汽机的轰鸣。他们发现新的气体、新的矿物和新的药物，并提出令人不安的新想法。他们创造美丽的事物和魅惑的诗歌。他们将创新推向高潮。然而，他们并非贵族、政客或学者，而是乡村企业家、职业精英和有天赋的业余爱好者——他们是一群偶然相遇的朋友，他们的生命在此相交直至死亡。

xiv 他们是谁?

首先出场的是伊拉斯谟·达尔文，医生、发明家、诗人，他的孙子查尔斯在半个世纪后成为进化论的先驱（伊拉斯谟天赋异禀，也肥胖异禀，后来他不得不把餐桌切掉一个半圆形来放他的肚子）。接下来是马修·博尔顿，一位高调的工厂主管，他的工厂是索霍第一所大型工厂，就建在伯明翰郊外。随后，是博尔顿忧心忡忡的苏格兰合伙人詹姆斯·瓦特，因蒸汽机而名声在外。还有约西亚·韦奇伍德，一个野心勃勃的年轻陶工。最后，1780 年，约瑟夫·普里斯特利姗姗来迟，他是个说话结巴但文笔流畅的牧师，同时也是一个化学家，他是第一个分离出氧元素的人，也是理性异教徒（Rational Dissent）的领导人。

这五个人就是月光社的核心成员，围绕着他们交织出许多故事，一连串的名字也随之“粉墨登场”，谈论自由、暴乱、革命、爱情和笑气。其中包括苏格兰化学家詹姆斯·基尔，他像岩石一样可靠；钟表匠约翰·怀特赫斯特，他钻研分秒，却梦想着地球的千年；接下来是医生——圆滑的威廉·斯莫尔加固了他们早期的友谊，严谨的威廉·威瑟林将洋地黄纳入主流医学；随着两位年轻人的加入，月光社也变得更富生命力，他们是理查德·罗弗尔·埃奇沃思和托马斯·戴，两人都是卢梭理想主义的追随者。

月光社成员中有十人后来成为英国皇家学会会员，尽管只有小部分人受过大学教育且大多不信奉英国国教，甚至是不接受传统宗教信仰的自由思想者。这也让他们独立于当局之外——这个弊端日后却成为月光社真正的优势，因为他们也由此不受传统学院的束缚。他们有着不同的背景，但为了共同的理想统一战线。普里斯特利曾写道：“我们彼此之间无关乎政治与宗教信仰，是对科学的热爱让我们走到一起，无论我们是基督徒、犹太人、穆斯林还是异教徒，无论我们是君主主义者还是共和党人。”[1] 月光社就像一个居民社区，包容所有怪人怪事，没有人会将争论引入死胡同。即使是互联网让我们彼此的联系更加紧密高速发展的当下，也仍然不可能再演他们当年无间的亲密。

起初，月光社成员只是一起做做有趣的实验，达尔文称其为 xv
“一点哲学的快乐”。[2] 每一个新的发现都会带来快乐，帮助他们破解难以琢磨的自然密码。17 世纪收集自然材料的风潮，在此时冲上巅峰。有时，这些藏品成为讨论中的“证据”，就像地质学家约翰·伍德沃德（John Woodward）在 17 世纪初收集的矿物和化石一样，被用来证明化石确实是古代生物的遗存，而不是某种特殊形态的岩石，更不是上帝的神秘构思。[3] 有时，整个自然界似乎都可以被收藏起来，就好像只要拥有好奇心，一切知识都是可见可感的。

1708 年，彼得大帝问哲学家莱布尼兹他应该收藏什么的时候，得到的答案是“一切”：

藏品柜里应该包含自然和人类创造的一切重要和稀有的东西。特别是石头、金属、矿物、野生植物、动物标本，植物还要有对应的手绘，动物标本既要有剥制而成的、也要有以原物保存的。外国人写的书、做的器具、各种奇珍异宝也都要有。总而言之，一切吸引眼球的事物。[4]

然而，彼得大帝的儿媳[1]叶卡捷琳娜大帝（另一位收藏家），批评了这种陈旧的巴洛克式的囤物癖，“我经常为此和他争吵，他想把整个大自然都关在柜子里，那样一个宫殿都装不下”。[5]

自然不会被幽禁。在 18 世纪中期的西方世界，“采购”自然成为一项特权。那是探索伟大科学的年代。博物学家约瑟夫·班克斯（Joseph Banks）和丹尼尔·索兰德（Daniel Solander）随行库克船长，在 1768—1771 年航行至南半球，带回了 1000 种新植株、500 种鱼、500 种鸟皮，以及数不尽的昆虫和物种画作。就是在这样的背景下，伊拉斯谟·达尔文翻译了林奈的著作，写下了史诗《植物园》（*The Botanic Garden*），并创立了颇具争议的进化论。

达尔文等人的研究兴趣非常广博，从国王到皇家学会，从乡村牧师到棉纺织机。18 世纪的英国，电力表演时总会万人空巷，地主乡绅常常对雨量计大惊小怪，女公爵收集贝壳，男孩子制作热气球，母亲用新百科全书来教孩子，书里附有奇花异草的雕版图。

科学因其属于绅士的活动且具有文化属性而大受欢迎，但也像

[1] 叶卡捷琳娜大帝是彼得大帝的外孙媳妇，原文此处似乎有出入。

其他热潮一样，科学曾闹了许多笑话，可它也推动了英国的工业革命，使其一跃成为欧洲霸主。[6]教授和学者将数学和理论知识引入化学、矿物学、热力学、水力学，陈旧的手工艺被淘汰，工匠们以惊人的速度开发了新的工艺和技术。这些新技术要归功于月光社里的制造商。他们野心勃勃、“讨厌虚度时光”，韦奇伍德还宣称他会“用奇迹来震惊世界”。[7]

但是月光社的理想主义者，特别是普里斯特利，想以不同的方 xvii
式震惊世界。他们认为，技术革命将把人间带上天堂：就像化学家可以制造“纯净的”空气来治疗疾病一样，知识可以点燃民主变革的导火索。一切皆有可能——蒸汽船、载人飞行器、潜水钟。达尔文非常认真地考虑改变英国的风向，并建议欧洲各国政府“不要把海军浪费在无谓的战争中”，英国应利用他们将冰山拖到赤道，这样既能够缓解赤道地区的酷热，又能暖化北方的冬天。[8]

乔治王朝时期的全球变暖并不是人为造成的，但在英国发生的事情却极具戏剧性。1730—1800 年，在两代人的时间里，英国从农业国变为新兴的工业强国。到这些好友去世时，钢铁、煤炭和棉花已成为英国的重要产业支柱，各省不再习惯性地指望伦敦来牵头发展[9]。技术革命与政治革命一样强大，影响了数百万人的生活，开辟了工厂时代、铁路和锻造帝国。尽管当时并没有关于“工业革命”的确切说法和导火索，但对于所有的制造商和商人来说，18 世纪晚期是一个与他们的父辈所熟知的不同混乱、残酷的世界。现在，他们不得不吸引富裕的“中产阶级”，这些人正争先恐后地购买新的国内商品：钟表、印刷品、陶器、窗帘、餐具和地毯。[10]这个国家被迫重新思考“奢侈”与文化的关系，这些问题不仅哲学家争论不休，像卡罗琳·伦诺克斯（Caroline Lennox）夫人这样聪明的消费者也参与其中，她坚称购物不仅有趣，而且是一项“理性的运动，是为贸易的文明化力量奉献”。[11]

卡罗琳所说的“理性”是关键。在她成长的过程中，这个国家以其开放、理性的观点而自豪。18 世纪初，伏尔泰等欧洲大陆哲学家将英国视为自由的典范，认为英国拥有制衡的宪法、宽容的
xviii 宗教以及对公众讨论的开放态度。许多思想家相信理性之光会驱散迷信的阴影。[12] 然而，这里的变化却很缓慢：18 世纪 40 年代，当英格兰中部地区遭遇牛瘟时，一个受过教育的男孩祈祷：“愿上帝赐给这片土地上的人们真正的忏悔以驱散上帝的愤怒。*不要再犯罪，以免更严重的责罚降临* [1]。”[13] 新发现本身似乎常常与理性相悖——当时认为固态地球下火海在翻滚；白垩“固定”了气体，这些气体可以像灯中的精灵一样释放到空气中。

矛盾无处不在。进步的时代也是追溯的时代，在这个时代里，人们无休止地寻找“起源”。理性的时代也是感性的时代，领袖们强调激情和感觉的力量，就像强调思想的力量一样。科学本身就是探寻物质的：医学是一个流血和水泡的传奇；化学是绿色和红色的烟雾，是舌头上的酸味，是打喷嚏、哽咽和流泪。这种感官上的偏见深嵌在他们使用的术语中：化学物质很挑剔，与某些物质发生反应，又被其他物质排斥，因此化学家们寻找“亲密关系”，结合的模式就像爱情中的选择一样有约束力（也令人困惑）。科学的语言随着性暗示而荡漾，人体本身也成为一种魅力的来源。是机器还是一束振动的神经？我们是如何感觉的？我们是怎么记住它们的？

这些不仅是医学的重要问题，也是教育和艺术品位的关键。在月光社的时代，科学和艺术并不是分开的：你可以同时成为发明

[1] 斜体字为《马太福音》5：14。

家和设计师、实验员和诗人、梦想家和企业家，而不会有人对此感到惊讶。1772 年，刚成立不久的大英博物馆买下了威廉·汉密尔顿（William Hamilton）爵士的第一批珍贵文物，古代青铜器、花瓶和自然历史标本都在“自然和人工制品系列”中找到了一席之地。不同的领域不断重叠。如植物学家编列出的植被，茶壶和盘子上盛开鲜花；当学者们编制矿物表时，制造商们印刷着商品目录，并按家庭和类型对商品进行分类；如地质学家对岩层和火山所争论的那样，艺术家和诗人开始将野生地区描绘成“崇高的”而不是“畸形的”。与此同时，游客的旅游路线除遗址外还加入了工厂。
1781 年，约翰·宾格（John Byng）议员建议，游览丁登修道院的 xix
最佳方式是“为马匹带来葡萄酒、冷肉和玉米”：

> 在废墟中摆好你的桌子，或许还要有个切普斯托的威尔士竖琴演奏家。接下来，我参观了河流上游的几家铁厂，惊奇地观察着铁器，从最小的铁丝到一门大炮。[14]

即便是像普里斯特利这样相信一个和平的千年即将到来的乐观主义者，也依旧存在黑暗面。村民因圈地而流离失所。工人因工厂和机器成为流水线的一枚齿轮。教友派反奴隶制运动人士向非洲出售枪支。一些人已经怀疑，世界会因此发展为地狱而不是天堂，柯特·斯玛特（Kit Smart）和威廉·布莱克（William Blake）等作家发出反对的声音，要求我们不要相信“理性”，而是寻找神谕，它才是创造的源泉。

本书散发着汗水、化学物质和石油的味道，回荡着活塞的撞击声、时钟的嘀嗒声、钞票的摩擦声、熔炉的轰鸣声、发动机的隆隆作响，但它也谈到了身体、求爱、孩子、绘画和诗歌。科学和制造业产生的兴奋与生活中的实验并行不悖，后者唤醒了随之而来对福音教徒冰冷敬畏之情的恐惧。（当查尔斯·达尔文为他祖父作传时，他的女儿亨丽埃塔［Henrietta］拿着证据，坚定地指出伊拉斯谟令人震惊的“无神论”的蛛丝马迹。）月光社共同分享赞扬与诋毁，纵然时光变迁他们的友谊有所变化，但他们依旧亲密并流芳百世。与浪漫主义者相比，我们对他们的合作知之甚少——然而，一旦我们了解了他们，就不可能以同样的方式阅读浪漫主义诗歌。随着他们的光芒逐渐褪去，柯勒律治和雪莱谢利的暗淡月光重新洒向天空，既反射又拒绝了旧式月之理想（Lunar Ideals）。

我意识到，我是站在自己的时代和兴趣的角度来看待这些人的，我根据自己想象的形象来塑造事实：月球上的潮水涌向海滩，每一个浪头退回，让下一个浪头停下；或者古老的元素——土、
xx 水、气、火。这些元素描绘了月光社的关注对象，并暗示了他们故事的形式：他们赖以成长的物质与智力的土地；他们如水般交融的生活；他们轻盈地上升；他们最后的、炽热的、革命的岁月。亚里士多德的旧名字也标志着一个世纪以来科学思维缓慢而深刻的变化，直至18世纪80年代末，新的“法国化学”及其新术语才开始占据主导地位。

从那时起，我们开始使用新的术语。我经常使用“硫酸”或“氢”等现代术语，这对月光社有点不敬，但它们比“硫黄酸”或“易燃气体”更容易理解。我称人们为“科学家”，因为这表达了他们在现代社会所做的事情，尽管这个词直到19世纪30年代才被创造出来。然而，这样的通假标志着我们与他们的时代之间的精神鸿沟，因为语言是整个思维方式的关键。当时，“科学”的意思是

知识；对物质世界的兴趣是“自然哲学”。当人们谈到“艺术”时，他们不仅指美术，还指“机械艺术”，比如农业或印刷方面的技能和技术。因此，哲学与艺术的关系可能意味着自然知识对工业的用处——几乎与我们今天的表意正相反。

我们必须扭转思维、摒弃分歧，才能重读这个时代，但对我来说，这种思维转变已经揭示了一些东西。我现在惊叹于科技的历程是如何支撑我们生活中最简单的东西，比如口袋里的硬币、早餐桌上的盘子和旁边的报纸，更不用说烤面包机或水壶了。科学给了我们伟大的现代叙事，它的故事就像神话的变体一样不断转变。在好奇心的驱使下，我们为那些我们无法完全理解的奥秘建立和重建解释——从宇宙的旋转到细胞的生长。难怪月光社在他们那个时代看起来那么有吸引力，对根深蒂固的现状又那么危险。毫无疑问，他们是改变世界的人。

土之卷

因为物质是地球的尘埃，每一颗原子都是生命。

因为运动是生命的指引，没有运动的东西就是阻力……

因为地球是一种智慧，拥有声音，在世界各地都能听到它的回响。

——克里斯托弗·斯马特[1]，《羔羊之乐》（*Jubilate Agno*）

---

[1] 克里斯托弗·斯马特（Christopher Smart，1722—1771），英国诗人。

01 地球，埃尔斯顿和电力

莱顿瓶实验

3 1731年12月12日，伊拉斯谟·达尔文在诺丁汉东北约十英里的埃尔斯顿的老宅里出生，作为罗伯特·达尔文和伊丽莎白·达尔文第7个出生的健壮孩子。他的受洗仪式很有格调，不仅在仪式上为佃户们准备了盛宴，还为纪念他特制了一瓶啤酒——当时的两瓶未开封啤酒和菜单保存了下来。他在一间孩子们吵吵闹闹的房子里长大，屋顶很陡，有着摇摇欲坠的伊丽莎白时代的烟囱，树影遮蔽，周围是平坦的玉米地和牛群。

达尔文、博尔顿和韦奇伍德都出生在英格兰的中心地带，是“自耕农”、小地主和农民的后代。他们来自由德比郡山峰所环绕的英格兰中部的不同地区。1739—1740年冬，达尔文8岁时，整个地区的土地都冻结了。元旦那天下的雪一直持续到3月。坐在车厢里的邮差死于刺骨的寒风中。在伯明翰，蒸汽从布满冰晶的锻铁中冒出来，笼罩在人们头上；在斯塔福德郡，陶工的黏土形成了坚硬的峭壁；在德比郡，女人们醒来后发现她们的呼气冻在了床单上。白蜡树的树干从头到脚都裂开了；鱼变成了钢片，小鸟从树上掉下来死掉了，因而在随后的三四年时间里，其数量锐减。霜冻过后，“出现了如此寒冷、干燥、严峻、迟缓的春天，几乎再没有与之一较高下的寒春”。[1]收成不好，粮食价格飞涨；甚至连穷人的燃料蒲团根，也冻在了僵硬的土地中。许多家庭都遭受了痛苦——约瑟夫·普里斯特利最小的弟弟出生后，他的母亲于这一年冬天离世。

然而，达尔文的家人却可以温暖地围着他们巨大的壁炉，抵御 4
这漫长的严寒。伊拉斯谟是最小的孩子，跟在长辈后面渴望引起他们注意；他身材高大瘦削，看上去很阳光、浮躁而自信，却一辈子结巴。他的哥哥罗伯特对伊拉斯谟一些小时候的记忆很零散，还大多是倒霉事。[2]他 5 岁时“不小心被女仆打了一下”，之后伤处就留下一绺白发。当他们去钓鱼的时候，他差点淹死，因为他的兄弟们把他塞进一个袋子里，只有脚露在外面，然后在河岸上把他转了一圈，他径直掉到河里。有一次，他和弟弟约翰一起捉住了一只野兔（14 岁的罗伯特以一首小调“废话”来庆祝）。[3]总的来说，他不喜欢锻炼和乡间运动。相反，他更喜欢诗歌和实验，尽管在学校里，他和他的朋友乔治·卡文迪什（George Cavendish）勋爵对火药有过严重的恐惧。“这些东西，”罗伯特断定，“给这个大胆的人留下了深刻的印象，从此他才习惯于防微杜渐。”

在漫长的假期里，达尔文家的孩子们打猎钓鱼，懒懒散散地读书。离他们最近的城镇是纽瓦克，在那里他们可以看到特伦特号，一艘满载着煤、铅、大麦、麦芽、奶酪和罐子的驳船，驶向盖恩斯伯勒和赫尔的码头。这里不仅有商业，也有历史。纽瓦克守卫着特伦特河上的一个主要渡口，这里曾是保皇派的重要大本营，尽管遭遇过瘟疫和围攻，但它始终抵抗着克伦威尔的军队。近百年后，就像它那被摧毁的城堡依然耸立在河上，内战的阴影也依然笼罩着它。成千上万的人在战争中流离失所、死于非命。即使在复国后，局势依然紧张，新教牧师被赶出教区，长老会会众被清洗，贵格会教徒被审判和监禁。然而，无论托利党贵族和神职人员多么坚决地坚持自己的权力，从诺丁汉到伯明翰，异教徒们依然组成了紧密而独立的社区，在未来的几代人当中，他们成为工业、银行业和贸易的领袖。

埃尔斯顿的老宅本没有经商的想法：上流社会的子弟注定要追求更高的目标。1741 年秋天，伊拉斯谟和他的哥哥们一起在切斯
5 特菲尔德上学。但直到 18 世纪 30 年代，达尔文家族才培养出知名学者。他们的祖先是林肯郡的地主，在詹姆斯一世和查理一世时期担任要职。[4] 伊拉斯谟的父亲罗伯特，42 岁结婚时放弃了林肯旅馆的律师工作；父亲的妻子伊丽莎白是林肯郡的一个比他小 20 岁的姑娘，他们共同养育了 7 个孩子。

伊拉斯谟出生时，他的父亲已近 50 岁，即使没有什么生意也坚持研究法律。在他儿子的记忆中，“他很节俭，但并不贪婪；他对他的孩子们很温柔，但仍然和他们保持着可怕的距离”。[5] 两代人之后，查尔斯·达尔文曾对着这位律师出身的曾祖父的画像沉思，觉得他“戴着假发和发带，看上去像一位威严的神学博士”。[6] 查尔斯还满怀希望地表示，他可能对科学有一些兴趣，因为他是林肯郡南部著名的斯伯丁绅士协会的成员。罗伯特的确曾被英国皇家学会的《哲学汇刊》（*Transactions*）誉为“好奇青年”，因为他给同事

威廉·斯图克利（William Stukeley）的一份报告，内容是一具罕见的“刻在石头上”的骨骼，“据我所知，在这个岛上还没有发现过类似的化石[7]”。斯图克利认为这是一条史前鳄鱼，但是，似乎有某种神秘的力量预示着未来达尔文对进化的兴趣，在宅子对面的教区花园中发现的骨头，原来是英国发现的第一具蛇颈龙化石。

罗伯特的兴趣与其说是科学，不如说是古董。斯伯丁学会成立于1710年，与伦敦古玩学会有密切联系，会员包括艾萨克·牛顿（Isaac Newton）和汉斯·斯隆（Hans Sloane）爵士。[8] 该学会规定，白日里会长要临火而坐，要有咖啡和一壶武夷茶，“12支洁净的烟斗和一盎司最好的烟草”，一本拉丁语和希腊语词典，外加一个夜壶。罗伯特·达尔文并不是最智慧的成员之一；伊拉斯谟称他为“一个有理智而不是有学问的人[9]”。相比之下，他的妻子伊丽莎白在人们的记忆中是一位“非常博学的女士”。她活力四射、诙谐幽默，一直活到95岁，“直到生命的最后一天还起床喂了鸽子[10]”。

伊拉斯谟搬到学校，意味着要离开母亲，离开埃尔斯顿图书 6
馆里皮封面的书。切斯特菲尔德美丽繁荣，拥有著名的螺旋尖顶建筑，四周环绕着高位沼泽。在这所古老的文法学校里，在这个盛产皮匠、鞋匠和铁匠的小镇上，他开始了古典教育的六年认真学习。除了火药实验之外，还有令人兴奋的外部世界。1745年，切斯特菲尔德和埃尔斯顿像全国其他地方一样，陷入了雅各宾派入侵的恐慌之中。年轻的觊觎者查尔斯·爱德华·斯图亚特（Charles Edward Stewart）于七月登陆赫布里底群岛，并于九月攻陷爱丁堡，一路上基本没遇上什么对手。在威斯敏斯特的政府分裂和准备不足的情况下，雅各宾派军队迅速穿过英格兰北部，于12月到达德比郡。在这里，当伦敦人逃离预料中的袭击时，查尔斯却犹豫了。最终他选择折返，向北的军队在暴风雪中溃散，他也于 1746 年 4 月在卡洛登被屠杀。十岁的詹姆斯·瓦特看到他父亲的工作室被搜查，因谣传漂亮的查理王子藏在了格里诺克。

雅可比党人向南进军时，制陶人把钱埋起来，把牛藏在金雀花里。在德比郡，随着雅各宾派的到来，画家约瑟夫·赖特（Joseph Wright）的家人像其他许多人一样选择逃亡。但即使局势迫在眉睫，对年轻人来说，工作、衣服、爱情等眼前的事情往往比威胁更重要。尽管威廉·赫顿（William Hutton）——伯明翰未来的历史学家——当时实际上住在德比郡，他依旧只是把这次入侵当作一个有趣的插曲："叛乱爆发了，这为调查和对话提供了充足的素材。"[11] 而对于博尔顿这样的伯明翰小伙子来说，卡洛登之血仅意味着在小镇上的一个夜晚，"篝火、烟火、大量的麦芽酒和全城的灯火通明"。[12] 然而，对于所有未来的月光社成员，以及未来一代的许多人来说，这场叛乱是打造坚定且信奉新教的汉诺威民族主义的关键。汉诺威的爱国主义言论将在未来的计划中回响。

对于达尔文来说，1745 年后，他远离了河岸边的日常生活，学校里充斥着希腊语和拉丁语的翻译练习。他毫不客气地对他最喜欢的姐姐苏珊娜潦草写道，校园生活"枯燥无味"，并已经学会了孩子气的颂词：

7 我亲爱的苏
可爱的酥
最甜美的酥；
你比酥糖
还要甜

就像糖加了硝。[13]

1749年2月，苏给他写了一封关于家人和朋友的信，信的背面整整齐齐地写满现在的日记：

星期四，伴随着警钟声祷告；纺线到八点，取了母鸡下的蛋；早餐吃燕麦饼，喝了蜜蜂草茶；然后穿衣服，纺线到一点，吃豌豆稀饭、番茄和苹果派；然后翻了几页斯克里布勒斯[1]的作品；吃了一个苹果，然后开始我的工作……读了会儿闲谈者，十点时做了祷告，睡得很香……[14]

苏还给她弟弟布置了一个大斋期的难题。一位“博学的神学家”曾告诉她，猪的肉其实是鱼，“自从魔鬼进入它们的身体，它们就跑到海里去了”。她一直有个疑问：那么，当家里的猪被杀的时候，她还能吃猪肉吗？

两个星期后，伊拉斯谟草草写了回信。[15]他当然同意，但是加大拉猪的故事[2]意味着猪肉是一种“魔鬼鱼”。另外，他自己却很高兴地吃了烤牛肉、羊肉、小牛肉、鹅等，这些肉是什么？它们都是草！然后，他假装祈求戒酒，想象着所有“异想天开的菲律宾人”都被骗了钱。他认为，如果没有医生，人还可以活到一百岁；“发烧这种病症终会灭绝，无力的痛风将在大地上肆虐……最终，

[1] 斯克里布勒斯（Scriblerus）是涂鸦社（Scriblerus Club）在18世纪采用的笔名，其成员包括乔纳森·斯威夫特（Jonathon Swift）等人。

[2] 指《马太福音》中的故事“加大拉的猪群”，这个故事讲的是，耶稣驱除一个人身上的恶魔，随后恶魔进入一群猪，导致猪跑下一座小山，掉进湖里淹死。

死神自己也会死去”。

8 当达尔文成为医生后，食之有度成为他的关键处方。但他17岁时并非如此，即使已经成年，他的克制力也没有用到食物上。对于苏珊娜“请原谅，我很冷”的附言，他回答说“请原谅有人叫我吃晚饭了，我很饿”。在一封写给同窗好友塞缪尔·佩格（Samuel Pegge）的教皇风格的圣诞诗中，食物也显得很重要：

垂死的猪猪，
一起上架
黑亮的布丁冒着烟
香肠卷成一圈圈
在煤炉前吞咽咽[16]

达尔文喜欢作诗。尽管他从未放弃过缪斯女神，但现在他已经把目光投向了另一种职业——医生。医学处于变革的最前沿，正如《钱伯斯百科全书》（*Chambers Cyclopedia*）所宣称的那样：

医学摆脱了任何教派的专制统治，并因解剖学、化学、物理学、植物学、机械学等方面的确切发现而得到改进。参见《机械原理》（*Mechanics*）。[17]

这很适合达尔文。他的哥哥罗伯特还记得他们年轻时经常用诗歌通信，“谜语和其他琐事都用诗歌来写。他常对我说，如果没有我，他就不会成为诗人。”[18] 随后他补充道：

达尔文他也一直喜欢机械，我记得他很小的时候就给他的手表安了一个精巧的闹钟；他还用瓶子制成能做小型电学实验的简陋仪器。

达尔文年轻时，关于自然哲学的兴趣被公认为是上流社会的特征，就像对艺术、音乐或收藏珍品的爱好一样。1660 年，英国皇家学会成立后，这种时尚首先在宫廷圈子里流行起来，其主要致力于做实验和公开新发现。这种兴趣慢慢地传播开来，到 18 世纪 20 年代，科学讲师们开始在伦敦聚集起赞赏他们的人群，这种风潮很快就扩展到各个省市。这种兴趣当然可以与诗歌相调和。达尔文的孩子们是在《闲谈者》（*Tatler*）和《旁观者》（*Spectator*）的合集中长大的，他们熟悉约瑟夫·艾迪生（Joseph Addison）[1] 称赞牛顿为“现代奇迹”。[19] 艾迪生说，牛顿的宇宙观、地球观和行星观充实了人类，“看到这么多的世界，一个接一个地悬挂在空中，以如此惊人的壮观和庄严的姿态绕着它们的轴旋转，置身于无边无际的‘以太的旷野’之中，让人感到愉快和惊奇”。[20]1727 年，牛顿先于达尔文四年去世，人们哀悼他，并将他视为民族英雄。亚历山大·蒲柏（Alexander Pope）曾把他誉为上帝赐予英国的礼物：

自然和自然律隐没在黑暗中。
神说，让牛顿去吧！万物遂成光明。[21]

---

[1] 约瑟夫·艾迪生（Joseph Addison，1672 年 5 月 1 日—1719 年 5 月 17 日），英国散文家、诗人、剧作家以及政治家。艾迪生的名字在文学史上常常与他的好朋友理查德·斯蒂尔（Richard Steele）一起出现，两人共同创办著名杂志《闲谈者》与《旁观者》。

达尔文自己的著作《植物园》，写就在他生命的最后岁月，仍然带着这些狂喜的回声。

9 然而，上帝究竟是钟表匠还是化学家？很少有人真正掌握数学，更别提读过 1687 年牛顿所著的《原理》（*Principia*）。尽管提及伏尔泰时每个人都会谈论他。大多数人可能会求助于简化的读本，直到牛顿 1704 年的作品《光学》（*Opticks*）在书末推测性的“问题”章节（1717 年牛顿还在继续添加内容）为实验哲学设定了章程，后沿用至 18 世纪中叶。牛顿所坚持的方法——归纳推理，从实验和观察中得出普遍的结论成为普遍的准则，而他的力学模型也很快被应用到生活的各个领域。辉格党的思想家们巧妙地将其运用到宪法中，君主和大臣们受到“自然”吸引力法则的约束：

> 是什么使行星以这种规则运动，
> 他说，是和谐和对彼此的爱。
> 他的球体奏响的音乐
> 是远古政府的和谐与爱。[22]

但是，定律像这诗歌所暗示的那样稳定吗？还是像达尔文不断思考的那样：生命是一种永恒的波动与形态的转换，是一种不可思议的奇妙变化？

孩子们从周围的世界中学到的东西和从书本上学到的一样多。达尔文早期的一些机械实验可能也是受到这样的启发，比如罗伯特记得的那个闹钟。英里外的德比郡，以钟表制造业和许多与科学相关的兴趣爱好而闻名。从 18 世纪 40 年代起，这里就开始举办自然哲学讲座。[23] 这儿是一个充满活力的商业城镇，通过使用当地的金属和矿材制造仪器、加工钢铁、切割宝石。这里诞生了第一位皇家天文学家 [1] 约翰 · 弗兰斯蒂德（John Flamsteed），还有才华横溢的设计师乔治 · 索罗科德（George Sorocold），1718 年，他设计了托马斯 · 隆贝（Thomas Lombe）爵士的丝绸织造厂，这是工业时代的第一座里程碑。该设计基于隆贝同父异母的兄弟约翰（据说他是被嫉妒的意大利工人毒死的）从意大利走私来的图纸，工厂里所有机器都由一个直径 23 英尺的巨大水轮驱动。索罗科德是蒸汽先驱托马斯 · 萨维利（Thomas Savery）的朋友，到 1731 年，工厂有了自己的“火力发动机”，它有五层楼高，可以保持工厂里温润的空气流动，从而防止丝绸断裂。[24]

约翰 · 怀特赫斯特（John Whitehurst）即将成为达尔文未来的
朋友。他是柴郡康格尔顿一个钟表匠的儿子，1736 年，23 岁的他 10
搬到了德比郡。此时，他已经因其精巧的工艺制品而家喻户晓，风向标、气压计、高温计，尤其是时钟特别吸引人。为了追赶竞争对手，英国一直在寻找一种估计经度的准确方法。1735 年，经过七年的努力，约翰 · 哈里森（John Harrison）完成了他著名的第一座天文钟。

机械奇迹令孩童着迷。正如罗伯特回忆起伊拉斯谟的魅力，理查德 · 赖特（Richard Wright）也回忆起他未来的画家哥哥约瑟夫：

> 他头脑灵活，闲暇时间经常去学校外看各个商店的人如何工作，回家后就能以熟练精湛的技巧模仿这些工作，比如有抽屉的柜

[1] 皇家天文学家（Astronomer Royal），1972 年前都是英国授予皇家格林尼治天文台台长的头衔。

子、钟表、手纺车、手枪等。[25]

几年后，英裔爱尔兰贵族之子理查德·洛弗尔·埃奇沃思也中了相同的魔咒。他的热情同样始于童年时代，当时都柏林的一位熟人为他母亲带来一台电机，用于治疗中风导致的部分瘫痪。七岁的埃奇沃思被邀请到工作室，工具、机械和地球仪都令他激动不已。他写道，在阿拉丁的洞穴里，“善良的哲学家”给他看了“一支虹吸管和钟表的零件；他在坩埚里为我熔化了一些金属；他向我解释了风箱和风琴的构造”。“从那一刻起，埃奇沃思就成了无可救药的机械师。”[26]

但是，如果时钟、地球仪和风箱是奇妙的东西，那么达尔文童年实验的另一样东西——电——就可以堪称是魔法。18 世纪 40 年代，每当受过教育的公众从《绅士杂志》(*Gentlemen's Magazine*)上了解到新发现，便蜂拥到充满火花实验的公共演讲或“电气专家”那里一睹为快。而重返上个时代，1706 年，牛顿的实验助理兼皇家学会实验主管弗朗西斯·霍克斯比（Francis Hauksbee）已经制造了一个奇怪的机器[1]，机器包含一个大轮旋扭带动一个玻璃球，可以通过摩擦生电，一段时间后，玻璃球里便会闪烁着奇怪的紫光、蓝绿光，还有像闪电一样的光。对于以前从未见过这种东西
11 的人来说，这非同寻常是令人震惊而兴奋。[27] 从现在开始，新发现接踵而至。18 世纪 30 年代，英国人斯蒂芬·格雷（Stephen Gray）关于传导和绝缘、“有电”和“非电”物体、引力和斥力的实验广为人知。格雷特别指出，通过一根棍子或长电线，电可以从摩擦

[1] 参见本书第 14 页，霍克斯比的电力装置。

——编者注

过的玻璃管中传递出来，这样电荷就可以携带到非常远的地方。看起来，几乎任何东西都可能是发送器——丝绸、头发、玻璃和树脂；任何东西也都可以是接收器——象牙、金属和蔬菜、“肥皂泡、水、世界地图、一把雨伞”。[28] 最引人注目的是，人体本身就是很好的导体：1730 年，格雷把一个慈善机构的男孩吊在一个架子上，
随后用摩擦过的玻璃管碰了碰他，金属电板颤抖着向上弹起紧贴住 12
了他的身体。从那时起，在英国和欧洲大陆开始有许多著名的公共展示。

不久，德国教授 G · M · 博斯（G. M. Bose）建造了一台强大的机器，其巨大的轮子可能会产生前所未有的静电力。该新闻来源于一次德国的展示实验，当时一名男子亲吻了一位导电的女子。一位名叫亨利 · 贝克（Henry Baker）的英国通讯员写道：“火花在她口中闪烁，而她们看起来都那么恐惧而疼痛。”[29] 贝克确信，当这种装置到达伦敦时，“我们自己国家的女性，她们嘴中和眼中的火花，会和德国男女发出的一样多”。1745 年的晚些时候，一份关于博斯火花的报告到达了费城，本杰明 · 富兰克林（Benjamin Franklin）由此走上了探索更多电学发现的道路。人们同样无可辩驳地认为，电——像热和光一样——是“不可估量的”，是一种物理的、但神秘的没有重量的微小物体或微粒流，以极快的速度喷射出来，是一种液体，一种“弥漫的气体”。如果它是液体，真正的问题是如何抓住它，保存它，运输它。德国的霍克斯比发动机体积庞大、价格昂贵，而且形态笨重，巨大的轮子和玻璃球在手上旋转（如果你是法国人），或者在皮革垫子上旋转（如果你是英国人），或者在脚上旋转（如果你是一个悬挂着的德国男孩）。

1746 年，一个突破偶然出现。莱顿大学的教授彼得 · 范 · 米

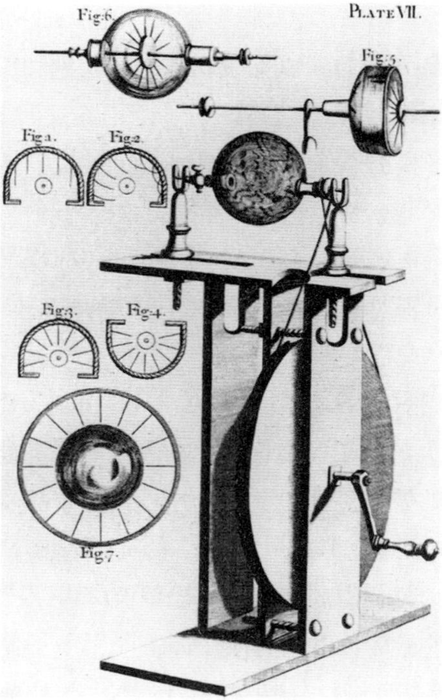

霍克斯比的电力装置，来源《物理—机械实验》（*Physico- Mechanical Experiment*），1714 年

森布鲁克（Pieter van Musschenbroek）试图从一个玻璃罐里的水中获得“电火”。玻璃罐中的“电火”由一根电线引出，枪膛穿过丝绸用与其连接作为导体，由附近一个快速旋转的球体来提供电力。罐子被谨慎地放在一个绝缘的架子上，因为一旦你成功地把“液体”装进任何容器，就必须进行绝缘，以防“泄漏”。米森布鲁克的律师朋友安德烈亚斯·库奈（Andreas Cunaeus）试图在家里重复这个实验，但他没有把罐子放在任何底座上，而是一只手拿着罐子，另一只手摸着通电的枪管。惊天动地般，他将自己通了电。

[30]库奈活了下来，但当好奇的米森布鲁克重复这一操作时，他也发现自己的手“被击中的力量如此之大，我的整个身体都在颤抖，就像被闪电击中一样”。[31]

库奈发誓再也不做这个实验了。另一些人却立即做了相同尝 13
试，有人流鼻血、有人瘫倒颤抖，感觉胳膊和腿都被砍掉似的。这个小瓶子推翻了所有公认的理论：微弱的静电可以凝结成一股强大的冲击力：它可以跨越房间传输，直到电量耗尽都能持续不断放电。很快，罐子成了“电池”，储存起了能量。

与此同时，电气专家发现，如果一个人拿着罐子，另一个人拿 14
着导体，当他们碰到时就会因触电而跳起。一项严肃而影响深远的实验来源于演说家兼院士让·安东尼·诺莱（Jean Antoine Nollet），他教授法国王室自然哲学。为了娱乐朝堂，他让电流通过一组牵着手的警卫队员，最前端是几百名站成一排的加尔都西会教士：通电时他们会“突然跳起”。除了娱乐属性，莱顿瓶的简便操作意味着实验不再独属于皇室和富人。这个罐子很便宜，而且很容易用旋转球体或摩擦棒充电，仪器制造商出售了一系列的设备，以及“给有电机的绅士们指导，教他们实验”。[32]到处都有人对自己和朋友电击。［一个人听说，油漆匠兼实验人员本杰明·威尔逊（Benjamin Wilson）把他所有的厨房用具都制成了莱顿瓶。如果真是这样，我就不大愿意和他一起吃饭了。］[33]

人们对电的兴趣超出了实验带来的刺激。事实上，它引发了关于在公众场合演示实验是否恰当的激烈争论。向目瞪口呆的人群展示这些“神奇”的效果，真的合适吗？电是物质还是神圣的“世界的灵魂”？演示是“自然”的表现，还是一种新的魔术？[34]为此，两党之间产生了分歧，主张进步的辉格党支持公开演示，而高教会派的托利党则认为，向无知的民众揭露上帝的秘密是亵渎神明。达尔文站在辉格党一边。1750 年 10 月，他离开母校前往剑桥。他确信，提出问题只是一小步，想要找到普遍“真理”的唯一途径就是实验。牛顿曾说过，这可能不是绝对正确的，“但这是论证事物本质的最佳方式”。[35] 这也是达尔文一生奉行的准则。

02 玩具

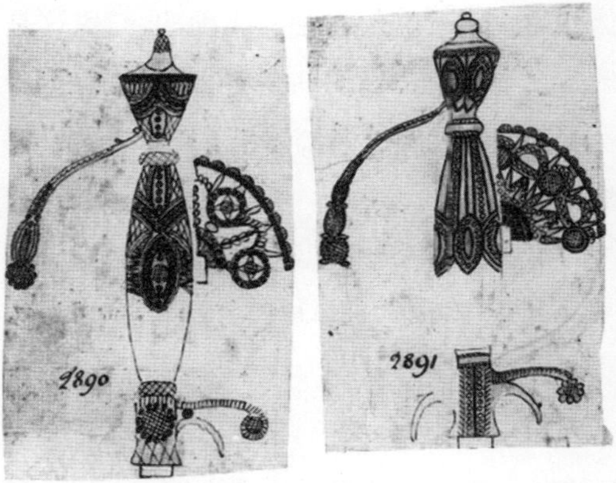

剑柄，《博尔顿与福瑟吉尔的样品簿》，18 世纪 60 年代

无论是在伦敦或是其他各省，关于电力的争论使得壮观的公共表演更受欢迎。1747 年初，在北安普顿，你可以看到一个带电的太阳系仪，用以演示行星的运动；在伯明翰，观众们享受着莱顿瓶带来的过电之感。[1] 人们甚至猜测，电可能是我们所有人都具有的体内能量。不久之后，伊拉斯谟·达尔文给他的学生朋友阿尔伯特·赖马鲁斯（Albert Reimarus）写了一封信，其中讨论了“关于人类灵魂的活动和电的活动相似性的疯狂猜测”。[2] 即使是像马修·博尔顿这样的外行人，在他读过一些东西后也会上草草批注，想知道电是不是“一种动物的精神，由大脑分泌，是运动和感觉的来源”。[3] 博尔顿是一个务实的人，他坚定地选择了物质的解释——无论电是多么玄妙，它都与灵魂毫无关系：“我们知道这是

一种物质，把它称为精神是不对的。”

博尔顿爽快地把那些掩盖真相的“每个人的大脑精神”抛到一边并表现出当代人们对观察能力的信心。因其最近的工作，他思考道：

> 我们比以往任何时代的哲学家都能更好地说出什么是电，了解它的用途、理解它的规律和性质，因为我们既能听到它，也能看到它、闻到它、感觉到它……在我们的能力范围内，我们拥有它，正如我们所熟悉的任何其他元素一样，我们可以在这些元素上进行实验。

16 博尔顿补充道，就他个人而言，他热爱电实验，“我很乐意为科学贡献自己的一分力量，但我对它持绝对的怀疑态度”。

1755 年，达尔文还在上大学时，比他大三岁的博尔顿就已经打算给他所购的图书做笔记，以建立自己的研究方案。他的书藏是一个小型的绅士图书馆，达尔文家的孩子们都是在这种图书馆里长大的。其中包括四卷烫金版的《闲谈者》，八卷带有卷首插画的《旁观者》，英语、意大利语和法语词典，以及蒲柏、斯威夫特、莎士比亚和洛克的全集。更多的是实用手册，如《克莱尔的簿记入门》（*Claire's Introduction to Book-Keeping*）。带着令人感动的自豪和快乐，他全速前进，记下了一切，包括“给桌子上了锁”和“霍奇金斯做了桌子、木匠活、砌砖”。除了脚边已经用了很久的东西外，他把每一件物品的价格都标得整整齐齐：

> 我有以下关于电的书：富兰克林的三卷，共 154 页，弗里

克（640），本杰明·威尔逊的论文（242），霍德利和威尔逊，西蒙·洛维特，本杰·马丁（40），阿贝·诺莱的讲座（278），高因·奈特的吸引力等（95）。4

对博尔顿和达尔文来说，这些书激发了他们的想象力，作用远超烫金的《闲谈者》或《蒲柏全集》。

列这个清单时博尔顿27岁，已经在他父亲的公司工作了10年。他没有庄园，没有加入斯伯丁学会[1]，也没有受过古典教育。他的技术兴趣源于他的买卖，即使他不能直接利用这些技术，他的好奇心和野心也使他决心了解每一项技术进步；如果他可以利用某一项技术，则会越发努力钻研。

1728年9月3日，博尔顿出生在伯明翰北部边界的怀特霍尔斯巷（现斯蒂尔豪斯巷），袭承其父之名马修。这个名字最初是给长子取的，然而他在1726年夭折了，年仅两岁。尽管有兄弟约翰与两个姐妹，博尔顿依然作为长子的袭名者，承载着父亲的期望成长。

老博尔顿是一个“玩具制造商”，但他的“玩具”不是给孩子 17
玩的。这些玩具其实是小金属制品的总称，当时伯明翰已经因这些小金属制品而闻名。制造商为富人提供奢侈品，同时吸引了不怎么富裕的消费者，他们的购买力不断增强，现在也买得起新的纽扣和银质的搭扣、黄铜烛台和烛剪、壁炉上的时钟、装在口袋里的珐琅鼻烟壶。小商贩与其配偶会将这些珍贵的物品列入遗嘱中，连同他们新的印花布、丝绸和棉布。18世纪后期，玩具制造业发展为一

[1] 斯伯丁学会（Spalding Society）是英国林肯郡斯伯丁的一个学术协会。它由莫里斯·约翰逊（Maurice Johnson，1688—1755）于1710年建立，至今仍很活跃。

项巨大的贸易，其财富和多样性可以用“玩具制造商”的定义来概括，在1767年《斯凯奇勒的伯明翰目录》（*Sketchhey's Brimingham Directory*）中：

该词条下各种各样的物品都在此制造；整张列表看似无穷无尽，但作为提供给外行人的信息我们将注意到，各类艺术品会被分至不同的制造商。比如金银玩具制造商，会做小饰品、印章、镊子和牙签盒、嗅盐瓶、鼻烟壶、细丝工艺作品（用来装饰厕所、茶叶箱、墨水台等）；玳瑁玩具制造商制作上述各种各样的精美物品，却不限于此；钢材制造商会生产螺旋拔塞器、纽扣、绘画等工具箱；鼻烟壶、表链、挂钩、糖刀等，几乎这些物品的所有，都由不同的金属制成。[5]

伯明翰使人致富。书商威廉·赫顿（William Hutton）说，很多人步行而来、乘车而去。（即使到了20世纪70年代，当地仍流传着“任何傻瓜都能在伯明翰赚到钱”的俗谚。）老博尔顿从距伯明翰以北14英里的利奇菲尔德镇的大教堂来，1724年，他娶了切斯特的克里斯蒂安娜·皮尔斯（Christiana Piers），安定下来做生意养家。这是一个智举。18世纪20年代，城市已然繁荣兴盛。坐落在砂岩峭壁上的新圣菲利普教堂（圆顶以圣保罗大教堂为原型）俯瞰着熙熙攘攘的街道和雷阿河对岸的田野。铁匠铺和作坊聚集在迪格贝斯、德里森德、威尔街、玉米摊等小巷周围的低洼地带，而富裕的居民则去高地寻找更干燥的土地和更清新的空气，建造新的、现代化的房屋和广场。

金属贸易依赖于南斯塔福德郡和沃里克郡丰富的煤炭。从都铎

时代起，中部地区人就在山上的小炭炉里炼铁。1709 年，贵格会 18
的铁匠亚伯拉罕·达比（Abraham Darby）在什罗普郡的科尔布鲁克代尔开始用焦炭代替木炭炼铁，但直到木炭用的木头变得越来越少，炼铁业才发生了缓慢的变化。几去经年，在 18 世纪 70 年代初，约瑟夫·赖特（Joseph Wright）描绘出老旧铁匠铺的怀旧场景：铁匠的铁砧上火花四溅；谷仓的铺子里有一把大斜锤，老板穿着条纹背心，双手交叉在胸前看着铁器。然而，在另一幅画中，主人如今是一位精明的绅士实业家，他与工人已经大有差异。[6]时光易逝。

山上的铁匠暴躁离群，但他们会聚集在煤田周围的小镇上，专门生产钉子、锁、镰刀、皮带扣或枪。伯明翰很早就有了铁匠。1538 年，约翰·利兰（John Leland）写道："镇上有很多铁匠，他们制造各种各样的刀具，也有很多金属马具的工匠会做钳子和钉
子，所以镇上很大一部分是由铁匠来维护的，他们在斯塔福德郡 19
有自己的铁器和小作坊。"[7]红砂岩具有良好的磨边性能；从山脊上流下的溪水使许多水车转动起来。内战后出现了新的贸易——铸币、造币厂和枪支制造。铜匠迁移，王政复辟后的新奇商品贸易繁荣发展与禁止纽扣进口的保护性立法推动下，所有生意蓬勃发展。1683 年，这里有 200 家锻造厂。六年后，法国游客亚历山大·米森（Alexander Missen）写道，尽管他在米兰见过精美的剑、手杖接头、鼻烟壶和钢铁制品，但"在伯明翰可以买到更便宜、更好的"。[8]

铜、黄铜和钢在其他地方被加工成薄板，运到城里被"锤打"成商品，随着新工具的引进，商品的种类也增加了：邮票、模具、车床和拉丝机。由于远离大江大河，镇上的工人们都专注于那些可

以廉价运送到全国各地的精致小物，尤其是皮带扣和纽扣。闪闪发光的纽扣和精致的皮带扣是帽子、鞋子和齐膝马裤的点睛之笔，它们可以用铁、黄铜、铜或磨光的钢制成，切割成精细的形状，也可以用织物、银或镀金加以装饰。

伯明翰充满了创造者和商人，它自己似乎也在“酝酿之中”，总是充满期待。许多人称，伯明翰繁荣是因为不受规则约束。没有宪章束缚，也没有古老的工艺公会用严格的学徒制度和贸易规则来阻碍企业运行。该镇在内战中支持克伦威尔，许多不墨守成规的人定居此处，尤其是在17世纪60年代以后，当时《克拉伦登法典》(Clarendon Code)的惩罚性法律禁止他们在特许城镇礼拜。1673年的《测试法案》(Test Acts)将持不同政见者排除在公职、教学和大学之外，但在1689年的《宽容法案》(Toleration Act)允许一些公众礼拜后，许多街道上出现了集会场所和教堂。浸礼会教徒、长老会教徒和贵格会教徒意志坚定，给这个地方注入了活力。

“自由”融入了伯明翰的自我形象，还有马修·博尔顿的心中。伯明翰公民为自己的勤劳、独立、忙碌和权利而自豪。城里没有大型的炼铁厂或制造厂，主要由独立的个体户组成，很少有工坊会雇
21 佣超过20名男女工人，大部分工作由家庭或学徒完成。[10]1740年，当威廉·赫顿(William Hutton)第一次作为一个逃跑学徒来到这里时，他认为街上的人们似乎比他所见过的任何一个人都更警觉、更清醒。但是，他写道，“我不得不指出，如果伯明翰人不让自己睡在街上，他们也不会让别人睡在自己的床上；因为每天早晨三点钟以前，我都会被锤子问好”。[11] 在无数的诗歌和大幅广告中，是

伏尔甘——而不是圣腓力[1]——才是伯明翰的赞助人，他是一位艺术家，一位能工巧匠家，但同时也是一个小偷，是一股危险、强大、异教的力量。

在博尔顿的生活中，伯明翰从一个手工艺小镇发展成为主要制造中心，人口也不断翻倍：从1730年的15000人到1760年的35000人，1800年达到70000人。[12]对那些置身于此的人，伯明翰的崛起自有其浪漫之处。1785年，赫顿写下这个小镇的历史，为其18世纪的变化不吝笔墨。他写道，到目前为止，他的读者已经看到了这座城市的雏形，几个世纪以来，它缓慢地发展壮大，“规模相对较小，相貌平平，衣着粗俗”。她的装饰品全是她自己锻造的铁器。但是现在：

她的发展令人震惊，其扩张之迅速甚至在历史上都无与伦比。我们将看到她青春焕发般崛起，引起商界的注意。她要将地上所能生产的各种金属，加上各种各样的贵重化合物，加上各种各样的奇形怪状的饰物，加上各种各样的宝石，在她的铁饰上增添光彩。她将从化石和植物王国中汲取营养；从海洋中得到贝壳、鱼皮和珊瑚；从动物中得到犄角、骨头和象牙，用她的笔触装饰整个城市。[13]

事实上，伯明翰是一个嘈杂、肮脏和混乱的城市。然而，它旺盛的个性和创造力使它成为“启蒙运动的城市”，就像巴思、爱丁堡或波尔多一样。

---

[1] 伏尔甘，罗马神话中火和锻造之神。圣腓力（罗马天主教翻译为圣斐理伯，Philippos），耶稣12门徒之一。教会传统上叙述他作为使徒，去往希腊、叙利亚和弗里吉亚传教。

博尔顿一家专门经营皮带扣生意，从一家大型钢铁商那里赊购钢材。上学路上，马修会经过许多像他父亲那里一样的车间，通常有铸造车间和冲压车间，还有带壁炉和风箱的旧车间。生意萧条时，货物都堆积在商店后面。海外贸易蓬勃发展时，船开航前就会
22 有一股抢购订单的热潮。伯明翰的制造商们仍然自己骑马出门，他们的包里装着干净的亚麻布，皮套里装着一对手枪，以便获得订单、确定价格，并与来自伦敦和其他地方的代理商打交道。他们的货物越过英格兰到达欧洲大陆和殖民地。早在 1720 年，英国的铜器就被送往荷兰、法国、意大利、德国、波兰和俄罗斯，伯明翰玩具甚至销入法国显赫的宫廷。

路途中，这些硬件工人可能会与曼彻斯特的制造商、谢菲尔德的刀具制造商或斯塔福德郡的制陶工人联合起来，共同踏上旅程以防拦路强盗，他们在小酒馆里停留，并逐渐构建起一个复杂的友谊、交易和共享知识的网络。城市中，他们的联系更紧密了。博尔顿夫妇的朋友包括颇具影响力的纽扣和五金制造商塞缪尔·加贝特（Samuel Garbett）和他的合伙人约翰·罗巴克（John Roebuck），后者是一位开创性的工业化学家，还有伟大的印刷商约翰·巴斯克维尔（John Baskerville）。这三者都对马修产生了重要的影响：他们思想独立、敢于冒险，坚持不懈地追求自己的目标。

加贝特终身致力于其在伯明翰的事业，并由此在伦敦扬名。他的合作伙伴罗巴克是谢菲尔德一个刀匠的儿子，就读于北安普顿的异教徒学院[1]，并在爱丁堡和莱顿接受医生培训。18 世纪 40 年

[1] 异教徒学院（Dissenting Academy）是由英国持不同政见者管理的学校、学院和神学院（通常是三者兼而有之的机构），也就是那些不服从英国国教的人。从 17 世纪中期到 19 世纪，它们是英国教育体系的重要组成部分。

代中期，他在伯明翰研究熔炼的新方法和生产用于贸易的酸。他的实验室成为镇上第一家精炼厂，他将金银从废旧的贱金属表面剥离开来，从废金属中回收金银，罗巴克的天才之处就在于利用巨大的铅室进行了大规模的生产。硫酸盐（硫酸，由硝石和硫或黄铁矿制成）是这一过程的核心。1746 年，他和加贝特在斯蒂尔豪斯巷开了一家工厂，不久，他们又在爱丁堡以东的普雷斯顿潘（Prestopans）开了一家更大的工厂，福斯湾沿岸聚集了许多玻璃制品、盐盘和陶器。在这里，两个合伙人尝试了更多的冒险，1760 年，他们在斯特灵郡的卡伦河边建起了苏格兰第一个大型铁厂。

加贝特教博尔顿如何为雄心勃勃的项目融资、操纵赞助；罗巴克向他证明了科学的价值。他的第三位导师巴斯克维尔证明了艺术可以与实验相结合。据说，他曾是一位牧师的仆人，受雇教教区的男孩书写。18 世纪 20 年代，巴斯克维尔来到伯明翰，用自己的书法技能设计墓碑上的墓志铭，并在一所小学校教写作。1738 年，他继承了父亲的遗产，自学了涂漆——在金属器皿上涂上一层又一 23
层的清漆，经常有装饰图画——并在摩尔街开了一家作坊。[14] 他是马特成人后的好友，又几乎像是第二个父亲。他自学成才，性格刻薄风趣而顽固独立，他（像博尔顿一样）明显地“喜欢炫耀”。他身材矮小，“喜欢用金色的花边装饰形体”，“虽然他是用一艘护卫舰的轻型木材建造的，但动作却像一艘大船一样庄严肃穆”。[15] 赫顿的女儿凯瑟琳还记得他“奶油色的马，他的彩绘的马车，每个窗格里都有一幅画，是刚从他自己的日本茶具厂里运来的”。[16]（他也在她的记忆中留下了印记：“他曾拥我入怀，亲吻我。”）他因不囿于旧俗而获得成功，公开地与他的伴侣萨拉·伊夫斯（Sarah

Eaves）生活在一起——她的丈夫已经离开了她——而不顾反对和流言蜚语。他同样蔑视宗教习俗，对“启示”嗤之以鼻，对“无知和顽固不化的人”的讥讽不屑一顾，这些人被哄骗，自称信奉“荒谬的教条，他们对这些教条的理解不比对马的理解多”。[17]

老马修·博尔顿则更为传统。他的玩具生意兴隆时一家人搬到了雪山，房后是一条乡间小路，可以穿过城市北边的果园。这里的房子都新建于1720年左右，离公路稍远一些，烟囱特别大，可以在炉上进行金属加工。[18]

大约半英里外，有一条三行车道通向科尔莫尔家族的故居新庄园，它隐藏在榆树林荫道尽头的铁门后。新庄园的池塘和树木，连同云雀和野樱草，很快就会被房屋吞噬，但在博尔顿的童年时代，公园从雪山一直延伸到天堂街，四周都是开阔的乡村景色。

马修步行去镇的另一边去上学，他不是去一所已经衰败的文法学校，而是就读于一所位于德里森德的学院，由老圣约翰教堂的牧师约翰·豪斯特德（John Hausted）管理。他会途经新布置的圣菲利普教堂墓地和位于坦普尔街的豪华住宅，那里住着富有的商人、律师和各种专业人士。然后他可以跑向陡峭狭窄的大街，这曾是数起致命事故的现场，当时装载货物的马车在急转弯时翻了车。巷陌
24 与空地间挤满了珠宝店、乐器店、玻璃制品加工坊和玩具店。到处都是市场：肉贩的摊位挤满了一条街道，鲜花和灌木则在另一条；一列双排的货摊堵在废墟上；有一个卖牛的市场，还有一个用以卖猪、羊和马。在山脚下，圣马丁教区教堂周围的老房子前的斗牛场里，玉米和农副产品在出售。“小路中间有几张陶土制的摊位，”赫顿回忆道，“卖水果、鸡肉和黄油的在老十字街上；他们几乎无处不在。”[19]

这条路上有几家书店。[事实上，马修七岁时还在老妇人主办的家庭小学读书，塞缪尔·约翰逊（Samuel Johnson）和他的朋友埃德蒙·赫克托（Edmund Hector）住在伯明翰最著名的书商沃伦家里，试图翻译洛博[1]的《前往阿比西尼亚的旅程》（*Voyage to Abyssinia*），并向他未来的妻子特蒂·波特（Tetty Porter）暗送秋波。] 但是学识的光芒远不及金钱耀眼：突出的屋檐上挂着商店的招牌、饰章和酒馆宣传帖。在河对岸的低洼处，穿过迪格贝斯的道路两旁都是敞开的铁门，里面站着汗流浃背的男人和少年，有时还有女人，都在灼热的铁条上挥舞着锤子。这里有很多让人分心的娱乐，像是斗鸡或草地滚木球；这里空前的热闹，如1746年展出的皇室蜡像、1747年上演的《丹麦王子哈姆雷特》新剧和摩尔街剧院；这里有科学讲座，演讲人有本杰明·马丁（Benjamin Martin）、北安普敦的工程师托马斯·约曼（Thomas Yeoman），他们向伯明翰市民承诺，市民将“得到各种令人惊喜的电学实验的愉快款待（电学这一哲学的分支，在任何地方都能引起诸多讨论，也引起了许多富含学识的辩论）”。[20] 还有一些关于神奇机械装置的展览、小麦捆酒馆的“奇妙与不平行的”音乐钟和“展示在希腊德尔斐阿波罗神庙的宏伟、奇妙的和灿烂的机器”，它12英尺高、九英尺宽，“透过任何玻璃都不能看得见”。[21] 小镇和车间教给博尔顿的东西跟教室中学到的一样多。他学了几门古典文学后，15岁就辍学了。17岁时，他已经掌握了在钢扣上镶嵌珐琅的技术。这种技术当时非常流行，“它们大量出口到法国，又从法国运回英国，作为法国

---

[1] 洛博（Jerónimo Lobo），是葡萄牙耶稣会传教士。他参与了将埃塞俄比亚从当地的埃塞俄比亚教会转变为罗马天主教的不成功的努力，直到1643年耶稣会传教士被驱逐。

最新的独创性产品出售”。[22]

25 马特·博尔顿皮肤黝黑，但总是整洁且衣冠楚楚，还有一头卷曲的棕色头发、一双敏锐的眼睛，挂着开朗的笑容。他坦率、幽默，总是着眼于重要机会，和他所在的城市一样，渴望着成功。但是一个企业需要资本，如果爱好和钱能结合在一起，那堪称美妙；如果一切都由家族掌控，那就更好了。博尔顿连择偶都选择的是他家族中人。他在利奇菲尔德渡过了整个童年时代，他的外祖母伊丽莎白一直住在那里，直到她 1746 年去世。博尔顿在这里有些人脉，其中许多人属于巴宾顿家族和戴奥特家族，都是当地有权势的家族。博尔顿的一位属于保皇派的祖先至今仍被祭奠在大坝街的一块匾额上。1643 年 3 月，布鲁克勋爵的议会部队围攻大教堂，这位先祖便被“击杀在绅士 M.R. 戴奥特（M. R. Dyott）的枪下，对方当时站于尖塔的城垛上作战”。

现在轮到博尔顿采取主动了。1749 年 2 月 9 日，在利奇菲尔德的圣玛丽教堂，他娶了远房表妹玛丽为妻。她的父亲卢克·罗宾逊（Luke Robinson）是一位富有的绸布商，在惠廷顿离城市三英里远的地方有一个农场。有一次，他巧妙地把自己和他那失落而高贵的家族联系在一起（他的曾祖母、玛丽的祖父和母亲都是巴宾顿家的人），从而捞了一大笔钱。十岁时，玛丽从她的教母那里继承了一大笔财产，在她父亲 1750 年去世后又继承了 3000 英镑——足够买一家公司或一小块地。婚后，这对夫妇与母亲在利奇菲尔德短暂居住了一段时间，之后回到了伯明翰。马修 21 岁时，他父亲让他当合伙人。凭着自己的乐观精神和玛丽的财产，他此刻正将扬名立万。

03 苏格兰

格拉斯哥老学院与黑衣修士教堂

马修·博尔顿的职业生涯似乎是由他的家庭和家族产业所决定 26
的。在遥远的北方，小他七岁的詹姆斯·瓦特（James Watt）也是如此。瓦特父亲的生意在格里诺克，他在刨子、车床和木刨花中长大，咸咸的空气和帆索上方的汽笛声在那里回荡。到了18世纪中期，英国正趋近大繁荣，克莱德的船长们都渴望分一杯羹。在过去与北欧和地中海交流的基础上，殖民地贸易已经发展到第三代人。近一个世纪前通过的严厉的航海法规定，所有殖民地的货物都要用英国船只运往英国，然后再重新出口到欧洲，而殖民地居民只能从某母国购买。糖、朗姆酒、烟草、大米和红木从美国南部海岸和西印度群岛运来；木材、鱼和毛皮来自新英格兰和纽芬兰。在这种贸易的支持下，格里诺克从一个小渔村发展成了一个繁忙的港口。深底船不能再往上游去了，因为克莱德河口满是沙洲，而使格拉斯哥富裕起来的三角贸易就建立在这里。这些船从苏格兰出发，装载着当地的货物——包括从摇篮到棺材的一切货物——运往殖民地，带回来的烟草再出口到欧洲，用来交换更多的货物和原材料。

瓦特出生于 1736 年 1 月 19 日，他的父亲是个可靠的人，是商人、建筑商、船匠、木匠和橱柜制造者，还共享几艘船的产权。他
27 在格里诺克制造了第一台吊车，用来装卸沉甸甸的、带香味的烟丝。他的车间能修理船上的工具。这就是瓦特一心想要做的生意。仪器制造商是科学革命的无名英雄。16 世纪的探险热潮促进了航海数学的发展和星盘、象限仪和罗盘的改进，而陆地测量仪器对绘制新领土地图至关重要。[1]与此同时，钟表匠的手艺也在进步，眼镜匠和玻璃磨工在研制新的光学仪器、望远镜和显微镜。然而，他们的工作在理论方面几乎没有地位：在 17 世纪 30 年代的剑桥，“数学……很少有人把它看作学术研究，而把它看作机械研究，是商人、水手、木匠、土地测量员之类的职业需要”。[2]

17 世纪晚期，随着新的实验展示出现，情况发生了变化。数学获得了尊严，牛顿为他的书名《自然哲学的数学原理》(*The Mathematical Principles of Natural Philosophy*) 定下了新的基调。现在，精密仪器得到了更多的尊重，尤其是在牛顿的信徒威廉·雅各布·赫拉弗桑德（Willem Jacob’s Gravesande）为他在莱顿的讲座开发了一系列新奇的仪器之后。在伦敦，人们的购买需求猛增，世界闻名的贸易得到发展。气象学家想要气压计和温度计，化学家想要更精确的天平，外科医生想要更精密的钳子，讲师想要更壮观的模型。富有的贵族收藏家们要求工匠制作精美的太阳系仪和浑天仪，这些仪器通常由黄铜和银制成，其本质是太阳系的模型。在这

个模型中，行星围绕太阳旋转，上面还刻着黄道 12 宫的标志。

瓦特知道所有仪器的实际应用方法：他的祖父曾是阿伯丁郡的市政官或土地主的代理人，在族谱上被描述为“领航人”，而他的叔叔约翰是位数学、天文学和测量学的演说家，曾负责 1734 年克莱德的首次统计调查。[3] 在留给瓦特的少数遗产中，就有他叔叔的笔记本、牛顿和对数发明人约翰·纳皮尔（John Napier）的肖像。他本人研究天文学和植物学，并仔细研读了父亲所藏的赫拉弗桑德的《自然哲学要点》（*Elements of Natural Philosophy*），德萨居利耶的译本。

幼时的瓦特多病且被母亲艾格尼丝溺爱，因为她先前已经失去了三个孩子，这种养育方式造成了詹姆斯终生的疑病症。瓦特一直在家里待到 10 岁或 11 岁。刚开始上学时瓦特特别痛苦，直至 13 岁转到语法学校，他才开始显露才华，特别是在数学领域。工作车间是瓦特的避难所。父亲给了他一个工作台、工具和小锻造炉，在那里他制作出模型和微缩模型，有微型工作起重机、皮带轮和泵、发条盒风琴，用一个银便士锤打出来的长柄勺。[4]1753 年，瓦特 17 岁时，他在格里诺克安全的家遭受了双重打击：母亲去世，父亲的生意遭受了一系列损失（包括一起沉船事故）。1754 年，他前往格拉斯哥开启自己的生意，用庄重的双手列出了他随身携带的工具和衣服：千斤顶、凿子和锉刀，螺纹长袜和荷叶边衬衫、荷兰睡帽和格子呢背心、皮围裙和带有黑纱帽子。[5]

不久前，格拉斯哥还是一个被小山、树林和苗圃所环绕的教会小城，但如今，这个城市已经被传奇的“烟草大亨”所统治，他们披着猩红色的斗篷、拄着金顶手杖。除了古老的亚麻织布业，还有一家铸铁厂和一家轧钢厂。1741 年，富利斯兄弟建造了一台精致的印刷机；1748 年，荷兰的两兄弟创办了一家陶器厂。在特朗格特高楼下的圆柱拱廊里，鞋匠、银匠和裁缝经营着他们的店铺，而酒馆里上演着“大杂烩”，意外、烈酒、猪肉以及随便你喜欢的一切。生活虽然谈不上复杂，但也很活跃。1753 年，詹姆斯·沃尔夫（James Wolfe）住在这里。他在家书中写道：“我们有戏剧、音乐会和舞会，有公开的，也有私人的；有晚宴，也有世界上最难吃的连酒都加了毒药的晚饭。人们喝得酩酊大醉。”[6]

瓦特和他的母家亲戚乔治·穆尔黑德（George Muirhead）一家住在一起，穆尔黑德是大学的人文教授。穿过“老学院”的第一个庭院，在塔顶的砂岩拱门下有一片学院的绿地，一直延伸到一条小溪，那里正在为教授们建造一排面对教堂的新房子。苏格兰的加尔文主义可能使人偏执，但它也鼓励自给自足和质疑的精神，学习被视为进步的关键。苏格兰有五所大学，英格兰有两所，它们以其最新的专业课程而自豪。

29 格拉斯哥大学低调地追求进步，坚决务实。它的政治经济俱乐部将商人、绅士和学者联系在一起，而教授们则经常公开演讲，并担任赞助人或“苏格兰渔业、制造业和改良理事会”的顾问。1757 年，药物学教授弗朗西斯·霍姆（Francis Home）发表了先锋著作《农业和植物的原理》（*Principles of Agriculture and Vegetation*），而自 1751 年以来，一直担任医学实践教授的威廉·库伦（William Cullen）是一位颇有慧根的化学家，他建议进行漂白、盐煮和碱化。[7] 库伦是一位很有影响力的老师，他的学生网络将他的思想传播到整个世界，他以“奇怪下垂的嘴唇，巨大的假发，更大的帽子，突出的大衣下摆和用硕大的沙漏玻璃来测量患者脉搏的种种特征而闻名”。[8]

在大学里，年轻的瓦特遇到了自然哲学教授罗伯特·迪克（Robert Dick），迪克对瓦特印象深刻，还请他帮助制造一批新的天文教学仪器。直至此时，瓦特搬到格拉斯哥似乎都还是个错误，因为那里没人有资格教他仪器制造，而他为其工作的“眼镜商”知道的比他还少。相反，迪克说服瓦特去了伦敦，并向他保证，如果瓦特的父亲同意，他将为瓦特提供入门教育。这似乎是唯一的办法。瓦特准备踏上首次离开苏格兰的旅程，他利用利斯经海路提前寄送了自己的箱子。1755 年 6 月 7 日，他与朋友约翰·马尔（John Marr）一起向南出发。约翰·马尔是一名海军教官，他的船将在泰晤士河上跟他会合。他将父亲给的两个基尼连同自己的记事本都小心地保存在胸前。瓦特和马尔沿着北路慢行了两个星期，带着他们的《圣经》，像教堂里的坚定信徒一样，拒绝在安息日出门，在约克大教堂的仪式上给喋喋不休的牧师们喝倒彩。最后，他们在纽瓦克（靠近伊拉斯谟·达尔文的家）渡过特伦特河，抵达伦敦。

当登临海格特山，越过烟雾和塔尖向下俯瞰泰晤士河上那片林
立的桅杆森林时，许多初来乍到者会感到胆怯。瓦特带着迪克给詹
姆斯·肖特（James Short）的介绍信，走入了这座迷宫城市。詹姆
斯·肖特是一位备受尊敬的苏格兰仪器制造商，有一家公司矗立在
斯特兰德大街。但是，与伯明翰不同的是，当时的伦敦有严格的
行会制度，瓦特没有接受过正式的学徒训练，所以肖特和其他制 30
作人都不会接受他。正如他可怜地向父亲解释的那样，仪器制造商
是由钟表匠这一令人崇敬的行会控制的，他们的规章规定，他们
不得雇佣任何不是钟表匠行会自由人或学徒的非伦敦人。[9] 经历整
月的绝望拜访后，他终于在康希尔芬奇巷找到了约翰·摩根（John
Morgan）的住所。

摩根是一位手工艺大师和杰出的数学家，他曾写过一篇关于沙时计和经度的论文，并在1752年为西班牙国王制作了一台望远镜，花费了令人惊异的1200英镑。[10]但是摩根的条件很苛刻：瓦特不能得到报酬，反而需要支付20基尼的费用，并承诺完全服务于他。不过这对瓦特而言是值得的，他希望在这一年内完成通常需要四年才能完成的培养课程。他告诉父亲："虽然他主要从事铜管方面的工作，但他可以教我该行业大多数细小的领域，比如规划设计、测比例、象限仪等。"[11]瓦特学得很快，他迅速地学会规划设计和做分割线，后转向铜制天平、象限仪和经纬仪的工作中。瓦特每周的工资是八先令，每天从清晨工作到晚上九点，夜里再完成一些额外的工作，直至双手因工作而颤抖。他在大城市里一面不安，一面思念家乡。1756年，英法战争爆发，瓦特在芬奇巷汗流浃背，他没有任何正式的行会身份，害怕被强征海军、被东印度公司绑架，或者被船运到西印度群岛的种植园：

现在，无论是地主还是海员，只要不是学徒和可信赖的商人，都会因没有合法权益被带到市长面前。而且，如果我被带到市长大人面前，我绝不敢宣称在城里做工，因为这违反了他们的法律，即使是熟练工人未经允许也不可以做工。[12]

冬天过去，瓦特的情绪也变好了。1757年4月，他写道："我到哪儿都能买到面包，因为我现在能像大多数熟练工人一样干活，虽然我不如他们那么快。"[13]三个月后，尽管他咳嗽、背痛、疲惫不堪，但他觉得自己已经掌握了这门手艺，甚至可以"用一个法
31 国产的接头做一个黄铜零件"。[14]七月，他的一年学徒期结束。回

到格里诺克后，他整理了自己的材料和工具，并翻译了比昂的著作《数学工具的建构和使用》（*Construction and Use of Mathematical Instruments*）。

不久，瓦特的学徒生涯得到了回报。九月底，瓦特在格拉斯哥出差时，他给父亲寄了一张纸条："今天生意不好，但是从牙买加来了点仪器，迪克希望我帮忙拆箱。"[15] 大学里一直在争论如何筹钱建天文台，而获得这些天文仪器的机会来了，一位在牙买加建立起专属天文台的富有毕业生亚历山大·麦克法兰（Alexander Macfarlane）向他们捐赠了遗物。瓦特授命修理在航行中损坏的仪器。他的酬劳是五英镑，并有权使用大学里自然哲学系附近的房间。

麦克法兰的收藏中有许多精巧的仪器，好奇者来到瓦特的房间，其中有约瑟夫·布莱克（Joseph Black）教授和 18 岁的学生约翰·罗宾逊（John Robison）。罗宾逊还记得，他认为自己在数学和力学方面"相当精通"，"而当发现瓦特先生远在我之上，我感到很羞愧。但是，因他自己对这些事情的浓厚兴趣，他很高兴与志同道合的人聊天……我和他朝夕相伴，而且，我毫不怀疑，我还经常嘲笑他。这就是我们相识的开始。"[16]

罗宾逊还提醒瓦特，他是如何在瓦特的房间里遇到布莱克的：

你在擦拭麦克法兰的仪器。布莱克博士常常进来，背对着我们，自顾自玩着博德象限仪，轻轻地吹着口哨，那样子使我心跳加速——我试图模仿他。

瓦特、布莱克和罗宾逊成了挚友。1755 年，威廉·库伦搬到了爱丁堡。28 岁时，布莱克继承了老教师的职位。布莱克的出身与瓦特截然不同。布莱特的父亲是波尔多的阿尔斯特酒商，兄弟是贝尔法斯特的制造商，他的朋友中还有开明的贵族，如卡姆斯勋爵。布莱特身材高大、皮肤白皙，有一双大而黑的眼睛。生活中，他总是穿着一身黑，脚上踏着带银扣的鞋子，手里拿着一根手杖或一把绿色的绸伞，显得十分优雅。他学识渊博、魅力无穷。“最野的孩子也尊敬布莱克，”考克伯恩勋爵写道，“没有哪个孩子会对一个如此苍白、如此温和、如此优雅、如此显赫的人无礼。”[17]

32 布莱克的爱丁堡博士论文中纳入了他的第一个历史性发现：从石灰岩中可以分离出“固定空气”（二氧化碳）。他意识到，这种气体——也可以用酸在粉笔、氧化镁、苏打和碳酸钾中得到——实际上是“固定的”，是它们化学组成的一部分。他还注意到，固定气体还软化了苛性碱的刺激性：例如，当生石灰吸收固定的空气时，它就变成了白垩。罗宾逊后来回忆起当时令人震惊的新发现：

> 一立方英寸的大理石所含的纯石灰约为其重量的一半，所含的空气相当于一个装六加仑酒的容器……还有什么比发现空气以坚硬的石头的形式存在，并伴随着石头性质的变化而存在更奇怪的呢？[18]

当布莱克接过库伦的研究领域，他开始把注意力集中在热量上，这是 18 世纪化学中最重要的话题之一。威士忌酿酒师曾向他
33 咨询有关削减成本的建议，于是他开始着手研究与状态变化有关的热量问题，从最基本的问题开始：水究竟是如何吸收热量的？为什么在阳光灿烂的日子里冰不会直接融化呢？他发现，当冰被加热

时，它的温度上升到冻结状态，并一直保持到所有的冰融化；同样地，如果你把水烧开，它的温度会保持不变，直到全部蒸发——尽管在这两种情况下你都需要加热来保持这个过程。（用今天的话来说就是：“热量给水分子提供足够的额外动能，使它们能够从水面逃逸。”[19]）在布莱克看来，热——当时被认为是一种化学物质本身——实际上是和冰或水结合在一起的，需要一定的量才能使这种物质转化成水或蒸汽。他把这种“失去的”或“隐藏的”热量称为“潜热”：这是一个对未来有重大影响的公式。

布莱克和罗宾逊的陪伴开阔了瓦特的视野。他自学了德语，阅读了鲁珀尔德的《戏剧机械》（*Theatrum Machinarum*），还自学了意大利语。格拉斯哥有几个活跃的学生社团，他加入了安德森俱乐部，里面讨论布莱克、库伦、亚当·斯密（Adam Smith，1751—1764年，他在格拉斯哥教书），激进的律师约翰·米勒（John Millar）、好争辩的约翰·安德森（John Anderson），后者现在是自然哲学教授“快活·杰克·磷”，他鼓励工人和技工免费参加他的讲座。瓦特回忆道：“我们除讨论年轻人通常关注的话题外，还主要集中在文学、宗教、纯文学等方面。这些辩论使我的思维首次对这些事物产生了偏向，我从来没有上过大学，那时我不过是个技工。”[20]

科学、哲学和文学的联系是当时苏格兰社会风气的典型特征。不过数年前，山野间因为1745年詹姆斯二世党人起义血流成河；如今，仿佛为了忘却过去，新教苏格兰的城市和低地背向了高地和过去，转头面向南方和未来：苏格兰必须引领现代。到18世纪50年代中期，像格拉斯哥这样的辩论俱乐部遍布全国。当一些思想家在研究物质世界时，另一些人也在对人类和社会的构成进行同样严格的审视。1739 年，哲学家大卫·休谟（David Hume）大胆得令人振奋，在他的《人性论》（*The Theory of Moral Sentiments*）
34 中，他试图将实验方法运用到道德主题上，并“扩大我们对所有那些与人类生活更密切相关的科学的征服”。[21] 令休谟苦恼的是，他的书出版时无人问津（看起来更像是“市议员的鬼点子，而不是精致的哲学家的思考”），但在接下来的几年里，《散文和政治论文集》（*Essays and Political Disourses*）使他声名鹊起。自 1751 年以来，他的作品被收录进国家版权图书库爱丁堡倡导者图书馆。[22]

30 岁的亚当·斯密是休谟的朋友，他这时正在为 1759 年出版的《道德情操论》（*Theory of Moral Sentiments*）做讲座。斯密也诉诸基本的“自然”法则：即价格会自然地“被吸引”到一定的水平，而监管会损害商业，商业却可以给所有人带来更大的自由和更好的生活。他和休谟都将感性和激情置于他们理论的核心，并相信利己主义和欲望推动了经济和社会的进步。[23] 这些人的思想，爱丁堡俱乐部所关注的社会问题和格拉斯哥瓦特圈子的各种兴趣将渗透到月光社的文化中。事实上，他们的想法如此多，以至于有时伯明翰本身就是苏格兰的智力“殖民地”。

04 医生的包

“我能治愈一切”，当时《行业与贸易》报纸的全版

早年，月光社成员的生活就像地图上图钉之间的棉线一样交错。1753 年，伊拉斯谟·达尔文在爱丁堡遇到了詹姆斯·瓦特在格拉斯哥认识的很多人。达尔文和瓦特一样喜欢机器，而瓦特说，如果他不是那么神经质的话，他可能会成为一名外科医生，因为对身体运转机制感兴趣是工程师的天性。

当达尔文 1750 年离开学校时，他和兄弟约翰一起去了剑桥的圣约翰学院。尽管达尔文每年能获得 16 英镑的奖学金，但在那些贫困的年头里，他告诉他的第二任妻子，如果她把袜子的后跟剪掉，他就可以“一针不差”地缝上一块新的。[1] 不过，他在剑桥学到了远比织补更多的东西。1751 年，达尔文为威尔士亲王弗雷德里克写了一首华美的挽歌。他喜欢走捷径，学会了速记，做了

170 页的课堂笔记，标题包括“化石与动物王国”和“水、地、金属、石头；昆虫、鱼、鸟、四足动物和人类”。[2] 他还把从前的老师、伟大的内科医生威廉·赫伯登（William Heberden）留在学院里有关医学和脉搏的手稿仔细地抄了一份。他的同学们急切地借走了这本书，并在封面上潦草地写下了颇具讽刺的评论：“该死的达尔文，你这个狗娘养的竟然把 1000 个词都拼错了。”[3]

36 不过，剑桥大学在前沿医学知识方面能提供的帮助很少。为此，达尔文不得不去别的地方。1753 年初，他寄宿在伦敦，这样，他就可以去圣托马斯医院听威廉·亨特（William Hunter）和诺亚·托马斯（Noah Thomas）的解剖学讲座，有关流涎（水银和“出汗”可以治疗性病），还有“辛辣”“致幻”的毒药。托马斯是个好老师，但亨特是个明星，他班上到处都是歪歪斜斜的长条凳，上面堆满了厚呢大衣、扑了粉的假发和金顶手杖。他是东基尔布莱德一家农民的第七个孩子，也是库伦的优秀门生之一。1746 年，他在考文特花园开办了自己的解剖学学校。他每周上六天课，课上使用令人惊叹的模型和标本。[4] 他和他的兄弟约翰最终成当时最杰出的外科医生。

那年晚些时候，达尔文和长兄罗伯特一起乘车北上，在“天才的摇篮”爱丁堡完成了学业。幸运厅，即伊拉斯谟住过的“高迪洛克地区奥格斯顿小姐家”，是一排巨大的 16 世纪建筑，面向圣吉尔斯教堂。所有阶级的人都挤在狭窄的公共楼梯上：地下室里的清洁工和邮差；底层的商人；伯爵夫人或法官；店主、舞蹈老师和雇员；阁楼上的工匠。学生宿舍的天花板很低，又闷又冷。奥利弗·戈德史密斯（Oliver Goldsmith）是去年冬天从爱尔兰来的一名医科学生，他悲伤地写道：“我几乎没有什么朋友，只有一本对开本的书、一具骷髅、一只猫和一个瘦弱的女房东。”[5]

然而，达尔文发现了更广阔的社会。有像约翰尼·戴维之家这样的廉价酒馆，以麦芽酒、烤火腿、鲱鱼和鳕鱼闻名；还有集会、舞会、社团和饮酒俱乐部。在这里，他结交了许多朋友，特别是与詹姆斯·基尔（James keir）的友谊将持续一生；十年后，基尔搬到了南方，成了月光社的中心人物，“他是一个机智、世故的人，是一位成就卓著的绅士，他为聚会带来了生机和活力”。[6]基尔比达尔文小四岁，也是家里最小的孩子。基尔出身名门，八岁时父亲去世后，他的教育由林德家的几个舅父负责，其中一位是爱丁堡的教务长和议员，另一位是郡治安官。基尔身材高大、肩膀宽阔，总是很幽默，机智过人，情感丰沛。基尔会被达尔文快活又夸张的方式逗笑，还记起达尔文是如何从学生中脱颖而出，他的诗歌、他的智慧、他的剑桥行事方式和阶级背景。然而，和其他学生一样，伊拉 37
斯谟酗酒、追求女人（这一直是他的弱点），在黎明前摇摇晃晃地走在黑暗的街道上回家。特别的是，达尔文留下了一个奇怪的、半科学的记忆：谈到磷光，他指出，爱丁堡人经常把鱼头扔在街上，“我在黑夜里很容易就能看到时间，只要把其中一只（鱼头）举到我的手表前”。[7]

爱丁堡有其宏伟智慧的一面，当然也有乱丢鱼脑袋的碌碌凡人。“我就站在这儿，在所谓的爱丁堡十字路口，”一位欣喜若狂的游客写道，“几分钟之内就能随手抓住 50 位天才。”[8]与穿长袍的律师和着黑服的长者相比，同样穿行于大街上的大学生是个引人注目的群体。苏格兰的大学对异教徒开放（不像牛津和剑桥），镇议会很久以前就认为，出售知识是丰富城市的一种方式。在杰出的数学家科林·麦克劳林（Colin Maclaurin）的领导下，爱丁堡成为牛顿数学和天文学的中心，其他学校也蓬勃发展，包括成立于 1726 年的医学院。[9] 达尔文的课程包括医学实践、医学理论和化学［他和基尔师从知名教师安德鲁 · 普卢默（Andrew Plummer）］，以及临床医学，这是一门非常现代的学科，皇家医院于 1740 年将其开设在一个特殊病房里。[10] 在这里，约翰 · 卢瑟福（John Rutherford）教授让他的学生们牢记观察的重要性，注意到病人脸上的所有迹象——发红的眼睛、疼痛的牙龈、苍白的皮肤。但是诊断结果是推断而出的：检查很少深入，他们不能查看身体的其他部分，更不用说触摸了。

这种限制很典型，实际上爱丁堡医学院的进步思想经常被当时医学本身的粗野所阻碍。在外科手术中，因为没有麻醉剂，手术通常以闪电般的速度进行。至于药物学，大学的《药典》（*Pharmacopoeia*）药谱中列出的成分包括蜘蛛网、西班牙苍蝇、鸽子血、麋鹿蹄、蚂蚁蛋、青蛙卵、马粪、猪粪和孔雀粪、人头骨和木乃伊。[11] 在接下来的十年里，高瞻远瞩的库伦修订了《药典》，但在这之前学生们还得学习各种复杂的混合物，从莱茵酒到糖浆，不一而足。

38 事实上，如果治疗方法还沿用于中世纪的理论，那它肯定是后牛顿时代的产物。正是在爱丁堡，达尔文和其他人首次提出了有关身体、感知和人类理解的新观点，这些新观点孕育着开明的英国思想，将理性和“感性”两种信仰独特地融合在一起。最早的几位爱丁堡教授都是莱顿城的赫曼 · 布尔哈夫（Hermann Boerhaave）教授的学生，他把牛顿物理学应用于人体，用力、重量和静水压力来解释健康和疾病；健康就是要达到均衡，平衡体内液体的压力。在这样的教学内容中，医生听起来确实更像一个工程师，甚至一个水管工，就像瓦特所认识的那样。基尔说得好，多年以后，当他回想起狭窄的布尔哈夫体系时：

……其中人被认为是一台液压机，管道充满了能够进行化学发酵的液体，而管道本身则容易中断或堵塞（所有的疾病都归咎于堵塞和发酵）。[12]

基尔想知道，达尔文是如何把这些抛在脑后，转而“更广泛地把人看作一种生命体，它对健康和疾病现象的影响不仅仅是机械和化学性质”？事实上，正如基尔所承认的，甚至当他们还是学生的时候，一些爱丁堡的老师就开始“摆脱布尔哈夫的束缚”。受瑞士生理学家阿尔布雷希特·冯·哈勒（Albrecht von Haller）的影响，批评人士较少关注血管，更多关注神经系统，关注易怒、敏感、兴奋和反射。[13] 在欧洲大陆，解剖学和生理学已经融合成一门科学——“活体解剖学”。在爱丁堡，这门科学最著名的支持者之一是库伦，他还对发烧、流行病和疾病分类学产生了兴趣。从此刻开始，健康与环境有了全新的联系，爱丁堡受过训练的医生将走在其最前列。[14]

但是，如果身体最终不是像法国理论家拉·梅特利（La Mettrie）在 1748 年《人类机器》（*L'homme machine*）中所说的那样，是一台“能自己转动发条的机器”，那么赋予生命的力量又从何而来呢？“灵魂”是上帝赋予的一种工具吗？这是神经系统的自然功能吗？还是像另一位爱丁堡大学教授罗伯特·怀特（Robert Whytt）所宣称的那样，一个无意识但却活跃的实体控制着身体？[15]

达尔文对这些论点非常感兴趣。他在爱丁堡所学的内容都集中在物质上。不可避免地，他拒绝了传统宗教，拒绝了它神秘的三位一体，拒绝了它承诺的救赎，拒绝了它储存奇迹的能力。达尔文就是人们所说的自然神论者，他和好友阿尔伯特·赖马鲁斯（Albert Reimarus），一位著名的荷兰自然神论哲学家的儿子，共同发展了他们的理念。达尔文仍然准备接受某种控制力量的概念——第一推动力，存在之存在者或‘Ens Entium’[1]——但达尔文拒绝相信这个遥远的上帝与日常生活有很大的关系。1754 年 11 月，当达尔文父亲去世，他写信给剑桥的一位老朋友：

> 存在一个更优越的**存在者**，形成了这些奇妙的生物，这是数学证明的。**他**以一种特殊的天意影响事物，却并不显眼。依我看，概率论与此相悖，因为一般规律似乎足以达到这个目的。[16]

一般规律足以使这个星球“绕着太阳转”。至于死后的生活，谁也不知道：“自然之光使我们无法为未来的状态提供单一论据。这是上帝的唯一可能；因为他凭空创造了我们，肯定可以重塑我们。”

1755 年 6 月，在基尔写下这些想法几个月后，他们就分别踏上不同的旅程。在一封长长的拉丁语的信件中，他透露了自己没有毕业就将离开爱丁堡的消息；他渴望到外国去看看，于是选择了去参军。同月，达尔文在剑桥大学取得了医学学士学位。第二年夏天，在爱丁堡的又一年，达尔文发表了论文。到 24 岁，他已经可以自称达尔文医生。

基尔投身工作后一直没有安定下来。他在埃尔斯顿度过了盛

[1] 拉丁文，存在之存在者。

夏，直到玉米收获时分。最后，基尔动身去了诺丁汉，在那里找了一个装潢商寄宿，并开了家诊所。这似乎是一个不错的选择，因为这个城市繁忙且繁荣（他可以很容易地溜去参加比赛），但达尔文在这里没有任何人际关系，也没有任何介绍信。秋天过去了，仍然没有付费的病人来。更糟的是，他因一名年轻的诺丁汉工人的 40
手术而与一名伦敦的外科医生发生纠纷，达尔文——从未向穷人收费——认为这是免费手术，但事实并非如此。[17]

诺丁汉曾是金融界的灾难。达尔文唯一的病例，似乎是在两名制鞋工人斗殴后给予伤后感染的治疗。他以惊人的热情（一种持久的习惯）开了药，但短暂重整精神后，这位不快乐的补鞋匠就经历了“脸部肌肉痉挛。死亡—解剖”。[18] 尸检结束，达尔文才意识到这个人的胃被刺穿了。但是他怎么能知道呢？他哀叹道，没有呕吐现象，“除了脉搏，我们还有什么证据？”病人死了可不是一个好的广告。11 月，也就是达尔文 25 岁生日的前一个月，他搬到了利奇菲尔德。

利奇菲尔德，“英格兰中部地区之母”，是环绕着森林和伯明翰高原的一圈古老的中部城镇中最重要的一个。教堂坐落在城北一条长长的砂岩山脊上，三座塔尖倒映在一组浅水池中，这些浅水池把乡镇与市区隔开，这儿有市政厅、市场广场、教区教堂和红褐色的漂亮砖房。在城市和周边乡镇之间有一条泥泞的堤道。利奇菲尔德是伦敦至霍利黑德路线上的一个重要中转站，但对达尔文来说，更重要的是它是该郡家族网络的中心，也是该地区的文化中心。达尔文很快就和他做了管家的妹妹苏珊娜舒舒服服地住在一起。他发现利奇菲尔德有一个很好的教堂借阅图书馆，有几位印刷工和书商，还有很强的学术传统。艾迪生（Addison）是利奇菲尔德迪安（Dean）家的儿子；大卫·加里克（David Garrick）正在伦敦的舞台上闪闪发光，他的兄弟彼得还住在教堂附近；塞缪尔·约翰逊是镇上一个书商的儿子，他的字典于1755年出版。“先生，”约翰逊在1776年告诉博斯韦尔（Boswell），“我们是一座哲学家之城；我们用头脑工作，让伯明翰的傻子们用双手为我们工作。”[19]

这一次，达尔文带来了至关重要的介绍信，一个是将他介绍给当地的一位贵妇——格雷斯利女士（Lady Gresley），另一个是将他介绍给托马斯·苏厄德（Thomas Seward）牧师，他是大教堂驻地的教士（也是圣约翰学院的毕业生）。由于主教住在别处，苏
41 厄德就住在主教的豪宅里，达尔文立即加入了他的圈子。与达尔文一样，这位主教也对自己的诗歌颇为自信，并在1746年对多兹利（Dodsley）的《诗歌杂录》（*Miscellany*）有所贡献，其中包括一首关于“女性文学权利”的诗，以“年轻女士”的身份写成。毫无疑问，苏厄德想到了自己的女儿安娜，一个三岁就能背诵弥尔顿的天才，在父亲的鼓励下，她自己也在写诗。

达尔文搬到这里时，安娜·苏厄德快14岁了。很久以后，甚至是在他死后，当她年轻时对他的敬爱早已不复时，安娜回想起她的最初印象。达尔文长什么样？他身材高大，体格健壮，容易发胖；他的四肢太大因而笨手笨脚。达尔文的麻子脸在人群中总是容光焕发，但他塌下来的肩膀和满头医生式的假发使他看上去比实际年龄大了一倍。然而达尔文的魅力依旧不可阻挡：

> 他年轻的时候，身体健康，充满幽默感，一进屋见到朋友就面露喜色，这使他的外表显得很可爱，美貌和匀称的外貌并没有因而

带来好处。他说话结结巴巴，但是，不管他说什么，无论是严肃的还是开玩笑的，都特别值得期待，尽管它给人留下的深刻印象，或许无法取悦那些自恋的人。[20]

所以——达尔文很有魅力，但也很傲慢，能伤人地讥讽别人，“通过非常尖锐的讽刺”恶语报复。

大多数利奇菲尔德人都很喜欢这个身材高大、声音洪亮、慷慨大方、心胸宽广的人。几个星期后——完全是靠运气——达尔文还成了一名医生，就因为他治好了斯塔福德郡一个人脉很广的病人。多亏了达尔文的“逆向和全新的治疗方法”（其细节仍是个谜），病人恢复了健康，后来成为一名地方官。年底，达尔文愉快地记下了酬金，在他到达后的七周里，他的酬金总计为 18 英镑 7 先令 6 便士。[21] 当利奇菲尔德的主妇们不停宣传他不断增长的收入时，他开始成了“抢手货”。然而，达尔文躲开了他们的天罗地网，像他一直以来那样冲动地坠入爱河。苏厄德一家的对面是寡居的律师查尔斯·霍华德（Charles Howard），他是塞缪尔·约翰逊的学生，现在担任教会法院的监督员，他和蔼可亲且工作高效，有一个儿子查尔斯和一个 17 岁的女儿玛丽，大家亲昵地称她波莉。达尔文很快 42
用情诗淹没了她，他给了她一本多兹利的《诗歌杂录》，上面写了他自己的一首长诗，其中充满了“苦恼的激情”“难熬的苦痛”和“轻快的愉悦感”。[22]1757 年底，他们订婚了。

圣诞前夜，和朋友们在一个老庄园里，达尔文把自己异想天开的激情倾注在了一封信里，假装找到了一本布满灰尘的旧食谱，里面全是馅饼皮和果馅饼的菜谱——用来“烹饪爱情”。他想，这封信一定要寄给霍华德小姐。[23] 另一个菜谱是：“做一个好妻子。”“哼，”达尔文继续说，“我的一个熟人，一位来自利奇菲尔德的年轻女士，知道如何把这道菜做得比世界上任何人都好，她答应过什么时候请我吃这道菜。”“就这样，”达尔文说着，把书往地上一扔。他就这样嘟嘟囔囔个不停。但随着婚礼的临近，达尔文突然慌了。他将在五天内回家，但霍华德先生现在可以申请结婚证明了吗？这样他们才能在第二天早上 8 点谨慎地举行婚礼，“因为像利奇菲尔德这样小的地方，任何消息的传播速度都如此之快”。

亲爱的姑娘，结婚无疑是一件严肃的事情（如果真有那么回事的话），因为这是一辈子的事情。但是，我们已经下定决心，不让我们对这种生活的变化感到害怕；或者，无论如何，不让任何有呼吸的生物察觉我们在这场合有恐惧或快乐。[24]

不管婚前如何紧张，1757 年 12 月 30 日的早晨，玛丽和伊拉斯谟在圣玛丽教堂举行了婚礼。不久，他们就搬进了一个庄园西端的半木结构老房子，保证人由达尔文的资助人、令人敬畏的格雷斯利女士（“格雷斯利”，达尔文不领情地背后称她为“黑色假发女士”[25]）承担。1758 年 9 月 3 日，也就是婚礼八个月后，他们的第一个儿子出生了，取名查尔斯，以玛丽的父亲和哥哥的名字命名。那年夏天，玛丽和老达尔文夫人住在埃尔斯顿，伊拉斯谟写信给他“亲爱的波拉金”，讲述这里的轶事：一辆灵车呼啸而过带来死亡，流言蜚语和风流韵事，还有他那古怪的兔子和矮脚鸡。[26]

第二年，情况依然如此。他通过改变房子的格局来显示自己地位。老房子朝东，但达尔文朝西向建了一个新的正门，隔着马路就面向开阔的田野。新乔治亚式的外观有精致威尼斯风格的窗户，能

照进下午的阳光。院子对面是马厩和外屋——既是孩子们的宝地，43
也是做实验的场所。在新的门面和大路之间，有一个很深的山谷，长满了荆棘，那是城镇周围半圆形的旧护城河的遗迹。安娜·苏厄德回忆道，达尔文“从他的大厅门往人行道上架了一座桥，桥上的台阶很浅，带着中式的栅栏”。[27] 他把地底部清理得“像草坪一样平整”，并做了一个梯田，种上丁香与玫瑰。

安娜密切关注着她的新邻居。她非常喜欢玛丽，而达尔文依然是她的“诗歌导师”。她说，她所有的批判性知识都来自他。但达尔文赞扬她的诗比她父亲的诗更好时，牧师心中燃起不得体的冲动，这种嫉妒导致了反对。沃尔特·斯科特（Walter Scott）认为，她的父亲因为害怕产生“那种可怕的现象，一位博学的女士”而放弃了对她的支持。[28] 从那时起，安娜的写作都是秘密进行的，在公开场合，她只从事音乐和缝纫。也是从这个时候起，当她看到不足 20 岁的玛丽因生孩子而疲惫不堪时，她对达尔文的钦佩也动摇了。但是达尔文本人却没有受到怀疑的影响。他都计算出自己的收入——“我生意的利润”——每年都在增加：1757 年是 192 英镑；1758 年是 305 英镑；1759 年是 460 英镑；1760 年是 544 英镑。

她平稳人生中，还有着一些疯狂时刻。40 年后，安娜用可能 44
有些夸张的描写，记录了仲夏时节他们在特伦特河畔的一次远足。那天特别燥热，达尔文的聚会是野餐与大量的葡萄酒，以促进“高度的酒后兴奋状态”。达尔文毫无征兆地跳进河里，又爬上河岸，迈着冰冷的步子穿过草地向诺丁汉走去。人们发现这位滴水的河神站在一个浴盆上，对着人群滔滔不绝地讲着工业和新鲜空气的优点，一点也不结巴。[29] 达尔文一般都会避开这种公开演讲。偶尔，他也会尝试更严肃的学科，甚至还会冒险涉足解剖学，这一学科能击破完全不相信科学者的所有迷信：在泰伯恩行刑场（Tyburn），亲人会抓住被绞死者的脚，不让他们被抬到外科医生那里。利奇菲尔德附近很少有死刑，但他准备好了，就像这则广告说的：

> 1762 年 10 月 23 日——下令同月 25 日星期一，将在利奇菲尔德执行死刑的男尸遗体被转移到达尔文博士府邸，后者将在四点开始解剖课程讲座，在星期二晚上，只要能保存尸体，就每天继续进行；只要有药剂师或外科医陪同，我们欢迎每一位来宾；又或许，您也可以只是“被科学引诱之人”。[30]

对科学的热爱吸引了不速之客——1768 年，两个神职人员朋友问他是否可以进行另一场表演。

在达尔文年轻的时候，人们会有这样一种感觉：他对个人声誉的担忧扼杀了他那潜在的独创性。然而，无论他走到哪里，他的住所都堆满了管子、电线和化学药品。1756 年，诺丁汉没什么病人，至少他有了时间玩耍。达尔文与钟表制造商结交，传播约翰·希尔（John Hill）的新书《不列颠草药》（*British Herbal*）中抄袭的丑闻，还写信给阿尔伯特·赖马鲁斯，信中夹杂着英文和蹩脚的拉丁文，内容涉及灵魂、埃及木乃伊、用马车车轮上的弹簧圈做的减震器、
45 本杰明·富兰克林和电力。富兰克林从事该领域已有 10 年，他最出名的是关于闪电和“尖端导体”的研究。为了理解云层是如何使自身充斥闪电的，他曾提出“火”从海洋中的盐和水的摩擦中收集而来，它固定在云层表面，并在云层遇到山峰、峭壁、树或一艘船的桅杆时，以电击的形式释放出来。[31] 随后，在 1752 年 5 月，法

国电工在马里的一个小村庄中证明，确实可以通过一根金属棒将其安全地从云层中引出并“接地”。于是从波兰到葡萄牙，教堂塔楼都设立了避雷针。

达尔文对这一切很感兴趣，有关电学的争论激发了他的第一篇科学论文，该论文发表在他结婚前几个月，1757 年初皇家学会的《汇刊》中。[32] 在这篇论文中，他推翻最新提出的一种理论，该理论认为，因为水蒸气带电，所以它会像云一样上升并停留。相反，达尔文认为，太阳的热量、降温、扩散足以解释云层的变化，并设计了一个巧妙的实验来证明这一点。

差不多同一时期，达尔文遇到了一个志趣相投的人：马修·博尔顿。玛丽·布尔顿的娘家罗宾逊一家是达尔文的患者，他们也都是约翰·巴斯克维尔的崇拜者，这是一位乐于创新的印刷商，他们都订阅了其精装本的《维吉尔》（*Virgil*）。同时他们还是自然哲学家和天文学家约翰·米歇尔（John Michell）的朋友，达尔文曾在剑桥与其结识，博尔顿与其在伯明翰游乐。[33] 但他们之间的纽带主要是对发明和实验的热爱。很快，他们意识到他们可以如何互补：受过大学教育的理论家达尔文，懂得技术的博尔顿。他们同样直言不讳、精力充沛、热情洋溢，就像硬币的两面。第一条月光社的链接就这样搭建起来了。

05 瓶瓶罐罐

韦奇伍德商品目录中的奶油瓷

1750年，在斯塔福德郡绘制的一幅伯斯勒姆的草图中，一大片杂乱的房屋沿着山顶排列，教堂就在下面的山谷里。[1] 鞋匠、理发师和几个屠夫的店铺散布在一堆堆的陶瓷[1]和旅馆中：土耳其人的头、快乐的陶瓷工具、法院、熊[2]。陶瓷之间有三角形的公共用地和向外延伸到草地和农田的小路。一根五朔节花柱竖立在村庄的草坪上，在一座名为“詹金斯”（the Jenkins）的小山上，一架风车正在转动。这是个英国乡村，但这里的景色更像月球，地面坑坑洼洼，堆着一堆堆干黏土和又高又尖的破瓦罐。四面都是巨大的、像

[1] 为避免混淆，本文将 pottery 译作陶瓷，earthware 译作陶土制品，stoneware 译作炻器，Potteries 指代地名时译作陶瓷之地。

[2] 此处为店名。

瓶子一样的烧窑，在天空的映衬下蜿蜒着，冒着烟。

从 17 世纪早期起，韦奇伍德就在这里做工匠了。1758 年，当达尔文还在发展他的事业时，年轻的约西亚·韦奇伍德正计划开始制作他的第一个陶瓷。很久以后，他回头看 1759 年初留下的笔记，写道：“我看到了广阔的田野，肥沃的土壤，对任何辛勤耕耘的人都是丰厚的回报。”[2]

韦奇伍德对农业形象的形容很贴切。整个 18 世纪，这片土地仍然支配着大多数人的生活。挨着这片陶瓷产地，特伦特姆的高尔勋爵那样的大庄园横跨中部各郡，如果这些人拥有了大量的煤、木材或石头，他们绝不介意从中赚钱。肥沃的土壤为农民提供了丰厚的生活，而未开垦的林地和荒地养活了小农和平民。这里的土地也 47
为该地区的工业提供了原料：铁矿和铅，山上的石灰石和燧石，陶瓷所需的棕色和黄色黏土。中部地区贸易兴盛。16 世纪晚期，通常是法国移民的玻璃制造商来到这里，在陶瓷之地周围和伯明翰西部的斯陶尔河谷定居下来。一个世纪后，特伦特河河畔的伯顿镇开始酿造啤酒；考文垂附近从事丝织和缎带的制作；诺丁汉有框架编织手艺。柴郡的岩盐顺流而下运到默西河，在那里，潮水将其溶解在巨大铅池里的盐水中，带着淡咸味的烟雾笼罩着地平线。

陶瓷是当地最古老的工艺品之一。200 年来，在北斯塔福德郡低矮山丘上散布的少数几个小镇和村庄里，陶工们一直在用当地的黏土制作大理石和杂色的陶瓷，出售黄油罐、大水罐和有图案的盘子。这一片有六个村庄，从北到南分别是：坦斯特尔、伯斯勒姆、汉利、斯托克、朗顿和芬顿，后来被称为令人费解的“五镇”，现又合并为特伦托河畔斯托克市。

陶瓷一直是科学、设计和技能的结合，从某种意义上说，每一个好的陶工都是实验化学家，他们尝试新的混合物和釉料，随时注意温度和黏土可塑性的影响。1708 年，德累斯顿经过多年的试验，确定了瓷器的配方，而在这一重大突破之前，瓷器在中国已有千年历史。迈森的皇家撒克逊瓷器公司刺激了全欧洲的皇家工厂对手，但东方的瓷器仍然是宝物，而东印度公司满载的青花瓷还远远供不应求。这些船只带来了新的奢侈品——茶叶、咖啡和巧克力——从而增加了对优质茶杯和茶壶的需求（陶器和瓷器很快都被称为“china”）。为了迎合时尚，荷兰的陶工们，尤其是代尔夫特的陶工们，很久以前就开始用备受推崇的蓝白相间的图案来装饰他们的锡釉陶瓷，很快英国的作坊也纷纷效仿。1745 年，切尔西首先制造出了英国软坯瓷器（其成分更像是用于玻璃制品），然后是堡区、德比、斯塔福德郡和伍斯特。但只有布里斯托尔和普利茅斯因其在康沃尔发现的高岭土（一种重要成分），才能制造真正的“中国”硬瓷。

48 企业家嗅到了新的商机。拥有化学知识的药剂师和医生，或拥有设计和造型技能、熟悉奢侈品行业的珠宝商和金匠，都与陶瓷工匠建立了合作关系。[3] 然而，财富来之不易：生产软、硬两种瓷器都存在巨大的技术和财务问题，烧制损失成本也很高昂。工厂倒闭，破产数量成倍增加。然而，这种潮流激发了人们去寻找一种类似但更便宜、风险更小的东西，一种适合“上流”餐桌的精致白色陶器。大体上有两种陶瓷制品：一种是陶器，它可以由当地的黏土制成，并在相当低的温度下烧制（大约 1000 摄氏度），但它仍然多孔易碎，必须经过第二次上釉才能盛水；另一种是炻器，将黏土和燧石混合，然后以高得多的温度烧制，使成分呈现玻璃状且无孔，这是很大的进步。

就像斯塔福德郡的陶工们逐步学到的那样，韦奇伍德珍惜他的贸易经历。[4] 向前迈出的每一步都赋予了陶工们一定的竞争优势，他们紧紧保守住自己的秘密。偶然或狡猾的民间故事通常隐藏着工业间谍活动。盐釉的历史故事很典型：尽管荷兰人很早就使用苏打上釉（一种从希腊时代就知道的技术），但17世纪中期，伯斯勒姆人仍然使用高沼地上的木炭“炉”中熔化的铅釉。1680年，据说一个快乐的“意外”发生了：一名仆人在伯斯勒姆附近的一个农场做腌猪肉：当它冷却的时候，就留下了一层透明的、玻璃般的釉面。农夫告诉他的邻居陶工，很快盐就成吨地从柴郡运来。事实上，上盐釉是从欧洲慢慢传到伦敦和北方的。它的优点是只需要一把火，但热度必须足够高。

新建的窑炉又宽又高，能装下大量的瓷坯，这些瓷坯被塞进匣钵中，匣钵是一种粗糙的陶制容器，能保护瓷坯不受不均匀的热量、火焰和有毒气体的伤害。站在外面的脚手架上，“锅炉工”把一袋袋的盐倒进高高的窑洞里，当烟气在巨大的垂直喷口中循环时，一种玻璃状的硅酸盐在锅上形成，给它们带来持久的光泽。每 49
逢星期六早晨，伯斯勒姆周围的乡村上空都笼罩着一层厚厚的白云，浓得“常常使人互相撞在一起，使旅人认错前路；陌生人说它非常讨厌，就像埃特纳或维苏威火山的烟一样”。[5]

伯斯勒姆还生产红色和黑色的陶瓷。17世纪晚期，荷兰陶工J·P·埃勒斯（J. P. Elers）定居于此，他发现了小众的新商机，即模仿时髦的东方紫砂茶壶。（人们说他神秘极了，在地下铺设管道来探测陌生人的脚步声，还雇了一个白痴来转动他的轮子。）埃勒斯还制作了一种色彩浓烈的“埃及黑”，也就是韦奇伍德黑陶瓷的前身。当地的其他陶工经常用从煤矿排水系统中发现的“矿车”来熏黑他们的陶瓷，车上充满了沉重的氧化铁。贸易依然继续进行。18 世纪 20 年代，部分陶瓷作坊开始使用来自多塞特郡和德文郡的蓝白色“块状黏土”制作精细的白色陶瓷，而另一些作坊则使用打磨过的燧石来制作盐釉白色石器。1740 年左右，一种新的工艺被开发出来，瓷坯被烧制成“素瓷”，然后上釉，再重新烧制成有光泽的“奶油瓷”。有了这个新的产品——韦奇伍德后期陶瓷产品的基础——斯塔福德郡的陶瓷工们终于可以进军时兴市场了。

约西亚必须学习制造的所有步骤，甚至包括黏土装上飞轮之前的准备工作。首先，一旦黏土被开采出来，它就会在地里和院子里被风化使其成为更具有可塑性的泥堆。传统上，要在一个浅且巨大的室外坑（称其为太阳窑洞）将泥堆与水混合，但现在更多是在巨大的“滑屋”（Slip–Houses）里，这样可以免受天气影响。拿着木杆和桨的人混合浑浊的液体，让沙砾、卵石和重谷粒沉到水底。其次，将其过滤，一层一层地堆积起来晾干。直到它可以被切成块，储存在潮湿的场所。[6] 最后，将黏土“揳入”，像做面包一样捣碎揉捏以去除所有气孔，否则它可能在窑中破裂。只有完成了这些步骤，瓷坯才适合装上飞轮。

韦奇伍德的大多数近亲都参与了这项生意。他的两个叔叔，托马斯和“长约翰”——一个是制陶坯的专家，另一个是该地最好的
50 “锅炉工”——是盐釉炻器的主要生产者，到 18 世纪 40 年代早期已经赚了一大笔钱，在伯斯勒姆建了第一座有石板瓦屋顶、方形的三层楼房，它建在山坡上，被简单地称为“大房子”。两人似乎都是坚定的单身汉，然而，当 53 岁的约翰要结婚时（后来有了六个孩子），他们的关系变得紧张又有趣，随后托马斯于 62 岁也结了婚。韦奇伍德在给朋友托马斯 · 本特利（Thomas Bentley）的信中

写道:“我突然听到一个声音——新闻，新闻，新闻，你猜发生了什么？说真的，我的叔叔托马斯和我的表亲莫丽之间的婚姻故事，真是令人难忘，可以写一出‘老女仆和单身汉的极好配对’。”[7]

他的另一位叔叔理查德离开该地区成了柴郡的一名奶酪商人，他富有到足以开设私人银行。同时，约西亚的父亲是“模具”制造商，继承了其祖父和父亲之前的丘奇亚德工厂。约西亚于1730年7月12日在家旁边的教堂受洗，是13个孩子中最小的一个，他们中只有七人没有夭折。六岁时，他和哥哥姐姐们一起就读于附近的莱卡河畔纽卡斯尔的一所学校。该校由托马斯·布朗特（Thomas Blunt）开办，托马斯醉心于数学和化学，是一位具有古典知识的苦行者。如今选编的（或乱编的）约西亚的轶事，事后看来是在强调他的灵巧和专心。例如，他的同学们回忆起他如何借用姐姐的剪刀来“剪掉最令人惊讶的东西”，“战斗部队，海上舰队，房屋和花园，或一整套罐子模具，以及它里面做出来的器皿的图形”。[8]

约西亚三年间都是步行上学，每天往返七英里，还要裁剪他的纸制军队。1739年6月，九岁的他失去了父亲。在临别的最后一刻，托马斯将这些制品留给了他的大儿子，另一个托马斯，并将20英镑留给了六个年幼的孩子：玛格丽特、约翰、亚伦、理查德、凯瑟琳和约西亚。但这只是一厢情愿。老托马斯·韦奇伍德是个好人却不是个好商人，直到18世纪70年代，约西亚才拿到他的最后一点遗产。

据说（虽然很难证明），在父亲去世后，约西亚和比他大三岁的哥哥理查德开始制作陶瓷，“在一个小房间的各个角落坐着工作”。[9]老故事总是讲道，他快12岁时天花袭来，他病得很重，关节感染，特别是在右膝盖，导致他后来有明显的跛足。无疑，到了 51

中年后他依旧带着天花的印记，像伊拉斯谟·达尔文一样，脸上满是“严重的天花痕迹”。[10]

1744年11月11日，即雅各宾派军队在该地附近驻扎的一年，韦奇伍德不得不依约定当其长兄的徒弟长达五年。托马斯签约教他“制作土坯和陶瓷的艺术、技法、职业或使用”，他作为陶艺匠人被提供食宿和衣着，“亚麻和羊毛，以及治疗疾病和保障健康方面的所有其他必需品”。[11] 作为回报，他同意忠实地为托马斯服务，不泄露他的“秘密”或盗用他的财产。而且，按照惯例，契约规定了他的空闲时间：“他不得玩牌、掷骰子或任何非法游戏，他不得光顾酒馆或啤酒屋；他不得通奸，他不得缔结婚约。”

52 通常情况下，陶工的飞轮通过踢脚踏板来转动。也许是由于15岁时膝盖的旧伤，韦奇伍德放弃了拉坯的希望，而转向了制模具、设计和实验。他已经对化学产生了浓厚的兴趣，至少通过一个笔记本可以得到证明，后来他的秘书亚历山大·奇斯霍尔姆（Alexander Chisholm）将其标注为“1750年前的实验”。[12] 这展现了他博览群书、记录实验，这些实验不仅与陶瓷有关，还与玻璃、金属制品和其他领域有关。当他的学徒生涯于1749年结束时，他已经为他的兄长工作了三年，然后离开去寻找自己的路：或许是因为墓地工坊[1]太小，不足以养活两个人，又或许是因为托马斯再婚后家庭破裂——他的第一任妻子于1750年去世。不管是什么原因，韦奇伍德加入了一家在斯托克规模不大的陶瓷公司，哈里森和奥尔德斯（Harrison & Alders）。

韦奇伍德太过于聪慧与野心勃勃，无法长久地于此工作。

---

[1] 墓地工坊（Church yard Works），即韦奇伍德兄弟家的工厂名。

——编者注

丘奇亚德工厂，伯斯勒姆

1754 年，年仅 24 岁的他在斯托克附近的芬顿维维安（Fento Vivian）与比他年长 11 岁的托马斯·威尔顿（Thomas Whieldon）建立了合作关系，他将是陶艺历史上的关键人物。威尔顿一开始只是为伯明翰金属贸易公司生产鼻烟壶的陶瓷座，但很快就雇用了几个熟练工人和学徒［其中一个，就是在 18 世纪 40 年代后期为人所知的约西亚·斯伯德（Josiah Spode）］，他又拥有了第二家工厂，以及芬顿庄园和专属燧石厂。[13] 许多归功于韦奇伍德的创新，其实最初是由威尔顿发明的，比如分工操作——拉坯、转轮、运送、装饰、施釉。正如韦奇伍德后来所做的那样，威尔顿是附近第一个向工人提供租住的人，他付给伙计们像样的薪水，有时还附送一件衬衫或一双鞋子，所有这些都整齐地记入账簿："我要给他一双旧长袜或其他什么玩意儿。”[14]更棒的是，他热衷于所有技术进步，是奶油瓷的领先制造商。

每年都有成千上万箱陶瓷从威弗河运到利物浦，或从特伦特河运到赫尔。斯特兰德大街和全国各地的商店的经销商都在宣传他们的商品，就像利夫人（Mrs Ley）在伯明翰所做的宣传：

……斯塔福德郡餐具的好选择，白色套装盘子，圆形和椭圆形都有，各种款式和大小的雕花调味汁碟，荷兰布丁杯，瓜形碗，扇贝形状蛋壳质地的洋蓟杯，奶油蛋羹杯，满足你的所有新奇想象。[15]

53 威尔顿的商品广告远登波士顿、纽约、费城。[16]订单源源不断，购买方糖盒、曲线优美的酒壶、绘有鸟和水果的茶叶罐、边缘呈扇贝状的盘子、带条纹的肥茶壶、手冲壶和高高的梨形咖啡壶。许多陶瓷上面有漂亮的半透明彩色釉彩；其他的则是一种深沉的奶油色，上面有花朵浮雕、东方景致、田园绘图。

韦奇伍德已经为新的釉料和设计赢得了声誉，威尔顿与他达成了一项合作协议，鼓励他在不泄露研究方法的情况下进行研究。[17]他研究出了黄色和绿色的新釉料。他用龟壳和大理石制品做实验，在奶油色的胎体上撒上金属氧化物的晶体，如铜、铁或锰，在燃烧过程中溶解，留下蓝色、棕色和绿色的条纹。他尝试了一种新的“玛瑙”，把红、黄、白三种颜色的黏土混合在一起，或混在黏土的表面上施釉。当他离开的时候，他写道，“我已经做了一个仿玛瑙，它很好看，取得了相当大的突破”。[18]1759年初，他开始记录这些试验，很久以后，他又附了一张纸条，解释说“这一系列试验”始于芬顿庄园：

> 那时候我们的陶器迫切需要改进，我们产品的需求量日益减少，业界普遍认为我们的产品质量很差，正在走下坡路。

纸条下面是近 5000 个详细试验记录中的第一个，它在接下来的 35 年里继续被实行着。

尽管 18 世纪 50 年代早期的亏损和与法国的战争之后出现了经济萧条，但韦奇伍德担忧的并不是销售，而是风格的陈腐。他写道，白炻器的低价意味着陶工们无法关注“形式的优雅”；这个国家已经厌倦了龟壳制品，甚至他的上等玛瑙也成了审美疲劳的牺牲品。韦奇伍德必须找到新的东西。韦奇伍德一直在学习，他的一位导师华纳·爱德华兹（Warner Edwards）就是以化学知识闻名的谢尔顿市的陶工。爱德华兹的“秘密搭档”是当地一位打破常规的牧师。同样，韦奇伍德显然也从威廉·威利特（William Willet）牧师那里学到了东西。威利特牧师是纽卡斯尔莱姆唯一的神教牧师，他是一位“具有非凡机械创造力的人”，并于 1754 年娶了约西亚最 54
小的妹妹凯瑟琳为妻。[19]（韦奇伍德的外祖父曾是一位异教徒牧师，而这一联系将贯穿他的一生。）

韦奇伍德在威尔顿变得焦躁不安，指望着只需要谁的一个小小助力。1756 年，他本可以期待他富有而古怪的姨妈凯瑟琳·韦奇伍德·埃格顿给他点什么；凯瑟琳是一大笔财产的继承人，三次婚姻使她更加富有，虽然她既不会读书也不会写字，但她是一个极其精明的女商人。然而，除了给约西亚本人留下了 10 英镑的小遗产，她把自己相当可观的遗产，包括她睡觉的羽毛床，都留给了约西亚的哥哥托马斯。那 10 英镑，无论份额占多少，都是对韦奇伍德独立的一个鼓励。另一个助力是他的表妹萨拉，即他的柴郡商人叔叔理查德·韦奇伍德的女儿。22 岁的萨莉（韦奇伍德总是这样称呼她）并不漂亮，但引人注目，她又高又瘦、皮肤苍白，有着略带红色的头发与灰绿色的眼睛。他们从小就认识，可她受教育程度更高、也更富有。她的父亲很谨慎，据说他告诉约西亚，除非他能拿出和萨拉的 4000 英镑嫁妆一样多的钱，否则他不会同意把女儿嫁给他，“门当户对”。[20]

韦奇伍德迈出了这一步。在 1758 年底，他安排小他四岁的表弟托马斯在伍斯特的瓷厂工作。五朔节那天，托马斯的合同开始生效，韦奇伍德从他叔叔约翰那里租了间位于伯斯勒姆的常春藤公寓。1760 年，当他 30 岁的时候，他雇佣了 15 个工人和孩子，并且真正成为一个陶艺大师。

韦奇伍德的很多产品都使用了他在威尔顿发明的丰富的绿色和黄色釉料，现在又用在他广受欢迎的“绿色蔬菜”上，器具形状有花椰菜、菠萝、洋蓟和瓜类。他还制作了普通的奶油色器皿，有些是在当地绘制的，有些则由利兹的罗德公司施珐琅彩。18 世纪 60 年代早期，韦奇伍德取得了进一步突破，用新的转印技术来装饰他的陶罐。在这一革命性的过程中，工匠们先用铜板雕刻图案，然后将转印纸附在上面，刷上一层封胶，再把它们压在釉面上。这
55 项技术的起源颇具争议，但它似乎是在堡区和切尔西发展起来的，并在 18 世纪 50 年代中期被利物浦的萨德勒和格林采纳，用于制造瓷砖。[21] 从 1761 年起，韦奇伍德的订单集中于此，他和其他陶工把英国的餐桌和梳妆台变得栩栩如生，布满了鲜花、浪漫的爱情故事，风景、珍奇的鸟儿，君主、英雄和徽章。[22]

1762 年，在一次去利物浦的旅途中，韦奇伍德遇到了一个

人，后来成为他最亲密的朋友和合伙人。路上，韦奇伍德在沃灵顿默西桥附近被一辆马车撞到沟里，导致本就虚弱的左腿又受了伤。他被带到利物浦的金狮医院，给他治疗的是外科医生马修·特纳（Matthew Turner）。特纳是一位敏锐的实验化学家。不久，特纳把他介绍给当地的一位朋友托马斯·本特利（Thomas Bentley），他是镇上的一名商人。本特利与他年龄相仿，他们都是新教教徒，但彼时的本特利更有成就、更自信，让韦奇伍德看到了新的前景。本特利受过古典教育，曾在欧洲大陆旅行，会说法语和意大利语，了解古代和文艺复兴时期的艺术；他在天堂街有一所别致的房子，积极参与本地事物，他是沃灵顿异教徒学院的利物浦理事、新八角教堂的联合创始人，后来又联合创办了公共图书馆和艺术学院。[23]本特利对自己的信仰也很勇敢，是一位坚定的奴隶贸易反对者，而奴 56
隶贸易是利物浦新财富的主要来源。

韦奇伍德一回到伯斯勒姆，就兴高采烈地写信感谢本特利的好意，说他冒昧地称本特利为“我非常尊敬的朋友”。如果本特利不认为这太过冒昧的话，“我不在乎它听起来多么像贵格会，多么过时，因为这就是我希望自己对你所抱有的感情”。[24]在韦奇伍德的恢复期，他们的谈话大多关于化学，他的记录从“抽出时间在以太上做了一两个实验”，到现在他用“关于酸碱、沉淀、饱和等冗长乏味的叙述”来反驳特纳。

他们也谈论其他话题。的确，从一开始，他们就可以无所不谈：当他们相遇时，本特利正在写关于女性教育的文章，而韦奇伍德则询问他对卢梭当年出版的《爱弥儿》（*Emile*）的看法。不久，本特利和博德曼的公司就成了韦奇伍德在利物浦的代理商。在之后的几年中，本特利将使韦奇伍德紧跟潮流，保持艺术品位，并不断吸引富有的顾客。[25]本特利使反复无常、不断探索的韦奇伍德沉静下来，让韦奇伍德放慢脚步，把事情想清楚，韦奇伍德的信件是一扇通向世界的窗户。“它们给我带来好品位，鼓励和制作好东西所必需的一切。”[26]（毫不奇怪，韦奇伍德在早餐桌上看邮件时，萨拉有时会变得不耐烦。）

与本特利和特纳的会面给了韦奇伍德信心，让他敢于就诗歌、政治和瓶瓶罐罐发表自己的看法。他赞扬了詹姆斯·汤姆森（James Thomson）的诗歌《自由》（*Liberty*），并评论道：“如果他的三种美德——独立生活、正直执政和对公共福利的热爱——成为英国自由的基础，那么这个岛屿将会迎来幸福。”[27]但为了创造这种独立的生活，韦奇伍德不是向有文化和思想的人，而是向有实际远见的人寻求指导，比如伯明翰的新星——玩具制造商马修·博尔顿。

06 向索霍前进

石楠丛生的基地——索霍，约翰·菲利普绘，1790 年

博尔顿总是在他的商业信件上签上“来自父亲和我本人”的字样，但到了 1757 年，谁是背后的主导力量已经不言自明。那年，他的父亲隐退到相对平静的萨勒霍尔德农场，这个农场是从巴斯克维尔的朋友萨拉·伊夫斯（Sarah Eaves）的亲戚那里租来的。他们的生意越做越大，博尔顿现在需要向洛斯诺希尔老房子后的斯兰尼街道两侧的所有作坊付工钱。他对每一项新发明都很感兴趣，并且很快就能学会制作。在这一年年初，博尔顿签下了一笔来自本杰明·亨茨曼（Benjamin Huntsman）的订单，亨茨曼是谢菲尔德的坩埚钢发明者，他的钢材好到可以制作钟表弹簧、钟摆和金属切削工具。当他签下这笔订单时，博尔顿补充道：“我希望您的哲学精神仍然为您效劳，并能很快为人类带来丰硕有用的成果，但最重要

的是对您本身有益，这是您忠实朋友的真诚愿望。”[1]

博尔顿自己便拥有无限的哲学精神。从18世纪50年代开始，他就保持着记笔记的习惯，其内容五花八门：降雨量；不同液体的温度；水银的熔点和沸点；不同种类的绳线、亚麻、金属丝，以及它们在潮湿或干燥时的不同性能；不同年龄的人的脉搏频率；阳光；关于行星的运动；如何制造磷和封蜡；甚至“以一种秘密的方式书写”，即隐形墨水。[2]

许多在纸片上草草记下的备忘录都与博尔顿所在的行业有关，比如将铜、银制成合金的方法，如何使锡更坚固，还有用于纽扣镀
58 金的配方。[3]他还在寻找精确的热量测量方法，这是当时的一个普遍问题。温度计是所有仪器中最棘手的，到目前为止，大多数人都满足于记录温度的变化，但是在18世纪20年代和18世纪30年代，提出了三种新体系，即列氏温度、华氏温度和摄氏温度。博尔顿测试了列氏温度计和华氏温度计，并尝试自己制作温度计。1762年，达尔文开玩笑地跟博尔顿讲，他们共同的朋友佩蒂特医生说道：“希望我的兴趣与你的祷告一起能给他弄来一两个温度计——你为什么不卖温度计呢，我自己也想要一个。”[4]

但博尔顿对这些东西的兴趣，不仅是为了它们的商业价值，也是为了它们本身的价值。基尔在他死后写道：

通过快速而客观的理解，大量的实际应用和良好的机械感觉，博尔顿先生证明了无须大量的常规学习就能获得许多科学知识。他对自然哲学的几个分支都有非常正确的理解，是各个金属工艺方面的大师，并掌握与其制造品有关的所有化学反应。电学和天文学曾一度是他最热衷的消遣。[5]

就像瓦特在格拉斯哥和韦奇伍德在利物浦一样，他的大部分知识都是通过友谊获得的，正如基尔承认的那样："毫无疑问，他的大部分知识都来自最好的导师，来自于与杰出人士的交流。"

不久，博尔顿就和这些杰出人物之一，德比郡钟表匠约翰·怀特赫斯特（John Whitehurst）有了密切的联系。1758 年，怀特赫斯特 45 岁，很难想象他竟在这个年龄就如此渊博。博尔顿和达尔文都是 20 多岁的年轻人，他们渴望知识，寻求良师益友，他们从怀特赫斯特那里学到了很多关于仪器和发明的东西。那年 1 月，怀特赫斯特寄给博尔顿一张账单，要求他做一些工作，并附了一张便条，宣布自己终于造出了一台满意的温度计："它具有我所希望的所有优点，其中金属物的延伸比以往的任何机械都灵敏"，他很快就会把它带到伯明翰，"并希望与您共度一天，来尝试所有必要的实验"。[6] 他对他们研究的所有课题都特别兴奋，气压计、热膨胀，还有停止"音乐闹铃中铃铛的振动"问题。

博尔顿无法抗拒这样的实验。1758 年，他的偶像富兰克林来 59
到伯明翰，富兰克林也认识怀特赫斯特，还曾和他一起设计时钟。前一年，51 岁的富兰克林作为宾夕法尼亚议会的代理人定居在伦敦，并在皇家学会演示了他的电学实验。富兰克林此时正在英国中部旅行，他说，"一方面是为了恢复我的健康，另一方面是为了增进与有权势之人的友谊"。[7] 有了在宾夕法尼亚以印刷业生财的经历后，富兰克林很想去见见巴斯克维尔，他也订阅了巴斯克维尔的《维吉尔》，并且正在追索他的理不清的家庭关系，其中包括几位伯明翰的纽扣制造商。一位是成功的纽扣大师，另一位是个精神饱满的老太太，很像他的女儿，长着一双"跟他女儿一模一样的伯明翰式的小蓝眼睛”。[8] 他们都是“勤劳、聪明的劳动人民，认为自己生活在亲爱的古老英格兰非常幸福”。

富兰克林思想开放，为人热情，爱好广泛，兴趣多样。他的发明中包括富兰克林壁炉、改进抽水马桶以及避雷针。就像达尔文（对富兰克林非常钦佩）一样，他相信新鲜空气有益健康，提倡敞开窗户，把一切都通通风。在伯明翰，他的伙伴们在不同的房子里用餐，“不断从一个工厂步行到另一个工厂，看到所有稀奇古怪的机器和高效的工作方式时，他们倍感愉悦”。[9] 约翰·米歇尔寄信给博尔顿，其中介绍了“美国最好的哲学家，尽管您并不认识他，但您已经非常了解他”。[10] 博尔顿以极具感染力的激动心情，天天围着这位伟人团团转。

博尔顿是电气兄弟会（Electrical Brotherhood）的成员之一。就在富兰克林来访之后，诗人威廉·申斯通（William Shenstone）于附近的莱斯比茨庄园写信，感谢他介绍他们。申斯通还问博尔顿能否为一个朋友“弄到一件电元件”，并补充说，“他希望它能有效地展示所有常见的电气实验；并将这件事完全交给您处理，您是这方面的专家。”[11] 不出一个月，申斯通（他发誓自己没有技术方面的兴趣）就坦白道：“我的手指已经被电烫伤了；直到你告诉我富兰克林先生如何储存闪电，我都还认为这是像天主教传说一样的
60 天方夜谭呢。”[12] 不久，申斯通开始委托别人为他的马车、鞋和膝盖搭扣、“马前额的珐琅星饰”[13] 镶上镀金的菠萝形饰品。博尔顿很快就发现，在生意场上，他那些与哲学相关的联系完全可以派上用场。

不过，当博尔顿的公众声誉上升时，家内却面临着悲伤和焦

虑。位于斯诺希尔的房子很凄凉：博尔顿夫妇结婚的头几年，也就是 1753 年以前，他们生了三个孩子，多萝西娅、安妮和玛丽亚，却都在婴儿期夭折，玛丽自己也病得很重。[14] 并没有材料说明玛丽是死于分娩还是发烧，不过博尔顿早期的论文中有几张充满暗示的页数，上面写着关于“歇斯底里症”的笔记。[15] 其中一张提到了一些症状，一开始是令人毛骨悚然的寒冷，接着是头痛和痉挛：“因此，歇斯底里的女人在呼吸时感到压抑，就像被勒死了一样。”一系列的治疗方法以种种令人绝望的抗癫痫药物告终：

牡丹的根，铃兰的叶，芸香的种子，橡树或榛树的鼠尾草，橡木，樱桃，人血……人头盖骨、海马牙、蓖麻、孔雀粪、樟脑、叶盐、琥珀油。在适当的烟草烟雾中使人康复，鲜花短时间有效。阿莫尼亚盐是好的。麋鹿爪子也很好。

但是，在伯明翰很难找到海马牙和麋鹿爪子：什么也救不了玛丽。在她的葬礼之前，博尔顿写了一首诗放在棺材里，用正式的短语，赞扬她的真诚、感性、对家庭的责任和对他的爱：

她生下许多的儿女，忍受许多的疼痛和疾病，
在他眼前忍耐，
在她圣洁的床边保持美德，
终生未曾辱没她的珍名，
这一切使丈夫爱着他的妻子
你是我的挚爱。[16]

61 博尔顿为自己、也为她祈祷。“永别吾爱，”他写下最后一句，“天人相隔。”玛丽的灵魂就在那里，在那些精雕细琢的词句里；她坦白、直言、富有感情却又坚忍。然而，他的表达很局限：她是爱得更多的那个，是因其美德才使她得到了马修的青睐。

1759 年，博尔顿的父亲也去世了。从那时起，他开始独自经营生意，他变得更加雄心勃勃，到伦敦为他的银扣、剑柄和鼻烟壶寻找顾客。12 月，博尔顿和他的兄弟约翰住在奥尔德斯盖特的乔治旅馆，“一家喧闹匆忙的旅馆”，准备打入高端市场。[17] 博尔顿安排了一位朋友把剑柄送给爱德华王子，王子带着剑柄去看戏；然后威尔士亲王也订了一个，博尔顿觉得很高兴，他可以休息一段时间，“和我的哲学朋友们欢度一天”。[18]

回到利奇菲尔德，多萝西·罗宾逊显然是一心一意地爱着她那位漂亮的丧偶女婿，这让她自己的儿子卢克越来越生气。几个月后，博尔顿给他“亲爱的妈妈”写了几封信，就好像玛丽的死从来没有发生过一样。从伦敦回来的路上，他写了他对结束旅程是多么高兴，“但更高兴的是，这能让你也快乐起来，你的炉边让人非常愉悦……我不会忘记瓷器、小提琴弦、滴剂或任何其他嘱托”。[19] 在这样一封热情洋溢的信的空白处，他潦草地写道：“请原谅我的写作风格，因为你知道我的写作风格总是浮于表面。”[20]

在博尔顿妻子死后这么短的时间里，比他那种轻松愉快更令人吃惊的是他有了一个全新的急迫追求对象——玛丽的妹妹安妮。他请求安妮在伦敦写信给他，当她回信时，他表现出的不仅仅是手足情深：“请相信，我对你的爱和友谊像大地的根基一样稳固。”[21] 不久后，她成了“你那真诚可爱的情郎真正一切欢乐和幸福的源泉，马修·博尔顿”。一旦他有了目标，博尔顿就下定决心，爱情和事业都是如此。冬去春来，他的信飞得更快了，他的口吻也越来越亲昵："我亲爱的甜心""我亲爱的迷人精""我亲爱的天使"。阻碍使他更加坚定。1758 年，达尔文传给波莉的八卦偶然提道："小 62
乖乖向罗宾逊小姐致以亲密的问候，以至苏达尔（一个情敌）被拒之门外。"[22] 到了 1760 年初，博尔顿正焦虑不安地写信给安妮谈起这位"苏达尔"，让她向母亲保证"我很确定你永远不会和他在一起"。[23]

同年春天，博尔顿和其他伯明翰的知名人士，包括巴斯克维尔，一起在伦敦为当地的纽扣制造商提供证据，这些制造商正在促成一项禁止出口皮带金属圈的法案（皮带金属圈即能够将纽扣固定在皮带上的一种玩意儿）。1760 年 4 月 22 日，他出现在下议院委员会面前。博尔顿的立场完全出于自身利益的：如果皮带金属圈制造商继续出口，那么外国的纽扣制造商就会受益，而他自己的贸易就会受损。他说得很清楚，也很中肯，毫不羞愧地主张对其他制造商实施这种无情的限制。[24] 不过，博尔顿始终想着结婚的事。但他和安妮之间有一个严重的问题：教会法（虽然不是习惯法）禁止与亡妻的姐妹结婚。安妮被吓坏了，马修狂热地恳求她不要折磨他，发誓他除非被狼撕成碎片否则绝不会变心，抗议他永远不要看到她在别人的怀抱中，"否则，我的大脑会被疯狂倾覆，我会做绝望的事"。[25] 博尔顿在刚出版的一本小册子《弗莱谈婚姻》（*Fryon Marriage*）中找到了论据，这本书认为，这样的婚姻"既不违背法律，也不违背道德，是非常合适和方便的"。[26]4 月 22 日，就在博尔顿出席下议院委员会的那天，他从舰队街的一个书商那里订购了 180 本小册子（精明地从他的大量订单中获得了 50% 的折扣）。皮带金属圈法案刚结束，博尔顿就急忙跑回英格兰中部，袋子里装满了礼物和小册子，将它们像彩纸一样撒得满地都是。

然而，有一个人对他的天赋和小册子不屑一顾。当卢克·罗宾逊看到他的姐妹和母亲都被博尔顿的魅力所吸引时，他开始担心，他们所有的财富可能会被博尔顿的投机主义所吞噬，这可以理解。那笔财富确实是不小的数目。通过一份遗赠契约，罗宾逊家的两个女孩每人继承了家族产业中的1.4万英镑，玛丽死后，她的份额传给了她的妹妹。安妮现在是2.8万英镑的继承人，以今天的货币计算大约在150万到200万英镑之间。难怪卢克会起疑心。多萝
63 西·罗宾逊现在病得很重，卢克的敌意被谣言激化了。"我发现有人告诉你哥哥，"博尔顿写道，"你和我正躺在一起，劝说你妈妈把她从他那里得到的一切都给我们，这是最残忍、嫉妒、恶毒的暗示。"[27]他不得不努力反驳，他追求安妮是因为爱情，而不是出于经济上的考量。当她的母亲在五月底去世时，博尔顿失去了主要盟友。很快，他把安妮送到了伦敦，在那里，认识他们的人都不反对这桩婚事。1760年6月25日，在办事员和博尔顿姐姐的见证下，他们在罗瑟希德的仓库和码头之间的圣玛丽教堂举行了婚礼。一个月后，一位裁缝开了一张账单，上面有一件波斯袖白色缎面晚礼服。[28]

20年后，理查德·罗弗尔·埃奇沃思发现自己也处于同样的境地，他希望娶亡妻的妹妹。他向博尔顿求助，后者立即推荐他读弗莱的书。如果埃奇沃思真的决定这么做，博尔顿补充道：

> 我劝你还是别谈你的打算，赶快舒舒服服地到苏格兰去，或者到伦敦某个偏僻的角落里去，假设是在沃平，在那儿找个住处，成为教区的居民。等到到期、法律实现的时候，你们就可以快活地过日子。这样的婚姻是否合适，对于那些常常思考的人来说太明显

> 了，并不需要我的意见……我推荐的方式是沉默、保守秘密和苏格兰。[29]

博尔顿和安妮结婚后定居在斯诺希尔，他装修房屋、雇佣仆人和女佣，并邀来室内装潢师、画家和橱柜制造商。安妮轻松地成为了一位领先制造商的妻子，可以去订购条纹真丝礼服、意大利丝绸连衣裙和黑色真丝衬裙。[30]像她的丈夫一样，安妮很好地利用了信贷，把这些账单拖延了五年。

博尔顿需要贷款。18 世纪 50 年代的贸易硕果累累：英国人口不断增长，随着国内和殖民地市场的崛起，经济开始蓬勃发展。城镇不断扩张。像利奇菲尔德这样的老集镇和大教堂城市，其集会、音乐会和赛马大会，与伯明翰这样的后起之秀竞争。建筑工人、装饰工人和家具工人有大量的工作要做，商店的橱窗里摆满了商品。人们第一次可以冲动购物，渴望赶时髦。报纸上的广告如鲜花般盛 64
开，介绍陶瓷、银器、衣服和玩具等，而来自殖民地的舶来品如今已唾手可得，除了穷人都能买到——丝绸、咖啡、烟草和茶叶。楼梯初次铺设地毯，买主不必考虑选土耳其还是法国货，只需到威尔顿和基德明斯特的新的英国工坊购买即可。

玩具制造业在这种消费氛围中蓬勃发展，从纽扣、鼻烟壶到最细小的珠宝挂钩，连衣裙、帽子和假发等各种产品。虽然伯明翰的商品质量经常受到质疑，但伯明翰已经因其高效和廉价而闻名。1759 年，主要的制造商约翰·泰勒（John Taylor）和塞缪尔·加贝特告诉议会，在伯明翰和周边地区，有两万人从事玩具贸易，贸易的年产值可达 60 万英镑，其中 5/6 来源于出口。这是一个国际化的行业，关注时尚和设计。泰勒说，镇上已经有“两三所绘画学校，专门教年轻人设计和绘画艺术”，“三四十名法国人和德国人”在那里工作。[31]

泰勒是初露头角的制造商的榜样。他是一个真正的先驱，打破了传统的“生产”工作，即制造商接到订单，然后把工作委派给不同的工匠——一个人制造纽扣“壳”，另一个人制造螺纹环，第三个人制造装饰的顶部。相反，他建立了一个“工厂”，不是一个巨大的立在某处的建筑，而是一个系统、专门的车间，并已经雇佣了500人。1765年，他与当地另一位富有的制造商查尔斯·劳埃德（Charles Lloyd）一起创建了伯明翰银行，这家银行为许多地方项目提供了资金，是劳埃德银行的前身。

或是像泰勒这样的老牌商人，或是像博尔顿这样的年轻人，他们都赶上了繁荣的时代。赋税少；贸易促进了繁荣，商业成为爱国主义的象征。特别是1745年后，因为反对法国和天主教的一切，英法之间的旧贸易战争急剧复苏。当法国在奢侈品领域处于领先地位时，英国则在新机器和新技术方面走在时代前沿。法国人的注意力越来越多地集中于获取这些资源上——法国政府公开宣称，浪费时间重新利用已经在英吉利海峡对岸发现的资源是愚蠢的。[32] 在英国，爱国社团兴起，比如艺术促进协会，创立于1754年的制造业与商业协会，为设计、发明和改进提供奖品和奖励。[33]

65 即使是1756年的七年战争开始贸易骤然减少时，博尔顿的生意却一直在壮大。1759年，博尔顿向议会提交的证据已经显示出他对荷兰、西班牙和葡萄牙贸易的了解。博尔顿分享了整个国家的喜悦心情，为这一年的胜利而炫耀——皮特的奇迹之年。在印度，克莱夫曾把法国人赶下科罗曼德尔海岸；在加勒比海，英国人的收获包括盛产糖的瓜德罗普岛；在海上，法国舰队被击溃，英国控制了地中海；在北美，五大湖上的要塞最终被攻占，沃尔夫对魁北克大胆而致命的攻击使法属加拿大获得了胜利。1760 年 10 月，乔治二世去世，18 岁的乔治三世继位，成为汉诺威第一位出生在这里，母语为英语的君主。蜂拥的民众欢迎新君主的新娘，来自梅克伦堡年轻的夏洛特，并在他们的加冕礼上欢呼。在一个丰实而硕果累累的好夏天的帮助下，这个国家短暂地感到轻松自在：新项目、新冒险的时机到了。

坐拥安妮的资产和他从父亲那里继承的遗产，博尔顿制订了计划。斯诺希尔的车间和仓库太小了，他梦想有一个足够大的场地来存放原材料、绘图和设计室，所有阶段产品的车间，以及成品仓库。他还想要一个磨坊来驱动机器进行基本的操作，比如轧制、抛光，可能的话还需要车床。他与水车专家、工程师约翰·斯米顿（John Smeaton）取得了联系，开始寻找自己的水车。不久，他找到了爱德华·罗斯顿（Edward Ruston）和约翰·伊夫斯，他们在汉兹沃思租了 13 英亩土地，租期为 99 年。汉兹沃思位于伯明翰以北一英里半处，就在斯塔福德郡的边界上。他们的租地沿着陡峭的斜坡向下延伸至下面的山谷，通过挖出一个半英里的河道，引霍克利河流下山坡筑坝，他们不仅拥有了宽阔的水塘，还有陡峭的高低差，水可以冲下来为他们新的索霍磨坊提供动力。与此同时，在山顶上，他们用新的索霍住宅取代了旧的农舍。1761 年，博尔顿以 66
1000 英镑的价格买下了租地和所有的建筑——这仅是他们用于改建的费用。

过去，索霍不过是一片灌木丛生的荒地，长满了石南花和金雀花，只有兔耳草和养兔场老主人的棚屋。尽管博尔顿总是把他的冒险浪漫化，认为是在沙漠中创造财富，但这片荒地只是普通的土地。尽管索霍的大部分地区已经被圈地，而他自己的领地也只吸收了相对少量的公共用地，但这仍可能被视为剥夺了穷人的权利。博尔顿60多岁时，他以一个傲慢的商人王子的不宽容态度写道，这是无稽之谈：

> 我是根据经验说的；因为我的工厂是在英国最贫瘠的公地上建立起来的，那里只有几间简陋的茅屋，住着一些懒汉乞丐，他们靠着公地的帮助和一点小偷小摸，过着不劳而获的生活。现在情况完全改变了。在过去近30年里，我在上述工厂里雇用了1000名男女老少。[34]

破旧的农舍荡然无存，这个地区现在有“数百间干净、舒适、令人愉快的房子”。

这既是事实，亦是被整个资产阶级所使用的诡辩。从旧的农业经济到“工资奴隶”经济的彻底转变，需要某种骨子里就有的强硬立场。1761年，博尔顿就对任何不安都充耳不闻。这年2月，他未能及时完成一份订单，向伦敦商人蒂莫西·霍利斯（Timothy Hollis）道歉，只是解释说他刚刚购买了“英国最方便的水磨，在天使报喜节[1]前我都不打算工作”。[35]当水磨工作时，它将帮助博尔顿开展一些新的模式“在这样的条件下，我认为将大大改善我们的贸易”。

博尔顿着手整理房子，好让他母亲和妹妹搬进去。然后，他布置了一个菜园和一个种植园，里面种了冷杉，还建造了仓库、车间和工人住宅。[36]然而，博尔顿的大部分精力都用在了磨坊上，他认为其效率不高，于是立即拆除并重建。[37]博尔顿建了自己的砖

[1] 天使报喜节（Lady Day），为3月25日。

窑，挖了一个黏土矿，这将工作直接拖到了冬天，他计划在春天为其砌砖，然后卖掉剩余的砖块。在这段时间里，博尔顿仍然住在斯诺希尔，经营着自己作坊，奔波于那里和索霍之间。1762 年 67
1 月，去伦敦出差的路上，博尔顿遇到了约翰·福瑟吉尔（John Fothergill）。福瑟吉尔是一位俄罗斯生的伯明翰商人，刚刚与雇主解约。他们的合作协议签订于仲夏节（Midsummer Day），福瑟吉尔取代博尔顿的索霍家中的母亲与妹妹。[38]

福瑟吉尔在哥尼斯堡曾担任他表亲的学徒，他在欧洲大陆的经商经验被证明是无价之宝，但与博尔顿的合伙人不同，他很谨慎，常常为了钱发愁。甚至在合作关系开始之前，福瑟吉尔就从伦敦写信警告博尔顿竞争很残酷。一名珠宝商说，泰勒和其他人已经收到了“如群狼袭来的订单”，并表示“为了一笔小生意，他会接受任何资助”。[39] 但是，博尔顿确信他能击败对手。尽管大约在这个时候，伯明翰已经开了几家生产轻金属和日本制品的大型作坊，但在创新方面，索霍走在了前列：不到两年，博尔顿就推出了熔合板，或称“谢菲尔德板”，多年来一直是该地区唯一的制造商。然而，经济总是问题的关键。他小心翼翼地经营着，把所有的资金都投入生意中，手里却很少有现金。这是那个时代的典型现象，信贷链从制造商购买原材料，到批发商、出口商和零售商，有时甚至是劳动者；许多富有的商人，如泰勒和劳埃德，逐渐进入银行业。

为了在索霍建立新的业务，博尔顿还需要更多资金。而这笔钱又一次来自他的妻子。1764 年 9 月，她的弟弟卢克·罗宾逊因精神错乱和痉挛而去世。他的遗嘱马上引起了一场争论。一本破旧的笔记本上写满了当地人的口供，其中包括他的医生——不是别人，正是伊拉斯谟·达尔文——他发现卢克的“脉搏、身体和心灵”被焦虑搅得如此不安，以至于达尔文认为“他对他的仆人们大发雷霆，致使他受到伤害”。[40] 但遗嘱得到了确认，卢克死后，安妮继承了整个罗宾逊庄园。博尔顿几乎立刻开始把姻亲们在农场积累的财富直接用于他的工厂。有了这种保障，他可以筹集更多的资金：很快巴斯克维尔从伦敦出版商雅各布·汤森（Jacob Tonson）那里得到了一笔高达 3500 英镑的贷款（后来增加到一万英镑）。

68 一旦资金得到保障，博尔顿立刻决定建造一个新的仓库和车间。一切都是大规模的。这座共有三层的仓库被称为“主建筑”，宽有 19 个开间，正面为帕拉第奥建筑型式，还有一座钟楼和一节马车道，堪比一座富丽堂皇的宅邸。职员、管理者和他们的家人住在楼上，仓库四面环绕着广阔的院子。在这个院子下面，有合伙人自己的轧机。后来需要增加时，他们就在几英里外的特姆河上的霍尔福磨坊租了另一个轧机。[41] 根据制作的对象或需要的技术，生产被安排在不同的车间。[42]

博尔顿的工厂甫一开张，就被誉为新工业景象的奇迹。1765 年，福瑟吉尔估计它可以容纳 400 名工人——尽管博尔顿兴高采烈地把它增加到七八百人。[43] 钱被投资在每一个可能的机器上，用于加工金属和合金，石头和玻璃，珐琅和乌龟壳。但如果工程是宏伟的，那么账单也是。主楼的成本是一万英镑，而不是预估的 2000 英镑：不管营业额有多高，它都无法弥补这些昂贵的固定资产，而合作伙伴对产品成本和价格的无能为力更是雪上加霜。[44] 到 1764 年，博尔顿福瑟吉尔公司的损失超过 3000 磅。双方都投入了更多的钱，他们不断地借贷建立了一个巨大的“账单”，这是多年来的一个主要问题。随着贷款的堆积，债权人的哀声也接踵而来：在写米考伯[1]式的说服信方面，博尔顿成了能手。

渐渐地，博尔顿把所有的生产都集中在一个屋檐下。虽然博尔 69
顿从来不想这样，但他后来说，伯明翰的工作让他的职员绝望，而且，1765年圣诞节他们盘点库存时，“我们所有的店员都说，我们的图案、商品和材料散落在这么多不同的街道和地方，几乎不可能防止我们遭受损失。”45 博尔顿还认为，合伙人必须更加信任他们的工人，而不是出于谨慎，“因此，他们有义务给他们更高的价格，高于我们本应该给的，特别是在我们的监督和直接管理下”。

现在，博尔顿决定自己搬到索霍公馆，把福瑟吉尔赶出了公司。福瑟吉尔听到这样的消息后很不高兴，因为他本可以更有效地监督城里的仓库，与外国代理见面，接受订单。博尔顿是一个善于列清单的人，他把自己的理由愤怒地写在一叠纸上：“既然福瑟吉尔在工厂里一点用处也没有，如果他不愿意住在城里的仓库附近，那他还有什么用呢？”（博尔顿争辩说，他甚至没有在花园里放“一车粪”。）相比之下，索霍需要“一位在理论和实践两方面都具备一些解决问题的能力、一些人性方面的知识、所有机械艺术方面的高超技能和独创性的大师”。46 他必须住在现场，因为问题随时都会出现。但是他们到哪里去找这样的大师呢？

> 我们能在伯明翰目不识丁的手工艺人中找到他吗？还是在那些从书本中汲取知识的思辨理论家中去寻找他呢？两者都不行：但他必须是两者兼备的人……如果B[2]有任何人选那就让他来。

---

[1] 狄更斯《大卫·科波菲尔》中的人物，形容无远虑而老想走运的人。

[2] 指博尔顿。

——编者注。

博尔顿完全相信自己是一个集书卷气和商业头脑于一身的人，因此是唯一适合管理事物的人，他从不回头。可是那家看上去不赖的工厂几乎把合伙人双方都毁了：寻找新的收入来源、新的关系和新的想法变得更加重要。

本杰明・富兰克林

就连博尔顿忙着经营工厂时，都还在继续实验。18 世纪 50 年代末，他曾读过瑞欧莫（Réaumur）[1] 有关孵蛋的书；路易十五曾资助过瑞欧莫，喜欢帮助雏鸡从壳里钻出来。既然国王能做到，那想必他也没问题。他测试设备，征用朋友的母鸡，并记录鸡蛋何时孵化。 70

我把我的温度计放在李（Lee）的公鸡翅膀下，它上升到 103，然后我把它放在他的母鸡翅膀下，它也上升到 103。

然后我把它放在哈里斯的母鸡翅膀下，它上升到 99。

[1] 瑞尼・瑞欧莫（René Antoine Ferchault de Réaumur），法国科学家，在许多不同的领域都有成就，尤其是昆虫的研究。他于 1731 年提出列氏温标。

但放置在鸡蛋中，它上升到 96。

6 月 19 日，星期一，3 点钟，我把我的温度计放在太阳的高温下，上升到 121 度，当时的温度是 72 度，相差 49 度……[1]

诚然，温度计的使用令他兴奋。但是鸡蛋也够好吃的：霍普顿伯爵告诉他鸡蛋是所有食物中最有营养的，“所以他认为两个鸡蛋加上盐和面包就足够一顿饭了”。[2] 三分半钟，博尔顿想，够做一回实验了。

索霍一开始运营，他就没那么多时间去喂鸡了。然而，对自然哲学的兴趣就像发烧一样：一旦开始就无药可救。18 世纪 60 年代充满了各种新发现，随着社交网络在伯明翰、苏格兰、利物浦和沃
71 灵顿的扩展，个人独立工作开始让位于共享。博尔顿和韦奇伍德对现代技术充满激情，但他们也知道创新依赖于交换。他们开始与他人联系起来：与异教徒学院的人，如约瑟夫·普里斯特利，以及伦敦的本杰明·富兰克林周围的“电学家”和理想主义者。

这些人对实验感兴趣，不过常常出于不同的原因。例如，约瑟夫·普里斯特利，他是利物浦的异教徒中的一员，该圈子还有马修·特纳和托马斯·本特利等人，对他来说，探索电、磁或化学意味着揭示天意在自然界中的运作。这种学问开阔了人们的眼界，使他们能够质疑权威，摆脱过去的枷锁。知识是光和向导，是权利和武器。正如詹姆斯·汤姆森在《四季》(*The Seasons*) 中所展示的，或者马克·阿肯赛德 (Mark Akenside) 在他的《给科学的赞歌》(*Hymn to Science*) 中所写，神圣和科学可以共享同一种语言：

科学！你这充满热情的光，

精神生活的源，
自由、慷慨、凝练！
带着你所有的宝藏，
照亮每个困惑的思想，
愿上帝保佑我勤劳的心灵。[3]

普里斯特利总是在寻找这种照亮一切的光。他长着长鼻子、圆眼睛和柔和的嘴巴，瘦削而热情，乍一看像是个滑稽人物。他有一张令人不安的歪脸，所以他的两个侧面像两个不同的人；他走起路来“像一种脱节的、小鸟似的小跑”；他说个不停，语速很快，可怕的结巴却将源源不断的话语拦腰斩断。（他最终通过“每天非常大声、非常缓慢地”阅读克服了这个问题[4]。）

1762年，普里斯特利在沃灵顿默西河岸的学院教书。“我祝福上帝，”他曾经坚定地宣称，“我生来就是一个非国教徒，不像英国国教徒那样被如此卑贱的制度的枷锁所束缚，我也没有在牛津或剑桥受过教育。”[5]具有讽刺意味的是，这些不守成规的人被老牌大学拒之门外，是对英国文化的一大刺激。许多异教徒去了欧洲或苏格兰，到异教徒学院工作，这些学院积极欢迎新宗教，教授现代语言、现代历史、政治、数学和自然哲学。

普里斯特利出生于1733年3月，是约克郡一个服装师的儿子， 72
六岁时他的母亲去世，他由姑姑抚养长大，她是一名开放的长老派教徒，她欢迎所有临近的传教士，只要她认为对方是“诚实善良的人[6]”，无论其观点多么异端她都欢迎。就像约西亚·韦奇伍德和伊拉斯谟·达尔文一样，普里斯特利也做实验——他的弟弟蒂莫西记得他曾把蜘蛛关在瓶子里，看它们能活多久。和韦奇伍德一样，他也得到了当地一位曾在爱丁堡学习的牧师的帮助，这位牧师把他介绍给了洛克、牛顿和赫拉弗桑德。[7]作为一名天生的学者，普里斯特利学习了拉丁语、希腊语和希伯来语，似乎注定要成为牧师。但普里斯特利接下来转向了商业，学习了法语、德语和意大利语，并为一位商人叔叔担任翻译。普里斯特利十几岁患上肺结核后，家人要送他去里斯本做会计师，还能呼吸温暖的空气。在这种身体和精神遭受双重打击的时刻，普里斯特利转回了做药剂师或选择公职的想法，并入读了达文特里学院（Daventry Academy）。在这所自由主义学校里，普里斯特利毁灭式的打击感烟消云散。在这里，工作因乐趣而变甜；瞎子的裸体，接吻，滑冰，保龄球，唱歌和“我所见过的最可爱的动物”调情。[8]

1761 年，普里斯特利在萨福克的尼达姆市场做了第一份薪水微薄的苦差事（在那里，他几乎被排斥为一个“狂热的异教徒”），之后又在柴郡盐区的楠特威奇教区当了四年牧师，过得比较快乐。普里斯特利创办了一所成功的学校，为男孩女孩们开设了生动活泼的新课程，还偷偷开设了一门科学课程，使他能够“买几本书和一些哲学仪器，比如一个小气泵、一台电机等”。[9]他教大一些的学生去关心哲学，用实验来娱乐他们的父母和朋友。不过最后，普里斯特利承认：“我大大提高了我学校的声誉，尽管我最初没有别的目的，只是满足自己的趣味。”

在沃灵顿，要满足这些爱好还挺容易。学校氛围活跃且前卫，当地的铁匠、玻璃工匠、亚麻织布工和富有的默西塞德郡商人都会光顾学校。普里斯特利交了很多朋友：教区牧师约翰·塞登（John
73 Seddon）；毕业生托马斯·珀西瓦尔（Thomas Percival）是一名医生和公共卫生活动家；还有神学教师约翰·艾金（John Aikin）。艾金家是科学和文学世家的典型代表，他们的儿子约翰成了一名医生，而他们的女儿安娜·利蒂希娅（Anna Laetitia）成了一名著名的诗人，则以婚后姓氏巴尔巴德扬名。在接下来的几年里，她的儿童作品成为整整一代的经典。不过在 1760 年，安娜还是一个苗条、诙谐的年轻女子，拥有摄人心魂的蓝眼睛。尽管学校没有官方的女学生，但她告诉朋友："我们有一个不错的小姑娘。如你所期待的那样快乐开心，而且非常聪明。"[10]

有舞蹈、纸牌游戏和聚会，课堂采取公开讨论的形式。普里斯特利显然是一个天生的老师——他的传记图表和新历史图表几十年来一直颇受欢迎。他思路清晰，直截了当，除了他有结巴。普里斯特利邀请学生来家中，把讲义借给他们阅读，当他们向他提出质疑时，他很高兴。"我不太记得了"，一个以前的学生写道：

> 即使别人对他所发表的东西提出最强烈的反对意见，他也从来没有表示过一点不满；不过，我清楚记得他平常接待他们的时候，总是带着赞许的微笑，当他们所作的任何言论具有独创性或力量时，他也不吝赞美。他的目标……就是让学生自己去检验和决定，而不受他人情绪的影响。[11]

普里斯特利的魅力来自他对问题的开放态度和对美好未来的憧憬。他在一个加尔文主义的家庭中长大，曾被宿命论的观念吓坏了，宿命论把人类分为得救的和被诅咒的，普里斯特利找不到任何"迹象"表明他不是注定要下地狱的——这就是他开始结巴的原因。"我偶尔会感到这种精神上的痛苦，"普里斯特利回忆道，"因为我无法描述这种痛苦，现在回想起来我仍然感到恐惧。"[12] 慢慢地，普里斯特利抛弃了这个严酷的教条，开始寻找一种更理性的宗教——这就是他后来攻击一切黑暗、专制的权威的开始。

其中重要的一步是普里斯特利在达文特里阅读了戴维·哈特利（David Hartley）的《人，及其结构、职责和期望的观察》（*Observations on Man, his Frame, his Duty and his Expectations*）（1749 年），这本书也影响了达尔文、戈德温和其他许多人。[13] 哈特利，一位医生、一位国教牧师之子，结合了一些无根无据的生理学理论（基于思想的机械理论）与洛克和休谟的思想，认为人并非
74 出生就有原罪，孩童的思维是空白的，被形塑于知觉、感知与概念的联结。哈特利希望证明，我们的“内在”和社会生活都受到牛顿定律——一种道德推拉机制的支配。快乐和痛苦是关键：对善的吸引和对他人的同情创造了快乐，而他们的拒绝造成了痛苦：“自利”因此是仁慈的同义词。社会变革将从“知识向所有阶层和等级的人、向所有国家所有血缘、所有母语，以至全人类的传播”开始，人类已经进入发展的弹道，“这将不可能被阻止，并将永远以加速的态势前进”。[14]

达尔文对哈特利关于神经系统的生理学观点很感兴趣，而普里斯特利则对他传教士式的学习观点反应热烈。如果人们被环境所塑造，那么他们可以改变，变得“完美”——最终达到神意所期望的幸福。这种必要性的信心与休谟和亚当·斯密的观点相似，后者在《道德情操论》中写道：“人类以及所有其他理性生物的幸福，似乎是自然的作者在创造它们时的最初目的。”[15] 在普里斯特利的脑海中，这个目标和更广泛的争取自由和改革的政治斗争融合在一起。在某种程度上，这位前加尔文主义者总是在寻找一个新的千年。他写道：“黎明已经来临，我们毫不怀疑光明将普照，并趋近越来越

完美的那一天。”[16]

普里斯特利承认他是一个唯物主义者。正如他后来解释的那样，人类并不是由物质和精神或“灵魂”这两个对立的原则组成的；脑力是大脑本身有机结构的一部分。当肉体死亡，这就是结束。（他确实坚持相信末日审判，但宣布死者仍然是彻底的死者；它们只会通过一个“来自启示方案”的过程被重新组合[17]。）上帝当然存在，祂的计划可以在宇宙的运行中被模糊地辨别出来，但是没有“圣灵”或神圣的基督。然而，如果普里斯特利是一个唯物主义者，但他却认为物质本身并不是惰性的，甚至分子或原子也不是固态或坚硬的。普里斯特利的灵感部分来自他的电学研究，部分来自耶稣会的理论家博斯科维奇，普里斯特利认为物质是由点组成的，永恒运动的力的中心由吸引力和排斥力控制——我们对“坚固”的感觉就是对力的抵抗。[18]18 世纪的原子物理学认为，所有的物质都是能量，因此在某种意义上是精神论。宗教、政治和科学交织在一起。在普里斯特利所有的实验和想法周围，都笼罩着一种转变的光环。 75

有时普里斯特利听起来就像伏尔泰笔下的邦葛罗斯[1]，他相信一切都是最好的。房东教他吹长笛，虽然对他从来没有任何好处，但普里斯特利还是多年来一直把长笛推荐给周围所有好学的人，尤其是那些没有机会听音乐的人，因为他们会“更容易高兴，即使他们对听到的表演无动于衷时，也不太容易被冒犯到”。[19] 沃灵顿的生活似乎为这个永远乐观的人提供了所有的机会。来自楠特威奇（Nantwich）的老学生中有威廉·威尔金森（William Wilkinson），他的父亲是雷克瑟姆（Wrexham）的一位钢铁大王（他和他的兄弟

[1] 伏尔泰《老实人》中的角色。

约翰，有朝一日也会成为当时最富有的钢铁大王）。他们的妹妹玛丽，已芳龄 17，是安娜·利蒂希娅·艾金“少女朋友圈”的成员。1762 年 6 月，普里斯特利 30 岁生日前，他和玛丽结婚了。像她那些脾气暴躁的兄弟们一样，她有自己的想法，有敏锐的目光和令人心动的微笑：她还博览群书，慷慨大方，不过是一个有点蹩脚的组织者。普里斯特利愉快地叹了口气，承认“她在家庭事务的每一件事情上都非常出色，她完全解除了我所有的忧虑”，所以他可以把所有的时间都花在学习和“我职位的其他职责”上。[20]

这些职责显然包括了长时间拜访朋友。普里斯特利经常去天堂街拜访本特利，熬夜聊天。在这里，他遇到了韦奇伍德和特纳，并帮助安排特纳在学院教化学和解剖学（后来他承认，在他去听特纳的讲座之前，他几乎不懂化学）。借着这股新的热情，他现在决定，实验哲学需要一部书面的历史，来展示自然的发现如何与社会进步相联系。他为什么不自己写一本呢？或者至少开始做一部分——如果他做不到，其他人可以做。与博尔顿和韦奇伍德对商业帝国的信心一样，普里斯特利开始攻坚科学——没有什么是不可能的。普里斯特利先从他最熟悉的电说起。1765 年，普里斯特利带着牧师约翰·塞登的介绍信，前往伦敦。在这里，他发现了第二
76 个有利的关系，“电学家”，他们与本杰明·富兰克林所说的“诚实的辉格党俱乐部”有关，这是一个在圣保罗咖啡馆聚会的哲学和政治俱乐部。普里斯特利很快就和这群人中的几位走得很近：富兰克林、熟练的电学家威廉·沃森（William Watson）、约翰·坎顿（John Canton），还有数学家和神学家理查德·普莱斯（Richard Price）。普莱斯把他带到了皇家学会。回来后（他告诉坎顿这次访问就像一个“令人愉快的梦”），普里斯特利开始着手创作他的书。[21]

在撰写实验之前，普里斯特利先尝试性地做了些有争议的实验，一小时又一小时地转动他的电机手柄，直到他完全“对不断充电的电池感到厌倦，被频繁的爆炸震晕”。[22] 他的兄弟蒂莫西是一名木匠，同时也是一名加尔文主义牧师，他从曼彻斯特赶来帮助他建造设备，包括一个用于从雷云中引电的大风筝。它有六英尺宽，但蒂莫西说“约瑟夫可以把整个东西放在他的口袋里，因为框架会被拆散，他可以带着它走，就好像他手里只有一个鱼竿一样”。[23] 风筝运转良好。普里斯特利在地上加了一条叮当作响的铁链（这条铁链保护了实验员，但对一只好奇的鹅却是致命的），他伦敦的朋友们寄来了温度计、湿度计和气压计，以便他在放风筝时进行气象探测。1766 年 6 月，为了帮助大众接受普里斯特利的书，他们建议他加入皇家学会。

普里斯特利成功推进了工作。1767 年 9 月，他从沃林顿搬到利兹，成为米尔希尔教堂的牧师。那年秋天，《电的历史和现状》（*History and Present State of Electricity*）出版了。它立即取得了成功。普里斯特利文笔生动、叙述准确、内容新鲜。普里斯特利的部分发现产生了重要影响，尤其是当他发现木炭是一种优秀的导体时，他察觉到电和化学之间的联系。虽然数学和理论不是普里斯特利的强项，但他有着敏锐的直觉，包括他认为电的吸引力和万有引力的作用原理是一样的。[24]

普里斯特利的风格几乎和他的内容一样重要。他的整个研究方法源于他的信念，即知识可以成为民主的武器来对抗蒙昧主义和暴政。普里斯特利在 1772 年的《实验与观察》（*Experiments and Observations*）的序言中有力地阐述了这一点：

> 77 知识的快速进步，就像海中波浪的推进，或是来自太阳的光那样照射到四面八方，不是这个或那个方向，而是所有的方向。我不怀疑，在上帝的统治下，会剥离所有恐惧和偏见，终结所有宗教交易和科学上过度滥用的权威；在这个启蒙的时代，各种腐败机构利益驱使的一切努力都将是徒劳。[25]

普里斯特利选择写一部“历史”而非一篇论文，是因为他觉得这是一种表现知识永远前进的形式，它讲述了一个宽广的、内省驱动的故事，能唤起“崇高”的情感。[26] 在普里斯特利的书中，他提供了自作的整洁图画，描述了无论成败的自制实验。普里斯特利说，虽然他意识到承认失败“对作家荣誉的影响较小”，但他希望通过表明实验不需要是特别的天才才能做，可以鼓励他人尝试。即使他看起来像个傻瓜，他也能“为使别人成为哲学家作出更大的贡献，这对公众来说是一件更重要的事情”。普里斯特利所处的党派也奠定了他如何选择表现形式。小说作品就像机械演示，“比如地球仪和太阳系仪”，提供了人类独创性的有限模型：

> 真实的历史就像空气泵、冷凝机和电机的实验，它们展示了自然的运作，以及自然之神本身。英国的等级制度（如果它的结构有任何不健全的地方）……即使在空气泵或电机面前也有同样的理由颤抖。[27]

本特利和韦奇伍德分享了普里斯特利的民主理想，本特利也帮助了他的实验，并向韦奇伍德指出，电力也许可以用于装饰陶瓷。韦奇伍德回答说，他很乐意以任何方式帮助普里斯特利的实验“更广泛地发挥作用”，但普里斯特利打趣道：

> 你们这些勇敢的凡人！夺去雷霆者的闪电——为了什么？毫无疑问，去轰击那些对穷人和有需要的人的压迫者，或以最惊人和最引人注目的方式执行某种公开的正义，那将使地球上的大人物颤抖！……愿你们凡人平安！——没有恶意——天堂曾经可怕的闪电现在被召唤下来娱乐你的妻子和女儿——装饰你的茶具和小玩意儿。[28]

本特利很乐意和他们一起工作，并祝愿博士“愉快而巧妙地 78
研究大自然的秘密”取得圆满成功。在伯明翰——没有任何神学包袱——博尔顿也一直在做电学实验。1760 年，博尔顿和富兰克林一起工作，把他们的尝试描述为密封莱顿瓶，以防止电“液”泄漏（尽管电不能“泄漏”）。很快博尔顿就拥有了两台电机，甚至收到了关于用电来治疗风湿病的咨询。[29] 富兰克林还展示了他心爱的发明，他著名的“玻璃乐器”（Glassy chord）——一种机械化的音乐玻璃[30]。博尔顿时不时地给他提供新的玻璃。

博尔顿沉浸在间接的名声之中。他遇到了来自英国各地的实验人员，比如苏格兰天文学家詹姆斯·弗格森（James Ferguson），他是富兰克林和怀特赫斯特的同事，1761 年在伯明翰做过演讲。镇上有很多这样的讲座——四年后，一套 12 个讲座涵盖了从电学到透镜，从水力学到磁铁的所有内容。[31] 似乎每一秒钟都有人在研究新的工艺或工具，导致了专利的激增。[32] 其中最著名的伯明翰科学家兼实业家是塞缪尔·加贝特（Samuel Garbett）的搭档约翰·罗巴克（John Roebuck）。普雷斯顿潘的硫酸工厂蓬勃发展，1760 年，罗巴克和加贝特在卡隆开设了炼铁厂。斯米顿设计了机器，技术工人从科尔布鲁克代尔来到这里，第一年就熔化了 1500 吨铁。大约此时，罗巴克和博尔顿在伯明翰一起研究温度计。“为了研究温度计的结构，博尔顿先生和我花了很多钱，但始终没能让我们完全满意，”罗巴克告诉沃灵顿学院的约翰·赛登（罗巴克是学院的伯明翰托管人，本特利是利物浦的）。“一旦我们完成任何向您承诺的东西，必定会回报于您。”[33]

当然，在伯明翰的实验人员中，另一位年长的政治家是博尔顿的老朋友巴斯克维尔。1760 年，他 54 岁，博尔顿 32 岁，但他们有着共同的思想，这种思想跨越了当时许多创新者共有的时代——韦奇伍德是另一个例子。他们是“乡下人”，能做所有男人做的事情，但很快就能学会他们的所需技能。他们对设计和技术有着同样的热情，是富有想象力的实验者，坚持不懈地追求完美。

79 也许是因为他们都是自学成才的，这些人似乎认为他们下定决心做的任何事情都可以实现。1757 年，在出版具有开创性的《维吉尔》之前，巴斯克维尔已经工作了多年，挑战有名的保守工艺。他不仅设计了新的字体，还铸造和设置字体，改进了印刷机的设计、造纸和制墨工艺。巴斯克维尔的许多实验都具有月光社的横向思维特征——随时准备抓住手边事物的潜力，测试他们偶然发现的任何东西的特性，不管是岩石、金属、酸还是工具。巴斯克维尔那富有光泽的、油性的、近乎紫色的墨水，由于混合了“细粒炭黑”、从玻璃钳和焊工的灯中收集来的煤烟而获得了它独特的颜色；他的纸上珍贵的釉料来自“热压”，这是一个神秘的过程，可能是基于涂漆技术。[34]

即使处于萧条期，巴斯克维尔依然取得了成功。另一位引人注目的先驱者亨利·克莱（Henry Clay）也是如此，他是巴斯克维尔

家族的一名学徒，他在18世纪70年代通过申请硬纸糊的专利而发
了大财。硬纸糊上过漆，可用于镶板、屏风、桌子，甚至马车的车
顶。其他发明家就没这么幸运了。博尔顿在斯诺希尔的一个邻居约
翰·怀亚特（John Wyatt），他是八兄弟中的老大，是发明家、雕
塑家和建筑旁支领域的先驱。作为一个机械和数学天才，怀亚特
看到了未来——从18世纪30年代开始，他就利用机器工作，以
取代手工劳动——但他在商业上毫无建树。最初，怀亚特发明了一
种切割文件的机器（卖给了一位破产的伯明翰枪械匠）；后来，他
和刘易斯·保罗（Lewis Paul）一起开发了一台纺纱机，可以用不
同的速度旋转。这条机器跑得很快，操作梳棉机的工人们还没来得
及用手把棉条补上，它就把棉条都转没了。于是保罗继续发明了第
一台梳棉机。约翰逊的朋友、书商托马斯·沃伦（Thomas Warren）
和《绅士杂志》（*Gentlemen's Magazine*）的爱德华·凯夫（Edward
Cave）是两个出人意料的项目策划者，在他们的支持下，怀亚特二
人先后在伯明翰和北安普顿建立了工厂，雇佣了50名工人——通
常被称为“第一家纺织厂”。这也失败了，尽管25年后的1769年，
理查德·阿克赖特（Richard Arkwright）发展了他们的思想并大赚
一笔。怀亚特还设计了第一座吊桥（被斥为不切实际的幻想），为
管道供水系统、滚珠轴承和新型鱼叉制订了计划，他的载重推车秤
也被急于阻止市场欺诈的企业抢购一空。这方面的一小部分专利税
就能让他发财。然而在1760年2月，作为六个孩子的父亲，怀亚 80
特悲伤地写信给博尔顿，“我在毁灭的边缘……我很抱歉给你带来
这么多麻烦，但如果我试图为此说话，这个话题就会让我窒息”。
[35] 博尔顿任命他为工头，直到1766年怀亚特去世，后来他又雇佣
了博尔顿的两个儿子约翰和查尔斯。但如果博尔顿试图证明自己

是这个家庭慷慨的朋友，那么也可以说他只是用便宜的价钱换得心安。

在伯明翰的烟雾缭绕外，博尔顿与达尔文的友谊依然最为深厚。在利奇菲尔德大教堂的庄严投影下，达尔文正风生水起。他建好了自己的房子，里面有通风的房间和旋转的楼梯。他在苏厄德的圈子里闪闪发光。他为他的儿子们感到无比自豪——1762 年，查尔斯四岁，伊拉斯谟三岁，都身体健壮。唯一的阴霾是波莉的健康状况不佳，他很快地给她开了处方。作为一名医生，他的声誉还在不断提高。1762 年 10 月，他满怀信心地在《伯明翰公报》（*Birmingham Gazette*）上宣传他的“解剖学讲座”，可以想象，每次血淋淋的演说结束，尸体都会缺胳膊少腿。[36] 同月，达尔文寄给博尔顿一封信，表示佩蒂特医生想要一些温度计，并补充说佩蒂特希望他能写一篇论文并成为皇家学会的成员。[37]1760 年，达尔文为英国皇家学会《哲学汇刊》写了第二篇论文，讲的是一个病人夜里醒来吐血的案例。他用布尔哈夫体系诊断的结果是，当这名男子睡觉时，他的肺没有“足够的感知能力”来推动血液循环，因此血液聚集起来，对血管施加压力。达尔文建议的补救办法很简单，就是在病人肺部的细小血管破裂之前，半夜把病人叫醒。[38] 凭借他的两篇论文，达尔文于 1761 年成为皇家学会会员。达尔文喜欢私人印章，但从未签署过宪章，后来的 20 年也再没有访问过伦敦。

博尔顿经常在利奇菲尔德，达尔文偶尔来伯明翰。1763 年，两人可能都看到了在英格兰中部城镇中巡回展出的“小宇宙”，这是一个装饰华丽的展示行星运作的东西，里面“有各种各样移动的星体、景观等”。[39] 达尔文满怀艳羡地看着博尔顿的企业成长。

1763年7月，他挖苦地写道："既然你现在成了一个头脑清醒、埋头苦干的商人，我几乎不敢麻烦你用那刻薄的、别名为哲学的方式帮我一个忙。"这一次，他需要博尔顿来帮忙制造一些设备，因为他花了一整天的时间"把佛罗伦萨烧瓶的颈部扭来扭去——结果白费力气！"

> 现在，如果你喜欢佛罗伦萨酒，请允许我给你一两瓶作为礼 81
> 物。不喜欢的话，也能否请你帮我把瓶子拧成一个环，然后让我们为哲学与交易的成功干杯……一定要严丝合缝地密封，隔绝外界空气，否则就不能实现我的目的了。[40]

"我非常想要这个新玩具！"达尔文补充道。一张小图清楚地显示了他所需要的东西，他打算用一个天平和一个玻璃容器制成湿度计来测试空气的湿度。达尔文放飞了自己的思想，抛出了那些数十年后才会被发现的理论的前瞻。[41]

然而，当达尔文、博尔顿、韦奇伍德和普里斯特利进行实验、开创事业、赚钱养家的时候，他们始终清楚，政治动荡可能影响到生活。乔治三世即位后的和谐时期并没有持续多久：很快，人们开始计算法国战争的成本，新国王支持保守党的对手，并非常依赖他的前任导师——令人憎恨的布特伯爵，辉格党们对此非常沮丧。1763年3月，韦奇伍德在伦敦激动地写了一篇激烈的辩论，反对布特扩大消费税法的计划，"这引起普遍反感，成为镇上每个政治俱乐部的话题"，指出"北不列颠人[1]的作者威尔克斯（Wilks）先生去了法国，但我不知道是什么原因"。[42]4月，布特辞去了国务卿

[1] 原文引用韦奇伍德的话，作者于注释中加了书名斜体。

一职，但就在同月，他的对手威尔克斯因在其报纸《北不列颠人》第45号上发表的一篇直言不讳的文章而被控煽动诽谤罪而受审。那年年底，威尔克斯逃到了法国。四年后，威尔克斯作为一个广受欢迎的英雄凯旋，成为米德尔塞克斯的议员。

尽管新闻界充斥着威尔克斯事件，但工作和新发现对来自利物浦、陶瓷之地、伯明翰和利奇菲尔德这些慢慢汇聚的朋友们来说更有意义。1765年5月，一个新人物出现了，在接下来的十年里，他将成为他们圈子的关键人物。就是30岁的苏格兰医生威廉·斯莫尔，他站在索霍住宅的门口，手里攥着一封富兰克林的信，信中称他是“一位有独创性的哲学家和一位最值得尊敬的老实人”。[43]

威廉·斯莫尔，佚名画家作

82 过去的七年中，斯莫尔一直在弗吉尼亚州威廉斯堡的威廉玛丽学院担任自然哲学和数学教授。他的演讲激发了一代学生，其中包括未来的总统托马斯·杰斐逊（Thomas Jefferson）。杰斐逊表示，他具有开明的见解和“快乐的沟通才华”，与斯莫尔见面，这是“我的好运，这很可能决定了我一生的命运……从他的谈话中，我对科学的发展以及我们所处的事物系统有了初步的认识”。[44]但并非所有人都对他如此印象深刻。斯莫尔毕业于在阿伯丁的马修学院，他是约翰·格雷果里

（John Gregory）博士的学生，格雷果里是休谟、凯姆斯和布莱克的朋友，皇家学会的成员，后来是国王的医生：可能是通过他的影响力，斯莫尔由伦敦主教指派，到了威廉斯堡工作。他刚来的时候只有 23 岁，在这个几乎全由英国国教牧师组成的、妒忌心很强的、封闭的教职员圈子里，他似乎是个危险的年轻人。他的父亲和哥哥都是长老会的牧师：他的自由主义具有威胁性，他的思想新颖，他最亲密的朋友都是学生。整个学院陷入一片混乱，教职人员与访客委员会发生了激烈的争执，其中包括许多斯莫尔的密友。尽管他经验不足，但他发现自己不得不教授人文和自然哲学，并编写一套全新的课程，用演讲课程取代死记硬背，增加纯文学、伦理学和现代语言的课程。[45]

斯莫尔在这里过得很好，靠当医生来增加收入（并在酒商那 83
里赚了一大笔钱），但背痛和气候打败了他。在为即将驶往威廉斯堡的年轻的前伊顿人史蒂芬·豪特里（Stephen Hawtrey）提供建议时，他警告那里有寒冬和酷夏，“因为天气太热了”，并建议他穿大号的亚麻背心，“因为出汗时不会紧贴在身上”，还有“印花布[1]衬衫，因为它们会吸收水分”。[46] 斯莫尔一有机会就到英国为学院购置科学仪器。1764 年 6 月下旬，斯莫尔收整行囊。尽管威廉斯堡的档案显示，斯莫尔确实把仪器送回来了，但关于“那个带着我们的钱跑掉的流氓”的笑话仍在那里流传。斯莫尔还拒绝宣誓，尽管这可以作为强制解雇教授的理由，他在英国的信念之一就是查明这种权力是否有效。弗吉尼亚州的争吵和政治问题一直困扰着他，“我发现他更倾向于党派和反对派。”豪特里的弟弟写道。[47]

斯莫尔很快就放弃了回去的念头。1764 年秋，他大部分时间

[1] 印花布（Callicoshirt）是印度生产的平纹的棉布布料。

都在爱丁堡和格拉斯哥度过，然后回到伦敦，在那里他遇到了在美国认识的本杰明·富兰克林。[48] 伦敦的俱乐部和社团都很友好、好客，就像城里著名的乔治与秃鹫酒馆的“星期一俱乐部”，是“诚实的辉格党人俱乐部”。[49] 富兰克林和斯莫尔后来住在查林十字区相隔几条街的地方。1765 年 1 月，富兰克林把斯莫尔带到了皇家学会，并把他介绍给他的朋友们。在很短的一段时间里，斯莫尔想给首都的医科学生讲课，但当他听说伯明翰有个职位空缺时，他意识到这完全适合他。斯莫尔带着他的老朋友格雷果里博士给他的阿伯丁硕士学位出发去了英格兰中部。没过几个月，斯莫尔就安定下来，还拒绝了去俄国工作的邀请，并很快地与约翰·阿什（John Ash）合租了一间房子，开设了一家诊所，阿什是新建的伯明翰诊所的主导者。斯莫尔以他轻松、淡泊的态度很快成为博尔顿的密友、医生和非正式秘书。这年 12 月，当巴斯克维尔建议带安妮去
84 伦敦见博尔顿时，旅途回家的路上，博尔顿补充道，斯莫尔医生认为这是个好主意：“他观察到，这将和去巴思旅行一样有用，结果就是他们毫无疑问会搞出来一个儿子和继承人，安妮开心地大笑说她才不要去呢。”[50]

很多方面都显示斯莫尔似乎是一个理想的医生，但他经常开玩笑说，医学是一个“监狱”。斯莫尔真正感兴趣的是数学、机械和化学，但像达尔文一样，他不愿做一个“古怪”的发明家，他没有自己的帝国需要保护。斯莫尔是那种每个人都会越来越喜欢的人，有着一种难以捉摸的魅力。他身体纤弱，完全没有威胁性，思想上海纳百川，能够抓住重点，并始终孕育新鲜的智识。他没有沉重的哲学包袱，也没有商业野心，而且很快活，从不批判他人。詹姆斯·基尔（James Keir）写道，除了“广博、多样、准确的知识”

之外，斯莫尔还拥有“优雅的举止、准确的举止、慷慨的情操和开明的品性”。[51] 简言之，斯莫尔是任何社交网络的完美补充——他自己很谦逊，但却加速了他人之间的信息流动。更有价值的是，斯莫尔证明了自己是一名天生的外交家，能够缓解潜在的冲突，同时设法不泄露机密。富兰克林——他热衷于鼓励那些公开或秘密地为知识和改革而合作的团体，他很聪明地将自己的脚步引向了这里。[52]

博尔顿很快将富兰克林介绍给了达尔文。富兰克林与斯莫尔的新友谊使他们之间的关系有所调整，但尽管在达尔文的一两封信中有一丝自尊心受伤害的痕迹，但很快就变成了三方通信。1766 年 3 月，当达尔文听到一位新医生到达镇上时，他希望这不会给人们带来任何不安。

我们的天才朋友斯莫尔医生，上次我在伯明翰时，我从你那里得到了许多点子，使我在日常生活的闲暇中，拥有了一种说不出的快乐。[53]

“纯粹的”和“实用的”科学追求融合在一起，这种完全的渗透是这个群体的特征。对达尔文、博尔顿和斯莫尔，还有韦奇伍德、本特利和普里斯特利来说，“哲学的友谊”将日益成为一种巨大的乐趣，与生活中常见的事物并不是分开的，而是紧密相连的。

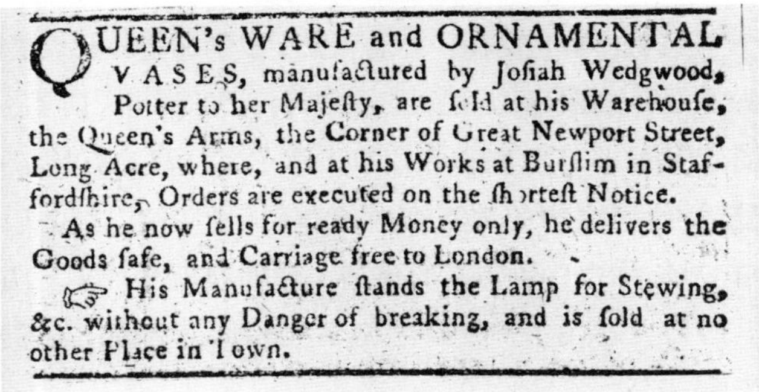
QUEEN's WARE and ORNAMENTAL VASES, manufactured by Joſiah Wedgwood, Potter to her Majeſty, are ſold at his Warehouſe, the Queen's Arms, the Corner of Great Newport Street, Long Acre, where, and at his Works at Burſlim in Staffordſhire, Orders are executed on the ſhorteſt Notice.

As he now ſells for ready Money only, he delivers the Goods ſafe, and Carriage free to London.

☞ His Manufacture ſtands the Lamp for Stewing, &c. without any Danger of breaking, and is ſold at no other Place in Town.

“王后陶器”的广告，1769 年

85 很快，韦奇伍德也加入了这个天才哲学家的团体，就像发明家的圈子一样，他灵活的商业网络也从英格兰中部地区延伸到了更广阔的世界。此时，韦奇伍德已经是一位主人和一名已婚男子了。1763 年，韦奇伍德终于决定是时候向他的叔叔请求与萨莉的婚事了。本特利的妻子汉娜在 1759 年分娩时去世，他非常理解韦奇伍德与萨莉的父亲旷日持久的争吵。“你会明白我是如何被压抑的，”韦奇伍德写道，

我经历了一长串继承条款讨价还价……经历了这一切后，我将迎来许门[1]。不，不，我仍然在律师的手中，我希望祈祷“主啊，

[1] 许门（Hymen），古希腊神话中的婚姻女神。

成全我”没有坏处。W 小姐：我完全同意，用三行就能解释清这桩韵事，然而这么多时间里，我们的爸爸，谨慎地关切着他女儿的利益，只要我们不更加坚定就要拆散我们。[1]

当一切尘埃落定，约西亚说服萨莉把这一天命名为“幸福日”。“当她回报我所有忠诚的殷勤时，让我把她抱在怀里吧！为婚床干杯！去追求我还不知道的乐趣。”[2] 他们于 1764 年 1 月底结婚。在他们的婚礼上，韦奇伍德要求本特利“用一两杯不同寻常的酒来清洗你那哲学般的晚间烟斗，向你的朋友致敬，并祝他早日步入婚姻的殿堂，不要觉得这是一种罪过”。[3] 到了 5 月，韦奇伍德送上了最好的祝福，“两个已婚的爱人，这世界能让他们要多幸福就有多幸福”。[4]

本特利仍然是韦奇伍德的主要顾问，但他的另一个顾问是他的 86
哥哥约翰。约翰比他大九岁，是伦敦仓储公司韦奇伍德极乐伦敦仓储公司的合伙人。约翰是拉尔夫·格里菲思（Ralph Griffith）家的一员。格里菲思是斯塔福德郡的一名钟表匠，后来成了一名书商。因 1750 年出版约翰·克莱兰德（John Cleland）的情色小说《芬妮·希尔》（*Fanny Hill*）而发了财，后创立了《月刊》（*Monthly Review*），做了长达 54 年的编辑。18 世纪 60 年代早期，韦奇伍德写信给约翰，温和地指出自己作为一名有抱负的外省乡下陶工，迫不及待地想要看看特汉姆绿地的格里菲思宅邸。嫉妒他的哥哥“结识了这样的天才”，希望能“有一双翅膀，在他们中间有一个可以学习的座位”。[5]

事实上，韦奇伍德学得很快，他的谦虚虽然是真诚的，但也是赢得盟友的有用策略。但事实上，外省是他的大本营：他的家庭、他的住所和他的陶器总是最贴近他的内心。1765年1月3日，韦奇伍德的头生子苏珊娜出生。约翰从伦敦给她寄来了龙虾。“苏姬是个漂亮活泼的姑娘，”韦奇伍德对他说，“她很喜欢晃来晃去，我摇摇篮的时候，你可以给她唱歌。”[6]从现在起，无论是她长牙、入学或遭遇倒霉事，都会大幅出现在她父亲的信中。韦奇伍德是个居家男人，他也同时经营家庭产业，带着他的叔伯、堂兄妹和兄弟们。博尔顿也利用了自己的家族关系[7]，但与安妮·博尔顿相比，萨莉·韦奇伍德对这个行业的兴趣要大得多。她对不断增长的女性市场提供了有用的指导，对所有新设计发表自己的看法，并学会了阅读丈夫的速记，以跟进他的实验书。苏姬三个月大的时候，韦奇伍德正沉迷于实验，他解释说：“在实验和其他事情上，萨莉都是我的首席助手。她可能在火中放了太多铁[1]，就像这个谚语所说，我已为木材车间订购了纺车。”[8]

韦奇伍德负责监督点火、设计新模型，测试新的陶土和釉料，生产他的罐子。两年前，也就是1763年初，他租下了位于伯斯勒姆的砖房（在他安装了一个铃来召唤工人，而不是使用传统的喇叭，这里后被称为铃铛屋）。这是一幢有着大花园的雅致房子，附
87 带有几间双层工坊，而房后还有几间。过去数年中，他的主要精力都集中在改进他的奶油色陶瓷上，目的是要打造出一件精美、色泽均匀、釉面不会产生裂缝的陶瓷。到1763年，韦奇伍德已经研制出一种“餐桌用的陶器，其外观非常新颖，表面覆盖着一层丰富而灿烂的釉料，禁得住冷热的突然变化，制作方便快捷，因此价格便宜，达到了之前计划的一切条件”。[9]这种新陶器是一项惊人的进步，很快就被整个陶器行业模仿，特别是当订单太多时，韦奇伍德

[1] Irons in the fire，英国谚语，比喻同时要做很多事情。

就要求当地的陶工按他的要求提供陶器。

接着，韦奇伍德 1764 年结婚时，开始使用萨莉的嫁妆。[10] 他从叔叔那里租了更多的贫民习艺所，开始领导当地事务。于是更多的家庭成员加入进来：1765 年春天，约翰卖掉了合伙企业，获得了可观的利润，韦奇伍德同意他担任伦敦的经纪人。与此同时，他们的侄子汤姆·拜尔利（Tom Byerley）被雇来帮助处理账目和法国信件。汤姆让韦奇伍德咬牙切齿——先是想当一名作家，又想当一名巡回演员，后来去了美国。在那里他挥霍无度，锒铛入狱——但最终他还是回到了伯斯勒姆，当了许多年忠实的经理人。在家族之外，一波又一波的联系通过当地的赞助人传播开来。1765 年，韦奇伍德高兴地听说高尔勋爵在宴会上谈到了他的奶油色陶器，并说“再好的釉料也比不上它们”。[11]

消息广传。1765 年初，通过与斯塔福德郡有关系的侍女切特温德（Chetwynd）女士，一份为夏洛特王后制备茶具的订单来了，茶具上要有烛台和果篮，“金底绿花的”。[12] 韦奇伍德对这一荣誉不屑一顾，声称它的到来只是“因为没有人愿意接受它”，而且他可能是对的，因为镀金太贵了，大多数陶工不愿去冒这个险。但他立刻着手这项工作，请约翰去买黄金粉末，只有申顿先生用一个奇特的配方造这个：将金箔研磨在蜂蜜中，并浸泡在水里，等到蜂蜜溶解黄金就留在了水底。“请穿上你一生中最好的一套衣服，”韦奇伍德对他哥哥说，“抓住第一次上朝堂的机会。”韦奇伍德自己也穿着他最好的衣服出发了，他穿了一件新的蓝色外袍，带蕾丝花边的猩 88
红色背心，浅褐色的短而卷曲的假发，还有一把从纽波特街火焰之剑店买来的宝剑。[13]

做这项工作并不容易——韦奇伍德愤怒地表示“我的整个

人生都被那些慢吞吞、醉醺醺、游手好闲、毫无价值的工人取笑”——但皇家委员会确立了他的声望。[14] 随后，他又寄了一盒图样和花瓶给王后，他很快就得到了许可，可以把自己装扮成“王后陛下的陶工”，而他的奶油陶器也被授予了“王后陶器”（Queen's Ware）称号。国王下的第二份订单采用一种更简单的设计，即后来的“皇室纹样”（the Royal Pattern）。两年后，他仍然对自己的成功感到震惊：

> 这种*奶油色陶器*、*或者说王后陶器*、又叫象牙陶的制品需求量仍在增加。它如此传播迅速，几乎遍及全球，受到如此普遍的喜爱，真是令人惊讶。这种普遍的使用和估值在多大程度上取决于它的宣传方式？在多大程度上取决于它的真正用途和美感？这些问题引导我们未来生产方式的走向……[15]

如果皇室或贵族的介绍“对于一件奢侈品的销售就像真正的优雅和美丽一样必要”，那么制造商就应该付出同样多的努力，“必要时也要付出同样多的资金”，以获得设计本身带来的效益。

从那时起，韦奇伍德认识到，就寻找创意和推销产品而言，其未来在伦敦。博尔顿也知道这点，但他抱怨说他仍有 150 人在小镇的各个角落，并“真心厌倦了伦敦，想要回家，遗憾的是我也要休息，直到我跌入绿色的旧床”。[16] 博尔顿通过伦敦的经纪人进行交易，韦奇伍德却开始计划在那里建立永久基地。1765 年 8 月，韦奇伍德告诉约翰，“我刚刚有幸得到马尔博罗公爵、高尔勋爵、斯宾塞勋爵还有其他人认可我的作品，他们买了些东西，很喜欢很满意”。[17] 韦奇伍德补充说，访客们惊讶地发现，他没有伦敦的库房来展示有哪些图样。陶工传统上通过伦敦的大经销商或“瓷器贩子”出售瓷器，但一些瓷器制造商已经在伦敦的库房出售瓷器，现在韦奇伍德跟随他们的脚步。[18]不到一年，他就在格罗夫纳广场旁的查尔斯街 5 号租了一个地方，派他的伯斯勒姆会计师威廉·考克斯（William Cox）去打理，并为考克斯聘请了一个新人彼得·斯威夫特（Peter Swift）。 89

1766 年，韦奇伍德让他的堂兄托马斯成为正式合伙人，负责所有“有用”器具（后来这被定义为“用来装食物的器具”）。[19]他还开始考虑另外三件事：开设一个更大的“装饰品”生产线，与本特利建立合作关系，以及建造一座新工厂。从 1765 年末开始，当博尔顿开发索霍时，韦奇伍德就开始谈判买下里奇豪斯庄园，它位于汉利、伯斯勒姆和纽卡斯尔之间，占地 350 英亩。固执的业主阿什赫斯特太太抱怨着、拖延着，但韦奇伍德却坚持了下来，尽管“她骂个不停、怒气冲冲，而且似乎很有办法让我接受苛刻的条件”。[20]

仅仅一个工厂是不够的，甚至对“王后的陶工”来说也是如此，仅仅英国一个市场也是不够的。1763 年，七年战争终于结束，英国有了新的领土——加拿大、新斯科舍省、多米尼加、格林纳达和多巴哥。虽然贸易从未在战争期间停止过，但现在欧洲大陆本身对商人和制造商更开放了。博尔顿长期与欧洲的经纪人进行交易，一旦他与福瑟吉尔的合作开始，这就是他发展最快的领域之一。未来几年的信件从索霍不仅飞往伦敦或谢菲尔德，还有普罗旺斯地区，艾克斯、阿尔托那、奥格斯堡、柏林、波尔多、布雷斯劳、加的斯、德累斯顿、法兰克福、日内瓦、根特、海牙、汉堡、汉诺威、荷兰、伊瑟隆、哥尼斯堡、里沃纳、莱比锡、列日、里昂、马赛、南锡、那不勒斯、纽伦堡、奥尔良、里加、鹿特丹、士麦那、维也纳、韦塞尔。[21] 有些代理商有代号，如“蒙特利尔”“尼亚加拉”“瓜德罗普”“塞内加尔”；后来有很多是用法语写的，更多的是用德语写的，因为有很多生意是和德国各州做的。这些城市的名字像串珠一样串在博尔顿的野心上。贸易跨越了所有边界，法律限制只是需要克服的障碍。伯明翰的一位出口业务员给了来自里昂的一些针对性建议：

> 内嵌的纽扣必须包在纸包裹里面，就像一个链环，附带连着一张卡片，放在木桶的底部的第二层中间——也就是说，木头附近必须有其他商品，像过海关一样，海关经常在一两个地方切开木桶，然后取出最先掉出来包裹，因此，请伪装好去法国的东西，镀金、内嵌纹饰、上漆的纽扣和胸扣，在法国均被禁止……[22]

90 这些令人振奋的诡计很容易操作。任何规则都不能阻碍前行的路。

博尔顿巧妙地利用了他的国际关系。他的一个少言寡语的伙伴是一个德国商人；另一位是荷兰金融家；第三位是皇家丹麦—几内亚公司的创始人。这些人既是资金来源，又是信息来源。[23] 但对技能的掠夺是双向的。1755 年，伯明翰的一位五金工人迈克尔·阿尔科克（Michael Alcock）已经离开了这个国家，在法国政府的支持下，他在卢瓦尔河畔拉沙里泰建立了一家铸造厂。博尔顿自己也被邀请在瑞典建立一个铸铁厂，他在那里大购钢铁。博尔顿看起来动真格到国务大臣哈利法克斯伯爵甚至要求罗巴克监视他，以查明真相。[24]

然而，博尔顿更热衷于从欧洲大陆搜罗创意，而不是出售自己的创意。1765 年 11 月下旬，他和四个衣衫褴褛的法国人、一个荷兰老妇人伴其家人乘“飓风”号穿过英吉利海峡去法国。每个人，包括他自己都患上了重病。他面色苍白，但精神振奋，“借助宽大的马裤和衣袋”，把自己的图案和样本偷偷带到了加来，然后从那里出发，踏上了被冬日的严寒和大雾所笼罩的巴黎。[25] 他的目的是赢得订单和侦察新的技术，但也偷偷地、非法地，掌握各种博尔顿福瑟吉尔公司的货物，这些货物由一位最近破产的代理人持有。“对我在巴黎的事儿缄口不言，别回应奥本海姆那边的任何问题。”博尔顿警告安妮。他获得了部分成功，但真正的收获是他对高级法国风格的第一手体验：“精美的绘画，非常精美的大理石和斑岩雕塑，黄铜的排水设备，奇特的工艺，无穷无尽。”[26] 博尔顿同英国商人混在一起，与里士满公爵大使共饮咖啡，研究法国的镀银和铜铸技术。

虽然博尔顿不太情愿地抱怨穿衣打份是件费力的事，但他还是如鱼得水。他用一个旋转的大铜板盖着他的“巴黎”信件。他喜欢在杜伊勒里宫的花园中与人调情，享受精致的晚餐、剧场和歌手的表演，还为安妮买了最甜美、最时髦的法国丝绸。博尔顿发现，巴黎有大量伯明翰商品。令博尔顿高兴的是，他甚至还见到了当时的 91
英雄约翰·威尔克斯。这一切都给他留下了深刻的印象。一月，建筑师威廉·怀亚特告诉博尔顿，他索霍的新房子的草图设计好了，“但请不要告诉我您不是很满意，您的法国之旅改变了您的品位，我知道法国在建筑方面不是非常有名——”[27] 博尔顿冷静下来后，没有选择仿造凡尔赛宫，而是选择了一座坚固的乔治王朝风格的宅邸，向下看去，邸园里到处都是他的新作品。

参与欧洲生活并与伦敦的上流社会打成一片，销售产品给宫廷让他感觉不错。但博尔顿和韦奇伍德发现，只有通过漫长而艰难的旅程才能与港口和首都联系在一起，这让人抓狂。驮马的火车和超载的马车在冬天艰难地穿过沼泽，在夏天艰难地辗过坚硬如岩的车辙：通常三分之一的瓦罐在到达目的地时已经碎掉。渐渐地，漫长的路段一直在收费公路信托基金的控制之下，收费公路信托基金由议会法案设立，旨在筹集维修资金，并通过通行费偿还。1763 年，陶瓷之地请愿修建收费公路，声称伯斯勒姆地区目前有 150 个陶器厂，雇用了 7000 名员工，从布里斯托尔等地“大量”出口陶瓷到美国、西印度群岛和欧洲，而进口的则是火石和西方乡村的黏土，它们首先是通过海上运输，然后顺河而下，最后通过承运人到达伯斯勒姆的。[28] 韦奇伍德口齿伶俐，魅力十足，沉着冷静，坚持不懈，成了陶工的发言人。他参加了无数会议，安抚了附近那些担心新道路会切断贸易的城镇，并在伦敦进行了竞选活动。

对博尔顿的努力至关重要并在游说方面提供了有益训导的，是当地地主高尔勋爵的支持。高尔勋爵曾是英国国会议员和海军部勋爵，现在是一位位高权重的宫廷官员。1763 年，高尔确保了向国会提交收费公路请愿书，这为伯斯勒姆带来了一条新路。但是，即使是收费公路也修护不善。1770 年，当亚瑟·杨（Arthur Young）周游全国时，他在笔记本上写满了咒骂：

> 92 纽波特帕格内尔到贝德福德的路太窄了，我们冒着生命危险继续赶路……
>
> 罗瑟拉姆到谢菲尔德糟糕得令人难以忍受，石头非常多，而且

到处都是洞……

到兰开斯特（收费公路），到普雷斯顿（收费公路），再到威根（收费公路），车辙都很烂，有四英尺深，而且在潮湿的夏天会有泥浆漂浮……

从比勒里基到蒂尔伯里，所有那些曾使这个王国蒙羞的、该死的道路，没有一条能比得上这条路。[29]

对于制造商来说，必须有一种更顺畅、更便宜的方式来接触他们的供应商和市场。当然，水是解决问题的答案，因为所有的陆地上的制造者都把他们的货物运到海岸，急切地向远方广阔的海岸出击。

09 蒸汽

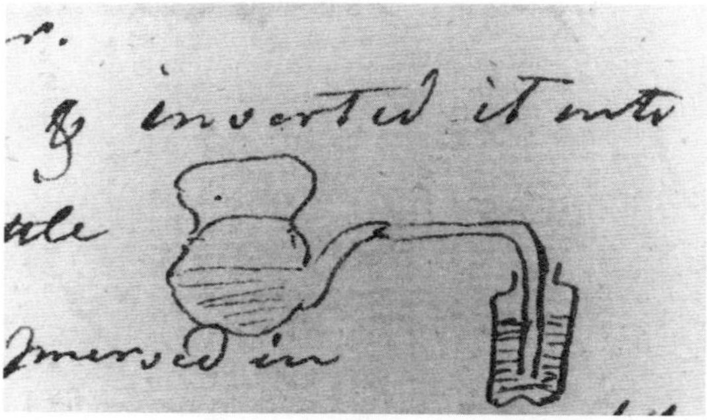

瓦特的实验釜，摘自他寄给威廉·斯莫尔的信中

93 伊拉斯谟·达尔文，和韦奇伍德一样，是一个清楚知晓自己前行道路的人。他最好的或者是最疯狂的大部分想法，都是他在全国各地从一个病人处奔赴另一个病人处的过程中产生的：1766年，达尔文计算出他一年要旅行一万英里，据说他曾收到过一封信，上面只写着“致达尔文博士——在路上”。当小路太窄，蜿蜒在悬垂的树下时，达尔文便放弃马车，骑上名为“医生”的马，僵硬、疲惫、满身泥泞地在暮色中咔嗒咔嗒走到尽头。即使坐在马车里，车辙、坑洞和树篱也会让马车跌跌撞撞，他的旅程也极其颠簸。毫不奇怪，达尔文现在变得非常热衷于设计改进马车，让当地的马车建造者来适应车轮，改进转弯圈，用弹簧减轻车轴的震动。有时，在绝望和创造性的激情的结合下，达尔文的头脑会跳到另一种完全不

同的交通工具上。“昨天我骑马回家的时候，”1764年前后的一天，达尔文对博尔顿说，“我仔细考虑了火力驱动的战车[1]的设计方案，我越仔细考虑这个我最喜欢的想法，它就显得越可行。”[1]

达尔文潦草地写着，他的长信被羽毛笔溅上了墨水。他要写下他的想法，“在我看来，这些想法既粗糙又未被仔细考量”，他也想激发博尔顿的思维，但又不想让约翰·怀亚特等聪明的发明家知道。

因为我对这个计划很痴迷，我请求你不要跟别人提起它，也不要把这张纸给怀亚特或任何人看。

以下都是必须考虑到的。首先是旋转运动，其次是轻松将其方 94
向更改为任何其他方向，再次是可以立即轻松地加速、减速、破坏和恢复，最后是根据使用情况，机器的体积、重量和损耗应尽可能小。

达尔文以令人钦佩的清晰方式，为所有机动车辆制定了基本原则。但是他的蒸汽马车应该有三个轮子还是四个轮子呢？动力应该作用在哪个轮子上？若有四个轮子，他就无法克服转弯时传递动力的问题，因此他选择了三个，并绘制了简图：一个无实体的手操纵一个大的“方向盘”。他决定自己要有一台带有两个汽缸和一个锅炉的蒸汽机。如果将蒸汽旋塞“慢慢旋开而不一下子拽开”，动力就可能会非常平稳，调整旋塞将使其加速、制动和停止。“如果这在实践中能像理论上那样，那么机器就不会失败！尤里卡！”

将想法转化为可以真正驱动的机器则要难得多。他希望得到旋

[1] 古埃及时代传承下来的一种马拉二轮车，多用于战争。

转动力——使蒸汽转动车轮——通过使用一种小型横梁发动机，使铰链利用风的前倾与后坐力让轮轴转动。随着横梁的升降和带有链条的轮轴转动，轮子也会向前滚动。如果博尔顿能告诉他，他需要多大的能量，以及“一辆普通火力发动机所消耗的煤量和它所需要的水的重量”，他就会拟定一个草案去创造他的机器，并取得一项专利。达尔文本来希望博尔顿能成为他的合作伙伴，但其对此持怀疑态度，而且博尔顿在索霍也花了过多的钱，所以可以说，达尔文的设计半途而废了。1769 年，尼古拉斯·屈尼奥（Nicolas Cugnot）在法国成功制造了世界上第一辆蒸汽车（屈尼奥的车只能以每小时 2.5 英里的速度行驶，即便如此，它也不得不每隔 20 分钟就停下来再次制造蒸汽。这相当冒险：屈尼奥的第一个试作品推倒了一堵石墙，而他的第二个试作品在巴黎一条狭窄的街道上发生了戏剧性的翻车：屈尼奥和他的机器因为害怕其造成更大的破坏而遭收押[2]）。

虽然博尔顿不喜欢火力驱动的战车，但蒸汽机越来越受到伯明翰之友们的重视——不是作为新奇的交通工具，而是作为巨大
95 的、轰鸣的横梁发动机。在索霍，博尔顿的水车转动着他的车床和机器，但夏季的干旱或上游较高的位置工作常常会使水位降低，于是他开始考虑使用蒸汽发动机把水抽回水塘，以保持较高水位。博尔顿向斯米顿、富兰克林、斯莫尔和达尔文征求意见，他和斯莫尔甚至做了一个模型，把它送到伦敦去检验。达尔文对错过它感到绝望：“这个模型我迫不及待地想要看到……只要我有一个空闲日，我一定要和你待上一整天：我将祈祷天上的星星让我在家和你相会。”[3] 如果博尔顿出去了，也许可以请安妮给他看看？

几个月来，他们一直在讨论这个问题，达尔文认为一切都是理所当然的习惯已经带来了一些基本的问题——例如，蒸发是在沸水

的表面，也就是你看到蒸汽的地方，还是在靠近火的底部？在一个长颈瓶里，你可以看到气泡升起，又被上面的冷水凝结，"它们的两边拍击在一起，发出沸腾的声音"。当你烧水壶的时候，"蒸汽的量是多少？——这仅仅是表面吗？我谦恭地认为没有"。虽然这在科学上很有趣，但并没有让博尔顿走得更远，就像承认达尔文的异想天开一样。正如人的"动力"取决于"从沸腾的血液中升入大脑的重要蒸汽"，因此，达尔文宣称，蒸汽机锅炉里的蒸汽量"是创造这种'动物'最重要的问题"。[4]

英格兰中部地区的人还不知道的是，在苏格兰，詹姆斯·瓦特（James watt）也在研究蒸汽，这种巨大的能源会在未来几年将他带到伯明翰。瓦特的兴趣始于1757年，那时他的朋友约翰·罗宾逊（John Robison）对蒸汽机产生了兴趣。瓦特承认，蒸汽机是一种"机器"，而他对此"一无所知"。罗宾逊在《环球杂志》（*Unirersal Magazine*）上大胆地宣称蒸汽可以驱动四轮车，并请瓦特试着做一个模型来证明这一点。他们的首次尝试是使两个气缸通过"齿条运动"交替作用在固定于轮轴的小齿轮上——这一设计与达尔文的非常相似。但它没有动起来，而且，"我们都不知道机器的真正原理"，这个计划被放弃了。

这次失败使瓦特更加恼火，他开始追溯早期的实验者帕平、萨维里和纽科门的工作，但他的阅读时间被压缩在短暂的闲暇时间里，为了谋生，他的实验受到了阻碍。现在，瓦特也有了自己的事业。1757年夏天，瓦特被大学任命为数学仪器制造商，并在大学的四方院子里拥有了自己的店铺。瓦特的邮件现在被转往寄给学院 96

绿地[1]，访客要预约，他请他的父亲不要给他寄工具，而是要“六个中国下午茶茶杯、一个石制茶壶、一个不要太小的糖盒和一个便盆，越快越好”。[6]接下来的两年中，他的父亲和兄弟乔克送来订单，瓦特将仪器和附带的票据顺着克莱德河寄送出去（“罗威尔上尉的眼镜价格三磅”），一些“经验丰富的海员”要象限仪、要他的晴雨表，他常为西印度群岛订单太多和钱款问题而担忧。瓦特写道：“我有很多事情要做，并且不会有任何伙计来帮助我。”他不断问他的朋友是否认识“又耐心又懂黄铜器具分类的小伙子”。

1759年，那年是胜利之年，韦奇伍德搬至常春藤之家，博尔顿在索霍购买了土地，瓦特在格拉斯哥的盐市场开了一家商店，由建筑师合伙人约翰·克雷格（John Craig）资助。四年后，他搬到市中心的特隆门街，销售“各种数学和音乐的仪器，各种玩具和其他商品”。[7]最畅销的产品之一是他新发明的透视画图设备，它基于缩放仪系统，巧妙地折叠成一个能装进兜里的盒子。他还修理和制造风笛、吉他、横笛和长笛——甚至可能把后者中的一些冒充为法国顶级制造商的作品。[8]尽管瓦特的乐器生意表明他知假售假，也彰显了理论科学家的能力。“尽管我们都知道他分不清音符。”罗宾逊回忆道，令他的朋友们吃惊的是，瓦特竟然同意为格拉斯哥的共济会制造一个管风琴。[9]他从修理风琴引发的兴趣中也学到点东西，瓦特便开始为这个艰巨的任务做准备，先给约瑟夫·布莱克（Joseph Black）做了一个小风琴。从零开始，回到最基本的东西，“注意到一千件任何风琴制造者都无法想象的事情”，比如调整鼓风的强度以适应管道、改进调节器。罗宾逊遍寻大学图书馆，瓦特潜心钻研和声理论，尤其是“平均律”调音键的新科学［这是一

[1] College Green，位于都柏林的一个地点。

个古老的数学问题，在巴赫1726年的《平均律键盘曲集》(*Well-Tempered Clavier*)中完美地解决了]。瓦特的计算能力使他胜过了欧洲最好的数学家，他的共济会风琴演奏效果很好。

瓦特还购买了代尔夫特菲尔德陶瓷公司的股份，不久就搬进附 97
近的一所房子。(韦奇伍德喜欢称他为“陶工伙伴”，18世纪60年代中期，他们两人都在试验黏土和釉料的化学性质。)到目前为止，瓦特的工作也支撑他人。1764年7月，他娶了活泼、脚踏实地的表妹玛格丽特·米勒(Margaret Miller)为妻，通常她被叫作佩吉。佩吉是唯一使瓦特真正感到轻松愉快的人，她使瓦特的生活变得轻松；他的头痛减轻了，恐慌和抑郁也平息了。在一封又一封的信中，佩吉告诉他要照顾好自己，要保暖，不要担心，要尽快回家。他外出时，她负责打理店铺，接受订单，与客户打交道。他们的头生子约翰出生于1765年，婴儿时就夭折了，但他们很快又有两个健康的孩子——玛格丽特和詹姆斯。

因为有了家庭，瓦特更加焦虑于拿一笔可观收入去冒险做一辈子的实验。当博尔顿、韦奇伍德和普里斯特利抓住机遇时，瓦特所做的一切似乎都慢得令人痛苦。无论结婚前后，瓦特一直对蒸汽问题耿耿于怀。大约在1761年，他得到一个纸做的“蒸煮锅”——一个圆形的锅，颈部有一个狭窄的阀门，蒸汽通过阀门以惊人的压力喷出，就像一种原始的高压锅。为了检验这点，他把一个药剂师用的普通注射器固定在阀门上，并在里面放入一个小活塞，活塞的顶端有一根杆子伸出来，他在上面放了一些砝码。在蒸煮器和注射器之间，他安装了一个蒸汽旋塞，他可以转动这个旋塞，使蒸汽要么充满注射器，要么逸出。这个华而不实的精巧装置运作得非常好。当蒸汽嗖嗖地涌进来时，他的小活塞被用力推上注射器，力大无比，能举起 15 磅重的东西。

这个实验简单而富有戏剧性——几乎太戏剧化了，让瓦特害怕锅炉爆炸。这之后，他把研究搁置，不愿继续下去。[半个世纪后，康沃尔郡的理查德·特雷维希克（Richard Trevithick）利用它制造了高压发动机，其轰鸣声、噼啪声在五英里外都能听到。] 瓦特常常过于谨慎，有趣的是，在这方面他与博尔顿、达尔文和普里斯特利截然不同，他对电从来都不是很感兴趣。人们觉得，也许这对瓦特来说太突然、太容易爆发了——他想驾驭的是烈火，而不是闪电。

98 瓦特是个工匠、是个完美主义者。他想要高效、稳定、可控的能量，所以他支持托马斯·纽科门（Thomas Newcomen）在 18 世纪初使用的“大气”原理。纽科门的发动机利用基本的大气压，以空气进入真空状态为基础。正如波义耳所展示的那样，真空环境可以通过泵从一个封闭的容器中吸出气体来制造，但也可以通过蒸汽来制造。如果你在一个汽缸里装上蒸汽，它就会把空气排出，但当蒸汽冷却时，它就会凝结成水，而水只占空间的一小部分，所以剩下的空间几乎是真空的。当把活塞装进气缸顶部时，气缸表面的普通气压会把活塞压入真空中。再次泵入蒸汽，它迫使活塞上升——冷却时它便降下来。

纽科门和他的继任者建造的“火力发动机”有一个巨大的铁汽缸，上面是一个圆顶的砖砌锅炉，还有一个活动的活塞，活塞用链条连接在一根巨大的摇臂上。梁的另一端是沉重的泵杆。当蒸汽迫使活塞上升时，横梁倾斜、燃料棒下降。当蒸汽冷凝——通过喷入汽缸的冷水冷却——空气压力推动活塞下降，拉下横梁，抬起泵杆。蒸汽、冷却、推、拉，嘎吱嘎吱、砰砰砰、一击再一击，机器就排空了矿井里的水。

瓦特从未见过一台全尺寸的纽科门发动机——在苏格兰只有一台——但格拉斯哥大学有一台由伦敦人乔纳森·西森（Jonathan Sisson）制造的仿品。1760 年 6 月，瓦特的朋友安德森教授负责把它取来。发动机送来时仍不能正常运转，瓦特被要求修理它。尽管瓦特恼火于这台发动机的粗制滥造，但他还是修了。最使他恼火的是其做工太差。即使把仿品修好了，他仍然为它那直径只有两英寸的小汽缸运转所消耗的大量燃料而苦恼。从这一刻起，瓦特痴迷上蒸汽发动机。

当瓦特看着他的小型试作品时，他几乎不能相信要创造多少蒸 99
汽才能保持它运行：机器只动了几下，蒸汽就蒸干了。他试着改变锅炉的类型、移动火堆，甚至做一个木制的汽缸盖，这样就不会损失那么多的热量。在布莱克和罗宾逊的帮助下，他慢慢地、坚持不懈地着手寻找原因。1763 年，罗宾逊结束了四年的海上生活，回到格拉斯哥。在他离开的这些年里（包括攀登高峰的致命夜晚陪沃尔夫去魁北克等一系列冒险活动），罗宾逊学过测量，还曾受雇于海军部，在西印度群岛观察哈里森的天文钟。他说，现在他觉得自己与瓦特更相似，他发现瓦特“一如既往地善良”，但“不断地涉足无人涉足的领域，在那里我总是不得不做一个追随者”。罗宾逊还记得瓦特广博的知识和永不满足的好奇心是如何使他在格拉斯哥广受欢迎的：

> 在我们这个小地方，凡是在科学上有突出爱好的年轻人都是瓦 100
> 特先生的熟人。他的客厅是这类活动的聚集地——每当我们遇到什么难题，我们就去找瓦特先生。他只需要别人稍微提点——对他来

说，每一件事都是一项新的严肃研究的课题。我们知道他不会放弃，除非他发现它的意义不大，或者已经有了相关突破。[10]

那些中国茶杯一定派上用场了。

瓦特喜欢智力游戏，而蒸汽机提供了很多这样的机遇。他有工匠的背景，也不害怕弄脏自己的手，但他不是反复试错的现场派实验者。他关心学科原理，水力学和流体静力学的规律，变温变压的发现，数学理论的应用。他问的第一个问题很像达尔文对博尔顿的质问，关于热和蒸汽的性质。除了水以外，他还试验了不同液体的耐热能力。瓦特计算出一磅煤在一个特定的锅炉里可以蒸发多少水；不同尺寸的纽科门发动机每冲程需要多少蒸汽；凝结蒸汽需要多少冷水。

到最后，他们面临非常现实的问题，因为瓦特和其他人发现水在真空中沸腾的温度要低得多，所以危险的不是蒸汽被冷却了，而是相反的情况——蒸汽可能会使冷水沸腾。瓦特转向最明显的例子来研究这点，只用个破旧的铜水壶。他拿一根弯曲的玻璃管，把一端插入壶嘴，另一端放进有记号的装有冷水的瓶子里。当蒸汽涌进烧瓶时，它逐渐把水加热到沸点，瓦特看到水位上升了六分之一，这是在整个烧瓶冒泡沸腾之前凝结的蒸汽，意味着蒸汽可以使自身体积的六倍的水达到沸点。

当瓦特利用实验来测试温度与热量时，他似乎发现，水蒸气形式的水比纯水含有更多的热量：

101 我被这个惊人的事实震撼，并且不了解其原因，我向我的朋友布莱克博士提到了这一点，布莱克博士随后向我解释了他的潜热学说，他之前曾给我讲过，但是当时我自己忙于做生意，即使我听说过它也没有留意，我偶然发现的实验结论竟然有美丽的理论为依托。[11]

布莱克随后解释了他的“潜热”理论——随着水的继续沸腾，尽管其温度没有进一步升高，但制造蒸汽的过程仍在吸收热量。当蒸汽冷却时，该热量被释放。

瓦特现在明白了，纽科门发动机的最大缺点是由于汽缸的冷热交替而损失了额外的热量。虽然布莱克的理论没有提出他对发动机的改进建议，但他的知识和方法——“正确的推理模式，以及他为我树立榜样的实验模式”——极大地帮助了瓦特的工作。[12]但是，无论瓦特如何用各种方式注水或注入蒸汽，他都无法回避这个无法克服的问题：为了使汽缸有效，必须保持高温；而蒸汽必须冷却，以形成真空。归根结底，不可能两者兼得。

这使瓦特烦恼了好几个月，直到1765年春天，答案才出现。答案其实非常简单明了，却又令人眼花缭乱，瞬间闪现在记忆中。那是在学院绿地：

一个晴朗的安息日下午，我去散步。我从夏洛特街尾那扇门穿过旧洗衣房。当时我在想发动机，想到时已经过了赫德家，因为蒸汽是一个弹性物质，它会冲入真空，如果汽缸与耗尽气体的容器连接，蒸汽就会冲进去，并且可能在没有冷却的情况下在那里冷凝……我刚走到戈尔夫家，就把一切都在脑海中安排好了。[13]

站在平日会放着要漂白亚麻布的白色地面上，这一发现“立刻闪过他的脑海，让他欣喜若狂”。[14] 但那天是安息日，没有一个合格的长老会教徒会在这天工作。草地上没有布料，瓦特只好等着。周一，在他位于牛肉市场后面院子的工作室里，他做了一个试验
102 品。不是横梁式发动机而是倒缸发动机，通过钩子将重物拉上来。再一次，圆筒只是一个大的黄铜针筒，还是从一个朋友那里借来的。在汽缸旁边，他安装了一个气泵，他没有用喷气来冷却蒸汽，而是通过将一个长方形的容器焊接到底部，然后注入冷水，制造了一个“表面冷凝器”。随着蒸汽冲出汽缸进入单独的冷凝器，汽缸通过一种特殊的绝缘外壳保持温度，他的临时模型成功了。

瓦特现在确信他的计算是准确的，并确信这样的全尺寸发动机将被证明比它的前辈更强大、使用更少的燃料。1765 年 4 月底，他热情洋溢地写信给詹姆斯·林德（James Lind）：

103 如果树篱中没有魔鬼的话，我的矿井应该能把水提高到 44 英尺，而他们的只能把水提高到 32 英尺……简言之，我现在只想着这台机器。我希望在见到你之前进行决定性的测试。[15]

瓦特既兴奋又谨慎。当他试着用阀门、蒸汽旋塞、不同的汽缸和表面冷凝器（把马口铁焊接到小罐里，用管子或水槽让水循环）时，他变得非常谨慎。热情的罗宾逊不请自来，冲进瓦特的客厅，发现他坐在火炉旁，眼睛盯着膝盖上的一个小的锡制水箱。当罗宾逊讨论“蒸汽的什么东西”时，瓦特轻轻地把水箱放在地板上。当罗宾逊逼问他时，他终于轻快地说：“你不必再为用人问题烦恼了。我现在造了一台不会浪费一丁点儿蒸汽的发动机。如果我愿意注入热水，是的，它可以保持滚烫。”[16] 他低头看水箱，看见罗宾逊在

看，就用脚把水箱塞到桌子底下。

然而，在仪器制造商的模型中，每一个部件都是精心定制的，与大型的砖铁结构发动机之间存在巨大差异。发动机的建造者和设计师通常是磨坊工人（正如纽科门本人一样），他们习惯于巨大的结构、沉重的轮子、齿轮和树干制成的横梁，这些都不是精确的尺寸和精密的工艺。数年里，令人沮丧的技术问题摆在眼前。

瓦特没有钱买大型模型，尽管布莱克慷慨地借给他尽可能多的钱，但他依旧缺钱，还去爱丁堡当教授，就把格拉斯哥的位置让给罗宾逊。在寻找其他方式来资助瓦特的工作时，布莱克想到了约翰·罗巴克（John Roebuck）。到目前为止，罗巴克染指过的每一样东西都变成了金子，他最近在金尼尔租下了汉密尔顿公爵的庄园，那里靠近巴罗斯通斯，有煤矿和制盐厂。为支付煤矿的费用，罗巴克投入自己的资本，从加贝特那里借了更多的钱，并向普雷斯顿潘斯和卡伦贷款，但深煤层的水涌得很快，他的纽科门发动机抽不干。布莱克知道了这件事，就把瓦特的发动机告诉了他。这非常棒：罗巴克需要动力；瓦特需要支持者。罗巴克与瓦特不同，后者总是很快就被挫折和不可预见的代价所压倒，“谦虚，胆怯，容易
被挫折和疑虑所吓倒，而且太容易沮丧”，而罗巴克总是“在追求 104
自己的事业时热情而乐观”。[17] 他的乐观精神，更不用说他的资金，可能最终会使发动机投入生产。

1765 年 9 月，在最初的怀疑之后，罗巴克强烈要求瓦特继续研发。瓦特做了更大的新模型，现在有了黄铜圆筒，所以他遇到了更大的新问题。他的设计使它不可能使用一层水密封活塞上方，纽科门的发动机也是一样，因此实验结果是一场噩梦。保持活塞气密，无论他试着用密封油还是动物脂肪，或用油纸、纸板和抹布堵

住都不行。当一个大型实验发动机开始工作时，尤其用的是卡伦制造的铁制气缸，结果都证明不可行。

幻想破灭后，瓦特转向其他方案，设计了一个不太可能的“圆形发动机”，一个带有空心轮辋的轮子，可以装满蒸汽，三个蒸汽管作为辐条，只要小心使用阀门，轮子就可以转动。这个设计思路耗费了几个月甚至几年的时间，而且他的资金问题愈演愈烈，特别是当他的老搭档约翰·克雷格去世后，瓦特不得不把克雷格的资本偿还给他的继承人。1766 年夏天，瓦特卖掉了仪器制造厂，转而从事测量工作，在国王街开了一家办事处。这个时候，金尼尔的发动机已经破碎生锈。

水之卷

因为水不是由固体组成的，而是从上面的宝石溶解而成。

因为生命仍然处于它的溶解状态，并且在伟大的力量之中。

——克里斯托弗·斯玛特《羔羊之乐》

10 他们建造了运河

詹姆斯·布林德利

107 在对道路的失望和对利润的渴望中，企业家和土地所有者、测量员和工程师，以及达尔文这样的梦想家与博尔顿和韦奇伍德这样的制造商，都越来越多地将注意力转向希冀内陆水道的梦想。

主要的河道仍然是塞文河和特伦特河，但默西河的重要性日益增强，随着时间的推移，汇入这两条河的河流越来越深、越来越直。自 18 世纪初，人们一直梦想着将这两条河从东到西、从北到南地连接起来，但由于成本过高、技术不行，这种设想未能实现。[1]

最终，英国运河工程是由私人企业而不是国家规划筑成的。1755—1761 年，兰开郡的桑基小溪变成了一条运河，把便宜的煤运往利物浦。几英里外就是沃斯利庄园，其主人是 21 岁的布里奇沃特公爵。在他的欧洲之旅中，法国南运河给公爵留下了深刻的印象。此刻，在桑基模型面前，他计划了一个大规模的私人投资——一条从他的沃斯利煤矿直达曼彻斯特的运河。

布里奇沃特公爵展示他的运河和引水渠

作为勘测员，布里奇沃特雇佣了詹姆斯·布林德利（James Brindley），他那坚毅的面孔将引领这段时期。现年 42 岁的布林德利是德比郡山顶上一个小农场主的儿子，在斯塔福德郡做水车技工。（他从韦奇伍德叔叔那里租了个水车车间，在伯斯勒姆的詹金斯为他们建造了燧石磨机——当第一天翼板就被风刮走的时候，他坚定地认为是“倒霉”。）[2] 尽管没受过什么教育，布林德利却以对磨坊 109
和水的了解以及对蒸汽和工程的兴趣而闻名。布林德利以“谋士”身份扬名，很多土地所有者曾向他征求意见：当他为布里奇沃特公爵做“调查与勘探”时，我们仍然能听到他直率的表述。1759 年，公爵初步取得成功，两年内完成了第一段渠道，获得很多人惊奇的称赞。[3] 在一个地方，驳船在与树梢一样高的高架渠上穿过厄韦尔河，高架渠悬于空中；在沃斯利，一条条运河深入矿井；在曼彻斯特，有码头和船坞，还有一条隧道把煤一直输送到市中心的丁斯盖特街。公爵身着缀有金纽扣的深褐色大衣、用黑玫瑰饰带系在后面，他立于自豪的船上，于夏夜中向他的朋友们展示这奇迹。

这一举动使整个大不列颠都为之注目；无论在咖啡馆或议会，街角或豪华住宅或议会和媒体，都广泛讨论着运河计划。一个激烈竞争的时代开始了，新企业家和垄断河道运输的老公司之间展开了殊死搏斗。1758年，甚至在布林德利为布里奇沃特运河工作之前，他就被斯塔福德郡的两位地主和煤矿主——特伦特姆的高尔勋爵（布里奇沃特的姐夫）和舒格伯勒的托马斯·安森（Thomas Anson）邀请，去勘察一条连接特伦特河和默西河的可能路线。另一个想法是将这两条河贯通从而连接赫尔和利物浦。尽管这个计划因成本问题而被放弃，但它并没有被遗忘。1760年，布林德利和约翰·斯米顿公布了一份从伯斯勒姆到德比以南的威尔登渡口的路段修订计划，其中包括位于利奇菲尔德的老敏斯特池塘的一个分支，就在达尔文家山下。

伊拉斯谟·达尔文绝不会错过这种机会。看着博尔顿的生意越做越大，他自己也很想成为一名企业家。18世纪60年代早期，他和塞缪尔·加贝特，还有达尔文的好朋友造纸商约翰·贝奇（John Bage）、当地的银行家约翰·巴克（John Barker），计划在利奇菲尔德东北的威奇诺建一个新的轧钢分切工厂。[4]这是收费公路穿过特伦特河的地方，布林德利的运河将在这里汇入一段。如果他们事先挖了部分路线——从特伦特河挖出约半英里长的一段——他们可以稍后将其出售给运河公司。同时，从他们自己的运河流回河里的水大约七英尺落差，这将为其铁厂提供水力。

110 他们首先必须安抚威奇诺玉米粉厂，该厂的水供应会受到影响，经过艰苦的谈判后，他们又为其购买了另一家粉厂，并附赠一个盈利的鳗鱼渔场。在给人看病的间隙，达尔文参加会议，或致函巴克，内容涉及律师、工程问题、费用、租金以及土地所有者的补偿。这工作既劳累又费钱。达尔文抱怨，在他们甚至还没有开始挖掘前，就已经花了 2000 英镑。最终，他们成功处理（按计划出售给特伦特和默西公司），轧钢厂于 1765 年开业。它由巴克经营，但直至其 1781 年去世都从未盈利：可怜的贝奇损失了如此多的钱（约 1500 英镑），转而投身于文学创作：他成了一位广受赞誉的小说家，其激进的女权主义幻想小说《赫姆斯普朗》(*Hermsprong*）最为著名，该小说于 1796 年出版。[5] 达尔文并没有被迫去写作（至少现在还没有），但是他再也没有从事过类似的行当。他在运河这一事业中取而代之地投身于指导者、顾问、股东的身份，刺激——牡蛎的沙砾[1]。

1765 年，韦奇伍德也加入运河企业家的行列。他忙碌而快活：苏珊娜刚出生，他的陶器生意兴隆，收费公路活动硕果累累。这时他把注意力转向航海。特伦特–默西计划从未完全消失，1 月，他与布林德利和一群陶工讨论了一项修订后的计划。就在他们考虑更进一步的时候，韦奇伍德听说塞缪尔·加贝特和托马斯·吉尔伯特［（Thomas Gilbert），高尔勋爵的代理人，现为纽卡斯尔安德莱姆的议员］正在酝酿一个稍微不同的提议，他们将在利奇菲尔德与高尔会面。从一开始，修建运河就是一个攻坚克难的问题："震惊、困惑和烦恼的"韦奇伍德和布林德利冲向了利奇菲尔德。尽管他们知道自己不受欢迎，破门而入摧毁他人的计划，但满怀激情的韦奇伍德仍然驳倒了加贝特的所有论点：

[1] The grit in the oyster，这里指达尔文虽因刺痛他人而恼人，但也正是因为这一特点激励人前进。

111 10分钟后，他发现他那毫无根据的构造已经倾覆，于是立刻把它扔了，没有再试图把它支撑起来。我恐怕你会认为我是在比喻，但请记住，我现在不是在推理，我只是获胜后的狂呼和歌唱。[6]

那天晚上，韦奇伍德说服高尔支持他，第二天，他的计划被一个大型公众会议采纳。

可以理解，陶工对此很热心。3月初，韦奇伍德对弟弟约翰说："我们的绅士们似乎非常热心地再次着手处理这件事。我几乎无法忍受在场所有人的迫切要求，为了这个目的我得走一两趟。"[7]一旦做了决定，韦奇伍德总是行动迅速。"大干线（the Grand Trunk）"要想成功，就必须建立一个利益联盟：西米德兰兹的钢铁老板和陶工，德比郡、斯塔福德郡和沃里克郡的土地所有者，以及布里奇沃特公爵本人，他们都热衷于保护兰开夏郡和柴郡的运河。4月开始，韦奇伍德已经得到了来自伯明翰的支持——包括"非常聪明的绅士"加贝特，他指导性地提出，通过使用运河，波罗的海的商人每进口一吨铁和亚麻可能节省15先令，并且游说他在政府的关系，获得国王的批准。在柴郡，韦奇伍德赢得了盐商的支持，他们已经厌倦了威弗河上高昂的通行费。在利物浦，本特利对付的是商人、公司和市长。在利奇菲尔德，韦奇伍德遇到了伊拉斯谟·达尔文。当然，达尔文毫不掩饰对此的热情，而韦奇伍德——他总是对受过教育、有文学修养的人印象有点过深——准备把他完全招入麾下，告诉他，他具有"足够的公共精神，可以在这件事上成为大元帅"。[8]达尔文因时间而婉拒，但在接下来的一年中，他们始终保持着联系。

如果达尔文和他的伙伴们在利奇菲尔德面对的是一个难以相处的磨坊主和一个多疑的土地所有者，那么像大干线这样伟大计划的倡导者就会遇到无数这样的问题。韦奇伍德要做的第一件事就是拉拢或痛击反对派。土地所有者必须出售他们的土地；水厂业主需要得到保证，水库建好，这样他们就不会失去水能。相互竞争的公司，如威弗领航公司的“柴郡绅士”和特伦特领航公司的所有者，要么被收购，要么被击败。运河的支持者们自己必须解决两个关键问题：运河是由信托公司管理，就像收费公路一样，还是以股份公司的形式（两种可接受的选择）；以及威弗领航公司或布里奇沃特公爵是否会控制默西河的一端。

韦奇伍德很快获得支持，主要是因其得到了夏洛特王后的指 112
令。运河工作之余，他在白坯上做实验，“制造粉末黄金”，并咒骂“醉醺醺、无所事事、一文不值的工人”，他们妨碍了皇家委员会的工作。年初时他曾写道：“我几乎搞不清自己究竟是一个有土地的绅士、一个工程师还是一个陶工，因为我确实在三个身份间轮转，祈求上天让我最终决定做点正经事。”[9]现在更是如此。

运河系统的想法启发了韦奇伍德。这是一个宏伟的愿景，可能彻底改变英国的产业和社会。运河涉及前所未有的规模的规划、工程和协调。有风险，但也有可观的利润。伦敦和各省的金融家热切地看着运河建造。这是一个全新的、大胆的游戏——一个年轻人的游戏。用韦奇伍德自己的话来说，他正攻坚生活的方方面面，这是一种“快乐”。正如他谈到运河时所说的那样，他的“心乐在其中”：当他不同的兴趣毫不费力地融合时，讨论和行动都很容易进行，精神也随之振奋。例如，盛夏时节，他和同事在沃斯利市政厅讨论领航计划时，布里奇沃特订购了“我能做得最完整的奶油色餐具服务”，并向他们展示了罗马的骨灰盒，据说有1500年的历史，是他的工人在附近挖到的。日落时，韦奇伍德登上公爵的平底船，沿着运河穿越九英里，“穿过一条通往曼彻斯特的最令人愉快的山谷”。

寻求合作并不完全是单向的。公爵现在极度缺乏资金来扩建他自己的运河，昂贵的茶会费用表明他是多么渴望加入韦奇伍德的计划。从这年春天开始，有关运河建设计划的批评、嘲讽和支持的文章铺天盖地。到6月，韦奇伍德决定为对付他们的对手，他们需要一本全新的、详细的小册子。运河的支持者们狂热地收集有关经济利益的信息，达尔文特别渴望相关方面的东西，韦奇伍德回复他，“我没有更多可以给你的信息。如果你缺少什么，你就必须创造一些”。[10]不久，达尔文寄出了一篇由三部分组成的论文的前两部分，
113 这篇论文最终长达67页。（他幸存下来的论文满是草稿、重写、笔记、松散的页面、潦草的字迹和划掉的地方。[11]）韦奇伍德热切地感谢他“非常有才华和最令人接受的小册子”，他确信当公开发表时，一定会大获成功。“论点有力，令人信服、易于理解，以我拙见，这个献词非常聪明。”[12]题词献给王后，谦虚地感谢了她的赞助，并感谢她的许可，将运河称为“夏洛特河”。

韦奇伍德想让达尔文承认自己是作者：“除非你从幕后跳出来，不然我们怎么给我们的小册子取个名字呢？”但伊拉斯谟担心自己的医生身份，也担心会得罪当地反对开凿运河的权贵。最后，本特利编辑了这本小册子，融入韦奇伍德的案例，淡化了达尔文的华丽辞藻（包括宝贵的献词）。韦奇伍德同意了——除了要求他把陶瓷部分删去，“以免我们的长官认为它得纳税”。然后他把编辑好的草稿交给了达尔文。这是一个错误——韦奇伍德冷冰冰地传达了一连

串的批评，他对本特利说："总而言之，他认为这种风格过于平淡乏味，但要记住，他本人是个诗歌天才。"[13]第二天，当本特利在尤托克西特的一家旅馆里偶遇达尔文时，这位医生准备了更多的评语："达尔文医生说，除了泰勒这样的家伙，没有人会歌颂伟大或荣耀，所以就按照你自己认为好的去写吧。"[14]这种简短活泼的交流，缩小了微妙的、有时令人不安的社会差异。这位绅士告诉制造商，奉承要经过精心设计，让自己成为一个马屁精，一个油腔滑调努力推销的店主。韦奇伍德很聪明，他发现达尔文的社会知识很有用，即使他的优越感令人不舒服。

一方面，在达尔文和本特利的争论中，需要韦奇伍德的幽默和机智。他和本特利开玩笑说，"我们的天才和富有诗意的朋友写了一封长长的批评信"，"不管他对你的领航手册上做了什么"，不能否认"他为你带来欢乐和震撼"。[15]另一方面，韦奇伍德对达尔文解释说小册子内容得简单直接，多疑的人会把言辞视为欺骗的标志，最好是"以勇敢的真相挫败他们"。[16]

尽管韦奇伍德性情平和，但他发现，文学上的争吵阻碍计划的推进，实在令人恼火。10月中旬，他绝望地恳求本特利不要让医生的评论推迟进展： 114

一个短语或一个单音节词的选择，就一定能把海洋和遥远的国家统一起来吗？我们必须有一本小册子，否则我们的设计就会失败。所以，如果你愿意的话，充分利用现在，修改、润色和升华下一版。[17]

11月18日，这本伟大的手册终于出版了。毫不奇怪，在这一时间点，韦奇伍德病倒了。达尔文来到伯斯勒姆，陪他坐了整夜，留下一张处方，据韦奇伍德写道，这张处方“加强人体机能，让一切恢复正常”。韦奇伍德现在轻轻地把整本小册子包起来，对本特利说：“医生承认他给你写了两三封非常无礼的信，还说你粗暴地回敬了他，他似乎对此很满意，对他的处理方式也很满意。”[18]韦奇伍德对他的两个作家朋友倾力支持，而对达尔文来说，他只是享受整件事情的乐趣。

与此同时，韦奇伍德带萨莉去了伦敦。运河修建期间，他们去剧院，在特纳姆绿地与拉尔夫·格里菲思特的社交圈欢度时光，遇到了艺术家、设计师和贵族赞助人，“从贝德福德公爵的一套法国瓷器中发现了新图样，这个瓷器价值至少 1500 英镑，是我见过的最精美的东西”。[19]无论走到哪里，韦奇伍德都小心翼翼地留下一本关于运河的小册子。但是大干线之战还没有结束。与柴郡绅士的争斗仍在继续：首先他们降低了税率，然后威胁要修建一条他们自己的运河。本特利现在建议他们避开织布工，把运河直接引到利物浦，这个主意与布里奇沃特自己的计划不谋而合，即让他的运河绕过朗科恩。事实证明，韦奇伍德和本特利对公爵是否真的想要推进他的路线“为公众服务”，还是仅仅想要控制默西河一段，持有严重怀疑。务实来讲，他们认为最好的政策是“无论他的动机如何，我们都努力使他的行动有助于我们计划的执行”。[20]

115 只有强大的利益集团站在布里奇沃特这一边，他们才能迫使布里奇沃特作出承诺，打败柴郡人，赢得顽抗的土地所有者的支持。他们最后的希望寄托在高尔勋爵身上。接下来是一段扣人心弦的紧张时刻，韦奇伍德甚至因为担心有密探而拒绝使用邮件。他给本特利写了一张便条，标题是“星期一早晨太阳升起之前”，他写道："我奉命在我们的战斗白热化时（很快就会发生这种情况），在我身边留下四五个跑动的步兵，不要相信邮件中的任何内容。"[21] 高尔最终同意作为公开赞助人"公开地"来到陶器厂，并于12月30日在沃斯利桥主持了一次重要会议。在这里，布林德利提出了他的计划，并通过了在下次议会会议上申请法案的投票。那天晚上，伯斯勒姆市场上燃起了欢快的篝火。

韦奇伍德几乎没有一分钟属于自己的时间，他对达尔文说："我亲爱的朋友，我实在是太忙了，我的一生几乎都是在这个航道中度过的，我没有时间去写、去说、去想那个神奇的圈子以外的事情。"[22] 他游说议会，提供证据与织布工和特伦特领航公司抗争，他们一直反对，直到委员会审议才作罢。当该法案在下议院通过时，《伯明翰公报》宣称："无法表达整个陶器行业的喜悦之情。"因为只有内河航运才能使他们的工厂与外国竞争对手平起平坐。[23]5月，该法案得到了王室的批准；6月初，特伦特和默西运河的业主们任命韦奇伍德为他们的财务主管，并决定用 *pro patria populoquefluit* 作为座右铭，即"为国家和人民而流淌"。

1766年7月26日，所有的陶器店都关门了，当地的绅士、场主、工人和他们的家人，都穿着最好的衣服，涌向伯斯勒姆布朗山下的低洼地带。中午，韦奇伍德挖了新运河的第一层草皮，布林德利隆重地用独轮车把泥土推走。人们在斯塔福德郡喝着啤酒发表演讲，举杯祝酒，然后在各个小酒馆里欢宴畅饮。天快黑的时候，他们为穷人烤了一只羊，还点起了更多的篝火："韦奇伍德先生的房子前点了节日之火（*Feu de joie*），一大群人聚集在一起，分享韦奇伍德太太作为家庭主妇所准备的丰盛款待。"[24] 第二天的工作如火如荼地开展。

尽管韦奇伍德作为财务主管没有工钱，但他还是很少感到厌倦。从一开始，他就对特伦特和默西有特殊的私人兴趣。里奇豪斯
115 庄园，韦奇伍德想在这里建立他的新工厂，就坐落在计划中运河路线将要经过的地方。1767 年 12 月，阿什赫斯特太太去世，这笔买卖得到确认。12 月中旬，他到达德比郡，和建筑师约瑟夫·皮克福德（Joseph Pickford）讨论他的计划，并且已经标出了运河的路线。他的工厂设计纵长低矮，像索霍的工厂一样，将有一个精致的帕拉第奥建筑形式风格的正面，并需要优雅的景致与之相配，一条符合当时流行趋势的“蛇形”河流。但是这片田野非常平坦，运河可以直行，在与布林德利的助手休·汉斯霍尔（Hugh Henshall）进行长时间的争论之后，他沮丧地说道：“我不能让这个僵化的汪达尔人[1]为我恩典一条弯路，他必须走最短最佳路径，否则布林德利先生会发疯。”[25]

116 就在《特伦特和默西法案》（*Trent and Mersey Act*）通过的同一天，伍尔弗汉普顿的一个独立团体赢得了一项与塞文河相连的法案：现在利物浦、赫尔和布里斯托尔将由水路相连。但是建造这些运河的成本非常惊人。斯塔福德郡和伍斯特郡运河其法定资本为 7 万英镑，特伦特和默西为 13 万英镑（1770 年和 1775 年分别追加了两笔 7 万英镑的资金）。这笔钱以 200 英镑的股份筹集，不允许个人持有超过 20 只股票，而通行费被设定为每英里 1.5 便士。这些路线也很复杂。布林德利的运河很少是笔直的——后来的工程师，比如伦尼和特尔福德设计了笔直的运河。但那时候，他们在斜

[1] 汪达尔人（Vandal），破坏罗马文明的日耳曼民族的一支，英语中比喻文化艺术的破坏者。

坡上弯转，绕过斜坡向煤矿区供电，并向小城镇和工厂开辟支流。大干线的大倾角弧线有 93 英里长，斯塔福德郡和伍斯特郡运河都有 4 英尺深、15 英尺宽，允许两艘 7 英尺宽的船通过。这两条运河共有 120 道水闸、4 条渡槽和几条隧道。砖厂要建起来，石头要从采石场运来，木材要供应。

1766 年仲夏，一群熟练的切工和不熟练的工人开始拿起镐和铁锹干活。有些是因圈地而被赶出土地的当地农民；有些是来自沼泽者，他们曾挖沟筑堤；还有其他一些流浪汉、退伍士兵、苏格兰和爱尔兰的移民。运河的确见证了大规模流动劳动力这一社会现象的诞生。当他们从一个地方搬到另一个地方时，所到之处都带着
工业革命的壮观景象：这是在建造铁路之前的 60 年，运河为这些 117
劳动者提供了先例和典范，甚至为劳动者命名为水手、领航员。伴随着非技术工人而来的是技术专家。泥瓦匠在水闸和管道上工作，而矿工则从地面挖出竖井，然后在岩石上炸开一条路，在微微烛光下点燃火药，以防引发火灾或洪水。当运河最终被挖出来的时候，底部已经铺满了“水坑”，黏土经过水的揉捏，形成了厚厚一层——为了完成这项艰巨而又漫长的任务，有时会把牛赶到那里去捣黏土，但在其他地方，光着脚的工人要痛苦地踩上几周。

慢慢地，开凿运河贯穿了大地，这伙人从一个村庄转移到另一个村庄。布林德利成了民族英雄，成为下层出身没有文化却务实的精英典范。据说他“相貌平平，就像山里的乡巴佬或是拉车车夫一样，但当他说话时，所有的人都在侧耳倾听，每个人都对他说的那些切实可行的事情充满了惊奇”。[26] 尽管布林德利可能会因为不下放责任或逃避会议而激怒他的大客户，但他还是在风雪中现场勘测了全国各地的路线。1767 年，韦奇伍德写道：

> 我担心他做得太多，在他的宏伟计划实施之前就离开我们；他是这样不断地受到四面八方的骚扰，以至于他的身心都得不到休息，也不会适当地照顾他自己的健康……
>
> 我认为布林德利先生——伟大幸运有钱的布林德利，非常可怜！他也许能得到几千镑，但他能拿什么来交换呢？我担心他的健康，也担心他的生命，除非他变得更明智，并在为时已晚之前听取朋友的建议。[27]

韦奇伍德是对的。布林德雷死于1772年，当时他只有56岁。那一年，运河从特伦特河一直延伸到陶瓷之地、斯塔福德和伍斯特郡运河，两者都已经修建完成。他那令人惊叹的大干线的北线又花了五年时间，因为2880码长的兔堡隧道的巨大工程而放慢了速度。但是一旦运河开通，这个地区随之改变。陶器的运输成本从每英里10便士降到1.5便士。[28]田地里的石灰和粪肥通常是免费运送的，新市场被开放，当地的工人和农民从建筑工作中赚钱，甚至下水经
118 营自己的船。当地的粮食垄断结束了，面粉和面包变得便宜了，生火用的煤也便宜了，甚至在农村地区，偷盗木材和破坏灌木篱墙都是出于绝望才会犯下的罪行。

从1768年到1776年，人们见证了第一次大运河的修建。后来，由于利率上升和美国战争的影响，运河建设进程放缓，直到18世纪90年代才出现了新的运河热潮。从最开始，全国性的路网似乎就有达成的可能。布林德利备满了计划。1768年通过的《考文垂运河法案》(*Act for the Coventry Canal*)，在利奇菲尔德附近使特伦特河和默西河汇合。1768年的另一项法令为伯明翰运河铺平

了道路，将该城与斯塔福德河和伍斯特河连起，同时也迭通了塞文河和特伦特河。

伯明翰领航委员会有一些熟悉的名字，包括加贝特、斯莫尔和博尔顿，尽管后者太忙而不能参与活动。1765 年末，达尔文试图让他参与到反对织布船航行的斗争中。“我希望能影响你们和斯莫尔医生接受这一斗争，”他写道，“就像你们影响了我对蒸汽机的兴趣一样，因为它值得你们的关注，它是人类的朋友，是精妙艺术的朋友。”[29] 博尔顿随随便便地签署了请愿书，被选为特伦特和默西委员会的委员，但当他因为错过一次会议而被罚款时，他仓皇退出。他向韦奇伍德解释说，他当时正忙着把所有的员工和家人搬到索霍；“我现在以及之后的整个夏天都有大约 70 名石匠、木匠和工人在工作。”[30]

尽管金属行业无疑会受益，但在伯明翰对此最感兴趣的是当地的煤矿业主。不到一年，他便以每股 100 英镑的价格筹集了 5.5 万英镑，用来修建一条弯曲的运河，通往煤矿产地。（相比之下，新医院的建设由于缺乏资金而中断了好几年。）一旦委员会意识到煤炭的潜在利润，他们就会不顾成本，火速建造船只并敦促建造者。1769 年 11 月，从煤矿到天堂街新水域的第一段运河刚刚开通，煤的价格就从每吨 15 先令降至 4 先令，后来稳定在每吨 7 先令左右。这家公司控制着整个产业链：买煤、运输、装煤、日夜卸货，甚至是他们自己用手推车配送。讽刺的是，不到两个月，镇上几乎人满 119
为患。尽管保持着低利润率，并设立了办事处向穷人分发煤炭，但运河的股价在一年内从 100 英镑飙升至 140 英镑，垄断的呼声风雨欲来。

博尔顿对运河有自己的疑虑。直到工程开始时，他才意识到，计划中的新庄园扩建工程——科尔莫尔的老庄园，其土地一直延伸到索霍区——对他自己的供水构成了真正的威胁——就像加贝特很久以前警告过他的那样。[31] 作为博尔顿的副手，斯莫尔在幕后进行谈判。由于“隧道出现了意想不到的困难[32]”，新扩建的大厅神秘地从计划中消失了。查尔斯·科尔莫尔（Charles Colmore）被激怒了，他把运河公司告上国王的法庭，然后又诉至议会。斯莫尔更加努力地工作，他冲到伦敦，每周甚至每天都发快信，同时小心地把博尔顿的名字排除在外，告诉他们的律师：“你可以读博尔顿先生的信，但不许提起它。”[33] 斯莫尔指出，加贝特被传唤到“C先生的阵营”，布林德利代表委员会，斯米顿代表科尔莫尔，工程师们加入了对立双方的战斗。（博尔顿轻蔑地驳斥了“整群挖沟工人”的证据。[34]）到 1772 年 9 月，这一切都被遗忘了。运河完工了：一排巨大的水闸把狭窄的船只运到伍尔弗汉普顿，一个全新的斯图尔港建成。博尔顿自豪地写信给沃里克伯爵：“我们的航海事业蒸蒸日上……我们已经从伯明翰开到了布里斯托尔，又开到了赫尔。”[35] 接下来的 40 年里，一条条精美的水道穿过这个地区。

几乎所有的月光社成员都拥有运河的股份，博尔顿有一个利润丰厚的副业：供应金属零件、锁、螺栓、活塞用的黄铜阀门、铜盒、水龙头和拉环。[36] 韦奇伍德利润最丰厚，斯莫尔的也很高，因为他逐渐从其他股东那里购买了转让股。韦奇伍德和博尔顿甚至开始梦想用蒸汽开发运河船。通过新结识的詹姆斯·瓦特，他开始密切关注其他方向的进展。

运河在苏格兰也以同样的热情被推广，1766 年末，瓦特在罗巴克的卡隆铁厂的支持下，参与了从福斯河到克莱德河的联合勘

120 测。1767 年春天，他前往伦敦推动一项授权法案。因另一条路线

被选定，瓦特失败了，但他在回来的路上参观布里奇沃特运河。在那之前，他在伯明翰停留会见了罗巴克的伙伴加贝特。博尔顿不在，斯莫尔带他去了索霍，他也和达尔文一起留在利奇菲尔德。

达尔文、斯莫尔和瓦特立刻就走到一起，在接下来几年里，斯莫尔的信件使瓦特多次陷入抑郁。在这一点上，瓦特的未来看起来甚至可能囿于土木工程领域：他为格拉斯哥港考察海港，在蒙克兰煤田开始运河作业，对艾尔港进行改良，并为格林洛克规划淡水供应方法。然后在1773年，瓦特出发去高地，看看是否可以在因弗内斯和威廉堡的原野之间，在星罗棋布的湖泊间开凿一条运河，把北海和西海岸连接起来。

斯莫尔曾一度希望引诱瓦特南下，到考文垂运河做测量员。瓦 121
特在回答斯莫尔的问题时，提供了详细的水深、规划、船闸、成本

由彼得·马泽尔（Peter Mazell）根据詹姆斯·谢立夫（James Sherriff）的一幅画所绘制的斯图尔港全景图，1776年

和节水方法。[37] 但瓦特从未真正喜欢他的工作，他在任何天气都要外出，在几乎不可能的条件下工作，很难应付苛刻的雇主和手头拮据的劳工。1770 年 9 月，他承认：

没有什么比和人类讨价还价更违背我的天性了，然而这就是我现在一直过的生活……我还常常担心，我的经验不足可能会使我陷入困境，或者被某个工人欺骗，我竭尽所能阻止这一切。我还算幸运；我已经削减了一些超过一英里的运河，还有山里最复杂的深沟。我估测过的范围已经建起了一座桥和一些隧道，尽管这些地方的土壤最为坚硬——黑色或红色的黏土，里面还有石头。[38]

在运河、闸门和隧道的勘测和建造中，瓦特有关水力学和工程知识的储备显著增加。瓦特的信件中全是他对仪器的改进想法，如使用望远镜对测量水平进行微调，创造了用于测量距离的“十字准线千分尺”（以后称为测距器）。“最近有没有发明新的小玩意儿？”斯莫尔经常调笑他。1777 年，连达尔文都设计了革命性的运河升降机。往前十年，升降机的目的是避开水闸，或将运河与下面的河流连接起来，用两个巨大的、装满水的大木箱吊着船，一个来平衡另一个。[39]

运河吸引了各种各样的人，从悲观的瓦特到超级自信的韦奇伍德，再到不知疲倦的发明家达尔文。通过运河，这些人确实在陆地上留下了他们的印记；他们同时也发现了它的秘密，从蒙克兰的黏土到中部地区的化石。运河的工作把他们卷入早期工业世界的动荡，金融、游说和营销的复杂过程。但他们仍然是自然哲学家，即使在改造整个地域的时候——他们仍然能够寻找隐藏的知识。

11 画出光

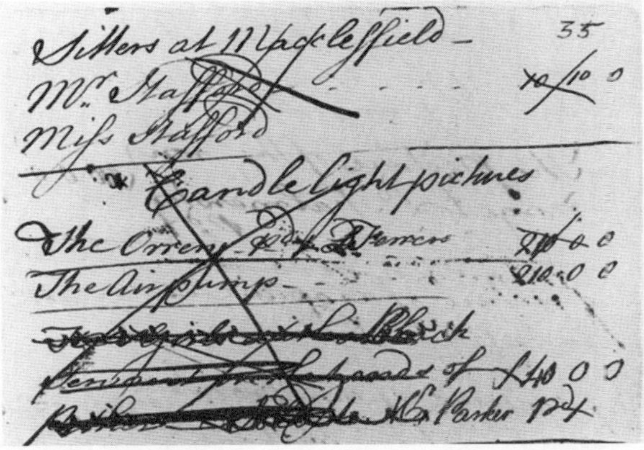

《烛光研究》说明图，来自约瑟夫·赖特的记录簿

运河横贯大陆，汇合、连接、交叉，把韦奇伍德和达尔文、 122
博尔顿、斯莫尔和怀特赫斯特聚集在一起。到目前为止，这些朋友还只是两两之间的互相通信。现在，他们将变为三个人、四个人、五个人。这是一种真正意义上的礼尚往来、针锋相对的知识交换——一种令人兴奋的、友好的利益分享。

这种迷人的文化社交，可以从德比郡的约瑟夫·赖特的绘画作品中感受到。赖特从未是月光社的正式成员，但他确实同样具有月光社人的品质。他在德比长大，是约翰·怀特赫斯特的邻居和亲密朋友。1766 年前后，赖特成了达尔文的病人。他对光的兴趣、对装置细节的兴趣、对他艺术创作的技术细节（和市场现实）的兴趣，以及对自然哲学的悠久传统的兴趣，都表现在像《炼金术士》

（*The Alchymist*）这样的绘画作品上，这使他们有了许多共同之处。

18 世纪 60 年代，赖特创作了一系列著名的夜景画《烛光研究》（*Candlelit Studies*），其中有一幅是三个年轻人在欣赏灯光明亮的雕像“博尔盖塞角斗士”，这幅画在 1765 年的艺术家协会中得到了极大的赞赏。但是第二年，他新画的中心不再是一个古典的雕像，而是一个制作精美的太阳系仪，展示了行星围绕太阳的运动，这引起了更大的轰动。赖特暗示说，科学可以激发彬彬有礼的想象力，就像古典艺术一样强烈。在《哲学家的太阳系仪讲座》（*A Philosopher giving that lecture on the Orrery, in which a Lamp is put in*
123 *place of the Sun*）中，他把一盏灯放在太阳的位置上，这盏灯的存在是为了让演讲者解释日食：突然的黑暗曾经是如此可怕，但现在可以被科学解释了。场景虽然在家中，但却建议自然哲学要开放给所有男人和女人、老年人和少年人——白发苍苍的讲者，记笔记的年轻人，头戴缎带帽的女孩，还有挽着哥哥手腕的小女孩，她笑着指向土星的卫星轨道。光线照到脸颊和额头的角度，就像太阳照到地球的山峰和平面一样。

《太阳系仪》（*Orrery*）可能是一件投机作品，画这幅画的目的是希望它能被厄尔·费雷尔斯（Earl Ferrers）买走——事实上它确实被买走了。厄尔·费雷尔斯是一位热情的业余天文学家，赖特的朋友彼得·佩雷斯·伯德特（Peter Perez Burdett）在德比郡进行地形勘测时曾和他住在一起。费雷尔斯是德比的“哲学家”之一；他建造了一个昂贵的酒庄，并在 1761 年因其有关金星凌日的论文而被选为皇家学会会员。白发苍苍、和蔼可亲的哲学家怀特赫斯特与牛顿有某种相似之处。[1] 怀特赫斯特已经在研究他的地球形成理论，即空间引力把旋转的粒子拉到一起的理论。尽管这幅画与月光社没有直接联系，但它捕捉到了他们对世界充满希望的一面，即由立体几何定义的进步——有序、和谐、宁静。

在1768年展出的另一幅画《气泵里的鸟实验》（*An experiment on a bird in the Air Pump*），情况似乎正好相反。当玻璃皿中的空气被抽出时，一只稀有的白鹦鹉恐慌地拍着翅膀。虽然我们可以看出，像吟游诗人一般的哲学家着了迷，正要将空气输送回去，但实验结果是不确定的，这一刻仍然令人惊恐，我们像画中两个女孩一样感到害怕。这幅画塞满典故：小鸟象征爱，后面的男孩象征了实验本身的傲慢和潜在的残酷，这个男孩指向霍加斯解剖的血腥现场，《四个残酷的舞台》（*Four Stages of Cruelty*）的最后一幅。这种对自然活跃力量、危险而宝贵的生命气息的景象，同《太阳系仪》中透过窗户瞥见的月色与宁静天空形成了强烈的对比。

赖特的画被制成版画后非常受欢迎。他没有展示出任何新的科学发现——几去经年，演讲的听众已对太阳系仪和空气泵都非常熟悉。相反，他对科学的两个不同方面——理论和实验，有序的牛顿力学和空气的挥发性实验——进行了精彩的、令人回味的、复杂的描述。[2] 这些描绘的都是家庭图景，不用担心需要让孩子远离令人不安的实验或昂贵的仪器。同样的感觉来自理查德·洛弗尔·埃奇沃思的一则轶事。[3] 在对宇宙法则和自然力量进行最终的、令人敬畏的研究过程中，赖特惊奇地指出了实验生活的惊险刺激，是月光社人所共享的意义深远的乐趣。 124

1766年，英格兰中部地区的小组有新成员加入。一位爱尔兰年轻人——发明家埃奇沃思（他很快就介绍了他古怪的、理想主义的朋友托马斯），还有一位是达尔文在爱丁堡的老朋友詹姆斯·基尔，他曾决定离开军队成家立业，也许“相比才智，利奇菲尔德的市场拥有更多的是金钱和爱情”。[4]

这群人经常聚在一起。1768 年 7 月，瓦特的朋友罗宾逊经过利奇菲尔德时（他“被达尔文医生毫不做作的文静和谦恭迷住了”），他发现斯莫尔也在那儿，还有“非常热情的朋友博尔顿先生”。[5]这些聚会既为了工作也为了娱乐。随着时间的流逝，他们试着在两点用餐，通常计划至少待到八点。[6]酒喝得很多（尽管达尔文后来倡导节制），餐桌上摆满了鱼、阉鸡、切达干酪、斯提耳顿干酪、馅饼和奶油葡萄酒。用餐时，妻子们偶尔会加入这些男人，孩子们进进出出。但是当餐桌清理干净后，他们就会摆出仪器、平面图、模型、矿物和发动机。在屋子或车间，他们能一直谈到晚上。通常情况下，“哲学盛宴”会持续到第二天，如果他们在做一个特定的项目，这一过程甚至会更长。（早些年，他们经常在利奇菲尔德的达尔文家停留过夜。）他们发展了自己神秘、有趣的语言，尤其是达尔文，他喜欢把事物描述成谜题——比如人们过去玩的字谜游戏和具有诗意的文字游戏。即使他们是理性及脚踏实地的拥护者，但其中的一部分乐趣在于他们觉得自己正在解开深奥的秘密，
125 探索像古代炼金术士那样的嬗变。多年后，达尔文揶揄道，如果“如果他们发现了经度和哲人石，博尔顿一定要告诉我。最重要的是，你要让自己和朋友们保持良好的精神状态，并且幸福快乐”。[7]

他们分享丰富的知识。1764—1766 年，亨利·坦普尔·克罗克（Henry Temple Croker）编辑的三卷本著作出版，从狄德罗的《百科全书》（*Encyclopédie*）和其他资料中摘取了几版，并冠以一个谦虚的标题《艺术与科学全集，解释了人类学习的整个过程，消除了学习各种艺术的困难，无论人文还是机械》（*The Complete*

Dictionary of Arts and Science. In which the whole circle of human learnirg is explained, and the difficulties attending the acquisition of every art, whether liberal or mechanical, are remoned）。在工作和交谈中，他们觉得月光社是一个更宽泛的团体，与皇家学会、艺术学会和其他俱乐部联系在一起。1766 年 10 月，博尔顿从伦敦给安妮写信说："我（在这一周内）无事可做，与哲学家和艺术家们密切接触，除了身体健康之外，我无法在这篇文章中写下任何其他细节。"[8] 基尔很快就把埃奇沃思介绍给了"一个文学和科学人士组成的协会"，这个协会是在圣马丁巷的斯劳特咖啡馆成立的，多年来的成员包括外科医生约翰·亨特、植物学家约瑟夫·班克斯和丹尼尔·索兰德、工程师约翰·斯米顿与仪器制造商杰西·拉姆斯登（Jesse Ramsden）。韦奇伍德、本特利，可能还有斯莫尔和博尔顿也都是其成员，埃奇沃思生动地描述了"新发现的最初迹象、当前的观察成果以及思想的相互碰撞"。[9] 争论很激烈，愚人被嘲笑，但因为"这样一个协会每个成员的知识及时地通过整个协会传播"，所以有着"卓越天赋的成员"可以促进个人的思想。

在这些人的生活中，知识之光就像蜡烛、油灯、发光的火炉——甚至是闪闪发光的月亮——在约瑟夫·赖特的众多画作中心发出光芒。月光社参与了一场寻找光明的共同行动，几十年过去了，这一行动将他们更加紧密地联系在一起。

12 魔法与机械

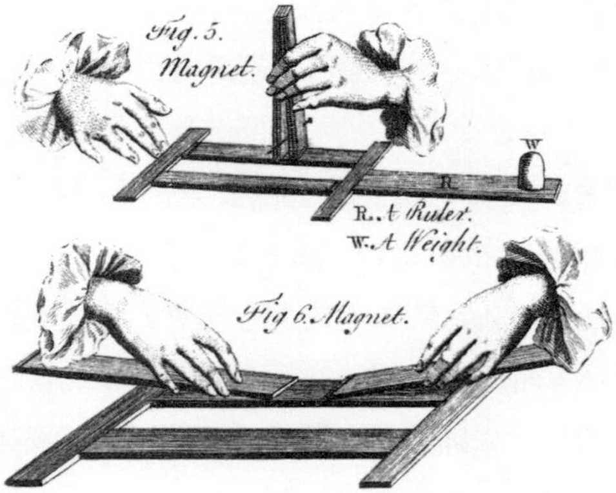

约翰·坎顿的人造磁铁制造法

126 1766年夏天，当领航人开始在伯斯勒姆开凿运河时，达尔文兴高采烈地给博尔顿写信：

我有跟我一样喜欢机械的朋友，来自牛津郡的埃奇沃思先生——我见过的最伟大的魔术师——天气晴朗，祈祷他来做我的助手，明天早上要说服斯莫尔医生和博尔顿夫人也加入你，我们再载你们周一一起到伯明翰去，如果可以的话，拜[1]。

E. 达尔文

达尔文把自然的原则掌握在手中，并随心所欲地塑造它们。

[1] 此处达尔文用的是 Adios（西班牙语）。

磁极可以去掉，也可以通过在手掌上摩擦三次，把磁极转移到针头。

不用眼镜就能透过两块橡木板看东西，太棒了！惊人！可怕！请告诉斯莫尔医生，他一定要来看这些奇迹。[1]

这是"表演者达尔文"，他喜欢自己的这一人格，而且还会经常用。用一声响亮的"卷起来！卷起来"拉开窗帘，月光社人迷恋自然力量、科学"奇迹"和其略带的亵渎神明的魅力。达尔文喜欢磁力的诱惑，磁石的古老力量长久以来与魔法联系在一起。几年后，他将友人约翰·米歇尔（他发明了人造磁铁的技术）描述成一个控制着地球神秘力量的巫师：

最后的米歇尔之手充满魅力， 127
抛光棒带有磁力臂；
生存本能的钢顺从地移，
永远指向它爱的极。[2]

伯明翰人对埃奇沃思的消息很感兴趣。博尔顿在达尔文信件的背面潦草地写了回信：他和安妮周日要与当地议员和土地所有者约翰·莱维特（John Levett）共进晚餐，"很高兴为斯莫尔医生安排马车，把他送到利奇菲尔德。他可能会在那里享受一顿哲学大餐，并于周一中午与博尔顿夫妻一起返回伯明翰"。[3] 博尔顿特别兴致勃勃，因为他正在开发一条用于出口的人造磁铁生产线。[4] 他请埃奇沃思过来，并请他去索霍和其他工厂转转。埃奇沃思说，仅仅几个小时，他“就对实用机械的许多部分了如指掌，而这些都是我在好几个月里学不会的”。[5]但是，正如埃奇沃思对博尔顿所钦佩的那样，他认为是斯莫尔——“所有认识他的人都尊敬他，所有被他接纳为朋友却没抱有同等热情的人也都尊敬他”——斯莫尔将这群人团结在一起，不同的性格，但都致力于文学和科学。斯莫尔在后来的生活中感动地写道：“他们的亲密关系从未被打破，直至死亡将他们分开。”[6]

1766 年，埃奇沃思 22 岁，这个高个子、黑头发、健谈、爱挥手的爱尔兰人，比达尔文足足小了 12 岁。魔术是他的业余爱好，根据他对伟大的法国魔术师科摩斯（Comus）使用的磁铁和机械装置的研究，在弗兰西斯·德拉瓦尔爵士麾下上演娱乐表演。（当时科摩斯风靡一时：翌年春，瓦特见到他，对他非常钦佩，对佩吉说：“魔术师科摩斯真是一个令人惊讶的家伙，太玄妙了。”[7]）据说德拉瓦尔还通过在观众席上挥舞自己强大的磁铁，破坏了干草市场剧院的表演（尽管这有点让人难以置信），从而使魔术师菲利普·布雷斯劳（Philip Breslau）完全无法控制他磁力驱动的“有学识的小天鹅”，它本应是回答表演者的问题并从碗里挑出字母。”[8]在电的帮助下，“表演者”和“哲学家”展开了关于展示自然力量权利的争论。

128 埃奇沃思实在是行动力强大。他倾向于轻率地处理每一件事，从做机械师的工作到婚姻，一生拥有四个妻子和 22 个孩子。在都柏林圣三一学院，还是个学生的他常常酗酒，被父亲警醒地把他送到牛津，让他住在一个老朋友家——潦倒的律师——保罗·埃勒斯（J.P. 埃勒斯的儿子，J.P. 埃勒斯是 18 世纪初伯斯勒姆的一名陶匠）。结果事与愿违：不到一年，埃奇沃思就不得不娶埃勒斯的女儿安娜玛丽亚，第二年他们的长子出生了。回到爱尔兰后，埃奇沃思无聊地读了一年“一些法律和更多的科学”，并做了一个木制的太阳系仪。

1765年末，埃奇沃思成年后立刻离家乘船去了英格兰。抵达切斯特后，他看到了微型宇宙，看到了行星的机械展览。埃奇沃思数次造访以至与表演者成了朋友。表演者提到在利奇菲尔德，他遇到了另一个好奇的观众——伊拉斯谟·达尔文。然后，他描述了达尔文发明的马车，该马车可以转过一个小圈而不会翻倒，并且“没有头重脚轻的麻烦”。[9] 埃奇沃思立即抓住这个机会，在位于赫特福德郡黑尔哈奇的新房子里，根据达尔文的理论设计了一辆四轮马车，并请当地的一个马车制造商来建造。埃奇沃思将成品带到伦敦，不久，弗兰西斯·德拉瓦尔爵士就有了一件类似的作品，其设计也得到英国艺术协会的正式批准。

埃奇沃思告知协会这是达尔文的理论并致信达尔文，达尔文邀请他去利奇菲尔德。可当他到达尔文家时只有达尔文的妻子波莉一个人。他们聊天到晚餐结束，直到他听见离席的波莉惊叫着说他们带回了一具尸体。埃奇沃思冲出去，发现达尔文正指挥着他们的仆人拖动一具丧失生命迹象的肉体。

“他没死，”达尔文医生说。“他只是醉得不省人事。我发现他，”医生继续说，“躺在沟里快窒息了；我叫人把他抬到我的马车里来了，今天晚上我们可以照料他。”

蜡烛送来了，医生和达尔文夫人惊奇地发现，他救的那个人是达尔文夫人的哥哥！我确信，他有生以来第一次醉得这么厉害……

（那狡猾的“我确信”，非常的“埃奇沃思”。）

达尔文似乎惊讶于客人和他的妻子共度了这个晚上，直到埃奇沃思的阶级才解释了一切：达尔文从他的信中，以为他“只是一个
129 马车制造者”——这是自然哲学表面的民主之下，阶级流动的好例子。埃奇沃思一度被认定是一位绅士，很快就被介绍到利奇菲尔德社交界，与苏厄德一家一起吃饭，与富有诗意的安娜调情（直到波莉·达尔文讽刺地向“埃奇沃思夫人”举杯），并在“不同的令人愉快的伙伴”中度过一个又一个夜晚。

埃奇沃思在某些方面像是年轻版的达尔文：受过传统教育，在社交方面游刃有余。然而，与达尔文不同的是，埃奇沃思没有成功。在牛津郡，他靠父亲给的零用钱生活，在酒吧里闲散地读书，与绅士们打牌，还结交了其他业余发明家，比如牧师汉弗莱·庚斯伯勒（Humphry Gainsborough）（他是艺术家的兄弟），他是水力学方面的专家，正致力于改进蒸汽机。为了填补他空虚的时间，埃奇沃思将一个计划堆砌上另一个计划。他的许多想法都很超前：为了与德拉瓦尔周围的赌徒和赛马人打赌，他发明了一种粗糙的电报系统，把新闻从新市场的赛马传送到伦敦，并在后来的多年中得到改进。

在埃奇沃思房子后面的车间里，他计划了许多“发明”，其中有一辆“帆船”（一种带帆的轻便马车，被雷丁路的旅行者们强烈反对），一种切萝卜的机器；覆盖干草堆的伞；用滚轮来保护路面的手推车。几个月来，他一直在一个巨大的空心轮子上工作，轮子上有一个桶，人可以站在桶里，像老鼠在跑步机上一样，通过走路把轮子推得越来越快，直到一些当地的男孩在通往白垩坑的斜坡上把它飞了出去：轮子加快速度，里面的男孩跳出来；桶消失了。从

伦敦回来，“让我非常失望的是”，埃奇沃思发现他的轮子在白垩坑的底部“碎成了一千片”。[11]

这称不上是理性的机械设计。事实上，埃奇沃思的许多念头都带有一丝幻想色彩，一种虚幻的、近乎哥特式的气质，仿佛只会出现在梦中，就像一匹巨大的木马，在他年老时仍记忆犹新：

> 有一天，我在一个四面围墙高得出奇的地方骑马。有人说，要想跳过这样的墙是不可能的，我就下了一个赌注，赌我能造出一匹木马，让它驮着我安全地越过这个国家最高的墙。我突然想到，如
> 果一台机器有八条腿，其中四条腿必须同时站在地上；如果把剩下 130
> 的身体分成两部分，在圆柱体上滑动，或者说是滚动，其中一部分和它的腿可以由机器里的一个人通过两次努力把它们跨过墙；属于这一部分的腿可以放到地上，然后机器的另一半可以把腿收起来，也跨过墙，就这样交替进行。这个想法在脑海中逐渐发展，使我意识到，由于机器的一半始终为另一半铺路，并且不需要在地面上滚动，因此可以制造一个自带道路的马车，自己开一条路。[12]

即使经过 40 年的实验和制作 100 个模型之后，这个方法依旧行不通。但它并非没有道理：其中预示了履带、坦克和火车。“很明显，”埃奇沃思补充道，“一辆在铁轨上行驶的马车可以用四分之一的力把它拉到公共道路上。”

埃奇沃思对交通运输的兴趣非常浓厚，几乎称得上是极端。新的收费公路创造了新的纪录，公路比赛成为全城的热门话题。华而不实的试制品就像跑车一样，高级的马车设计对几乎所有的月光社人都具有持久吸引力。1767 年，瓦特仔细研究了达尔文关于车轴

和转向系统的草图。五年后，韦奇伍德叙述了乘坐一辆马车前往伦敦的旅程，该车由利奇菲尔德的马车制造商按照达尔文的设计制造，它“带有专利的弹簧轮子”：

> 每个辐条都是弹簧，这意味着在路上遇到的所有突然出现的障碍物都不会阻碍马车前进的惯性，不会对乘车人造成任何颠簸，甚至对那些可怜的马匹来说也更为轻松。与普通马车相比，这些马车的另一个优势是它们的静止性，轮辐中的每个辐条都仿佛是美的延长线，其外观也最为优雅。[13]

直到1780年，博尔顿依旧在笔记本中画满马车设计的草图，还加了一些可掀动的纸盖，以显示马车开动或停止的样子。在科学层面，他计算出了马的速度和牵引力，并详细测量了他所有朋友的交通工具，包括“福瑟吉尔的马车”“瓦特先生的单马马车”“埃奇沃思先生的四轮马车”和“达尔文医生的驿站马车”。

131 达尔文无疑是这方面的领袖。他每天大部分时间都在路上，改善交通状况对他有利。他那辆漆成明亮颜色的马车闻名全郡，里面塞满了书籍、药箱和成篮的食物，以支持他四处奔波。埃奇沃思写了第一封信以后，艺术协会写信给达尔文，要求了解他的高轮马车设计的细节。达尔文回信说，他已经造了一辆四轮马车和一辆驿车，据他估计，他每年乘这两辆车大约旅行一万英里。在过去的六年里，他增加了弹簧，研究新的转向原理和机械（并开发了一种革命性的系统，直到早期的现代汽车才再次使用）。达尔文允许埃奇沃思继续开发改进，并在1769年获得协会颁发的金牌。[14]

埃奇沃思甚至采纳了达尔文的蒸汽机车计划，这个主题与瓦特起了激烈的竞争。1768 年 6 月，达尔文告诉韦奇伍德，埃奇沃思“几乎完成了一辆能用火力拉动的货车，以及一张能载 40 人的移动台”。[15] 两个月后，斯莫尔警告瓦特，那个（“年轻、机械、不知疲倦的”）爱尔兰人已经“下定决心用蒸汽来运输陆地和水上的马车，而且已经取得了相当大的进展……他不知道你有什么特别的进展。”[16] 埃奇沃思一马当先，斯莫尔利用他和其他竞争对手如“卖亚麻布的摩尔”的作品，刺激瓦特采取行动。他敦促瓦特“以一切可能快的速度来到伦敦”。

在这个时候，我怎么能因为你的疏忽而责骂你。不过，如果你很快就到这里来，我也将遵循礼仪，购买一辆你设计的蒸汽马车，而不是摩尔的。可是，我非常讨厌看到一个像你这样有天赋的人，竟不好好利用你的巨大才能。[17]

然而最终，埃奇沃思和瓦特都把蒸汽马车放在一边。18 世纪 80 年代，这个想法被其他人采用（这让瓦特很懊恼），但这也是一项直到技术改进后才能实现的发明。有时看起来古怪、荒诞、假想的东西，实际上是非常超前的。

在那些年里，小组的所有成员都参与了制造和实验，这种兴趣帮助他们建立了密切的联系。1767 年 5 月，韦奇伍德访问了索霍，在那里，他对一架饰有玫瑰花结的改良车床留下了深刻的印象，那是一种用于复杂工作的导向工具，他希望说服博尔顿卖给他。[18] 韦 132
奇伍德对博尔顿本人也有同样的看法，他认为博尔顿是“英国第一个或者说最完全的金属制造商。他很有独创性，很达观，也很随和”。

那年夏天末，瓦特处理完运河事务从伦敦回来的路上，他第一次去了伯明翰和利奇菲尔德。到八月底，达尔文已经能热情地对他说：

现在，我亲爱的新朋友，我首先希望你身体健康，少些疑病症；瓦特太太和你的孩子都很好。你的蒸汽改善计划，我一直严守秘密，但当你在这里的时候，我开始看到一些执行上的困难。我希望上帝能让你和我一起度过一个星期，带上瓦特太太——一个星期！——一个月，一整年。[19]

瓦特对任何形式的蒸汽机进展都有着强烈的占有欲，然而他自己的工作却进展缓慢。许多事情相互影响，包括他在运河上的工作。直到 1768 年 4 月，他才感到在金尼尔建造的第二台实验发动机取得了真正的进展。他找到了一种更好的安装活塞的方法（“尽管这个新装置不是完全密封的”），并对他的试验相对满意：“我发现发动机可以轻松地每分钟打 20 冲程，并且当蒸汽流过时，能轻松地打气。”最后，罗巴克同意偿还瓦特欠布莱克和他已故的合伙人克雷格的债务，以换取三分之二的股份。几天后，瓦特同意申请专利，七月他动身去伦敦。回程路上，瓦特在索霍待了两个星期：索霍似乎是一个技工的天堂，一个极乐之地，一个现代化的奇迹，博尔顿是它的首席魔法师。

这正是博尔顿想要创造的印象。目前为止，他已经很清楚瓦特的工作，他很想把他引诱到南方，这次访问中已经在讨论未来可能的合作。索霍的景象令瓦特更加痛苦，他在十月回到格拉斯哥时写的信简直令人绝望：罗巴克在鲍内斯镇忙得不可开交，以至于他没有时间组织零件生产，并且因此，“这主要怪我，因为我天生不怎么活跃，不怎么健康也没什么决心，无法做到这一点”。[20] 罗巴克对他的工程师越来越沮丧：“您正无意识地让生活中最活跃的部分溜走。一天、一刻，本都不应该失去。”[21] 133

1769 年初，在瓦特的推动下，罗巴克赋予博尔顿为斯塔福德、沃里克和德比仅三个郡制造发动机的权利。但是，博尔顿要就想要全部，否则一个都不想要。他告诉瓦特：“很高兴能为您提供帮助，我有两个动机，一个是对您的喜爱，另一个是对能赚钱的精巧的项目的喜爱。”他发现发动机需要投资、准确的工艺和广泛的调研，并希望它不落入无知的“经验主义工程师”之手：

为了补救并产生最大的利润，我的想法是在运河旁安置一个靠近我自己工厂的发动机制造厂，我会在那里架设完成发动机所需的所有设施，我们将为全世界提供各种尺寸的发动机。通过这些手段和您的协助，我们可以聘请和指导一些出色的工人（使用比任何人买一台发动机都好的工具）完成 20% 的发明。这比其他方法要便宜得多，而且精度上的差别就像铁匠和数学仪器制造者之间的差别一样大。[22]

博尔顿将瓦特安置在高高的山丘上，以规模优势和可实现的梦想吸引他。他签字表示：“只为三个郡而建厂不值得。但是，我发现我值得为整个世界付出努力。”

博尔顿能改变自己的表达方式和语气。他说，他曾暗示在他们的索霍会议上建立合作伙伴关系，因为他感觉瓦特“想要助产士来减轻您的负担，并将您的小淘气鬼介绍给世界”。那个机械小鬼的诞生还需要一段时间，但是事情就是发生了（正如博尔顿可能已经猜到的那样），他在瓦特儿子詹姆斯出生两天后才开始写信。因为有另一张嘴要喂，一贯焦虑不安的瓦特不仅欢迎金钱和技术支持的承诺，也欢迎同情。“请记住，”博尔顿敦促他说，“当您来时，一定要住在汉兹沃斯荒原上的友谊旅馆，在那里您将永远得到友善的接待。”

134 博尔顿是最有野心的那个人，但是不断发展的行业以及“赚钱、精巧的项目”的想法激发了所有人的兴致。举例来说，达尔文为韦奇伍德设计了水平轴风车来研磨染料（约西亚在达尔文信的页边空白处怀疑地指出，“如果碰巧可以研磨任何东西的话”[23]）。风车帆水平放置在八角形塔的顶部，塔上有板条，当风从任何方向吹到板上时，它们就会抬起，将气流带到翼板上。达尔文声称它的功率比普通的垂直轴风车高出三分之一，并建了一个三英尺高的工作模型，呼吁艺术协会帮助搭建一个完整的模型。当韦奇伍德看到模型时，他被说服了。但是，尽管达尔文立刻建造风车，但达尔文还是建议他考虑瓦特在蒸汽方面的工作，这将是“一种比风力方便得多的动力”。[24] 当然，瓦特动作很慢。1771 年，达尔文伤感地写道：“你的风车正睡在我家里。”[25]

他们制造的一些机械奇迹非常庞大，如蒸汽机或风车，但另一些则精巧而复杂。1771 年左右，斯莫尔开始专注做时钟，不是精心制作的天文钟，也不是怀特赫斯特和詹姆斯·弗格森制作的地球仪、有历法的行星模型，而是彻底简化机械结构的小型钟表，只有一个轮子，甚至（很难想象）根本没有轮子。斯莫尔在 1773 年为他的设计申请了专利，他希望他的手表能成为“商品”，而博尔顿不可避免地会在索霍与钟表制造商打过短暂的交道。

瓦特和斯莫尔都用望远镜做过实验，“我提议，当我们见面的时候，用一些业余时间在玻璃上做些实验”，瓦特在1770年1月写道。[26]达尔文也对望远镜产生了兴趣，研究出一套复杂的反射镜系统来提高图像的亮度。在理论层面，通过约克郡附近的住民约翰·米歇尔的帮助，约瑟夫·普里斯特利现在也从电学转向了光学。他的《视觉、灯光和色彩的历史和发现现况》(*History and Present State of Discoveries relating to Vision, Light and Colours*)希望涵盖整个实验哲学制作成丛书。它出版于1772年，全面介绍了光学仪器，并质疑了光的本质。这本书在商业上不是很成功，普里斯特利放弃了他的雄心勃勃的系列丛书，但出人意料地受到邀请参加库克作为天文学家的第二次发现之旅。考虑到家人，他对此犹豫不决，在询问玛丽后才接受邀请，却发现他的任命被一名牧师驳回，约瑟夫·班克斯告诉他，这位经度委员会固执己见的牧师对他的宗教和政治观点感到愤怒。[27] 136

普里斯特利的著作有助于增加他的收入，与此同时，斯莫特和瓦特尽管进行了深入、专心和令人沮丧的研究，但他们始终关注可能的赚钱计划。达尔文在某种程度上也是如此，但他更喜欢通过思索得来的发明，因为他们是出于自己的喜好——享受着思考一个想法并诘问的整个过程：为什么不呢？我可以使它工作吗？作为一名医生，至少他保留了以前在布尔哈夫那里学到的东西，达尔文甚至可以将尸体视为复杂的机器。当达尔文告诉他的老朋友阿尔伯特·雷马鲁斯（Albert Reimarus），他对头脑与身体的关系越来越感兴趣，这可能与当前对语言和语音的兴趣有关。1771年夏天，他与富兰克林讨论了这一问题，并指出辅音和元音在不同语言中的形

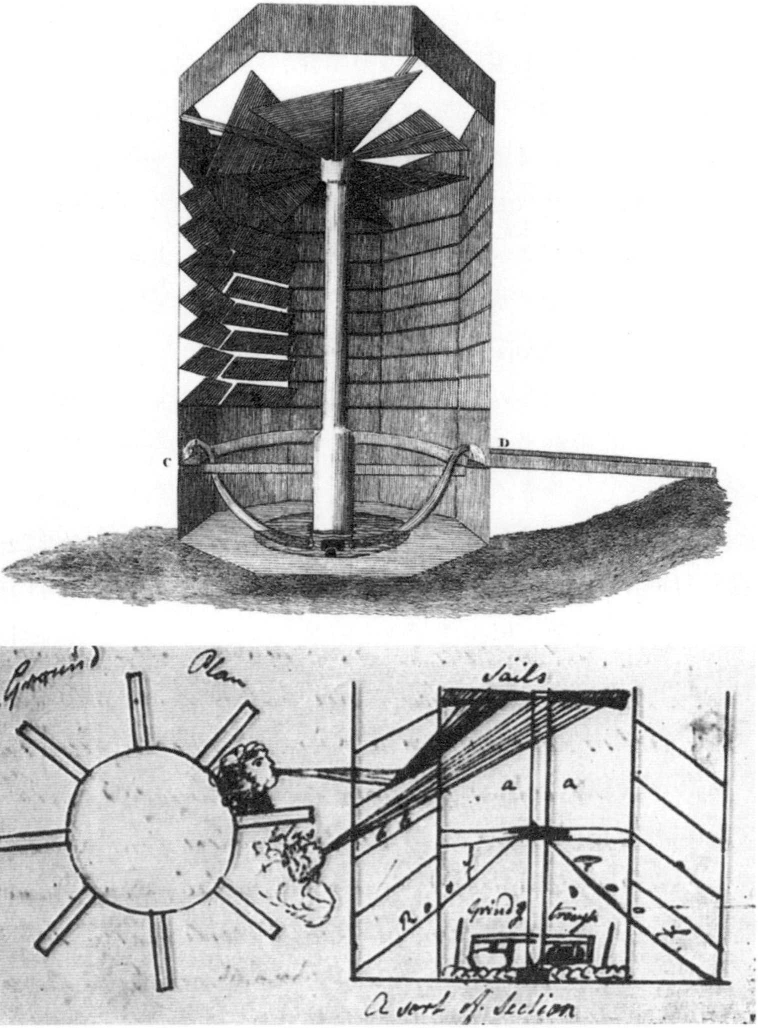

达尔文的水平轴风车，来自《植物学》（1800），以及韦奇伍德在 1768 年致本特利的信中的素描

成方式不同，如威尔士语、德语，甚至不同的方言（如伦敦东区或诺森比亚）中的“W”，口腔、下颌和喉咙是如何影响发音的？[28]他耐心地分析了空气中每一种声音的振动，这又引出了他最奇特但又最具独创性的发明之一：会说话的机器。

多年后，达尔文在《自然神殿》一书中说明了他的机器。他做了一个木制的嘴巴、皮革的嘴唇和位于后方的鼻孔阀门，可以用手指打开关闭。一条丝带从两根空心木头之间伸展开来，这样当他用一些波纹管在其上吹气时，它就会振动，发出类似于人声的声音。它的脑袋可以发出 p、b、m 和元音 a 的声音，“当它发妈妈、爸爸、地图和帕姆这些音时，能欺骗所有看不见的人；当嘴唇渐渐合上的时候，它的声音非常忧郁”。[29]

通常，达尔文无法抽出时间来完成他的试制品，尽管他想象它会随着钢琴唱歌，甚至认为如果建造一个真正的、巨大的机器，它“可能会大声说话，以至于指挥一支军队或指挥一群人”。这是一项极其复杂的工程，因为语音的音高分化在很大程度上取决于缩短和延长整个语音系统，通过移动喉部，扩大和缩小脸颊，以及舌头所产生的戏剧性的形状变化。[30]但甚至还没完成，达尔文设计的会 137
说话的脑袋就引起了轰动。在 18 世纪末，埃奇沃思听说了一种新的法国机器，他说它不过是达尔文机器的补丁，他还记得 1770 年，他是如何“把你的一张嘴放在一个房间里，旁边的一些人以为我怀了孩子”。[31]1771 年 9 月，博尔顿赋予这个机械奇迹以商人最终的荣誉，这份合同得到斯莫尔和基尔的充分见证。这只是个玩笑，但并非全是——毕竟他没有什么可失去的：

我保证会向利奇菲尔德的达尔文医生付 1000 英镑（从此日期

起两年内），以付给我一个叫作器官的仪器，该仪器能够在圣殿中用土话宣诵主祷文、信经和十诫。他割让给我（仅限我本人）上述发明的特性以及所有的优点。[32]

就像切斯特微型宇宙，科摩斯的机械和磁铁把戏，埃奇沃思的八足高墙跳木马一样，达尔文著名的说话机器再次证明了机械师可以拥有所有魔法的魅力。从婴儿的咿呀学语到独裁者具有感召力的口号，都可以被简化为理论和机械的复制。正如达尔文自己对埃奇沃思的魔法所说的那样："太棒了！了不起！就像恶魔附体！(Diabolica)"

13 探索德比郡

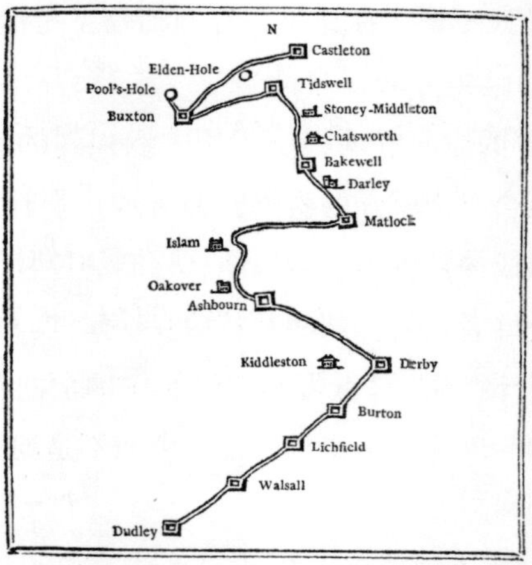

奇迹山峰区域行程图，出自《北部各郡旅行导览》，1802 年

从 17 世纪末开始，游客们来到德比郡的皮克山区，从利奇菲尔德到德比，然后沿着德文特山谷到马特洛克，在爬上高沼到巴克斯顿和洞穴之前，还要绕道去凯德尔斯顿和查茨沃思的宫殿。他们按照“七大奇迹山峰”的特殊路线游览，包括“两个喷泉，两个洞穴，一个宫殿［查茨沃思（Chatsworth）］，一座山和一个深坑”。[1] 这里“丑陋”和“畸形”（后来被奉为神圣或风景如画）的岩石荒原，锯齿状的悬崖消失后突然跃入阳光下的河流，以及有着黑色湖泊、石笋和闪闪发光的矿物的巨大洞穴系统，吸引震撼着这些早期的游客。在巴克斯顿附近的普尔洞穴和卡斯尔顿附近的皮克洞穴周围，乞丐们出售标本，而马特洛克和德比则开设了专门的商店。 138

有一件轶事是由一位老妇人传下来的，她的父亲曾在伯明翰制作过浮雕。故事讲述了韦奇伍德的父亲如何把他工作棚里的部分架子变成一个博物馆，“用化石、贝壳和其他古玩”，都由附近煤矿里的一个驮马人带来。在这里，当地的陶工是他那个时代的人。在矿物和化石的收集方面，自然哲学、旅游和品位是重叠的。在18世纪，德比郡的岩石和洞穴引起了人们强烈的好奇心，把地球
139 的历史以一种至今仍未解开的密码铭刻下来。在三分钟内，那些花了300万年才形成的钟乳不合时宜地从它们的位置上被砍下来，以取悦那些业余爱好者，就像那些在特威克纳姆的石窟装饰着教皇的钟乳石一样。几十年后，《傲慢与偏见》中的伊丽莎白·本内特仍然可以安慰自己，因为她不得不去德比郡而不是湖区，还可能会捡起“一些石化的稀疏石”。[3]

对于在英格兰中部地区出生的月光社人，这里是他们的游乐场，是他们毕生既想逃离又想发展的地方。作为18世纪50年代生的年轻人，博尔顿向北驱车到巴克斯顿，去高沼地放松，他晚年仍在安排旅行，包括乘船游览和乡村舞会活动。即使在18世纪90年代，安妮·博尔顿的朋友，年轻的帕蒂·福瑟吉尔仍然可以去“最浪漫的地方之一”——马特洛克，宣布邦索尔山谷是“英格兰最好玩的地方之一”，并在查茨沃思称木雕为“世界上最美丽的东西”。[4]韦奇伍德经常从伯斯勒姆向东旅行，翻越山丘，他也组织德比郡的旅行活动，与本特利一家、怀特赫斯特和其他朋友一起。少年时，怀特赫斯特自柴郡启程至皮克峰区漫游；成年后，他年复一年地精心绘制地形图。他的德比邻居约瑟夫·赖特将在这里画出他最杰出的风景画。但是德比郡也在发生变化：赖特的朋友伯德特于1767年刻制和出版了新测量报告，其重点更多地放在收费公路、锻造和矿山上，而不是洞穴和庄严的古堡（Stately homes）

上。由艺术协会赞助的伯德特地图使德比郡进入“爱国进步”的新时代：人们使用最新的所有仪器；每个地点都根据通用坐标系绘制；所有位置均通过三角测量法确定。[5] 现在，该郡有了更多吸引力，与该地区的制造业生活息息相关。从矿山、采石场、德比丝绸厂、斯波德瓷器，到 1771 年理查德·阿克赖特在克罗姆福德开设的富丽堂皇的五层棉纺厂。

在石灰岩山丘徜徉成了一种全新的旅游方式，并将古老的奇趣与崭新的工业奇迹结合在一起。例如，1771 年 5 月，富兰克林、化学家约翰·坎顿、因格豪斯博士以及他的年轻朋友乔纳森·威廉姆斯（Jonathan Williams）出发了。他们经过马特洛克和贝克维尔（参观了一家大理石磨坊，调研了水力锯和抛光机），然后去往卡斯尔顿，在那里他们探索了当时被称为“魔鬼的屁股”的峰区溶洞，他们乘船游览，碰到顶时便躺下，或导游背着。他们游览了曼 141
彻斯特，看到布里奇沃特运河和矿井，然后又折返到利兹去拜访普里斯特利。在约克郡，他们在谢菲尔德做镀银生意，在罗瑟勒姆做冶铁生意。往南的路上，他们参观了查茨沃思，并参观了德比的丝绸厂。从这里开始，富兰克林和怀特赫斯特待在一起，他们前往特伦特河畔的伯顿（“麦芽啤酒的味道令人印象深刻！”），然后去利奇菲尔拜访达尔文，再从那里前往伯明翰拜访博尔顿并参观索霍的奇观。行程很紧密。

皮克峰区的岩石种类繁多，地层排列奇特，外国地质学家无不为之折服。[6] 18 世纪 60 年代后期，对于月光社人来说，这里变成调查矿物和寻找原材料的地方，成为一块画布，他们可以任意涂抹有关过去的描述。从更直接的角度来看，皮克峰区是寻找陶瓷原料的关键地点。韦奇伍德仍在尝试制造更像瓷器的陶器，并在寻找一种

《魔鬼的屁股》（*The Devil's Arse*），出自 1715 年弗朗西斯·科顿（Francis Cotton）的真迹

真正白色的黏土，这种黏土烧制时不会有使其变成棕色的铁锈痕。为此，他将目光移至远方，实际上，最有希望的来源似乎是横跨大西洋的南卡罗来纳州切罗基地区的沉积物。[7]1767 年 7 月，他警惕着政府的官方渠道，并委托拉尔夫·格里菲斯的兄弟托马斯（美国的土地所有者）派机密特使前往卡罗来纳州。格里菲斯一年后返回，此前他在海上与大风和海盗一起冒险，在内陆经历了惊险的逃亡，以 500 英镑的价格带回五吨切罗基黏土，这一价格使韦奇伍德非常吃惊。

韦奇伍德一直在搜寻，从英国、德国甚至中国。但是，他也需要其他成分，因此去搜寻了德比郡。瓷是通过将白色黏土与易熔石或晶石（韦奇伍德称为“易碎易熔石”）混合而制成的。接下来的五年中，他反复试验沼地石，或称其为“中国石”，其性质很类似于著名的中国晶石——花岗岩长石。（他并不是唯一一个焦虑不安的人：博尔顿也在考虑制作陶器，而瓦特正在为自己的格拉斯哥制陶厂测试晶石。）

寻找完美的沼地石是一项令人沮丧的探索，因为每次发现都不 142
尽相同，而且样品性质变化多端，让韦奇伍德抓狂。“我想要沼地石和易碎易熔石，”他在 1774 年不耐烦地写道：

> 它们最近使我难过。一次是精细的白色粉末，而下一次，我们使用了另一块则是肉桂色。一次融化成玻璃，另一次融化成烟草杆，自从我回家以来，它让我忙得团团转，却不知道为什么我自己还要一个个地试着。[8]

自 18 世纪 60 年代中期，韦奇伍德的朋友们无论走到哪里都为他收集岩石和黏土。对德比郡铅矿感兴趣的怀特赫斯特要求他的矿工们收集一些黏土样品：作为回报，韦奇伍德答应告诉他挖掘运河时发现的任何“令人新奇的东西或故事”。[9] 与此同时，布林德利报告说，马特洛克附近铅矿的工人将所有的晶石和垃圾排到一条溪中，溪水冲走了泥土，留下了重物。韦奇伍德对本特利说：“我渴望它们成为化石。请告诉我何时您会在那儿见到我。”[10]

“化石”仍然保留着其古老的混合含义，来源于拉丁语 Fodere，语意是用铁锹翻起任何东西，土壤、金属、矿物质和骨头。但是运河还从这个词的更具体的现代意义上发掘了化石。1767 年 7 月，韦奇伍德读了达尔文的一封信，他因为那天晚上不能来伯斯勒姆观看韦奇伍德的新玩意儿而悲痛万分。[11] 韦奇伍德给他寄了一些化石，达尔文一直在试图鉴定它们。他们确实对其充满好奇。其中一个是圆筒形的石头，四周布满星座般的图案，它是从一种鸢属植物——黄菖蒲的根部形成的。第二个是块骨头，达尔文不知所措地开玩笑说，也许是“骆驼后背的第三个椎骨”。还有一个角，“比我测量过的任何现代犄角都要大，而且一定是我相信的巴塔哥尼亚公牛的角”。[12] 他不能做更多的猜测了，除非他知道这些东西是在什么地层里找到的——这又是一个玩笑。

这些珍宝来自巨大的兔堡隧道（Harecastle Tunnel），隧道是为特伦特河和默西运河而挖的。隧道的南端，挖掘者发现了冰川漂流中席卷而下的未被确认的巨大骨头：达尔文得到的角可能是已灭绝
143 的大象的象牙。在北部，他们发现了远古时代的大量化石，它们位于地层煤层下面，我们现在知道它已经存在三亿年了。达尔文的好奇心被激起了：他之所以开玩笑说是骆驼和巴塔哥尼亚牛，是因为在所有人中，医生最应该能够在看到骨头时叫出它的名字。（著

名的医生威廉·亨特也在1768年，为来自美国的大型骨头感到困惑。[13]）韦奇伍德对达尔文的猜测表示怀疑——他将这些猜测记在了他的剪贴簿的“幽默信件集”。但开玩笑是达尔文的天性。在达尔文的签名下面，他加了一条后记：“我要对韦奇伍德夫人表示赞赏，还有韦奇伍德家的小朋友们。”

但无论怎样，兔堡的发现激发了他们的想象力。当达尔文要求提供有关精确地层的信息时，韦奇伍德正偶然发现系统化科学探究的重要飞跃。他已经陶醉在地下事物中，在给詹姆斯·瓦特关于驾驶和车子的第一封信的结尾说：“自从我见到你以来，我又得到了另一个爱好。”[14]

当达尔文问韦奇伍德有关化石的更多详细信息时，他补充说：

> 作为回报，我将给您发送一些矿物的观察结果，它们完全等重（被精细地测量），因为我必须告知您，我从您那里获得尽可能多的知识，我会以交换的方式向您提供同样充分的知识。
>
> 我最近与三位最有才华的哲学家一起旅行了两天，进入地球的深处，并且看到赤裸裸的矿物女神幽深的隐秘处，并为她的神力作了绘图和测量，十分高兴的是，我想把这告诉您。[15]

达尔文的矿物观察始于一次去德比郡洞穴的旅行，他的变幻莫测的表现无意间显示出他的兴奋与困惑。传统的圣经般的陈词滥调“大地的内脏”与洞穴的传统命名相呼应，比如“魔鬼的屁股”。但这很快就被半神秘的古典主义所取代，赤裸女神的“幽深密处”，然后又迅速地回到哲学上，即“绘图和测量”将为人们带来娱乐。

达尔文的德比郡地下世界是有生命的、感性的、物质的。尽管 144

他描述的仿若神迹，但这次旅行并不是幻想。达尔文戴着假发、穿着马裤，随风飘扬的外套下大汗淋漓。他爬上小山，然后爬下狭窄的裂缝深入大地。他的同伴是约翰·怀特赫斯特和蒂辛顿家的兄弟俩，“地下精灵！”，正如达尔文所说的那样。[16]［现年六十多岁的蒂辛顿哥哥安东尼（Anthony Tissington）曾是德文郡公爵的矿工，在德比郡、约克郡、达勒姆和苏格兰拥有煤矿和铜矿。他是富兰克林的朋友，并且是矿产专家，又当选为皇家学会会员。］

他们参观的洞穴位于卡斯尔顿附近的达特雷克悬崖溶洞。彼时，那里还是一个著名的旅游胜地。乡间小屋和旅馆位于翠绿的希望谷的尽头，在中世纪的贝佛瑞城堡的庇荫下，该城堡下面的溪流从英国最大的天然洞穴中喷涌而出，绳索制造者利用潮湿的环境在此工作。山谷另一边是高耸入云的母亲山，一场巨大的山崩把它沙砾和砂岩的骨架暴露出来，留下累累伤痕。从罗马时代起，矿工就一直在这里工作，沿着矿脉进入悬崖。18 世纪 60 年代，他们在两个巨大的洞穴系统中工作，其中水下溪流凿成漩涡状的管状隧道：在较低的系统（现称为达特雷克悬崖溶洞）中，这些洞穴是钟乳石和石笋的梦幻之地。能通过小山顶上狭窄的矿工通道进入蓝约翰萤石（Blue John）溶洞深达 300 英尺处。深入地穴确实像进入某些野兽的肠子，狭窄的墙壁上衬着闪闪发光的重晶石和方解石，乳白色、黄色和绿色的矿物质流，就像外星人的胸腔内部。达尔文和他的同伴下降得越来越深，挤过狭窄的通道，只听见他们自己刺耳的呼吸声以及不断滴入和从暗道中冲涌的水声。他们的向导持灯，闪烁的蜡烛在昏暗的高处与黑暗的深渊中显得苍白无力：微弱的灯光下，闪闪发光的，暗灰色的、暗蓝色的，泛着铜光和奶绿色的色彩斑斓的晶体。达尔文对他的地下探险感到很兴奋，他不仅写信给韦奇伍德，还写信给博尔顿，同样带有一连串的图像：

如果您能安排的话，我想见见斯莫尔医生……我进入了古老地球母亲的肠子，看到了奇迹，并在黑暗地区学习了很多有趣的知识……还要进行无数实验，对水、硫、金属和含盐的水蒸气。火力发动机的食粮！[17]

听起来好像只要脚趾碰到任何看起来有趣的石英或晶石块，达 145
尔文就会切下来一小片赶回家加热，希望通过他的热情就能将其“融合”到玻璃中，或者像布莱克一样发现令人震惊的新气体。

接下来的几年中，对矿物质及其特性的识别将成为整个小团体最富有成果的工作领域之一，包括瓦特。运河工作和陶艺爱好已经提升了瓦特的理解，他通过约瑟夫·布莱克成为“地质之父”詹姆斯·赫顿的好朋友。1768 年夏天，瓦特第二次访问伯明翰时，他与基尔一起在索霍待了两个星期。他们与基尔的表弟、瓦特的朋友詹姆斯·林德交流，在访问结束时，当他们“一起逃跑”时，斯莫尔被他们的偷偷摸摸弄得有点恼火，“他们掉进德比郡的一个无底洞里了，不然就是被丢进有易燃物的混合气体里”。[18]

后来，基尔进行了斯塔福德郡的矿物学和地质调查。整个团队的工作激励了地质学科的发展：他们接待了来访的专家——赫顿、让－安德烈·德吕克（J.A. de Luc）、福哈斯·德·圣冯德（Faujas de St Fond），并与英国内外许多人进行交流。达尔文从未丧失他的热情。他的儿子查尔斯年纪够大时，他们便一起出去收集化石和矿物，“走下矿井，攀上德比郡和其他地方的悬崖，收获了难得一见的愉悦与观察结果”。[19]

然而，对于博尔顿来说，达特雷克悬崖不仅有知识，还有利润，在达尔文激动人心的来信后不久，他便开始开发这一潜能。悬崖具有独特的特性：它从过去到现在都是世界上唯一可以找到美丽的带状紫色萤石“蓝约翰”的地方。这是距今三亿年前强烈的地质碰撞的结果，因为此处南部“白峰”的石灰岩与“黑峰”相遇，泥炭、沼泽、奇形怪状的石头，奔宁山脉的花岗岩、沙石和磨石沙砾交汇，被金狮高地南下的大量泥沙冲刷而形成。从母山岩石渗入对面山脊的石灰岩缝隙中的矿化流体，融合在由热和压力引起的化学反应中，并转化为这种令人陶醉的萤石。[20]

146 尽管自从 18 世纪初蓝约翰萤石就已为人所知，并且在过去的 30 年中有人采掘，但其正式开采已是 1765 年左右。当地的石材工人以高超的技术干燥柔软易碎的晶石，将它们切成粗糙的形状，然后将它们磨光抛光成高亮的蓝色和紫色，并切成黄色和白色的条带。装饰品很快就在卡斯尔顿出售，当地的雕刻家理查德 · 布朗（Richard Brown）将蓝约翰萤石嵌于附近凯德尔斯顿市政厅的精美大理石壁炉。韦奇伍德将其添加到他的材料列表中，标记为“第 52 号紫水晶”；博尔顿将其作为新奢侈品系列的理想之选。

在这里，地质诉说了不同的历史，对古代过去的发掘，自它创造了“花瓶狂热”现象后。这对博尔顿和韦奇伍德至关重要，在过去的二十年中，产生了一系列的影响。其中之一是建筑师的作品，尤其是詹姆斯 · 雅典人 · 斯图亚特[1]（James ‘Athenian’ Stuart）[他和尼古拉斯 · 里伏特（Nicholas Revett）共同于 1762 年出版了大型画册《雅典古迹》（*Antiguities of Athens*）] 与苏格兰兄弟罗伯特和

[1] 之所以其名中加上“Athenian”，是因为斯图亚特本人深受古希腊政体与精神的影响。

詹姆斯·亚当（James Adam）。引入古董的另一位领导者是更为保守的威廉·钱伯斯（William Chambers），国王的建筑师，其后是博尔顿有远见的朋友塞缪尔和詹姆斯·怀亚特。斯图尔特在18世纪50年代后期为凯德尔斯顿政厅做了室内设计，但后来他的年轻对手罗伯特·亚当称其作品“极其可悲”。从罗马回来的亚当决心要“以华丽的设计闪瞎世界”，接任设计师一职后，他以各种丰富多彩的新古典主义风格设计出名。建筑师广阔的工作范围上至天花板下至烛台：亚当·斯密估计，有3000名从事不同行业的人依靠亚当兄弟工作。1765年，通过塞缪尔·怀亚特，博尔顿接到凯德尔斯顿镀金黄铜门家具的订单，谢尔本勋爵向博尔顿订购了巨人装饰烛台，准备用于在威尔特郡博伍德房屋的改建。[22]

赫库兰尼姆古城和庞贝古城等地的发现新闻激起了古董的热 147
潮，并出版了许多经典遗址的雕刻作品。[23]工匠和设计师遍寻这些装饰品——框架和浮雕、月桂枝垂饰、叶蓟花环、起绒粗呢，乃至图案集成场景。1764年，博尔顿买下了伯纳德·蒙法冈（Bernard de Montfaucon）的经典作品《古代解释》（*Antiquitée Expliquée*）（1719）；次年，他抢购了罗伯特·亚当的《斯波拉特戴克里先宫的废墟》（*Ruins of the Palace of Dioletian at Spalatro*）。最终，他获得了五卷本巨著的《安蒂奇塔·德·埃科拉诺》（*Antichita de Ercolamo*）。韦奇伍德的催化剂是那不勒斯大使威廉·汉密尔顿整理的第一批“埃特鲁里亚”花瓶。[24]1764年，他一抵达这里，就收集了附近坟墓中出土的花瓶，然后从经销商或其他收藏家那里购买花瓶，甚至亲自打开坟墓。更重要的是，汉密尔顿聘用了出色而怪异的男爵汉卡维尔将超过450幅的有关版画作品出版。其间发生了一连串纠结的事件，包括汉卡维尔因债务追赶而从那不勒斯逃亡，这意味着全套《古物》(*Antiquités*)、《异国情调》(*Etnisques*)、《希腊和罗马》(*Grecques et Romaines*)直到1776年才出版，第一卷出版于1767年末，即达尔文在德比郡冒险的那年。韦奇伍德的赞助人，与汉密尔顿姐姐简结婚的卡斯卡特勋爵借钱给他印刷。不久，沃特金斯·威廉姆斯·永利（Watkins Williams Wynn）爵士将全部书册交给他。他写信给本特利：

陶制花瓶的颜色，绘画，古代陶艺家使用的物质以及其工作方法，燃烧方法，等等……谁知道您可能会遇到什么，或者我们之间可能会碰到什么？你可以指望从任何这样的发现中获得一大笔利润。[25]

汉密尔顿正是想要这样的回应。他的作品带有“爱国主义”的复杂含义，这是想要提高英国品位和改善设计的决心。他在序言中宣称：

我们还认为，我们向陶器制造商和中国瓷器制造商，以及向那些用银、铜、玻璃、大理石等制成花瓶的人提供了令人满意的礼物。在极度缺乏参照物的情况下，他们将很高兴在这里找到200多种样式，其中绝大部分对他们而言绝对是崭新的；他们可能从中产生很多想法，他们的能力和品位将知道如何提高自己和公众的利益。[26]

149 这几乎不可能更直接了。1767年，P·J·文德勒（P.J.Wendler）在意大利旅行，代表博尔顿订阅了汉密尔顿的《古物》，并告诉博尔顿，他认为这将是很好的设计来源。就像韦奇伍德一样，这个想

克里斯托弗·海因里希·克尼普（Christoph Heinrich Kniep）之后由克雷纳（A.Cl é ner）刻的诺拉墓地，右边是威廉·汉密尔顿爵士和埃玛。这是汉密尔顿第二个花瓶系列1790年的代表作

法也启发了博尔顿。[27]前一年，韦奇伍德开发了一种形式更丰富的旧斯塔福德郡“埃及黑”（又称“玄武岩”），非常适合古典风格的花瓶。对于红色的“埃特鲁里亚”画，韦奇伍德开发了一种哑光的瓷瓶，这是他获得专利的唯一技法。[28]很快，韦奇伍德的新陶器便取名为“埃特鲁里亚”（可能是达尔文建议的）。

这年夏天，博尔顿决定将花瓶目标市场对准镀金装饰品。两年前，在巴黎，他注意到给花瓶镀金的方式，此后一直忙于寻找有关镀金的知识。[29]博尔顿迅速将蓝约翰和其他德比郡大理石添加到他的花瓶制作潜在清单中。不久，他便追着怀特赫斯特，查找有关矿山租赁的信息，并补充说：“我请求您对我的意图保守秘密，千万不要让M·博尔顿和蓝约翰在同一句话中被提到。”[30]怀特赫斯特既是博尔顿的朋友，也是当地雕刻家兼矿山承租人理查德·布朗的朋友，因此处境尴尬：他最终支持了布朗。1769年初，博尔顿在德比郡联系上了矿工，从当地的修道院购买花瓶和石头，并购买了惊人的14吨蓝约翰萤石。[31]尽管博尔顿从未成功垄断市场，但却成功造成了这样的假象。几年后，韦奇伍德在巴思的一家“非常有钱的商店”中发现了一些索霍花瓶。店主讲述了一个很长的故事，博尔顿花了1000英镑租下“世界上唯一的紫水晶矿山，而其他任何人都不可能拥有这种材料”：

我耐心地听了他的故事，但是后来当我独自一人在他商店的拐角处时，趁机劝告他不要经常讲这个故事，因为许多来巴思的先生们都曾在德比郡看过矿山，知道它向全世界开放，并且知道向土地所有者租赁。这位绅士并向我保证，他没有说过任何超出博尔顿告诉他的。“干得好，博尔顿。”我在心里说。[32]

但是，在意大利和德比郡之间、在汉密尔顿和月光社之间，还有另一个联系。韦奇伍德对“黑玄武岩”的命名中暗示了这一点。汉密尔顿除了收集文物，还是一个热切的维苏威火山观察者，火山正处于非常活跃的阶段，经常发生剧烈爆炸。1767 年就有一次，汉密尔顿在致皇家学会的信中生动地描述了这一点，发表在了《哲学汇刊》。[33] 火山运动的讨论已经展开，它们是从地球深处的熔融层中冒出的，还是仅仅在每个山峰的核心处? 150

诸多讨论与人们对地壳活动的兴趣日益增长有关，在 1750 年的里斯本大地震显示出这种令人恐惧的力量。尤其是在布丰 1749 年出版第一本《自然史》（*Natural History*）之后，地球是一种“活动的剧场”，不断毁灭和重建，动荡而危险的能量保持良好整体平衡的观点开始接受。[34] 此外，布丰估计，地球的冷却至少要花费 75000 年。很快，人们谈论的不只是数千年，而是数百万人。到 18 世纪 80 年代，像赫顿这样的人就认为自然力量在无数世代上以无休止的重复顺序改变了地球的面貌，重塑了大陆，挤出了山脉，雕刻了河流，建造了三角洲，而没有任何神祇的干预。[35]

如今，岩石和矿物本身已不再是什么有趣的东西，也不再是商业或美学开发的材料。它们是关于地球形成方式的基本论证的证据。理论家和田野工作者专注于地层，意识到岩层不是局部的，而是延伸到广阔的区域，如在裸露的采石场、悬崖、洞穴和矿山中所见。月光社通过与约翰·米歇尔的联系特别意识到这一点，约翰·米歇尔对分层理论提出了第一个清晰的解释，并且他对地震的研究具有巨大影响力，是第一个说明冲击波如何运动的人。[36] 但是几乎更重要的是怀特赫斯特的工作，他多年来一直在收集有关德比郡地层的数据，这些数据最终构成了他在1778年出版的《对原始状态和地球形成的调查》（*Inquiry into the Original State and Formation of the Earth*）的附录。

怀特赫斯特的发现似乎支持地下大火造就了地球的观点，尼古拉斯·德马斯特（Nicholas Demarest）已经提出了这一理论，他声称奥弗涅发现的玄武岩起源火山，而鲁道夫·埃里希·拉斯佩
151（Rudolph Erich Raspe）曾在德国黑森州研究玄武岩。[37]怀特赫斯特确定可以在他自己的皮克峰区发现玄武岩熔岩和火山灰，称其为“蟾蜍石”，他在马特洛克用交错的地层和蟾蜍石段加以说明，以（错误地）显示了它们如何滑入中央的“通风口”。他认为，德文特河的河床是“巨大的裂缝或深沟，上面和附近的地层都满是碎石”，看起来好像是“由于大自然的剧烈震动而破裂、脱节、犬牙交错”。[38]

怀特赫斯特提出了一种新的“地下地理系统”，这是一个深深的峡谷、河道和炽焰的地带。约瑟夫·赖特于1774年在那不勒斯写信，问他的兄弟：

> 当你看到怀特赫斯特时，告诉他我希望有他的陪伴。当他在维苏威火山时，他的思绪会集中于群山的内部；而我的心只掠过其表面。当时有一场非常大的火山喷发，我要为此作一幅画。[39]

赖特完成了作品。这些年来，他创造了诸多的类似画作，30幅或者更多，火焰吞噬黑暗，将云团染色，岩浆在山坡上滋滋作响，灼亮的光芒甚至掩盖了海面上苍白的月晖。他告诉理查德这是“大自然中最美的景象”。他对姐姐南希夸口“是我画过影响最

大的作品”。[40] 在那不勒斯，赖特还仔细研究了自然界鬼斧神工的海边岩石和洞穴。[41] 之后，他又画上朦胧的光，成群的匪徒，故意将粗糙的洞穴与平静的大海和古典式的旧时静谧形成对比。

几年后，赖特亲自为怀特赫斯特作画，画中老人正在绘制德比郡的马特洛克高地的地层，身后是冒烟的火山。然而，他的朋友并不知道，怀特赫斯特面临着一个可怕的困境。作为一个细心的观察者，怀特赫斯特本来应该从他所收集的“事实”中进行演绎，但是这些与他根深蒂固的宗教信仰相抵触，他忠诚于创世纪的摩西的故事，并将洪水视为巨大的毁灭性灾难。神学和科学在他的内心相互斗争。

花瓶和火山——那不勒斯双雄，于1767年汇合在德比郡的月光社中。但自然王国中的任何发现——哪怕仅仅是一件陪葬用的古瓮——都能造成美学及思维的变化。曾经被认为如此暴力和丑陋的山顶景象如今成为高雅如画的风景，就像赖特认为维苏威火山是他画过的“最具影响力的作品”一样。韦奇伍德向本特利讲述兔堡化石时，提到其中一些令人惊奇的特征。他惊叹于野豌豆、毛茛、山楂和柳树的精致印迹。但是如何在煤的下面找到这些东西呢？它们似乎是浸在100英尺深地层的一部分，又可能曾经是液体，“在当时的地球表面，像维苏威火山的熔岩一样流动着。”它们像河流一样蜿蜒曲折： 152

我们有一座大山，鼹鼠山（*Mole Cop*），它似乎完全是由这些化石筑成的，因为所有的矿都由它环绕，有的向东，有的向西。研究它我力所不能及，但我做到了。这些奇妙的自然造物对我狭隘微小的理解力来说太宏大了。我现在必须向你告别了，我得考虑一下什么更适合我的小能力，比如瓶瓶罐罐的形状。[42]

达尔文的藏书票

像以往一样，韦奇伍德找到一个完美的图景，将微小的事物延展至一般特征；自琐碎的个体上升到普遍共性。

达尔文也实现了这一飞跃。当他跌跌撞撞地在卡斯尔顿洞穴的湿滑地面上抓紧岩石壁寻求支撑时，他的手指找到更多奇迹，真正的化石薄片——螺旋状的三叶虫、双壳贝，还有曾经环绕着一个巨大热带泻湖的珊瑚礁里的珊瑚。[43] 不久之后，他给自己家的一个三扇贝壳冠上了一句格言："E conchis omnia"，即"一切来自贝壳"，震惊了利奇菲尔德。他越来越觉得，所有的物种都是从一个共同的微观祖先——单丝进化而来的。多年来，达尔文从这个想法出发，慢慢构建了进化、竞争和生存的第一个连贯理论。

科学在这里也遇到了古典主义。达尔文的座右铭呼应了他所钟爱的奥维多神话：金星、双子星和北极星从它们的壳中孵出。但是其更深层的含义很明显：1770 年，当他把它画在他的马车门上时，卡农·苏厄德勃然大怒，他说达尔文是伊壁鸠鲁的追随者，伊壁鸠鲁声称这个世界是偶然的，而不是上帝创造的：

153 他宣布放弃了他的造物主

从无意义的物质中形成感觉
哟伟大的巫师！通过神奇的咒语
从龟壳中变出一切……
医生，改变你那愚蠢的座右铭吧
或者把它留给某个女士的洞穴。[44]

出于其行为的忧虑，达尔文作出让步，把他那亵渎神明的拉丁语涂掉了。（巧合的是，仅仅两年后，皮拉内西发表了一篇引起他强烈共鸣的论文，表明花瓶的形状也是由贝壳演化而来的。[45]）达尔文常常不得不向神职朋友为自己辩护，在致理查德·吉福德（Richard Gifford）牧师的一封热情洋溢的信中，他发誓他并不是要攻击基督教，“我并不是要挑战第一驱动力，只是努力更向前追溯一步，比其他人更高一步”。[46]德比郡冒险最终的幻想故事——不是花瓶、矿物质或地层的形成，而是有机生命长期演进的挣扎——必须等到他人生最后几年的伟大作品《植物园》《动物志》和《自然神殿》才落地。

14 化学反应

来自《百科全书》中，化学一章的内容，1755 年

154 月光社现在由八名成员组成：达尔文、韦奇伍德、博尔顿、斯莫尔、基尔、怀特赫斯特、埃奇沃思和他的朋友托马斯·戴。当他们不能见面时就写信联系，并互相寄送感兴趣的物品，从骨头、化石到花瓶和茶壶。邮车载着装满东西的篮子和箱子，在尘土飞扬的公路上缓慢地行驶着。举个例子，当博尔顿考虑制作瓷器时，瓦特就塞了满满一捆寄过去：

我寄去了烟斗用的高岭土，有一些中国制成的康沃尔肥皂石（每桶 10 英镑），但石英要提纯后才能用。我还通过将玻璃、骨灰、极细的硝石融化，将碎屑制成瓷器，但是我不能再弄这个了。就让博尔顿先生在他的时代做好瓷器厂生意吧。[1]

他们的探索各个领域，从天文学和光学到化石和蕨类植物，马车、蒸汽、矿物质、化学物质、钟表，激发了他们全体的热情，他们对领域没有明确的划分。斯莫尔和瓦特之间的通信有关发明和千变万化的思想，涉及蒸汽机和汽缸；作为半金属的钴；如何煮沸热带树木的树脂柯巴脂作为清漆；镜片和钟表以及珐琅的颜色；碱和运河；酸和蒸气；以及瓦特鼻子上的疖。任何事情都可能引发一系列的探索：斯莫尔写道，“在大风天气中，您一定经常观察到春季灰尘和可见物的明显舞动，”然后转向光学和折射问题。[2]

德比郡可能引起人们对矿物和晶石的新兴趣，但地质学和化学相辅相成，因为发现新物质需要对其进行分析。1769年，在富兰克林的引荐下，矿物学家约翰·雅各布·费伯（Johan Jacob Ferber）访问了怀特赫斯特，他幽默地向博尔顿通知他的到来： 155

费伯先生是林奈的学生，因此植物学是他的目的。我看不到植物学的效用，因此不能过多评价。尽管我忍不住希望它不会干扰化石王国的研究。[3]

费伯会见了博尔顿和两位医生，并向他们展示了他所绘制的德比郡地层图纸，这与怀特赫斯特的非常相似。一段时间后，当他撰写访问记录时，他想起了斯莫尔（“一位对化学有深刻理解的人”）向他解释的德比郡瓷器制作，怀特赫斯特向他展示如何用炉甘石、铁和铜制作金色黄铜，即铜锌合金。[4]

基尔为该小组的化学兴趣注入新的动力。离开爱丁堡后，他闯荡了数年，包括在西印度群岛因黄热病而命悬一线。从医疗船上的舷窗，他看到鲨鱼撕裂了死于该病的同胞的尸体，直到“海里全是血，他们残缺的四肢浮在海面上”。基尔逐渐变得虚弱，无法说话或动弹，被陆军外科医生宣布“他也死了”，但就在一个人赶来要将他扔到舷外时，他潦草地写了一张纸条，要锑。这是一种不寻常的药，尽管很久以前曾被帕拉塞尔苏斯推荐过。这是“在确信他的情况没有任何希望的情况下”同意的，基尔康复了，这令所有人都感到惊讶。[5]

基尔身体和心理都很强壮：就像他要保持极度理智一样。但他不是典型的军人。每天清晨，他重复阅读经典著作并翻译了军事史学家波利比乌斯（Polybius）的作品（可手稿被出版商“不幸地烧了”），并继续他的地质学和化学研究。[6]基尔聪慧幽默，是个耐心的聆听者也是个坦率的讲演者，能容忍别人的怪癖。在宗教上，他是一个心胸宽广的教士；在哲学上，他是斯多葛派教徒和马库斯·奥雷留斯（Marcus Aurelius）的信徒；在政治上，他是坚毅的辉格党和像普里斯特利一样的信徒，对知识的民主力量充满信心。埃奇沃思发现他脚踏实地，“将他强大的头脑能量转化为科学，以期进行一些发现，以此来增加他的财富，并寻求一个有趣的职业”。[7]

156 基尔在埃奇沃思家住了几个月，其间他对一部著名的标准著作进行了注解翻译，即法国院士皮埃尔·约瑟夫·马凯（Pierre Joseph Macquer）所著的第一本有关化学的辞典——《化学辞典》，该书于1766年匿名出版。尽管通过写作养活自己很难，但基尔的《辞典》也算是一项赚钱的项目，就像普里斯特利的著作一样，一直吸引学生、非专业人士和制造商。正如他在序言中所承认的那样，这也是一种自学的方法：“我想，要把化学知识牢牢记在脑子里，最好的办法就是利用我当时所拥有的闲暇时间，把一本完整的译文公之于众。”[8]

马凯的假定和他的公开探索与月光社对事实而非抽象系统的强烈偏好相一致，与他们的探索精神相一致——就像怀特赫斯特绘制他的地层一样，马凯给他们一种身处未知的、不断变化的地形上的感觉。他没有宣称自己的描述一定准确。事实上，他在大约 500 篇丰厚的文章中，撰写了这一主题的所有方面，他选择按字母顺序排列，恰恰是因为他想避免论述相连时造成的错误关联印象。马凯是个狂热的牛顿主义者，着迷于化学亲和力和原子的“相互引力”。但最重要的是他的发现，而不是他的理论。马凯的初期笔记宣称，现在所知的化学“很难被冠以科学之名，这太确切了，目前，它只不过是一些事实的集合，事实的起因及其相互之间的关系还不够完善，以至于它还没有足够的综合和分析性解释能力”。[9]

马凯的文章总结了已知的物质，比如说不同种类的酸，以及人们所相信的东西，如燃烧或腐烂过程中发生反应的理论。最重要的是，他非常务实，这吸引了月光社人。实验室的化学成分与贸易、家庭和人体的化学成分相吻合：“骨头，硼砂，大脑，白兰地，黄铜，面包，青铜。[1]”基尔继续翻译工作而未与马凯取得联系，当 157
该译本在 1771 年出版时，这个法国人表示感激，并未觉得被冒犯了。他的法文第二版中包含了许多笔记，并将其寄送给基尔翻译。（基尔效率很高，以至于 1777 年发行的英文第二版实际就在法文版之前。）

基尔在英国化学方面的杰出贡献是他坚定不移地尝试更新这一领域，他的辞典中有一长段内容涉及“固定的空气”，并引用了布

[1] 这些东西的英文都以“B”开头。

莱克的话，他的笔记也提供了近期实验和发现，包括“据他们所知”对植物和矿物质进行的化学分析，以对搪瓷、玻璃和染料上色。（他和马凯是最早对染色和印花化学方面感兴趣的两位化学家。[10]）他的评论以当时欧洲的权威作品、当代英国作品和他自己的实验为依据。这些笔记就像为欧陆化学家的工坊打开了窗户，例如，它们吸引了德国化学家马格拉夫，其耐心地研究了蚂蚁的酸（尚未命名为“甲酸”），他声称，“在春天或夏天出现蚂蚁山时”，人们就能通过气味感知到蚂蚁，并在温水中蒸馏“24 盎司蚂蚁”，直到这种酸凝成晶体。

科学仍然显得犹如魔法。确实，基尔的书是约瑟夫·赖特的画作灵感之一，赖特为此画了《寻找哲人石的炼金术士发现了磷，并按照古代术士的习惯为自己的成功而祈祷》（*The Alchymist, in Search of the Philosopher's Stone, and prays for the successful Conclusion of his operation, as was the custom of the Ancient Chymical Astrologers*）。[11] 长标题说明了一切。马凯描述了磷的产生，白色蒸气和奇怪的蓝色光束（在赖特的画中，磷照亮了炼金术士），并将这一发现描述为追求黄金中一个积极而偶然的结果。这项发现的真实故事是亨尼格·布兰德（Hennig Brand）于 1670 年左右做出的，“被称为最后的炼金术士或第一化学家”，使马格拉夫的蚂蚁桶相形见绌。50 桶人类尿液被煮沸至成为一种黏稠、腐烂的糊状物，将它放在地窖里几个月后再蒸馏，直到它在黑暗中发光。[12] 不过，无论这样的事情多么奇怪，它确实带来了结果：波义耳和牛顿对炼金术很感兴趣，普里斯特利和达尔文等人则认为，炼金术应被视为对智慧的真正追求，而不是他们那个时代自私自利、蒙昧的祭司秘术。[13]

158 然而，基尔本人认为炼金术已经误入歧途，他的偏向一直是脚踏实地。1771年后期韦奇伍德写道："我买了基尔先生（后来是上尉）翻译的化学辞典，对此我感到非常高兴……我不能没有它！这是一个化学图书馆！你应该给自己买一套，记在公司账上。"[14]基尔还一直在研究韦奇伍德痴迷的易熔晶石，并指出他是如何"以相当大的热量"设法融合了一些白色的、不透明的，像高岭土一样的萤石。[15]

受到基尔到英格兰中部地区的鼓舞，达尔文很快就忙着温习他的化学知识，拿出他的蒸馏罐和坩埚。"我很高兴看到您如此热切地学习化学。"基尔讽刺地写道，整理好一箱材料供他把玩：

> 我会给您一些铋和钴蓝釉，通过将其与碱性盐和少量木炭粉融合，您可以做成蓝色的玻璃，和商店卖的深蓝色的很像，（我忘了是）上面或下面还粘着一点钴渣。

达尔文还借用了化学家沃格尔（Vogel）和威廉·布朗里格（William Brownrigg）的作品，这位坎伯兰的化学家有一些在空气上很有影响力的论文，内容涉及"腐烂的空气[1]"。基尔提供了一份有点吓人的阅读清单，以"施塔尔（Stahl）的著作"开头，他说这将为现代化学理论奠定基础，充满了天才的内容。（"它们很宏大，"他谦虚地警告说。[16]）然后，他又列出了13本书籍，其中许多都是多卷本，其中包括他自己还没来得及阅读的部分。没有人知道达尔文读了多少，但大概有几本大部头放到了他马车的柳条篮子里，为旅途中的暂留提供安慰。

基尔还列出了三份冶金学著作，指出了对矿石分析方法的研

[1] 原文为法语。

究，物质亲和力列表，金属合金密度实验，以及“对商业冶金家非常有价值”的冶炼和锻造方法。[17] 这当然特别吸引博尔顿，不仅是他的装饰品业务，他还对蒸汽动力机很感兴趣，因为蒸汽动力的汽缸需要可以轻松铸造和加工的金属，而且还得具备耐腐蚀和抗磨损
159 的特性。像韦奇伍德搜寻黏土一样，这种搜索激发了博尔顿对不寻常的金属矿石和化石材料的兴趣，他也要求他的朋友和外国代理商将样品寄给他。但是，还有很多事情需要深入了解。1768 年 6 月，达尔文告诉韦奇伍德：“博尔顿先生得到了一种新金属，这种金属无论是光泽还是白度，都可以与银媲美，并且对空气的伤害很小。基尔上尉正在努力弄清楚这种金属。”[18]1769 年，斯莫尔向瓦特抱怨道，“我学习冶金学，但进步不大”，书本内容肤浅，满是错误，金属物质不纯，而“未被发现的物质会产生巨大影响”。[19]

那个夏天，博尔顿、斯莫尔和基尔都在研究钴、镍和锰，并从伦敦冶金学家彼得·伍尔夫（Peter Woulfe）那里借书，伍尔夫也同时提供化学试验。[20] 他们特别关注新金属。一种是锰，锰是可溶于水的奇怪金属，近期才被瑞典化学家约翰·舍勒（Johann Scheele）和约翰·加恩（Johann Gahn）发现。另一种是发现于 18 世纪 30 年代，可锻造的、闪闪发光的 *Platina del Pinto*，即铂金，由于它被证明与黄金一样不会被腐蚀，因此当时已用于珠宝和化学仪器。长期以来，镍一直被视为矿石，浸入酸中后会染成绿色（这就是德国矿工称其为“老尼克矿”[1] 的原因），但是直到 1751 年，另一个瑞典人阿克塞尔·克龙斯泰特（Axel Cronstedt）才分离出这种银色磁铁，它能吸引矿石。专家仍在争论，认为它是一种化合物，而非像铁这样的单纯元素，而且它的需求量很大：基尔在书本随附的信中

[1] 镍的英文为 Nickel，“老尼克矿”即“Old Nick’s one”，此处是个文字游戏。

告诉达尔文，“不要为了喜爱或金钱去获取镍”。

基尔的化学并不局限于这项研究。他一直在寻找某种可以利用化学知识来赚钱的领域。在工业上，加贝特和罗巴克在普雷斯顿潘生产的硫酸几乎供应了最大需求，以及两种主要的碱，即纯碱（碳酸钠）和苛性钠（氢氧化钠）以及它们的当量（苛性钾）。[21] 在玻璃行业和给陶瓷上釉的工艺中，这个配方已经用了几个世纪，现在还需要用于肥皂制造和纺织工业的漂白过程，特别是在苏格兰。燃烧各种形式的植物原料后，人们在灰烬中发现了天然碱，过去其主 160
要来源是木炭中的“珍珠灰”。但是随着苏格兰森林的逐渐减少，现已被昂贵的西班牙舶来品 Barilla（即苏打猪毛菜）提取的草木灰所代替，或是来自北欧的草碱，但其大部分都是来自美国殖民地的“珍珠灰”（富兰克林曾参加委员会促进其贸易）。另一个来源是海藻或“海带”，从 18 世纪 50 年代开始，苏格兰西海岸和东海岸发展了巨大的海带产业。我们一般认为西部群岛在 19 世纪前都人口稀少，当时农耕者被赶出他们的土地并被迫移民，以至于令人惊讶地意识到，大多数“本地人口”是故意从主岛去往那旦的，目的是在每一次暴风雨来临的时候清理岩石，并烧掉海草。岛上的工人和农村地区一样多：大风带着含盐的黑烟，土地不予置理，长满了欧石楠和金雀花，土地拥有者每年赚取巨额利润，而他们的工人甚至几乎不用付房租。

当时，找到替代海带和其他天然来源的新化学物质的竞赛如火如荼。自 1770 年以来，基尔就一直向斯莫尔讲述他的制碱计划。这似乎是一个成功的主意。但他不知不觉中与瓦特发生了潜在的冲突，后者正在与罗巴克支持的约瑟夫 · 布莱克在同一地区进行研究。[22] 基尔和瓦特都有相同的想法：可能通过使用石灰将食盐（氯化钠）转化为碱式苏打（碳酸钠）。人们认为盐是盐酸和碱的混合物：根据当代理论，如果添加一种对盐酸具有更大“选择性”的物质，便可以将其提取，几乎能引出全部盐分，只留下碱。

同为基尔和瓦特的好友，斯莫尔处境尴尬，他告诉瓦特要尽快获得其碱法专利，同时又清楚他的特别好友基尔正在做相同的事。显然，基尔的试验相当成功。斯莫尔提醒瓦特，基尔可能会率先成功，“你已经告诉了我你的秘密，在这种情况下，我的处境不是很愉快”。[23] 这场竞争激起了瓦特心底的怀疑：他在伯明翰时是否对基尔说了什么？斯莫尔安慰地写道，解释说基尔已经进行了多年试验。诚然，斯莫尔本人曾在其中某些方面有所助益，他只匆匆补充道，但自己只是提醒基尔不要在走不通的路上浪费时间。非常聪明
161 的是，他采取了最简单的方法，让他的两个朋友互相联系，相信合作比竞争更好。1770 年，罗巴克邀请基尔来到金尼尔，从那时起，他们就将彼此视为一个团队。基尔公开坦率地写信给瓦特，告诉瓦特他的方法和困难。基尔一生都在做这件事：他将大量的盐保存在地窖中，“但在其他试验中，我发现从无人居住的阁楼到地窖，任何地方都适合存放盐”。[24]

这是一个有趣的例子，说明团体的凝聚力如何受到利益冲突的威胁，却又因交际手段和妥协而得以挽救。恰恰在这时，基尔这时被制碱过程的缓慢和糟糕的财务预期吓住了，因为他们能生产的苏打水太少，而盐的税又太高，基尔很快搁置了制碱计划。1771 年，他向专利局提出预告（这是一种正式标记，以确保没有他的知识就不能获得专利），但他向瓦特保证，这不会阻止苏格兰团队根据需要取得专利。[25]

很快，瓦特和布莱克也转向其他事物。然而四年后，美国独立

战争期间，从殖民地和西班牙进口的碱消耗殆尽，市场进入短缺状态。当亚历山大·乔治·福迪斯（Alexander George Fordyce）叔侄二人提出减少盐税的请愿书时，月光社人开始行动。人际网络不可避免地会重叠：基尔与圣托马斯医院化学教授乔治·福迪斯关系很好，而瓦特总是神经质地认为他的新主意总是被窃取，他讨厌亚历山大，说他是"骗子，爱尔兰人，破产者和笨蛋"。[26] 为了保护自己的生活，瓦特和苏格兰团体各自提出专利请求，怀特赫斯特和博尔顿作为证人。[27] 但是，这一切没有任何结果，盐税保持不变，对化学碱法的探索在接下来的 20 年里继续进行。直到 19 世纪早期，碱才开始进行大规模的商业生产——成千上万的苏格兰海藻工人因此陷入贫困。

基尔不再制碱，他将注意力转向玻璃制造，这是西米德兰兹地区的主要产业之一。1770 年，他从领先的玻璃制造商和前伍斯特郡治安官托马斯·罗杰斯（Thomas Rogers）手中，在靠近安布尔科特的霍洛威买了一个制造白色火石玻璃的工坊。基尔搬进工 162
坊后面的一所房子，这也为他提供了继续实验的有用空间。[28] 次年 10 月，他在伯明翰的圣菲利普教堂迎娶了明艳动人的苏珊娜·哈维（Susanna Harvey）。斯莫尔表示："基尔先生在斯托布里奇转行做了玻璃匠，娶了位美女。"[29] 现在，他与当地的硫酸和硝酸制造商塞缪尔·斯基斯（Samuel Skeys），以及著名且非常富有的纽扣制造商"老约翰·泰勒"，都建立了充分合作。[30] 这些人后来都成了银行家，基尔在安布尔科特担任经理期间，他们提供给基尔大部分现金，除了与自己的投资成正比的利润，还收到"一笔薪水"。

温文尔雅、聪慧精明的基尔在每件事上都很成功，制造玻璃也不例外。他成了一个充满活力的当地人物，是 1775 年成立的斯托布里奇运河公司的原始股东之一，该公司将安布尔科特与斯塔福德郡和伍斯特郡运河连在了一起。他与博尔顿和福瑟吉尔合作紧密，为索霍银器送去了花瓶、玻璃瓶、糖罐和蓝玻璃的内胆——一次几十个。他们的化学合作也在继续。1772 年，他给博尔顿寄去一份账单，补充说他正在一个旧厂房里做一些“化学实验”，包括生产硝酸，“我希望最终能把王水低价卖给您”。他唯一不能做，或者说不愿做的事就是“你计划的一部分，即对你的旧物进行改造”，通过蒸馏来回收酸，尽管他认为这是“一种非常明智的节约办法”。[31]

基尔经常被要求为他的朋友们分析样品，并为他们制造设备，他向博尔顿保证将尽快“实现”他的“化学玻璃”订单，“特别是那些您自己的实验用具，因为我非常了解我的化学同伴没什么耐心，我也因推迟了您目前的化学爱好表示抱歉”。[32] 他对工业和实验都有兴趣，在四年后写给《哲学汇刊》的一篇论文《玻璃上观察到的结晶》中，流露出对德比郡洞穴中矿物结构的迷恋。[33]

163 几年后，基尔出售了自己在安布尔科特玻璃厂的股份，并搬到索霍帮助博尔顿。但他真正的技能是化学，并且从未丧失工业上的野心。最终，基尔与一位朋友，另一个前陆军军官——亚历山大·布莱尔（Alexander Blair）在距离伯明翰几英里的蒂普顿建立了自己的化学工厂。他们制造硝酸和盐酸，铅矿和红白铅，并开始制造碱（碳酸钠）出售给当地的玻璃制造商和其他制造商，比如博尔顿。此处似乎彰显了基尔经年对化学实验的兴趣最终被证实具有实用价值。

从他女儿的描述以及他曾孙（ICI[1] 的主要研究化学家）进行的

---

[1] ICI，即帝国化学工业（Imperial Chemical Industries Ltd），是一家总部位于英国伦敦的化学公司，也是世界最大的化工品生产商之一。

实验来看，基尔的新工艺基于钾盐和苏打水的硫酸盐与石灰的反应。比起理论，他偏爱经验，拒绝亲和力学说，这一学说认为硫酸 164
对碱比对石灰具有“更大的亲和力”（因此酸应该与碱结合），基尔认为实际情况相反，酸与石灰结合。如果硫酸盐在稀溶液中混合，并缓慢通过浓厚的石灰泥，它们将逐渐分解：硫酸将与石灰混合，使碱游离，因此只能将其浓缩成浓硫酸待售。[34]

为了应对化学反应非常缓慢的特点，基尔使用了新的渗滤技术。当他在巨大的露天桶中加热和冷却混合物时，他看到多余无用的硫酸钠形成晶体，当他想要的透明液体流失时，这些晶体会留存。科学和他的个性都发挥了作用。他在其他人失败的地方取得了成功，这不仅因为他是一位出色的经验研究者，还因为他极其有耐心。就像他女儿说的那样，他请求“一种化学药剂的帮助（他总是 165
对这种药剂表示最高的敬意，他认为这种药剂在自然操作中的作用被大大低估了），即时间”。

基尔制得的碱比起玻璃加工更适合制造肥皂，因此，蒂普顿声名远播、基尔变得富有。其过程很简单，方法像山丘一样古老：用碱将油或脂肪煮沸，然后添加盐使其“凝结”，现在已经能大规模生产。[35] 肥皂锅很大，深 14 英尺、宽 14 英尺，里面都是沸腾的、黏糊糊的东西，旁边有数十个巨大的铸铁缸，还有更多的锅用于蒸发废物。蒂普顿肥皂厂占地 20 英亩，配备了两个水车和两个蒸汽机，以及一些接受过基尔新技术培训的员工。（他甚至发明了自己的蒸汽泵，是基于萨弗里发动机的低效率高耗煤版本，已避免了他侵犯瓦特的专利。[36]）

到 18 世纪末，蒂普顿每年能生产 100 万磅的肥皂。1788 年，达尔文得知了该团体的新消息，对埃奇沃思说：

基尔先生通过将油和碱性盐混合在一起来消磨空闲时间，以保持陛下臣民的干净和甜蜜，他每六个星期付给一种叫作“剪毛工（Exciseman）”的动物1000基尼。[37]

达尔文是基尔最好的客户之一。第二天，他告诉儿子罗伯特，肥皂被装在100个盒子里，他刚订购了“400个给我们自己，400个给斯特鲁特先生，200个给弗伦奇先生”。[38]18世纪末，死亡率的下降常常部分归因于卫生水平的提高；基尔的肥皂对公众健康的作用可能与达尔文的药物一样。他的板条箱通过运河到达赫尔、利物浦、布里斯托尔和伦敦，到达王国的各个角落。[39]蒂普顿成为与埃特鲁里亚和索霍竞争的展示区，吸引来自欧洲各地的游客。通过基尔以及苏格兰的罗巴克，月光社和他们的朋友成了未来化学工业的先驱、蒸汽时代的先驱。

15 生活的考验

索霍的房子

18 世纪 60 年代，世界动荡不安，月光社人也进行着紧锣密鼓的活动。诚然，巴黎的和平就是大布列颠的战利品，许多地方也因贸易而繁荣。艺术和科学蓬勃发展：成立于 1765 年的艺术家协会在 1768 年被新的皇家学院超越；同年，詹姆斯・库克受命从南太平洋观看金星凌日，并开始他的首次环球航行。然而，与这些耀眼的努力相比，这些年来也带来诸多问题。从 1757 年到 1770 年，威斯敏斯特政府换届八次。制造商们必须谨慎行事，韦奇伍德的信件显示他对进出格伦维尔、汤森、罗金厄姆、查塔姆、格拉夫顿等地的人的敏锐关注。博尔顿也坐在他那漂亮的索霍房子里，不得不密切注意国内大事。 166

迫在眉睫的最大危机正是美国问题，尽管没有人意识到即将有巨大裂变发生。导火索似乎微不可查。1763—1766年，英国政府为支付战争费用，将一系列立法措施扩展到美国。1765年，为不引起注意，英国政府提议征收一种印花税，一种用于官方文件、法律交易和报纸的纸面税：如果不是影响到东海岸每一位思想开明的律师、作家和思想家的话，这原本只是一件小事。激怒这个能言善
167 辩、具有危险影响力的群体的是这样一种假设，即英国政府有权对殖民地居民直接征税，尽管殖民地居民在议会中没有代表。未经同意征税引起了骚乱，首先是在弗吉尼亚，然后是波士顿，最后横跨13个殖民地到西印度群岛：缺乏强制力似乎无法达到收税。像往常一样，韦奇伍德很有先见之明：后来他对本特利说，“美国似乎决心征服英国了……我得说，如果我们继续我们的政策，美国人将为他们自己制定法律——对我们来说或许很快了”。[1] 当美国人威胁要抵制英国商品时，英国商人和制造商也加入抗议行列，在政府发起请愿活动：加贝特是来自伯明翰的组织者之一。[2] 令人感到震惊的是，新罗金厄姆省废除了该法案，议会的欢呼声响彻每个贸易城镇。失去生意的威胁重击英格兰中部地区，那里的男人和女人涌向城镇寻找工作。这是一个封闭的时代，戈德史密斯笔下的“废弃的村庄”，在1767年，考文垂墨丘利[1]的机械工编了一首新歌，以爱国曲目《橡树之心》为曲调：

我敢肯定，无论圈起田地还是公地
没有比抢劫穷人更好的差事
不再诚实劳动的人必将伤害自己的国，
虽然慈善的行为中他似乎做了很多……[3]

[1] 罗马神话中的信使之神。

除了富人，整个国家都在遭受战后物价飞涨的痛苦。法国丝绸的到来引发了斯皮塔菲尔德丝绸织布工人的骚乱，骚乱蔓延到其他行业，而农村地区则出现了严重的食物短缺。冬天异常寒冷：人们在乡间小路上被冻死，新栽的树木在一个霜冻之夜就全都枯萎了。洪水、大风和冰雹接踵而至；玉米长得很高，但谷粒没有成熟。1766年秋，军队镇压了从沃什湾到西部的农民和玉米商人的暴动。士兵们在伯明翰待了一整个冬天，从伦敦运来应急物资。富兰克林在一本小册子的页边迅速做了笔记，书中接受殖民者的主张，但抨击了他们“大肆宣扬和煽动的方式”，他写道：

你们英国人然后假装谴责暴乱殖民地吗？看看自己的家！！！我一年之内见过贵国关于玉米的骚乱，选举的骚乱，工坊的骚乱，
煤矿的骚乱，织工的骚乱，运煤工的骚乱，锯木工的骚乱，水手的 168
骚乱，罢工骚乱，政府主席的骚乱，走私犯的骚乱……在美国，如果一个暴民打碎几扇窗户，或者用焦油和羽毛弄脏一个告发者，这就是所谓的叛乱：必须派遣部队和舰队，军事处决被称为世界上最体面的事。在这里，确实有人会认为骚乱是政府模式的一部分。[4]

这些问题在俱乐部和小酒馆中得到了解决，比如在伯明翰，诗人约翰·弗里斯（John Freeth）于他的莱斯特武器咖啡屋中举办自由辩论协会。1768年，新的政治危机临近，当被宣布为非法的约翰·威尔克斯当选米德尔塞克斯的议员后，伯明翰人选择拥护他。政府煽风点火，恐吓他、监禁他、镇压他的集会活动。1768年5月，

成千上万的人涌入了他被监禁的国王长凳监狱外的空地，在“古德曼战地大屠杀”中，数名示威者被枪杀。然而，这并不是穷人的抗议活动：抗议来自富有的伦敦人，以及思想逐渐成熟的绅士和商人。

作为雇主，博尔顿和韦奇伍德不太可能赞成动乱，但首先，博尔顿支持美国人保护他的贸易，而作为辉格党和反对派的韦奇伍德则在原则上全力支持他们。他也为威尔克斯大声疾呼，挖苦地指出“威尔克斯和自由”这一对是如何“像妖怪和黑暗一样连在一起”。[5] 在这些动荡的岁月中，中部地区大力支持威尔克斯，提出请愿书并寄送礼物（包括 45 支陶制烟斗）。但是爱国主义和抗议活动常常并肩而行，好像左翼无视右翼所做的事情，或者实际上根本没有矛盾存在。1769 年，大卫·加里克的莎士比亚纪念会在斯特拉特福德举行，这是一个划时代的活动，尽管没有一句莎士比亚的台词，凯旋的队伍也被大雨淹没。那年，约翰·巴斯克维尔的著名小说被登在了莎士比亚特刊上；不久，它将成为威尔克斯生平和著作的地方版本。

如果你决心质疑权威，就不可能把民族斗争与个人原则分开。作为利兹的一名牧师，约瑟夫·普里斯特利引起了争议：他的宗
169 教地位变得更加明确，他接受科西尼派的异端邪说，即基督不是神，而是一个和其他人一样的人。1769 年，他创办了《神学宝库》（*Theological Repository*），这是第一本自由宗教研究期刊。三年后，他与西奥菲勒斯·林赛（Theophilus Lindsey）和约翰·杰布（John Jebb）等自由派圣公会教徒一起，协助起草了“羽毛酒馆请愿书”，以放宽对这 39 篇文章的订阅。这份请愿书遭到教会和大学的强烈反对，并迅速在下议院遭到抵制。在普里斯特利和理查德·普莱斯的支持下，以及谢尔伯恩伯爵和格拉夫顿公爵等有权势的赞助人的

支持下，林赛成为第一所正式的一神教教堂的牧师，该教堂位于斯特兰德附近的埃塞克斯街。

一神论是所有派别中最理性、最开放的教派，宣称仅信仰上帝，并主张对包括天主教徒在内的所有人都应宽容。长老会的许多老会众都开始支持它，普里斯特利则是其主要发言人之一。[6]但他无法取胜：科学界的朋友嘲笑他的信仰，而基督徒则谴责他的唯物主义。在世俗方面，普里斯特利在1768年的《第一政府原则》（*Essay on the First Principles of Government*）一文中就发出了武装起来的号召：

让所有支持自由和人类天性的朋友们联合起来，把人们的思想从狭隘和不正确的法律的束缚中解放出来。让我们获得自由，把自由的祝福留给我们的后代。[7]

普里斯特利的《第一政府原则》在区分政治自由和公民自由方面迈出了重要一步。真正的政治自由意味着每个人都有平等的机会担任要职，而这是一个目前未知的政体。社会应该为所有人的利益运转，而不是为了它的统治者，他们应该被视为人民的公仆：

因此，必须理解，所有人生活在社会中都是为了他们的共同利益；因此，一个国家的幸福，是这个国家大多数人的幸福，是一个重要标准，与这个国家有关的一切最终都必须由这个标准来决定。[8]

从这个角度来看，在某些情况下，暴力革命当然是合理的。相比之下，公民自由是一个政府没有地位的领域：在宗教问题上，男人和女人应该遵循自己的良心；在教育上，他们应该有实验的自由。[9]普里斯特利的著作得到了反对党朋友的帮助，有时还能得到
170 富兰克林和威尔克斯的帮助。1769 年 2 月，他在给富兰克林的信的末尾写了几行字，祝他一切顺利，“为科学、真理、正义、和平，以及人类生活中一切有价值的事业——自由——所作的值得称赞的努力”。[10]

当反对者们在政治或宗教上对普里斯特利进行全面攻击时，他却赢得了利兹教友们持久的爱戴，“一个自由、友好、和谐的教会”。[11]他继续他的教学工作、他的科学事业和他的教育写作，并赢得支持，建立了一个公共订阅图书馆。大多数其他月光社人也在他们自己的社区里被视为开明的改良者，他们的“慈善行为”比比皆是。例如，达尔文获得“医术超群”的名声，他慷慨地免费给穷人看病。早上，接受慈善服务的病人在他门前排着队，他还在一家非正式的城镇医院就职。他乘马车穿越邻近的县，向富裕的病人收取费用（这是理所当然的，医生会在家里探望病人）来贴补家用。达尔文几乎每天都来问诊，是当地收费公路信托基金的专员，通过威奇诺铁厂，他也可以视自己为企业家，从而为当地经济带来支持。

博尔顿的明星效应也在显现。尽管他仍然像老牌生产商加贝特和泰勒一样被列为“Mr.”，而不是“Esq.”，但他的名字出现在从运河公司到新医院的所有关键项目中，这是由约翰·阿什医生和威廉·斯莫尔撰写的长期企划。这是大众运动的一部分，从伦敦向外扩散：18 世纪 60 年代初，由捐款资助建立了 12 家省级医院，其

名单汇集了当地贵族和士绅以及繁荣的城镇——这是一种社区融合的方式。在 1765 年 12 月的第一次公开会议之后，他们购买土地并开始建设，但是资金很快就用完了。尽管有一个包含弥赛亚、广受赞誉的音乐节，这个项目还是被放弃了十多年。现在和未来，月光社成员将与医院紧密相连，先是通过阿什和斯莫尔，然后通过威廉·威瑟林。据说，和达尔文一样，斯莫尔一生中每天都要花两个小时免费照顾城市里的穷人。1769 年，他与巴斯克维尔和加贝特 171
一起，专门负责监督新法案的实施，该法案旨在拓宽和改善伯明翰的街道。此时，这些郡县也在争夺伦敦的地位，建造现代化城市，中世纪的小巷被拆除，整洁的广场和开放的高速公路、适当的污水处理和照明设备代替了它们。各省的热情是如此之高，以至于有人讽刺说，不久以后，在通往首都的高速公路上，每 30 码就会有一盏灯，还有铺着的地毯让人“体面地旅行”。[12]

博尔顿往后退了一点——他真正的平台不是城镇，而是索霍。1768 年，他 40 岁，韦奇伍德 38 岁，达尔文 37 岁。他们都是强壮、固执的人。正如韦奇伍德所说，他们确实相信自己生活在一个充满奇迹的时代，在这个时代里，任何事情都可以实现。但他们也认为，你必须让事情发生。达尔文的儿子罗伯特记得他的父亲曾说过：“世界不是由聪明人统治的，而是由积极和精力充沛的人统治的。”[13] 作为雇主，博尔顿和韦奇伍德都是毫无羞耻的家长式作风：博尔顿公开自豪地称自己是一位父亲，控制着一个可能任性、无政府主义的家庭。

作为一名医生，达尔文也表现出了坚强的性格。正如基尔充满感情地指出：

> 他鄙视修道士的禁欲和经常强加于世的虚伪的装腔作势。他认为幸福的交流和痛苦的解脱是道德价值的唯一标准。[14]

当达尔文想这么做的时候，他有一种本能的同情天赋。基尔看到达尔文对他人情绪的敏锐感知，并“能够共情和分析他们不同的体质和性格”。安娜·苏厄德并不是一个不加批判的观察者，她非常欣赏达尔文的诊断技巧和读懂言外之意的能力，认为“他对人类真理的怀疑很极端，更喜欢通过交叉问诊从病人身上收集信息，而不是从他们自己所说的话。这种不信任和这种习惯，也许对他发现疾病的根源，以及他治疗疾病的卓越成绩，都是有好处的”。[15]不过，他还是得小心自己的名声。苏厄德还讲述了诺塞斯克夫人的故
172 事。几年后，她在利奇菲尔德的一家小旅馆停下来，对房东太太说她快死了。所有的医生都认为她的病没有希望了。“夫人，”女房东说，“我希望您能叫我们的医生来，他是那么有名。”[16]她和达尔文共度了两个星期——依然消瘦、苍白、眼球肿大、呼吸苦痛——达尔文考虑用注射器输血，这对他的技术来说是一个大胆的挑战。但睡了一夜之后，他又想了想，觉得自己不该“选择拿自己的名誉去冒险”。与此代之，他建议诺塞斯克夫人多吃水果和蔬菜：她被治愈了。一年后她去世了，不是因为痨病，而是因为她放火烧自己的衣服。

达尔文仅仅通过治病来激发信心，但是他的声誉更多地依赖于观察和理解，而不是他的治疗法——这些治疗法往往是标准的药物或安慰剂，还掺杂着大量的鸦片。爱丁堡使他对神经系统产生了持久的兴趣，这使他对个人和社会因素一直保有警惕。在他晚年写的《动物志》中，根据多年的病例记录，他列出的痛苦不仅包括猩红

热、疥疮、麻疹和腮腺炎，还包括愤怒、厌倦、轻信、野心和多愁善感的爱情。1767年，他写了一封关于杀婴的富有人道和远见的信件。他说，犯下这种罪行的妇女应该成为可怜的对象，而不应怪罪：“她们的心中必有什么挣扎、有什么痛苦！”[17]

但是，达尔文可能有点独裁。一个男人担心他年轻的第二任妻子神志不清（她妒火中烧，把他第一任妻子的画像割了下来），叫来达尔文医生，人们可能会认为这会唤起所有他出了名的同情心。然而，他“以最平淡的方式告诉了她许多令人不快的事实，其前妻在各方面都比她优越得多，包括美貌”。[18]不出所料，后来仅仅是威胁要叫达尔文来，她就又平静下来了——这被誉为灵丹妙药。

所以，尽管达尔文为人幽默、笑容和煦，但在他的仁慈背后，还是有一些霸道的性格。许多人都遭到了他针对虚荣心和矫揉造作的“诙谐而伤人的讽刺”。罗伯特记得他曾说过，只有“当人们不再往头上撒那么多面粉做布丁的时候；当女人不再戴耳环的时候——那就像野蛮人戴鼻环一样；当壁炉不再是用抛光的钢做的时候”，[19]常识才会进步。

也许达尔文对自己在当地的地位有些傲慢自大：1765年，在一 173
首有力的四行诗中，他同时侮辱了加农·苏厄德和该市另一位著名人物塞缪尔·约翰逊，两人都出版了英国剧作家的特别版本：

利奇菲尔德有两位著名的评论家，
你们颤抖的诗人！听到他们！“咿——呀——呀！[1]”

[1] 取自英国童谣《杰克与豆茎》，童谣原文为“我闻到了英国人的血的味道了，不论他是活的还是死的，我都要把他的骨头碾碎做成面包”，其中，巨人自言自语说：“咿呀呀（fee, fi, fo, fum），我闻到英国人的气味了。”

血肉模糊的博蒙特挽着苏厄德的胳膊流血，
约翰把可怜的莎士比亚的骨头碾成面包。[20]

但是，尽管诗作结尾处对其冷嘲热讽，达尔文仍然是城镇文学领域的耀眼者。他甚至在大教堂上留下了自己的印记，1766 年 9 月，在“一些哲人的建议”下，教堂安装了一个避雷针。[21]

没有一个月光社人会忍受愚弄，但他们知道必须避免树敌。博尔顿和韦奇伍德善于运用魅力来缓和气氛，达尔文坚定地告诉他的儿子不要对流言蜚语作出过激反应，要冷静地对待诽谤。达尔文举了斯莫尔的例子，他总是去和那些他听闻诋毁他的人一起喝茶；在公众集会上，最好对那些不喜欢你的人表示一点关心；这通常会安抚他们。[22] 他们的公共角色和社会生活表明，这种协商是多么重要：为了实现目标，他们必须熟练协商，并学会操纵舆论。

看上去他们应对敌人、对手和朋友显得信心十足，但私下里仍然很脆弱。斯莫尔身体不佳，尽管他时常异想天开地想结婚，但他的男性朋友对他来说确实更重要。基尔开始了和苏珊娜的新生活。普里斯特利担心他妻子玛丽的健康，以及养家糊口的需要——除了小萨莉，他在利兹的时候还添了两个儿子，约瑟夫和威廉。他们中的几个人都有孩子要照顾。到 1768 年，查尔斯和小伊拉斯谟分别是九岁和八岁；1764 年，一个名叫伊丽莎白的女婴夭折于四个月大，但达尔文家的下一个孩子罗伯特，现在已经是一个健壮的两岁幼童了。然而情况并不乐观：波莉的病越来越重，她时常感到一阵
174 阵疼痛，可能是由胆道感染或胆结石引起的。1767 年 7 月，一点都不强壮的她生下了第五个孩子威廉阿尔维，他在三周后夭折，小尸体被埋葬于利奇菲尔德大教堂。

达尔文对他的儿子寄予厚望。他高兴地注意到查尔斯如何观察自然万物、玩工具、收集化石，搞些化学小实验。唯一的问题是，他还以另一种方式继承了父亲，就是他也有严重的口吃。达尔文一家决定采取激进措施。1766 年 10 月，查尔斯八岁生日的一个月后，他们把他送去了法国，与达尔文的老剑桥朋友、友善的狄更森牧师一起去法国待了一年，规定他只能讲法语。到达伦敦后，波莉焦急地为自己的做法道歉——“然而，如果我写错了，多写了，或漏掉了字母，它通常还是能传达我的想法，是我心灵的忠实索引。”[23]一月，她给查尔斯寄了一张特别的便条，告诉他鲍勃长了两颗牙，以及“这两三天里，劳希除扔雪球外，什么也没干。你爸爸很好……我希望你能写封短信”。[24]一个月后，这封信从巴黎寄来。查尔斯在信中严肃地写道：“那里的人都很有礼貌，尽管霜冻很严重，但我离开英国后从未患过感冒。”[25]年底，在法国旅行（花费了达尔文年收入的一半）后，导师和学生回到了英国。安娜·苏厄德表示，从那时起查尔斯再也没有结巴过，尽管他讲话“有点生硬还有点快”。[26]

树叶翻飞，落在寂静的利奇菲尔德的池塘，波莉带着她的孩子们住在博尔顿家，后来她感谢安妮“让我最近在索霍度过了快乐的日子”。[27]那时，安妮发现自己怀孕了，1768 年早期，她和博尔顿头生子降生，一个女儿，也叫作安妮；几年后，斯莫尔可能会高兴地向瓦特宣布，“博尔顿先生有了一个儿子”——教名为马修·罗宾逊。[28]

博尔顿为他的孩子们感到无比自豪：1772 年，他从伦敦给安妮写信说道，“王后带我看了她的幺子，很漂亮，但没有一个孩子能与索霍的小将军或磨坊的漂亮姑娘相比。愿上帝保佑他们俩，替我亲吻他们”。[29] 但是在小安妮一岁时，他们发现她学习走路有困难，可能是先天性髋关节脱臼导致的，斯莫尔很难断定。他们咨询了威廉·亨特，并求助于达尔文。达尔文写了一份感人的详细回复，为消除博尔顿的恐慌，达尔文开玩笑地写道：“亚里士多德说，女人是没有羽毛的两条腿的动物——他当然是指非常年轻的女人！”[30] 他解释了骨骼的正确排列方式和脊椎畸形的可能风险，并以快速潦草的草图说明了这一点，并让斯莫尔检查是否是小腿肌肉的问题，或由于跌倒而导致的大腿骨缩短。他说，如果博尔顿看到婴儿在玩耍，光着身子躺在床上，脚也在摇晃，那么他就能看到缺陷问题所在。如果不行，他们就都到利奇菲尔德来。“女士们，先生们，我们可以进行一次大讨论。因为如果这可以补救，那么现在就必须补救。为了达到这个目的，缺陷必须完全查明——一刻都不能耽误。”

韦奇伍德夫妇还为他们的孩子寻求现代医学。1767 年春天，韦奇伍德和萨莉让两岁的苏姬和一岁的约翰接受了天花接种 [1]。虽然这种革命性的技术很久以前就由沃特利·蒙塔古（Wortley Montagu）女士从土耳其引进，但今年是推荐给婴儿接种的第一年。过程仍然很危险，韦奇伍德为此很紧张。两个孩子“在第一次注射时都有痉挛”，

> 医生说他们会出一次很厉害的天花。我相信他们没有任何危险症状，但是孩子们病得很重。我承认我对我们所做的感到后悔，我很怀疑如果我们有更多的实验对象，是否有勇气重复这个实验。[31]

---

[1] 在真正疫苗出现以前，天花可以通过故意接种天花病毒来预防，后来被称为天花接种，以将其与天花疫苗接种区分开来。

七月初，韦奇伍德夫妇有了第二个儿子，名叫理查德，同样打了预防针。新年前夜，韦奇伍德告诉本特利他已经康复了：“他母亲告诉我这是个可爱的男孩。当你成为这个富饶国家的居民时，你必须试着去制造一些这样的东西。”[32]

在约翰和苏姬接种时，韦奇伍德兴高采烈地筹划着他的新陶瓷，发誓“明年要像疯了一样拼命干活”。这年 5 月，他在伦敦寻找一家陈列室，但到 6 月 13 日，他已经带着满满的计划回家了。第二天早上，这一切都被推翻了。与他的信同时寄来的还有他哥哥约翰死于泰晤士河的消息，他在观看了拉内拉格的烟火表演后从河
岸跌落。韦奇伍德比他想象的还要痛苦。一连几个星期，他一直无 176
精打采、情绪低落，没有任何精力，连最简单的事情也做不了。那年夏天，他的悲伤变成了疾病，而这反过来又“使我的精神消沉，使我在执行计划时大大灰心丧气”。[33] 他缓慢恢复着。夏末，他又回到正轨，他写下：

> 为什么你从来不知道我是一个如此繁忙的普通人：高速公路，测量山脊公寓地产，实验瓷器，或者至少研制新陶器，几乎填满了每一刻的时间，如果我有时间还会做得更多，而且村里所有没有被雇佣的人都还在找我——“以了解他们何时开始工作”。

很快，韦奇伍德在大纽波特街上找到了完美的伦敦陈列室，他希望在那儿摆放许多珐琅、模具和雕刻作品。看来，除了他自己的身体之外，没有什么可以让他慢下来。

韦奇伍德腿上的长期疾痛，因疾病和受伤加剧。他经常患骨

髓炎，骨头逐渐变厚，几乎使他丧失了行动能力。“理性的”答案是完全摆脱这条恼人的肢体。达尔文和纽卡斯尔的外科医生詹姆斯·本特（James Bent）谈过，安排了一次截肢手术。在没有麻醉的年代，手术既痛苦又危险：如果他从休克中幸存，出血和坏疽的威胁仍然存在。然而，1768年5月31日，在本特利和萨莉的支持下，韦奇伍德做了手术。他坚持要看手术的每一个过程，服用了鸦片镇静剂，他笔直地坐在椅子上，两名外科医生在他大腿上绑紧了止血带，迅速地锯掉了他膝盖以上的腿，他没有发出一声呻吟。与他的坚忍相呼应的是，忠诚的彼得·斯威夫特在寄给伦敦考克斯的一张发票上附了一张纸条：

先生，您26日的来信刚到，但我们暂时无法答复。今天，韦奇伍德先生的一条腿被人截去了，在这样的手术后，这也就毫不奇怪了。牧师霍恩先生的货物已包装好，仓库里有一个板条箱……切斯特先生的货物将在下周四交货。我是……彼得·斯威夫特

177 一切如常。五天后解下绷带，手术成功了。但就在同一天，韦奇伍德家的小儿子理查德去世了。对萨莉和约西亚来说，六月的太阳暗淡无光。然而，凭着他那惊人的、特有的毅力，到了月底，韦奇伍德又恢复了活力：“我在济贫院待过，在马车上装了两个通风口，没有了鸦片酊，日子过得更好。伤口上半部分的皮肤已经愈合，一直长到骨头，我告诉你们，要驳倒所有否认现在是奇迹时代的人。”[35]他拒绝了外科医生，亲自给伤口包扎，骄傲地用圆规量了一下（2英寸 ×1.5英寸）。很快，工作地可以听到他的新木头腿的噼啪声和敲击声，他也因为用木头腿砸烂不合格的罐子而

出名。

还有其他的恐惧：1769年末，韦奇伍德在自己眼前会看到浮点，因而担心自己日后会失明，直到怀特赫斯特（遭受过同样症状）轻快地告诉萨莉“他愿意为我的眼睛买六便士的保险”，并转达了达尔文的建议——这很普遍，他应该忽略它，直到它自己消失。韦奇伍德被截肢后的这段时间里，萨莉还为他撰写商务信函。他们非常亲密，总的来说，韦奇伍德是这个团体中最顾家的人，他的商业信件里总是穿插着家庭新闻。1769年，当萨莉生下另一个“好小子”约西亚时，他兴高采烈地写信给考克斯。两年后，他急切地等待着另一个孩子的出生。他告诉本特利：“这个时候无论如何都不可能不在家。”1772年秋，萨莉生了病，流产了，他非常难过：“你一定没见过她这样可怜的样子，瘦得皮包骨，脸色和她的帽子一样苍白，身上似乎连一滴血也没有。”达尔文让他“当医生”，他很认真地对待自己的工作，开了一些护士们都不敢想的处方：

> 当她什么也吃不下的时候，我就给她熟透了的李子之类的水果，只要她愿意吃，就再也没有吐过。对于胀气，我给了她一瓶能将软木塞弹到天花板上的苹果酒。她乐在其中，这对她有好处。[36]

萨莉喝着她的苹果酒。但到了秋天，她又得了严重的风湿病，韦奇伍德又一次感到了绝望，不断地拜访达尔文，把她送到利奇菲尔德，带她去巴克斯顿（因为他前一年要云巴斯）。他很累，“心神也不像以前那么强壮了”，但尽管他有一条木腿，他发现缓解压力的最佳办法是“每天在时间或天气允许的情况下，在地里干一两 178

个小时的活”。37 痛苦的韦奇伍德向达尔文展示了自己的马甲，让达尔文看看他瘦了多少。达尔文明智而又严厉地告诉他，没有什么严重的问题，“要活得很好，要适度锻炼，不要忧心和焦虑”。38 他还向他保证，萨莉会活下来的——她确实活了下来，又顽强地活了42年，比他们活得都长。

萨拉·韦奇伍德“最喜欢的埃斯库拉庇乌斯[1]”达尔文，现在是她亲密的朋友。截肢后的几个星期里，他经常乘车去伯斯勒姆，博尔顿从巴克斯顿回家的路上也顺便来拜访他。当他不能去拜访时，达尔文写信给韦奇伍德，告诉他有关博尔顿的新金属、基尔的分析和埃奇沃思的伟大发明，并愉快地结尾：“这是我能想到的所有新闻，在哲学艺术中让你消遣开心。”39 但讽刺的是，就在韦奇伍德康复之际，达尔文自己却瘸了。

达尔文最新的马车设计是一辆轮子极高的轻型四轮马车，“花园椅，固定在车轴上”。40 通过一个巧妙的装置，马车可以自由地从路的一边荡到另一边，但司机必须每时每刻都集中精力，达尔文被甩飞了好几次。1768 年 7 月，他去看一个富有的乡下病人，给他接种天花苗，然后让利奇菲尔德的罗宾逊牧师搭车去伯顿。当这匹马在大干运河上被工人扔下的一车碎石吓得向后倒退时，马车剧烈地倾斜了一下，其中一个轮子滑到树篱边。第二天，啪的一声，车轴折断了，医生被抛在路上。达尔文的右膝盖骨折了，用安娜·苏厄德的话说，这是一场无法弥补的事故，自此他变得一瘸一拐。41 从那以后达尔文再没有乘过马车。

[1] 是古希腊神话中的医神，在古罗马神话中被称为埃斯库拉庇乌斯（拉丁语：Aesculapius），他是太阳神阿波罗之子，形象为手持蛇杖。

达尔文不习惯也不喜欢躺在床上。通常生病的是波莉，她的病情逐渐加重。“达尔文夫人病了有一段时间了。”斯莫尔在 1769 年 2 月告诉瓦特。[42] 这一年的大部分时间和第二年年初，她都处于昏昏沉沉的状态。她的头部和右侧肝脏附近疼得厉害，并伴有抽搐。达尔文给她开了鸦片，就像他给许多其他病人开的那样，尽管有的病人不是很痛，有些人还是把一天半粒鸦片当作一种习惯。[43] 但是波莉服用得越多，效果越差，于是她开始饮葡萄酒，后来开始喝白兰地和烈酒。她经常喝醉甚至神志不清。达尔文后来告诉儿子罗伯特，“你母亲告诉我，当她因歇斯底里而晕倒时（她经常这样），你也就只有两岁或两岁半时，就会跑到厨房叫女仆来帮她”。[44] 179

1770 年初，安娜·苏厄德经常和她在一起。波莉对达尔文满是赞美，她说达尔文给了她极大的幸福，并极力为她治病。但是，在他们结婚的那几年里，他经常出门在外，把她和孩子们独自留在家中。现在，达尔文常常在她的床边坐上几个晚上，每当他照看她时，他就会哭出来，因为他想起了他们在林荫道里散步的情景，想起了他们的凉棚和她种下的野樱草花。波莉隐瞒了她酗酒的事情，等他发现时已经太晚了。波莉死于肝硬化。“在她死前几天，”他说，“她有时会吐血，有时会抓伤自己，就像一些肝病患者那样。”[45] 她很害怕，向达尔文哭诉道：“年纪轻轻就离开她深爱的孩子和丈夫是多么难受——请照顾好你自己和他们。”害怕之后是恐惧和妄想：她看到有人拿着匕首袭击她的丈夫，她扑过去保护他，并尖叫着说不要伤害她的孩子，“不要杀了他们，就我一个，请就带走我一个！”第二天，她平静了一些，但还是胡言乱语，不成句地说着家务事和烛台之类的玩意儿。她死于 1770 年 6 月 30 日。

两天后，达尔文怀着悔恨和悲伤的心情——就像其他博学的丈夫一样，一旦他们的妻子去世，他就会向她表达敬意——向她的一个朋友寄去了一份关于她死亡的令人痛心的通知。写作这一行为将波莉纳入过去，意义甚至超过大教堂的唱诗班葬礼。在那长篇大论的结尾，他的语气已经平稳，就像博尔顿在向第一任妻子致敬时的语气一样。达尔文安慰自己说，如果波莉继续带病生活下去，生活就会“被许多黑线缠绕”。也许这样更好。他必须为孩子们而活：“几个月后，这些想法就会变得柔和，使她的回忆变得愉悦，我的泪水也会变成喜悦的泪水。”[46]有一段时间，达尔文真的很痛苦。他保存着波莉葬礼费用的简要记录。他很少写信，很少做
180 实验。慢慢地，一切恢复了正常。他又开始给人看病，做医学实验。达尔文的妹妹苏珊娜搬进来当管家。查尔斯和伊拉斯谟似乎曾在伦敦短暂上过学。波莉死后一个月，一个叫玛丽·帕克（Mary Parker）的 17 岁女孩从达尔文的老家埃尔斯顿赶来照顾四岁的罗伯特。

1770 年 8 月，赖特第一次为伊拉斯谟画了一幅肖像，他肩膀宽阔、穿着厚实的棕色阔布外套，倚靠在桌子上，细布衬衫的袖口突出了他纤细的双手：威严而迷人。他看上去很专注，但他敏锐的眼睛里流露出悲伤。[47]这种忧郁没有持续多久。12 月，埃奇沃思坐着一辆新奇的马车来到小镇，这使达尔文对发明产生了兴趣。不久，他就以过去那种愉快的方式写信给韦奇伍德，谈论他的风车和威奇诺铁厂。富兰克林 5 月来访时，他们深入讨论了语音学和化学方面的细节，晚上还愉快地在池塘里戏水。

这时，达尔文已经开始寻觅目标。传闻各种各样，包括他与德比郡一位已婚妇女露西·斯威夫特私通，但有一件事是肯定的：到 1771 年底，罗伯特年轻的家庭教师玛丽·帕克成了他的情妇（不

管他的观点多么开明，阶级问题似乎排除了结婚的可能性）。[48] 他们的第一个女儿苏珊于 1772 年 5 月出生。她的妹妹玛丽两年后出生，她们都是家庭的一部分，在达尔文的家里长大，苏珊娜是管家。他的朋友们都不觉得这有什么。英国圣公会教徒博尔顿，持不同政见者韦奇伍德，思想开放的斯莫尔，理智的基尔，甚至有加尔文主义背景的瓦特，都毫无异义地接受了达尔文的家庭。一种以更大的幸福为目标的道德可能会出奇地灵活，而且方便。

16 卢梭与罗曼

霍诺拉·斯尼德，霍普伍德根据乔治．罗姆尼的画作雕刻而成

181 无论是处理家庭事务还是打造自己的事业，这些三十多岁的成功男士都比二十多岁的新人埃奇沃思和戴老练得多。他们之间的差距也反映了当时思想的显著转变。年轻人对社会、自由和“自然”有一种更个人化、更激进的看法。他们带着时髦的卢梭主义风潮，涌入这个群体冷静的变革思想中。

自 18 世纪 50 年代后期，对“情感”的一种新的敬意已进入英国文化，这种观念认为，文明男女的标志是他们既有感性又有理性。很快，“自然”和不拘礼节就风靡一时。1756 年，埃德蒙·伯克（Edmund Burke）《崇高与美的哲学探索》（*Philosophical Enquiry into the Origin of our Ideas on the Sublime and the Beautiful*）强调了激情在审美反应中的力量，既包含敬畏与恐怖，也包含和谐与喜悦。对许多人来说，最先体现感性的作品是劳伦斯·斯特恩（Laurence Sterne）轰动一时的《项狄传》，而让－雅克·卢梭的《朱莉》《新爱洛伊斯》和《爱弥儿》的译作，坚定了对感性力量的推动。

1766年，达尔文在英国遇到了卢梭。在被欧洲各国驱逐之后，卢梭受到休谟的款待，休谟收留了他和他的情妇特蕾莎·勒·瓦瑟（Therese Le Vasseur），并邀请他们到斯塔福德郡的沃顿庄园做客。他在荒野中漫步、读书，和达夫河谷的孙辈们玩耍，并开始撰写 182
《忏悔录》。据说卢梭常常躲在梯田上的一个洞穴里，“忧郁地沉思着”，因为他讨厌被打扰。“达尔文医生，当时对他来说还是个陌生人，漫步经过洞穴，仔细地观察着生长在洞穴前的一朵花。”[1]卢梭对植物学很感兴趣，就从洞穴中走出来，他们聊起来，据说后来还通信了好几年。

达尔文对此很感兴趣，但并没有完全被卢梭的思想所说服。相比之下，年轻的利奇菲尔德人布鲁克·布思比（Brooke Boothby）却被卢梭迷住了。10年后，他去巴黎拜访卢梭，并负责编辑他1780年去世后留下的《对话录》，赖特为他所作的画像中，他斜倚在树林里，手放在一本卢梭的著作上。埃奇沃思是卢梭的另一个粉丝。卢梭的《爱弥儿》主张通过善良和自由来进行教育，在埃奇沃思还是学生时就对他产生了不可磨灭的影响。他记得，它具有“一切新奇的力量”，“以及一切雄辩的魅力”。1765年，受此启发，埃奇沃思决定将自己的想法应用到抚养一岁大的儿子上。自由、新鲜空气和实际的理解流行起来，纪律和死记硬背都过时了。他让理查德光着脚，穿着宽松的上衣和裤子，决心让他摆脱从书本中学习的束缚：“所有的知识都可以从文明社会中学习（当然包括力学）。”

七岁时，他“勇敢、自由、无畏、慷慨”。但让埃奇沃思困惑的是，不知何故“他不愿服从”，而且“对控制有一种不可战胜的厌恶”。[2]

埃奇沃思的实践并非彻底的古怪独特。就连达尔文，安娜·苏厄德说，“也制定了一条规则，永远不要冲撞孩子，而是让他们做自己的主人”（尽管罗伯特记得达尔文对他们相当严厉）。[3] 赖特让他的孩子在石子路上打球，在房子里捉迷藏。赖特还画了一些时髦的肖像画，画里的孩子们穿着宽松、随意的衣服，或和父母一起玩耍，无拘无束。约翰逊博士的密友班纳特·兰顿（Bennet Langton）有 10 个孩子，他把孩子们宠坏了，使得拜访他的朋友都很恼火。

183 在黑尔哈奇，埃奇沃思找到了卢梭的一位追随者，19 岁的托马斯·戴（Thomas Day），他是埃奇沃思的母校基督圣堂的一名学生，现在和他的母亲以及喋喋不休的继父住在附近。他一岁时继承了一大笔财产。随着他长大，他不关心金钱，活得自由自在。在查特豪斯的学校里，他把自己的零花钱捐给穷人，对动物也很慷慨，还学会了拳击，但只要他赢了，他就不再打了。然而，他决定不做素食主义者，因为饲养动物作为食物意味着至少会有更多的动物，它们可以在不知道被屠宰的情况下放纵自己的食欲。

卢梭立即吸引了戴。戴对埃奇沃思说，如果世界上所有的书都要毁灭：

> 除了科学书籍以外（我希望没能冒犯到您），我想保存的第二本书是卢梭的《爱弥儿》。的确，这是一项非同寻常的工作——我读得越多，我越佩服他——只有卢梭，以比常人更敏锐的洞察力，能够直指人心，发现激情的秘密来源和组合。每一页都蕴含着重要

的真理。[4]

在很多方面，戴都是埃奇沃思的对立面——他压抑而非活跃，厌恶女性而非沉溺于女色，政治上持理想主义，完全缺乏社交风度。他身材高大、弯腰驼背、衣冠不整。“当时戴先生的外表并不吸引人，”埃奇沃思承认。“他很少梳理他乌黑的头发，尽管他非常喜欢在河里洗澡。”[5] 戴还发泄了对女性邪恶的“冗长而令人沮丧的描述”，并一连几个小时陪埃奇沃思讨论形而上学。由于某种埃奇沃思从未弄明白的原因，安娜·玛丽亚特别讨厌他。

戴和埃奇沃思一见如故。1768 年，当他们带着埃奇沃思的儿子去爱尔兰见祖父母时，他们在斯塔福德郡的一家旅馆碰到了达尔文和怀特赫斯特，这使埃奇沃思很尴尬，因为他和戴在进行角色扮演。戴假装成“一个非常奇怪的”讨厌人类的绅士，通过旅行去克服妻子的去世，还全身心爱着他的小儿子，而埃奇沃思扮演他贪婪的仆人，在酒吧里点所有精致昂贵的东西。当达尔文揭露了他们的伪装，并介绍惊讶不已的怀特赫斯特给他们（埃奇沃思记得他是“我所认识的最简单、最谦逊的哲学家之一”）之后，他们坐下来开 184
始聊天。一开始，达尔文认为戴是一个白痴，因为他对力学一窍不通。但是，当话题转变，戴不再闷闷的，而是能言善辩起来，达尔文被迷住了，立刻邀请他去利奇菲尔德。[6]

这两个年轻的卢梭主义者，将用个人的戏剧性事件为月光社在未来几年里不断制造惊奇和娱乐。当埃奇沃思在他的回忆录中写到他与达尔文的第一次相遇时，他写道：“我未来的生活在很大程度上取决于那次对利奇菲尔德的访问！”从那时起，戴也受到整个圈子的欢迎。斯莫尔、博尔顿和达尔文体谅他的年轻气盛，看到他真正的慈善热情和对自由的关心。戴非常喜欢斯莫尔，斯莫尔理智地劝他不要学医学，他可能不会成为一名很高效的医生。戴将他的理想主义倾注到教育、反奴隶制运动和政治事业中取而代之，并写了著名的儿童读物《桑福德与墨顿的故事》（*Sandford and Merton*）。他有种种怪癖却也在许多方面都成了杰出的人物，而年长的月光社人都很看重他。（但是，人们情不自禁地会觉得，他们也可能珍视的是戴的钱：安娜·苏厄德提到的第一件事是他从父亲那里继承下来的财产，他“拥有一处空地，每年约有 1200 英镑”。[7]）

在旅馆的第一次会面之后，埃奇沃思和戴去了爱尔兰。这次旅行对戴很重要，对埃奇沃思的家人也是。一方面，爱尔兰乡村的脏乱动摇了戴对高尚的野蛮人的卢梭式信仰；另一方面，戴的餐桌礼仪动摇了埃奇沃思先生对绅士的看法，引起了他强烈的反感。戴只是“对这些偏见报以哲学般的淡然一笑”，并爱上了他朋友那位机智聪明的妹妹玛格丽特。她很明智地给了他一年时间来考虑这件事，并告诉他在这段时间里要变聪明。老埃奇沃思屈服了（可能考虑的是戴的资产而自己较为贫穷），接受了求婚。戴去伦敦当了律师，埃奇沃思回家继续他的发明工作。戴经常去利奇菲尔德和伯明翰，“看望我的朋友斯莫尔医生、基尔先生和达尔文医生”，当他驾着他特别设计的、低底盘的、有折叠皮革边的单轮马车横穿英国时，身后留下了许多目瞪口呆的人群，当他涉水而过，皮革边会卷起来——就像一根高速行驶的黑色香蕉。

185 没过一年，戴和埃奇沃思的妹妹就意识到他们显然不合适，正如大家从一开始就认为的那样。戴痛苦地沉思了一段时间，然后做出一个激进的决定。尽管他只有 21 岁，但他下定决心要找到一个妻子（出于“职责”，安娜·苏厄德相当友善地认为）。他的要求很质朴：

他决定，如果可能的话，他的妻子应该对文学、科学、道德和爱国主义哲学有所品位。她也可能成为他的朋友，和他一起享受他早已安排好的隐居生活；并帮助他塑造孩子的思想，拥有顽强的美德，做事努力。他还决定，她应该像一个山区姑娘一样单纯，穿着、饮食和举止都应该像斯巴达妻子和罗马女英雄一样勇敢无畏。[8]

正如安娜所承认的，“没有发现这样一个现成的生物”。既然没有一个女人符合他的理想——而那些他幻想的女人又抛弃了他——他就得自己创造他想要的妻子，完全靠自己。他的计划是收养两个女孩，按照卢梭的最佳方案把她们抚养成人。他们长大后，戴“可能会决定，她们当中谁做他的妻子最合适”。

从某种意义上讲，这是年长的月光社人对“我们能创造一切”的一种诠释，是控制自然的令人惊讶的自信的尝试，“如愿以偿地塑造他们”，就像达尔文谈到埃奇沃思的磁学魔术一样。从机械工程学向社会工程学的转变也与戴的政治理想有关，并且可以看作是为“男子气概”种族打造合适的母亲。（清心寡欲的简朴和斯巴达式的坚忍将其与1750年卢梭的《论艺术与科学》联系在一起，并与英国政治思想中把古典美德与现代奢华进行对比的强大传统联系在一起。[9]）在这个实验中，获得实验豚鼠是非常容易的。戴和他的老校友约翰·比克内尔（John Bicknell）一起，首先来到什鲁斯伯里的孤儿院，挑选了一个“非常有前途的女孩”，给她取名为萨布丽娜·西德尼（Sabrina Sidney），以塞文河和他的英雄阿尔杰农·西德尼（Algernon Sidney）命名。[10]下一站是位于伦敦科勒姆田园的方德邻孤儿医院，在那里他选择了第二个女孩卢克雷蒂娅[1]。两个女孩分别11岁和12岁，还没到青春期。安娜将萨布丽娜形容为“面容白皙，有着赤棕色的长发，闪闪夺目”，而卢克雷蒂娅则是另一种美，“很漂亮，有着亚麻色的头发，浅色的眼睛”。[11]

186 戴要做的全部，仅仅是一个书面承诺，在一年内让一个女孩做学徒，或者帮她做一个小生意，为她结婚提供400英镑；另一个女孩他会娶为妻子，如果他后来没娶，也要把她安置在一个好家庭，给她500英镑。他还“庄严承诺不侵犯她的清白”。关于萨布丽娜还有一项规定，她必须给一个已婚男人当学徒，戴只是指定了埃奇沃思（没有告诉他）。他起初把姑娘们寄宿在伦敦，后来又把她们带到法国去，因为他相信，由于她们不懂法语，就会排除其他不良影响，只向他一人敞开心扉。三人在沙维尼翁定居，这引起了小小的骚动。他慢慢地教姑娘们读书，给她们上课，“给她们灌输一种对衣着、奢侈品、上等人、时尚和头衔的深深仇恨”。[12]21岁的戴视自己为勇敢的旅行者，正从事一项大胆的社会实验。“如果我待在家里，”他愉快地写信给埃奇沃思。

> 也许此刻我正在一个温暖舒适的房间里，计算着你的木马腿的震动；但是，我的朋友，我应该是现在这个样子吗？——一个旅行者，一个有礼貌的学者，一个有教养的绅士？[13]

不幸的是，除了“优秀的卢梭！最伟大的人！”不久后，戴就开始瞧不起法国人。所有人都表现出“完美的空虚”，女性

[1] 传说中的古罗马烈女。

都很蠢，痴迷于时尚，受不自然的支配。甚至法国的道路也很糟糕。他渴望得到家乡的消息："你有房子了吗？——获得专利了吗？——获得头衔了吗？——财富？——孩子？——一枚奖章？——一辆新马车？"[14]戴写了许多信，说他对学生很满意，还有一封是萨布丽娜口述的：

亲爱的埃奇沃思先生，我很高兴听说您和您的小男孩都很好，我深深地爱着戴和卢克雷蒂娅，我学习了书写，我不喜欢法国和英格兰，人们长得很黑，穿得很奇怪，但这里的气候很好。我希望我来英格兰时能更理智些。我知道了怎样画一个圆和一个等边三角形，我了解了昼夜、冬夏的原因。我最喜欢戴先生，接下来是比克内尔先生，然后是你。[15]

然后，事情开始变糟了。无聊和无法说法语，使女孩们争着博取戴的关注。她们又染上了天花，要求他夜复一夜地守在床边。如 187
果他偷偷溜出房间，她们就会醒过来，号啕大哭。她们不允许其他人接近，戴必须照顾她们的每一个需求。天花治愈了，没有留下任何疤痕，但戴已经精疲力竭。他奋力前行，应对了多种灾难：在罗讷河上翻了一次船；一个住在里昂的法国军官，他轻浮地跟他们一行人说话，戴接到决斗的挑战。八个月后，奇怪的三人组回到英格兰。戴发现，卢克雷蒂娅要么是非常的愚蠢，要么是不可救药的顽固，于是把她送去拉德盖特山做女帽学徒。不久后，她嫁给了一个亚麻布商人，并得到应许的嫁妆。

萨布丽娜还留在戴身边。当他找房子的时候，他送她去住在比克内尔乡下的母亲身边待了几个月。1770 年年初，在达尔文家附近，他租了斯托别墅，从横跨斯托湖的绿色公园可以一直望到大教堂。利奇菲尔德都期待着。萨布丽娜13岁时，长成了一个嗓音甜美的漂亮姑娘，有着长长的睫毛和赤褐色的长卷发，与头发上抹满了粉和润发膏的时髦女孩很不一样。埃奇沃思记得，在他从爱尔兰父亲的病床前回来的路上，他很好奇，想看看他的朋友的“哲学式的罗曼史”会如何收场。

没有人认为戴的行为是一种个人满足：它被视为高尚、有原则、博爱——就像收养一个来自战乱国家的孤儿。最后戴自己引起了一场骚动。安娜认为，22岁的他看上去绝对像个哲学家，沉思而忧郁，笨拙而威严：

> 那时，粉衣华服是绅士们的附属物。戴先生却都不喜欢……他淡褐色的大眼睛满是沉痛，然而当他慷慨陈词时，
>
> ——善与恶，
>
> 激情，冷漠，荣耀，耻辱，
>
> 他那乌黑的头发像亚当一样蜷曲在他的眉毛之上，在头发的阴影下，眼睛闪闪发光、充满能量。[16]

1770年8月，赖特为戴画了一幅肖像，他在狂风暴雨的天空下摆好姿势，富有诗意的身影披着黄褐色的绸缎，一道闪电打在他乌黑的头发上，手里拿着一本书，几乎可以肯定是《爱弥儿》。[17]

戴现在开始对模范妻子培训的另一个阶段。如果她想教孩子们
188 坚毅和忍耐的话，萨布丽娜必须学习斯多葛主义，并能承受眼前的痛苦和对即将来临的危险的恐惧。不幸的是，“他的实验没有他所希望和期望的成功”。[18]当萨布丽娜在脖子和手臂上放上热封蜡时，

萨布丽娜忘记了自己是斯巴达女战士，痛得大喊大叫。当戴向她的衬裙开枪时，她跳到一边尖叫。当戴通过告诉她自己处于严重危险中来测试她的忠诚度时（如果她告诉任何人，危险将会增加），他发现仆人和她所有的朋友很快就知道了一切。萨布丽娜讨厌书籍、蔑视科学，“如果有一天需要对年轻人进行教育，她没有这个能力，年轻人应该学习格拉古[1]才对”。19

戴放弃了，认为自己永远无法把她塑造成称职的母亲。1771年初，她被送到萨顿科尔德菲尔德的寄宿学校。他没能训练好她，这当然证明了她一开始就没什么希望，就像一只猎犬总是走神，而不是去捡它应该捡的那只掉下来的鸟。20

萨布丽娜的未来呢？当她离开学校时，戴给了她一笔津贴，她先是住在伯明翰附近，后来又住在什罗普郡，但她经常回来住在利奇菲尔德，尤其是和达尔文一家住在一起。26岁时，她嫁给了戴的律师朋友约翰·比克内尔。比克内尔曾在什鲁斯伯里的孤儿院挑选出她。戴给了她500英镑的嫁妆，和一份有点勉强的祝福：“我不反对你嫁给比克内尔先生；但请记住，你并没有征求我的意见。”21 不到十年，她就成了一个寡妇，有两个年幼的儿子，靠每年30英镑的日常收入和比克内尔的律师同事们慷慨筹集的800英镑生活。后来，她成了查尔斯·伯尼（Charles Burney）的管家，查尔斯是伯尼医生的儿子，音乐老师、作家、塞缪尔·约翰逊的朋友、作家范妮·伯尼的弟弟。她留在这里，受人爱戴和尊敬，直到晚年。

萨布丽娜的实验结束后，戴改变了方向。“他对教育力量的

[1] 格拉古（Gracchi）兄弟是前2世纪罗马共和国著名的政治家，平民派领袖。

信任动摇了，”安娜·苏厄德写道，“他对现代优雅的厌恶也消退了。”[22] 后一种想法的改变与萨布丽娜无关，而是与安娜的密友霍诺拉·斯尼德（Honora Sneyd）有关。[23] 自霍诺拉母亲逝世后，这两个女孩一起在主教官邸长大。霍诺拉美丽聪明，曾与德比郡的商人约翰·安德烈（John André）有过一段短暂的罗曼史（他出生
189 于瑞士，1771 年参军，1780 年在美国以间谍的身份被绞死，他的死在英国引起了轩然大波，安娜为其去世写了一首著名的诗[24]）。1770 年的圣诞节期间，埃奇沃思和戴大部分时间都在苏厄德家度过，尽管埃奇沃思声称吸引他们的是安娜的文学才华，但真正吸引他们的是霍诺拉。基尔和达尔文都认为她很可爱。埃奇沃思坠入了爱河：除其他魅力外，霍诺拉还对科学怀有真正的兴趣，且与安娜·玛丽亚有很大的不同（这可以理解）。“我的妻子很审慎、顾家，而且深情。但她脾气不好。她为琐事哀伤叹气，和我们共同生活的一位女性并没有使她感到高兴。”[25]

刚开始的时候，戴还没那么动心：霍诺拉舞跳得太好了，她太过追寻时尚了，手臂不够圆润白皙。可能是受到埃奇沃思迷恋的影响，他慢慢改变了主意。埃奇沃思回到黑尔哈奇之后，戴给他发了一封充满激情的信，倾诉他不该怀有绝望的热情，但是戴如果影响到他们的友谊，他永远都不会结婚。埃奇沃思显然感到不安，他采用了熟悉的实验语言，回答说，他唯一看清自己是否能克服自己的感情的方法就是进行测试，他回到利奇菲尔德，但会带着他的妻子和三个孩子作为保障。

埃奇沃思坚忍地看着戴和霍诺拉越来越亲近，甚至带给她一个装满了戴的“生活计划”的包，求得她批准。这是基于戴的信念，即她一旦决定过着隐居的生活，她将永远不想回到上流社会的欢乐

生活中去。霍诺拉的回答“包含了对他支持男性权利的精彩论断，以及对女性权利清晰、冷静的观点”。[26] 令人震惊的是，她不容许“一个丈夫对她全部行动的绝对控制”；她不认为隐居生活是美德和幸福的基础。戴简直是陷入了狂热。达尔文给他放血，严厉地跟他说话。幸运的是，就在戴恢复的时候，霍诺拉的父亲又在利奇菲尔德安顿下来，带着四个女儿，包括霍诺拉的妹妹伊丽莎白，“非常漂亮，非常活泼，非常天真，非常迷人”。盛夏时节，埃奇沃思组织了一个射箭宴会，有击剑、跳马、音乐和舞蹈。霍诺拉和伊丽莎白都在，戴也在。就像《傲慢与偏见》里的柯林斯先生一样，戴立刻转向了霍诺拉的妹妹。伊丽莎白似乎远没有那么光艳，那么夺目：

她跳舞时态度冷淡，也没有表现出高兴的样子，这使戴先生很 190
高兴。她谈话风趣，从来没有与人争执过，因此戴先生有足够的自由和空间来详细地谈论任何话题。[27]

尽管伊丽莎白大为震惊——谁又不是如此——但她并没有保持沉默。像之前的玛格丽特·埃奇沃思一样，她告诉戴，如果他有更多正常的举止，她也许会爱他。现在戴把他所有的失败都归结于此，他告诉伊丽莎白他要去巴黎一年，学习击剑、跳舞，挺起肩膀，翘起脚尖，练习“军人的步态，时髦的鞠躬，小步舞和沙龙舞”。伊丽莎白眼睛一眨一眨地回应，她答应不去巴思、伦敦或其他无聊的地方，而是去上一堂繁重的阅读课。

埃奇沃思也去了法国，他告诉每个人他回来后会直接去爱尔兰。他被霍诺拉迷住了，但也想到了他的家人，他写道，“我知道只有一种办法应对这种危险——逃亡”。[28]他带着七岁的理查德和一个能教他说没有口音的法语的家庭教师。即使到了老年，他也怀疑自己是否正确。在巴黎，他们遇到了卢梭。卢梭称理查德是一个有能力的男孩，但他对从马车到鞋带扣等一切英国事物的赞美令他感到不安。戴给安娜·苏厄德寄去了热情洋溢的信，信中夹杂着对他们旅行的不连贯的哲学式的描述，还有想了解一些家庭新闻的请求："我想E先生和我已经完全被遗忘了……再见了，亲爱的[1]。在利奇菲尔德，我没有忘记一个我尊敬的、喜欢的、深爱的人。”[29]最后，他们在里昂定下来，戴在那里经受了规定的折磨。他学了击剑、骑马、跳舞，一连好几个小时，手里拿着一本书，他被拧进一个由又窄又紧的木板做成的装置里，把他那倔强的膝盖往外弯。12月，戴告诉安娜，

我是一件蕾丝边大衣，一个包，一把剑，仅此而已。我成为一个类型，一个寓言，一个符号。我眼里只能看到荒诞；耳朵只能听到胡话；头脑中什么都没有想到。但是作为回报，我能讲漂亮的法语，可以欺负人，吹牛，啦啦啦，欢蹦乱跳，我现在成了一个绅士该有的样子。[30]

191 与此同时，埃奇沃思学会了法语，集中攻坚力学的技术语言，写了一篇关于水磨坊的论文，并参与城市建筑师雄心勃勃的计划——扩大被悬崖和河流包围的小镇。为了得到更多的土地，有人提议将罗讷河改道，向南一英里与索恩河交汇；空的河床将被填满，新的郊区将被建造。埃奇沃思负责修建河堤以阻拦河水。他设

[1] 原文为意大利语。

埃奇沃思设计的用于装船和卸船的机械装置

计了一种特殊的高台，把沙粒和石头倒入载有材料的绳索渡轮中；还有一座空中高架桥，桥上有一排独轮车，不用工人手推。这是一项既实用又富有想象力的工作：埃奇沃思把他的力学机制运用到公民改革中，并为此感到自豪。

1772 年初，戴回到英国，痛苦熬过去了，他决定求娶伊丽莎白。然而，在利奇菲尔德，他的法式礼仪看起来滑稽可笑。安娜冷冷地说："进门时故意鞠躬，采取突然的行动，这使她感到可笑，而不是钦佩。"[31] 伊丽莎白认为，相比新的戴她更喜欢那个旧的，但两个作为丈夫都不行。戴委屈地返回巴黎，然后在英国各地旅行，最后投宿在中殿。他和才华横溢的年轻东方学者威廉·琼斯（William Jones）住在一起。第二年三月，他告诉安娜，"我不相信我曾经有多爱过，我也几乎不相信我还会再爱一次"。[32]

这次，他们的立场颠倒了。戴现在是提供哲学建议的知己， 192
而安娜是罗曼轶事的对象，这是因为她与教区大教堂合唱团的约翰·萨维尔（John Saville）保持着长期的友谊。1771 年末，谣言甚嚣尘上，以至于萨维尔夫人拒绝让安娜进入她的房子，第二年年初，萨维尔离开了自己的家人，搬进了隔壁的房子。加农和苏厄德夫人的回应是将现年 29 岁的安娜关了禁闭，这招致了她对他们“失聪和冷酷无情”的愤怒，这可以理解。五月，她言辞激烈地回应道：

如果他们尝试进一步迫害，后果将更加严重。我爱萨维尔的美德。他被卷入了最卑劣的丑闻。他不能成为我的丈夫，但是世界上的任何法律都不能禁止他成为我的朋友，也不能禁止我们纯洁的交谈的自由。[33]

这群二十多岁的朋友，抽象却充满激情地表达着对自我的辩解：“感性”“自由”“崇高”。这是卢梭的用词，是诗歌的语言，是苏厄德和她的圈子所钦佩的话语：她的战斗也是月光社的故事——既是对妇女权利的主张，也是乡下人诗意般的骄傲，与都市风情格格不入。

1772 年，当戴和安娜·苏厄德遭受痛苦时，埃奇沃思却在法国过得很开心。那个夏天，他的妻子和姐姐在里昂与他会合，但安娜·玛丽亚并没有加入法国社会：她怀孕了，随着冬天的来临，女人们回到英格兰。埃奇沃思却自己留在这里。他与外籍人士社群和贵族一起参加大巡回演出。在参观波美石窟后，他与亡灵共进晚餐，与军官饮酒，深深被水晶和矿物所吸引。唯一扫兴的是他的儿子理查德。家庭教师管不住他，埃奇沃思最后将他送到教会学校，这与他早期的卢梭实验正相反。他在回忆录中写道：“我专注于痛苦的话题，得警告其他父母，以防我犯下的错误。”[34]

193 另一个忧虑是埃奇沃思罗讷河河堤的修筑工作。阿尔卑斯山秋季雨水泛滥，但该公司告诉他，不会花更多的钱来及时完成堤坝。一天黎明时，埃奇沃思被一声巨响惊醒。人群涌向泛滥的河水。几周的工作被冲毁；木材、手推车、工具、机器被冲向下游，并砸在河岸上。冬季的到来使现在的工作停止了，埃奇沃思转向为开垦的土地设计面粉厂。他们却从未建造过。1773 年 3 月，埃奇沃思添了一个女儿安娜。几天后，第二封信带来了他妻子去世的消息。带着理查德，他缓慢地北行穿过勃艮第到达巴黎，然后回到英格兰。但是埃奇沃思为安娜·玛丽亚哭了几声：他的心（真正的向导）仍然在霍诺拉·斯尼德身上。前一年，有谣言称她可能会失明，但现在戴告诉他，霍诺拉很好，尽管“被情人包围，但仍然是她自己的女主人”。埃奇沃思立刻直奔利奇菲尔德。[35] 到了达尔文家后，他发现医生出门了，但苏珊娜·达尔文接待了他。她正打算去和斯尼德一起喝茶——那么，他会和她一起去吗？

1773 年，埃奇沃思和霍诺拉在大教堂接受了特别许可的婚姻。加农·斯尼德主持仪式，他的妻子笑着为他们洗礼。只有安娜看上去不高兴。接下来的一个月，戴（和斯莫尔医生待在一起并与达尔文一起吃饭）表示祝福，并宣布他本人显然是一个单身汉的命运，注定要为埃奇沃思的孙子们买木马。[36] 对于这些勇敢的卢梭主义者来说，第一段罗曼史到了尾声。

17 花瓶，镀金，银器，青蛙

埃特鲁里亚运河畔景象，版画，1769 年

194 18 世纪 60 年代末，利奇菲尔德受到卢梭的影响，而整个国家都被骚乱所笼罩，韦奇伍德和博尔顿则转向上流世界，那里的消费仍然猛增，似乎不受混乱所影响。在花瓶狂热的浪潮中，两家制造商将自己推向伦敦精英市场。博尔顿的主线是他的镀金物。严格来讲，是金属与金或汞混合的镀金。这主要与法国有关，在法国，青铜器曾引领该领域。现在，博尔顿抓住了挑战他们的机会。正如基尔所说，“要理解博尔顿先生头脑的特征，有必要回顾一下他所做过或尝试过的一切事，他的成功和失败都是大规模的”。[1] 花瓶的使用不仅限于装饰：添加金属分支后，它们可能会成为枝状大烛台和小烛台；装有时钟或手表，就是奢侈的钟表；盖上有孔的盖子，它们就变成了炖菜锅或香薰炉。（他的赞助人伊丽莎白·蒙塔古于

1771 年邀请博尔顿到她在伦敦的住所，并补充说：“当这些锅可以避免汤的蒸汽逸散，您就能够品味到晚餐的全部美妙风味。”[2]）博尔顿很快转向了其他产品，比如镀金三脚架、装饰烛台、冰瓶和钟表。

韦奇伍德的花瓶不可避免地引起了他的注意，他认为这些花瓶 195
很适合镀金。1768 年春天，他提出合作。在考察了达尔文位于利奇菲尔德的水平风车之后，韦奇伍德在索霍度过了一个周末。韦奇伍德写道：“我们解决了许多重要问题，为改进我们的制造奠定了基础，并将其销售到欧洲的每个角落。”[3] 主要想法是，博尔顿将韦奇伍德的花瓶镀上金，但他还向他展示了神秘的烫金技术和转印技术，并告诉他法国艺术家即将来到英国“捡去所有古怪的丑陋旧物”，重新装饰成稀有物，再卖回给“英国大人”[1]，以此来激发他的竞争精神。向这个方向扩展的前景令人神往：“仅此一项（黏土和金属的结合）就是一个新领域，到达一个我们从未至的远方。”

1768 年晚些时候，当韦奇伍德截肢康复后，他和博尔顿在伦敦见面去“翻淘古董”。在节日派对上，萨莉·韦奇伍德和凯瑟琳·威利特都到场了，威廉·考克斯在展厅里悲伤地写道，“我不禁从凳子上摔下来”，他抓起考克斯的纸，诙谐地写下威尔克斯特骚乱中的本特利，讲述了他们对下议院和德鲁里巷的访问，还有暴躁的卫理公会传教士乔治·怀特菲尔德（George Whitefield）。[4] 1769 年，面对萨莉寄来的一封言辞激动的信件，韦奇伍德开玩笑地回答说，“她没有像我想的那样轻易地得出结论，但头疼得很，我不应该这样伤脑筋——啊呀呀，萨莉，你会永不后悔吗？”[5] 但是萨莉在这次旅行中唯一的抱怨是：

[1] Millordsd’Anglise，带着法国口音的英语。

我的好丈夫一直纠结，我几乎害怕他把钱全都投到花瓶上，而他拿五六个基尼毫不在乎……如果我们只花一半的钱在束腰带或蕾丝上，就会引领你想不到的热潮。[6]

韦奇伍德当然是在寻找花瓶。他和博尔顿一起拜访了谢尔伯恩勋爵，还有哈拉奇的独家商店，还带着他们的妻子。韦奇伍德写道："博尔顿先生正打算从事花瓶行当，并将用青铜制作。"（他还派人从索霍派画家来画他所见的"漂亮东西"。）然而，是否应该与他合作呢？如果他拒绝了，那么博尔顿可能会自己做一个陶工，或者得到加贝特制作的花瓶，加贝特在普雷斯顿潘斯有一个陶瓷厂。正如韦奇伍德所见，博尔顿瞄准了行业最高地位，无视圣詹姆斯的宫廷，"企图得到国王陛下的召唤！我祝他成功。他的精神很好，我想，如果我们能携手同行，我们在很多方面都能互相帮助"。[7]

196 到 1769 年底，博尔顿订购了蓝色、绿色或其他简单颜色的韦奇伍德花瓶。[8] 但计划终止了，博尔顿抱怨订单没有完成，并暗示他正在考虑与切尔西工厂达成协议，这家工厂一度由杰出的金匠和表演家詹姆斯·考克斯管理。早些时候，德·劳拉奎（de Lauraguais）伯爵曾与他联系，商谈可能的合作事宜。德·劳拉奎伯爵在阿朗松附近发现了高岭土和圆石，并在英国申请了制造瓷瓶的专利。面对竞争的威胁，韦奇伍德显得焦虑而坚决，说着像荷瑞修[1]守桥那样的蔑视话语。如果埃特鲁里亚必须让位给索霍：

拥有英格兰第一家制造商使我勇气加倍——我非常喜欢竞赛。

[1]《哈姆雷特》中的角色。

我喜欢这个人，我喜欢他的精神。他将不会像我迄今为止的对手那样仅仅是一个令人发指的抄写员，但他偶尔会冒险走出困境，给我们一些斗争的消遣。[9]

实际上，瓷器实在太脆弱了，无法承受沉重的装饰品，特别是对于烛台之类的大物件。于是，博尔顿转向大理石和蓝约翰石（现在，他正给怀特赫斯特写有关租用矿山的信），还研究了玻璃与镀金、上漆与涂漆金属的可能性。

韦奇伍德对索霍没什么好害怕的。他已经在努力满足市场需求，甚至让木雕匠约翰·科沃德（John Coward）去弄了一段时间，在黑木中增加了底座、盖子和蛇形手柄。[10]1769 年 6 月 13 日，韦奇伍德的工厂最终于埃特鲁里亚开业。在工厂后面的山坡上，树荫下的搁板桌上摆着丰盛的筵席。工厂差不多完工了，占地七英亩，除运河外，四周都是围墙。韦奇伍德为自己的房子——埃特鲁里亚宅邸划出了一块地，还在为工人们建造一个村庄，里面住着二十多户人家（最后达到 200 户）。在阳光下，在韦奇伍德的亲戚和老朋友（如威勒顿家和布林德利家的）簇拥下，韦奇伍德穿上了他老陶工的工作服。他坐在驾驶座上，投掷了六个黑色埃特鲁里亚花瓶，本特利转动了曲柄给大家展示，它的形状是古代的“伯里克利锅”，是婚礼上用来盛水的碗。这些花瓶被烧制后，就被送到伦敦，由韦奇伍德在切尔西的装饰工作室手绘珐琅彩。一侧是汉密尔顿最古老的花瓶“梅迪亚斯水罐（Meidias Hydra）”中的三个人物。铭文为：*Artes Etruriae Renascuntur*。 197

就在这个欢庆的时刻，合伙人认为，本特利在伦敦而不是在斯塔福德郡为该公司工作更有意义。九月，他在切尔西租了一间房

“第一天的花瓶”。黑色玄武岩，带有红色珐琅，1769 年
6 月 13 日，其中六个被韦奇伍德扔了，有四个幸存下来

子，成为大卫·罗德斯（David Rhodes）和他的绘师的总部，韦奇
伍德来帮忙准备那里的珐琅作品。同时，直到埃特鲁里亚宅邸完
工，他和萨莉以及孩子们才搬进了本特利设计的“小埃特鲁里亚”。
生活并不轻松。冬天很冷，萨莉不得不去照顾她在柴郡韦奇伍德生
病的父亲，他失眠、头痛，还有视力问题。但是随着春夏的到来，
198 萨莉回到家，他的心情开始好转。1770 年 7 月，为俄罗斯宫廷提
供的第一顿晚餐服务在伦敦展出时，他迅速奔赴首都，以至于损坏
了他的木腿，尽管他总是随身携带备件，但他现在下令订购“名副
其实的一个衣柜的木腿”。

早在九月，本特利就以这样的想法激发了他的灵感：他们可以通过努力在国内外击败竞争对手。“您真的认为我们可能会完全征

服法国吗？”韦奇伍德高兴地发问：

在伯斯勒姆征服法国？我的血液流动得更快，我感到自己在竞争中的力量不断增强。协助我，我的朋友们，胜利是我们的。我们将制作它们（现在我必须说陶瓷[1]，尽管这发音十分低俗），虽然我不会，但我们将按照自己的想法来制作瓷器，并以远古时代的优雅和简洁吸引住他们。但是他们喜欢简洁的东西吗？11

在韦奇伍德的脑海里，法语和“松脆的”都不是简洁的东西。博尔顿也发誓要使他的镀金饰品比华丽的法国瓷器更简洁。他也将贸易视为爱国之战，赞助人也是如此，如富有的煤矿老板伊丽莎白·蒙塔古是他的妻子的远亲，人称“蓝袜皇后”，是塞缪尔·约翰逊的朋友。她告诉他，在艺术方面胜过法国人时，要比在武器方面取胜获得更大的乐趣。她说：“继续吧，先生，以法国人的品位赢得胜利，并以有用的发明和高雅的产品来装饰你的国家。”12

1769年，博尔顿开始从托马斯·安森、谢尔伯恩伯爵、银行家亨利·霍尔（Henry Hoare）等人那里获得镀金饰品的订单。博尔顿不伪装他独具匠心。他看到“时尚与万物息息相关，并且当今时代采用最精致希腊艺术家风格的雅致装饰品已脱颖而出”，他宣布：“在没有发明新技术的情况下，我很满意并谦虚地复制了他们的风格，并与旧的装饰品做了新的结合。”13 但是，一旦他和韦奇伍德建立了需求，两家制造商就必须迅速考虑增加设计范围和提高产量。有时，他们的信件中会发出恐慌的声音，尤其是博尔顿，还会出现一连串巧妙的借口，（蒙塔古太太不得不等了三年才能找

[1] 此处为Potts而非china，因此韦奇伍德说其“低俗”。——编者注

199 到“制作精良的茶叶瓶”）。钦佩并不总是能带来订单，正如他在1770年对皇宫的一次访问中发现的那样：“从来没有人像我这样被赞赏过，但是我发现赞美并没有充实自己的口袋，也不会使我发胖。”[14] 他对回家后一顿晚餐的等待最为高兴——与谢尔伯恩的哥哥戴维·加里克、富兰克林、蒙塔古夫人等人在一起，“星期三没事，星期四与我亲爱的夫人共进晚餐”。

1770年末，一个特殊的订单将几个月光社人召集在一起。圣诞节即将到来之前，韦奇伍德在索霍待了两天，博尔顿在那儿为舒格伯勒府的国会议员托马斯·安森制造了“巨大的三脚架”“完成了由詹姆斯·斯图尔特设计的德莫斯特内斯·兰索恩（Demosthenes Lanthorn）大楼的顶层”。[15]“腿被抛弃了”，韦奇伍德写道：

> 大约五吨重。他们（工人）对这些碗大惊小怪，不知道该如何摆放。工人委员会召集讨论了完成这项工作的各种方法。他们最终摇摇头，没有丝毫进展。然后我忍不住了，严肃地告诉他们，他们都错了……他们必须请一些有能力的陶工提供帮助，这项工作才能完成。你会考虑吗？他们听进了我的话，说一点无伤大雅的吹牛，我手头上做得很好。[16]

博尔顿、达尔文和韦奇伍德计划在新年第一天与安森共进晚餐，以讨论此事。达尔文开心地写道：“我很高兴见到您，伯明翰的哲学家和航海家”，但是这次会谈未能发生，因为安森病了，韦奇伍德的跛足惧怕严寒。[17] 尽管博尔顿和基尔确实在那个月造访，但该项目很快因安森去世而终止。韦奇伍德为这次未能成行的回忆深感遗憾，于是热烈邀请博尔顿和安妮以及“步兵团”在夏天与他们同住。[18]

一直以来，两个人都面临着同样的挑战。第一个问题是设计。他们从阔绰的客户、朋友、竞争对手、店主和雕塑家那里借来艺术品，外科医生约翰·亨特甚至寄给了博尔顿一个令人毛骨悚然的“死人”图像。他们卖力地向大英博物馆推销，韦奇伍德也设法吸引人们来参观牛津大学学院和布莱尼姆宫的藏品。木雕匠约翰·科 200
沃德等人和雕塑家约翰·培根（John Bacon）等人为他们制作了模型，他们从更著名的雕塑家之父科文特花园的约翰·弗拉克斯曼（John Flaxman）那里购买了石膏模型，后者早慧的才华很快就被韦奇伍德所发现。[19] 他们还向建筑师索要模型：狮子的头，人身鱼尾的海神、狮身鹰首兽、有翼的人、狮身人面兽、女像柱[1]、波斯奴隶。这两位制造商最后都选择了国王的建筑师威廉·钱伯斯爵士的设计。博尔顿于 1770 年与威廉·钱伯斯爵士共进早餐，并告诉安妮，“我赠送给他一些有价值、有用和可以接受的模型”。[20]

尽管韦奇伍德自己用模型代替了模具，但他仍然需要更多的工匠。[21] 他的信件里满是这些麻烦的建模者（特别是才华横溢的沃耶兹，一个任性的人，一个总是抄袭他设计的剽窃者）。陶瓷制作与彩绘在本特利的监督下完成，[22] 为了找到切尔西技艺精湛的油漆工，他在德比、伍斯特和利物浦的瓷器厂，在具有微雕天赋的帆布画工中，在马车和壁画画工中寻找有才华的男男女女。[23] 博尔顿面临类似的问题。一段时间以来，在他去伦敦的旅行中，他一直在日记中记下法国和英国镀金工人的名字。但是，大多数人都不会被挖走，因此博尔顿在 1770 年自豪地告诉罗伯特·亚当，他正在训

[1] 雕成女性形状的建筑物支柱。

练“普通的乡村小伙子绘画，他们本来没什么天赋，我却在他们身上找到许多优点，这些优点不为其他制造商所知，我将利用其打造奢华的产品。”[24] 这一段内容意义重大。韦奇伍德把工作分给了埃特鲁里亚和切尔西，而博尔顿在索霍包揽了一切，除了制作花瓶瓶身，还为他的钟表制作机芯和刻度盘。

在这项工作中，博尔顿和韦奇伍德的科学知识起了作用。与韦奇伍德不同的是，博尔顿并不是亲自做所有的实验，而是让可靠的工人或斯莫尔和基尔等朋友来做。他知道不同的金属合金产生不同的颜色：标准铜的金黄色（铜 70%、锌 30%），铜比例更高的莫克金（mock-gold），如白铜（bath metal）或金色铜（pinchbeck），还有加了更多的锌从而颜色更偏向银白色和灰色的金属。他对“火法镀金”做了大量笔记。火法镀金是一种毒性极高的工艺，将金箔或金粉在高温下与汞混合。冷却后的溶液被施压以去除多余的汞，在金属表面留下一层黄油状的蜡状物，而这种蜡状物是由硝酸汞构成的。当加热时，水银蒸发，使金合金留在下面的金属表面。[25]

201 博尔顿最初对索霍镀金的糟糕质量感到失望，于是着手寻找更好的上色工艺，光泽要持久，并在哑光和镜面光表面之间有戏剧性的对比。这可能就得浸泡在姜黄根粉、硫黄甚至尿液溶液中，[26] 但是索霍工人倾向于使用镀金蜡，博尔顿的笔记中全是配方，从用于哑光表面的简单混合物、盐、硝石、明矾、氯化钠和硝酸钾，到铜绿、蓝矾，以及精致的组合，如绿矾和“介于红黄中间色的”红垩。[27] 他自己也有一点工业间谍的经验，多年以后，他仍在努力探求巴黎高级镀金的秘密。[28]

1772 年，镀金饰品的风尚达到顶峰，花瓶风尚也达到顶峰，博尔顿却剩下许多漂亮的、未售出的库存。韦奇伍德一年前的奶油色陶器也面临着类似的危机："一般的贸易似乎将在急速发展中毁灭，"他嘟囔道，"伦敦和整个英国现有大量的库存，需求却很少。"[29] 直到后来，他们被来自俄罗斯的一笔巨额订单拯救。1772 年，博尔顿紧随其后，将数吨的镀金品运往了令人钦佩的凯瑟琳大帝。与此同时，韦奇伍德发现，高级贸易品上的损失可以通过不同的市场来弥补。

> 贵族在宫殿中拥有这些花瓶的时间已经足够长，足以让中产阶级的人民看到并羡慕这些制品。尽管当初我们因为宫殿装饰花瓶价格更高而制造它们，如今这个原因已经不存在了，中产阶级的人更多。作品已经成型，中产人士可能会以较低的价格购买其中一些商品。[30]

他们确实会。

应对供应过剩的另一个办法是多样化。韦奇伍德和本特利在 1772—1773 年越来越多地从事另一条生产线，即使用黑色玄武岩和白色素瓷制作浮雕和凹版印章。这与当时的另一风尚契合——收藏具有古典或神话图案的古玩雕刻宝石。这些已经被詹姆斯·塔西（James Tassie）用一种新发明的玻璃糨糊实现了，他现在开始为韦 202
奇伍德提供铸模。这些小巧精致的器物有许多是从埃特鲁里亚运到伯明翰的，由博尔顿福瑟吉尔公司和其他公司用金属制成，做成胸针和扣带，还有鼻烟盒或是玳瑁盒。很快，韦奇伍德开发了一种比瓶罐或宝石更普遍的制品：肖像制品。他的像章卖得很好，上面陈列着教皇、国王和女王的头像，尤其是"从乔叟到当代杰出人物的头像”。他的设计取得了如此巨大的成功，他开始更加努力地寻找一种更适合他们的新的陶瓷体，致密而通透，慢慢地向他“水苍玉炻器”的伟大发展迈进。

1771 年 4 月创作的第一批“埃特鲁里亚肖像”中，有一个属于威廉·汉密尔顿爵士。两个月前，汉密尔顿以 8400 英镑的价格将他的收藏品卖给了大英博物馆，但韦奇伍德后来计算出，埃特鲁里亚在汉密尔顿的促使下利润翻了三倍，这当然也是国家的福音。[31]

博尔顿对销量下滑的反应同样是尝试不同的方法。1773 年，汉密尔顿敦促他尝试制作古董风格的玻璃器皿，并通过他的侄子查尔斯·格雷维尔（Charles Greville）寄送样本。[32] 但是，博尔顿更为现实。他现在更关注银器做底的制品，因为与镀金品不同，银器从未过时，它长期以来一直被用于纽扣、搭扣和玩具行业。[33] 他已经拥有许多优秀的工匠，都开始运用他的所有新技术和经典模具，为绅士制作昂贵的装饰品，为“中产阶级”制作便宜的版画。[34]

博尔顿从事银制品行业，就必须与伦敦的著名工匠竞争。他还必须由检验所盖章以保证其质量。如果他将产品寄送到伦敦，他担心自己的设计会被抄袭并且价格会降低，因此，他去了位于切斯特的最近省检验所，距此有 70 英里。他经常在北部崎岖的道路上撞碎他精良的制品，1771 年，博尔顿因两对烛台的损毁十分恼怒，他告诉谢尔伯恩勋爵，尽管他“渴望成为一名伟大的银匠”，但除非伯明翰有自己的检验所，否则他不会再全心全意地从事这项工作。[35]1772 年末，博尔顿决定向国会提交请愿书。

204 这很快成为各省与大都市之间的另一场战争。他们听说后，谢菲尔德卡特勒公司（向纽卡斯尔发送货物进行检验）提出了联合请愿书。但是，博尔顿与他的议会游说者塞缪尔·加贝特合作，想要开展自己的竞选活动。确实，尽管他声称代表整个伯明翰玩具贸易，但他亲自提交了请愿书，没有其他制造商的签名。与此同时，谢菲尔德也准备了自己的请愿书。博尔顿所有有影响力的赞助人都受到议会无情的游说。1773 年 1 月，他在日记中匆匆记下四十多位公爵、伯爵、贵族以及三位主教的名字。[36]“我希望国王、皇室、贵族、内阁，还有你其他的朋友都身体健康”，斯莫尔嘲笑地写道。[37] 1773 年 2 月，国会接连被相竞争的请愿书轰炸。两个独立的委员会成立了，博尔顿的盟友牢牢地占据了席位：主席是沃里克郡议员托马斯·斯基普维斯（Thomas Skipwith）和利奇菲尔德议员托马斯·吉尔伯特。报纸和小册子也加入了这场斗争，伦敦人声称，地方制造商一直在制造廉价金属制成的器皿，并在上面贴上假的银标。博尔顿的部分目标正是要消除人们对伯明翰商品的诽谤，认为它们是廉价、劣质、伪造的假货。作为报复，他指责伦敦人设计拙劣、价格昂贵。吉尔伯特委员会根据博尔顿的举报行事，秘密购买了 22 个经伦敦检验的盘子，发现除其中一个盘子外，所有盘子中的银含量均远低于标准水平。通过这次政治博弈，博尔顿赢得了胜利。他接管了谢菲尔德的竞选活动，并于 5 月 28 日获得了皇家同意书。疲倦的博尔顿，咒骂着“该死的伦敦”，爬进轻便马车，回到汉兹沃思，那里教堂的钟声响起以向他致意。

新的地方制造商击败了伦敦的垄断者。1773 年 8 月 31 日，伯明翰检验所在新街开业。博尔顿是镇上 40 个有执照的银匠中第一个提交自己产品的制造商，也是第一个因低于标准而遭到销毁的制造商。索霍的货物一周又一周地增加：搭扣和酱汁容器、大啤酒杯和茶壶、教堂用的盘子和鱼刀、剑柄和银制托盘。银制品产量在1776—1777年达到顶峰，然后开始下滑，这既是因为它被证明没什么利润可图，也是因为博尔顿的精力转向发动机业务，但银器和谢菲尔德托盘仍然是索霍贸易的主要产品。1780年，这里制造了近50万件令人震惊的物品，从数以千计的纽扣、盐罐和烛台，到最新发明的咖啡机（一个中间的容器可以把热水分送到茶壶和咖啡壶）；他们甚至还做了带铰链盖的银制奶酪面包机，这是今天的三明治烤面包机令人神往的曾曾祖父母。[38]

205 凭借他们的花瓶、镀金制品和银器，韦奇伍德和博尔顿确立了自己的地位，他们不仅追逐时尚，还能引领潮流，成为有品位的企业家。也许最奇怪的是，他们从顾客那里借来模型——花瓶、瓷器、烛台——再卖给同样的人，不是旧东西的复制品，而是变成新东西：现代科学制造的产品。他们以制造令人难以置信的昂贵物品而闻名。但是他们想要更多的声望——把他们的产品作为艺术品来展示，而不仅仅是好的“制品”。然而，当它们是由标准模具的机械化技术生产出来的，而不是由一个工匠来生产的时候，这怎么可能实现呢？人们可以运用同样的审美标准吗？这仍然是一个令人着迷的问题。在18世纪70年代，两项截然不同的成就挑战了人们既定的观念：博尔顿的“哲学时钟”和韦奇伍德伟大的“青蛙”餐具。

博尔顿制作了几个带有寓意的镀金表盒，但在1772年，他展示了其中特别的两款。[39] 第一款是一个“地理”时钟，上面有一个旋转的地球仪，显示太阳在适当日期的位置。这些运动装置（受詹姆斯·弗格森天文时钟的影响）是由约翰·怀特赫斯特做出的。由伦敦仪器制造商纳撒尼尔·希尔雕刻的地球仪被密封在玻璃中，每24小时旋转一次，这样“你每时每刻都能看到世界上哪个地方是光明的，哪个地方是黑暗的”。它是由博尔顿从弗拉克斯曼那里买来的“一群赫拉克勒斯和阿特拉斯[1]”来支撑的。40

第二款是一个恒星时间时钟：这是一个“恒星时钟”，而不是一个太阳平均时间时钟；它测量同一颗恒星在观测者的子午线上连续出现的时间（显然天文学家才使用恒星时间，因为它更准确）。博尔顿的钟有一个二十四小时的刻度盘，可以显示在固定的恒星背景里的太阳运动。这个三英尺高的盒子上装饰着解释自然规律的浅 206
浮雕，上面印刷着“很高兴知道原因[2]”的格言，它刻有黄道十二宫，金色的星星被固定在蓝色珐琅的天空上。塔顶有一尊乌拉尼亚[3]的雕像，上面镶满了星星，坐落在一个天球上。特别的是，这款时钟增加了“哈里森先生的纵向计时器的相关发明，这对时钟的准确性能至关重要”。41 博尔顿对每一个细节都很感兴趣。“我决心”，他告诉怀特赫斯特，也许是想起了赖特最近在太阳系仪和气泵方面的成功，“让这样的科学在上流社会中流行起来”。42

这么多人在这么多不同的地方制造零件让博尔顿非常焦虑。他还在处理一些奇怪的个人请求，比如约瑟夫·班克斯希望，在库克1772年4月进行的下一次远征计划中，把绿色玻璃耳坠作为交易品带到塔希提岛上去。在一封给他的经理约翰·斯卡莱（John Scale）的草率回信中能够看出博尔顿的匆忙和混乱，他正从斯特拉特福德赶往伦敦。

[1] 两者都是希腊神话中的大力神。

[2] 原文为拉丁文。

[3] 希腊神话中司掌天文的缪斯女神。

博尔顿先生恳求斯卡莱先生，不要忘记把他本应带来但却忘记了的悉尼大钟的发条鼓带来。要加工你的玻璃，还要在上面刻线，这都需要时间。

还要在车上放上消灭摩擦力的工具。查尔斯·怀亚特说在朱克斯的储藏室里。通往斯特拉特福德的道路非常糟，要走五个半小时。

……我请求镀金工人要特别小心泰特斯的表面，不要刮掉漆。格伦维尔的狗、斯图亚特的钟必须清洁，并加入法国元素。带几副奥特赫特（Otehite）[1]的耳环来，我可以把它们拿给班克斯看，还有他们的一个古怪的神，不要忘记摆杆和球。43

尽管一度手忙脚乱，时钟最终还是完成了。这两款钟都很贵，地理时钟售价 180 英镑，恒星时钟售价 275 英镑，令博尔顿极为失望的是，它们都没有找到买家。在一个不合时宜的大雪飘飞的四月，他痛苦地写信给安妮，把自己的失败归结为自动机的成功，由像詹姆斯·考克斯这样的人所制造：44

我发现哲学在伦敦处于一个非常低谷的时期，因此我买回了我的两个精致的时钟，打算把它们送到一个常识尚未过时的市场中去。如果我让钟在铃铛上跳动，让一只会跳舞的熊来报时，或者让马在表盘上赛跑，我相信他们会有更好的竞购者。因此，我要把它们带回索霍，并打算今年夏天的某个时候把他们送到俄罗斯女皇那里……45

[1] 塔希提曾用名。

博尔顿说需要一只会跳舞的熊，也许是对的。地理时钟留在英国，但它的伙伴最终在1776年被送往俄罗斯。凯瑟琳尽管非常赞赏这个时钟，但并没有买，她的朝臣也没有："他们都称赞它……但它没法报时，也没有演奏任何曲子。"[46]那里的市场只卖"土里土气的法国玩意儿"。最后，它又回到英国。 207

韦奇伍德要运气好一些。他为50人提供的晚餐服务直接来自女皇（她在1770年已经预订了一个较小的晚餐服务），通过俄罗斯驻伦敦领事。它是为圣彼得堡的蛙塘宫而设计的——这个地方最初被称为Kekerekekskinsk，一个绝妙的芬兰语拟声词，意为"青蛙沼泽"——每一个盘子上都有一只青蛙的标志，并装饰着不列颠群岛的景色。这就是著名的"绿蛙服务"。[47]讽刺的是，这项壮丽的服务制品基础并非是镀金制品，而是他的另一条生产线——奶油色陶器。尽管这是他最好的作品——技术上完美无瑕，颜色均匀，形状完美，盘子摆放得整整齐齐，盖子严丝合缝，把手握起来也很方便——但基本服务本身，952件器皿，既便宜又容易提供。视觉效果是另一回事；韦奇伍德搜寻了所有可用的印刷品，并聘请艺术家来创作新的。再一次，他要依靠大量的富裕顾客，寻求其许可来展示他们的身份，主要困难之一在于选择的这些图案不会使任何人感到被冒犯：这需要他所有的技巧来解释为什么一个人庄严的房子被压在一个茶托上，而另一个则铺展在一个巨大的盘子上。

由于较大的作品有两个场景，因此需要1244个视图，范围从风景优美的花园到芬戈尔洞穴到德比郡峭壁的野外浪漫景色。这是当下对美学的总结，风景画与哥特主义结合，是对崇高的礼节致敬。正如本特利所说，它代表了"从最古老到今天的所有年龄和风格；从乡村小屋和农场到最精致的宫殿；从赫布里底群岛的小屋到最著名的英国建筑师的杰作”。[48] 这也是“英国”的一组定义：凯
208 尔特人的石棺和罗马遗骸；景观花园和伦敦街道；科尔布鲁克代尔钢铁厂和布里奇沃特运河。1773 年 3 月，画家爱德华·斯特林格（Edward Stringer）去速写，带着他的暗箱——一堆金字塔状物体盖着布，顶部有一个透镜，在小帐篷里有一个镜子可以把风景投射到纸上，他开始着手绘制新的风景。埃特鲁里亚府邸是他的作品之一，它傲然坐在山岗上，一艘驳船从下面的运河上驶过。

韦奇伍德花了一年多的时间才把所有的事情都安排好。尤其是两位艺术家，詹姆斯·贝克维尔（James Bakewell）和拉尔夫·安文（Ralph Unwin），他们用深紫色的珐琅绘制出精致的场景。餐具的边缘是一个橡木花环，餐具的把手是带有橡子把手的橡树树苗；餐后的点心上镶着一个常青藤花环。花费巨大：这只瓷器只卖 51 英镑，但整个装饰的花费超过了 2500 英镑——只比凯瑟琳定制的价格低一点点。然而，作为一个声望广告，它是无价的。当青蛙服务用品在韦奇伍德的陈列室里展出时，贵族们蜂拥而至来观赏，女王本人也来参观了，这成了伦敦几个星期的话题。[49]

在 18 世纪 70 年代早期，这两个人都创造了永恒的美。多年以后，在《植物园》里，达尔文写道，韦奇伍德的花瓶是“无法复制”的杰作，而诗歌却让人觉得韦奇伍德和他的工厂是一体的：

埃特鲁里亚！在你的魔术下
滑轮飞快，黏土膨大，
在你的触碰下震颤，
花瓶水罐画出美好体态，

每个形体排成不朽的线
不可复制，气质非凡。[50]

企业家、管理者，使所有的工人技能为他所用。

18 运营展览

埃特鲁里亚的火石加工工坊

209 “我带着简化生活的决心离开了伦敦，”1769 年 9 月，韦奇伍德写道，“你很快就会明白我是认真的。”[1]韦奇伍德指的是设计风格，他忙着运走自己的旧花椰菜器皿，拒绝“艳俗”的法国洛可可式风格，同时，他也在精简自己的工作方法。

花瓶热潮期间，韦奇伍德和博尔顿都通过一系列可互换的装饰品和设计来降低成本，通过改变彼此的设计来提供定制商品。他们把图纸送到客户那里，他们可以选择想要的东西，但是如果某个委员会暗示需要新的设计或特殊的工具，博尔顿通常就会设法“延迟”到无法交付的地步，韦奇伍德告诉本特利，避免订购任何特定类型的花瓶……至少等到我们拥有更有条理的流程。[2]他为这些订单叹息，补充道：“正是因为这些独特商品所浪费的时间，使得那些与品位低下的贵族来往的天才艺术家们，得以继续工作。”[3]好生意不利于创新。

的确，博尔顿和韦奇伍德是采用仿古设计，模仿过去的时尚。他们开玩笑说，索霍可能会成为新的科林斯[1]，一座古典的金属之城，就像伯斯勒姆会成为新的埃特鲁里亚一样。1771 年，韦奇伍德——女王的陶工——给博尔顿讲了一篇诙谐的文章，作者是“蚂蚁水牛先生”，他宣称不应该怀疑“伯明翰的天才是否应该被诱使制造罗马勋章，滕彭尼指甲，科林斯的刀和匕首，贴上为阿比西尼亚女王制作的罗马勋章和埃特鲁里亚的 10 便士”[4]。但是，随着 210
他们的业务从设计、制造到营销的不断拓展，他们以反映当代思想的方式来处理实际问题：“科学”方法的应用；新古典主义的理想（已经反映在他们新工厂的门面设计上），一个巨大的劳动三角形汇聚于顶点——主人；身体的模型，资本像血液一样循环，市场营销像神经一样反应，规则使整个系统保持平衡。

当然，另一个主要的形象是机器。当他们出售自己的镀金饰品、奶油陶器制品和花瓶时，韦奇伍德和博尔顿并没有低估科学进步和新工业工艺的影响，并为其感到自豪。他们的“机器”是他们声望的一部分。基尔（与博尔顿的钟表生产有关）指出，“机器一直在博尔顿先生的脑海里”“借助机械，将个人从事的贸易转变为伟大的制造品，这可能使这些物品比通常出售的产品更精确，更便宜。”[5]埃特鲁里亚有一个水车和一个用来磨燧石与珐琅的风车；索霍的动力来自水，以及越来越多的蒸汽动力。两家工厂都有最新的机器。当瓦特在 1768 年访问索霍时，他对这里的多样性和现代化感到震惊。他看到水磨“被用来为纽扣、托盘这些东西压制金属，

[1] 希腊海滨城市。

为打磨和抛光钢铁制品转动金属圈”。瓦特听说博尔顿是第一个以这种方式使用磨坊的人，还看到了其他一些巧妙的改进：转动一圈手轮，就可以切割和抛光用于装饰纽扣、链条和剑柄的钢钉；用来擦洗金属的震动盒（“也是博尔顿先生想到的”）；用于将铁转换成钢，回收所有金属屑和废料的钢房。[6]没有什么是无法使用或改进的。埃特鲁里亚需要的机器更少，但是韦奇伍德通过开发改进的车床（在索霍第一次见到）取得了长足的进步，该车床可以在烧制的陶土花瓶、杯子甚至咖啡壶上切割图案。后来，韦奇伍德购买了新的玫瑰花形车床，并增加了“玫瑰动力转向”以减少弯曲的图案。在他的工厂计划中，他把旋转室放在了最重要的位置，并尽可能把照明布置得最好。[7]

211 然而，人们很容易夸大机器的作用。熟练的双手使玩具和陶器贸易别具一格，但机器是新的、有趣的，帮助他们的工厂得以展现给世人。满载绅士的马车常常连招呼也不打，就驶进索霍和埃特鲁里亚。他们就像拜访艺术家工作室的老主顾——韦奇伍德知道他们一定很幽默，但他经常对花在他们身上的时间和他们傲慢的评论感到不满。[8]相比之下，博尔顿则喜欢炫耀自己的工厂。“昨天我有老爷和太太要伺候，”他吹嘘道，“今天我有西班牙人；明天我将有德国人、俄罗斯人和挪威人。”[9]索霍可以说是现代机械的胜利，科学与艺术的融合，是伯明翰和英国的胜利，也是他个人的胜利。“我在索霍工厂度过了最愉快的一天，我必须再次感谢您”，蒙塔古太太写道：

> 我在那里得到的快乐，并不是那种仅仅因为看到美丽的事物而产生的闲散和短暂的快乐。看到博尔顿和他所有令人钦佩的发明，

让人感到了一种更高尚的品位。观察化学的秘密，观察这样运用和利用机械的力量，非常令人愉快。我认为你们在工作中使用的机器，是你们自己创造的对英国都很有用的东西：你们赋予它们工作的、形式的、高雅的品位，是另一项民族的自豪。[10]

1773年，博尔顿告诉沃里克勋爵，机械化使伯明翰制造商有 212
可能击败大陆的竞争对手。他坚持认为，另一个关键因素是流程的分离。谢尔伯恩勋爵在七年前报道伯明翰五金贸易时就曾期望这实现，博尔顿的成功归结为三个因素：用冲压机来成形可锻金属，以取代人工，尽可能多地分工，使任务变得简单，以至于甚至一个孩子都可以做到（并经常这样做），而且“每个工人都有无尽可以改良的细节，其余生产流程保密”。[11]

外国来访者总是提到分工的问题。例如，1775年的德国利希滕贝格，当每个工人在此过程中执行一项任务时，他惊讶地看到“节省了不可思议的时间”，每个按钮经过至少十只手。[12]但是，专门化已经被用于英国贸易领域一段时间了，大家都知道雇用工人进行一项特定操作会提高效率。[13]长期以来，大型纺织厂一直向外派工人发布精确的技术指标，生产一系列标准化的产品，这些产品可以从样品和样板册中订购。在金属行业，铜匠做的纽扣是用制鞋工人的铁钉做的，而上等的黄铜马具则是用银或锡做的。甚至在陶器行业，像博尔顿这样的先驱者，也把不同的任务分配给不同的人。

尽管博尔顿现在把所有不同的工序都集中在一个地方，但每个车间仍然是在一个单独的工头手下独立运作的：通往生产线唯一艰难的一步是尝试协调生产（但并不总是成功），使之分阶段进行。他的镀金产品就是一个很好的例子。[14]用蓝约翰石或其他材料制成的花瓶，是买入或委托别人代购的。在索霍，第一阶段是金属板或锭被切成长条，在水驱动的轧片机中轧制，用作花瓶的衬里和装饰带。然后把轧制的金属送到冲压车间，在特殊的模具上锤打，或
213 在新印刷机上塑形。与此同时，铜匠们用砂子或黏土做模具，或用失蜡法铸造饰品。铸造的装饰物和压印的带子被送到不同的作坊里去打磨、镀金和镂刻，用精细的凿刻来加强细节（韦奇伍德敬畏地注意到，1770 年这里有 35 名镂刻工[15]）。最后，镀金金属被着色、抛光和磨光，用螺母和销钉与瓶身相连。但当人们对镀金饰品的需求逐渐减少时，他们不得不转向其他事情；灵活性和专业化一样重要。

韦奇伍德是出了名的追求完美，喜欢从机械角度看待这一点。“我一直在做模型，”1769 年 10 月他告诉本特利，“准备把人变成不会出错的机器。”[16] 韦奇伍德在 1767 年仔细研究了索霍组织，还了解了伍斯特工厂，那里的工作空间按照反映制造过程中各个步骤的顺序布置。[17] 在埃特鲁里亚，尽管那里没有“装配线”或“大规模生产”，但从开始到结束有一个固定的工作流程。博尔顿有大量的讲习班和小规模的伙伴关系，而韦奇伍德的组织结构却非常清晰。首先，他无情地把他的产品一分为二，分成“有用的”和“装饰性的”两类。[18] 这些工厂分别与他的堂兄托马斯和本特利合作经营：车间、劳动力、烤箱、装饰、销售，甚至成本和会计都严格分开。当本特利冒冒失失地提出要把它们合并起来时，韦奇伍德坚决地划分了部门的界限，即要在需求很大的日常用品和风险更大、想象力更丰富的艺术交易之间取得平衡。[19]

因此，到 1769 年，韦奇伍德拥有两个专门的工厂和 150 名员工，其中 30 名专门从事花瓶工作。1772 年，他终于将“有用的制

品”从伯斯勒姆转移到埃特鲁里亚。两家公司此时于同一屋檐下工作。而且，在这些人中，他明确区分了非熟练工人和熟练工人：男人（一小部分妇女）接受了特殊任务的培训，其中一些人制作玄武岩装饰物，例如，另一些人制作、奶油瓷酱汁船。尽管这意味着技能水平较低的工人可以生产高质量的产品，但是新的做法仍然带来了问题。嫉妒和恐惧开始出现，特别是在画家中间，他们担心新的转印技术会威胁到他们。工人对新的要求感到困惑，1772 年 7 月 214
20 日，韦奇伍德面临着关于艺术品的全面示威：针对他减少这部分工人比例的计划，所有做装饰作业的人聚集在大门外，在早上六点半与他见面，以示抗议。

会计，“计算”——精确地称量和测量以判断结果，被证明对新科学至关重要——现已应用于工业。韦奇伍德感到困惑，尽管他卖了如此之多的商品，而且营业额很高，但他仍然缺钱。“您如何看待，亲爱的朋友，”他在 1771 年问本特利，“当从我的口中得知我很穷，或者至少像现在这样的情况，企业需要足够的资金来做任何其他事情。”[20] 韦奇伍德发现问题的部分原因是大量资金限制在被支出和未售出的库存中，而且他的装饰作品的价格与制造成本完全无关。作为回应，韦奇伍德对生产成本进行了开创性的分析。[21] 他草拟了“做工价格手册”，从原材料到商店柜台，每个阶段都经过了仔细的检查。然后，韦奇伍德开始着手提高生产效率，降低制造成本并降低价格。

对于在工厂大门外等待韦奇伍德的工人来说，这是全新的。韦奇伍德严厉地处理了这个问题，但是在下个月的谈判中，他解释说，如果可以通过“在给定时间内制作最大数量”将间接费用分配到更多产品上，则每件商品的成本以及售价都可以减少。[22] 这是韦奇伍德提出新决议要卖给“中产阶级”的时候：更低的价格意味着更多的销售量。因此，尽管每件工资可能更低，但理论上更高的生产率意味着整体工资将会提高。实用资本主义已经介入陶瓷行业。1773 年 4 月，陶工大会同意将每件价格降低 20%。

同月，博尔顿的索霍经理约翰·斯卡莱提出了一系列具有启发性的提议，以改变索霍的工作习惯。他也建议按件向熟练的工匠付钱，但除了传统上是按这种方式付钱的冲模匠之外，博尔顿福瑟吉尔公司保持了 18 世纪按周支付工资的标准，并继续向工人提供免
215 费工具和工作空间。[23] 博尔顿总是冲动行事，从不合理地计算产品成本，为平衡债务四处换钱，为声望而牺牲利润，他的做法如此混乱，以至于他不止一次面对灾难。但是他很机灵：尽管双方都明确达成协议，但他的合伙人中没有一家（到他去世时已经有 13 家）签订了正式合同，这意味着如果他的合伙人破产，他也不会受到牵连。他看起来很草率，但他的利益分配降低了成本；他在肾上腺素激增的风险中兴旺发达。韦奇伍德是一个完全不同的人。没有巨额贷款或天文数字般的利息支付玷污他的账簿。韦奇伍德对账目相当随意，把每月从伦敦寄来的堆积如山的文件推到一边，因为他没有时间，他说他觉得前一周的数字很无聊，“就像读一份旧报纸”。[24] 但在 1772 年发生令人讨厌的恐慌之后，韦奇伍德发现纽波特街的职员本杰明·马瑟（Benjamin Mather）挪用了大笔款项，因此他每周都要仔细检查这些数字。

约翰·斯卡莱不仅认为博尔顿应该改变他的支付方式，而且他还让索霍承担了过多的责任，他从不拒绝订单，拒绝承认他的工人的能力和他们所承受的压力：人也是资产，必须小心对待。事实上，博尔顿深知这一点，对劳动和培训也有自己清晰的认识。有

钱的父亲会给他一大笔钱，让他把自己的儿子收为学徒，但他觉得，这鼓励了固定的工作方式，富裕的男孩就不会成为团队的一部分，也不会听从别人的吩咐。他让他的经理们收一两个学徒，但在1768年他明确宣布，他更喜欢只收“无父的孩子、教区学徒和医院的男孩，他们是最容易被奴役的”。[25]穷人法的监察员负责交付孩子，作为回报可以拿到一笔钱，这种普遍的做法实际上可能等于奴隶制。但在索霍，孩子们领工资，住在专门的学徒宿舍，在个别经理的手下工作。有几位是由顶尖的镂刻工和雕刻家教他们绘图和设计的。没有丑闻爆发，他们建立了持久的忠诚关系。

通过粉刷工厂和适当的通风，博尔顿也改善了工作环境，他和韦奇伍德都为学校和健康计划做出了贡献，并为关键员工提供了住房——索霍的账本表明，他们为一些车间经理租来的房子每年花费5英镑到8英镑。他的男女员工赚取的薪水与其他顶级工匠相当。 216
18世纪70年代，男孩子的工资6天2先令，工人工资每周5先令，出师学徒每周10先令，熟练工15先令或1英镑，这远高于个人工作坊的银匠。工作时间很长，夏季从早上6点到晚上7点，冬季从早上7点到晚上8点，早餐时间留了半小时，中午休息一个小时。然而，这项工作相当有保障，索霍保险俱乐部似乎始于18世纪70年代初期，是首批制造商制订的在事故、疾病和死亡时提供保险的计划之一。[26]（韦奇伍德雇了三名药剂师和一名男助产士来照顾他的工人。[27]）

在索霍，男孩和男性员工根据收入出资，6天收入2先令的男孩要缴半天的半资，收入1英镑的人要缴四天的。但是如果他们生病了，收入较低的人会得到与他们的供款成比例的更大收益——大约是整周工资的五分之四。因犯病而被罚款，如果疾病是由于“醉酒、嫖娼、吵架或打架”引起的，则前十天的付款被削减。该计划具有合理的财务依据，可以防止患病的工人申请救济金，从而减少索霍的贫困率。[28]它还有一两个很有说服力的条款：一个工人离职后不能提取他已经出资的部分（这是抑制他跳槽），每个工头必须汇报他手下的工人（这是检查不同车间标准的一种方式）。车间委员会负责处理说脏话和粗心大意的问题，这看起来像是迈向车间民主，但同时也是一种控制方法。无论如何，这仍是一个慷慨的运营模式。

慷慨大方是博尔顿性格的一部分：他会让喝醉的人继续喝酒，开玩笑，向那些最好的家伙承诺，在事情进展顺利时分发礼物。在一次去英格兰中部地区的旅行中，博斯韦尔看到一个工人抱怨说，他的老板因拖欠租金而扣押了他的货物：

> 你的房东是对的，史密斯（博尔顿说），但我要告诉你：给你找一个愿意出一半房租的朋友，我出另一半，你就可以重新得到你的东西了。[29]

博斯韦尔这种语气听起来就像博尔顿，博尔顿强调要知道所有
217 员工的名字。但是，博尔顿仍然会生气，特别是在未来的几年里进行发动机业务的时候。那时，博尔顿愤怒地写道，我们的锻造车间需要彻底改革。“比以前更糟了。自从他妻子死后，他几乎一直喝醉酒。吉姆·泰勒已经喝了九天了。”[30]喜怒无常的手艺人很难管理，他们经常被指责——酗酒、欠债、玩忽职守、盗窃。可怜的约翰·斯卡莱不得不应付这些，但博尔顿的跳脚声还是很明显：据说只要机器的声音一变，他就能感觉到有什么不对劲。

韦奇伍德在工厂里也是个引人注目的人物，他是一个事权至上的经理，对质量要求极高，而且喜欢兴致勃勃地砸毁坏陶器，就像传统的制陶工人那样。但他更热衷于规则、罚款、处罚和奖励。[31] 在埃特鲁里亚，就像在克朗普顿的阿克赖特磨坊和索霍的许多其他工厂一样——每一项不端行为都会被罚款：醉酒、涂鸦（淫秽等场景）、聚众赌博。当时有有关清洁的规定，部分是为了防止工人铅中毒，但也为了保护黏土本身。每天早晨六点铃响，凡是过去一刻钟后到的人都被锁在门外，直到八点三十分早餐铃响才开门。这样一来，他们就损失了两个小时的工作时长和相应的工资。在后来的几年里，韦奇伍德引进了一种登记系统，工作人员在门口留下名片，甚至还根据怀特赫斯特的设计制作了一个原始的计时时钟。

博尔顿和韦奇伍德与其他领先制造商一样，将机器、成本计算和家长式的纪律结合在一起，成为未来一个世纪的典范。这些工厂改善了许多人的生活水平，但也限制了他们的活动，剥夺了他们的独立性。工人们被肆无忌惮的雇主剥削，而重复的工作，正如亚当·斯密所预言的那样，存在使头脑沦为“双手”的危险。在后来的几年里，詹姆斯·瓦特宣称，与发明家相比，大多数工人应该被视为“纯粹的机械动力……他们几乎没有必要动脑筋”。[32] 像威廉·布莱克惋叹的那样，这家工厂既是他那个时代那种阴郁理性的产物，也是一种强有力的形象，“被牛顿的水轮冲刷着”：

……残酷的工作

我看到许多的轮子，轮子带动轮子带动残暴的齿轮

齿轮被迫转动，不像伊甸园里的人，和谐与和平中自由旋转[33]

218 除了工厂，韦奇伍德和博尔顿还关注市场。[34]他们很清楚，赞助仍然是必不可少的。博尔顿与富有的蒙塔古夫人的通信里有调情和奉承，但如果他知道一些评论家是如何嘲笑她的沙龙的，他或许会感到恼火。蒙塔古夫人坐在一个圈子中间，

> ……就像雅典密涅瓦的雕像，被哲学家、诗人、画家、演说家和每一个艺术、科学或精细的崇拜者的气息所激怒……她能使数学家引用品达[1]的话，使大法官办公室的大师写小说，或使伯明翰的五金工人飞快地工作。[35]

博尔顿不顾任何嘲笑，1770 年，他从伦敦寄给安妮的一封快乐家信中表明他为争取赞助而付出了辛勤的努力。一个星期天，他在图书馆里与谢尔伯恩勋爵共度一个小时，听说谢尔伯恩夫人“喉咙发痛”“希望她允许我献上一些漂亮的东西供她开心”，他冲了回来，拿了一堆东西，“并和夫人一起坐了两个小时，宽慰和倾听她的抱怨”。[36]第二天，他与威廉·钱伯斯共进早餐，然后陪伴诺森伯兰郡公爵和公爵夫人：“我非常有礼貌地与他们喝了巧克力。公爵本人向我展示了他的图片库以及他的许多古董。他让我和他一起坐到三点，谈论各种艺术。”他拜访了达特茅斯伯爵和威尔士孀居的公主。最后一项：参观宫殿。他认为，王后“非常明智，非常和蔼可亲，并且对英国制造厂有极大的爱护”。在她和国王交谈近三个小时后，“王后把我叫到她的卧房，给我看她的烟筒，问我需要多少花瓶才能装饰好房间，因为她说所有的瓷器都要撤走。”斯卡莱必须在两周内送一套蓝约翰萤石花瓶过来：温莎还有一个蓝约翰

[1] Pindar，古希腊抒情诗人。

萤石烛台。

除了私下销售，他和韦奇伍德还组织了独家公开销售。1767年，韦奇伍德对本特利说，他一直很想找到一个适合他的精英客户的陈列室，“因为你很清楚，他们不会和世界上的其他人有更多的接触，就像他们的娱乐或便利设施无法满足需要一样”。它必须是别致的和私人的，但也要“宏大”，花瓶用以装饰墙壁，一个至少有6~8品菜肴的晚宴必不可少的，“要以最整洁、最温柔、最体面的方式服务有需求的女士”。[37]1768年8月，展示屋从查尔斯街搬到大纽波特街，六年后又搬到位于索霍区[1]希腊街的宏伟的波特兰大厦。本特利与他的第二任妻子玛丽住在一起，玛丽是两年前结婚的德比商人朋友的女儿。 219

如今，购物已成为一种时尚风向，制造商对女性影响力的提高相当敏锐，因为韦奇伍德对“女士”的注意和博尔顿对蒙塔古太太的追求相当明显。（1772年，韦奇伍德听说用砷漂白女性双手的新热潮时，他推广了黑色玄武岩茶壶的市场，该商品在桌上可以与女性双手形成鲜明的对比。[38]）他们的花瓶和镀金器的销售是经过精心策划的盛典，堪比英国皇家艺术学院或英国艺术家协会的展览。在韦奇伍德的陈列室里，展品不断变化，聪明的参观者总能看到一些新的东西。黑色的玄武岩用黄色的背景衬托出来，王后的瓷器用蓝色或绿色衬托出来，最珍贵的花瓶放在一个锁着的房间里供私人观赏。

博尔顿在伦敦没有自己的基地。在谢尔伯恩勋爵的建议下，他几乎与亚当兄弟结成了联盟，而韦奇伍德则考虑在阿尔德菲开设陈列室，展示他们在斯特兰德雄心勃勃的发展。[39]但两个人都喜欢经

[1] 伦敦的索霍区，而非伯明翰的索霍工厂。

营自己的展览。1770—1772年，博尔顿在佳士得和安塞尔位于帕尔美尔的展厅举行了为期一周的盛大拍卖会。1771年，又举行了为期三天的观礼，一天仅允许贵族出入，因此他们可以放心订购。1772年，基尔更正了他的广告草稿，删减了博尔顿的粗犷言论：

> 我删掉了你乐于为你的同胞谋福利而不谋利益，因为在当今时代，这种无私的行为不会被认为是公正的，即使被认为是公正的，也只会激起人们对你的慷慨的钦佩，而不是对你的理解。[40]

220 博尔顿既紧张又兴奋，在咖啡馆里踱来踱去，等着看报纸上的通知。他不必担心：佳士得的房间里挂着“蓝约翰”和“镀金”，共265件拍品，有400多件，从4基尼的烛台到200英镑的波斯烛台，价格之高令人咋舌。他的展览成了全城的谈资，但在这个壮观的世界里，就像在制
221 造业里一样，也存在着竞争。无论怎样，博尔顿不得不把人流引到他的展览上，而不是其他人的展览上。同年，威廉·杜斯伯里（William Duesbury）展示了他的

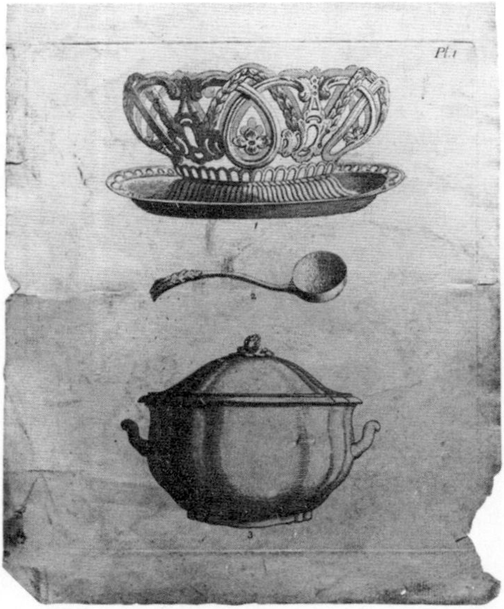

来自埃特鲁里亚工厂发行的第一本有用器具的目录，1774年

德比瓷器，詹姆斯·考克斯在他所谓的“博物馆”里展示了极其昂贵的珠宝自动装置。韦奇伍德正确地预见到博尔顿可能会过时，甚至黯然失色：

与索霍金的银的和钢铁的精美物品对比，考克斯先生展览的近乎神奇的宏伟，以及德比和其他瓷器品都熠熠生辉——如果这些人的脑袋和眼睛还要受得住所有这些令人眼花缭乱的财富和装饰物，那么他们需要其他的调剂品。[41]

韦奇伍德想，也许他自己的黑色、埃特鲁里亚和希腊的花瓶就能提供这种调剂品。

拍卖对都市人群来说是完美的。广告、“吹捧”的文章和在各省旅行的推销员（就像汤姆·拜尔利为韦奇伍德所做的那样）可以接触到更多的人，而代理商和大使可能有助于出口。1768年，韦奇伍德遇到了卡斯卡特勋爵，他现在是俄罗斯驻圣彼得堡大使。[42]他很快提出将索霍纳入他的出口计划。另外的主要工具是目录。在博尔顿向韦奇伍德展示了如何用雕刻的盘子（就像植物学家使用植物盘子一样）来说明清单之后，韦奇伍德和本特利在1773年出版了他们的第一本装饰用具目录，第二年又出版了一本有用器具目录。[43]带着他们征服全球的野心，博尔顿和韦奇伍德改变了他们赖以成长的手艺，但也把一种古老的手艺建立在新的科学基础上，韦奇伍德称之为“赚钱的古老艺术”。

19 逆流

约翰·巴斯克维尔

 1771年，博尔顿在镀金热潮中的一个空闲时间打开了他的笔记本。第一部分满是索霍的价格表：带扣的、烛台的、手提箱的、钢链的——超过600种款式。中间有几页空白，他在做白日梦。他会为教堂的圆形建筑上做笔记，计算它能容纳多少人。对他自己而言：

圆形建筑，是我的书房、图书馆、博物馆、摇动木马，可容纳六个漂亮的书柜，抽屉在底部，用来存放与上部书籍主题相关的东西。比如：一本化学书，下面抽屉中有金属矿物和化石——每个书柜之间应该精致。上部的空间应安装气压计、温度计、热马达、象限仪等仪器，各种光学、数学、机械、气动和哲学仪器以及各种各样的时钟，包括地理、太阳、月球、太阳系以及一个制作精良的计时设备。

房间中央放一张桌子，屋顶中央有一扇天窗，屋顶可以用帆布或棕色纸覆盖。在这个圆屋子外面，应当开一扇暗门，通到一条过道，在这条过道里，应当开几扇门，通到其他房间。冷暖浴室、实验室、更衣化妆室以及运输工具的观测台。[1]

博尔顿将懒洋洋地躺在沙发上，在他的两个柜子之间；他将是一个悠闲的人，一个有钱的人，一个有学问的人。但圆形房从来没有建起来。

第二年，詹姆斯·布林德利去世，享年55岁。韦奇伍德每天 223
都去看他。1772年9月27日半夜，布林德利从酣睡中醒来，要了一杯水，喝了下去，说："够了——我不需要更多了。"他翻了个身继续睡觉，九个小时后再也没有醒来。达尔文一直在照顾他，并向韦奇伍德要求写回忆录，"我会花时间整理成挽歌，这些人不应该死，但大自然不同意，不过他们的记忆将超越她的恶意——这就够了！"[2]两年后，他在《植物经济》中写道：

凭借他强壮的手臂，永垂不朽布林德利
领导他绵长的运河，和天鹅绒般的草地；
缠绕在清澈的水里
开采坚硬的岩石或装载深层的泥沼里，
银色的臂膀飞舞在水溪里，
哺育着悠长的山谷，和低垂林地的树叶里
掀起艺术和商业的惊涛骇浪里[3]

布林德利死后两个月，苏格兰的严冬来临，霜冻、雨夹雪和资金短缺把瓦特在芒克兰运河的工作变成了一场噩梦。

尽管现在是最恶劣的季节，但我每天还是要在田野里待上5~6个小时，骑行大约10英里……这是一方面。另一方面，我又极其怠惰，不能强迫工人干活，殡仪馆老板和办事员都骗过我，我很不幸知道这一点。工作做得很马虎，我们的工人很差劲，我不够严格……我宁愿面对一门上了膛的大炮，也不愿结算账目或讨价还价。简言之，当我与人类有任何关系时，我发现就超出了自己的能力范围。对于一个工程师来说，强迫自然，忍受自然战胜他的烦恼，这就足够了。[4]

到1773年夏天，苏姬·韦奇伍德已经八岁了。她很像她的父亲，外向、固执、思维敏捷；在他众多的孩子中，韦奇伍德一直最喜爱她。虽然斯特林格和艺术家们正全力以赴地为青蛙服务，但约西亚和苏姬以及她的表兄弟们已经出海了。

224 6月14日。我要去利物浦……和可怜的苏姬一起，她在学校做了12个月的针线活，被水痘、水肿和所谓幽默填满，盐水对她来说绝对必要。

6月18日。她兴致勃勃，在一个高高的马墩上搞恶作剧，没站稳，头撞在一块石头上，石头太锋利划破了她，但我希望不会再有其他的伤。

6月21日。我们去了河北侧的朗科恩豁口处，那里的空气很新鲜，因为是一条可怕、湿滑、脏兮兮的乘船路线，我把我的女孩们留在了公共场所，独自一人渡过到另一端，看看他布里奇沃特恩典的精彩作品，它们的确精彩……从同一角度看这十道水闸，包括闸门、引水渠、蓄水池、水闸、桥梁等，这一切似乎都是泰坦的杰作，而不是我们侏儒种族的产物。

6 月 26 日。我离开了利物浦的姑娘们，可怜的苏姬，她的头破了，但我希望她的头骨是安全的——它当然比较厚，而不像纸那样薄……

尽管韦奇伍德很有决心，却无法说服姑娘们洗澡，“但她们答应我了”。

现在，埃奇沃思已经和霍诺拉在爱尔兰定居下来，霍诺拉很快就会有自己的两个孩子要照顾，还有他第一次婚姻留下的四个孩子。埃奇沃思夫妇每天晚上一起读书、聊天，霍诺拉成了“一个优秀的理论机械师”。与此同时，戴仍在寻找妻子，威廉姆·斯莫尔认为他已经为其找到了一个妻子，一个叫埃丝特·米尔恩斯（Esther Milnes）的约克郡女继承人：

“可是她有又大又白的手臂吗？”戴先生说。

“是的。”斯莫尔医生回答。

“她穿长衬裙吗？”

“罕见的长。”

“我希望她又高又壮又健康。”[5]

“非常瘦小，而且不够结实。”斯莫尔恼怒地回答。难道戴真的能想象一个 23 岁，迷人又和蔼的女人——世界上唯一一个和他想法一致的女人——会完全符合他的幻想吗？如果戴不满意，他应该放弃任何结婚的想法。

225 “我亲爱的医生，”戴先生回答道，“我对米尔恩斯小姐唯一非常不看好的就是她的巨额财产。我一向希望，对任何我娶的女人，我都要蔑视她的财产，以此来最明确地证明我对她的爱。”

“好吧，我的朋友，”医生说，“什么能够使你不蔑视这份财产，娶走这位小姐呢？”

戴重新考虑了这个问题。

1773 年 5 月，玛丽·普里斯特利目光锐利，脸上突然露出笑容，她带着家人准备从利兹搬到威尔特郡。玛丽把袋子打包好，约瑟夫主动提出把它们捆起来。她让他自己整理，但当她向南长途旅行后打开箱子时，她发现每个盖子下都有一大堆瓶子、化学药品和矿物质，小心翼翼地包在亚麻布里。普里斯特利说，她不必担心衣服“有点受伤”，因为他的装备在旅途中完好无损。[6]

巴斯克维尔的尸体。异教徒的旅程不会以死亡结束。1775 年 1 月，约翰·巴斯克维尔逝世。他留下指示说，他将被埋在“迄今被用作磨坊的圆锥形建筑物下的金库中的铅棺里，我最近将其垫高并上了漆”。[7] 这就完了。1788 年房屋出售后，小圆锥形陵墓被拆除，业主认为里面是尸体。不是这样的。工人不小心将铁锹打在了铅棺上，然后急忙掩盖。巴斯克维尔一直待在这里，直到 1821 年，他的安息地对面建造了一条新的运河码头。棺材被拆散，并架在“吉布森先生和儿子的仓库”中，一些好奇的人来这里参观。（吉布森一人要六便士。）巴斯克维尔看上去不错，身穿纯白色裹尸布，胸前有一束月桂树枝丫——但他闻起来很可怕，“很像腐烂的奶酪”。在吉布森那里待了八年后，他被转到水管工约翰·马斯顿（John Marston）的商店。一位画家来给他素描。一位外科医生来看他，捏了一下裹尸布，几天之内就死了。

随着越来越多的人生病，约翰·马斯顿想要在 1829 年摆脱巴斯克维尔的尸体。他在圣菲利普租了一个金库，并建议把巴斯克维尔搬到那儿，但他的要求因印刷厂的“无神论主义”而遭到拒绝。书商纳特先生在克赖斯特彻奇提供自己的保险库，可怜的马斯顿先生请求了教堂执事巴克先生，“杰出的律师，以花店的兰花收藏家而闻名”。他说了不，但他的眼睛闪烁其词，说钥匙总是在大厅的桌子上。巴斯克维尔走了，“在一辆盖着绿色粗呢布的手推车上。” 226
但是人们仍然怀疑他的存在，直到 1892 年，记录显示有 136 个墓穴，只有 135 个有埋葬记录。伟大的印刷商是在那些未被标记的奇怪地段里吗？当最后的挖掘开始时，人群也跟着来了，他就在这里。在铅制棺材的顶上，以印刷字体刻着一个名字，“约翰·巴斯克维尔”。1898 年，他的尸体被搬到伯明翰珠宝区中央的战争巷公墓。

汽之卷

因为水银是精神，空气也是如此的目的和意图。

因为气泵会减弱，会丧失精神，但不能完全排空。

因为抽吸是生命的撤退，但生命会尽可能快地重新追赶。

因为有无限的供应来保持生命在创造的所有部分。

——克里斯托弗·斯玛特《羔羊之乐》

20 空气实验

普里斯特利的气动水槽，图片来源于《不同种类气体的实验与观测》(Experiment and Observations on Different Kinds of Air)，1774 年

229 1774 年 8 月底，一个阳光明媚的炎热下午，在韦奇伍德“伟大的俄罗斯餐具展览”结束几周后，普里斯特利正在试验他的最新玩具——一种全新的取火镜。其“直径 12 英寸，焦距 20 英寸”，可以很好地聚集阳光。[1] 据说这个特别的玻璃制品来自托斯卡纳的科西莫三世大公，他时常燃烧钻石自娱自乐。普里斯特利对此很兴奋，他“非常高兴地检查了各种自然和虚拟的物质会产生什么样的空气”。[2] 普里斯特利把一系列金属和灰烬倒进烧杯，然后将其投入一个满是汞的盆，留下一种汞加热后的砖红色灰烬。他以无辜且惊奇的独特作者姿态告诉读者，这个实验提供了他“非常惊人的例证”：“这更多是由于我们所说的机会，即从哲学上讲，是由于对事件的观察所发现的未知原因，而不是由于任何适当的设计或该领

域的先入为主的理论”。[3]

当加热汞灰时，普里斯特利看到了水银的形成，无色的空气从中升起。“但是令我惊讶的是，一支蜡烛在这种空气中燃烧着，发出强烈的火焰。”[4]听起来就像普通的空气，但炽热的木头仍在破裂与燃烧放射出明亮的火焰，并喷出类似白铁的火花。在接下来的几个月中，普里斯特利一直坚持使用汞进行试验，直到1775年3月的一天：

本月8日，我买了一只老鼠，并将其放入一个玻璃容器，该容器内装有两盎司量的汞煅烧产生的气体。如果这是普通的空气，那么一只成年的老鼠将在其中存活大约一刻钟。我的老鼠待了整整半个小时。尽管它看上去已经死了，但似乎只是受到了惊吓；因为在火被扑灭后，它立即恢复了活力，并且似乎没有受到实验的任何伤害。[5] 230

普里斯特利饲养了很多老鼠，它们的寿命都非常短（一只老鼠在肮脏的空气中存活不到两秒，他曾高兴地告诉富兰克林）。但是，这一只在关键的实验中被铭记了，氧气被隔离，或者像普里斯特利所说的那样——“去空气”。

普里斯特利把这一发现归因于正确的偶然，但假装自己没有先入之见是愚蠢的。和几乎所有同时代的人一样，当他研究与燃烧有关的任何东西时，都坚持认为一切会燃烧或因热而改变的东西都含有一种特殊的易燃物质，即“燃素”。当某物燃烧或动物呼气时，燃素被释放到空气中，直至其饱和或“燃素化”，无法再吸收。在这一点上，燃烧停止，空气不能再维持生命。这个理论是从阿拉伯和中世纪的三元素思想发展而来的：硫（燃烧的石头，可燃），汞（易挥发的）和盐（稳定的）。人们认为，任何含硫的东西都会燃烧。17 世纪末，这个理论被约翰 · 比彻（Johann Becher）重新定义，其后德国化学家乔治 · 施塔尔（Georg Stahl）把这种神秘的易燃元素命名为"燃素"，从希腊动词演变而来。[6] 物质中的燃素越丰富，燃烧的速度就越快而且越剧烈。在罗伯特 · 波义耳的支持下，17 世纪提出了一种相反的理论，即大气中的生命取决于"硝基空气精神（Nitro–aerial Spirit）"。当普里斯特利抽取空气或将动物置于腐烂污染的空气中，他转向这个理论。燃烧硝石本身所获得的"空气"是否会点燃蜡烛？它确实做到了——而且此时，普里斯特利也偶然发现了氧气，但他却不知道。

231 燃素理论很有吸引力，因为它可以应用于许多实验发现：它似乎是一种潜在的自然循环。诚然，观察人士指出，空气对于燃烧总是必不可少的，但我们现在看到的过程是"添加"氧气（而火山灰是一种氧化物），他们看到的是空气作为燃烧的媒介。有一些尴尬的事实还需要争论——例如，没有人能看到或持有燃素。为什么燃烧后的金属灰比原来的金属重呢？当然，如果它被去燃素，它的重量就会减轻吗？对此有各种各样的解释，比如给它一个"负"的值，或者说它不是一种元素，而是一种力——就像光、热或磁一样。

1774 年 8 月，普里斯特利的困惑，当他想使用透镜时总会留下汞灰，由于它已经是一种灰烬了，因此根本不应该残留可燃物。那么，汞灰又如何燃烧并释放出另一种气体呢？起初，他怀疑灰烬的纯度，但从另一个样品中，他得到了更多的气体。[7] 在接下来的几个月里，随着每一次实验都证实了这种空气的非凡特性，他努力将这些发现与自己的理论结合。他唯一能得出的结论是燃素一定来自空气本身——这就是为什么他称新鲜纯净的空气为“去燃素的”。毫不夸张地说，这项发现让人兴奋到了极点。当普里斯特利呼吸新鲜空气时，他的胸脯在之后的一段时间里都感到特别轻松。“谁知道呢，”他说，“这种纯净的空气迟早会成为一种时髦的奢侈品。到目前为止，只有我和两只老鼠知道怎么呼吸。”[8]

几年来，普里斯特利一直在研究不同的“空气”（Airs），取得了显著成果。一些化学家（包括基尔）使用“气体”（Gas）这个词，可追随到更早期的内科医生扬·巴普蒂斯塔·范·海尔蒙特（Jan Baptista van Helmont），后者将他发现的不同气体比作未形成的物质，或称前物质，并称之为“混沌”（chaos）——他浓重的佛兰德口音中听起来像“气体”。但由于大多数人仍然认为它们是共同大气的变体，所以共同术语仍然是“空气”。致力于绘制理所当然未被开发领域的蓝图。

普里斯特利并不是一个孤独的探险家。就像他在电力方面的工作一样，他热情地启迪其他人，询问和改变他们的想法。自古以来，人们就知道空气是或“好”或“坏”的四大元素之一。矿工 232
们在井底发现了“窒息湿气”，那儿的空气质量很差。自 18 世纪初，已有一批研究人员在这一领域工作。在 18 世纪 20 年代，斯蒂芬·海尔斯（Stephen Hales）——普里斯特利经常引用他的《蔬菜静力学》（*Vegetable Staticks*）——检测了蒸馏过的植物、动物和矿物物质释放出的空气，他把一个装满水的容器倒立在一个单独的水槽上，让空气通过它向上冒泡——这是第一次能够便捷地收集气体。不久之后，在坎伯兰工作的威廉·布朗里格（William

Brownrigg），一位在莱顿接受过训练的医生，成功地从温泉中提取了空气，开发了一种特殊的设备“气压槽”——一种“气动水槽”——把瓶子和试管放在装满水的浴缸里。

布朗里格扩展了空气由几种不同类型的气组成的概念，并确定了当地矿井的封闭竖井顶部飘浮着可燃“沼气”（即甲烷）。至关重要的是，约瑟夫·布莱克（Joseph Black）在18世纪50年代的研究发现，由白垩、石灰石和镁释放出的空气是一种特殊的气体，具有特殊的性质。布莱克发现的“固定空气”（Fixed Air）——二氧化碳——原来和窒息气、发酵气和矿泉水里的空气一样；它是在木炭燃烧时产生的，也在我们呼出的空气中。生性腼腆、性情古怪的贵族亨利·卡文迪什（Henry Caoendish）用酸和金属做实验，产生了另一种“易燃气体”——氢气。[9] 似乎没有什么能阻止这些人：海尔斯蒸馏手边的任何东西，包括猪血、鹿角、豌豆、干烟草、丁香油、蜂蜡、骨头，甚至人胆囊里的石头。卡文迪什做得更好：“从腐败肉汤中的7 640粒谷物……其中一粒产生了易燃的空气。”他在1766年的《哲学汇刊》（*Transactious*）中写道。[10]

普里斯特利声称他的第一次重大发现纯属偶然，尽管这可能是有意为之。刚搬到利兹时，他住在一家酿酒厂附近，注意到酒桶里发酵的酒上面挂着一种永久供应的“恶臭空气”（Mephitic Air）——约瑟夫·布莱克的“固定空气”。普里斯特利请工人们来帮忙，用蜡烛、燃烧木夹板和加热的拨火棒做实验，发现从空气中喷出的烟盘旋着落在缸里，这种气体显然比普通空气重。虽然他们
233 呼吸不畅，但烟里没有毒：蝴蝶和昆虫变得迟钝，但在新鲜空气中能活过来；一只老鼠发生了痉挛，“一只强壮的大青蛙被放在发酵

的液体上大约六分钟后胀得很厉害，好像快要死了”，但它在外面也重新活跃起来。[11] 有一种致命的说法：“一只受到同样对待的蜗牛不久就死了。”然而，当普里斯特利把水放进悬浮在“固定空气”中的盘子里时，气体吸收水后获得了一种令人愉快的酸味，就像矿泉水一样。普里斯特利发现了苏打水。

另一个人——博尔顿或基尔——会抓住这个机会，把它当作摇钱树。温泉和矿泉水非常受欢迎，并催生了大量的医学和自救文献。但普里斯特利起初只是认为它很有趣而没有理会。不过，他的发现引起医学界的极大兴趣，当时立刻被用于试验对抗坏血病或监狱热等“腐败疾病”。由于医生将病因与腐败联系起来，人们认为基于发酵的物质——如麦芽或蔬菜，它们释放出的“固定空气”，可能是一种解毒剂或治愈方法。[12] 普里斯特利发现苏打水的四年后，在伦敦的一次晚餐上，诺森伯兰郡公爵向他展示了蒸馏水，被视作有助于海上航行。普里斯特利立即建议海军应尝试自己制造一些水，味道会更好。此外，由于稳空气被认为具有治疗作用，因此普里斯特利认为它甚至可以帮助预防坏血病。回到住所后，他从厨房借来了瓶子和碗，并迅速 234

亨利·卡文迪什，C. 罗森伯格所做版画

制造了一些临时用具。第二天，在另一位赞助人乔治·萨维尔爵士的帮助下，普里斯特利向英国海军部提出了一项建议。然后，尽管他本人可能已经错过了与库克船长一起航行的机会，他的碳酸水却在“决心号”和“奋进号”中环游世界。

普里斯特利的小册子《用固定空气浸润水的指导方法》（*Directions for Impregnating Water with Fixed Air*）在欧洲各地被抢购一空，但他渴望其发现的成就得到认证，而非获取利润。对于大多数发明家来说，普里斯特利采取了截然不同的相反立场，他清楚地描述了设备和方法，并用图表展示粉笔和酸在瓶子中的混合方式，以及固定空气由管子通过气囊（可以用来控制水流），使其通过另一个倒置瓶冒出来。随即，其他实验者提出了复杂的改进方案，这使他很烦恼。特别是约翰·诺特（John Nooth）医生的评价，他成了一个长期有效版本的制造商，他说普里斯特利使用的简单气囊使水具有“尿的性质”[1]，遭到普里斯特利强烈反驳。[13] 不过该设备一进入市场就获得了巨大的成功。讲师们为兴奋的听众们制造气泡饮品，医生向病人推荐这款机器，企业家们将它们销往全球各地，直到19世纪中叶，许多中产阶级家庭仍在使用“加气”设备。在五年内，1000种改良版的诺特机器已经卖到了东印度群岛；20年内，伦敦一家名叫J·J·施韦普（J. J. Schweppe）的公司成功在压力下制造出了人造水。（博尔顿似乎喝了好几加仑的苏打水，这在施韦普的很多账单上都有体现，其中包括一封向他保证的信：“你的12打1.5品脱苏打水是周一由代金斯运货马车送去的。”[14]）

普里斯特利认为苏打水是他发现的最快乐的水之一，因为

[1] 英语中气囊（bladder）一词还有膀胱的意思。

苏打水显然给很多人带来了好处。这是“气动医学”早期发展的高峰时段，将气体化学应用于健康的这一运动将持续整个世纪。好空气和坏空气几乎具有道德内涵：在托拜厄斯·斯莫列特 235
（Tobias Smollett）的讽刺小说《亨佛利·克林克历险记》（*Humphry Clinker*）中，马修·布兰布尔（Matthew Bramble）向他的医生讲述了巴思的乡村舞蹈。“想象一下”，他说：

> 由腐烂的牙龈、残留的肺、发酸的胀气、腋窝、出汗的脚、流脓、膏药、药膏和试剂、蜂蜜水、薰衣草、阿沙弗提达滴剂、麝香、鹿角油和盐类挥发性物质产生的混合气味的高级香精；还有1000种我无法分析的臭蒸汽。操！这就是我们在巴思文雅的集会中呼吸的芳香的以太吗？[15]

除开玩笑，普里斯特利和他的同事非常认真地测量空气的纯度，他的另一项看起来很有希望的发现是“一氧化二氮空气测试”。他曾听说过斯蒂芬·海尔斯（Stephen Hales）发现的一种气体，这种气体与普通空气混合后会形成浑浊的红色烟雾。1771年，在卡文迪什的建议下，普里斯特利进行了一系列实验，即将硝石中萃取的气体与金属进行反应。普里斯特利与众人共同发现了新气体，当其与普通空气一起在水中摇动时，他发现棕色烟雾逐渐被水吸收，然后测量剩余的空气，其损失质量用作指示原始空气的质量。模仿者再次跃跃欲试，一种开发用于“计量旅游”的时尚，可以测试城镇、海边、英国周围和整个欧洲的空气。

这些年来，普里斯特利取得了惊人的发现。但是科学就像艺术一样，都有自己的潮流，如果英格兰热衷于研究活动，那么欧洲大陆也会与之竞争。在德国、法国、瑞典，许多化学家正在研究空气。例如，瑞典药剂师的助手卡尔·舍勒（Karl Scheele）于1773年发现了令人窒息的绿色氯气。在普里斯特利发现“去燃素的”空气的三年前，舍勒还通过加热包括氧化汞在内的多种化合物（如普里斯特利所做的那样），包括碳酸银、硝酸镁和硝石，都产生了氧气，他称之为“火气”。舍勒也发现，在这种无色无味的新气体中，蜡烛燃烧得更加明亮。由于他的谦虚和出版商的糊涂，这些实验结果直到1777年才付梓出版，那时普里斯特利已经摘走桂冠。（和普里斯特利一样，舍勒也是一个根深蒂固的测试者和品尝者。据说，舍勒几乎没有不去吸入的气体，哪怕他呼吸的东西可能会害死他。1786年，40多岁的舍勒去世。）

236 名声来自接受既定的东西——无论是古董花瓶的形状还是关于空气的最新知识——并不断寻求新的形式和新的答案。不过普里斯特利还有一个额外的动机，他所有的工作都包含在其政治和宗教信仰的总体框架内：每一次发现，他都觉得自己是在为通向更美好未来的共享知识体系添砖加瓦。在利兹任职期间，除他的电学和光学书籍以及空气实验外，他还发表了28篇非科学著作，包括两本有争议的著作，《自然教与天启教学院》（*The Institutes of Natural and Revealed Religion*）和《第一政府原则》，以及历史图表、教育文本、观点著作、对布莱克斯通《英格兰法律评论》（*Commentaries on the Laws of England*）中异教徒的言论的有力攻击。普里斯特利认为，从研究转向宗教写作和履行职责至关重要：

> 我们必须经常休息和中断；否则，对科学的研究，如果不顾来

自上帝和我们的职责的看法，出于对喝彩的虚荣的渴望，将会占据我们的心灵。[16]

然而，在很大程度上，它确实占据了普里斯特利的心。一旦空气成为他的关注焦点，普里斯特利就会尽其所能。他固定装置，使用手边的一切，无论是洗床单的浴缸或一大杯啤酒，都试图捕捉水里的气体，或是，追随卡文迪什（Cavendish）的想法，在汞中实验，这样他可以捕获到溶于水的气体（如氨和氯化氢）。就像普里斯特利的电学实验那样，他测试了早期的实验——布莱克的实验（在白垩中加入硫酸来制造固定的空气）以及卡文迪什的可燃空气。他发现，这两种方法都很快使他的老鼠、青蛙、蜗牛和苍蝇受到致命的打击。他证实，在蜡烛的火焰熄灭之前，一般的空气不会完全耗尽，只减少了大约 1/5。他试图通过在一个长枪管里加热白垩来创造固定空气，他发现他还制造了另一种易燃的空气，它燃烧时发出蓝色的火焰，与卡文迪什的（一氧化碳）完全不同。这是枪管里的铁和白垩里的酸发生反应的结果吗？

有时，就像在这里一样，普里斯特利对自己工作中遇到的问题也没有答案。隐居的卡文迪什是一个坚定的盟友，当普里斯特利进来的时候，他并没有像往常那样吓得拔腿就跑，而普里斯特利也没有因为卡文迪什的尖细嗓音以及他的衣服是上一代人的旧衣服缝制的而退缩。两人都结结巴巴地说不出话来，但他们的谈话却非常富有成果。受到卡文迪什公开承认失败和挫折以及他辉煌成功的鼓舞，普里斯特利继续努力工作着。普里斯特利探索了硝气（nitrous air）和木炭烟雾的特性；他创造了“海洋酸性空气”（Hydrogen Chloride，氯化氢），并用铅和锡酿造了有毒的空气。在最后一个例子中，他偶然分离出了氮，这个时候苏格兰化学家丹尼尔·卢瑟福也描述了氮。

普里斯特利的研究几乎没有什么纲领性、没有明显的方法——用瓦特后来所说的“他通常摸索的方式”——普里斯特利以及不特定的顺序追踪奇怪的线索和奇怪的现象，只是想知道它们可能会出现什么。[17] 他最著名的“意外”发现之一与植物有关。人们知道，如果不改变空气，任何动物都不可能生活在一个封闭的空间里，而人们只是简单地认为植物也会这样，尤其是空气已经很糟糕的时候。这正是普里斯特利在 1771 年所期望的，当时他将一根薄荷树枝放入一个装有空气的玻璃瓶，有两只老鼠曾经死在了这里。[18] 他把瓶子放在水里，然后就忘了这件事了。一个星期后，他发现薄荷还在生长。蜡烛的火焰在罐子里清晰地燃烧着；一只老鼠在里面快乐地呼吸。薄荷也不是神奇的成分——同样的方法也适用于千里光属植物（Groundsel），效果最好的是菠菜。

普里斯特利总是热衷于分享他的发现，他的实验引起了人们的注意。1771 年 5 月，本杰明·富兰克林和一些有科学思维的朋友开始了一次旅行——一次包含度假和工业实况调查的混合旅行。他拜访了普里斯特利，“普里斯特利做了一些非常漂亮的电学实验，还有一些是关于不同种类空气的不同特性的实验。”[19]1772 年 6 月，富兰克林与皇家学会会长约翰·普林格尔（John Pringle）爵士一起回来，观看了普里斯特利恢复腐烂空气的实验。很明显，植物具有恢复的能力。富兰克林十分惊讶，后来他想知道“空气是否可以通过从空气中提取某种东西来修复，而不是通过向空气中添加某种东西来修复”。[20] 事实上，两者都会发生：普里斯特利正在探索光合作用，即阳光使植物能够吸收空气中的二氧化碳，制造有机物，并释放氧气。富兰克林敏锐地补充道："我希望，这可以消除一些破坏生长在房子附近树木的狂热。"[21]

1772 年 3 月，皇家学会宣读了普里斯特利的首篇论文，利奇菲尔德和伯明翰的人们都为之着迷。当富兰克林拜访达尔文时，他发现达尔文热衷于从附近的池塘收集一些空气。根据基尔后来描述的几项测试显示，腐烂的物质释放出两种气体的混合物，其中一种是可燃气体，另一种是不易燃气体。大约 10 年前，富兰克林的一个朋友教他如何在新泽西州的湿地收集"沼气"（Marsh Gas）。您必须选择一个泥泞的地方，用拐杖可以到达底部，搅动泥浆，然后当气泡开始上升时，用蜡烛去试探："火焰是如此突然而且强烈，以至于我亲眼所见烧坏了他的衣摆。"[22] 现在富兰克林开始与达尔文一起尝试，但运气不好没有成功。富兰克林在离开达尔文后再次尝试过。

第二天，我把气囊和漏斗建造的仪器带入了池塘，当我洗澡时，气囊充满了来自池塘未混合的空气，我将其绑起来，带回家，我在周围都摆上蜡烛，然后我用大头针刺破了气囊，但它没有着火的迹象。我没有试过它是不是含钙质的可固定空气。[23]

富兰克林也曾帮助博尔顿如此徒劳地寻求，并为此付出了沉重的代价。他向达尔文抱怨说，过去两周他一直在生病，他把自己的痛风、发烧和头痛归咎于"在日落之后，在你和博尔顿先生的池塘、沟渠里戏水，以及吸入了太多沼气"。[24] 尽管听起来有些可笑，但达尔文在泥泞中的摸索解释了这项研究的深刻魅力：通过化学，人们可能会发现死亡本身在腐败中、在泥泞中、在黏液中的生命奥秘。

1772 年后末，普里斯特利发表了他的第一个报告。[25] 很快，他的作品就成了家喻户晓的知识，并成为人们持续兴奋的源泉。1773 年春天，斯莫尔与瓦特的通信全是化学的内容——制造乙醚、从骨头中产生磷、新的“酒石酸”（Acid of Tartar）、一位伦敦化学家发现粉末锡加入硝酸铜后会爆炸。最重要的是：

> 普里斯特利博士发现，除锌（Zinc）溶于亚硝酸（Nitrous Acid）外，所有金属释放的气体都是已知的最有效的防腐剂，也
> 239 是检验空气纯度的极好方法。他还发现，正如你一定听说过的那样，种植蔬菜时呼出的气体与恶臭的空气混合在一起，使之具备呼吸性。[26]

1773 年 11 月，为了表彰他的许多发现，普里斯特利被英国皇家学会（Royal Society）授予科普利奖章（Copley Medal）。会长约翰·普林格尔爵士（Royal Society）对这一领域非常感兴趣，因为他自己就曾写过腐败会导致坏血病等疾病的文章。他已经支持了对固定空气的医学研究，并在一次不同寻常的演讲中，把普里斯特利的工作作为长期探索的制高点，逐渐揭示了大自然的运作方式———一切都以人为本：

> 从这些发现中我们确信，没有一种蔬菜是白种的，从森林的橡树到田野的小草，每一种植物都对人类有用；我们不该以一些私人美德来将它们进行区分，而是把它们当作清洁和净化我们环境的整体的一部分。在这方面，芬芳的玫瑰和致命的茄属植物配合得很

好。[27]

即使是最遥远的平原和森林也扮演着它们的角色，因为风把人们用过的空气带到了那里，“抚慰它们、滋养我们”。即使刮起了大风，我们仍然要去追寻一个“行善的人”（beneficent Being）的道路，“这样水和风一起摇动，把那些吃不完的、腐烂的、有害的、有毒的植物埋在深处”。

普林格尔说这些虔诚的话时，普里斯特利已经不在利兹了。1772 年，通过理查德·普赖斯（Richard Price），普里斯特利得到了谢尔伯恩勋爵（Lord Shelburne）提供的一个职位，担任图书管理员，监督他两个儿子的教育，并帮助他收集有关议会问题的信息。普里斯特利觉得这个工作很难，他更喜欢他在利兹的工作，但是谢尔伯恩提供的薪水是原来的两倍多，而且他被其宏伟的图书馆吸引住了。当本特利告诉韦奇伍德，他说他很高兴听到这个任命，“理所当然地认为普里斯特利将继续像现在一样自由写作和出版，否则我宁愿他继续留在约克郡”。[28] 这也是普里斯特利的观点，但是当 1772 年 8 月伯爵来访时，他被说服了，提供了一所伦敦的房子，在那里普里斯特利可以和他的科学朋友会面，同时还有在威尔特郡的一处房子，并提供实验经费。12 月，普里斯特利告诉了他的会众，1773 年 5 月，他进行了最后一次布道。不久，这家人就向南出发了。

普里斯特利花了很长时间才回归到他的实验中——他的书到处都是，全家人被困在一个房间里，而玛丽则精力充沛地贴着其他房间的墙纸。但普里斯特利很快就形成了一种节奏，留出时间在图书馆和谢尔伯恩的孩子们一起工作，为谢尔伯恩的客人们做研究和演示，以及写政治、教育、宗教和科学方面的文章。在乡下，他学会了种菜，晚饭前和玛丽下三盘棋。由于对自然哲学的兴趣，普里斯特利成了博伍德圈子的核心人物。[29] 在与托马斯·里德（Thomas Reid）领导的苏格兰“常识”（Common Sense）哲学家的争论中，他辩称，对“常识”的呼吁可以用来为政客的压抑态度辩护。在1775年的新版哈特利的书中，他转变了观念，认为道德是通过联想和习惯形成的，这成为对政治宽容的尖锐论点。[30]

1774年秋，普里斯特利出版了第一本《不同空气的实验与观察》，1775年和1777年又出版了两本书，出版商是激进分子约瑟夫·约翰逊（Joseph Johnson），普里斯特利的所有著作都是由他出版的。和以前一样，普里斯特利描述了他所有的试验和设备，甚至告诉他的读者如何饲养老鼠。（在利兹时，他把自己的“那些东西放在厨房壁炉上方的架子上，而在约克郡，壁炉里的火从来不会熄灭。”[31]）普里斯特利有一群模仿者，这正是他想要的，也是他让每个人都成为科学家计划的一部分。许多公共演讲者对他的实验进行了调整，这让约翰逊博士感到困惑，他讨厌对方的政治主场和宗教信仰：

在实验过程中，人们经常提起普里斯特利博士，约翰逊博士皱起眉头，严肃地问道：“为什么我们听到这么多关于普里斯特利博士的事？”他得到了很恰当的回答：“先生，因为这些重要的发现，我们得感激他的贡献。”在这一点上，约翰逊博士似乎很满意。他回答说：“好吧，好吧，我相信我们应该这样；让每个人都得到他应得的荣誉。”[32]

普里斯特利珍惜这份荣誉。他的发现因其实用性和知识的广泛性而受到重视。例如，韦奇伍德对每一卷都做了笔记，看看普里斯特利在关于燃烧、加热、酸和金属方面的研究工作如何有助于防止他的黏土出现气泡和水泡，或是帮助他制备釉料。当韦奇伍德发现“氟酸可以非常容易地溶解玻璃”这个短语，立即发现这可能对于完善珐琅颜色非常有价值，目前这些颜料被研磨成细细的粉 241
末，但每个化学家都会意识到两者之间的区别，几乎可以说研磨的细度与溶液相比，区别是“无限的”。[33] 普里斯特利对这样的实际应用感到高兴，更对新的发现也感到高兴。1774 年，正是在博伍德，他急切地拿出了崭新的燃烧玻璃，发现了他那惊人的变色空气。1774 年秋天，他陪同谢尔伯恩游历了佛兰德斯、荷兰和德国。他已经与亚历山德罗·沃尔塔（Alessandro Volta）和托伯恩·伯格曼（Tobern Bergman）等外国电学家和化学家取得了联系，他为在国外受到这种尊重而感到震惊和兴奋。回家之前，他们在巴黎待了一个月，普里斯特利在那里遇到了世界领先的科学家，并在他们的实验室进行了实验。但他仍然对汞矿灰的实验感到困惑，在巴黎，他又得到了一个标本，然后再次尝试，“与此同时，我经常把我从这种准备中得到的这种惊喜告诉拉瓦锡先生、勒罗伊先生和其他几位哲学家。”[34]

巴黎一位富有的律师的儿子安托万·拉瓦锡（Antoine Lavoisier）那时 29 岁，从职业上讲，他是令人讨厌的普通农场（Ferme Générale）代理人，负责为政府征税，但他还是一位杰出的自然哲学家。拉瓦锡在 1769 年 23 岁时当选为科学院院士，从事天文学、地质学、农学、矿产学和化学的研究。[35] 两年后，他娶了 13 岁的玛丽·安妮·波尔兹（Marie-Anne Paulze）。她成为他的秘书并学习英语，以便翻译英国皇家学会的论文。普里斯特利注意到拉瓦锡在晚餐时聚精会神地听着，但当时他根本不知道，“这些非凡的成就会带来什么”。他们促成了拉瓦锡的新燃烧理论，该理论打破了旧的燃素理论，并最终确定了氧气的存在。

“知识很重要，”基尔说，“但是，发现是由谁做出来的就不那么重要。”[36] 这可以从基尔自己的《论燃气论》（*Treatise on Gases*）中获得生动的印象，该论文附在他于1777年出版的第三版《麦克尔词典》（*Macquers' Dictionary*）上。当基尔遍历研究结果时，就像在听国际辩论，听从现在和过去的声音：“舍勒先生确认……”“卡
242 文迪什先生观察到……”“布莱克博士认为……”“麦克尔先生非常巧妙地猜测……”“施塔尔坚持说……”“拜耳先生说……”。直到普里斯特利的新信打断了他的这段话，传播了最新的思想。普里斯特利很自然地对他的法国同事公开讲道：他的整个目标是知识的共享和传播。然而，激烈的竞争削弱了慷慨的交流。像韦奇伍德的罐子、博尔顿的镀金器和瓦特的蒸汽机一样，普里斯特利紧紧抓住这一时机，迈出了一步。像他们一样，他激烈竞争，他本身对独创性不感兴趣，但是他不希望被认为是“奴性的模仿者”（Slavish imitator），正如韦奇伍德所说，就像他的苏打水装置一样，他当然想要“得到我应得到的东西，也就是这项发现的唯一价值”。[37] 他永远也无法接受拉瓦锡拿起他的研究成果并将其付诸实践的方式，他既谦虚又骄傲。“这可能是我的命运，”他写道：

我是一颗彗星，或者是科学界一颗燃烧的流星，我是最近才出现的，而且是出乎意料的。因此，就像流星一样，我的命运可能是移动得非常快，以巨大的热量猛烈燃烧，然后突然消亡。[38]

21 “世界所要的一切”

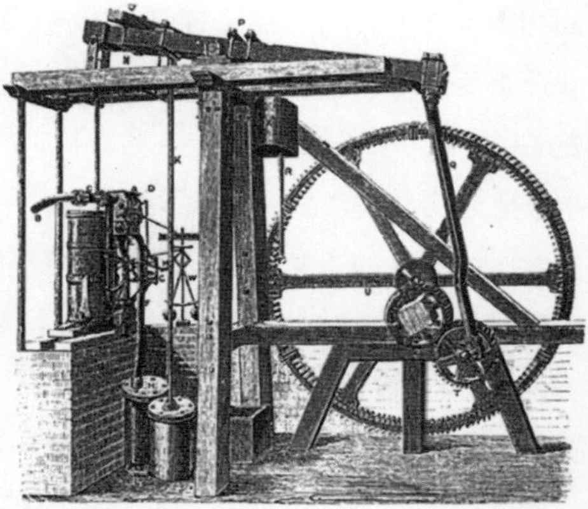

瓦特早期的环形发动机——Beelzebub，1775 年

1774 年，詹姆斯·瓦特（James Watt）在第一次见到博尔顿（Bulton）的六年后，终于搬到了索霍（Scho）。在这里，他迈出了无尽的通信和洽谈的最后一步。

瓦特的专利“一种减少火力发动机中蒸汽和燃料消耗的新方法”已于 1769 年 1 月 5 日获得授权。该专利必须在接下来的四个月内进行注册，然而瓦特虽然绘制出了精确的图纸，但斯莫尔说服他“既不提供任何特定机械的附图也不描述，而是以最清晰的方式指明您已发现的一些原理”。[1] 这一宽泛的说明，有效地让瓦特在所有全新的蒸汽开发项目中获得产权，甚至包括那些他从未打算使用的蒸汽开发项目。它为未来带来许多争斗。

1 月底，约瑟夫·布莱克（Joseph Black）敦促瓦特在金尼尔与罗巴克（Roebuck）会面，尽管在凛冽寒风中历经了漫长的旅程。“我被说服了，这会对你有利……我要买一双足够大的靴子，以容纳两条腿和六只长筒袜。”[2] 当他们见面时，罗巴克同意让瓦特在金尼尔房子（Kinneil House）后的外屋中建造一个全尺寸的蒸汽机。真正的工作可以开始了。他放置了带有倒置气缸的实验发动机，并尝试将其单独的冷凝器应用于老式的横梁发动机。整个春季和夏
244 季，瓦特都住在金尼尔房后树下的灰色石头小屋中，与他伟大的机器作斗争。他又一次被粗糙的工艺和密封活塞的问题所困扰——当他试着用油封时，油变得又厚又黏又白，堵塞了泵。瓦特哀叹道：“在生活的所有事情中没有比发明更愚蠢的了。”[3]

瓦特还承担了越来越多的测量工作，比如修建一条穿过斯特拉斯莫尔的运河，用于改善克莱德河和格拉斯哥堡的码头。1770 年，瓦特受命监督芒克兰运河的建设，在接下来的四年里，一份份勘测合同接踵而至。他经常不在家，佩吉的信也跟随着他寄到金尼尔，或寄到离他调查站不远的邮局。佩吉在他不在的时候，经营着兴隆的仪器生意，帮他减轻发动机故障带来的沮丧和抑郁。佩吉在 1768 年 8 月写道“不要绝望。”[4] 现她通过写信告诉他家里的消息，让他振作起来。“梅格很好，但已经把你忘了。”“小詹姆斯的牙齿长得很好……”佩吉请求他照顾好自己，并告诉瓦特她们是多么想念他：“你的女儿什么也不做，只是看着窗外，盼着你回来……我很高兴听到火车开动的消息，你什么时候回家？”[5]

斯莫尔几乎放弃了瓦特可能会全职回到发动机工作的想法。“近年来，”他写道，“最使我烦恼的是，特殊情况使你减缓了对于火力发动机的开发进程……你比我认识的任何人都更有天赋，更正直。”[6] 瓦特一直对斯莫尔施加的压力感到不耐烦。“你跟我说要到

英国来，就好像我是一个印第安人，除了我自己以外，一无所有。我们究竟为什么要让别的事情拖累自己？”[7]但他还是被拖累了。尽管瓦特不断地敦促罗巴克和博尔顿谈谈合伙的事，但他对博尔顿还是有一种真挚的忠诚。“至于医生，”他写道，“他是我最真诚、最慷慨的朋友，是一个真正值得尊敬的人。”[8]他爱他的家庭，觉得佩吉也有了新的朋友。斯莫尔打趣道：“她还像以前一样温柔动人吗？”[9]如果是这样，斯莫尔可能会考虑结婚，哪怕只是为了减轻他的无聊。

1773 年，各种情况终于合力将瓦特压垮。他的生活从来没有像现在这样黯淡。1772 年，随着歉收和信贷紧缩，经济大萧条袭来。由于缺乏资金，芒克兰运河（Monkland Cannal）的工程停止。同年，苏格兰银行机构尼尔（Neale）、詹姆斯（James）、福代斯（Fordyce）和唐（Down）倒闭。这是一次可怕的危机。亚历山大·福代斯是伦敦一位著名医生的兄弟，经常在月光社的通信中被提到。亚历山大曾是 1763 年《巴黎和约》（The peace of Paris）之后燃起的新星，他通过投机印度股票，与苏格兰伯爵的女儿结婚，在罗汉普顿获得席位来发家致富。他喜欢虚张声势，据说在危机当天，他兴高采烈地回到家里，发誓说他总是告诉那些警惕的人：“还有那些智慧的人，鸡仔的脑袋、乌鸦的爪子，我不成功就成仁；而就在这个夜晚，就在这个夜晚，我……我……成功了！带上香槟，去往巴特勒和勃良第！让今夜永存！我亚历山大是个男子汉！”[10] 245

福代斯等人没有受到责骂，而是赢得了普遍的同情。然而，他的破产导致了苏格兰几乎所有私人银行的倒闭。布莱克前一年10 月写道：“我毫不怀疑，格拉斯哥人在过去一段时间里一直被一种不同寻常的关心和焦虑搞得一团糟。”[11] 博尔顿已经在福代斯银行存了一大笔钱，而且他的镀金生意已经亏本了，惊慌失措的福瑟吉尔追着他，想把他们账户上的债务理出头绪。在灾难的边缘，博尔顿以伯明翰运河公司 10 股股票作为抵押，从不谙世故的托马斯·戴那里得到了 3 000 英镑的贷款，然而，福代斯危机突然提供了一个机会。[12] 博尔顿知道，罗巴克实际上被这次破产搞垮了。罗巴克把自己和妻子的全部财产都投进了鲍内斯的矿里，他已经失去了一切。他已经没有钱做发动机试验，瓦特只好自己出钱。瓦特还痛苦地责怪自己，因为他的朋友在经济上如此投入发动机计划，并呼吁斯莫尔让博尔顿投入更多来帮助罗巴克，但博尔顿在等待时机。1773 年 3 月，罗巴克宣布破产：加贝特（Garbett）接管了他在卡伦的部分股份，以及伯明翰的钢厂，至此罗巴克再也没有在商业中获得过成功。

博尔顿是罗巴克的债权人之一，罗巴克欠他 1 200 英镑。3 月底，他写信给瓦特，提出购买罗巴克在发动机中的股份。罗巴克
246 坚持了 2 个月，5 月 17 日，写信接受博尔顿的条件。同一天，痛苦的瓦特正式解除了罗巴克在他们的同意下欠他的所有款项，“考虑到罗巴克博士和我本人之间的友谊，因为我认为他支付的 1000 英镑超出了发明 2/3 的价值。”[13] 作为回报，他拿走了金尼尔发动机，将其拆解并寄送至索霍。罗巴克财产受托人看不出这台吱吱作响、尚未完工的发动机有什么价值。瓦特告诉斯莫尔，“没有一个债权人重视这台发动机。”[14] 对于罗巴克欠他的钱，博尔顿终于获得了他一直想要的这项发明的 2/3 的股份，那全是他自己的。福瑟吉尔与这件事无关，如果他犯傻，他会很高兴地用 1 200 英镑买他的股份。

但是，尽管博尔顿现在有了发动机，但他仍然缺少“那个人”。没有瓦特的专业知识，想法、模型和计划都是一文不值的。1773年8月，瓦特再次出发，去勘察因弗内斯和威廉堡之间的荒野，以便修建一条穿越大峡谷的运河。[15]起初，没有什么烦恼的瓦特向怀孕的佩寄送了有关商店的说明以及有关仪器的消息，但是随着日子的流逝，他因没有得到回信变得越来越焦虑。9月15日，瓦特在因弗内斯写道，对于自己没有听到她的消息感到非常不安。不久，佩吉回信告诉他发生了什么：“最近四天我病得很重，但是感谢上帝，我现在可以坐起来了。”她非常感谢医生：

我不会死，医生竭尽所能地保持我的情绪，我认为从来没有这么低落过……我非常害怕的疾病使我安静下来。我希望在生孩子之前能变得坚强，希望你能在家。[16]

一周之内，瓦特又收到了一封信，他在日记里写道：

1773年9月26日星期日10点30分左右，我收到穆尔黑德先生（Mr. Muirhead）的来信，信中通知我说瓦特太太病得很重，生命垂危，希望我赶快回家。我立刻出发了，带着一颗非常悲伤的心，那天晚上伴随着一路的大雨来到威廉堡。[17]

第二天，瓦特到了泰恩德拉姆，然后又到了邓巴顿。在不好的预感折磨之下，他订了一辆早上用的马车：

9月29日。大约10点钟的时候，我看见马车来了，汉密尔顿先生坐在车里。从他的黑上衣和表情，我没有看到希望。[18]

247 佩吉死于 24 日，就在瓦特收到穆尔黑德的警告信的前两天。

瓦特不愿回家，害怕“那个地方已经没有了欢迎我的那个人”，于是就住在他的朋友吉尔伯特·汉密尔顿家里，汉密尔顿是卡伦公司在格拉斯哥的代理人。在瓦特给斯莫尔的信中写道，他的返乡之旅仿佛是他的不幸、挣扎和泪水的一面镜子。

我知道悲伤有它的周期，但我首先要承受很多痛苦。我是为自己而悲伤，不是为我的朋友……只剩下我来哀悼……在回家的路上，我经历了一段痛苦的旅程，穿过了我所见过的最荒僻的地方，走过了最糟糕的道路。我几乎无法保存好日记。再见，上帝保佑你。[19]

“尽快到我这里来。”斯莫尔写道。[20]

在下一封信中，斯莫尔敦促瓦特投入工作中，这是对悲伤的最好安慰。这确实是唯一使他分心的事，11 月，瓦特报告说，他一直在严寒中考察福斯湾。但是瓦特的头脑就像他冰冷的手指一样麻木，他已经“失去了我对世界的许多依恋，甚至对我自己的装置……我很想见到你——想听听你的声音，谈谈我自己的想法；可是有那么多的事情妨碍着我，而我又那么穷”。[21] 瓦特债台高筑、收入微薄，他所能想到的就是到英格兰去，或者到国外谋个赚钱的差事。现在瓦特的感情纽带就像他与罗巴克的协议一样被斩断了。“我对这个可恨的国家感到痛心。”他哀叹道。[22] 他在冬天处理了自己的事务。1774 年春天，瓦特把玛格丽特和詹姆斯安置给在格拉斯哥的亲戚，他收拾好行李，向南出发。5 月 31 日，瓦特抵达了伯明翰。

讽刺的是，在过去的一年里，当博尔顿试图把瓦特吸引到南方去的时候，他正在计划为斯莫尔在爱丁堡找一份工作，填补约翰·格雷戈里博士去世后留下的医学院教授空缺。这个建议是从一些教授通过罗巴克提出的，他们（和所有认识他的人一样）都对斯莫尔很有好感，在他的信上签上了“你非常亲密的朋友”。[23] 卡伦的候选人进行了激烈的竞争，尽管斯莫尔对此表示异议，但罗巴克仍在策划寻求支持，“富兰克林博士、普里斯特利博士和其他将成为这场戏剧中最主要的那些木偶，他们将被我们感动，而我们也将被来自你们自身的无形的幕后压力所影响”。[24] 248

斯莫尔经常待在幕后。他没有去爱丁堡工作，而是专注于操纵他那严肃、焦虑、有才华的格拉斯哥木偶——詹姆斯·瓦特。1774 年 4 月，斯莫尔收到瓦特的来信，信中瓦特说自己的朋友、“著名的化石猎人”詹姆斯·赫顿将和自己一起去伯明翰。[25] 赫顿到英格兰进行地质考察，很快，瓦特就开始研究盐矿，并与达尔文和埃奇沃思一起进行了涉及气枪和湿度计的精细实验。博尔顿把瓦特安置在他纽霍尔沃克步道（Newhall Walk）上的老房子里，整个夏天瓦特都在摆弄他当前的消遣——那注定要失败的“轮式发动机”。但博尔顿还确保他在索霍的高级机械师约翰·哈里森（John Harrison）拆下生锈的金尼尔的发动机，把它安装在工厂的两个侧房之间，这既帮助工厂解决了夏季的动力问题，也意味着瓦特可以利用自己的独立冷凝器取得进展。

10 月下旬，瓦特高高兴兴地告诉罗巴克一切进展顺利，这个破产的男人给了他感人温暖的回复，为瓦特最终证明了他正在努力的原则是正确的而欢呼，并向他保证“与你联系的这位慷慨而富有活力的绅士，永远不会因为缺乏付诸实践的努力而失败”。[26]一个月后，瓦特惊讶地告诉他父亲，他在伯明翰的工作“相当成功”。他的火力发动机开动了，而且比迄今为止制造的任何一台都好，“我希望这项发明对我有益”。[27]斯莫尔对15岁的伊拉斯谟·达尔文说，他必须让他的父亲过来看看瓦特的发动机，“成果甚至令我也满意”。[28]

瓦特的心情和博尔顿一样激动，尽管他的表现似乎缺乏一些活力。许多深矿区迫切需要更高效的发动机：1771年，从约克郡到康沃尔的公司都推迟了更换旧发动机的计划，希望瓦特的发动机很快就能准备好。虽然还没有正式的合作协议，但博尔顿同意为他2/3的股份承担申请专利、进行实验、提供库存、管理工人和达
249 成交易的所有费用。但现在他们在一起工作后，他明白他们需要投入更多的时间和资金，而瓦特的专利有效期只有八年，这可能不够长。如果他们的投资要获得回报，则需要很长一段时间远离竞争，以获得正确的工程设计。博尔顿一如既往地直奔目标，开始申请延长保护期。他没有申请一项新的专利，而是运用他久经磨炼的游说技巧，推动国会通过一项私人法案，将目前的专利延长25年。2月22日，瓦特提心吊胆发前往伦敦，被詹姆斯·赫顿等朋友提醒他所面对的所有操纵：“最真诚的努力要想成功，就得装出一副无赖的样子，但除非你有聪明人的风度，否则无赖的外表又有什么意义呢？去舔一些大人物的屁股，不然就见鬼去吧。”[29]

随后，瓦特遭受了意想不到的打击。1771年初，威廉·斯莫尔的病情越来越严重，他的信件在过去六年中一直支持着瓦特。斯

莫尔经常抱怨乏味和虚弱使他无法专心或做任何繁重的工作。斯莫尔痛苦地开玩笑说："对一个实验哲学家来说，*致命的无聊*[1]完全毁掉了我……我相信我很快就会变成*灰尘与阴影*[2]，抱着手臂入睡。谁如今又会称我为规划者呢？"[30]斯莫尔的健康状况一直很差，而且他似乎患了一种疟疾，每隔一段时间就会复发，使他越来越虚弱。当斯莫尔听说瓦特最终考虑去南方时，他很高兴地说这将使他"至少多一年免于昏睡"。[31]1771 年春天，斯莫尔那熟悉的"疟疾"复发了。年轻的伊拉斯谟·达尔文诉一位朋友，1771 年 2 月初，他们去 10 英里外的塔姆沃思探视一个病人，斯莫尔呕吐了一路，刚到地方就瘫倒在地。回到伯明翰后，他有些发烧，并神志不清。博尔顿焦急地告诉瓦特，这位可怜的医生的病情比预想的要严重得多，于是瓦特给达尔文寄了一封快信。1775 年 2 月 25 日，就在瓦特到达伦敦后不久，斯莫尔去世了。斯莫尔一直清醒到最后，可怜地相信自己会好起来。在他生命的最后几天里，基尔"以最温柔的爱意呵护着他"，达尔文和博尔顿在他去世时一直守在他的床边。

那天晚上，博尔顿写信给瓦特。

> 最后一个场景刚刚闭幕。帷幕降临，我（甚至）对我们友好善 250
> 良的朋友，永远怀念……
>
> 如果还没有什么东西可以让我安抚自己的感情，那么我也希望能在死者大厦中，有一个自己的住所。[32]

三天后，博尔顿又说："我的伤痛既无法弥补，也无法表达。

[1] 原文为法文。

[2] 原文为拉丁文。

我快要爆炸了。”他又加了一句简短的附言：“我了解罗巴克博士，所以我不能。”[33]

葬礼推迟了三个星期，大家希望斯莫尔的弟弟能从苏格兰赶来。托马斯·戴从布鲁塞尔赶回来，斯莫尔曾委婉地劝他别去行医，甚至还试图为他寻找那个不太合适的妻子。戴是写悼词的几个人之一，但很难确定这个聪明、善良的人那难以总结的精神。博尔顿后来告诉斯莫尔的弟弟：“基尔、达尔文、戴和我自己还没有就教堂的碑文达成共识。”于是，博尔顿在自己的花园里建了一座纪念碑，在一个“树丛墓室”（Sepulchred Grove）中，建了一座避暑别墅。[34]从这里，他可以看到对面埋葬斯莫尔的圣菲利普。纪念碑上刻有医生的姓名和生平时间，以及达尔文的悼词，结尾为：

冰冷的沉思斜倚着她疼痛的额头，
她坚定注视着人类的哀恸，
挥动她温顺的手臂，为科学的死亡而叹息，
她为科学、美德和斯莫尔而哀悼。[35]

斯莫尔留下了一段空白。他的货物被卖掉了，他的书籍和文件散失了，他写给瓦特的信成了少数的幸存品。然而，斯莫尔是把他们联系在一起的丝线。这让所有人都感到悲痛。当他们匆匆过着各自的生活，专注于活塞、蒸汽、碱、空气、瓷器和马车时，突然停了下来，震惊地意识到他们作为朋友和同事对彼此是多么重要。斯莫尔是他们当中第一个去世的人。在他们四十多岁的时候，面对前方的一切，却被提醒他们也会死去。

他们重新找到了生活的线索，有些人更快一些。事实上，达尔文有点残酷，当天他就写信给一个可能申请斯莫尔职位的人。令人惊讶的是，瓦特几乎同样快得恢复过来。佩吉死后，他遵从了斯莫尔对他的忠告，安慰博尔顿说：逝去的人陷入平静；悲伤是无意义的、无益处的，甚至是自私的。最好的选择是重新投入工作： 251

来吧，我亲爱的先生，尽快沉浸在这生意的海洋中，不要沉浸在悲痛的浪潮中，从而增加您朋友们的悲痛。我再次重申，你有责任振作精神遵守朋友的训诫，以适当的方式尊重他。我焦急地等待着您，并向您保证，我的努力不会使你感到不快。[36]

在这个紧要关头，瓦特改变了主意。从 1771 年开始，他就不断收到去俄国的工作邀请，[37] 帝国政府又给了他一份邀请，薪水是 1 000 英镑。讽刺的是，这是博尔顿向俄国大使吹嘘瓦特能力的结果。博尔顿内心挣扎，使出浑身解数，利用瓦特的疑病症和焦虑。“你要去俄国这件事让我大吃一惊，”他写道，“你身体不健康，长途旅行或航行有危险。我失去了你的安慰，使我有点不舒服。不过，我希望尽我所能帮助你，给你出主意，而不考虑自己。”[38]“上帝，我是多么害怕啊！”达尔文快活地写道：

我听说一只俄国大熊的大爪子抓住了你，正把你拖到俄国去。俄国就像卡库斯[1]的巢穴，你可以看到许多野兽的脚印，但很少有人回来。我希望火力发动机会让你留在这里。[39]

---

[1] 罗马神话中，卡库斯住在一个山洞里，以人肉为食，会把受害者的头钉在洞穴的门上。

瓦特的疑虑源于对私人法案的真正恐惧：所有的议会事务都因美国危机而受阻。在印花税法案引起轰动后，大部分强加于殖民地的高额税收都被取消了。但 1772 年的银行倒闭甚至威胁到了东印度公司，为了保护其贸易，政府保留了一项至关重要的美国进口税——茶叶税。当船只在 1773 年抵达波士顿时，愤怒的市民聚集在一起。一个人装扮成挥舞着斧头的莫霍克人，袭击了船只，劈开箱子，把 300 箱茶叶倒进了港口。“波士顿倾茶事件”被欢呼为反抗英国的高压和暴政，走向“自由”的象征。双方变得紧张起来。1773 年 9 月，马萨诸塞通过了强制法案，第一届殖民地大会在费城召开。1774 年，当魁北克法案赋予加拿大的罗马天主教徒完全的权力时，新教殖民者感到震惊。1775 年，马萨诸塞州宣布叛乱，伯克的和解计划彻底失败。4 月 19 日，一队英国士兵被派往列克星敦的军火库，有人开枪，当地民兵被杀。这是美国战争的开始。

专利之争就是在这种背景下发生的。但在这个小小的领域里，激情也被唤醒了。博尔顿和瓦特面临着来自竞争对手的抗议，这些工程师对专利中故意含糊其词、包罗一切的条款表示不满。在下议院，他们的对手——包括雄辩的伯克——对垄断提出了严厉的指控。像达尔文这样的合作伙伴和朋友急忙去拉选票，瓦特等了三个月，“这是一段很长时间的，一直处于悬而未决的状态”。[40]1775 年 5 月 22 日，新法案获得皇家批准，其覆盖范围扩大到苏格兰，这是一个至关重要的让步。

博尔顿和瓦特赢得了他们需要的喘息空间，他们解决了技术问题。从苏格兰运来的发动机有一个锡制的缸体，底部是铜的，外面是用木头做的蒸汽箱。活塞必须通过这个外壳，经过一个密封容器，这就是瓦特的老问题：如何保持密封？他又一次尝试了所有可能的填充物——马粪、牛粪、纸浆、制帽工人用的毡布——甚至还增加了重量。最后，他极不情愿地使用了纽科门所用的材料——麻和麻絮，还涂了不少牛油。

在经过了所有这些试验后，锡制内筒坏掉了。与此同时一位非凡人物来到这里，他就是约瑟夫·普里斯特利的姐夫——约翰·威尔金森（John Wilkinson）。威尔金森一家与科尔布鲁克代尔（Coal brookdale）的达尔比（Darbys）一家曾是竞争对手。约翰的父亲艾萨克（Isaac）在接管雷克瑟姆附近的伯沙姆熔炉之前，曾是坎布里亚郡的农民和铁匠。约翰现在管理着这家工厂以及附近的其他铸造厂，他之所以赢得“铁疯子”的绰号，是因为他坚信他的金属可以制成任何东西——他让一艘铁船在塞文河（Severn）下水，让那些发誓船要沉下去的朋友们大吃一惊。他有一张铁桌和一张铁床，办公室里还放着一口铁棺材，用来劝说别人订购。（约翰应该庆幸自己没有看到未来的能力：他死后所用的木制棺材太小了，不得不制作一个新的。新棺材又太大，没有办法放进炸好的洞里，所以约翰又被重新埋在他的花园里，坟头放着一个铁制的方尖碑。新主人不喜欢这令人毛骨悚然的尖东西，又把它搬走了。他总共埋了四次，据称是被同一位掘墓者埋葬的。）这些故事像铁屑吸附在磁铁上一样贯穿威尔金森的一生，他有钢铁般的意志，脾气和炉子一样大，还是使发动机走向实用化的那个人。

汽缸内部的凹凸不平始终是大型发动机高效工作的阻碍。第一个发动机是在卡伦铸造的，但很快就被他放弃。和罗巴克一样，威尔金森也打算造一门大炮。他知道，如果炮弹的内筒能顺利地钻进去，那么炮弹的轨迹会更加可靠。在此基础上，威尔金森申请了一种新型镗床的专利，这是一种 15 英尺长的长杆，并有一个旋转的切割头，可以沿着长杆滑动，坚硬的杆就像一把尺子，让切割处保持平滑均匀。博尔顿知道这件事后，建议他们订购一个汽缸来替换坏掉的锡罐，并于 1775 年 4 月交货。在索霍，瓦特的迟钝、固执和悲观，总是被博尔顿的能量和速度所抵消。当瓦特去伦敦处理专利法案时，博尔顿接管了发动机测试工作，并提出了自己的建议，包括拟合测量真空计：“我认为应该附上某种仪表，这样人们可以通过它确认真空的速度。如果没有外置可见的标志，就无法判断其内在与精神的恩惠。”

博尔顿的幽默显示了他对新玩具的喜爱。瓦特更愿意一步一步地工作，而博尔顿现在就能运作的发动机。1775 年夏天，他哄骗瓦特同意制造两个不仅大得多，而且是为即时使用而设计的发动机，新发动机没能瓦特的精心照顾，就像未准备好的青少年一样接管世界。其中一款是 38 英寸的圆筒发动机，用于什罗普郡新威利的威尔金森锅炉鼓风。另一个更大一些，有一个 50 英寸的圆筒，是给蒂普顿附近的布卢姆菲尔德煤矿的抽水发动机用的。这是一次测试——博尔顿和瓦特能否击败来自老纽科门发动机？博尔顿对这一前景感到兴奋，他说如果威尔金森的发动机能正常工作，他的邻居——炼铁师傅们也会计划改造他们的发动机，“这样，光是这项发明就足以维持我们的生活了。”[41]

254 这两个大圆筒是由威尔金森铸造和钻孔的，他接管了发动机的
255 建造工作，而博尔顿和瓦特负责在布卢姆菲尔德煤矿安装发动机。这种笨重的发动机不是以整体形式进行制造与组装，而是更像一个复杂的套件，零部件由不同的制造商按照瓦特的规格提供。博尔顿和瓦特没有投入资金，而是选择了供应商并给他们设计方案，由

发动机的采购商支付费用。发动机的产权人从矿区使用费中得到提成，据估计，与同尺寸的纽科门发动机相比，它将每年的煤炭成本压缩为后者的1/3。

前两个发动机由威尔金森提供，而约翰·哈里森的团队在索霍制造阀门、活塞和小型金属部件。现在和将来（经常让瓦特失望），重要的建筑、木工和最后的安装都是由独立承包商在索霍工程师的监督下现场完成的。1776年3月，经历了各种各样的故障之后，发动机在布卢姆菲尔德的一次特殊仪式上启动了。巨大的杠杆发动机在3月的大风中傲然挺立，从第一次推力开始，它每分钟能划15下，不到一小时就把深坑里将近60英尺深的水抽干了。既然启动仪式已经获得成功，"绅士"和工人便分别去吃饭，大概会饮酒。"饭后，按照惯例，在一群快乐而聪明的工人的欢呼中，给机器起了个名字，即议会发动机。"《阿里斯的伯明翰公报》（*Airs' Brimingham Gazette*）做了一个很好的宣传，其中提到瓦特多年的实验，并指出发动机的制造是：

在瓦特和博尔顿先生的指导下，在这个城镇附近的博尔顿福瑟吉尔工厂工作；他们几乎完成了其中的四个，并建立了一个庞大的计划，使他们适用于几乎所有需要机械动力的地方，无论动力要求是大或小，运动需要是旋转还是往复。[42]

（这台古老的发动机仍在伯明翰。在这座城市的老科学博物馆的"蒸汽日"结束后，你可以在宁静的傍晚漫步其间，听到它像熟睡的恐龙一样安静地呼吸。）

公报"不偏不倚"的报道中充斥着博尔顿圆滑的营销辞令。虽然这两个发动机都需要调整，但最终还是兑现了博尔顿的承诺，即以更少的燃料为它们的主人带来更大的动力。订单慢慢地来了，从伦敦的弓弩酿酒厂的一台小型抽油机，到贝德沃思的霍克斯伯里煤
256 矿迄今最大的抽油机。最妙的是，他们期待着康沃尔的订单，因为那儿才是真正赚钱的地方：“我们的计划开始变得越来越复杂了，要是威尔金森先生不像我们这样忙忙碌碌的话，我们在日落之前就收不到订单了。”潜在的市场令人眼花缭乱。甚至在一开始他们就是间谍的目标。1776 年夏天，一群康沃尔郡的经理，或称“矿长”，访问了索霍。当他们离开时，瓦特发现一幅总体设计的关键图纸不见了。博尔顿勃然大怒，写了一封信，痛斥这个组织的领导者雷德鲁斯的托马斯·埃尼斯（Thomas Ennis）：“我们开办学校不是为了教授制造火力发动机，而是公开宣称自己制造了发动机。”那幅图纸后来又出现了，它被三个矿的经理理查德·特雷维希克（Richard Trevithick）“不小心”误拿了。特雷维希克有一个五岁的儿子，也叫理查德，后来成为最了不起的工程师之一。

抱着统治世界的美好愿景，博尔顿用如雷般的言辞敦促瓦特：

如果我们只做了 100 个轮子，100 个像堡区的发动机那样的小发动机，20 个大发动机，我们就可以把它们全部卖掉。因此，让我们趁太阳还在照耀的时候晒干稻草，在岁月的乌云笼罩我们之前，在任何更多的[1]、瓦茨[2]、浮士德或盖恩斯伯勒[3]出现之前，像摩西一样的蛇会吞噬其他所有人之前，填满我们的库存。[43]

---

[1] 《圣经》中的铁匠。

[2] 英国赞美诗人。

[3] 英国画家。

但他们仍有许多细节问题需要解决。随着威尔金森以新外壳取代早期模型中使用的木制蒸汽箱，作气缸。坚持要求对简化后的工作采用同样的价格，愤怒的瓦特迅速重新设计了发动机，使外汽缸不再含有保持内汽缸热的蒸汽，而仅仅是一个外壳，他们可以用铸铁件更便宜地制造出来。这也减少了两个汽缸之间的蒸汽阀，使修复它成为一个噩梦。

其他的改进也随之而来。1776 年瓦特为苏格兰的一个矿井设计了一台发动机，它有独立的阀门让蒸汽进出。另一个不太成功的想法是为约翰·威尔金森设计一个小型的“颠三倒四发动机（Topsey Turvey）”，将活塞倒置，活塞杆直接与泵杆相连。博尔顿甚至说服他尝试使用膨胀蒸汽，制造了一个叫作“巳力西卜[1]（Beelzebub）”的任性嘈杂的引擎，它在索霍轰轰隆隆地运转了 70 年。随着时间 257
的流逝，熟悉感使这台旧引擎女性化了，它的名字被缩写为“老贝丝（Old Bess）”。

通往成功发动机的旅程已经付出了代价。瓦特把他的孩子们带到伯明翰，也非常明白需要有人照顾他们，他还想与家乡保持密切联系。1776 年，瓦特回到格拉斯哥，娶了一位富裕的亚麻制品制造商的女儿安·麦格雷戈（Ann Macgregor）为妻。当瓦特发来一封尴尬的信，说她的父亲想看合伙合同时，博尔顿终于同意了。瓦特闪烁其词：“唯恐他怀疑我的谨慎，我不得不让他认为这样一封信确实存在。”[44] 为了把瓦特弄回来，博尔顿现在又撒了一个谎，说他的律师在伦敦，没人能找到契约，只是用一封详细而实用的信概述了契约的条款。[45]

[1]《圣经》中的魔鬼。

两人都陷入了一种无法阻挡的困境。蒸汽的力量是如此明显——是恶魔的力量，是一只嘶嘶作响、上下翻腾的火、水和空气的野兽。这一刻，1775年发动机合作的开始，将月光社的科学带入了一个新的阶段。不再是缓慢而谨慎地改进，取而代之的是新的发明，是机械化的进展，带来的不是工业进化，而是革命。博尔顿不仅是个雄心勃勃的人，而且是个心胸开阔的人。1776年，当詹姆斯·博斯韦尔来到索霍时，他“把他想象成一个铁酋长，他似乎是他部落的父亲”。当博尔顿在他的机器帝国和他的700名工人中间挥舞手臂时，博斯韦尔希望约翰逊也在他身边：

在他的光辉中，我很乐意去观赏这一画面。机器的庞大和精巧将“与他有力的头脑相匹配”。我永远不会忘记博尔顿先生对我说的话。“先生，我在这儿卖的是全世界都想要的东西——力量。”[46]

22 “像毽子一样飞来飞去”

《缩减的殖民地》，本杰明·富兰克林 1756 年所作，1768 年由《政治登记册》重新绘制。

威廉·斯莫尔生命的终结颇显凄美。葬礼后几个月，他的老学生托马斯·杰斐逊的一封信缓慢漂洋过海，告诉他有 36 瓶马德拉酒已经在路上了，“这是我为你准备的礼物的一半”。杰斐逊充满激情地描写了英国和美国军队之间的暴力冲突，这切断了英美和解的所有希望，双方都威胁要进行报复。“我衷心祝愿你幸福，”他最后说，“不过，这倚仗是你的哲学思维以及平和的天性。我仍然希望，在公开的争执中，私人的友谊能够不受侵扰。”[1] 258

其他人的希望同样如此。斯莫尔的死并不是 1775 年威胁到月光社凝聚力的唯一灾难。在关于美国战争的争论中，他们发现自己站在不同的阵营里；博尔顿和他的托利党盟友成为国防部反对叛乱的坚定支持者；基尔认为政府不称职、不值得信赖；韦奇伍德、怀特赫斯特、达尔文和普里斯特利公开支持殖民者的事业。最令人不安的是托马斯·戴，他对美国奴隶主的看法使他的态度变得复杂。1772年，当比克内尔给戴看报纸上的一篇文章时，他被深深地打动了。这篇文章讲的是一个奴隶为西印度航线上的一个船长工作，
259 他爱上了一个白人仆人，跑去受洗。在被重新抓获并关在泰晤士河上的一艘船上后，他饮弹自尽。比克内尔和戴认为这场悲剧可以使奴隶制的罪恶戏剧化，他们共著了一首长诗《垂死的黑人》（*The Dying Negro*），于1773年出版。这首诗刺破了卢梭笔下高贵的野蛮人的浪漫故事，以第一人称讲述了奴隶的遭遇，从欧洲商人在冈比亚毒晕他并把他扔进奴隶船的那一刻开始：

从背信弃义的睡梦中，
被奔流的低语声惊起，
我从奴役和卑贱的痛苦中，
以及生活中所有的恐怖中苏醒。
你们这些非洲的神！在那个可怕的时刻，
你的雷轰和复仇之力在哪里？
我的祈祷，我的呻吟，我的泪水，难道没有引起共鸣？
你那沉睡的正义难道不揭竿而起？[2]

《垂死的黑人》是英国最早的废奴运动宣传册之一，受到了广大读者的追捧。大众对奴隶制的态度一直在转变，它不再被视为自然秩序的一部分，无论政治立场如何，鲜有知识分子为它辩护：约翰逊和卢梭一样反对它；伯克对此进行了激烈的抨击，亚当·斯密也是如此。[3]在英格兰和美国，贵格会在废止奴隶制上做出大

量努力。18 世纪 60 年代后期，诸如格兰维尔·夏普（Granville Sharp）等福音派运动家一再向法院提起诉讼，最终于 1772 年的詹姆斯·萨默塞特（James Somerset）案结束时，由曼斯菲尔德首席大法官裁定，主人无权强行将奴隶驱逐出境，这实际上是奴隶制在英格兰的终结。《垂死的黑人》热情而激愤，是当时的畅销书。1775 年，戴准备编写第三版时，英国正与美国打仗，他发现自己陷入了困惑。戴原则上支持美国人，但如果他们也是奴隶主，他又能怎么办呢？在雷鸣般的献词中，他抨击了美国虚伪的自由："如果她能在不践踏死者尸体和死去的奴隶尸体的情况下向前迈进，那就让她将匕首对准温和父母的胸膛。"[4] 当他从美国人那里收到令人受伤的回应时，他反驳道："如果有什么东西在本质上是真正荒谬的，那就是一个美国爱国者一边签署独立决议，一边用鞭子抽打他 260
受惊吓的奴隶。"[5]

但是，早在 1776 年初，甚至在 7 月 4 日《独立宣言》（*Declaration of Independencd*）发表之前，戴就已经认为叛乱者的行为是正义的。他现在滔滔不绝地说了更多的诗句，这一次是为了支持美国人、谴责英国政府、描绘英国暴行的骇人画面。[6] 但即使是戴也被战争对英国贸易的影响所动摇，开始紧张地想到自己的口袋和借给博尔顿的大笔贷款："美国是不可征服的，国王是——，英国将是——，那么纽扣的制造将会怎样呢？"他痛苦地呻吟着。[7]

这种在崇高的原则、民族主义和利己主义之间的转向很具有代表性。然而，博尔顿的回答却毫无羞耻心，只有自私自利。一开始，他支持殖民者，担心他们的抵制会损害贸易。这似乎没有美国竞争的威胁那么令人担忧，所以他转而主张制定限制性法律来阻止美国的生产，并组织了一场伯明翰的请愿活动。[8]从这以后，本杰明·富兰克林再也没有去过索霍了。相比之下，韦奇伍德全心全意地亲美，同时又小心翼翼地不疏远他的亲政府赞助人。他为同情叛军的人制作了一枚凹雕奖章，上面画着一条盘绕着的响尾蛇，还写着“不要踩在我身上”（他悄悄地把这些限制在“私人贸易”范围内），并呼吁帮助英国监狱里的叛军囚犯（他谨慎地坚持匿名捐赠）。[9]在一场“邪恶而荒谬的战争”中，韦奇伍德对“鲜血和财富”的浪费感到厌恶。1778 年 2 月当韦奇伍德听到诺斯勋爵（Lord North）提出和解法案的演讲时大发雷霆：“这个国家怎么能忍受这样的侮辱？”让他吃惊的不是演讲内容，而是演讲者的语气，“在花费了 3 000 万英镑，牺牲了两万人的生命之后，竟然告知政府这个计划不值一提——一个小玩意儿，根本不值得花费时间！”[10]即使是法国对美国的支持也无法动摇他。和通常一样，韦奇伍德做了一个嘲笑的对比形象，把博尔顿式的狭隘置于更广阔的自由视野之下。“你刚才怎么能把我吓成这样？”1778 年 3 月，韦奇伍德指责本特利：

261 你真调皮。我以为只是架子上的东西，或者整层的箱子和瓦罐，直到读得更多，我才发现你沦陷了，这个国家很可能是法国战争的奠基者，甚至在过去的一段时间里，我都坚信不疑，我从震惊中恢复了过来，并为我的明星和诺斯勋爵保佑美国自由。我乐于为那些选择逃离而不是屈服于暴政的人提供庇护，以至于我目前在下雨天都不觉得腿疼。我们必须打仗，也许还要继续打下去，打成什么样取决于时间。如果我们的打击能与我们的惩罚并驾齐驱，上帝就会怜悯我们……[11]

达尔文的态度同样激烈。1778 年 12 月，他突然对朋友查尔斯·格雷维尔说："我很遗憾地从报纸上看到，我们可能会有一场与法国的激战——我讨厌战争！"[12] 如果几年前遵循查塔姆的路线，美国向英国提供原材料，而英国归还其制成品，那么英国可能会成为一个帝国。"但是，尊贵的乔治国王却不这么认为！也许会更好。大布列颠像古罗马那样奴役人类，然后再奴役自己。告辞[1]（Adieu）！"也许是为自己的武力感到吃惊，他补充说，"我之前的生活中从未如此多地讨论过政治。"

每个人都在谈论政治：这是无法避免的。但是在一群亲密的朋友中，裂痕必须以某种方式得到缓解。1775 年下半年，博尔顿向普里斯特利寄送了一盒他需要进行实验的德比郡晶石。普里斯特利很高兴，并希望他们能很快再见面：

> 我非常高兴看到你们在*火力发动机*上的改进，以及你们在机械和艺术方面的所有其他有价值的改进……我不会因我们政治观点不同和你吵架——当我告诉你，美国人在新理论基础上建造了大炮，*可以打到一英里外的标记物，你会说他们的聪明才智*帮助了他们的*怯懦*。我可以告诉你它的原理，但是我担心你会利用你的聪明才智来改进它，以便帮助他们的敌人。[13]

从那时起，政治分歧开始在表面下蔓延，保守党的博尔顿是一个极端的实用主义者，而他的朋友们则越来越多地挑战现状和权威的力量。例如，他们中有几个人赞助了伦敦新成立的大卫·威廉 262

[1] 此处，达尔文用的是法语。

姆斯教堂，这个项目基于富兰克林的建议，即可以在不提及信仰的情况下教授道德规范。这是由一个具有强烈的自然主义倾向的团体——“哲学俱乐部（The Philosophy Club）”支持的，该团体由富兰克林、本特利和马恩岛总督道森上校创立，成员包括韦奇伍德、怀特赫斯特、戴、建筑师詹姆斯·斯图尔特和博物学家丹尼尔·索兰德［及其有趣的新朋友拉斯佩，他是地质学家、宝石专家，还可能是个间谍和《吹牛大王历险记》（*The Adventures of Baron Munchausen*）的匿名作者[14]］。1776 年 5 月，在利奇菲尔德的一个晚上，韦奇伍德报告说，达尔文正刻薄地计划为教堂做宣传：

他建议我们无论如何要雇几个教区牧师，滥用一下报纸进行宣传——呼吁政府立即采取帮助，并建议焚烧他们（教区牧师和礼拜会众），把美国的动乱和可能发生的其他灾难渲染或迫在眉睫——如果你对这个新教派的一个施虐者感到不知所措，他会为你提供服务。[15]

果然，《晨报》（*Morning*）中的信件确实将威廉姆斯与“虚假的叛军”联系了起来。1776 年夏，本特利在巴黎向亲美派的卢梭展示了招股说明书，并赢得了他的支持（本特利还给了卢梭一本戴的《垂死的黑人》）。[16]

1775 年，英国陷于与美国的战争中，那年的月光社人也都有自己的担忧，而这些担忧让他们疏远了彼此。博尔顿和瓦特专注于发动机；基尔正忙着他的玻璃仪器；怀特赫斯特在伦敦有新工作，担任邮票和砝码的保管人，该职位是在 1773 年通过了一项规范金银硬币重量的法案后创建的。怀特赫斯特负责砝码的批准，他收到的每一套新砝码都要盖上有效的印章；怀特赫斯特仍住在德比，但大部分时间他都待在伦敦的办公室里，即舰队街外亚当·弗格森（Adam Ferguson）的住处。

韦奇伍德也很忙。1775 年 1 月，他制造出第一块人们所渴望的“水苍玉”，这是一种坚硬的陶制体，可以在宝石轮上着色和抛光，他聘请了弗拉克斯曼做设计师。“你觉得我们的花瓶怎么样？其底是蓝色的，上面镶着白色的花，还有圆形雕等。”他满怀希望地问。[17] 而且，韦奇伍德也在争取自己的专利。1775 年
5 月，当瓦特赢得了他的限制性专利时，韦奇伍德和斯塔福德郡的 263
陶工们成功地击败了一个同样具有限制性的专利——理查德·查皮恩（Richard Champion）从发现者、他的教友威廉·库克沃西（William Cookworthy）那里获得了使用康沃尔瓷土的专利延期。查皮恩的权利仅限于生产瓷器，而不是陶器。这被视为一个伟大的局部胜利，在 5 月底，一旦法案通过以后，韦奇伍德就会向西寻找黏土，在托马斯·格里菲思的陪同下，约翰·特纳（另一个斯塔福德郡陶工）和一位非常健康的普利茅斯化学家——87 岁的亨利·托尔彻（Henry Tolcher），“没有什么比称赞他长得年轻，以及他可能再活多少年更令他受宠若惊了”。[18] 在康沃尔，韦奇伍德访问了托马斯·皮特，后来的卡默福德勋爵，库克沃西在他的庄园里发现了瓷土和石头——但他的旅行也是一次冒险：他爬上他的木腿，越过陆地尽头的岩石，“带着一种无言的敬畏、崇敬和惊讶”凝视着浩瀚的大西洋。[19]

埃奇沃思在爱尔兰，戴在荷兰和布鲁塞尔，达尔文似乎是唯一不旅行的人，他的声望和腰围都在增长。达尔文一向身材魁梧，在

马车事故后，他的体重又增加了，他穿的亚麻衬衫像集市上的帐篷一样鼓了起来。1774 年 12 月，达尔文给富兰克林寄去了一份《哲学汇刊》上的报告，内容是关于杨和瓦尔提尔等人做的实验，关于"抽空容器里的动物体液"——看看猪和羊的血液和体液是否能吸收气体。他仍然在利奇菲尔德横行霸道，而当塞缪尔·约翰逊这位对手经过时，达尔文被彻底击败。安娜说，他们见过一两次，"但后来再也没有找到对方"。在她看来，问题在于"约翰逊只喜欢朝拜者"，而达尔文无意成为一个朝拜者。[20]"这个乖戾的独裁者感到了屈辱，于是报了仇，装出一副对权力蔑视的样子。"[21]

反过来，达尔文则总是不屑一顾地谈到约翰逊，是那种小村庄池里的大鱼对伦敦的巨兽一般的不满。达尔文是很棒的人脉结点，斯莫尔死后，正是他迅速采取行动，招募了一位接替者。根据建议（可能来自艾什医生或博尔顿），他立刻给斯塔福德医务室
264 的年轻医生威廉·威瑟林写信，建议他申请该职位。达尔文认识他的时候，他还是一名医学院学生，那时他与叔叔布鲁克·赫克特医生一起在利奇菲尔德度过了一个夏天。知道威瑟林热衷于化学和植物学，达尔文在他面前抛出赞助的诱饵，并强调了："您的哲学趣味将使您赢得博尔顿先生的友谊，他曾为斯莫尔做的一切也将属于你。"[22]浏览过斯莫尔的文件后，威瑟林发现斯莫尔每年收入很可观，有 500—600 英镑，并且通过主要在镇上执业而成功过着相对隐逸的好生活，他不禁有点嫉妒，"没有因为旅行和养马而产生的开销和疲惫"。威瑟林上钩了。达尔文、博尔顿的阴谋小集团通过一点微妙的地方政治手段，击败了反对派候选人（包括约翰·罗巴克的儿子），最后大获全胜。威瑟林获得了这份工作，并在 5 月与妻子和三个月大的婴儿海伦娜一起搬到了伯明翰。

斯莫尔的去世，新的“具有哲学倾向”的年轻医生的到来，以及意识到他们的工作和政治威胁使其分离的危险，所有这些都促使他们决定将目光社人组织在一起。1775年的新年前夜，月光社正式成立了。他们的想法是每月见面几个小时，从两点开始共进晚餐，至少持续到晚上八点。头五年，他们选择与满月最近的那个周日聚会，把社交生活与月象联系在一起，在今天看来难以理解，但这与光明和黑暗的自然规律有着密不可分的联系。例如，在18世纪80年代的肯特郡，音乐会和集会都挤在上弦月和满月阶段：音乐家约翰·马什和他的妻子“每当黑夜来临的时候，我们总是很高兴，因为我们可以有几个晚上属于自己”。[23]

一开始，按时聚会是个难题，但他们决心让计划持续下去。“请问你上次的满月在哪儿？”博尔顿问基尔，“昨天我在利奇菲尔德见到了达尔文。他想知道你是否会在3月3日星期天到索霍来，那样的话他就不会不来见你了，虽然他说他已经给一些孩子接种，而这些孩子那时可能会生病”。[24] 在这次会议上，博尔顿告诉基尔和瓦特，他计划“向议员们提出许多议案”，涉及法律和法规，“比如如何遏止一个社团的衰落，我希望它能够持续下去”。在 265
下一次会议上，博尔顿订购了一台电子仪器，要求小约翰·怀亚特去找一位普里斯特利推荐的特定供应商：“因为这是一个哲学社团，所以请把所有东西都安装得精确。”[25] 有时他们还带来客人：年轻的查尔斯·达尔文也来了，怀特赫斯特问，是否可以把一个朋友带到“索霍的魔术师大会”上。[26] 他们实际上月光社的聚会作为一个小而有影响力的研究小组在运作。1776年夏，月光社人聚集在一起测试布丰关于热量影响重量的理论，他们用博尔顿的精密天平做了实验，看看冷铁球和热铁球之间是否有任何区别。[27] 他们仔细查阅了布莱克关于热的笔记，韦奇伍德在他的常识手册里重复了许多实验，测试不同密度的物体对热的反应和保持热的方式。

他们都期待着聚会，但他们的信里到处都是借口和新的聚会日期——在接下来的几年里，博尔顿和瓦特在康沃尔经营发动机生意，韦奇伍德在旅行，怀特赫斯特在伦敦，达尔文或许与病人纠缠不清，聚会似乎不可能再继续下去。与此同时，有些兴趣也被搁浅了。1778 年，博尔顿卖掉了他闲置的望远镜，因为下雨和无人照管，望远镜一直放在外面。同年，达尔文写信给他，为错过了一次聚会而道歉：

我很抱歉，地狱的鬼神带着疾病造访人类，医生们永远处于交战状态，阻止我今天在索霍见到你们——主啊！什么样的发明，什么样的机智，什么样的修辞，什么样的形而上学，什么样的机械，什么样的烟火，都将插上翅膀，像毽子一样从一个地方传到另一个地方，从你们的哲学家队伍中传播开来！当我还很穷的时候，我一个人被关在驿站马车里，在国王大道上颠簸着，推挤着，碰撞着，为了与天花或发烧作斗争！[28]

但当他们会面时，所有的政治分歧都被遗忘了。月光，温酒，还有友谊，他们的头脑里全是空气泵、元素和带电的机器，耳朵充盈着轮子的呼呼声和气体的嘶嘶声，月光社人爬上他们的马或马车，摇摇摆摆地回到各自的家里。

23 植物和热情

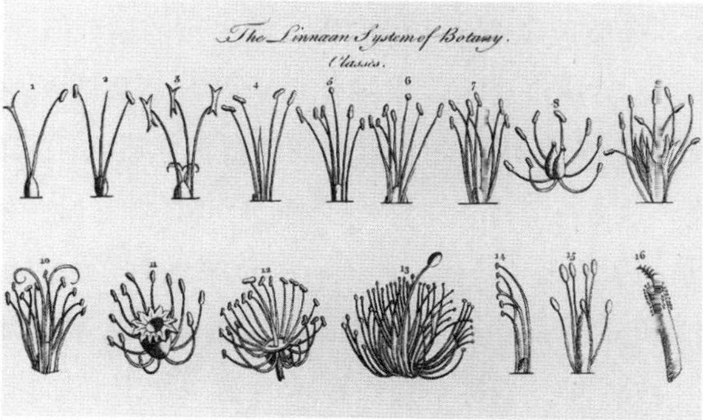

林奈分类法，克罗克提供，1764 年

排序、追溯谱系、分类和命名——控制所有知识领域——是 266
18 世纪的关键研究。从法国哲学的百科全书到约翰逊的字典和诗人的生活，从勃尔尼的音乐史到基尔的化学词典，或普里斯特利的《电的历史》和气体的命名，到处都能找到这种冲动。

殖民者、商人和探险家在遥远的世界各地发现了数千种新物种，这加剧了对植物进行分类的压力。与牛顿同时代的天才实验生物学家约翰·雷（John Ray）在很久以前就提出了一个“自然”的分类方案，根据主要部分的相似性——根、花、花萼、种子和种子容器。其他植物学家倾向于一种更简单的“人工”系统，它建立在能定义一个群体的最小数量特征上：法国植物学家托尔内福特用这种方法命名了近 700 个属，主要是根据花冠的形状命名的。[1]

两种体系并驾齐驱，直到卡尔·林奈在混乱中，开辟出惊人的、更有把握的清晰思路。他好辩、保守、衣着不整、没有文化，回避“新科学”，为了让他的女儿避免“法国时尚”的污染而不让她们识字——在各方面都像固执的瑞典人一样——林奈彻底改变了分类学。[2]他采取了两条指导原则：雷提出的物种概念，以及有
267 机生命等级的关键概念（后来进化理论的重要基础）。最重要的是，他认为动物和植物世界是由共同的特征联系在一起的。18世纪30年代，他在荷兰待了三年，在现已年迈的布尔哈夫的帮助下，他从荷兰访问了法国和英国，回国后成为乌普萨拉大学的教授。林奈的思想在几部作品中传遍欧洲，尤其是《自然系统》（*Systema Naturae*）。1735年，当林奈还在荷兰时第一次出版，后来一版接着一版，最后扩充为四卷。[3]他的命名系统极其简单。1690年，有研究表明植物和动物一样是有性别的，有“雄性”的雄蕊和“雌性”的雌蕊。花、雄蕊和雌蕊随后被视为结构的关键（接着是对真菌等无花植物的探查）。林奈根据雄蕊的数量将植物分为不同的种类（单体雄蕊和二体雄蕊），然后是目的分类。[4]他的第二个重大突破是将过去冗长的描述性名称改为两个名称：属，加上一个“种名”来确认该物种。

林奈简单经济的双名法提供了一幅自然地图，适合从学者到女学生的所有人。他提供了手册、说明和设备清单，从口袋刀到显微镜；他以发现者、农民、女性朋友的名字来命名植物。林奈的学生从世界各地寄回标本给他，他试图在自己位于乌普萨拉的植物园里培育这些标本——很容易看出为什么他的植物系统迅速地传遍欧洲。但它也有激烈的对手，包括有影响力的乔治·路易·勒克来克（Georges Louis Leclerc），即布丰伯爵，巴黎皇家植物园主任。布

丰的《自然史》(*Histoire Neturelle*)读起来几乎像一部小说，挑战了《创世纪》(*Genesis*)的虚构内容，重新讲述了地球经历的七个时代——动物出现在第五个时代，人类出现在最后一个时代。[5] 林奈认为物种是静止的，自然状态是上帝所规定的，而布丰认为自然界的本质是不断变化的，是动态的力和运动，强加一个粗糙而僵硬的网格扼杀了生命的灵魂。他谴责林奈的体系是“下流而低劣”的，是“将认为强加于自然，是狡猾的，错误的”。[6]

月光社人也不可避免地参与到争论中。植物学在英国非常流行，尤其是在库克的第一次航行之后，那次航行收获丰富，包括1300种以前不为人知的植物。伯明翰人珍视他们与库克探险的联 268
系：通过基尔的堂兄——海军外科医生詹姆斯·林德（他被邀请参加库克的第二次航行，却和约瑟夫·班克斯一起去了冰岛）；通过普里斯特利和他的苏打水；尤其是通过雄心勃勃的年轻博物学家约瑟夫·班克斯。另一个吸引人的地方是，库克的植物学发现可能有实用价值——殖民地新作物的种子、新药的植物。

因为宫廷的追捧，植物学在英国也获得了地位。植物学曾得到乔治三世的母亲奥古斯塔公主的资助，18世纪60年代，奥古斯塔的花园在比特勋爵的密切注视下进行了改造，1772年，奥古斯塔死后班克斯接任了奥古斯塔的顾问。这也是一个爱国主义的项目，是在与布丰壮大的皇家植物园的竞争中发展起来的。自然历史学会在英国遍地开花，涌现出了一大批书籍。[7] 林奈的入门书，如詹姆斯·李（James Lee）的《植物学导论》(*Introduction to Botany*)和菲利普·米勒（Philip Miller）的《简要导论》(*Short Introduction*)，都于1760年出版，并经历无数次的再版。到1775年初，切尔西著名的“药剂师花园”里的所有植物都“按照林奈的标准”进行了重新布置，园丁们对增加的工作量感到不满：

> 因为大量收集在花园里种植的新植物；因为它们中有许多是外国生产的，性质温和，特别是那些种子要从热床中培育；需要频繁地挪动，情况多变，需要悉心的照料……[8]

因为药物学中的实际应用，医生和药剂师常常在植物生理学和植物分类方面引导主要工作。1775 年，威瑟林的研究课题是林奈分类法在英国植物群中的应用，他因此成为月光社中极受欢迎的新成员。但是，如果达尔文认为他会像埃奇沃思一样，成为一个满怀感激之情的门徒，准备以愉快、热情的交流分享他的全部知识，那就大错特错了。威瑟林固执己见、野心勃勃、沉默寡言、谨小慎微，他恼怒别人对他的干涉，对自己的研究思路小心翼翼，在别人面前也不愿直言。在月光社，只有博尔顿宽阔的肩膀和慷慨的
269 胸怀才能真正打破他的戒备。他来到伯明翰时 34 岁，比达尔文小 10 岁，达尔文是惠灵顿一个有钱有势的药剂师的儿子，住在什罗普郡。他曾在爱丁堡师从库伦和约翰·霍普（John Hope），后者为英国林奈学说的开山鼻祖。讽刺的是，当霍普为植物学最好的学生颁发金牌时，威瑟林在古板地给家中写信，尽管这样的奖励可能会“在年轻人的头脑中引起竞争”，但它几乎没有“足够的魅力来消除我对植物学形成的不愉快的想法”。[9]

在巴黎短暂停留后，威瑟林参加了诺莱的讲座，参观了主宫医院，并衷心感谢自己生活在一个民主国家，而不是这个专制国家——威瑟林在斯塔福德的新总医院开始了实践。他爱上了海伦

娜·库克——他未来的妻子——海伦娜热衷于画植物素描，威瑟林便为她收集标本；在 1772 年，也就是威瑟林结婚的那一年，他开始对当地植物进行林奈分类。同年，《哲学汇刊》发表了他关于斯塔福德郡泥灰的论文。[10] 威瑟林从这片肥沃的土地上采集了不同的样品（黏土和碳酸钙的混合物），他加入硝酸来去除二氧化碳；再焚烧黏土和钙质灰，然后加水，看看是否会产生石灰水。威瑟林很可能一直在研究普里斯特利关于“固定空气”和植物的实验，但他的主要兴趣是将知识应用于实际，看看以燃烧泥灰来制造生石灰是否有助于农业。[11]

威瑟林有笔记的强迫症，有痛苦的洁癖，还有不能自制的记录和整理的冲动。无论是在土壤、植物、医学案例还是矿物方面的研究，他的分类都绝对条分缕析。到 1775 年年初，他的书就要出版了，达尔文迫不及待地——过于急切地——来帮忙。就像怀特赫斯特的兴趣激发了他对地质学的热情，基尔的到来使他迅速成为化学家一样，现在植物学成了他新的痴迷对象。1775 年 3 月，当威瑟林得到任命，他写信给身在伦敦的瓦特，打断了他的专利之争，并向瓦特索要了一堆书，来填补他已经相当可观的植物图书馆。威瑟林已经有了 27 卷布丰的《自然史》，还想要最新的一卷；他还有另一本大型参考著作《莱比锡评注》（*Leipzig Commentaries*）的 270
17 卷，但还缺两卷，以及自 1771 年以来出版的任何著作；他有林奈的《自然系统》的第一部分，但还想要其余的部分。

达尔文不满足于仅仅跟上时代的步伐，他还要介入其中，他把威瑟林的书整理得井井有条。1775 年 5 月，达尔文真诚衷心地告诉威瑟林：

你的书名应该简单好记，也应该容易地能与李等人的著作区分开，如“科学草药”“林奈草药”“英国植物学”“英国圣公会植物学”等。但在凯尔先生和瓦特先生的帮助下，我们将在博尔顿先生那里解决所有这些问题。[12]

如果威瑟林事先发现了这么做潜在风险，他也许就不会犯这个错。威瑟林的两卷书出版于 1776 年，书名占了整整一页。

威瑟林的书是那时最好的英国植物研究成果。他配了 12 幅插图，引用了不同的作者和期刊，从《哲学汇刊》到通俗的《绅士杂志》，并对标本的发现和保存做了很好的实用介绍。但对达尔文而言，分类还不够。达尔文钻研植物学，特别是每当他回顾布丰的《自然史》，他对植物的进化就越来越感兴趣。就像德比郡洞穴里的化石一样，很明显——尽管林奈教条地坚持相反的观点——一些物种随着时间的推移已经消失了，新的物种出现了，旧的物种发生了突变。构成分类基础的“谱系”是如何形成的？布丰提出了一个激进的建议。如果谱系存在，“它们只能通过杂交、连续变异和原始物种的退化而形成”。一旦它被接纳，植物和动物中就有了谱系：

然后就可以说猿猴是人类谱系的一员，是一个通俗意义上的，或者说人和猿猴有共同祖先，就像马和驴一样，每个谱系，无论是动物还是植物，都来自同一物种……[13]

达尔文对此思考得越多，就越确信。

然而，花、植物和它们的谱系却不同于岩石、气体和发动机。

它们一直是艺术文化的一部分，就像农业和医学一样，正如许多林奈的名字所承认的那样，它们与神话、诗歌、绘画、刺绣和爱情联系在一起。它们是装饰性的，也是女性化的。

植物学通常被认为是一种适合女性的科学追求，然而林奈却让 271
女性读者相当震惊。当威瑟林将植物分类为类、目、属、种和变种时，他选择了性作为关键，并根据雄蕊（雄性的“生殖器”）对开花植物进行分类。他把它们分成 23 类，然后根据柱头的结构，即女性的“生殖器”，把它们分成不同的等级，而支持它们的结构，即花萼，成为“婚床”。当然，这就意味着，有些花不止有一个雄性与一个雌性同床，它们的性别命名更是如此，有些结构可以与小阴唇和大阴唇相比较，更不用说一整类被称为阴蒂的花[1]了。毫无疑问，林奈的植物分类和性之间存在着联系。甚至连真菌、苔藓和蕨类植物没有花的部分，也被称为“秘密结婚的植物”。在英国，几个植物学家害怕强调性别区隔，威廉·威瑟林当然也感到尴尬。在他的《植物配置》（*Botanical Arrangement*）中，相当奇怪的是，他把“雄蕊”改成了“韭菜”，把“雌蕊”改成了“点”，因为他怕得罪女士们。达尔文几乎没有时间在语言上做这些细微的区分：在翻译“pedunculisaxillaxilus”（源自 Paxillus，腋窝）时，他提出了“角度上的花茎”，不耐烦地评论道，“角度上的花茎肯定会和腋窝、腹股沟或其他任何微妙的概念一样容易理解”。[14] 尽管他们没有承认，但威瑟林和达尔文的植物学研究都与生理欲望有关。威瑟林一开始是为海伦娜收集鲜花，而现在达尔文和一个女人的关系越来越密切，这个女人热衷于园艺，达尔文给她朗诵了大量充满激情的田园诗歌。

[1] Clitoria，蝶豆属。

达尔文回归诗歌的部分原因是受他的次子伊拉斯谟的影响。突然，他似乎意识到他的孩子们都长大了。1775 年年初，查尔斯 16 岁，伊拉斯谟小他一岁。他们就像达尔文性格的两面：查尔斯聪明、有科学头脑、外向、有抱负；伊拉斯谟具有文学气质且敏感。1775 年 3 月，查尔斯去了牛津的基督教堂学院，离开一年后（令达尔文高兴的是）转到爱丁堡学习医学。据说，达尔文觉得他那文静的次子伊拉斯谟既柔弱又惹人厌，但他在利奇菲尔德建立了一个文学小圈子的部分原因就是为了次子。这其中当然包括安
272 娜·苏厄德，还有埃奇沃思和戴，当他们在那儿的时候，还有写诗的乡绅弗朗西斯·芒迪（Francis Mundy）和卢梭主义者布鲁克·布思比（Brooke Boothby），他们悠闲、懒散，经常醉酒。陶醉于导师的角色，达尔文又开始创作诗歌。1776 年，四首诗作为芒迪的《尼德伍德森林》（*Needwood Forest*）的尾篇出现。他们的签名是“E.D.”“A.S.”“B.B.”和“伊拉斯·六月”。但是安娜声称达尔文自己写了其中的三本书，把伊拉斯谟的名字写得最好，而把她的写得最差。当安娜与他交涉时，“他以一种独特的方式一笑了之。”[15]

达尔文与玛丽·帕克的关系在他们的第二个女儿玛丽于 1774 年出生后逐渐淡薄。第二年，他收到了一个熟人寄来的一本说教性的《乡村回忆录》（*Village Memoirs*），作为回报，他在书中附了一首诗，这首诗是他在恳求“德比郡一位女士不要再砍伐小树林”时所写的。达尔文的诗意树是为了吸引“甜美的贝尔”，为了她“可怕的命令”和“无情的双手”。如果她暂时解救它们，它们保证在每个树干上刻上她的名字；对她来说，花儿的芳香将随风飘荡，还有：

溢满爱意的情郎，当夏日的热浪袭来，
或者冬天的风吹乱了翻滚的天空，
我们抱臂在阴影下漫步，
思念明媚的伊丽莎——思念着，叹息着。[16]

人们花了些工夫才把达尔文这个 40 多岁、满脸麻子、身体超重、一瘸一拐、口吃严重的人看作一个坠入情网的浪荡子，但他确实是。这就是最浪漫的事，因为他所追求的对象，伊丽莎白·波尔（Elizabeth Pole），不仅漂亮，而且已婚，求而不得。他“聪明的伊丽莎”二十八九岁，一头黑发，机智而冲动，有着诱人的贵族血缘。安娜·苏厄德总结她说：“性格讨人喜欢；有健康的光泽；迷人的微笑；优美的体态，高大而优雅；顽皮活泼的举止；一颗仁爱的心，还有母爱的光辉。”[17] 伊丽莎白是波特摩尔伯爵的私生女，是卡洛琳·科尔伊尔（Caroline Colyear）的同父异母妹妹，是凯德尔斯顿府邸的纳撒尼尔·柯曾（Nathaniel Curzon）爵士的妻子。在这里，她遇到了来自四英里外的拉德伯恩府的波尔上校。波尔比她年长近 30 岁，是美国大陆战争的英雄，至少在三场战役中差点阵亡（在明登，一颗子弹打在他的左眼上，从他的后脑勺冒了出 273
来），无可否认，他是个精力十足的人物。1769 年，伊丽莎白与波尔结婚时，她已经怀孕七个月了。到 1775 年，他们已经有了三个孩子：六岁的萨赫维尔、五岁的小伊丽莎白和一岁的米莉。

四年前，可能是在约瑟夫·赖特的推荐下，他们全家人都成了达尔文的病人。达尔文不顾医德，追求伊丽莎白。因为她是一个白发苍苍的勇士不可侵犯的财产，所以相比较于未婚的安娜·苏厄德，与她调情风险要小得多。达尔文可以扮演游吟诗人，重获青春，并且——至少在一定程度上——升华他的性渴望。达尔文完全赞成性。他不像维多利亚时代的英国人那样为此忧心；他认为自慰有益；醒来就勃起是健康的标志。[18] 他是异性恋者，但他也有同性恋朋友，可达尔文从未对其发表任何负面评论。

在接下来的几年里，达尔文给伊丽莎白写的诗源源不断地从他的笔下涌出，当他在一次咨询会后不得不离开拉德伯恩府时，他感到悲伤（“亲爱的远方的塔！它宽阔的屋顶保护着 / 我跳动的胸膛”）。[19] 在 1777 年晚些时候，三岁的米莉无缘由地开始无精打采，伊丽莎白带她到达尔文家住了几个星期。米莉被灌药灌到了眉毛，带着病睡了一觉。达尔文孜孜不倦地记着笔记：“她现在每天吃三次鸦片，已经一个月了，似乎完全康复了。”[20] 米莉和她的母亲回到拉德伯恩后不久，达尔文就给博尔顿寄去了一张诗意的订单，要他把索霍能生产的最好的茶壶送给他：

东方的明珠，白色的字母，
在它的周围写上“致最美丽的人”；
骄傲的拉德伯恩塔楼拔地而起，
以颁给聪明的伊丽莎……

栖息在上升的盖子上，
放一只失恋的斑鸠，
垂着翅膀，竖着羽毛，
还有大口喘气的喙和忧郁的眼睛。[21]

因为达尔文过度的诗意和安娜·苏厄德对约翰·萨维尔的迷

恋，连庄重的教堂区（Cathedral Close）附近的气氛也显得躁动不安。（1776 年，理查德和霍诺拉·埃奇沃思夫妇来访，决定回英国住几年，他们的到来让安娜哭得歇斯底里。）就算达尔文的浪漫渴望没有得到满足，但至少他对植物学的热情可以有形化。达尔文在房子西边一英里处买了几英亩地，开始建造自己的植物园。接下来的情节是“一个小小的、荒凉的、郁郁葱葱的山谷”，用苏厄德的话说，它切入利奇菲尔德平原上为数不多的岩石山丘之一。[22] 山谷中是沼泽地，有许多低矮的灌木丛，中间有个石头堆砌的洗浴池，是 17 世纪由热心的弗洛耶医生所建，他是一个喜欢洗澡的改宗者。 274

达尔文在溪流上建起水坝，筑成小湖，并迫使小溪按照他所规划的“蜿蜒”路线流淌。他在河岸旁都种上乔木和灌木，“以及各种各样的植物，将林奈的科学与景观的魅力结合起来”。他最喜欢的景致是一块石头，它不停地滴水，大约每分钟滴三滴，石缝里挂着水生植物。在这个神奇的地方，不受干旱、洪水或霜冻的影响，达尔文曾题写了一首诗，并宣称这首诗是由喷泉里的仙女口述的，她警告这个世界所有贪婪庸碌之人。直到大约三年后竣工，他才让安娜·苏厄德看到山谷的景色。在尔文去探视病人，安娜便独自前往山谷，“坐在花坛上，在那华丽的隐居所……当太阳给山谷里镀上金色的时候，当树林里的每只鸟都在唱歌的时候”，她立刻写了大约 50 行诗，献给这个地方的天才。达尔文——这位天才——接受了足够多的奉承。安娜说，正是在这个时候，达尔文宣布林奈体系是“未被探索的诗歌领域”，和奥维德[1]一样充满了变形的可能性。奥维德把人变成了植物，他们把植物变成了男人和女人。甚至这个项目本身也有性别之分：她写诗，他写注释，“必须是科学

[1] 古罗马诗人。

的”。正如林奈的名字一样，科学遇到了经典。

当安娜敦促达尔文自己写这首诗时，他提出了异议，理由是如果自己涉猎诗歌，他作为医生的声誉可能会受损。达尔文的借口符合早些时候他对一个朋友说的话，当时达尔文承认自己写了许多医学小册子，但不敢发表：“他们会挑错或捏造错误；就算我用天使加百利翅膀上的的羽毛制成的笔写就，他们也可以嘲笑书上的污
275 渍。”[23] 但自 18 世纪 70 年代初以来，达尔文一直在私下里写一本关于疾病的长篇散文，最后成了《动物法则》。此时，达尔文开始创作一首长诗，随着时间的推移，这首诗逐渐变成了《对植物的爱》（*The Loves of the Plants*）。他当然以苏厄德的名义把诗寄给了《绅士杂志》，11 年后，达尔文又以她的名义投稿——使安娜十分恼火——并将其作为《植物园》的序言。

在社交场合，机智和诗意可以取代准确的数据。当达尔文后来跟安娜谈起他从未见过的新引进的山月桂时，安娜问他那是什么颜色，他愉快地说：“夫人，山月桂的颜色和天使翅膀的颜色一模一样。”[24] 然而在医学上，准确性是非常重要的：许多古老草药方子中列出的植物如果被滥用就会中毒。威瑟林故意把医学用法排除在他的《植物配置》之外，认为传统的学问是无知和迷信的混合。

奇怪的是，使威瑟林成名的作品正是由他如此鄙视的学问所激发的。当威瑟林第一次来到伯明翰时，他每周都开车回去看望斯塔福德医院的病人。在 30 英里的路程中，马得换一次。在换马的驿站，有人请他去看一个患水肿的老妇人。威瑟林做出了不好的预测，后来他惊讶地发现，她在一种神秘药草茶的帮助下康复了，这种茶是根据一个古老的家族配方制成的，“由什罗普郡的一位老妇

人保守着秘密，她有时会在常规医生失败后再进行治疗”。[25] 这种药会导致呕吐和腹泻，威瑟林发现药方中列出了二十多种不同的药草，“但对于一个熟悉药物的人来说，并不难看出其中有活性的药草是洋地黄”。

然而，洋地黄有剧毒。10 年后，威瑟林在《洋地黄分析》（*Account of the Foxglove*）中，一丝不苟地记录了它的副作用：

> 当多次服用大剂量的洋地黄后，可能会发生呕吐、腹泻、头晕、视觉混乱、尿液中分泌物增多并呈现绿色或黄色、尿频（甚至尿失禁）、脉搏变缓（甚至每分钟 35 次）、冒冷汗、抽搐、晕厥、死亡。[26]

威瑟林学到的一切，部分是得益于认为至关重要的“精确而深思熟虑的实验”。他的实验对象——就像普里斯特利的老鼠一样可以被任意处置——都是伯明翰的穷人。威廉·斯莫尔总是每天留出两小时免费照顾镇上的穷人，威瑟林一直坚持着，估计他每年要看两三千名病人。正是在他们身上，他第一次尝试了洋地黄。 276

听到其他治疗方法后，威瑟林更加确信自己的假设；但他没有使用看起来不太可靠的根，而是试着在阳光下或火上晒干树叶，然后把它们磨成粉末。威瑟林的“发现”将民间疗法变成了公认的实验医学。他发现洋地黄是一种很好的利尿剂，对心脏病也有作用，尽管他不知道具体是如何起作用的——事实上，洋地黄减缓了心脏肌肉的活动，使心脏能适当地充血和排空，提供更好的血液流动，使肾脏更有效率。威瑟林对这种植物的研究越深入，听到的故事就越多。斯陶尔布里奇的一位药剂师报告称，洋地黄对治疗结核病和癫痫同样有效。一位约克郡的推销员告诉他，他的妻子为了治好他的哮喘，把一大把叶子炖进了一种饮料里。“这个好女人知道祖国的药，却不知道它的剂量。”威瑟林说。[27]

1776 年夏天，达尔文接诊了一位发烧的中年妇女，她腰疼、不停地咳嗽，吐出一桶桶的痰。六周后，她几乎要窒息了，满是汗水的面孔呈铅灰色，且感觉到强烈的干渴。她胀满了水，却不能排尿，她的尿只有几匙。达尔文向威瑟林求教，威瑟林唯一能想到的就是洋地黄，但起初他犹豫了一下，因为这个病例太难了，她的死可能“毁掉一个本造福人类的药，我也可能因为这个处方不符合经验而遭受谴责”。[28] 然而，当他建议使用洋地黄时，达尔文同意了，威瑟林补上了剂量。结果很戏剧性：这个可怜的女人病得很重，但“在头 24 小时，她喝了九升水”。在接下来的两周里，两位医生都开了满满一柜子的药。尽管如此，并非由于这些，她康复了。从医学上讲，这个共享的案例是成功的，但五年后，它引发了一场激烈的争吵。

278 也许是受到他那位有条不紊的年轻同事的启发，1776 年，达尔文也开始记录他的所有病例。他做事从不小气，于是买了一本巨大的对开本剪贴簿。但不知怎么的，他的笔记没有按顺序排好，有的跑掉了，有的飞乱了，有的变成了诗歌，有的变成了发明的草图，有的变成了宏大的思辨理论。达尔文一开始很认真，孜孜不倦地写了好几页：从蠕虫、水肿、酗酒到猩红热和天花。但即使在这一处，剪贴簿也令人担忧：因为分娩后的忧郁和无原因的恐惧（现代人将其称为产后抑郁症），他决定拔出产妇的三对牙（操作员犯了一个拙劣的错误，不得不第二天再来取出牙根），紧随其后的是“大腹泻”。[29] 他对洋地黄印象深刻，无疑知道这是一种偏方。既然威瑟林已经找到了“科学”剂量，达尔文立刻使用了它：

哈里森先生服用了四口洋地黄，吐了一点，然后虚弱地便了20次。第二天，他的肝脏剧烈发炎，疼痛难忍。

另一个更糟糕——直率而可怕：

某太太有气喘病，还有点瞌睡，但似乎还没到生命的尽头。她喝了四口洋地黄煎药，吐了两三次，又便了两次，死在了粪便上。[30]

威瑟林一直坚信洋地黄是“我们拥有的最温和、最安全的药物之一，也是最有效的药物之一”。[31] 十年后，他听说贵格会医生约翰·利特索姆（John Lettsom）在八例致命病例中使用了洋地黄，他只是表示他可能弄错了剂量。实验医学可以治病，也可以杀人。

1778 年，达尔文经历了亲人骤然离世的悲剧。这是一起医疗事故，但受害者不是无名的病人，而是达尔文的儿子查尔斯。在医学院的第二年，查尔斯一直在帮助他的老师安德鲁·邓肯（Andrew Duncan）治疗穷人。邓肯在一篇关于区分脓和黏液标准的论文中获得了一枚金牌，当时他正在写一篇关于淋巴管的论文。邓肯为人
随和、才华横溢，深受达尔文的朋友喜爱邓肯曾与基尔通信讨论玻 279
璃的结晶，并担任他的小儿子弗朗西斯的教父。“我希望你能给他灌输一些你对知识的渴望。”基尔高兴地写道。[32] 但两位父亲的希望都破灭了。小弗朗西斯在婴儿期就去世了，1778 年 4 月，查尔斯·达尔文在解剖一名儿童时割伤了手指。那本来只是不值一提的

小伤口。但几小时后，他就因严重的头痛而倒下，第二天精神错乱并大出血。

库伦、布莱克和邓肯冲过去救治他。达尔文以最快的速度向北行驶，一开始他相信查尔斯会康复，但后来他绝望地承认查尔斯正在迅速垮掉。5 月 12 日，达尔文告诉伊拉斯谟："我担心两三天后他就会死去。"[33]5 月 15 日，查尔斯去世；四天后他就 20 岁了。达尔文和詹姆斯·赫顿一起住在爱丁堡，直到查尔斯被埋葬。他为这座陵墓题词，很可能还写了当年晚些时候发表的一篇冗长的匿名挽歌，悼念失去科学爱人的查尔斯，这位女神的光芒终有一天会扫除无知和恐惧。[34]

达尔文告诉赫顿，他计划发表查尔斯的论文，两年后，他这样做了，用自己的病例默默地美化它。[35]令人不安的是，我们所知道的脓和黏液，包括五例使用洋地黄治疗的病例，正是此类治疗方法的首次发表。没有证据表明查尔斯曾使用过洋地黄，但确实有一个案例那就是达尔文在 1776 年打电话给威瑟林看的那个女人。达尔文甚至没有提到这位年轻医生的名字。威瑟林本来一直在耐心地整理笔记，结果被人抢先了，他因而被激怒。当威瑟林一岁的小女儿去世时，他不得不先处理自己巨大的悲痛。到了 18 世纪 70 年代后期，这两位医生的竞争变得越来越激烈，并都开始发表论文。[36]达尔文对查尔斯的工作进行编辑，可能是为了保住自己的位置，也可能是一种欠考虑的父爱之举，从竞争对手那里偷东西，把奖颁给他失去的儿子。不管是什么原因，在这一场争吵之后，他和威瑟林几乎没有再说过话。

24 征服康沃尔

康沃尔群的多科恩矿

1777年夏天，詹姆斯·瓦特发现了康沃尔郡的切斯沃特煤矿，与达尔文富饶的小山谷形成了鲜明对比。荒原上几乎没有一棵树。地上散布着发动机厂房和车棚，积着成堆的碎石，坑坑洼洼，喷口和裂缝散发着恶臭，就像古代英雄进入地下世界的裂缝一样。 280

矿主将工人分为“零工（Tut-workers）”和“供者（Tributers）”两个阶级——这是康沃尔特有的。“零工”技能较低，工资由下井深度和操作水平决定的。提供矿石的“供者”是投机者，根据矿石的丰富程度按吨支付，理论上是利润分享者。但实际上，由于矿主向他们收取绳索和蜡烛的费用，如果一无所获，他们就得不到收入，因此“供者”是最经济的劳动力。每天都有成排的人大步走向矿井，裤子上积满了红色的尘土，扛着鹤嘴锄，把绳子挂在肩上，戴着硬毡帽，帽檐上粘着蜡烛，更多的蜡烛挂在他们的腰带上。一些地方的地下温度达到 100 华氏度，另一些地方不得不蹚过齐腰深的冰水。有时空气很污浊，根本无法点燃蜡烛。在爬上 600 英尺甚至 1 200 英尺的梯子之前，他们只能轮班六小时。

281 巨大的矿石篮子——即铁杲桶——被绞盘提出井，这是一种由骡子和马驱动的圆形木制绞车，动物们在一圈又一圈的缓慢行进中，被小男孩戳刺鞭打。人们把矿石碾碎、分选，把石头砸成块，找到一块块的黄色黄铜矿和灰色黄铜矿，这是铜的来源。附近有穿着棕色长袍、戴着带翼的布列塔尼帽的少女们，在一群孩子的帮助下，把小块的矿石倒进磨坊，更多的妇女用平头铁锤把矿石敲成粗粉，这个社区的生活就维系在铜矿上。因为机器和水力的作用，锡矿开采的劳动密集程度较低。由铁制圆木制成的大型碾压机将矿石磨成粉末，然后用石头将其磨成细沙，再用浅盘（“洗矿槽”和“泥浆水”）将其洗净，当较轻的杂质被洗去时，黑色的锡就沉淀在浅盘里。

在抽水机和磨坊的砰砰声中，不时地从下面深处传来火药爆炸的隆隆声。事故很常见：落石、烧伤、爆炸致盲。大多数矿工在 35 岁左右身体就垮掉了，如果他们能活那么久的话。随着矿井越挖越深，洪水的风险也越来越大：坑道被挖到悬崖或山谷边，以降低引水成本。1715 年，矿工们开始使用纽科门的发动机，到 18 世纪 70 年代末，已有 60 台发动机在全县范围内起起伏伏，但在雨季，这些矿井还是经常被迫关闭。更糟的是，纽科门的发动机消耗了昂贵的燃料。在英格兰中部地区，附近有煤田倒不是什么大事，但这里的煤得从南威尔士进口，由驮马和骡子从港口运来。

这些矿井被称为古凯尔特语的“风团（Wheals）”。罗马人就曾在这里开采锡，矿业在都铎时代曾是一个重要的产业。铜深埋于地下，直到18世纪初才真正开始大规模开采。从18世纪20年代起，特别是随着黄铜贸易的兴起，数百吨矿石被运往布里斯托尔、斯旺西和北康沃尔海岸的海尔进行熔炼。在拍卖会上，雷德鲁斯的街道上到处都是大块的矿石和一圈又一圈的冶炼厂，它们通过复杂的“票务”过程进行投标。与此同时，怀着赚钱的梦想，康沃尔郡的冒险家将家族的财富投进矿井，认购股票，并不断收到要求为 282
凿井和排水的新矿井支付更多资金的呼吁。1768年，新的打击来了。位于安格尔西的帕里斯大矿由令人敬畏的托马斯·威廉姆斯经营，它是一座单一的矿石山，开采起来非常容易，以至于导致了一场惊天动地的价格暴跌。由于康沃尔的煤矿无法削减劳动力成本，唯一可能的经济效益就是燃料，当地的工程师们狂热地改进锅炉，以便从每铲煤中获得尽可能多的蒸汽。约翰·斯米顿应召而来，到1775年，他已设法使纽科门发动机的效率提高了一倍。但是，即便如此，全县超过40台发动机也经常处于闲置状态，即使最好的发动机也无法应对水的问题。

正如斯莫尔所预言的，这一切使康沃尔人一听到瓦特的节油发动机的消息就跃跃欲试。除了单独的冷凝器，瓦特的发动机还用蒸汽带动活塞的动力冲程，使它比纽科门的任何设计都更有动力。但是康沃尔人很骄傲，也很多疑，即使是对自己人。矿长负责管理矿山，工程师负责保持机器运转，每年进行一次维护，经常监督一些不同的矿山，这些矿山分布在东部和西部两个对立的地区。矿工们支持他们各自的地主——法尔茅斯勋爵（Lord Falmoth）和弗朗西斯·巴塞特爵士（Sir Francis Basset）——他们是激烈的政治对手，就像封建军队一样。

1776 年夏，来索霍的代表团中，有脾气暴躁的理查德·特雷维希克（Richard Frevithick）和固执的约翰·巴奇（John Budge），两人是都在西部矿区工作的著名工程师，对“外来人员”最不友好。1776 年 11 月，博尔顿瓦特公司接到的第一批订单就来自其竞争对手东部地区：雷德鲁斯附近的廷唐矿的 52 英寸缸式发动机，以及繁忙的切斯沃特风团矿的 30 英寸小型发动机。廷唐的工程师，60 岁的乔纳森·霍恩布洛尔（Jonathan Hornblower），是斯塔福德郡人，他的父亲在 18 世纪 20 年代来到这里，为朋友托马斯·纽科门安装发动机；他的七个儿子都进入了这个行业。霍恩布洛尔与巴奇不相上下，是公爵领地的首席工程师。1776 年末，霍恩布洛尔给瓦特发去关于矿山、发动机和发动机房的详细报告，告诉他“康沃尔有一些非常好的发动机铸工，也有一些很糟糕的（他们都酗酒）”。[1]

283 开始时，康沃尔的生意进展缓慢。当廷唐的汽缸抵达切斯特准备装运时，才发现它太大了，无法通过舱口。尽管瓦特表示愿意出钱把舱口做得更大一些（这是一个节俭的人最绝望的表现），但当船起航时，它依旧可怜巴巴地留在码头上。因此，繁忙风团（通常称为风团精神）是第一个使用其新发动机的公司。瓦特和安妮出发前往康沃尔，以确保这一至关重要的委员会的成功。旅途是一场马拉松，他们在黎明时离开向布里斯托尔驶去，当晚九点钟到达。第二天，即使是六点钟，所有的马车也都被预订出去，精打细算的瓦特被迫租用一辆四轮车厢式马车奔向埃克塞特，以便在布里奇沃特下车时能够找到便宜的座位。穿过萨尔塔什，从埃克塞特到塔玛渡轮仍然需要雇马车。最后，经过四天的旅行，他们到达了特鲁罗。瓦特没有看到任何让他高兴的东西。人们见到了他“最不礼貌的举止”，发动机“笨拙且令人讨厌”，而机舱都“破了，所有东西都从水罐里滴下来”。[2]

瓦特夫妇和托马斯·威尔逊住在一起，威尔逊是另一个在西部发了财的北方投机商。他拥有船舶、农场、铜矿和尼斯修道院铁厂的合伙企业；还有一家酿酒厂和一家蜡烛制造企业，是一家斯旺西冶炼厂公司的首席代理。最重要的是，威尔逊投资了风团矿场和当地的冶炼企业切斯沃特铜业公司，不久他便成为博尔顿瓦特公司的财务代理，在他们不在时经营事务。威尔逊一家都很善良，虽然安·瓦特告诉安妮·博尔顿，康沃尔的仆人是世上最懒惰的可怜人，来自约克郡的威尔逊太太是“被他们戏弄死的”。她自己也不知道怎么形容这个地方：“我们现在所在的地方是全郡最令人讨厌的地方。地面有一万堆垃圾，连一棵树都看不见。”但康沃尔并不全是这样，有些地方的确很美——生活就是在异国他乡的一次激动人心的冒险：

> 海岸对我来说很迷人，但要去不容易。在一些地方，我可怜的丈夫不得不骑在我后面……我向你保证，一开始当我被安排骑一匹
> 高大的马时，我觉得一点也不难。短途旅行的晚餐只收取我们两便 284
> 士，你可以猜猜我们的票价是多少，我向您保证，我一生中从未吃过比这更美味的晚餐，也从没有参加过比这更好的盛会，甚至比那天我在波特里斯的日子还好。我希望看到您像我一样享受这里的生活。[3]

然而，康沃尔对她的丈夫产生了奇怪的影响。她补充说：“我必须告诉你的一件事是，要照顾好博尔顿先生的委托人，可怜的瓦

特先生变成了再洗礼派教徒，还按时出席礼拜。”

瓦特确实需要祈祷。安是一个热心的帮手，但她没有像佩吉那样抚慰瓦特，而是作为后盾支持他，支持他的怨恨，支持他撅起嘴发表阴暗的评论，支持他谋划骗钱的诡计。瓦特说的每一句话在矿业界都被曲解，所以他退缩了——这本身就是一个错误。他发现自己被指责在巨大的、昏沉的风团酒店做了几次演讲，而他只是“聊了聊吃喝和天气”。他断定那里的冒险者是“一群互相残杀、卑鄙肮脏的家伙”。[4]

更糟糕的是，几年来，很难找到能够“像钟表制造者一样按照计划将发动机搭建在一起的技术人员”，就像瓦特向斯米顿抱怨的那样：到目前为止，工程师一直在现场即兴发挥，不习惯精确的说明，并且“反对任何新事物”。[5]“工程师”是一个新词，根据瓦特所说，这是几年前由斯密顿创造的。但是，即使人手不足，他们在繁忙风团的发动机上也取得了进步。瓦特写道：“全世界都想知道自己能做什么。”[6]附近的许多人曾相信，发动机永远不会“带动水流”，说服持怀疑态度的工程师是至关重要的，包括霍恩布洛尔。1777年9月，在训练有素的托马斯·达德利的监督下，发动机开始运行，瓦特认为，大多数观众印象深刻：

> 发动机的速度、力度、大小和可怕的噪声，使所有的旁观者——不管信不信——都满意。我已经修整了发动机一两次，以使它的行程平缓地结束，减少噪声；但它似乎很狂暴，导致威尔逊先生睡不着觉，因而我把它交给了工程人员。顺便说一句，噪声有助于向无知的人传达他们强大的思想，他们似乎在引擎方面没有比在人方面更谦虚的了。[7]

夏天结束前，达德利为西部马拉宰恩（Marazion）的特里格 285
萨·唐斯（Tregurtha Downs）订购了一台具有 63 英寸气缸的大型发动机：常规款是“老旧货”，但他仍然拒绝接触瓦特的发动机，说它们是垃圾，他自己改良的气缸发动机也同样出色。在一次与瓦特面谈后，唐斯确信新机器可以工作，才勉强同意放弃旧机器。其他工程师也同样固执。理查德·特里维西克在风团工会公开嘲笑燃料储存，瓦特在矿山冒险家的后来一次会议上遇见他，发现特里维西克无药可救：“我对那个人的傲慢、无知和跋扈的态度感到困惑，以至于我无法作充分的防御，甚至无法不发脾气，但这是我的错。”[8]

当繁忙风团的发动机满负荷运转并平稳运行时，瓦特一家回到伯明翰过冬去了——回到文明和索霍，回到朋友和孩子们那里，回到月光社的会议和科学的闲谈中去。

1778 年 1 月，霍恩布洛尔告诉瓦特，廷唐的冒险家们想让他亲自下来看看他们安装的发动机。“我想我一定会被切成碎片，分给以色列的每一个部落，”他哀叹道。[9]瓦特把自己关在哈珀斯山的书房里，画着发动机的图，不情不愿地来到索霍。（瓦特设法把旅行推迟到 5 月。）一到那儿，瓦特就为索霍工人所犯的错误所困扰——送错管子，零件延误。但廷唐发动机很快开始工作，并且获得了巨大的成功。当群众所喜爱的达德利以一种风暴般的 24 个冲程启动了发动机的时候，“很快就把他所有的水烧得滚烫，然后他们似乎不知道为什么发动机不转了”。[10]

瓦特还监督斯米顿为切斯沃特改装了使用了两年的纽科门发动

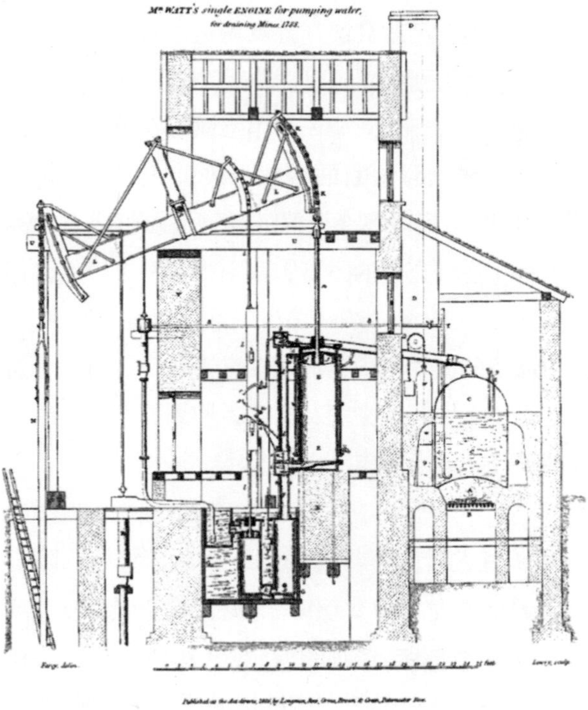

瓦特于 1788 年制作的单作用发动机，1826 年记录

机，在西部地区的哈拉曼宁矿安装了一台新发动机，并接受了东部三个主要矿山的关键订单：波狄斯、风团机遇和联合。[11] 重要零部件，特别是喷嘴和阀门，必须从索霍寄出。来自威尔金森或科尔布鲁克代尔的气缸；泵、杆和横梁是本地制造的。发动机最终的结构既复杂又庞大，高达三层楼。

在夏天，博尔顿迫切地要求瓦特支付发动机的费用，而大多数发动机甚至还没有安装好。[12] 不为潜在的支持者所知的事实是，索霍正陷入危机。严重的贸易低迷给陶瓷之地带来麻烦，在诺丁汉和 287
兰开夏郡引发了骚乱：阿克赖特在比尔卡克雷的工厂被烧毁。索霍的经纪人马修斯从伦敦发出坏消息，而福瑟吉尔用账户的悲惨消息轰炸博尔顿，甚至建议申请破产：“最好立即停止支付，召集我们的债权人做最坏的打算，而不是在这场势均力敌的破产竞赛中继续下去。”[13] 在索霍，一场大火烧毁了屋顶和几个车间，还毁了老旧的发动机巴力西卜。博尔顿被迫裁员，员工人数从六七百人减少到 150 人。然而，经历了这一切，他却丝毫不感到羞愧。博尔顿非但没有偿还债权人，反而以惊人的规模借了更多的钱，其中包括荷兰银行家维斯借给他的 7 000 英镑。他总共为这项引擎专利筹集了近 1.7 万英镑的年金和抵押贷款。甚至大火也成了一个机会：“现在，”他象征性地搓着双手，“我终于可以按原计划建造发动机工厂了。”[14]

在康沃尔，瓦特无助地感到与外界隔绝了。没有他，一切似乎都在进行。怀特赫斯特出版了他的书，威瑟林分析了猩红热，基尔正在写他的“气体论”，普里斯特利将他的实验和观察写成一卷又一卷的书，而韦奇伍德则因为他那从莎士比亚到加里克[1] 等英国

[1] 18 世纪英国演员。

伟人的奖章而引起了轰动。1778 年 10 月，博尔顿冲进雷德鲁斯巡视，向瓦特展示了他热情和友好的态度，抵消了瓦特的酸楚。

博尔顿的主要任务是达成协议。在英格兰中部地区，发动机是由矿主花钱安装的，而博尔顿和瓦特的收入来自保险费，相当于每年节省的煤成本的三分之一，需支付 25 年。（由一个附加在矿用发动机上的特殊计数器计算出来，该计数器由怀特赫斯特发明，瓦特改进。）然而很快，康沃尔的冒险者就达成了协议，在他们的引擎满负荷运转之前，他们不应该支付全额的保险费，而一笔固定的费用应该用来代替可变的和难以计算的特许权使用费。[15] 瓦特很痛苦，但博尔顿很坚定，他说，讨价还价很不好。形象是一项值得投资的资产，表现得慷慨是要付出代价的。瓦特思索再三，发现这笔交易至少保证了一定的收入。1778 年 12 月初，在博尔顿回家前，他又从一向谨慎的特鲁罗银行家普拉德和埃利奥特那里弄到了
288 2 000 英镑的贷款，以发动机专利费作为担保。[16] 瓦特因紧张的工作一个人待在这里，而安妮怀着他们 1779 年出生的儿子格雷戈里回家了。但随着圣诞节的到来，瓦特情绪好转。他告诉约瑟夫·布莱克："他们还没有看到任何好处，我们与自然的困难、无知的偏见和人类的邪恶所进行的斗争非常伟大，但我希望这些斗争能结束。"[17] 甚至斯米顿也开始推荐顾客了。

无论是以公开或隐密的形式，这时，他们的名声已经传到了法国。[18]1775 年，J·C·佩里尔（J.C. Perier）在强大的奥尔良王室的支持下，提出了向巴黎提供蒸汽动力供水的想法，并于 1778 年被授权订购两台发动机。同时，约瑟夫·阿尔科克（在拉沙里泰的伯明翰铸造厂老板之子）前往伯明翰，并将瓦特发动机的信息传给法国政府；麦克唐纳大学和马里尼学院随后建议给博尔顿瓦特公司

一个垄断特权，以便他们在法国制造发动机。谈判拖拖拉拉地进行着，其他人也参与进来，佩里尔的计划似乎被搁置了。这是一段非常失望的时期，因为他们的执照由议会裁决，在机器造好和试运转以前没有效力。来自南特附近煤矿的约瑟夫·贾里（Joseph Jary）下了个订单：他不付一分钱，发动机就是他们的广告。

很明显，在接下来的几年里，康沃尔将成为他们生活的一部分。为了让生活更轻松，博尔顿在科斯加恩村找到了间房子，就在雷德鲁斯矿区南边的格文纳普山谷。在温暖的沼泽地旁，树木笼罩着清澈的溪流，蜻蜓在上面飞舞。科斯加恩住宅与小巷呈直角，坐落在一个朝南的斜坡上，这是一幢长长的低矮住宅，地面铺着破旧的石板，镶板被打磨得锃亮。甚至瓦特也察觉到它的魅力：

最宜人的地方是一间整洁宽敞的房屋，有两扇宽宽的窗扇，屋前朝南，葡萄藤上挂满了年轻的葡萄。一个有围墙的花园，里面有美味的桃子和李子——还有许多醋栗——两个果园，门前是一片草地。[19]

1779 年中，情况慢慢转好。订单纷至沓来，达德利因为造坏了廷唐的发动机而道歉。令瓦特高兴的是，两个任性的工程师被解雇了（通常很随和的博尔顿气炸了，“山姆·埃文斯和贝德沃斯的小佩林是两个酗酒、闲散、愚蠢、粗心、自负的流氓”）。[20]6 月，与霍克斯伯里煤矿公司的长期纠纷中，仲裁员们做出了对他们有利的裁决，就连金钱问题似乎也解决了。瓦特兴奋地给博尔顿写道： 289

亲爱的先生：

哈利路亚！哈利路亚！

我们与霍克斯伯里的收入为每年 217 镑，上次还是天使报喜节的 275.5 镑，我们的账户有 117 镑。

我们给他们送了 100 基尼的礼物。

和平与人际交往——

佩林和埃文斯被解雇——

康沃尔需要另外三个发动机——

达德利悔改并修正——

你欢心雀跃的

詹姆斯·瓦特[21]

瓦特有点儿难为情，然后潦草地写道："请把这些胡言乱语烧掉。"

但他的快乐没有持续多久。尽管来自发动机的收入现在看来是安全的，但巨额债务仍然使瓦特发抖。瓦特的信中充满痛苦；他因头痛而昏倒；他恳求博尔顿在圣诞节前不要再接受任何订单。"事实上，至少我不可能接受更多了。我完全垮了。"[22] 瓦特请求博尔顿过来——并带上打蜡的亚麻大衣，以应对可怕的康沃尔雨季。

博尔顿最大的成就是为瓦特找到了一个好助手。瓦特根本无法与当地工程师和架设人员融洽相处：他们憎恨"外国人"；他们是强硬的讨价还价者；在瓦特看来，他们粗鲁、粗心并且经常酗酒。他一再要求解雇工程师，博尔顿一再让他平静下来。"怜悯他们，忍受他们，再给他们一次机会。"[23] 没有必要因为"不完美的人"而停止工作。

他们需要找到一个完美的男人。托马斯·威尔逊是个好代理人，但不是工程师，整天忙于自己的事情。但他们确实有一位工程经理，一位年轻的前海军陆战队军官，名叫洛根·亨德森（Logan 290
Henderson），他在西印度群岛当过短暂的甘蔗种植园主，学过排水系统和机械。但是亨德森以圆滑的方式疏远了瓦特，安妮写了一封愤怒的信，批评瓦特糟糕的接待方式（没有女仆，没有炖锅，屋子里挤满了人）。[24] 亨德森没有为瓦特提供智力上的陪伴，而是和自己的情妇——臭名昭著的"佩吉小姐"——建立了家庭。瓦特忧郁地警告博尔顿不要给他预支现金，"只要他继续和佩吉小姐勾搭在一起，他就不能避免使我们陷入债务。"[25]

威尔逊和亨德森都无法完成瓦特的工作。1779年，威廉·默多克（William Murdoch）的到来解决了这个问题。他是苏格兰人，是艾尔郡一个研磨机机械工的儿子，他曾在詹姆斯·博斯韦尔的奥欣莱克地产工作，并在当地因铸铁齿轮的发明者广为人知。早在两年前，23岁的默多克了解到索霍的名声，来到南方寻找工作，他与博尔顿的会面被塞缪尔·斯迈尔斯（Samuel Smiles）奉为工程神话。正如斯迈尔斯的故事所述，当博尔顿质问他时，他的目光被默多克旋转的帽子吸引住了。"这不是一顶毡帽，也不是一顶布帽，也不是一顶上了光的帽子；它似乎是由一些不同寻常的材料制成的。"

"木材，先生。"默多克谦虚地说。"木材？你的意思是说它是 291
木头做的吗？真的吗，先生？""这是我自己做的，先生，用的是我发明的小玩意儿。""的确！"[26]

一个能在自己制造的车床上做一顶椭圆形帽子的人是一个罕见

威廉·默多克

的天才，博尔顿把他抢了去。默多克先是在索霍样板店工作，然后是为蒸汽机铸造和加工零件，并负责监督苏格兰贝德沃思的发动机工作。他成为瓦特唯一真正信任的人，1779年秋，默克多被派往康沃尔，他在那里待了21年。默克多又高又壮，是一名优秀的摔跤手——能够击败任何挑衅者——他从一家矿厂到另一家矿厂，并且广受欢迎，甚至赢得了暴躁的特里维西克的友谊。

默多克接手工作后，瓦特的负担减轻了，博尔顿现在着手解决他们的资金问题。1777年初，博尔顿他建议基尔接管博尔顿福瑟吉尔公司四分之一的利润。[27] 基尔放弃了他在斯陶尔布里奇玻璃工厂的合伙关系，搬到了温森格林，开始研究索霍的账本，用他干巴巴的、轻描淡写的话来说，“需要改进财务管理方式”。[28] 但基尔了解得越多，损失看起来就越严重，也放弃了与博尔顿合伙的想法，尽管“博尔顿先生继续向我咨询，他最乐观的希望是通过从火力发动机生意中获得的利润来重建他的事业”。[29]

基尔有效地管理了博尔顿福瑟吉尔公司的业务，承担了一些特殊的任务，比如为东印度公司制作丝绸卷（由怀特赫斯特协助设计）。然后在1779年，他开始与博尔顿合作一个个人项目，即研究一种新的合金，其中含有铜、铁和锌。[30] 博尔顿热情地通知英国海军部第一大臣桑德伊奇伯爵，他认为既然这种合金在水中不会腐蚀，那么它就比铜更适合做轮船的护套、螺钉和钉子。博尔顿说服海军进行试验。尽管博尔顿为自己的合金申请了专利，但他的“理想黄金国（Eldorado）”并没有覆盖整个国家的舰队，而是被用来制做窗扇——一些窗扇至今还保留在索霍房子里。

等了两年之后，基尔放弃了任何合作的希望。由于无偿放弃了斯陶尔布里奇的玻璃工厂，他已经损失惨重，他需要一份更赚钱的工作。就在此时，基尔和亚历山大·布莱尔在蒂普顿建立了他们的化工厂。当这一合作开始，基尔切断了与索霍的所有正式联系。那段时期很紧张，但在这里，博尔顿非凡的魅力拯救了他们的友谊，正如基尔幽默地承认的那样： 292

我毫不怀疑，博尔顿先生希望他有能力做出不同的结果，但我相信他有无法逾越的困难和限制。我承认，我很苦恼，因为他没有足够明确地告诉我，但这很快就过去了，对他非常真诚和衷心的爱一直都在。[31]

博尔顿已经削减了他的黑亮漆业务，放弃了画家弗朗西斯·埃金顿（Francis Egginton）发明的巧妙的“机械绘画”工艺。[32] 现在一切都取决于发动机业务，但是为此他需要瓦特，而瓦特几乎变得无能为力了。瓦特抱怨头痛、风湿病和胃痛，并给自己服用了“詹姆斯医生的粉末”，里面塞满了由石灰和锑构成的磷酸盐，这是一种众所周知的镇静剂。[33] 药的效果宛如灾难，像许多抑郁症患者一样，他连睡几个小时或痛苦地坐着一动不动。“我被忧郁所困扰，”他写道，“我的头脑太混乱了，无法做任何脑力工作。”还有一次，瓦特鼓起勇气和安妮一起去听音乐会，却叹着气说：“我受够了这些令人意志消沉的东西。”[34] 博尔顿带着耐心的绝望继续哄骗他，干巴巴地建议他祈祷（像其他苏格兰人一样），坐下来，等着大约一年后算出专利费总额。

有时，甚至博尔顿都觉得康沃尔是流亡地。1780 年 9 月，他写信给安妮，他的“亲爱的琼”：

> 我很确定 1 立方英尺等于 1 728 立方英寸，确定我出生在 1728 年，确定一年有 52 周，确定一盒有 52 张牌，确定这一年我 52 岁，然而，我却担心你不怎么想起我，以至于你既不会在晚餐时为我吃一份完整的布丁，也不会喝我的健康饮料……我发现自己身上有许多德比的影子，至少有一部分是他的性格，我和我的琼分开时总是感到不安。
>
> ……让我经常听到你的消息，并告诉我所有我亲爱的孩子们的近况，我最近一直为你们祈祷。我很想见你们；再见。记住我是你的，你的唯一的 M.B.[35]

293 中年对博尔顿影响不大。他的头发有些白了，脚也痛风了，但他似乎对自己的衰老感到惊讶。当博尔顿在 11 月的大风和洪水中骑马穿越康沃尔荒原时，他承认“一个人在天黑之前不得不冒着生命危险去处理最紧急事务，这非常令人不快”。[36] 但在科斯加恩的炉火旁，世界恢复了正常：“我在这里找到的最大安慰是，我被世界拒之门外，与世隔绝。”与此同时，他在实验室里修修补补，收集化石，并告诉瓦特特他的果树和他的矿物质实验，或者他参观潘登尼斯城堡的经历，从那里可以看到荒原、闪闪发光的大海、白色的帆。他被康沃尔人逗乐了，很快地把他们分成恶魔和朋友。切斯沃特的贵格会教友会经理菲利普斯先生是最受欢迎的人，在以后的几年里，博尔顿会和家人一起去特鲁罗参加朋友们的大型聚会，在那里，凯瑟琳·菲利普斯（Catherine Phillips）从病榻上起来讲道。他对女儿说，他们搭了一个大帐篷，好让成千上万的人来参加这个“颤颤巍然的盛大宴会，或者更确切地说是低级贵格会认为的‘爱的盛宴’，因为在这些聚会上有许多兄弟之爱在向前推进，许多比赛也在进行。”[37]

除了穿灰色衣服的贵格会教徒，其他妇女也引起了他的注意。博尔顿和达尔文一样，喜欢女人。他甚至对安妮·瓦特施了魔法，在信中给了她一个“额外的吻”，而且特别喜欢美丽的基尔夫人。远离家人，他可能有外遇。1782 年左右，约翰·菲力普在康沃尔出生，有人说他是博尔顿的亲生儿子。14 岁时，菲力普从法尔茅斯来到索霍，接受艺术和刻模机培训。他给博尔顿的信充满了深情和敬意，他后来对工厂和庄园的描绘生动地再现了 18 世纪 90 年代的索霍。

但如果康沃尔可以被取悦，也就可能被激怒。博尔顿的信件中有很多激情的攻击性语言。“感谢上帝！我既不需要健康，也不需要精神，甚至肉体，因为我会发胖。”他坦率地告诉瓦特。很快他又补充说，明年整个夏天一定会有人到康沃尔来，“大部分时间我都会在这儿，因为那儿会比你做得更多……”[38]1780 年，为了维持市场的运转，博尔顿让他们至少在 4 个矿中合作，并引入了韦奇 294
伍德和威尔金森作为共同投资者。[39] 这些老盟友现在在康沃尔都有自己的投资：威尔金森是发动机零部件供应商，韦奇伍德是圣奥斯特尔附近黏土矿的共同所有人。博尔顿试图加强康沃尔郡的会计核算，反对严苛的物品交换体系，并建议在酒醉的晚餐之前而不是之后召开会议，这样会议可能会进行得更顺利。矿上的队长们喜欢他的风格，于是不可靠的休战协议达成了。

协议没持续多久。冒险家们现在视他们的发动机为自己的财产，他们厌恶付年费，并威胁要向议会申请废除这项专利。面对垄断的指控，瓦特气疯了：

他们说，对采矿业来说，支付发动机费不方便；这就像有人想拿我的钱包时，我不方便把裤子的扣子扣好。对于那些想从乡绅的土地上分一杯羹的人来说，由法律限定继承权无疑也不方便。然而，乡绅的土地与其说是他自己建造的，不如说是我的冷凝发动机建造的。他只是被动地继承了他的财产，而这个发明是我自己主动劳动的产物，上帝知道，我的身心为它付出了多少苦痛。[40]

一段时间后，这场风暴也过去了，大约一年后，开始慢慢有了利润。在头六年里，博尔顿和瓦特在公爵领地安装了 21 台发动机，在接下来的四年里又安装了 18 台。合作伙伴之间的对比再明显不过了。瓦特脸色苍白、弯腰驼背、焦虑不安、节俭而又充满恐惧。博尔顿健壮、红润、喧闹、奢侈、充满希望。然而奇怪的联盟起了作用：尽管战斗不断，他们还是一起征服了康沃尔。

25 暗沉的土和闪亮的石

詹姆斯·赫顿，凯瑟林绘，1836 年

使瓦特继续流亡康沃尔的一件事是约瑟夫·布莱克源源不断的来信，他问是否可以为他在矿物标本上拿出几个基尼。瓦特尽快通过海运寄了一个箱子到格拉斯哥，里面装满了最好的锡矿，“从许多吨矿石中精选出来的”，还有各种各样的铜矿石和其他石头。[1]他还告诉布莱克，在矿山里看到蓝绿色的“硫酸水”软化了铸铁，“如此柔软，我用刀切它就像切奶酪一样容易”。[2]它仍然是金属，类似于黑色的铅，“摸起来非常柔软和油滑，布满非常亮的白色金属颗粒”，当它干燥时，据说会变得非常热，可以将纸燃烧。

这些信件显示了瓦特的另一面，只有当布莱克错误地描述了新发明时，他才会产生一种放松的好奇心。有了矿物，他们就在安全的地方。布莱克是詹姆斯·赫顿的好朋友（他现在正在发展自己的地球形成理论），他自己也在研究各种矿物及其对硫酸的反应。他特别向瓦特要了萤石，因为康沃尔郡的样品比德比郡的样品磷光更强，他还要了一种奇怪的灰色铜矿，它有像朱砂那样的深红色的细小脉络。英国有自己的新奇事物。几年后布莱克写道："我听说在康沃尔发现了一些天然结晶状态的粗糙红宝石、蓝宝石、红锆石和石榴石……"[3]

296 对于任何对自然哲学感兴趣的人来说，矿物是常见爱好，尤其是有钱的人，因为建立收藏就能够吞下财富，达尔文的朋友查尔斯·格雷维尔后来发现了这一点。格雷维尔在今天最出名的，可能是把他十几岁时的情妇埃玛·哈特（Emma Hart）——纳尔逊后来的爱人——交给了他的叔叔威廉·汉密尔顿爵士，作为偿还他的债务，但他收藏的大约1.5万种矿物成为大英博物馆藏品的核心藏品。

自从10年前他们进行洞穴探险以来，月光社自身的知识得到了发展和扩大。他们在德比郡的旅行仍在继续：1780年10月，达尔文和埃奇沃思一起研究马特洛克温泉的起源，达尔文认为它的热一定来源于地下深处的火山火。但他们现在对矿物学的研究更加系统化也更有条理。人们越来越清楚地认识到，探究地球历史最好的方法不是进行大刀阔斧的论证，而是进行细致入微的分析。再一次，第一动力是分类和命名。这里就像在植物世界里一样，林奈尝试了一种人工分类系统，但这很快就被一种更"自然"的分类系统所取代，那就是对地壳内的岩石进行分类。1772年，乌普萨拉化学教授托伯恩·伯格曼将地球物理的描述译成英文，成为该领域的先驱。他发展了关于地层沉积顺序的理论：最低的地层通常是结晶的，鲜有化石；上面的那些具有较少的晶体，并易沉积，化石丰富。

瓦特和布莱克非常了解伯格曼的工作。从早期的测量工作开始，瓦特自己的地质技能也得到了提高。1777年，他向他的同乡约翰·威廉姆斯提供了笔记和草图。威廉姆斯是一名工程师、古董商和地质学家。他询问过有关因弗内斯附近克雷格·帏特里克堡的奇特结构，瓦特在运河调查中曾研究过这座堡垒。[4]瓦特告诉威廉姆斯，当地的岩石由花岗岩和石英混合而成，堡垒的墙壁就是通过燃烧这些岩石而形成的，将花岗岩熔化成玻璃状的水泥，包裹在坚硬的石英周围。在这样的调查中，他祖国的历史、他的苏格兰祖先们的聪明才智以及这块土地的形成过程融为一体。

韦奇伍德也对矿物着迷。他在《笔记与实验》一书中提出了许多问题：雪花石膏的人工结晶；滑石或皂石；燧石的形成，比如美丽的"埃及卵石"，上面有不规则的同心圆环，"大自然形成的最美丽的产品"。他草草记下了一些表格，上面有不同结晶阶段的不同地球元素——硅、钙和石膏，并跟踪研究了钴和镍的溶解和沉淀。[5]他对那些使他迷惑不解的怪事给予了生动而敏锐的关注。在一个小笔记本里（笔记本的正面是一张印度食蜂鸟的图片），他记录了他尝试调配的绿色半透明的月光水晶亚硒酸盐。[6] 297

达尔文是另一个信徒，他的植物园笔记中有许多关于花岗岩、天然硝石晶体的内容，"以美丽的多叶和多毛的形式"。[7]他对赫顿的理论很感兴趣，并开始相信地球形成于"数百万年前"。不过，他对韦奇伍德的实际试验也很感兴趣，当他最喜欢的一项老计划——用来磨燧石和珐琅的水平风车——终于面世，他非常高兴。1779年4月，怀特赫斯特提出了一些改进，而"瓦特先生和伯明翰的哲学家们"过来"批评模型的每一部分"。[8]那个夏天，埃奇沃思帮助他建立了一个合适的比例模型："我在木匠铺里写这个，"达尔文高兴地对韦奇伍德说，"机器就在我身前运转。"[9]

韦奇伍德本人也很实际。他非常仔细地阅读了普里斯特利的空气实验，并在他的那本剪贴簿中作了注解。他注意到的一件事是，一些实验结果存在"极大的不确定性"，因为它们是在枪管（"从而产生了燃素"）或玻璃管中制成的，很容易熔化。"这些考虑，"他写道，"促使我尝试用坩埚来实验。"[10] 他现在开始制作陶瓷设备：蒸馏器、坩埚、过滤器和管子。他的石灰浆是无价之宝，可以防止旧金属灰浆带来的污染（甚至中毒），还可以避免与大理石相关的酸和油的损害。经过 6 个月的测试，他于 1779 年 7 月在伦敦的药剂师大厅展示了一个模型。最开始，他把这种设备免费赠送给朋友和瓦特等研究人员，他们提出了非常精确的要求。但是当普里斯特利在他的著作中描述了这种新设备之后，无数的需求接踵而至，这也成为一条成功的产业线。

298 然而，在过去的 7 年里，韦奇伍德最大的精力都投入在了他的水苍玉上。从 1772 年起，他就发现了他所需要的材料：长石、花岗岩和难以捉摸的"可熔块"，即钡的碳酸盐。1774 年，在与岳父理查德的一次探险中，他终于在马特洛克附近的铅矿中发现了大量的铅，但一个接一个的标本在窑中破裂或起泡——还有很长的路要走。"我想命运已经命令我们必须继续前进，"他在 1776 年 5 月疲惫地写道，"我们必须骑上我们的玩具木马，即使它每天把我们甩下 10 次也要再骑上去。"[11] 直到 1777 年年末，在经历了 5 000 次实验之后，他才真正地说，"我终于参透了这些珍贵的东西"。[12]

地质知识和化学对水苍玉的发展至关重要，就像 1776 年韦奇伍德与基尔一起进行的另一组实验一样。韦奇伍德经常在他的釉料中使用磨砂玻璃，基尔建议他使用燧石玻璃的原材料，给他配方，而不是研磨成品。他还花了几个小时耐心地教韦奇伍德退火——玻璃材料的缓慢冷却。[13] 然后，轮到韦奇伍德去帮助基尔了。基尔对他的玻璃上经常出现的条纹感到困惑，这使得某些批次的玻璃不适合用于无色镜片等精工产品。对此，韦奇伍德下定决心，在埃特鲁里亚、利物浦和伦敦的玻璃制造商那里进行试验。基尔怀疑这些条纹是由更重的粒子在熔融玻璃中移动，留下尾迹造成的。[14] 韦奇伍德不同意。“燧石玻璃的波纹，”他在笔记本上写道，“就像水和酒的精神在完全结合之前第一次放在一起时产生的波纹。”[15] 他把不同密度的液体混合在一起，判定其成因——正如他通过特别研磨样品并用光束进行测试所表明的那样——是由于重量的玻璃在熔炉中高度不同。不断地搅拌应该使其均匀。这是一个真正的发现。尽管玻璃上的繁重工作阻止了他大规模地试验他的想法，但他在这个结论上领先了他的时代 20 年。[16]

基尔在 1776 年发表的关于玻璃的论文也是对矿物结晶的开创性研究。他注意到玻璃慢慢冷却时就会形成晶体，他想知道所有物体慢慢地从液体变成固体时是否也会形成晶体。[17] 他注意到密度更 299
高的晶体，他问道，玻璃熔岩的结晶是否可能形成了诸如巨人堤道等地层中的“巨大的玄武岩天然晶体”。20 年后，詹姆斯·霍尔爵士引用基尔的论文作为早期灵感，当时他证明玄武岩确实可以融化成玻璃状液体，然后冷却回结晶状。

在所有这些研究的背后，是关于地球结构的广泛思想，这些重要的矿物就是从地球结构中产生的。基尔将他关于结晶的论文与尼古拉斯·德马斯特在火山和玄武岩上的工作联系在一起，而针对韦奇伍德实验之一的注解则写着：“火中的颗粒化可能会导致一些奇

“斯塔法岛的芬格尔洞穴”，摘自彭南特的苏格兰之旅，1776 年

怪的事实，倾向于证实斑岩和花岗岩是火山火灾的产物。”[18]

这两个人都对一场愈演愈烈的争端表明了自己的立场。关于火
300 山作用的争论在 18 世纪 60 年代开始激起，后来发展成地球成因的一场激烈的争论，德国化学家 A.G. 维尔纳（A. G. Werner）代表“水成论者”，他相信地球曾经有一个坚实的核，四面环水的化学物质形成岩石；赫顿代表“火成论者”，他观察到，水平层覆盖着垂直层，而垂直层的沉积周期常常被地下热量和压力引起的剧烈隆升周期所打断。在赫顿看来，地球是不断地、缓慢地遭到破坏和重新形成的，这是一个历经千年的过程，“没有开始的痕迹，也没有结束的征兆”，是一个令人震惊的、违反《圣经》的时间的延伸。[19]

尽管月光社人的观点各有不同，但他们中的大多数都是早期的火成论者，并且相信重要地质学家怀特赫斯特也有同样的想法，因

此都热切期盼后者出版《对地球的原始状态和形成的探究》一书。韦奇伍德、博尔顿、达尔文、戴、基尔和普里斯特利在1776年这本书出版时都登记了自己的名字。订阅名单包括谢尔伯恩、詹姆斯·亚当、班克斯、亨利·卡文迪什和约翰·威尔金森。但当这本书最终于1778年2月出版时，作者的大多数朋友都感到某种程度的惊愕。

总的来说，像威廉·汉密尔顿爵士这样的英国火山学家，是具有世俗欧洲思维模式的世界主义者。他们认为地震和火山是上帝发怒时的胡言乱语，想把它们看作纯粹的自然现象，想把古老的宗教创世论推翻。但是，中产阶级钟表匠约翰·怀特赫斯特是一位虔诚的信徒。多年来这一直折磨着他：他怎么才能把他的科学观察和他的神学理论调和起来呢？

怀特赫斯特所做的就是将他的书一分为二：一个论据和一个附录。这本书的主要部分是把世界历史上的新思想，以一种令人费解的方式，拧成一股乱麻，形成了一种模式，这种模式几乎与旧的摩西叙述一致。像韦奇伍德这样的读者都惊呆了。他喜欢附录，喜欢它对德比郡的细致研究，但他说：

> 他的手稿自德比的优秀哲学家形成以来，经历了许多修改，就像他的世界遭受了地震和洪水……我自己为证明摩西叙述的合理 301
> 性，而付出的辛勤和反复努力感到无比惊讶。[20]

它几乎像是在模仿。韦奇伍德在一封信中叹了口气：“我真想把他的世界撕开一点，”又在另一封信里叹息道，“但我得忍住，因为我爱这个人。”[21] 此外，他知道要找出一个制度的错误比制造一个制度容易得多：他要把它再通读几遍，然后再大声说出来。

对怀特赫斯特来说，这当然是艰难的，他拼命地试图证明自然的运作揭示了与《圣经》相同的真理。根据万有引力定律，地球最初是混沌的，被拉成球状，正如牛顿所证明的那样。粒子的融合释放出大量的空气，形成了稠密的大气。接下来是水，完全包围了地球；然后，月亮和潮汐的牵引创造了岛屿，植物和动物在岛上发展，处于原始的伊甸园状态。同时，沉积颗粒在地核周围形成同心壳，并逐渐固化成岩石。但与此同时，巨大的热量和火是由内壳的压力，其膨胀的力量推出地层。裂缝形成，水渗入地核，产生的蒸汽使海底爆炸。大洪水来了。当熔岩流入大海时，它产生了巨大的爆炸，“把地球撕成几百万块碎片”。这些岛屿变成了海床，而爆炸形成了一个无边无际的大洞穴，海水涌了进去，“把那些在那个时代之前不存在的山脉和大陆裸露地暴露出来”。[22]

怀特赫斯特强调洪水，强调上帝是最初的创造者。然而，他非常现代地拒绝承认除了自然过程之外的任何积极的变化原因。最重要的是，他对旧的灾变理论家提出了挑战，他坚持认为地层是缓慢而渐进地形成的，他强调地下火灾的作用——他认为洪水是剧烈变化的结果，而不是根本原因。[23]最令人吃惊的是他的主要论点和附录之间的对比。这是一种完全不同的语气，既详细又实用，强调了详细了解地层的价值，尤其对矿工来说。它的内容似乎也削弱了他自己的论点。他仔细记录的观察包括对不同地层化石的研究，有些
302 包含海洋化石，有些暂时空白，有些包含陆地化石——这与他自己的大洪水和海陆倒置理论相冲突。此外，很明显，在不同地层发现的化石生物不可能同时存在，而他自己在德比郡的发现支持了这样一种观点，即火山在欧洲大陆的形成中起了重要作用。

怀特赫斯特的画是有关地层排列的最早出版的插图。最重要的是，他提出了一个可靠的理论指导，来计算出地表较年轻的岩石下面可能有什么岩石，并显示出有规律的演替。他的工作是革命性的，将宏大的理论和精确的观察并列在一起——但这种融合显然让人不舒服。他在他的第二版中添加了更多的数据，包括北威尔士的地层和巨人堤的记录，很明显，水成论附录代表了他的真实观点。[24]

博尔顿特别认为矿物学是月光社科学的一个成熟领域，是冶金学、陶器学和气体化学的有用知识来源。1780 年年末，他推迟了戴的偿还贷款的众多请求，愉快地解释说他将带着小伊拉斯谟·达尔文离开康沃尔两个月；也许他哪天能送些地质标本，作为自然历史博物馆的基础？戴不耐烦地回答说，他太忙了，忙于他自己毫无意义的追求，“研究人类”，而没有时间去研究矿物。但是，他又尖锐地补充道（因为没有拿到博尔顿的钱），他为伊拉斯谟感到高兴，因为知识总是有用的：

除了矿物学之外，还有另外两门学问，他不可能找到比你更有才干的能手：一是对世界的了解，二是说好话的本领。我希望通过你信里的一些表达，你现在已经熟练掌握了第三种赚钱的本领，也就是俗称的“暴发户的艺术”。[25]

财富离我们还有一段路要走，但那股对矿物的激情依然存在，而且持续了很久。

收集、识别和测试成为一个主要项目。1781 年 10 月，韦奇伍德和瓦特一起在康沃尔“寻找黏土、皂石、钴和碳等”，瓦特在这次拜访中损失了一天半的工作，但他以冷幽默的方式写道：“尽管如此，我并不吝惜，因为我很高兴看到一个基督徒。”[26]到现在，
303 博尔顿热切地告诉洛根·亨德森，他已经翻译了伯格曼的最后一本书，而且他有自己的矿物收藏，其中很多是在与韦奇伍德的“化石”狩猎中收集的。其中一种是玻璃状的奶白色矿物，带有金字塔形的晶体，发现于坎伯兰或柴郡，这引起了威瑟林的注意。仔细研究后，他确信他发现了一块“碳酸钡”，伯格曼说这块碳酸钡不是在它的自然状态下被发现的，它应是重晶石（硫酸钡，或“重晶石”）。威瑟林的实验证明他错了。两年后，他发表了他的发现，很久以后维尔纳把它列为“威瑟林石”。[27]

威瑟林已经在矿泉水、水井、当地的蟾蜍石和岩屑石上做过实验，[28]他对伯格曼矿物分类的翻译在1783年作为《矿物学概述》出现。朋友们的调查经常重叠。例如，在1783年，威瑟林、普里斯特利和韦奇伍德都在考虑一种奇怪的矿物——“黑色岩棉”，或称黑岩棉，一种非常危险的锰涂料，有时会莫名其妙地燃烧起来。渐渐地，几乎所有的在这社团各领域赢得了声誉。[29]他们橱柜里闪闪发光的石头和暗沉无光的岩石，还有他们精心书写的标签，都是他们所寻找的图案的组成部分，都是自然界外壳下神秘运作的线索。

26　创造性的复制

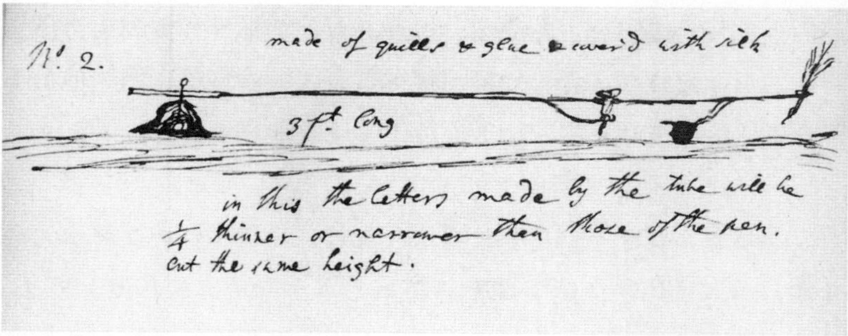

达尔文论传记作者的早期素描，札记书，1777 年

达尔文在《动物志》中写道：“亚里士多德把‘人’称为一种会模仿的动物；这种模仿的倾向不仅表现在孩子们的行为中，也表现在世界上所有的习俗和风尚中。”[1] 在其无数的复制形式中，反映了这个时代的思想形式。判断实验的原则是它们应该是可重复的；植物学家和动物学家研究了复制和变异；老师们把“模仿”的冲动视为学习的动力；制造商看重他们机器的可预测的行为模式，并训练工人模仿；艺术家们争论模仿的美德，但在实用艺术中却没有这样的疑虑——无论是陶瓷上的转印还是白棉布上的人工印花，样式的标准化标志着大众市场设计的开始。 304

这不仅使商品更便宜，而且使中产阶级能够模仿比他们优越的人的生活方式。博尔顿的银匠为富人做了一些重银的设计，并在谢菲尔德为不太富裕的人复制了这些设计。弗朗西斯·埃金顿的机械画也是类似的把戏，专为门上的壁龛或天花板设计——就像伊丽莎白·蒙塔古在波特曼广场的房子里那样——带有新奇和廉价的特点。博尔顿和韦奇伍德复制了有权势人家的花瓶、徽章和饰品，但他们声称只是模仿过去的韵味，以提高目前的标准。但当韦奇伍德
305 为他的肖像徽章做广告，便暗示接待富有主顾的订单，因为他们不仅会确保形象被“复制”给子孙后代，还鼓励艺术本身：

> 如果贵族和绅士们愿意鼓励这种设计，他们不仅能获得永久的肖像，而且还能享受赋予造型和雕刻艺术生命活力的乐趣。因此，用很少的费用制作耐用复制品的艺术将促进制作原件的艺术……
>
> 没有什么能比复制精美物品的力量，更能有效地通过艺术传播良好的品位，这些物品的材料适合用于装饰；通过这种方式来引导公众的视线；好的作品和坏的作品是有区别的，所有的艺术都会得到改进。[2]

除非机械发明能被复制，否则它们就毫无用处，甚至连最任性、最具独创性的月光社人，如达尔文，也对这个想法着了迷。

18 世纪 70 年代晚期是达尔文情绪激动的年代，查尔斯的死给了他沉重的打击，他对伊丽莎白·波尔的爱也与日俱增。1778 年秋天，伊丽莎白病重，达尔文冲到拉德伯恩为她治疗，在院子里看着她窗户里的灯光度过长夜。在慌乱中，他又写了几首诗，一首是彼得拉克式的黑暗抒情诗，描述了他对伊丽莎之死的“朦胧之梦”；她恢复健康的另一场欢乐颂歌，送往德文特河，从马特洛克朝她汹涌而来，带着他那颗流血的心。

作为对悲伤和中年的一种激情反击，达尔文有了他的那本剪贴簿，剪贴簿是源泉、是避难所。这个沉重的笔记本里塞满了各种想法，包括“奥弗伦特之轮”的笔记，这是一个令人困惑的永动机。在 18 世纪 70 年代末，这种事情突然引起了人们的热议，甚至清醒的瓦特也对此想法进行了补充。(“我被说服它是某种欺骗或错误。”布莱克焦急地写道，他认为这很可能像是富兰克林为烤鸡发明的电动起重机。[3]）在医学案例中，达尔文思考了从猫身上的 5 英寸蠕虫到胎盘的功能，或者是一种神奇的干黄瓜，它“被像火苗烧着了”。在这期间，他发明了许多很有才华的机械发明，从伸缩烛台到新的木架，从锁和灯到一种能像蝙蝠或女士扇子那样轻快地上下 306
扇动翅膀的人造小鸟。起初，他以为这可能是由一个钟表弹簧提供动力，由细小的火药引爆，但他决定用一个更简单的方法提供动力，就是使用一个压缩空气瓶，“一个装满压缩空气的铜球”，这是一种原始的导弹。[4] 在接下来的几年里，他的一些设计纯粹是为了好玩，比如有金属腿的“人造蜘蛛”，它可以被一块隐藏的磁铁吸引绕过银盘，让朋友们大笑，让孩子们尖叫。有些东西最后什么成果也没得到，像他的多叶蒸汽轮一样。其他人则受到了他的医疗工作的启发，包括广受赞誉的发电机——“电倍压器”。[5]

这些发明并不是复制品，而是真正卓越和有前途的达尔文式的完全原创，所有这些都是为了兴趣，而不是为了利润，但在 1777 年，他开始考虑使用机械复制机，或称“传记作者”，他认为这可能会赚钱。在最早的版本中，作者的笔芯通过长臂与另一支笔相连，另一支笔被握在转轴上，在另一张纸上重复该动作。真正棘手的方面是设计一个平衡器，以在每个单词的末尾抬起笔，并在写下一个单词时平稳地放下。写出来的字看起来很笨拙，细长狭窄——但是一旦掌握了诀窍，机器就可以工作。[6]后来，他又想出了一个好得多的办法，把字写得清清楚楚，人们简直分不清哪张是复制品，哪张是原作。由于一项专利很昂贵，达尔文提出了一项警告，以防止其他人利用他的专利从事类似的活动，但他的朋友查尔斯·格雷维尔敦促他开发这项专利，而格雷维尔很快就被任命为贸易大臣。作为回报，他在 1778 年 12 月收到了世界上第一封复制的信（信中充满了达尔文对英法战争的谴责）。

1779 年 5 月，达尔文觉得他的机器已经准备好了。6 月，他把它拆了，寄往伦敦，希望格雷维尔能找到一个愿意把它商业化的人。格雷维尔可能已经按照噩梦般的复杂指令对其进行了重新组装，也可能没有，因为再也没有听到关于它的任何消息。然而，与此同时，很显然，在月光社会议上炫耀或许可以吸引博尔顿的投资。博尔顿保持了沉默，但这年春天，瓦特借用了达尔文的机器，并迅速研制了自己的机器。他在康沃尔郡的沮丧部分来自不得不为每台安装的机器重做无数套指令；但他从不喜欢追随其他发明
307 家。他不得不采取不同的策略，就像他在这里所做的一样。原来的信必须用一种特殊的墨水写，用糖或树胶加厚（基尔努力寻找正确的配方），然后用滚轴压上一张潮湿的、没有大小的纸巾。这就产生了一个镜像，但是纸太薄了，以至于可以通过纸的背面来阅读文本——直到今天仍然如此。达尔文的机器能打印出清晰得多的复制品，而且使用的是普通纸张。然而在 5 月初，就在达尔文告诉格雷维尔他的机器准备好了的时候，瓦特得意扬扬地写信给他：

我已经找到了一种用化学方法抄写的方法，这比你的“传记作者”好多了。我可以在 5 分钟内复印一整页的信件。我把另一页的

复印件寄给你，让你相信，我还可以做得更好。[7]

6月，当达尔文把他的包装箱运回伦敦时，瓦特已经向博尔顿报告：“我给你寄去了没有人先生的一些草稿，里面有真实的复制品。”[8]

瓦特设计了两种冲床，一种是用滚轴工作的，另一种是用螺丝钉压下印版的。博尔顿出资申请专利，并与博尔顿和基尔合伙，于1780年成立了“詹姆斯瓦特公司”。博尔顿带着媒体来到伦敦，向商人和议员们展示了它，并在皇家学会向拥挤的观众展示。每个人都热情高涨，除了紧张不安的银行家们担心东西会被伪造。博尔顿的经纪人告诉他，“银行家们因为他与此事有关而把他团团围住；他们说它应该被压制”。[9] 他最得意的时刻是和斯米顿以及其他工程师一起在一家咖啡馆里，“一位先生（不认识我）对复印机大吼大叫，希望把发明家吊死，希望所有的机器都烧了，这引起了一阵笑声，在场的大多数人都知道。”[10] 到1780年年末，卖出了150个冲床。基尔经营得很好，瓦特的复印机被用在英国国内外的办公室里，直到复写纸的出现才将它们扫除。

是瓦特，在他生命的尽头，把对复制的痴迷带向了荒诞。在他70多岁的时候，在默多克的帮助下，他制造了两台用于复制雕塑的机器，一台用于制作缩小尺寸的复制品，另一台用于制作同等大小的复制品。他没有丝毫艺术技巧，但毕竟，这个人在年轻的时 308
候，尽管五音不全，却做出了一架完美的风琴。1811年2月，他创作了莎孚[1]，将半身像粘合成可移动的盘子，并“用钻子把石头磨得只有半便士那么厚”：

[1] 古代希腊的女诗人。

			小时
星期六	2	用1–8钻法来做脸，从眼角外做。其他的（太慢了）	5
	3	做她的乳房	1
星期一	4	做头的一侧	4

这份杰作总共花了39个小时。瓦特可能缺乏自信，但从不缺乏自尊——他最成功的作品之一，模仿了钱特里[1]的石膏，显然是他自己的半身像。

[1] 弗朗西斯·钱特里，英国雕塑家。

27 儿女

伊莉莎白·波尔与她的狗的剪影

如果学习是“复制”，那么月光社人会问，他们的孩子应该遵循什么模式？1779年，除了到才水平风车工作，韦奇伍德和达尔文也对这个问题深有感触（尽管韦奇伍德觉得他仍在自学，但承认萨莉告诉他的对“直到我再盖一座房子，否则我不能再买书了，应该把现在有的看完”[1]）。 309

1779年7月，韦奇伍德的家庭日很繁忙：

早上六七点钟，我们一行六人出发了，回到家吃早饭，胃口大开。然后我们在干草堆中忙活着，我们刚刚建了一个新花园。有时我们试着做实验，读书，画画，总之我们非常忙碌……可怜的苏姬对她的旧钢琴很不满，经常问我新的钢琴什么时候来。[2]

到了 8 月，天气变了，洪水淹没了英格兰中部地区。韦奇伍德把“可怜的、扎起来的干草”堆在一起，觉得不值得费这么大力气。大雨过后，天气酷热难耐，就在这“大热天”里，韦奇伍德家的最后一个孩子玛丽·安妮出生了。[3] 全家都在忙得团团转，萨莉给他们沏了茶，叫人去请助产士，没有告诉任何人——“晚饭前快上楼去，我们还没有从桌子上起来，就听到了平安分娩的喜讯，一切都很顺利。”[4] 当孩子被带到餐厅时，韦奇伍德断然宣布，萨莉待
310 在楼上只是女性强加给男性的阴谋的一部分，“让我们相信她们为我们生孩子承受了多大的痛苦”。他试图说服她，“在这个开明的时代，这种闹剧不会再发生在我们身上”。[5] 第二天，她也下楼来，不久，韦奇伍德和几个年纪较大的孩子就开始整理他们新的贝壳收藏，这教会了他们所有人“整理东西，教我们读了大量的法语，而不必照本宣读”。[6]

韦奇伍德家的孩子们就像时间的阶梯。苏姬现在 14 岁了，约翰 13 岁，约西亚 10 岁，汤姆八岁，凯瑟琳五岁，萨拉四岁。唯一令人担忧的是玛丽·安妮。长牙的时候，她全身抽搐，导致半瘫痪。每次韦奇伍德遇到困难时，达尔文都被叫来，把他所有的宝贝都集中在这个可怜的婴儿身上。连续几周，每天两到三次电击她瘫痪的一侧；然后她的牙龈被切开；每天两次给药，最多七滴鸦片酊。抽搐只变得更糟，达尔文更坚决地告诉她的父亲：“我很清楚，每当这种病发作的时候，就只能靠吸食鸦片来麻醉，这样才能防止（如果有可能的话）她的理智受到损害。”[7] 事实上，玛丽·安妮的确遭受了某种脑损伤。当她七岁左右的时候，她的姐姐萨拉动情地说她喜欢洗澡，“当我问她是否愿意向你问好，问她是否想见你时，

她总是哭着喊‘妈妈妈妈’，却又笑着说‘咯呐咯呐’。”[8] 她死于1786年，年仅八岁。

1777年，约翰（也叫杰克）、乔斯和汤姆在博尔顿的寄宿学校上学，而苏姬则被送到南方的伦敦。但是在1779年年初，普里斯特利的朋友、讲师约翰·瓦尔提尔也在陶器厂，韦奇伍德安排他做一些私人的演示。杰克从博尔顿那里回来听他演讲，罗伯特·达尔文则留下来。他现在快14岁了。他一直很崇拜他的哥哥查尔斯，他从爱丁堡送来了奇怪的小石子，看他的化石柜，并寄来了一个“卷心菜树皮标本药柜”。[9] 查尔斯死后，达尔文在自己的思想中坚信罗伯特会继承他的衣钵。问题是，罗伯特对医学或机械根本不感兴趣，他从来不想当医生，头痛和抑郁使他无法工作。当苏珊 311
娜·基尔邀请他留下来时，她和蔼地向他保证：“鲍勃[1] 先生，如果他来温森格林，他将享受索霍的乐趣，而不会被人说教。”[10]

幸运的是，罗伯特一向崇拜韦奇伍德，待在这个随和的埃特鲁里亚家里就很轻松。韦奇伍德继续着他的非正式教学，在黏土上讲话，达尔文在一本剪贴簿中把他的话抄写下来，称之为“W先生的即兴讲话，从他嘴里取下来的”，并为简单和复杂的元素和化学变化开发了一个简洁的颜色编码系统。白天几乎时间不够：“这个男孩贪婪地汲取知识……杰克很喜爱化学，我并不担心他在这门科学上取得巨大进步，因为对他来说，化学比语法有趣得多。”[11]

秋天，乔斯病了，韦奇伍德把他从博尔顿接回来时，他骑着马穿过棉花镇的暴乱人群。然后他决定让所有的男孩都离开学校，因为在学校里“相比机器，他们更多的是交易、禁闭、燃素气体”。[12] 促使他这样做的原因既有对他们健康的担忧，也有提供更

[1] 罗伯特的昵称。

适合他们未来生活的教育的需要。他开始觉得，对经典著作的了解在很大程度上是装饰性的，只有在谈话中偶尔引用格言时才有用。达尔文对此表示赞同，他宣称，注定要从事贸易的男孩学习拉丁语是“一种非常无聊的时间浪费”；他们最好还是学法语和会计。韦奇伍德把他两个孩子的未来都安排好了：杰克将成为一个“进步的”乡绅，而乔斯和汤姆将成为陶工，“汤姆将成为旅行者和谈判者，而乔斯则是制造商”。[13] 博尔顿和瓦特也同样一根筋，认为马特·博尔顿将接管索霍，吉米和格雷戈里·瓦特将成为工程师。在过去的两年里，马特在伯明翰附近的一所小学院当走读生，但在1779年，他的老师建议博尔顿让他寄宿，这样他就不会学当地走读生“恶毒的发音和粗俗的方言”。[14] 第二年，他去了特威克纳姆的学校继续学习。相比之下，吉米·瓦特14岁就离开了当地的一所学校，直接去伯沙姆的威尔金森铸造厂学习机械制图和木工。

312 索霍人把他们的儿子送走的时候，韦奇伍德把儿子留在家里。1779年秋，他的三个女儿也在埃特鲁里亚，她的表姐凯蒂·威利特死于肺结核，苏姬很难过，亟待鼓舞。现在，韦奇伍德把他的女儿们也纳入了他的计划，到11月，他已经制定了一个固定的上学日。他的会计师彼得·斯威夫特可以成为一名教师（苏姬也参与了会计工作），而汤姆·拜尔利和当地一神派牧师洛马斯可以教授一些基本的拉丁语。12月，韦奇伍德的孩子们去了利奇菲尔德，那里有个战俘，名叫波泰先生，教他们法语和绘画。“你的孩子们都很好，”达尔文写道，“我希望你能让他们留下来，直到我们写信给你说我们厌倦了他们。”[15] 然后，“埃特鲁里亚人”搬回了陶瓷之地，并带上了波泰。韦奇伍德制定了详细的课程：英语，法语，绘画，一点拉丁语，会计，骑马和运动，“其中包括园艺，化石，实验等。”[16]女孩们有额外的英语课程，凯蒂“尽其所能地忍受法国”，而苏姬则没有花很多时间在化石而是音乐上。

韦奇伍德尽管在某些方面很激进，但他对男孩和女孩的看法是非常传统的。一年前，当他打算委托斯塔布斯画两组配套作品时，他把这幅画几乎做成了卡通形象。一幅画是他的女儿，另一幅是他的儿子：

> 苏姬演奏羽管键琴，凯蒂随她唱歌，萨莉和玛丽安在地毯上工作，都符合她们的年龄。这是一张照片。补充作品是站在桌旁的杰克，用他的玻璃器具等固定的空气；他的两个兄弟陪着他。汤姆跳起来，拍拍手感到欣喜和惊奇，就像杰克给酸里放了些白垩一样，看到气泡上升。乔斯沉思地站在他面前的化学词典中，这些动作将准确地描述他们各自的性格。

（苏姬自己开始反对父亲，几年后，她宣称因为被薄纱与丝带环绕，她不能写一封好信：“这自然使年轻的女士们想起舞会和跳舞这些梦幻的东西，对您来说这难以理解，但就像特伦特运河改建我也难以理解一样——”）[17]

总的说来，妇女并没有被排除在自然哲学之外。安妮·瓦特对 313
化学的了解足以让她收到丈夫寄来的技术信件，尤其是关于她家族漂白业的信件；萨莉为韦奇伍德的实验书帮忙；玛丽·普里斯特利愉快地容忍着老鼠在壁炉台上取暖，并为它们提供实验用的洗衣盆；埃奇沃思和霍诺拉有着共同的兴趣。[18]所有的月光社人都鼓励他们的女儿学习植物学、化学和力学。埃奇沃思和达尔文在写关于教育的文章时都强调了这一点，几年后基尔写了一篇“父女之间的化学对话”。玛丽安妮·高尔顿的父亲塞缪尔在18世纪80年代加入了月光社，“他希望我成为哲学家，他曾教导我科学的基本原理”：

> 我有一只漂亮的小猴子叫杰克，一只狗，一只猫，一只兔子和其他动物。我喜欢听我父亲解释林奈法则；让他给我看我各种各样的宠物的牙齿和爪子，把它们分类，从灵长类动物的牙齿到野兽的爪子。[19]

母亲也会让她坐在自己的膝盖上，读布丰的《自然史》。

因此，女孩们在充满仪器、发明和实验的房子里长大，但不同的是，对女性来说，这只可能是一种爱好。月光社人视他们的儿子为潜在的工业领袖、工程师、化学家或医生，而视他们的女儿为未来的妻子和母亲——几乎是一个更重要的角色。当怀特赫斯特代表博尔顿在伦敦为安妮物色寄宿学校时，他说：“在我看来，女孩的教育比男孩的教育更重要。”[20]他们不认为女孩有不同的天赋，她们的从属地位是由上帝决定的，但他们的科学文化以微妙的方式强化了这种习俗。在那个时候，有一种动力，去识别社会背后的自然秩序；比较解剖学研究表明——令人惊讶的是——女性“形成”是为了生育和哺乳孩子；“本能”的新概念强调了母亲的角色。所有这些都激发了互补的想法，这种想法在汉娜·摩尔（Hannah More）等作家身上体现得最为明显：“女性通常感知能力更强；男人有强烈的感情……女人说话常常是为了出风头或讨人欢喜；男人是为了
314 说服或驳倒对方。女人欣赏才华横溢的人，男人欣赏坚不可摧的

人。”[21]等。

月光社人也不能免俗，无法避免阶级观念。在1790年初期，达尔文在为自己的女儿玛丽和苏珊·帕克计划未来的家庭时甚至也展示了这一点。1791年，他在一封附着年金的信中写道：

> 从事女佣或老师的工作可能比其他的女孩更快乐，她们的收入加起来不超过两三倍，在绅士的生活中长大。因为我认为幸福在很大程度上取决于一个人的处境，在生活中，而不是在更高或更低的情况下。[22]

这是艰难的现实，但是帕克的女孩很高兴。在当地的寄宿学校任教之后，达尔文将她们安置在自己的学校里，这是一个砖砌的房子，位于德比郡阿什伯恩布鲁克·布思比的庄园附近。1794年6月开业时，达尔文的同父异母姐妹维奥莱塔和埃玛成为第一批寄宿生，达尔文为他们写了简介，《寄宿学校女性教育行为计划》。它融合了所有最新思想（包括怀特赫斯特对通风的观点），强调培养女性的和婉，温柔，同情心和“使所有人心动的魅力”，同时提供广泛的课程，包含大量自然哲学和植物学知识。[23]这个计划将达尔文置于玛丽·沃尔斯通克拉夫特（Mary Wollstonecraft）[1]所处的阶层——既进步又强烈支持妇女受教育的权利，但在社会上却很保守。[24]

月光社的父亲们将教育更多地与未来的角色联系在一起，而不

---

[1] 18世纪英国作家、哲学家、女权主义者，著有《女权辩》，认为妇女的屈从地位使她们变成了只知道卑躬屈膝、通过逢迎讨好来达到自己目的的生物。玛丽·雪莱的母亲。

是个人成就。后来，詹姆斯·基尔在他对戴的回忆中，强烈地表达了这一点。基尔指出，在卢梭看来，社会是一种“不自然的状态，在这种状态下，人类所有真正的价值都被扭曲”，因此，他建议将儿童隔离开来，不让他们受到其诡计的污染。基尔认为这既荒谬又不切实际：

> 如果没有社会观念，必定是有缺陷的，不仅在解释我们的职责和关系的方面，而且在培养我们最重要的习惯方面，特别是为了普遍的秩序和幸福而控制我们自私的冲动方面。[25]

韦奇伍德在埃特鲁里亚整理书桌和羽管键琴时，从前的卢梭主义者理查德·埃奇沃思也在与一个成长中的家庭作斗争。这两个人
315 一直保持着联系，1777 年圣诞节，苏姬和埃奇沃思一家住在一起，在那里感到非常高兴：

> 一直与埃奇沃思夫人待在一起。埃奇沃思先生和我一直认为的很不一样。我过去以为他是一个非常严肃、稳重的人，现在发现恰恰相反，他从早到晚都在唱歌。[26]

埃奇沃思是一位天生的教育家，他的思想“既不专横，也不独断”，他还是一位了不起的读者，能够满怀热情地从希腊文学引用到当代文学。[27] 他还对孩子是如何学习的（从语言的习得开始）深感兴趣，并对汉诺威的“野孩子”彼得[1]很感兴趣。人们发现彼得被遗弃在森林里，他在赫特福德郡埃奇沃思附近住了一段时间，

[1] 18 世纪，英国汉诺威哈默恩的村民们在附近的树林中遇见一个赤身裸体的男孩。

“我们有很多机会对他进行实验”。[28] 虽然他可以说一些短句，（包括“乔治国王”，伴随着加冕铃声的模仿），但从未学会正确地讲话：“尽管韦奇伍德先生和其他许多人说，他的头很像苏格拉底，但他是个白痴。”在1779年韦奇伍德和达尔文成立学校时，埃奇沃思就去拜访了他，他发现尤其当野孩子处于与自己温馨的家庭对比下时，野孩子的困境成了反对卢梭的可悲论据，卢梭鄙视语言赞美自然。

到目前为止，埃奇沃思第一次婚姻的三个最年长的孩子——理查德、玛丽亚和埃米琳——都或多或少地在寄宿学校上过学，多少有些不开心。在诺斯彻奇的家中，安娜（安娜玛丽亚的第四个也是最后一个幸存的孩子）五岁，霍诺拉四岁，洛弗尔三岁。为了教女儿们读书，埃奇沃思翻遍了40多本儿童读物，但什么也没找到，直到他发现了普里斯特利的沃林顿朋友艾金博士的女儿安娜·拉蒂蒂娅·巴尔博尔德（Anna Laetitia Barbauld）的《两到三岁的儿童课》一书。（她也是卢梭主义者，和一个法国人有一场灾难性的婚姻，她哥哥把这完全归咎于她读了《新爱洛伊斯》。）为了巴尔博尔德简单的词汇和接地气的故事，埃奇沃思的小女孩们在六周内学会了阅读。1779年12月，韦奇伍德也成了她的书迷，他对本特利说：“我想把巴尔博尔德夫人的书（全都）给孩子们。我们的小姑娘们没有合适的课本来学功课了。”[29] 316

韦奇伍德还报道了埃奇沃思的最新计划，他自己打算为孩子们写一系列的书。埃奇沃思的灵感既来自巴尔博尔德，也来自普里斯特利对哈特利的删节本《人类观察》。[30] 这似乎为一种全新的幼儿教育方法提供了理论依据：他决定和霍诺拉制定出一种新的系统，其基础是对早期的印象、感觉和想法进行排序和安排。埃奇沃思后来声称，霍诺拉是第一个确立“教育的艺术应该被视为一门实验科学”的人。这似乎为全新的教学方式提供了理论上的理由：他和诺娜决定，根据儿童早期的印象、感觉和想法的关联，制定出一个新的系统。埃奇沃思后来声称，奥诺拉是第一个确立“将教育艺术视为实验科学”的人。[31] 第一步是问一些基本的问题：不同年龄的孩子能学到什么？他们会记得什么？学习是如何在头脑中发生的？在任何新的领域——无论是化学或火山——收集证据都在成立体系之前，所以霍诺拉开始记录孩子们的反应，希望以收集的证据来制定产生不同影响的教学。

埃奇沃思夫妇认为，儿童书籍应该是有趣的，明确和熟悉的主题，以保持他们的注意力。他们为 4 到 10 岁的孩子们设计了一个课程，作为开始，霍诺拉写了一个名为《哈利和露西》（*Harry and Lucy*）的故事。在 1780 年年初，他把故事寄送给普里斯特利，埃奇沃思问她是否可能把它奉献给他，因是由他的写作而起，她补充说，希望在朋友的帮助下，将“许多科学的第一原理或更确切的原理”引入她的作品，“这些原则依据事实”。[32] 这项雄心勃勃的计划最终将由玛丽亚·埃奇沃思的《早教课》（*Early Lessons*）在 1801 年完成，从一开始就引入了“科学”，哈利和露西看着父亲剃须，学习了有关加热和温度计。然而，在 1780 年，埃奇沃思一家的计划因悲剧而突然中止。

1779 年春天，疾病把他们带回到了利奇菲尔德，奥诺拉的病发展成痨病。她 15 岁时出现了肺结核的症状，她的母亲和三个姐妹都死于肺结核。埃奇沃思担心会发生最坏的情况。整个夏天和秋天，他看着她衰弱下去，而达尔文小心翼翼地照料着她，但每天都失去希望。在赫特福德郡戴的家里，她去找著名的伦敦专家赫伯特

医生，赫伯特医生温和地告诉她，她的病已经没有希望了。回到利 317
奇菲尔德后，她似乎恢复了活力，埃奇沃思在什罗普郡边界另一边买下了一所小房子，但她很快就不行了。埃奇沃思每晚都陪着她。4月底，他被叫到她的房间，发现她剧烈地抽搐。他感到她的脉搏并轻声说："你没有死。"但她恳求他和自己坐在一起，他掏出铅笔，记下了她说的一部分话，但更多的是为了有事可做，来克制悲伤。[33]第二天，她打了个盹，谈到孩子们，"以最强烈的方式向我推荐娶她的妹妹伊丽莎白"。第二天晚上，他坐起来，等待着。五朔节那天，早晨六点钟，她姐姐夏洛蒂给他打电话。奥诺拉倚在枕头上，用胳膊搂住夏洛蒂的肩膀，转过身来"极其温柔地"看着他。

这时我听到有东西掉在地板上。那是她的结婚戒指，她把它戴在消瘦的手指上，直到最后一刻——怀着盲目的迷信，想起了她曾经许下的誓言，那枚戒指永远不会再失去，而是要用生命来纪念。她再也没有动过，似乎也没有挣扎过。[34]

埃奇沃思平淡的叙述虽然充满了感情，却没有维多利亚时代的临终场景。没有眼泪，没有下跪，没有祈祷，没有天光，没有天使，没有来世，没有责任。相反，霍诺拉注重实际，蔑视传统。但是埃奇沃思活泼的精神被浇灭了，他说不出自己的感受。他写信给韦奇伍德：

让我把这封信寄给W&B公司问我能否为亲爱的埃奇沃思夫人要12份灰蓝色的画像，要哈林顿夫人画的还要斯玛特画的照

片——我周日失去了她星期天——痛失我爱

你们的朋友 R.L.E.[35]

葬礼结束几天后，埃奇沃思感到麻木和茫然，他去了利奇菲尔德，然后带着他的两个小女儿安娜和霍诺拉去埃塞克斯和戴住在一起。他听着，机械地回答着，他尝试看书，他很感激戴的好意，但除了疲惫之外，他什么也感觉不到。

他不顾自己的意愿，听从了霍诺拉的严厉建议，回到利奇菲尔德，向伊丽莎白求婚，她是戴的旧爱，曾把他送去法国学礼仪。说得婉转些，她“显然很惊讶”，说他“是在她认识的所有男人，最
318 没有想到会结婚的人”。[36] 但那年夏天，由于担心伊丽莎白表现出与霍诺拉相似的症状，达尔文建议全家人尝试海水浴，埃奇沃思和斯尼德一家去了斯卡伯勒。结束时，他的求婚被接受了。利奇菲尔德的保守派做出了可怕的反应。斯尼德少校和加农·苏厄德都反对；埃奇沃思公开抨击利奇菲尔德主教，在伯明翰的报纸上刊登了文章、回信、反驳和咒骂——在这些文章中，埃奇沃思悲惨地转向博尔顿，后者也不顾反对娶了他妻子的妹妹。起初，这对夫妇逃到柴郡，但主教禁止教区的任何牧师给他们主婚。韦奇伍德听说他们去了苏格兰，但实际上，伊丽莎白回到了巴斯，而埃奇沃思则带着他的女儿们去了伦敦，他让人在霍尔本的圣安德鲁教堂宣读了结婚通告。他们于 1780 年圣诞节那天在那里举行了婚礼，托马斯·戴和保罗·埃勒斯（埃奇沃思第一任妻子的哥哥）作为见证人。

这是一场为了孩子们的婚姻，尽管埃奇沃思对霍诺拉的爱从来没有像现在这样强烈，但这是一场在情感和性方面都很成功的婚姻：在接下来的 14 年里，九个孩子出生了，但只有一个活了下来。

1780 年，这段罗曼史在利奇菲尔德引起了轰动，与此同时，安娜·苏厄德因一首《库克船长挽歌》一举成名，库克船长在一年前于夏威夷被杀。苏厄德大部分的诗，署名埃奇沃思，实际上是达尔文写的——他和布鲁克·布思比发誓说，他们曾在文学协会听过他读这首诗，当时安娜在场。但是达尔文并没有做出任何声明，并且努力避免在《每月评论》中出现不利的内容。

达尔文无疑是在和安娜调情。11 月，他们开始了古怪的猫咪信件，在信件中，他的猫，波斯的雪·格里马尔金（Snow Grimalkin），给安娜的波·费利娜（Po Felina）小姐发去了充满激情的信件，“亲爱的猫咪小姐”，看她清洗着她“美丽的圆脸”，“优雅地卷着你弯弯曲曲的尾巴”。[37] 安娜同样详细地回复。但这封信也许只是他对伊丽莎白·波尔真爱的幌子。1780 年 11 月 27 日，波尔上校逝世，享年 63 岁。达尔文希望什么？伊丽莎白 33 岁，风度翩翩，机智风趣，腰缠万贯，郡里有一半的年轻人都在追求她。

达尔文当时 49 岁了，身体结实，口吃，瘸腿，有两个成年的 319
儿子，两个私生女。安娜说，在她守寡的早期，伊丽莎白在人群中被人取笑，并被问到她将如何对待她“囚禁的哲学家”：

“我相信他不大喜欢去教堂，即使他是为了我才到那儿去的，我也不会跟他去的。他对我来说太老了——”“不，夫人，右边多了 15 岁能怎么样呢？”她带着一抹不自然的微笑回答说，“我的右半边已经年长得太多了。”[38]

但最终，伊丽莎白·波尔选择了达尔文，并提出了一个苛刻的条件——他必须离开利奇菲尔德，住在拉德伯恩。1781 年 3 月 6 日，伊拉斯谟和他的孩子们在拉德伯恩教堂举行了婚礼。伊丽莎白使他的日常生活改变，不出几个星期，这位肥胖的医生就要在伦敦住上六个星期，这是他近三十年来的第一次来伦敦。小伊拉斯谟搬到了德比，开始从事法律工作，拉德伯恩家有三个波尔家的孩子，还有 15 岁的罗伯特·达尔文、现在九岁的苏珊和七岁的玛丽·帕克。（第二年，她们的母亲玛丽嫁给了伯明翰的一位商人，但与达尔文和两个女儿的关系很亲密。）1782 年春天，达尔文和伊丽莎白生下了他们的第一个孩子爱德华，在接下来的八年里，他们又生了三个男孩和三个女孩。[39]

对于约瑟夫·普里斯特利来说，1780 年也带来了变化。整个夏天他都在生病，可能是第一次胆结石发作。这一年，也许是觉得宗教工作可以从更大的独立性中受益，他离开了谢尔伯恩的工作。支持者们聚集起来为他的研究提供资金，他的妹夫约翰·威尔金森在伯明翰的费尔希尔为他找到了一所大房子，房子属于贵格会银行家桑普森·劳埃德。1780 年 9 月，这家人搬到了那里。除了一个实验室，普里斯特利需要的一切都有了，而实验室正是他适时建造的。

在费尔希尔，普里斯特利一直热衷于鼓励周围的孩子。他让他们与讲师亚当·沃克（Adam Walker）找到的二手气枪一起玩，偶尔开枪然后给男孩们装弹，“他很高兴这样做，尽管他似乎在实验室里非常忙碌，实验室非常近”（他们特别喜欢的一个靶子是普里
320 斯特利的假发假扮的，他们把假发戴在煤坑上作为目标）。[40] 当有人打开一瓶特殊的气体时，他会很生气；当他的女儿萨莉亲切地打

扫他的实验室，把他所有的瓶子都洗干净时，他会很悲伤；而当他工作时，他的孩子们却被允许进进出出，穿着实验室的短围裙，显得很古怪。他们清楚地记得图书馆室友魔术灯表演和电机的震动。[41]

所有月光社人的孩子都待在一起，了解彼此的父母、房子和兴趣爱好。总的来说，这种做法并不正式，只有在瓦特家，如果没有人擦脚，他们的嘴唇才会绷紧。每个家庭都尝试了不同类型的教育，但无子女的托马斯·戴可以说是影响最大的。戴现在也忙于家庭生活。两年前，他娶了埃丝特·米尔恩斯为妻。米尔恩斯的父亲是切斯特菲尔德的商人，她从父亲那里继承了一笔财产。在 18 世纪 70 年代，她住在韦克菲尔德，她的制衣亲戚罗伯特和约翰是有权有势的商业王子，以自由、持不同政见者著称。[42] 斯莫尔很长时间以来都建议戴娶埃丝特，也许是通过米尔恩斯家族和谢菲尔德罗巴克家族的关系认识她的。[43] 她是戴的最佳人选。夫妻俩先搬到汉普斯特德，埃奇沃思和霍诺拉发现曾经虚弱的埃丝特在雪地里漫步，显然很享受。他们发现她的观点和她丈夫的一致，这让他们松了一口气，很少有一对夫妻像她这样说得那么多，或者说得那么激烈。1779 年初，他告诉年轻的伊拉斯谟·达尔文，他在埃塞克斯郡的斯特普尔福德—艾博特买下了一处小地产和庄园，他“很高兴让我的手里堆满肮脏的作品”，因为他马上就要将其扩大。[44] 他在一个书摊上买了本“威尔的建筑”，埋头读了三四个星期，然后就厌倦了，他对泥瓦匠和木匠关于门槛、门楣的琐事感到烦恼和困惑。埃奇沃思住在那里，这时建筑工人问埃丝特的新更衣室的窗户应该放在哪里。戴沉浸于一篇法国农学家的论文中，把这个问题抛在一边：为什么不能先修墙，然后再是窗户呢？尽管泥瓦匠指出通常的做法是相反的，但这个房间还是这样建好的，没有窗户。

尽管他们与世隔绝，但这些日子总是欢迎他们朋友的孩子。埃丝特的姐姐伊丽莎白于1769年去世，留下了两个经常来此居住的321 儿子——最小的托马斯·朗兹（Thomas Lowndes）从1783年起几乎一直住在这里。几年前，戴还是个单身汉的时候，曾在一次伦敦之旅中照顾过18岁的伊拉斯谟·达尔文，他对弟弟罗伯特说了一段俏皮话：

你一猜就知道，戴先生也在那，
一个旅行的男人，更像一个漂亮的女人。
我们进入小镇的第一刻，
天哪！我发现他不过是一个小丑。
尽管他抹了粉，努力看起来很娘，
但你不要告诉他我说了他。[45]

玛丽亚·埃奇沃思总是记得戴的“浪漫性格”，他的形而上学，“他的体系的冰冷力量”，甚至当他强迫她喝柏克莱主教的焦油下水，写关于幸福的对话。戴后来对她要专业写作的想法感到震惊，但她仍然喜欢他。[46]她还记得他那古怪的幽默感。多年后，她写信给舅母，讲述了一起打猎事故。信中她写道，“在脏兮兮的泥水中挣扎”已经够让戴先生高兴的了，“没有什么比人们倒在泥土里更让他开心的了，尤其是如果他们是女士、先生和穿着考究的人。”[47]苏姬·韦奇伍德在后来的日子里也一直住在这里，所有的孩子都接受了托马斯的怪癖。正如基尔所指出的，尽管他和朋友们在一起时很严肃，但他有“一种特别快乐的性情，这使他特别讨年轻人和孩子们的喜欢，他总是喜欢取悦和教导他们”。[48]

18 世纪 70 年代还没有真正的儿童书籍，在这个感性的新时代，一些儿童书籍才刚刚开始创作。1780 年前后，戴接受了挑战。一开始，他打算写一本摘录名人生活、经典著作、历史或小说的书，但为了使这些摘录更加生动，他又加上了一个框架式的叙述，即年轻的哈里·桑福德和汤米·默顿，以及他们的老师巴洛先生的故事。戴并没有完全抛弃卢梭，但他意识到自己的思想必须改变。《桑福德与墨顿的故事》(*The History of Sandford and Uerton*）在很大程度上归功于《爱弥儿》的“自然教育”，重新恢复了卢梭抛弃的书本知识，戴也毫无顾忌地借鉴了布鲁克《愚人品质》(*Fool of Quality*）的模式。[49] 巴洛先生所面临的第一个问题（和卢梭一样，322
他相信社会从根本上是自私的）也是一个让人烦恼的问题：即使你把孩子教育得很好，他们又将如何应对所面对的腐朽的世界？你怎么能把斯巴达人的“坚忍不拔”与感性和同情的美德调和起来呢？[50]

与卢梭的《爱弥儿》不同，戴的男孩从一开始就生活在“世界”中。六岁的汤米·墨顿是被牙买加糖业大亨宠坏的儿子，他的对手是农场主的儿子哈里·桑福德（温和对待动物，尤其是蟾蜍和讨厌的昆虫；不说谎）。哈利成为了他的盟友，并教他读书，但可怜的汤米似乎仍在经受一种道德上的折磨：除非他照顾蔬菜，强迫听改善的故事，否则不允许吃东西。然而，对于 18 世纪 80 年代的孩子们来说，这些故事很有趣：孩子们用树枝和灌木建造了一座房子；巴洛先生冷静地制服了一只从旅行艺人手中逃脱的熊；汤米从执法官手中救出了一个贫穷的家庭，成为村里的英雄。这本书也包含了大量的传说，从安德鲁克斯和狮子到征服墨西哥和天方夜谭，但寓意很实用，与月光社的观点一致——一个明智的人会对他周围的一切都很好：

因为这是他的责任，因为每一个乐善好施的人在做好事时都感到最大的快乐，甚至因为结交尽可能多的朋友符合他自己的利益。无论他目前的地位显得多么稳固，也没有人能说得出他的地位会多快改变，他也没有理由同情那些现在比他地位低得多的人。

1783 年，《桑福德与墨顿的故事》第一卷出版时，戴发现自己的书出人意料地畅销起来。第二卷出版于 1786 年，第三卷出版于 1789 年，正值法国大革命前夕。正当其时，因为在行善的论调之下，民主之火仍在燃烧：他清楚地表明，寄生的富人靠穷人的劳动发大财；是他们为国家提供了真正的财富。尽管在今天看来矫揉造作，但桑福德和墨顿激发了即将到来的浪漫主义一代和维多利亚时代的想象力——在 1870 年之前就重印了 140 版。

28 发展艺术家

约翰·弗拉克斯曼的肖象章，本人自制

1780年年底，霍诺拉·埃奇沃思去世，普里斯特利搬到伯明翰，达尔文与伊丽莎白·波尔订婚，还有最后一个痛苦的变化：托马斯·本特利的去世。自从搬到伦敦以来，他的健康状况一直很差。据说，也许是因为希腊街的陈列室以前是个解剖室，从来没有好好消毒过，在那里工作的许多人都病倒了。1780年夏天，他和玛丽去了马盖特，然后去了埃特鲁里亚。与韦奇伍德的旧信件还在继续，本特利所有的信件都被小心地装订在一本厚厚的书里，被戏称为“约西亚的圣经”。11月12日，韦奇伍德轻快地写道：“我现在忙得不可开交，写不了多少东西。我在为瓷体设计一些花瓶，又为花瓶设计瓷体，我不用告诉你，新东西和好东西是很难制造的。”[1]

过了两个多星期，拉尔夫·格里菲思寄来了一封急件：

> 我们可怜的朋友还在呼吸，可是，唉！这是一种短暂的残喘。几乎所有的希望似乎都已离我们而去！我一想到我下一步就害怕！再见！ R.G.[2]

韦奇伍德不知道本特利病得这么重。他向南冲去，发现他的朋友在 11 月 26 日格里菲思写信的第二天就去世了。他一直待在伦敦，直到本特利的葬礼在奇斯威克教堂的地下室举行。他委托詹姆
324 斯·“雅典人”·斯图亚特竖立一座纪念碑，并组织管理玛丽未来的公司收入。汤姆·拜尔利接任希腊街的经理，以一种铺张浪费的方式，处理了韦奇伍德和本特利的全部存货：克里斯蒂和安塞尔在 12 月初进行了 2 000 多件拍品的拍卖，为期 11 天。在接下来的几个星期里，韦奇伍德的朋友们认为他老了十岁。

本特利向韦奇伍德介绍了高雅艺术，并为埃特鲁里亚找到了许多艺术家。他彬彬有礼地监督着伦敦的艺术家们，管理着陈列室，体现了理想主义和实用主义的平衡，这是许多月光社项目的标志。但对大多数人来说，艺术和实验之间从来没有严格的界限；当埃奇沃思想起他在英格兰中部的朋友们时，他把他们都看作同样是“文学界和科学界的人”。对韦奇伍德和博尔顿来说，艺术是他们制造的材料：他们产品的吸引力在于艺术家的想象力、工匠的技能和最新的复制技术的结合。但在这里，就像利奇菲尔德的小圈子诗歌，或发明或实验的集体工作一样，创意和“所有权”的问题经常出现。

韦奇伍德与艺术家的关系涉及对这个问题的不断协商。他对自

己在塑造陶罐和欣赏精美的塞夫尔瓷器或古董花瓶方面的技能感到自豪，但他自己从来没有假装成艺术家。然而，他确实承认质量。当他和本特利第一次开始寻找模型师和画家时，他尖刻地驳斥了不幸的泰波先生的洛可可式模型，说它们“像溺水小狗的脑袋”，“像猪和兔子一样丰满”。[3] 相反，他充满爱心地培养人才，几个男男女女在他的工作生涯中一直陪伴着他。其中一位是威廉·哈克伍德（William Hackwood），1769 年，他被称为 12 岁的“天才少年”，几年后，他便可以雕刻像章。十几岁时，哈克伍德改编了韦奇伍德在伦敦发现的半身像和浮雕，并对借来的宝石和人偶进行了改造，这些宝石和人偶是水苍玉浮雕设计的基础。他创作了一连串的半身像，从奥古斯都·恺撒、布鲁特斯、卡托、荷马和贺拉斯到安德烈·帕拉迪奥、伊尼戈·琼斯和赫尔曼·布尔哈夫；他仿造了乔治三世和夏洛特王后的第一个威奇伍德大奖章，并创作了精美的浮雕，如 1776 年巴克斯的诞生，这是迄今为止韦奇伍德最大的水苍玉碑。他很快就成为不可或缺的人物，完善了手指和脸部浮雕、 325
波浪状头发和半透明的布料所需的精细切割。到了 19 岁的时候，韦奇伍德说他希望自己再有六个哈克伍德。

简而言之，当哈克伍德开始给他的作品定更高的价格时，紧张出现了，韦奇伍德发现这太贵了。但真正的摩擦是，他把自己看作一个“艺术家”，并想宣称自己的作品：他于 1777 年在莎士比亚和加里克的胸像的肩膀上签名。这一切都被迅速而坚定地制止了。哈克伍德必须得到满足，不是满足于名望，而是满足于高薪和崇高的敬意。韦奇伍德把他最敬佩的人的肖像奖章委托给他，这些人是他的姐夫和老教师威廉·威利特，威利特死于 1778 年；达尔文（根据赖特的肖像）；富兰克林、普里斯特利和本特利。哈克伍德在韦奇伍德的生前身后中一直待在埃特鲁里亚，直到 1802 年，他拒绝了约西亚·斯伯德的引诱，终于在公司工作了 63 年后，于 1832 年退休。

在韦奇伍德的设计史中有许多小的艺术珍品，比如托马斯·贝威克（Thomas Bewick）在王后瓷器的几套作品中，对风景细致入微的描述。但韦奇伍德也培养了业余艺术家，尤其是有教养的女性。他用赤陶土、黑色玄武岩和水苍玉制成的特殊“油漆桶”，带有一个托盘和 12 个颜色的小罐子。佳士得 1781 年的画册解释说，这些“包含在一个很小的罗盘中，一个供女士使用的整洁的绘画装置，还可以供年轻人学习绘画和为版画上色”。[4] 到那个时候，陶器的魅力已经如此之大，以至于这些女士中的一些人已经开始接近韦奇伍德，希望成为设计师。其中最主要的是坦普尔敦夫人伊丽莎白，她对 18 世纪 80 年代妇女和儿童的研究非常适合新的“女性”市场。她寄来的设计有铅笔画和“漂亮的印度剪纸”[5]，并从哈克伍德那里模仿了优美写意的浮雕——家庭工作，家庭学堂，母性光辉，轻松的爱。1783 年，韦奇伍德腼腆地写信来表达他的喜悦之情，说她喜欢他“试图在浅淡的浮雕中模仿迷人的一群群小人儿”，并希望有更多的作品，“以最完美的方式呈现坦普敦夫人的品位”。[6] 随着品位的转变，韦奇伍德重制了坦普尔郎夫人忧郁的《可怜的玛丽亚》（*Pore Maria*）[基于约瑟夫·赖特的画作，来自斯特恩《感伤之旅》（*Sentimental Journey*）的一幅场景]。四年后，
326 从她“夏洛特在维特的坟墓”起，由歌德的划时代小说《少年维特之烦恼》掀起了浪漫主义的第一波浪潮。韦奇伍德承认她高贵名字（与哈克伍德相反）的吸引力，甚至在 1779 年的目录中把一些设计归功于她。

18 世纪 80 年代后期，埃玛·克鲁（Emma Crewe）也效仿了坦普尔敦的设计，从狂欢闹饮的孩童到各种家事，都被巧妙地用在徽章、花瓶、茶壶和胸针上。在这方面，韦奇伍德也利用了一个影响力和利润的来源：埃玛的父亲是柴郡大亨约翰·克鲁，母亲是韦奇伍德最好的客户之一，是一位时尚的美人和著名的辉格党人，是福克斯、谢里丹和伯克的朋友。

另一位贵族设计师是戴安娜·博克莱尔（Diana Beauclerk），她是马尔伯勒二世公爵的长女，不过她的设计风格要粗俗得多。[7] 戴安娜与长期不忠的博林布鲁克勋爵的第一次婚姻以一场不光彩的离婚告终。在这场离婚中，博林布鲁克起诉了戴安娜的情人、她幼子的父亲塞缪尔·约翰逊那放荡不羁的朋友托珀姆·博克莱尔。由于远离上流社会，她后来成为俱乐部、约翰逊和雷诺兹、加里克和博斯威尔的女主人，并靠画画赚钱。她的成功得益于霍勒斯·沃波尔（Horace Walpole）的委托，以及她的表姐、德文郡公爵夫人乔治亚娜的一幅畅销版画。1780 年，她的丈夫去世后，她可以自由地从事专业工作。1783 年，当查尔斯·詹姆斯·福克斯把她的画寄给韦奇伍德时，他对她的才华和人脉大加赞赏。她活泼的设计仍然以儿童为特色，但相比感性多了健壮——快乐天真的酒神男孩，在流动的碗、豹皮和藤蔓中翻滚。

与戴安娜·博克莱尔不同，韦奇伍德最著名的兼职艺术家约翰·弗拉克斯曼则处在阶级的另一端，他在父亲的考文特花园店的模型铸造中长大。她的部分童年时光是在布伦海姆的回音大厅中度过的。而弗拉克斯曼，游客们还记得一个“瘦小、多病的小男孩”，脊柱弯曲，靠在一张高脚椅上，椅子的靠垫在他父亲的工作

台后面。夏洛特街珀西教堂的安东尼·马修牧师看到他在书摊上努
327 力学习拉丁文，深受感动，几乎是收养了他，把他拉进了韦奇伍德和本特利所熟悉的有教养的激进非国教徒的圈子。贵族出身的哈丽雅特·马修斯（Harriet Matthews）和她的朋友安娜·拉蒂蒂娅·巴尔博尔德大声朗读荷马和维吉尔，而弗拉克斯曼则在画画：10 岁时，他在卖他代理的图纸；在 11 和 13 岁时，他获得了艺术学会的模型奖；14 岁那年，他与约翰·培根和詹姆斯·塔西等老年艺术家（也都与韦奇伍德有联系）一起工作，在皇家学院学校获得了银牌。

通过本特利，韦奇伍德在 1775 年年初开始从弗拉克斯曼那里订购壁炉板、花瓶和浅浮雕、森林之神和古典神的模型。很快，他受委托为约瑟夫·班克斯和丹尼尔·索兰德创作半身雕像。到了冬天，他开始哀叹，因为亚历山大的安东尼和克娄巴特拉长得太美了，他简直舍不得把他们卖掉。现在，弗拉克斯曼在个人雕塑和墓碑上得到了大量的佣金，但韦奇伍德提供了主要的收入，作为回报，他创作了许多精美的古典浮雕。他最好的作品之一是《荷马史诗》（*Apotheosis of Horner*），灵感源于威廉·汉密尔顿爵士收藏在大英博物馆的一个花瓶。当他把一块碑送到那不勒斯的汉密尔顿时，引起了欣喜若狂的反响。

18 世纪 80 年代初，弗拉克斯曼刚结婚，决定出资去罗马旅行，他制作了大量的浮雕、半身像和肖像：卢梭、斯特恩、约翰逊、萨拉·西顿（Sarah Siddons）、赫歇尔和库克船长。最后，他雕刻了至少 22 幅“杰出的现代人”的画像，包括他自己的两幅和他妻子的一幅。他经常留在埃特鲁里亚，他和妻子安妮成了这家人的好朋友。1781 年，他为埃特鲁里亚宅的客厅天花板设计了豪华的装饰和有寓意的带状装饰。一年后，在教韦奇伍德家多男孩

绘画后，他拒绝为他的33堂课定价，尽管这是份相当不错的工作——“因为我担心他们在这么短的时间内无法收获很多”。[8]韦奇伍德被感动了，慷慨地给了他钱，弗拉克斯曼把两幅小浮雕作为礼物送给了他，“如果你觉得它们有价值，可以印在你的素瓷上批量生产”。[9]

弗拉克斯曼很清楚，古典原作灵活的改良适应了当下的品位。正如韦奇伍德在1779年对达尔文说的那样："我只是假装试图复制那些精美的古董模型，但并没有完全屈服于它。我一直努力保持这种风格和精神，或者说，也要保持这种古色古香、古朴典雅的风 328
格。”[10]弗拉克斯曼的标准是“优雅简约”，也很实际和细心，总是给出精确的细节，他了解改良模型的需求——他的1777年的六座缪斯雕像，被设计成饰带，也可以作为单个的圆形浮雕，或分成匹配的浅浮雕镶板，或雕在花瓶周围。[11]弗拉克斯曼为壁炉架做了完美的镶板，比如他流畅的《舞蹈时间》（*Dancing Hours*）和顽皮的《小爱神与山羊》（Cupids with a Goat）。他能模仿汉密尔顿所欣赏的那种纯粹的古色味道，但他也能轻松地随着时尚起舞——他能很快地制造出一群群孩子，蹦蹦跳跳，玩捉迷藏或弹珠游戏。正是弗拉克斯曼促使韦奇伍德着手进行自己最具灵感的项目——仿制波特兰花瓶。1784年2月，他写道“我希望尔能早日进城，看看威廉·汉密尔顿爵士的花瓶”：

> 它是被带到英国的最好的艺术作品，通过努力你可以把你的素瓷和水苍玉做到最高境界。这是一种被普林尼称为“Murrinan”的东西，由深蓝色玻璃制成，上面有白色的珐琅图案。这个花瓶大约有一英尺高，里面的人物有五到六英寸高，雕刻的方式和浮雕一

样，是最宏伟、最完美的希腊雕塑。[12]

与此同时，弗拉克斯曼在模仿一套“中世纪”棋子时，力推韦奇伍德尝试一种截然不同的风格——英国哥特式。国际象棋越来越受欢迎，银制和象牙制的棋子卖得很好，所以韦奇伍德决定生产相对便宜的棋子，一套五基尼。他把对风格的选择很大程度上留给了
329 弗拉克斯曼，其结果是，政治、品味和爱国主义在这套相对次要的作品中都有重叠：对被忽视的英国历史的崇敬与激进的热情融合在一起。

18 世纪 70 年代中期，英国古物主义盛行。在西部之旅中，韦奇伍德亲自考察了巨石阵，注意到了索尔兹伯里平原上的古坟，并对梅登城堡的宏伟和康沃尔郡矗立的怪石惊叹不已。人们对“土生土长”的英国历史、凯尔特神话和传说、珀西遗迹的中世纪歌谣、詹姆斯·麦克弗森（James Macpherson）版本的“奥西恩”和“托马斯·罗利”[Thomas Rowley，即托马斯·查特顿（Thomas Chatterton），1777 年自杀成名] 的巨大仿作热情高涨。他的朋友托马斯·斯托瑟德和威廉·布莱克，以及弗拉克斯曼自己都是中世纪纪念图像的崇拜者，尤其是那些在威斯敏斯特教堂都，他的活泼棋子继承了这样的雕塑（风格更现代，据说肯布尔为国王当模特，而莎拉·西顿斯为女王扮演麦克白夫人）。这些小雕像承载着重大的
330 意义：在绅士们的书房和图书馆里，它们把流行的古物民族主义带进了古典半身雕像和跳舞的小天使的世界。也许因为他目睹了这场冲突，棋子成了韦奇伍德唯一的哥特式冒险。

1787 年，在韦奇伍德的部分资助下，弗拉克斯曼最终去了罗马。在意大利，卡诺瓦成为弗拉克斯曼的亲密朋友，他的雕刻作品

和为荷马、但丁、埃斯库罗斯绘制的插图给他带来了意想不到的影响。1794 年，他回到家乡，忙于创作不朽的雕塑，几乎没有为埃特鲁里亚做什么，但仍然与故土密不可分。

所有这些艺术家都接受，把自己的作品交给韦奇伍德的材料和生产，就像博尔顿的模型师对他的镀金饰品和银器所做的那样。但有一个有趣的例子，韦奇伍德努力满足艺术家乔治·斯塔布斯（George Stubbs）的要求。1774 年，斯塔布斯已经 50 岁了，他很胖，很有耐心，固执地坚持自己的理想。他的自画像显示他是一个脖子粗、双下巴、不屑于戴假发的人；一个机警的、宽厚的男人，没有任何矫饰。和贺加斯一样，斯塔布斯更喜欢在大自然中工作，并对照搬学院派的做法嗤之以鼻。（与弗拉克斯曼完全相反，1754 年斯塔布斯去罗马不到一年就回来了，觉得自己没什么可学的。）他是利物浦一个皮革商人的儿子，在各方面都是自学成才的艺术家，除了给一个小肖像画家当过几周助手。年轻时，斯塔布斯解剖过狗和马。二十多岁时，斯塔布斯在约克医院画肖像和研究解剖学，他为约翰·伯顿的《全新助产系统》（*Complete New System of MIdwifery*）绘制了图纸和版画，伯顿是斯特恩《项狄传》（*Tristram Shandy*）的男助产士斯洛普先生的原型。18 世纪 50 年代后期，他和他那令人敬畏的同居妻子玛丽·斯宾塞——早期的斯塔布斯夫人和两个儿子已经消失在雾中——一起隐居到林肯郡的一个村庄。他写了令人大跌眼镜的《马的解剖》（*Amatormy of the Horse*），并最终于 1766 年出版。空气中弥漫着马肉腐烂的气味。他和玛丽一层一层地把肉剥下来，这样他就能把皮下的脂肪、肌肉和静脉、肌腱和韧带、关节和骨头以及最后那副奄拉着的骨架都画出来。

韦奇伍德和瓦特——两个类似的强迫症患者——应该理解这种
331 长时间的、令人不安的、犀利的凝视。就像他们自己长期的劳动和试验一样，斯塔布斯那臭气滚滚、满是蛆虫的岁月也结出了果实：在 18 世纪 60 年代的伦敦，他成了有名的画马和狩猎场面的画家，他对形式的内在美、起伏的肌肉和皮下的头骨都很敏感。到现在为止，他已经有了两个更令人难以抗拒的主题——一连串的母马和小马驹，就像弗拉克斯曼《舞蹈时光》一样优雅；还有一个系列的四部分，是关于一只狮子攻击一匹马的，是他自己对古典雕塑的暴力、令人不安的改编，以适应动物世界。[13] 他的兴趣与这一时期相吻合，在这一时期，对崇高和异域的热爱与科学观察相冲突。他一丝不苟地描绘动物，比如 1762 年从好望角带来送给夏洛特王后的斑马，1764 年送给乔治三世的猎豹，以及它的两个印第安饲养员。他为威廉·亨特画了黑羚，为里士满公爵画了来自魁北克的公麋。他画了马马杜克·汤斯顿（Marmaduke Tunstall）的鼠狐猴，为约瑟夫·班克斯画了袋鼠和库克新发现的澳洲野狗。所有这些作品都被博物学家作为准确的记录。

和韦奇伍德一样，斯塔布斯也是一位专业人士，熟悉市场，经营自己的人脉。他是艺术协会的中坚分子，在 1771 年当了一年的主席，也是一位久经沙场的技术实验家——他的许多油画都因为独特的“松脂、蜂蜡和非干性油和脂肪”[14] 的混合物而无法修复。然而，使这两个人走到一起的实验，是他试图在珐琅中所做的尝试，在研究了珐琅颜料的化学成分（这是韦奇伍德最感兴趣的课题）之后，他开发出了一套包含 19 种不同颜色的调色板，他的做法使得烧制后的颜色依然如故。但他也需要一块能耐热的底料。大多数的珐琅制品，如微缩模型或鼻烟壶盖，底通常是金属的，斯塔布斯一开始就是在铜上画大椭圆，但是铜板很重，而薄铜板在高温下会弯曲。1777 年，按照瓦特和普里斯特利那熟悉的、急躁的传统，他从韦奇伍德的一个大盘子里切了一块，为了画出椭圆形，他创作出栩栩如生的蜷缩《睡豹》(*Sleeping Leopard*)。[15] 在尝试了不同的陶瓷后，科德石材厂的工人白费了力气，他找来韦奇伍德和本特利，称自己需要一块素瓷制成的椭圆形饰板。

韦奇伍德喜欢这样的挑战，他认为，如果斯塔布斯成功了，其 332
他画家可能会效仿，这样艺术就可以成为一个有利可图的行业。制造过程很简单，但是如果没有裂缝，就很难烧制更大的尺寸。他试了不同的黏土，抵制着画家的不耐烦。“我向斯塔布斯先生致意，”他坚定地写道，“他会很高兴的，但大石板不是一天的工作。”[16] 实验成本使他忧心，改造需要窑，但在生产了一些成功的牌匾后，1779 年 5 月，韦奇伍德可以报告“确定成功”烧制更大的尺寸，“也许最终会达到 36 英寸 ×24 英寸，但这是目前的情况，我目前不会向斯塔布斯先生提及超过 30 英寸。”[17]

这就是为什么斯塔布斯在 1779 年来到埃特鲁里亚，用约西亚、萨莉和萨莉父亲的椭圆瓷器，用露台上家族的油彩器皿来支付他的账单。对韦奇伍德来说，这是一种全新的体验，是他作品之外的一种伙伴关系，而且——就这些画作而言——是一个充当赞助人的机会。他喜欢斯塔布斯创作的那些无忧无虑的工人肖像 [《托林顿勋爵在索思希尔的泥瓦匠们》(*Lord Torrington's Bricklayers at Southill*)]，于是在 1781 年花了高达 340 英镑，订了一份放在瓷板上的复制品。但是当斯塔布斯画他的全家福的时候，他对于在不同阶段中真正相似的出现和消失的方式感到困惑；他可怜的斯塔布斯圆得像一个好奇的孩子。他写给本特利：“我们的图片非常缓慢，但今天上午我们已经让马做下来了，S 先生在新的马厩里，我在那里研究他在那里画画。”[18] 所需要的照顾使他感到震惊。“在这种情况下，大量的时间和耐心是绝对必要的，”他写道，

我认为无论如何我都不会成为一个肖像画家。我们都对这个行业感到由衷的厌倦，我想画家比我们任何人都更有理由这样觉得。[19]

1782 年，在伦敦，乔舒亚·雷诺兹（Joshua Reynolds）也为韦奇伍德和萨莉画了一幅非常精美的画，却没有人有这样的抱怨。有一段时间，斯塔布斯是韦奇伍德“自己”的画家，他自豪地向当地达官贵人介绍说：“除了马和狮子、狗和老虎，没有人怀疑斯图布斯先生画过别的东西。我几乎不能使任何人相信他曾试图画人像。”[20] 事实上，斯塔布斯清晰、冷静的作品具有一种深刻的民主精神，尽管他的贵族有时看上去很呆板，但他对马夫和骑师、非
333 洲仆人和印第安动物饲养员的刻画却清新、富有同情心、不带感情。[21] 斯塔布斯和玛丽成了广大的埃特鲁里亚家族的一员。斯塔布斯教孩子们透视法，就像弗拉克斯曼教他们绘画一样；达尔文来看过玛丽的喉咙痛，斯塔布斯在 1783 年把他的肖像上了釉。斯塔布斯确实为埃特鲁里亚做了一些模型，但他坚持自己的风格，依然是狮子和马。“他反对其他任何主题，所以我放弃了，”韦奇伍德叹息道，“他现在躺在马背上，而我在这个美好的星期天早上写几封信。”[22] 这件作品和它的同期作品《敞篷马车与太阳战车》（*Phaeton and the Chariot of the Sun*）都是作为牌匾制作的，而个别马的小浮雕似乎是仿照他的设计制作的，他的一些画作场景也被转印上奶油瓷马克杯和咖啡壶。从 1770 年年末到 1795 年，他一直在使用韦奇

伍德的大牌匾，但事实证明这是一项昂贵的事业：没有其他艺术家追随他的脚步，皇家艺术学院对他的鲜艳色彩反应冷漠，并宣称这对其他画作“造成了伤害”，斯塔布斯为其所伤。在他 1806 年去世时，许多牌匾都没卖出去，只赚了一点点钱。到最后，他还保持着对解剖学的好奇心——他的最后一个未完成的项目始于 1795 年，当时他 71 岁，那是一个近乎超现实的《关于人体结构、老虎和普通家禽的比较解剖学阐述》(*Comparative Anatomical Enposition of the Structure of the Human Body with that of a Tiger and a Common Fowl*)。

尽管韦奇伍德选择斯塔布斯而不是约瑟夫·赖特作为全家福的画师，但他意识到，最能颂扬他的技艺的是赖特。赖特清楚地认识到科学和工业的力量，但他也能暗示想象力的奥秘和来自过去的灵感的力量，就像他 1779 年的作品《维吉尔之墓》(*Virgil's Tomb*)那样。当韦奇伍德委托别人画一幅象征他自己的“机械艺术”历史画时，他不想要现实主义、陶工的转轮和汗水。相反，他要来个比喻，取悦他出身高贵的赞助人，尤其是女性，所以他开始将他的行业女性化和理想化。1783—1785 年，赖特在《科林斯少女》(*The Corinthian Uaich*)和《佩内洛普[1]在灯光下解开她的织网》(*Penelope Unravelling her Web by Lamplight*)(纺纱是另一个伟大的英格兰中部工业)，这两幅为韦奇伍德所作的画中，将制造业与神话、家庭美德联系在一起。23 这两个故事都忠实地展现了女性作为艺术家和创造者的一面，但同时又并未让“创造”受到关注。

在这些棘手的委托中，赖特有位知己诗人威廉·海利（William Hayley），他是安娜·苏厄德的朋友，也是弗拉克斯曼的支持者。

[1] 希腊神话中奥德修斯的妻子，苦等奥德修斯时织网。

334 海利一再向他保证，“无论是历史还是相当诗意的主题，你可以要任何想要的自由”，但对于佩内洛普，赖特承认他很担心：奥维德说她曾经在织布机上工作，但是织布机太平凡了；也许可以用布帘把它藏起来——画上确实是这样。[24] 更麻烦的是裸体。在描绘尤利西斯的雕像时，赖特曾试图效仿古人的做法，让雕像赤身裸体，“但是在侧面几乎可以看到，对于贞洁的佩内洛普的房间来说，私处变得太明显了”。[25] 他的解决办法是让尤利西斯坐在他的弓上，用箭袋盖住冒犯的生殖器，这一解决办法被海利制止，海利指出，这很可能使“某些太太们大叫，“箭袋满了的人是幸福的。”[26]

然而，科林斯少女，而不是佩内洛普，是最适合韦奇伍德的传说。[27] 海利在 1778 年的一篇《关于绘画的随笔》（*An Essay on Painting*）中讲述了这个来自普林尼的故事，解释了少女在得知她的情人即将离开这个国家后，是如何心烦意乱地在墙上描绘出他的侧影，在灯光下勾勒出他的影子。这样，肖像画艺术就诞生了。更重要的是，她的父亲是一个陶工，他通过在轮廓上烧制黏土为她固定了永久的形象：陶瓷肖像成为肖像的来源，包括图形和雕塑。这是一个为“模仿”辩护的神话；它展示了一种艺术，这种艺术并非源于商业的贪婪，而是源于女人的爱。

> 她精确的笔触描绘了真实的线条，
> 随后，画的形式渐渐淡去……
> 正如她闪着禁火，
> 将那张简单的图片封印：
> 他的幻想，仍然是对自然的幻想，
> 临摹她的笔触，形成她的画像。

于是，从那支笔中，我们追寻鼓舞人心的爱情，

模型的形象，和铅笔的面容。[28]

在1778年，赖特对绘画的第一个建议进展缓慢，从一开始韦奇伍德就担心，他想以陶窑为背景（以火焰为代表），但从逻辑上看不出赖特建议的通过拱门看到的一个房间里摆满了“优雅的陶制器皿”会起什么作用，因为这被认为是“陶工艺术的婴儿期”。[29]1784年4月晚期，他带一些女性朋友去看这张照片，发现照片让她们很不舒服：

缺点在于后面的部分隔着帷幕，显得太平了，而且又贴得那么 335
紧，虽然你所观察到的确实是希腊式的，但那部分却给人一种沉重的、悬着的感觉（如果我可以用一个新术语的话），好像要往上推一点……[30]

赖特适时地增加了更多的布料，虽然“沉重的悬挂式外观”仍然有点滑稽，但总的来说，这是一件相对朴素的新古典主义作品。也许是有意为之，也许是偶然为之，这对流动的男女，四肢平衡，侧影倾斜，与韦奇伍德浅浮雕上的人物惊人地相似。

然而，这种冷静、柔和的构图实际上否定了作品本身，就像韦奇伍德打压艺术家署名，并隐藏他的技术秘密一样。大家只重视表明，羡慕产品，却忽视企业的基本。另一幅截然不同的画表达了类似的观点，赖特的《夜间的阿克赖特棉纺厂》（*Arkwright's Cotton mills by Night*）唤起了人们的回忆。在这幅画中，烛光下的棉纺厂是一座工业火山，在德比郡山谷燃烧着，但实际的工作却被隐藏起

来，忙碌的夜班工人与嗡嗡作响的机器，只能看到无数窗户上闪烁的灯光。[31]

韦奇伍德认识的艺术家们就像一支箭，向外射向活跃在月光社的众多网络。埃特鲁里亚的产品有一种令人不安的同质性，漂亮却长得一样：我们把它们都称为“韦奇伍德”，但在这背后是哈克伍德和他的同事们的个人技能；高贵女人寄来的设计；理想主义的弗拉克斯曼。在工厂外面，韦奇伍德面对斯塔布斯和赖特的目光，[32]斯塔布斯解剖，赖特使其成为神话，两者都准确无误地指出，是骄傲和占有欲推动了这个实验、奢侈和贸易的竞争时代。

29 从国家到领土

埃奇活思设计的农具

戴从不缺话说。“当然，”当十年转瞬过去，他大声说道，“我们历史上从来没有一段时期比现在更需要每一位天才，每一种美德，现在，是一个无与伦比的时代，是一个国家灾难泛滥的时代，它突然降临到我们身上，以毁灭威胁着我们。”[1] 他喜欢夸张的形象——波涛汹涌的海洋、古老的敌人、内部的阴谋——但在1780年，英国的前景确实一片黑暗。在美国，战争似乎是灾难性的；在海上，英国海军遭到法国和西班牙舰队的重创；在爱尔兰，煽动者们反对英国对殖民地贸易的禁运，甚至主张独立；爱尔兰志愿军运动开始了，以美国为榜样的激动人心的起义似乎更有可能。[2] 336

在英国国内，战时的萧条、土地圈地运动和城镇工业化的步伐带来了一波又一波的动荡。骚乱发生在兰开夏郡1779年的秋天。

杰克在博尔顿的学校上学时，韦奇伍德接他放学回家躲避暴徒，这些暴徒打破窗户，砸毁他们袭击的第一个磨坊，然后带走了机器，拆毁了建筑，将磨坊的水轮捣毁成碎片。[3] 对制造商来说，这令人心寒。在兰开夏郡，民兵组织被召集来驱散超过 3 000 人的庞大暴民，他们在乔利游行示威反对阿克赖特的机器。

337 在这一波动乱中，在乔治三世的威逼下，诺思保住了权力，但却无法控制住。各种各样的反对力量都在联合起来反对他：以福克斯和伯克为辩论人的罗金厄姆的辉格党；独立的国家议员，包括辉格党和托利党；威尔克斯派激进分子，共和党人和理性的反对者。1779 年 12 月，克里斯托弗·威维尔（Christopher Wyvill）牧师在约克郡组织了一次大规模的会议，随后在全国范围内发起了反对腐败和低效率的请愿活动。正如 18 世纪 60 年代末威尔克斯主义者的愤怒一样，这不是一场群众运动，而是绅士和资产阶级的抗议。威维尔的第一批支持者是约克郡的地主。埃丝特·戴的年轻亲戚詹姆斯·米尔恩斯是约克郡协会的委员。米尔恩斯目前正在建造一座巨大的新房子，壁炉用的是韦奇伍德木板，但他后来在当地被称为"民主党人杰克·米尔恩斯"。[4] 一大批地方协会加入了伦敦的激进团体，要求进行"经济改革"。

在 1779 年的最后几个星期里，戴从他的扶手椅里摇摇晃晃地站了起来，离开了他的农业论文。但他的看起来进步和激进的政治，实际上深刻且富有诗意的保守。他们重提卢梭，他将现代物质世界与更为纯粹的过去进行了对比；亚当·弗格森等作家曾将复杂的现代国家比作高地氏族或罗马共和国等较为简单的组织；在诺曼人的统治下失去了对撒克逊人的权利。[5] 作为一个幻想破灭的理想主义者，戴看到了一个被政府背叛的英国，在那里"所有自然公平和理性的原则”都被颠覆了。[6]这年冬天，他加入了约翰·杰布在米德尔塞克斯的激进分子阵营，劝诫人们加入这项事业：

我们已经到了绝望的边缘，除了被一系列史无前例的挑衅和羞辱激怒的人民的高涨情绪外，我们看不到一丝希望的曙光。难道我们只是为了利益而养肥，被主人随意宰杀的羔羊吗？

1780年2月，这篇戴的演讲连同福克斯对英国议会的同样激烈的呼吁，一起被发表。接下来的一个月里，他与威尔克斯在剑桥分享一个平台，攻击乔治三世政府的不公平行为，包括暴动法、游戏法、对税务部门和军队的“公共抢劫”，并要求扩大代表权和年 338
度议会。“经过长时间的平静之后，”戴说，“人民的精神终于激动起来了，我看到一场风暴正在聚集，对它的敌人来说可能是致命的。”[7]公众必须抓住日益高涨的浪潮，把它向最高的、压迫的壁垒猛冲过去；他们不会抵抗它的愤怒，他们会被夷为平地，让你轻松取胜。

1780年4月，戴参加了由约翰·卡特赖特（John Cartwright）组织的“宪法信息协会”，该组织将“证明”文件汇集在一起，以证明一个具有历史意义的、开明的撒克逊民主政体的存在。在场的有活动家约翰·杰布、戴的朋友威廉·琼斯、奴隶制活动家格兰维尔·夏普、剧作家理查德·布林斯利·谢里登（Richard Brinsley Sheridan）和托马斯·本特利。在本特利去世之前，韦奇伍德一直密切关注着他朋友的信件，讨论“代表”问题，阅读戴的演讲，并全力支持他。本月，议员约翰·邓宁在下议院发起了一场声势浩大的攻击：他以洪亮的声音，在一群迷惑而沉默的议员面前，大声宣布了那项著名的决议：“王室的影响力已经增加，正在增加，但本应该减弱。”议员们挥舞着命令文件，欢呼着，喊叫着，嘲笑着。在混乱中，投票以微弱优势获得支持。诺思威胁要辞职，但国王让他留下了——在令人担忧的一周的推迟后，协会的请愿被拒绝了。气氛正在改变。协会的豪言壮语使许多温和派支持者望而却步。伯克的经济改革法案被否决了，但福克斯的堂兄里士满公爵向上议院提交了一项法案，要求“恢复”男性普选权和年度议会。然后，就在 6 月 5 日，上议院讨论里士满提案的时候，乔治·戈登勋爵率领一群吵吵嚷嚷的暴民，带着新教协会的请愿书，向议会游行，反对给予天主教徒救济。

夜幕降临时，示威演变成了一场全面的骚乱。天主教教堂被烧毁；天主教家庭遭到袭击。带着棍棒的醉汉咆哮着穿过街道。到了第二天早晨，通往乡村的道路塞满了马车和推车。混乱的日子一天天过去了。纽盖特监狱被炸开，囚犯逃了出来；国王的长凳被烧毁；啤酒厂和酿酒厂被洗劫一空，霍尔本的供水也掺入了烈酒。英
339 格兰银行被围攻，伯克的房子被包围，萨维尔受到威胁，曼斯菲尔德勋爵被抢掠，他著名的图书馆被洗劫。在这五天的黑暗中，伦敦的整个地区都遭到了破坏，虽然具体数字还不清楚，但已有近 500 人死亡或严重受伤。瓦特在伦敦写给布莱克的信中写道：“我们这里发生了很多可怕的事情，但我希望现在一切都结束了。我从未见过也不知道这么多人会被一个最卑鄙的暴徒吓倒。”[8]

显而易见，人民力量帮助粉碎了改革的航船，它已经被不确定性和分裂所困住。奇怪的是，威尔克斯现在发现自己站在当局一边，试图平息骚乱。伊丽莎白·蒙塔古，一个有权势的煤老板，如释重负地松了一口气。她写道，戈登勋爵化解了不满情绪，“我希

望在很大程度上治愈了流行的民主狂热。'请愿'这个词现在无处可寻，'协会'这个词也凑不上 12 个人。我们正在恢复理智。"[9]

戴有充分的理由把暴力和死亡主要归咎于当局的恐慌，而不是人民。但从现在起，他开始远离政治，尽管杰布试图说服他成为南华克的议员，反对约翰逊的朋友、酿酒师亨利·斯拉尔（Henry Thrale）。戴拒绝了。"我不需要告诉我亲爱的朋友，现在英国各大舞台上演的闹剧闹得全世界哗然，"9 月，韦奇伍德在给本特利的信中写道，"尽管在我们这个区，你会认为一切都很安静。我们都坐着不动，说上帝的旨意已经实现了，我们的闹剧结束了。"[10] 这是非常普遍的模式。虽然福克斯胜利当选为威斯敏斯特议员（韦奇伍德认为"这是选举人的荣耀"），但诺思保住了多数席位。1780 年的激进能量似乎像雾一样消散了。

到 1780 年年底，英军的战线已经延伸到全球各地：在印度、西印度群岛、北美和非洲与法军作战；在直布罗陀、巴利阿里群岛、加勒比和佛罗里达对抗西班牙人；在锡兰和西印度群岛对抗荷兰人，在美洲对抗殖民者。1781 年 10 月，康沃利斯将军在约克镇投降，据说诺思哭喊着："哦，上帝！一切都过去了。"

尽管戴的民主思想已经渗入了《桑福德与墨顿的故事》中，但从现在起，他越来越远离公众生活。浪漫的是，他把自己看作现代 340
的辛辛纳图斯[1]，一个正直的人，如果国家需要他，他就会挺身而出。他说，他对名声不感兴趣，只对一般的好处感兴趣。同样对政治进程持怀疑态度的还有达尔文，他在 1781 年 5 月的信中揶揄道："请问我的好朋友，你为什么不为上帝的仁慈计划做点贡献，

[1] 罗马政治家。

在国会里买个席位？”

不先让人高兴或发痒，人类就不会得到服务。和候选人喝得大醉，他们把这种快活作为一种认真或证明，证明他将为他们的未来做贡献；正如有些人认为上帝对我们凡人仁慈，他短暂的仁慈，是他未来和永恒的仁慈的证明。

现在，你把你的才能包在一张餐巾纸里，而不是在全国大会上发言，为美国和非洲的事业辩护，你在播种萝卜，在这方面每个农民都能与你匹敌或胜过你。

简而言之，1782 年，戴又回到了公共舞台。1782 年 2 月 27 日，下议院最终投票决定结束美国战争，之后，诺思辞职；4 月，暴怒的乔治三世不情愿地接受了罗金厄姆的辉格党政府，以及由查尔斯·詹姆斯·福克斯担任外交大臣、谢尔伯恩担任内政大臣。戴是通过美国人亨利·劳伦斯（Henry Laurens）参与和平进程的，他的儿子约翰（在战争的最后几天被杀）曾是他在内殿法律学院的同学。1780 年，老劳伦斯在一艘荷兰船上被捕，并一直被关在伦敦塔里，直到此时。获释后，他一直担任自己的非正式秘书，直到后来与富兰克林和亚当斯一起成为驻巴黎的美国和平委员。

5 月，戴在给博尔顿的信中写道：“我真诚地希望，也有理由相信，我们现在正处在和平的前夜，我希望和平能给一切带来新的生机和活力。”[11] 但在 7 月，罗金厄姆去世了。谢尔伯恩继任首相后，福克斯辞职以示抗议，23 岁的威廉·皮特成为财政大臣。戴鼓起勇气，准备迎接新的政权，他写了一篇一百页的文章，《对英国现状和美国独立的反思》（*Reflections opon the Present Satate of*

England and the Independence of America），接着又写了更多针砭时事的内容，即后来的《马吕斯的来信》（*Letter From Marius*）。

所有月光社的故事都是重叠的。但在它们之下是这个国家的宏大叙事。在战争的最后煎熬中，每个人都感到屈辱；令人震惊的 341
是，英国的领土缩小了，帝国以自己为轴，不再面向西方的美洲，而是面向东方的印度和库克的航行所揭示的新大陆。战争的后果及其与改革运动的联系在爱尔兰得到了强烈的反应。1782 年 5 月埃奇沃思回来时，爱尔兰志愿军正处于鼎盛时期，他们是在英国军队驻扎美洲时为“保护”爱尔兰而组成的。压迫性的法律已经被废除（包括针对天主教徒的旧刑法），人们情绪高涨，甚至带有攻击性。1782 年 5 月，废除枢密院和上议院控制权的法案通过后，严格来说爱尔兰议会“独立”了。

6 月初，埃奇沃思在举国欢腾的气氛中返回，并立即投身于人民运动。当格拉顿受到鼓掌时，他坐在议会的画廊里，并向朗福德的志愿军团致辞，要求彻底改革爱尔兰下议院，这几乎完全受威斯敏斯特大臣的指使，他们购买席位，并受贿提供席位。埃奇沃思是最早呼吁召开全国志愿者大会的人之一，他参加了 1783 年 11 月在都柏林举行的全国志愿者大会。但是在美国和平协议签署之后，志愿者运动失去了影响力，许多人开始觉得只有武力才能带来改变。到 1783 年年底，埃奇沃思跻身温和派之列，正在努力阻止好战的德里主教等人的计划。

许多爱尔兰绅士被汹涌的情绪吓住了，放弃了改革，改革的旗帜被律师和其他专业人士高举起来，他们没有土地来保护。然而，埃奇沃思继续参加竞选活动。1784 年，他与爱尔兰革命运动的几位未来领导人在都柏林参加了一次会议。他总是会继续为他的国家辩护，向任何可能威胁到它的人，包括他月光社的好朋友。到目前为止，他与韦奇伍德就皮特提出的结束对爱尔兰贸易限制的计划进行了激烈的争论，但他们在议会改革问题上仍然意见一致。1784 年初，韦奇伍德提醒他自己的感受：

尊重我们的下议院（这确实是某些公爵和其他自治市镇的代
342 表，但对于最浅薄的理解来说，这是一种谬论，太过粗俗了，以至于不能将其假定为代表人民，而且我还没有找到改变这一观点的任何理由），因此，我希望进行一次彻底的改革。如果你走在我们的前面，我希望我们足够明智，可以效法一个好榜样。[12]

埃奇沃思将继续参与政治，直到他的生命结束，但他的改革热情，像戴一样，也在其他渠道流动。他们早期对卢梭理想的信奉引发了他们对权威的质疑。但是，他那崇尚简朴和攻击唯物主义的学说，怎么可能与进步的科学和工业相调和呢？

埃奇沃思巧妙地做到了这一点，因为他的生活被一种对机械和技术改进的热情所支配。相反，戴变得越来越反动，最终成为工业崛起的激烈反对者。但是，也许有两种方式可以使卢梭与进步和谐共存：通过教育，通过农业——回到土地上。因此，这两个较年轻的月光社人，同时参与这两个领域的研究也就不足为奇。教育为年轻人提供了一张白纸，在上面建立一个新的意识，一个新的世界。两人都有一个浪漫的信念，认为在他们土地上工作的工人和农民不知何故是“更简单”、更物质——他们没有那么多可以“忘记”的东西。几年后，埃奇沃思将使用一幅具有启迪意义的图像：造纸、创造空白的纸，印刷新的文字。他写信给达尔文表达对爱尔兰起义的恐惧：

> 可是这儿的人总比英国人好。贵族的情况更糟；中产阶级远不如你们，确实远不如你们；农民虽然残酷，但一般说来，他们的身心都是温顺的，而且是最有力量的。
>
> 一个好的政府可以使这个国家成为一个伟大的国家，因为原材料是好的和简单的。在英国，要使一张全权委托适合于接受一个适当的印象，你必须磨碎所有的旧破布，才能净化。[13]

戴和埃奇沃思对农业的重要性持有典型的“开明’观点。多年来，越来越多的土地被围了起来；通过更好地饲养牲畜和轮作作物，改进了耕作方法；新的犁和机器，比如杰思罗·塔尔（Jethro Tull）的播种机，被慢慢引进；新的作物，如三叶草和芜菁被种植； 343
莱斯特郡的家畜饲养员罗伯特·贝克维尔饲养了绵羊、牛和猪来生产更多的肉。自 18 世纪 60 年代末以来，亚瑟·杨走遍美国各地，宣传新技术的普遍好处，他颇具影响力的《农业年鉴》（*Annals of Agriculture*）于 1784 年出版。18 世纪 70 年代末，它在乡绅中流行起来，甚至包括“农夫国王”乔治，他自己也喜欢农业，盖了模范农场，这些人让他们的画像的场景不是房间或园林，而是他们的牛羊院落和田野里。除了时尚，还有其他的需求：人口增长意味着需求的增加（在 18 世纪 80 年代，英国不再是一个玉米出口国，开始进口小麦）。像威廉·马歇尔这样的人敦促农民把自己视为“迷你制造商”，保持账簿整洁，有效管理劳动力。1778 年和 1779 年，马歇尔的《农业纪要》（*Winutes of Agriculture*）和《实验与观察》

（*Experiment and Observations*）发表。但即使是“改良派”也可以像封建领主一样行事：1786 年，多切斯特伯爵将一座荒废的修道院夷为平地，在原来的地方建了一座新宅邸，并小心翼翼地在视线之外建造了一座模范村庄。

18 世纪 80 年代和 90 年代是陆地上的关键时期，农业不可避免地进入了月光社的兴趣范围。普里斯特利帮助杨在植物上做实验，把科学应用到土壤中，这对达尔文和埃奇沃思尤其有吸引力，因为他们对机械、化学或植物学充满了热情。达尔文给埃奇沃思写了大量关于犁、肥料、排水系统和他自己的德比花园的文章，在这个 82 英尺长的温室里生长着“大量的四季豆、黄瓜、甜瓜和葡萄”。[14] 他不是农民，但他的最后一本书《植物学》探讨了植物的生长、周期和促进生产的方法，增进了人类对自然的掌握。他与爱丁堡的化学家和医生，库伦、布莱克和威廉·福迪斯有很深的渊源，对他们来说，农业一直是一个中心问题。18 世纪 70 年代，影响最大的一本书是卡姆斯勋爵所著的《绅士农夫：试图通过理性原则的检验来改善农业》（*The gentleman farmer; being an Artempt to Improve Agriculture by Sabjecting it to the Test of Rational Principles*）。[15] 他也被朋友詹姆斯·赫顿所鼓舞，他不仅是“地质学之父”，还是一位实践的农民和农业理论家，写了一份长达一千页的手稿“农业原
344 理”。然而，戴和埃奇沃思与其他改良的农民大不相同。他们的改革政治和旧的理想使他们不仅关注土地，还关注在土地上工作的人们的生活。戴发现，这可能是一个吃力不讨好的任务。在某种程度上，人们觉得他的努力从一开始就注定要失败，因为他不切实际地怀念农村的纯真。1781 年，他在沃金附近的奥特肖买下了一片最没有希望的土地，200 英亩的萨里荒原，附属于安宁斯利府。第二

年他在那里定居。“我确信，我手里拿着的这片土地是英国最贫瘠的土地之一。”他郁郁寡欢地写道。[16]他开始开垦沼泽地，种植林地，雇佣当地工人，以人道的、不经济的价格雇佣他们，让他们在萧条的冬天继续干活。他给他们开了药，参加了宗教仪式，而埃丝特开办了一所主日学校和一个编织小组，让穷人穿上袜子。后来他告诉埃奇沃思，他从未盈利——实际上，他每年亏损300英镑左右——部分原因可能是他的利他主义影响了所有生物，阻碍了生产。在《桑福德与墨顿的故事》中，当巴洛先生把那群云雀指给汤米看时，他自豪地说：

这些小家伙入侵我的萝卜如此之多，只要很短时间它们就会摧毁田野里的每一片绿色；然而，我无论如何也不会伤害它们……它们只能勉强维持生计，尽管它们给我带来了一些麻烦，但只要能找

埃奇沃思镇

到什么，它们就都会受到欢迎。到了春天，它们会唱着动听的歌，使我们的散步活跃起来。[17]

当地的乡绅对这种古怪的行为感到惊讶。只有塞缪尔·科贝特（Samuel Cobbett）公开赞赏戴的慈善行为，并给予同情的建议。戴越来越郁闷，忧郁地接受了这样一个事实：认可和感激是不存在的，美德本身就是冷冰冰的回报。

那么，下面什么才是善行的恰当运用呢？在我看来，尽管能力微不足道，也要尽我们所能去纠正由不平等的财产分配而产生的罪恶，首先，救济那些绝对缺乏生活必需品的人，特别是那些需要这些必需品而自己又未曾犯错的人。[18]

但是保持乐观永远不需要理由："因为每个国家都会有足够多的先生和女士，像玉米地里的蓟一样生长。"

345 当戴变得越来越厌世的时候，在爱尔兰的埃奇沃思仍然对人性充满信心。埃奇沃思镇与世隔绝，离他们最近的贵族邻居是八英里外的格拉纳尔伯爵。埃奇沃思儿时的朋友帕克纳姆一家离得稍远一些，但是"我们之间有一个巨大的瑟伯尼亚沼泽[1]；这儿的路不好走，渡船也不好走，还有一片可怕的土地，到处长满了黄色的野草，因此格雷维尔夫人恰如其分地称它为"黄色小矮人的土地"。他们大部分时间都待在伊丽莎白时代的老房子里，房间里摆满了书、时钟和地图，还有"无数精巧的机械装置"。[19] 大厅的一边是图书馆，所有的孩子都在那里做功课，大一点的教小一点的。另一

[1] 这是个比喻，瑟伯尼亚是古埃及的一个沼泽。

边是车间，每个人都在做木工活。楼上是送宫般的卧室和阁楼，楼下是低矮的厨房，公鸡和母鸡在泥地上自由地啄食。

在这个偏僻的地方，令一些老朋友惊讶的是，埃奇沃思成了一个有创新精神的房东，赢得了房客们的永久忠诚。正如他的女儿玛丽亚所承认的那样，事情一开始就很困难。她13岁那年，全家来到了埃奇沃思镇，想起了他们所面临的混乱，就像每一个离家在外的爱尔兰房东回家时一样。"不管他把目光投向哪里，屋子里还是屋外，都是潮湿的，破败的，荒废的！刷漆、装玻璃、盖屋顶、搭栅栏、装家具——当时全都需要做。"院子里挤满了等待的请愿者、代理人和租户，以及讲述着令人心碎的悲惨故事的寡妇和孤儿。但当埃奇沃思对这些抱怨者进行调查时，虽然他有时会对他们进行 346
"全面评估"，但他们"很快就看透了他的性格，就像他理解他们的性格一样"。我在人群中听到的第一句话是："无论如何，他配得上他的荣誉。"[20]

但埃奇沃思并不是一个天真的外行。1781年，由于他的力学知识，他被选入皇家学会。现在，他把索霍和埃特鲁里亚的父系组织和契约的坚定性，以及苏格兰学派的科学耕种带到了爱尔兰农村。他开除了经纪人，自己管理这个地方，开始了解每个房客。为了保持对土地的控制，并按自己的意愿改善土地状况，他只签发短期租约，并终止转租和家庭分租。他废除了旧的封建制度，如"劳役"和"劳役家禽"，并提供了标准的价格和便宜的、异常宜居的农舍——这是一个巨大的诱惑。他具有远见卓识，看到不安全的土地持有所带来的困难（18世纪动荡不安的痛苦根源），他将土地保有权授予那些改良土地或辛勤工作的人。他不接受拖欠，尽管他比其他地主多给了佃户六个月的宽限期，而且他的计划可能看起来非常愚蠢（达尔文巧妙地建议他可以用气球把肥料运到山坡上），他总是非常感性，被苦难所触动，在别人需要时非常慷慨。埃奇沃思夫妇借钱给他们的房客，“为他们的孩子找到了工作，在他们离开后一直与他们保持联系，甚至远至美国”。[21]

火之卷

347

因为火有这样一种性质，它能使一个物体缩小，直到最后消亡。

——克里斯托弗·斯玛特《羔羊之乐》

30 火

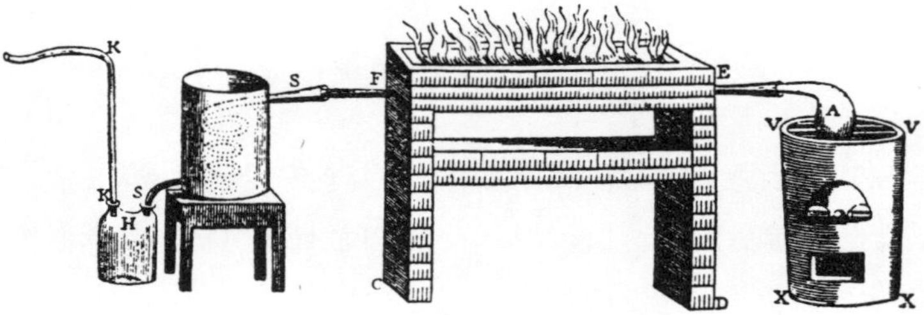

拉瓦锡与缪斯尼尔制取氢气的设备

349 燃烧的问题在之后20年的“化学革命”中处于核心地位，以身材矮小、斗志昂扬的约瑟夫·普里斯特利为代表，他总穿着都是灰的黑色外套。1780年普里斯特利到达伯明翰，给了所有月光社人新的动力。韦奇伍德和博尔顿讨论了为他的研究筹集额外资金的计划，达尔文也同意，如果“普里斯特利博士在进行精细的实验过程中，受到任何顾虑或痉挛的干扰”，那将非常难受。[1]月光社会议改在星期一举行，以免妨碍他的教会工作；达尔文热情地邀请他在经过德比时去拜访他；韦奇伍德给他提供了蒸馏瓶、试管和坩埚。很快地，威瑟林向利物浦商人拉斯伯恩报告了普里斯特利在亚氮气体方面的工作，告诉他说：“他最近在一种空气上做实验，这种空气可以让蜡烛自由燃烧，不，是加大火焰，而且对呼吸的动物来说是立即致命的。”[2]

普里斯特利真诚地享受与他人共事的乐趣。在详细的信中，他告诉了韦奇伍德他所有的实验。他听取了威瑟林的建议，并与基尔商议。即使瓦特一开始对他意外发现的实验方法很苛刻，他很快也成为一个值得信任的知己。瓦特在伯明翰的时候，普里斯特利的男管家几乎每天都带着便签跑到哈珀斯山。其中有一次，关于从木炭中获得易燃和固定的空气的，包含一个典型的“又及”，邀请他自己和他的妻子和女儿“喝点茶”，显然是为了进一步研究事情。瓦 350
特被他的温和以及他对实验结果惊人的开放性所征服，不再抱怨他草率的实验方式，并很快给约瑟夫·布莱克寄去了普里斯特利“美丽”实验的简洁清单。

在他到达之后，博尔顿也重新投身于化学研究。1781 年初，洛根·亨德森给他送来了五箱矿石和桅杆，也就是从康沃尔运来的“两马车的货物”。“一段时间以来，化学一直是我的最爱，”他对亨德森说：

自从我见到你以来，我已经取得了很大的进步，在湿法冶金化学方面我几乎是个内行了……我拆掉了默多克先生的卧室，把地板搬走了，把厨房改成了一间有架子的大房间，里面放满了化学仪器。我还准备了一个普里斯特利安装的水盆，一个水银的水盆，用来做气体、蒸气等实验。[3]

这些都是宏伟的计划，非常的博尔顿，可能还没有实现，但它们是 1781 年初激动人心的典型实验。在 1 月的霜冻和大雾中，瓦特敦促达尔文参加他们的下一次会面。他写道：“我请求你记住，你答应下星期一在我家和形形色色的学者共进晚餐。”他确信他可以诱惑他：

因你的鼓励，我有一本新书要出版了；它确定了热是否是燃素和空气的混合物，以及镜子是否能反射火的热量。我要善意地提醒下你，不管你对后一个问题持什么意见，你都可能会感到不满意；因此，请谨慎。如果你温顺而谦和，也许会被告知光是由什么组成的，如何制造它，以及通过综合和分析从而证明的理论。[4]

达尔文机智感人的尝试，被后来的实际情况打乱了，尽管他的表述非常不切实际：

你知道在魔鬼和所有的圣徒之间有一场永无休止的战争。有时一方在一场奇怪的小冲突中获胜，有时另一方获胜。现在你一定说，魔鬼耍了一个狡猾的诡计，通过向佩吉特勋爵家九个漂亮的孩子身上播撒肺炎和麻疹，来阻止我来参加你家的圣人聚会。因为我
351 一定认为那是魔鬼的杰作。上帝肯定不会想到让九只无辜的小动物把自己的心挖出来取乐吧？请问你的博学的社团，这部分邪恶是否有助于任何公共利益？对于建立生气链的不同环节，这种痛苦是否是必要的？如果一个人比另一个人更软弱，更不完美，那么他就一定要有痛苦作为他的一部分吗？求你问你的哲学，把我从摩尼教中拯救出来。[5]

这是对普里斯特利的蓄意嘲弄，他相信众人的幸福和上帝最终的旨意。但是，这仍然是一个衷心的问题：在一个一切都是为了最

好的世界里，人们怎么能为痛苦的存在辩护呢？[6]

无论在做什么，月光社人总是互相咨询。他们都有自己的实验室，自己的图书馆，自己的红木橱柜，里面有宽而浅的抽屉，放着贝壳、化石、昆虫、植物、鹅卵石和矿物。但随着达尔文在德比郡、怀特赫斯特在伦敦、戴在萨里郡定居下来，这个团体的活力开始发生变化。不久，埃奇沃思也离开了，于1782年返回爱尔兰。信件现在变得几乎和会议一样重要，要求也一样苛刻。几年后，达尔文在滑稽的绝望中向埃奇沃思求助：

你短而潦草的信全是问题，占了一行，希望我把论文寄给你，关于学院、温室、哲学家、律师等，然后……我费了好大的劲打听之后，你告诉我，你早就知道这一切了。[7]

所有的朋友之间长信飞来飞去，内容通常都很有技术性：解决问题、发表意见、提供建议。

达尔文很高兴地建立了他的新业务，并在德比买了一所房子，以节省通过拉德伯恩小路的旅程，但他错过了月光社的谈话。他感受到了买房和威克诺铁厂最终关闭所造成的财政困难，并亲切地敦促博尔顿偿还一笔长期未偿的贷款（两年后他仍在要求偿还），于是他开始用嘲讽的巴洛克式的月光语言：

不管你是死了，在下面呼吸着易燃的空气，还是在上面呼吸着缺乏燃素的空气；或者，你是否继续在这个泥泞的地球上爬行，用你的腿而不是用圆规测量它的表面，当你走过它那密密麻麻的不均匀的大气时，你会看到它那令人厌烦的长廊。因为我现在还活着，

我想不起来我是怎么打算结束这段漫长的时间的，所以我们就到此为止……[8]

他放弃了，深呼一口气，又来了一次。

352 达尔文是在开玩笑，但并不完全是。如果天堂是纯氧状态，那么人类仍然生活在一个“异质大气”中，一个由好空气和坏空气拼凑而成的环境。既然“纯净”的空气可以被制造出来，难道不能通过管道输送到工厂和轮船上，装瓶来治疗疾病吗？1782 年，在这种可能性的刺激下，普里斯特利向包括埃德蒙·伯克在内的许多通讯记者发出了信件，伯克后来用他的理想主义和他的空气图景尖锐地反驳了他。

在接下来的 10 年里，这个群体不断扩大，吸纳了更多的年轻成员。第一个是年轻的塞缪尔·高尔顿，他的父亲是一位重要的贵格会枪械制造商，他于 1781 年加入，加强了与贵格会商人、银行家和制造商——达比、格尼、劳埃德、巴克莱和彭伯顿——之间的联系。高尔顿和他的父亲都资助了普里斯特利的工作，塞缪尔有一笔可观的独立财产（瓦特敏锐地把他看作蒸汽机的潜在投资者）。他以前是沃灵顿的学生，现在正敏锐地建立自己的图书馆，收藏各种仪器、望远镜和电机。他和普里斯特利特别亲近，他们的妻子是最好的朋友。

高尔顿是老达尔文 – 埃奇沃思模型的业余爱好者，他的兴趣像夏天的蚱蜢一样，从一个主题跳到另一个主题。玛丽安·高尔顿写道，“我父亲对知识的渴求永无止境”：

他的书、他的实验室和其他用于科学研究的器具比一般社会对他更有吸引力。他有一本很大的对开本空白书，他习惯在里面记下零散的知识……关于饮食，关于训练，关于拳击，关于马，关于建筑，关于各种木材的耐腐蚀性，等等，他给书取名为知识之书；它是按字母顺序排列的，有许多卷……[9]

这本多卷本的大部分已经丢失了，除了一本关于鸟类的儿童书籍之外，高尔顿唯一有记录的贡献是在光学、光和色彩方面，这是一本引人入胜的书。他关于“棱镜色实验”的论文表明，如果牛顿的棱镜色是按他建议的比例画在轮子上的，当轮子旋转时，它们就会产生白色——这一发明可以追溯到 25 年之后。[10]

这 10 年来，又有两位年轻人加入了这个组织。其中之一是植 353
物学家乔纳森·斯托克斯，他从 1783 年开始帮助威瑟林，但人们也记得他长期的心不在焉。在一次被高尔顿家的管家（还有他们自己）称为“疯子”的会议上，“我们都惊呆了，”玛丽·安妮说：

突然听到嘶嘶声，看到一条漂亮的黄黑相间的大蛇在房间里爬来爬去。我亲爱的母亲见它没有毒，就对我说：“玛丽·安妮，去把那条蛇抓住。”经过一番努力，我一直想着小哈里·桑福德和汤米·墨顿，终于成功地做到了这一点。[11]

斯托克斯解释说，他“看到这条可怜的蛇被冻在了岸上，就把它放进口袋里打算用来解剖，但蛇解冻后逃走了”。他称赞玛丽·安妮的勇猛，并把蛇作为礼物送给她。

1787 年，另一位新成员是罗伯特·奥古斯都·约翰逊，这是博尔顿的另一个有用人脉，他是普里斯特利的坚定支持者，尽管他效忠保守党。在军队服役一段时间后，约翰逊娶了沃里克郡地主克莱文勋爵意志坚强的妹妹，并在考文垂附近的库姆修道院定居下来。（克莱文夫人形容约翰逊是“一个温和善良的男人，但是个妻管严”。）[12] 社外人员也经常来参加月光社聚会，但结果并不总是令人满意。1782 年秋天，外交大臣博尔顿不在的时候，斯米顿和盲人讲师亨利·莫耶斯（Henry Moyes）同时到瓦特家参加会议。在关于循环发动机的紧张的讨论中（显然从斯密顿那里获得的灵感），两位客人发生了冲突，这“引起了一场争论，使我们失去了我们所希望得到的信息，也使我们失去了这次会议的全部乐趣。这次会议持续了两个小时，但丝毫没有接近主题”。[13]

虽然邀请了像莫耶斯和斯米顿这样的社外人，但不得不说，月光社是一个相当紧密、排外的圈子。威廉·默多克和约翰·索斯特（他于 1782 年成为瓦特的绘图员）本可以为我们带来生动的技术想象力，但索霍没有一个有才华的员工加入进来，当然也没有女人。在斯米顿事件之后，莫耶斯给伯格曼寄去了一些关于化学论文的批注（还附上了一封来自约翰·亨特的信，他说：“如果你能方便
354 地给他寄去尽可能多的猫骨架，他会非常高兴的”），然后他交给了一个“我发现她决心向你倾吐她的整个灵魂”的人。接下来是令人敬畏的贵格会教友莫莉·诺尔斯（Molly Knowles）的长篇大论，她是斯塔福德郡的一位美人，嫁给了伦敦的一位顶级医生，对女性的学习权利有着强烈的看法。莫莉曾大胆地与塞缪尔·约翰逊发生过冲突，现在正打算把这个“狡猾的哲学家”彻底击败，指称他显然在一个问题上已经下了决心：

> 女性对“男性力量”的理解，对于大多数在大学里长大的男性来说是无法忍受的。的确，他们似乎垄断了知识，但幸运的是，智力不能局限于此；随着通识教育的发展，学者们将越来越多地发现，他们的骄傲使他们感到困惑：天才是浇洒在头上的，就像上天认为是好的那样，不管他是戴着纱帽还是天鹅绒帽，戴着灰色的大假发，还是戴着小小的丝帽子……[14]

几年后，威瑟林与凯瑟琳·赖特夫人进行了一次有趣的通信。赖特夫人来自普利茅斯，是一名外交官的妻子，她想学化学（尽管威瑟林建议她选择一门更女性化的学科——植物学）。凯瑟琳尖锐地宣称：“男人的忠厚一致认为，女人应该永远处于无知和最深沉的黑暗中，除了一本烹饪书之外，应该尊重文学的每一部分。”[15] 尽管她承认“已婚妇女不能总是随心所欲”，但她还是买了一个液压秤，自己做了实验，并被动物磁力吸引住了。[16]

尽管有这样的联系，但在月光社会议上永远不会有丝质帽子。的确，当福哈斯·德·圣冯德回顾在这里度过的日子时，他巧妙地定义了女性在伯明翰群体中的角色：

> 在艺术和工业的中心，在开明的男人和和蔼可亲的女人的社会里。没有什么能比得上如此宁静的魅力；心灵得到滋养和鼓舞；脑子里装着知识，心里装着感激。这就是我们在城里的经历，我们不得不遗憾地离去。[17]

月光社人总是与外界保持联系，如圣冯德，就欢迎来自国外的 355
社外人员，并与伦敦和其他地方的社会保持联系。但一个集团巩固自身的方式之一就是反对外来者。到目前为止，他们已经进行了许多运动：为了运河，为了他们的专利，为了各省反对大都市的权利。现在，在18世纪80年代，他们坚定地站在普里斯特利身后，与“新法国化学”作斗争，这是错误的，损害了他们未来的名声。这些论证围绕着语言、测量、实验方法以及基础理论展开。战斗很深刻，它的重要性是当时公认的：1796年普里斯特利自己承认，“如果有的话，很少有像科学革命如此巨大的影响，如此突然，如此普及，现在通常称为化学的新系，或反燃素论者，优于施塔尔的学说”。[18]

正如同时代人所见，安托万·拉瓦锡并不是唯一的天才，而是抓住了一种在法国已经流行的方法。在法国，一个关键因素是坚持测量实验前后的重量变化。通过这种方法，拉瓦锡和他的同事们逐渐建立了一个全新的化学成分表，“简单物质”在当时不能被进一步分解。正是这种令人吃惊的化学界限的重新划分，让许多在这一领域工作的人感到不安。[19]

1774年，普里斯特利在巴黎讨论过“消除燃素的空气”之后，拉瓦锡做了一系列优雅的实验。他所尝试的一切都表明，在金属的煅烧和所有材料的燃烧中，其中一个因素是重量的增加：他确信这种增加是由于与空气的结合，即与空气“固定”。1778年8月，他准备宣布，这是普里斯特利的“脱燃空气”与一种金属的结合，这种金属在加热时形成了矿灰，或是在木材或木炭燃烧时形成了灰烬。同样，这是人类和动物吸入和消耗的空气，“固定的空气”被呼出，甚至人类的呼吸也可以进行定量研究。他认为，这种空气的名称应该是“氧气（Oxygen）”（oxy-酸和gen-生成，因为他错误地认为所有酸都含有它）。燃烧不是燃素的释放，而是“氧化”。

像担心骨头被偷走的狗一样，普里斯特利感到恐慌，死死地咬住这个话题不放。他强烈的坚持说服了一些摇摆不定的人，比如博尔顿，他向韦奇伍德承认："我们一直在谈论燃素，却不知道自己在说什么，但现在普里斯特利博士已经把事情弄清楚了。"[20]他 356
开玩笑说，这位"轻浮女神"现在可以称体重了。韦奇伍德也同样漫不经心地回答道："我很高兴看到可怜的燃素说又死灰复燃，因为我们是老朋友了。我这把年纪的人是不可能代替他的。"[21]该小组对法国化学家们使用的术语表示怀疑：拉瓦锡和他的盟友，如盖顿·德·莫弗（Guyton de Morveau），想要一种新的语言，摆脱旧的概念和隐喻，来表达他们的新发现和新想法。[22]拉瓦锡和月光社人谨慎地使用非常复杂昂贵的测量设备，这些设备的使用需要培训，并且取代了那些要通过感官小心判断的旧设备——在普里斯特利的眼中，这是另一个从人民手中夺取权力并将其归还给新精英的例子。[23]

讽刺的是，在接下来的10年里，普里斯特利将与这些法国的实验者一起被牢牢地钉在公众的脑海里。在1780年代早期，月光社在很多方面都想与欧洲的研究人员共享。他们越是将自己的工作与他人的工作进行比较，就越需要一种共同的语言和共同的衡量标准。混乱的术语变得不可能了。来自炼金术的旧词，如"矿灰 357
（calx）"，在法国化学家创造的新术语和英国使用的完全不同的新术语中继续使用。医学、矿业和其他专业都有自己的用词，化学符号、实验的简写同样变化无常。瓦特对此感到困扰，并在一篇受到法国化学家贝托莱赞扬的论文中提出了一种新的系统。[24]基尔曾在早些时候提出，化学的语言已经脱离了普通的词汇，因普通术语的缺乏而阻碍了科学的发展。他现在反对的是，新的法语术语带有一

“呼吸实验”，拉瓦锡夫人所绘，1785 年。她在画像最右侧

种内在的理论——如果你接受了这种语言，你就必须接受隐含的思想。[25]

除了理论方面的考虑外，日益增长的复杂性要求使用更加精确的语言。（10 年后，马修·博尔顿写信给他伦敦的经纪人，“因为你和我经常谈论搭扣的形式和比例，所以我们有必要确定一种明确的语言，使我们的定义更加精确。”[26]）当然科学也需要标准的测量单位和特定的语言。现在，怀特赫斯特和瓦特都在用通用标准取代当地的传统度量衡。瓦特努力（仿佛没有战争，没有厌恶）让法国和英国的实验“说同一种语言”，努力计算出“哲学英镑”的精确小数单位。[27]

与此同时，韦奇伍德正在他的窑里测量热量。没有一种水银温度计能经受住这么高的温度，于是他首先试着从颜色的变化来判断温度，因为一些黏土在烧制过程中发生了颜色的变化，从而形成了一个渐变的色温计：例如，黏土和金属氧化物的混合物的颜色范围从粉红色到深棕色或黑色。在本特利死后，他聘请了经验丰富的亚历山大·奇斯霍尔姆，作为他的科学顾问和孩子们的老师。在奇斯霍尔姆的支持下，他开发了一种更可靠的高温计，它是根据黏土在特定温度下的收缩来测量的。[28]他巧妙地把他的秤和传统的华氏温标联系起来，在伦敦铸币厂做了测试，以找出黄铜、银、金、铜、铸铁的熔点。他的高温计并不完美（他对华氏温标的推断也偏离了标准），但它是迄今为止最好的，下一代人也在用。[29]1732 年 3 月，博尔顿在一次月光社会议上谈到了韦奇伍德的“奇特而有价值的温度计”。[30]5 月，韦奇伍德听说伦敦有人宣读他的论文，1783 年 1 月，他被选为皇家学会会员——他那强有力的、复杂的资格证明是由詹姆斯·雅典人·斯图亚特提出的。 358

韦奇伍德现在觉得自己是一个国际自然哲学家团体的成员。法国化学家也一直在努力研究热的量化：假定的元素“热量”对拉瓦锡的理论有着巨大的重要性——在许多方面，它就像燃素一样是一个错误的普遍原理。通过与其他方法比较他的高温计，韦奇伍德无意中发现了一个量热计致命的变化，这是由拉瓦锡和数学家拉普拉斯于 1781 年发明的，它通过在冰的量热计（一个浸在碎冰和水里的钢铁“炸弹”）中来测量不同反应产生的热量，来检查有多少冰融化了。此外，韦奇伍德还注意到，水再次冻结的速度惊人，几乎与融化同时发生。瓦特、普里斯特利和约瑟夫·布莱克都很兴奋，达尔文第一次做出了一些富有想象力的推测：它扩张时空气如何冷却，并用这个来解释当空气在气压较低的高层大气中上升和膨胀时，云层是如何形成的。[31]

与燃素争论有关的一个棘手的问题是，究竟是谁发现了水的成分——普里斯特利、卡文迪什、瓦特还是拉瓦锡，谁又能获得荣誉呢？据说，这个故事“完全符合英国发现和法国解释的既定模式”。[32] 当 1781 年 1 月达尔文给瓦特写信时，他抛出了一些耐人寻味的推测。“至于物质哲学，我可以告诉你一些秘密来交换你的秘密。”他承诺道，其中之一就是水“是由含水的气体组成的，它被地球上的硫酸油取代了”。[33] 到目前为止，还没有人把空气和水的成分联系起来，水和空气仍然被认为是单一的元素。

达尔文的这番话可能促使瓦特开始思考，但实验真正开始，是在不久后的月光社会议上。普里斯特利进行他所谓的“这是一个随机实验，招待几个哲学的朋友，形成了私人小团体，很荣幸他们让我加入”。[34] 事情的经过是这样的：他把易燃气体（氢）和去燃素
359 气体（氧）混合在一个玻璃烧瓶里，通电点燃时，他发现烧瓶的内部被水覆盖着。1781 年 3 月，瓦尔提尔在伯明翰讲学，并参加了一些月光社的会议，与普里斯特利和威瑟林一起，用铜和玻璃容器进行了火花试验。玻璃表面又有了露水，但瓦尔提尔推断空气中已经有了湿气。

与此同时，亨利·卡文迪什在瓦尔提尔的一次演讲中看到了火花实验。[35] 他很快地改造了普里斯特利 - 瓦尔提尔装置以产生更多的水分，并得出结论：“这种露水是纯净的水，因此几乎所有易燃的空气，以及大约五分之一的普通空气，都变成了纯水。”——后来的术语，即 H_2O。[36] 尽管他还没有发表，但卡文迪什直接告诉了普里斯特利。与此同时，瓦特的好奇心也被普里斯特利的发现所激发，他通过一系列完全不同的实验得出了同样的结论。

1783 年 4 月，普里斯特利在与瓦特交谈并听取了卡文迪什的意见后，进行了一项新的实验。在实验中，水在陶器容器中被迅速加热后并没有变成蒸汽，而是直接变成了空气。这带来了许多困

惑。韦奇伍德明智地指出，空气涌入了多孔的陶器，但普里斯特利 360
不这样认为，他仍然感到困惑："对事实，我有一个相当细心的好习惯，"他承认，"但我并不是很相信他们的结论。"[37] 所有的月光社人都知道这项工作，并在他们的信中讨论它。1783 年 4 月，就在普里斯特利致力于"从水到空气"构想的同一个月，瓦特给皇家学会寄去了一封信，其中就包括他的论证："水是纯净的空气，失去了部分潜热，与燃素结合在一起。"但是普里斯特利因为在陶瓷容器上的错误而产生了怀疑，他建议他们召集社员重新考虑。虽然瓦特坚持自己的理论而对该建议有点生气，但还是同意了。不幸的是，他要求普里斯特利撤回信件。

瓦特不知道的是，其他人也在同样的思路上工作。6 月，卡文迪什的助手兼皇家学会秘书查尔斯·布拉登（Charles Blagden）在巴黎向拉瓦锡讲述了英国的工作。1783 年 6 月 28 日，在法国科学院注册的第二天，拉瓦锡和拉普拉斯立即进行了类似的实验，记录了纯净水的产生。瓦特太过谨慎，也太慢了。当他在 1784 年初把论文的修订稿寄给让·德·吕克时，已经被人抢先。1783 年 11 月 12 日，拉瓦锡在法国科学院发表了论文，证明了水"不是一种元素，而是可以分解和重组的"。1784 年 1 月 15 日，卡文迪什在英国皇家学会发表了论文，当约瑟夫·班克斯把拉瓦锡的论文寄给普里斯特利时，拉瓦锡慷慨地向班克斯介绍瓦特，"因为我相信，在这之前，是瓦特告诉我水是由纯净的空气和燃素组成的"。[38] 但是瓦特早期的论文直到 5 月份才被人知晓。他因被操纵出局而愤怒，指责卡文迪什剽窃，并对阶级的傲慢而痛苦。在瓦特写给布里斯托尔的贵格会教徒约瑟夫·弗莱（Joseph Fry）的信中，他是医生、打字机创始者、巧克力制造商，瓦特痛苦地提到拉瓦锡和卡文迪

拉普拉斯和拉瓦锡的冰量热计，由拉瓦锡夫人为《化学元素条约》绘制，1789 年

什：“一位是法国金融家；另一位是著名的卡文迪什家族成员，身价超过 10 万英镑，每年却花不上 1 000 英镑。有钱人也可能会做出卑鄙的行为。”[39]

这一重大发现的进展就像水流本身，知识积累起来，找到一个入口，从不同的渠道汇聚，最后爆发。如果说普里斯特利实际上并
361 没有“发现”水的成分，那无疑也是他那天真无邪的、渴望交流的天赋促成了这项发现——在英国，令月光社懊恼不已的是，也在法国。当然，普里斯特利和瓦特用燃素来表达他们对水的分析，但是他们写作的语言已经过时了。1787 年，拉瓦锡和拉普拉斯发表了他们的化学命名法，紧接着是拉瓦锡的《化学基础论》，这是一本由他定义的构成新术语基础的元素的教科书。这里的逻辑和理性是关键：使用希腊词根，每种化合物将根据组成它们的元素来命名，它们的名字描述了组成它们的反应：在锌中加入“盐酸”会产生“氯化锌”，在这个过程中释放出气体“氢”。[40] 这个体系清晰而

有吸引力。有一段时间，月光社人站出来反对它。达尔文是第一个被说服的人，并试图说服瓦特和基尔，他们正在编写一本新的化学词典。“我非常感谢你给我的建议，让我皈依了化学的真正信仰。”基尔讽刺地写道。他开玩笑说，达尔文的主要论点“不是它是正确的，而是它正在变得时髦。我承认，对一个作家来说，这个论点比它的真实性更重要”。[41] 对基尔来说，化学是一门实验科学，尤其是一门探索性科学。他写道：“事实上，我既不相信燃素，也不相信氧气。”燃素只是一种“解释方式”，他反对法国人的理由是他们教条、迂腐、排外。如果你采用了这个术语，就含蓄地采用了所有与之相关的未经证实的观点——所有的“氧元素、氢元素、热量和碳元素，所有这些都是虚构的，或者至少是假设的存在”。就目前而言，他将坚持旧的形式。然而，最后他还是放弃了，把词典抛弃在了字母 A 后面。

31 博尔顿的炽烈天空

马修·博尔顿的徽章的素描，劳绘制

362 在这场被普里斯特利称为“水争议”的事件中，尽管伊拉斯谟·达尔文起了关键作用，但他本人却没有扮演任何主要角色，他的共同工作和友谊也并没有消失。例如，1782年夏天，他曾热切地试图让韦奇伍德对他的“大蒸汽轮”产生兴趣，他曾与约翰·米歇尔讨论过他的计划，后者像“第一颗巨大的彗星”一样穿过中部地区。[1]他的蒸汽机很像瓦特想要制造的一台涡轮机。虽然很忙，但达尔文仍然怀念过去那种自由自在、快速交谈的月光社聚会。在节礼日，当这一年接近尾声的时候，他对博尔顿哀叹道，在德比，他“被切断了与科学乳汁的联系，而科学乳汁从你那博学的头脑中源源不断地流淌出来；我向你保证，这是我的一大遗憾”。[2]一想到所失去的东西，他就感到很难过，他请求博尔顿“把我的全部精力奉献给你们社会中那些有学问的疯子”。达尔文和伊丽莎白现在有了一个女儿维奥莱塔，出生于 4 月 23 日。就在这之前，达尔文在德比建立了一个“婴儿哲学社会”。他对博尔顿说，他们无须推测，“这根本无法与你们在伯明翰的那些体格健壮的大哲学家相比。也许，就像自由石匠协会一样，我们可以找个时间去拜访你们”。[3] 他又补充道，“我希望你能在社团里举办个聚会，在家中捧着一轮月亮”。

然而，博尔顿心里想着别的事情。月光社个别成员的冒险活动在他们的合作工作之间进行，就像长时间合唱工作中的独唱或二 363
重唱，其中一场长时间的二重唱是博尔顿和瓦特之间的战斗，以保持蒸汽领域的领先地位。瓦特的发动机专利曾经推动发明飞速发展，现在却变成了阻碍发明的刹车；其他的工程师也在不断地思考改进的问题，为了战胜他们，他们也必须找到新的设计。到目前为止，他们所有的发动机都是用来抽水的（用于为矿山、运河、城镇供水），只是简单地上下驱动一根抽杆。但多年来，博尔顿一直认为，如果他们能让发动机带动车轮，为工厂和新工厂的机器提供动力，他们就会有更大的财富。想到这一点，他又使瓦特想起他过去在旋转运动方面的工作。

1781 年仲夏日，博尔顿给科斯加恩寄了一封长信，信写得很幽默。瓦特必须做旋转运动方面的工作，即使一些抽水发动机延误也不要为此担忧。“不要为此烦恼，因为不能治愈的必须忍受”：

我想我了解水平的、椭圆的、椭圆缺口的、滑稽的、圆锥形的、旋转的，磨坊的所有要素；因此，我希望它是一个好磨坊，不要因为缺乏安全而失去我们（且没有其他人）制造的任何其他磨

> 坊，因为伦敦、曼彻斯特和伯明翰的人们都在疯狂制造，并且因此，让我们明智并利用。我确实认为，在一两个月的时间里，我们应该决定申请一项专利，专利是关于火力发动机的振动或往复运动来产生旋转运动的特定方法，记住，我们有4个月的时间来描述这项发明的细节。[4]

这使瓦特行动起来。那年夏天，他干活又快又辛苦，一直在抱怨。旋转式发动机是一种空想。抽水肯定够了吧？那把东部沼泽地区作为一个新市场呢？博尔顿不耐烦地重复，康沃尔再没有别的地方可找了。“利润会很小，”瓦特嘟囔着，“那简直就是投下东西去抓影子。”只有博尔顿能看出，如果溢价更小，市场将是巨大的，而且每分钟都在增长。“曼彻斯特人现在将建立足够多的棉纺厂，”他写道，“但他们希望发动机带动它们运转。”[5]此外，如果工厂需要小型发动机，他们就可以通过制作它们的模板来节省时间……并局限于这些种类和尺寸，这是发动机业务标准化的开始。[6]

364 最后，瓦特抛弃了简单的曲柄启动方法来获得旋转运动，他认为巨大的发动机不均匀的冲程会使这种方法无法使用（事实上正好相反，因为曲柄实际上控制着活塞的冲劲）。但在1780年，布里斯托尔的工程师马修·沃斯伯勒（Matthew Wasborough）和纽扣制造商詹姆斯·皮卡德（James Pickard）接受了这一建议，发誓说他们的新传动装置创意是从索霍偷来的，在马车与马酒馆，他们的雇员理查德·卡特赖特通过一品脱酒传来的。瓦特发明了五种可以实现旋转运动的装置，代替了受歧视却有效的曲柄启动。然而，真正起作用的是“太阳和行星运动”，这不是他的主意，而是威廉·默多克的主意。[7]第二年春天，瓦特的双动式发动机获得了第二项保护专利。在双动式发动机中，蒸汽交替作用于活塞的两侧，推动活塞，同时拉动活塞。[8]也是这一年，年轻的约翰·索斯特，一位优秀的工程师，被雇为瓦特在索霍的绘图员，承担了大量细致的工作。但复杂的事情还是没完没了。瓦特的发动机错综复杂——批评人士说，太复杂了，每台发动机都是定制的，有自己的一套图纸。现在，他的双动式发动机开始工作了，他必须解决所有问题中最困难的问题：如何在活塞向上推动的梁的连接上获得张力——在传统链条松弛的地方——以及拉力。1784 年 6 月 30 日，他异常激动地写道："我又有了新进展！我只把活塞杆固定在梁上的一块铁上，就使它上下垂直运动，我已经看到了这一点……"[9]他发明了一种灵活的杆和杠杆的巧妙组合，渐渐地，他想出了他那巧妙、优雅的"平行运动"——这是他最引以为傲的发明。太阳和行星轮，双作用发动机和平行运动的组合使博尔顿瓦特公司的旋转发动机，像他们的抽水发动机一样，成为世界上最好的机器。

然而，在很长一段时间里，蒸汽并没有带来任何利润。在 1781 年，发动机公司甚至没有现金支付"他们的圣诞节结余和工人的工资，但却有来自博尔顿福瑟吉尔公司的钱用来填补"。[10]当博尔顿不得不以被欺骗为由，解雇他的合伙人福瑟吉尔时，他又受到了更沉重的打击。福瑟吉尔第二年破产去世，留下妻子和七个孩子。博尔顿毫不犹豫地伸出援手，还为斯韦林里贝尔太太安排了一 365
笔年金。斯韦林里贝尔太太很久以前就借给福瑟吉尔 6 000 英镑，作为在索霍的最初投资，但博尔顿至今都没有还清。

他开玩笑说，"我觉得我可以叫自己付先生，我付了所有的钱"。与此同时，想到他们的巨额借款，瓦特双手抱头，确信自己会像乞丐一样死去，安妮和孩子们会饿死。最后，博尔顿咬紧牙关，要求他的经纪人兼银行家马修斯不惜一切代价获得一笔贷款，让他的合伙人摆脱困境。他第一次也是唯一一次对瓦特的吝啬大发雷霆。[11] 同样恼怒的马修斯尖锐地警告博尔顿，不要和一个总是抱怨的人谈论钱的问题："虽然他是从一个默默无闻的地方被拖出来的，但如果你不伸出手去做这件事的话，他就会留在那里。"[12]

366 但是，博尔顿需要瓦特。他坚信，如果能保持现金流，并利用债务，投资最终会有回报。但现在康沃尔矿山正在苦苦挣扎，他们不得不减少费用："我不认识康沃尔的任何一个冒险家，但我认为，把矿坑从他们给我们的礼物中解放出来，把我们的权利分给他们亲爱的人，这是爱国主义的表现。"不过，他又说，"让我们保持冷静，牢牢地控制住自己的情绪；让我们伸张正义，表达仁慈，谦恭行事，我希望，最终一切都会是正确的"。[13]

谦恭地走路不是他的天性，但他知道什么时候屈膝才是精明的。他们的第一台旋转式发动机已经在北安普敦郡的凯特利磨玉米了。他们当时正在为威尔金森的布拉德利锻造厂建造一个巨大的倾斜锤式发动机，为风团处子建造一个转动式发动机。达尔文甚至想让磨坊主理查德·阿克赖特为离德比不远的沃克斯沃思附近的一家小磨坊买一台发动机。萨瑟恩之前也尝试过，但没有成功。阿克赖特回应说，他听说"B 先生的发动机太混乱太复杂了"，所以没有叫他来。[14] 但达尔文可以通过他的朋友斯特拉茨或约瑟夫·赖特联系到这位大亨，后者现在正在为阿克赖特的磨坊和他的家人作画。达尔文写道："我曾多次向阿克赖特的朋友提到过你的发动机，希望还能被雇用，但目前我对此事所知甚少。"[15]

虽然没有什么结果，但其他的大订单确实来了。到 1783 年春天，他们可以放松些了。瓦特的信件里既关心热和水，也关心发动机。博尔顿可以期待着和家人一起在家里度假。约翰·韦斯利（John Wesley）在他的日记中写道，前一年，他“参观了博尔顿先生的古怪作品”，这些作品在索霍雇佣了500名员工。他评论道，“他把手里的每件东西都做得非常完美”：

他那依山而建的花园的确很可爱；在海底有一大片水域，其中有两座树木繁茂的岛屿。如果信仰和爱在这里，那么也可能有幸福。否则，所有这些美好的东西都是令人不满意的稻草和羽毛。[16]

虽有很多信仰和爱，但这些都是不祥的话语。1783年的夏天，博尔顿的世界发生了变化。天空本身似乎充满了预兆。6月底，下了一场大的蜜露，薄雾笼罩。一天又一天，气温升高，蓝色的雾 367
气一直罩在大地上，到目前为止还没有记录显示有这样的高温。整个7月，空气越来越闷热。吉尔伯特·怀特（Gilbert White）写道：“中午的太阳看上去就像乌云密布的月亮一样空空如也，铁锈色的光洒在地面和房间的地板上；但在日出日落时像血一样红，显得特别可怕。”[17] 树叶早早地从树上落下；鲜肉一天就坏了；成群的苍蝇使马和牛发疯；乡下人充满了恐惧和迷信。拉特兰郡的乡绅托马斯·巴克说，暗淡的日光“很像维吉尔描述的恺撒死后的夏天”。[18] 烟雾持续了几周，巴克记得，“无论晴雨，无论东风西风，都不能把它带走；因为整个欧洲都是一样的，甚至阿尔卑斯山的山顶也是一样的”。欧洲各地都遭遇到同样的影响，后来才意识到，其原因是冰岛毁灭性的火山爆发，从6月持续到7月，熔岩顺着斯卡夫塔河流下，有毒的火山灰覆盖了整个乡村。“斯卡夫塔大火”，以及随之而来的地震和饥荒，杀死了牲畜，造成了岛上五分之一的人口死亡。有一段时间，没有人知道这一点，尽管挪威附近突然出现一座新火山，以及卡拉布里亚和西西里地震爆发，加剧了世界末日的气氛。

7 月是有记录以来最热的一个月。和达尔文待在一起的怀特赫斯特对干燥多雾的天气毫无办法。达尔文本人认为，这种暗淡的光是由于红色光线比其他颜色穿透力更强。整个英国都受到了影响，薄雾笼罩着康沃尔的铜矿和蒂普顿的基尔碱厂。它到达了爱尔兰的埃奇沃思家，在安宁斯利，蜷曲在戴的庄园里树木的周围。血腥的阳光从威瑟林的诊疗室的窗户和费尔希尔普里斯特利的燃烧的玻璃上反射出来。许多人生病了。

7 月 11 日，这可怕的、闷热的、雾蒙蒙的天气让此月份显得充满预兆和恐惧。安妮·博尔顿穿过碎石来到了索霍的草坪上，附近有人在晒干草，天空乌云密布。博尔顿对他的花园呵护备至，在笔记本上记下了树木、植被、石窟和喷泉的细节。按照园艺师布朗
368 的风格，他建了一个瀑布，水流从山坡上的一个小池塘一直滚到下面的湖里，岛上有岛屿和船屋，还有茂密的岬角和长满草的河岸。这个湖仍然是工厂的磨坊，而上面的小池塘在 1778 年添加了一个装饰性的贝壳，只是纯粹的装饰，在树下很凉爽，是一个躲避黑暗的太阳的避难所。在它上面的山坡上，矗立着一座小小的植物圣殿。

一个女人拿着啤酒去干草场，看见安妮在池塘边散步。十分钟后，她返回并发现安妮“脸朝下趴在一块浅水处”。人们竭尽全力抢救她，但显然她已经死了。放假回家的孩子们被匆匆打发走。博尔顿在考文垂，“但我的心在家里”。傍晚时分，他回来了，我那

些苦恼的孩子们在花园里迎接他，告诉了他这个不幸的消息。关于那个问题，我不能再多说了。那情景不是笔墨所能描写的。[19] 有人说是自杀，因为两天前有人在这所房子里见过执法官。但安妮似乎很高兴，她正打算和博尔顿以及孩子们一起去巴克斯顿旅行。有几封信提到了她的头痛和昏厥，她可能患有周期性头晕，最终因中风而昏倒。她刚生过一场病，但人们认为她正在康复。正如加贝特对利奇菲尔德家族的一位朋友巴克夫人所说的，她“经常抱怨自己的头发晕，因此很容易摔倒，脚踝没什么力气，还穿高跟鞋”。[20]

当博尔顿告诉安妮，他温柔地爱着她，就像爱他的妻子他孩子的母亲，“就像爱我的知心朋友，上帝命令他与我携手一生”时，博尔顿的调情还是相当真诚的。[21] 他与她分享所有琐事，家庭的欢乐与痛苦——担心马特的牙痛和南希的写作老师；因为伦敦大雾不得不在烛光下吃早餐；他喜欢喝从北京经莫斯科一路送来的茶；清洗新假发的问题。似乎就在不久前，他才订了一顶“文雅的帽子，给一位 40 岁左右的年轻女士”，从伦敦给她带来了一件丝绸衣服，上面还特别写着：“愿这件轻松活泼明快的衣服象征着穿戴者的心灵、健康和精神。请博尔顿夫人成为这位穿戴者，为了那个选择佩戴者的人和他的快乐。”[22]

安妮被安葬在利奇菲尔德附近惠廷顿罗宾逊家族的墓穴中，玛 369
丽·博尔顿已经长眠于此。她从记录中消失了，没有朋友的赞扬，没有同事的安慰——也许是博尔顿烧了它们。后来，他一个朋友在哀悼他的父亲时，写道：“淡淡的悲伤会说话，巨大的悲伤是无声的。”[23]

博尔顿没有像为玛丽所做的那样，写诗放入棺材，也没有像为斯莫尔做的那样，在花园里安置墓碑。但安妮死后，他的健康状况一落千丈，他所有的计划都搁置了。达尔文和威瑟林都建议他，一旦孩子们回到学校，他能做的最好的事情就是离开伯明翰。

8月中旬，博尔顿收拾好行李，动身去都柏林，然后去爱丁堡。布莱克和罗宾逊把他介绍给一位名叫伦尼的年轻磨坊匠（伦尼是他在笔记本上记下的，以备日后之用）。他和布莱克讨论碱金属；他在卡伦与罗巴克待了一个月，在铁矿石上做实验；在佩思郡，他突然造访了唐纳德勋爵，后者刚刚申请了一项从煤中提取焦油的专利（四年后，他用煤气照明弹照亮了卡罗斯修道院，这是第一个煤气照明弹）。随着博尔顿的旅行，工具包随着他所收集的矿物而变得越来越重，无论他走到哪里，都收集信息，或者接收订单。瓦特恳求他，如果他回来经过曼彻斯特时，“请不要接任何纺织厂大发动机的订单”。他听说，强大的北方溪流上涨很快，许多会冲到墙上，但博尔顿的想法不同，“我认为火力磨坊将最终与水力一较高下”。他若有所思地说。[24]

在伦敦的旋风式旅行之后，他回到了康沃尔。“我想，只要我们保持高昂的斗志，积极主动，就能打败所有的敌人。”他写道，“但是我必须承认，自从我来到这里以后，我的情绪就一直很低落，也一直很懒惰，感觉好像生命的源泉逝去殆尽。”[25]

8月底，当博尔顿向北行进时，一连串猛烈的雷暴驱散了令人窒息的空气，但随后出现了一个更大的谜团。8月18日，一颗燃烧的流星划过天空，大致沿着东海岸的轨迹。在拉德伯恩，达尔文
370 看着火球飞过，火花四溅，根据他自己的非正式计算，准确计算出它距离地球58英里——根据他的屋顶高度和房子与指南针指向的角度算出。在圣诞节下雪后的那个冬天，雪一直积到4月，厚厚的

积雪使公共马车停运了；第二年夏天也很奇怪，带来了大范围的洪水和像海扇一样大的冰雹，砸坏了窗户，砸坏了庄稼。

在未来的几年里，达尔文越来越多地专注于气象学。18 世纪 70 年代末，欧洲有关气候和健康之间关系的研究冈潮鼓励着人们进行有计划的观察。达尔文的工作使他在任何天气都能外出，这激发了他发明一些巧妙装置的行动，比如一个天气预报装置——他书房天花板上的一根指针，连接到上面的一个风向标上（可能是怀特赫斯特做的），这个风向标即使不能告诉他风的力量，也能告诉他方向。他对风本身也越来越感兴趣了：一阵西南风代替了北风，突然从寒冷变成温暖；云的形成和天气的模式。当他的指针显示出突然的变化时，另一个仪器——一根连接在烟囱上的、由一个风车帆和一系列齿轮来带动旋转的管子——测量南北气流。很快，他发展了自己的全球风的运动理论，取得了一系列重大发现，包括暖锋和冷锋的识别，直到 20 世纪 20 年代才被重新发现。他的语言和形象仍然保留着他那个时代的风格，尽管他的思想在飞速前进。他认为，在不列颠群岛以南的一条线上，空气“稀薄”，“上生堆积起来，在大气的较低部分向下沉降，就像沙漏里的沙子”。一股气流从寒冷的两极流向赤道，直到赤道线上的“堆”比极地的空气还重，“然后空气就会振动，非常有弹性，上层没有摩擦，就像钟摆一样”。[26] 他认为，这一运动自西向东，而不是从北到南，是地球自身运动的结果：巨大气团里的涡旋旋转着，轰隆轰隆地破裂了，季风产生了，信风起了，和风吹着，雷声轰鸣着。

对于月光社人来说，世界是他们去探索的：它的植物和矿物，它的土壤和空气，它下面的火和上面回旋的风。但达尔文对大气日益增长的兴趣被一种激情所取代，这种激情现在席卷了整个群 371

体，甚至是整个国家。1783 年 4 月和 6 月，蒙戈尔菲耶兄弟成功地将第一批热气球放飞到法国上空——他们后来明确承认布莱克、卡文迪什和普里斯特利的工作是他们的灵感来源。8 月，J.A.C. 查尔斯发射了一个氢气球，一个月后，蒙戈尔菲耶把他们的第一批乘客——一只羊、一只公鸡和一只鸭子送上了天空，然后它们全部安全着陆。富兰克林从巴黎给约瑟夫·班克斯和普里斯特利的朋友理查德·普赖斯牧师寄去了详细的报告。[27]“现在整个世界都是这种飞着的球，”瓦特写道，他告诉布莱克法国科学院计划发射一个巨大的气球，“绑上四五个罪犯在里面。”[28]竞争越发激烈：去年 11 月，德·罗齐尔（De Rozier）首次乘坐蒙戈尔菲耶气球，实现载人升空，两周后，查尔斯驾驶自己的氢气球紧随其后。同月，年轻的瑞士发明家阿米·阿尔冈德（Ami Argand）在英国法庭上做了演示，他是蒙戈尔菲耶的朋友。

月光社是所有新发展的先锋，尤其是氢气球。达尔文是第一个乘坐大型氢气球的英国人，于 1783 年 12 月 26 日从德比出发。1784 年 1 月，尽管下了大雪，达尔文还是最先煽动尝试“气球邮差”的人。他告诉博尔顿，他的德比哲学社团曾试图发送一个气球到伯明翰，计算落在索霍花园里，但“顽皮的风”把它带到了爱德华·利特尔顿（Edward Littleton）爵士的花园，他是斯塔福德的议员。[29]博尔顿已经被迷住了，瓦特读了查尔斯在法国出版的飞行技术细节，博尔顿很快就得到了福哈斯·德·圣冯德写的两卷关于蒙戈尔菲耶经历的书。[30]这年夏天，当圣方德访问伯明翰时，普里斯特利向他展示了一种新的装置，可以制造一种极轻的可燃气体，这种气体“从铁和水中提取，然后变成水蒸气”，他认为可以将其发展，以更便宜的价格填满“空气静力气球”，而不需要氢气。

[31] 不久之后，瓦特寄给班克斯一些约翰·索斯特的早期笔记，他《关于空气静力机械的论述》(*Treatise open Aerostatic machines*)是这方面最早也是最实用的书之一。

9月15日，在包括威尔士亲王在内的一大群人面前，文森佐·卢纳尔迪(Vincenzo Lunardi)带着一只猫、一条狗和一只鸽子从切尔西出发，掉落在赫特福德郡的韦尔。[第二年夏天，他 372
在15万人的面前，安排将著名的美女演员萨奇夫人，以及他们的朋友，一位业余化学家也是咖啡渗滤剂的发明者乔治·比金斯(George Biggins)带入了“蓝色天堂般的天空”]。[32]1784年10月，让·布朗夏尔(Jean Blanchard)在秋高气爽的天气中飘过英格兰南部。在汉普郡的塞尔伯恩，吉尔伯特·怀特把村民们叫醒，让他们看到他的气球飞过，一个小点从天而降，飘在教堂的风标和村庄的五月柱上，飘在他那棵大核桃树上。十分钟后，它就看不见了：

> 这台机器看上去大多是深蓝色的，但有时反射太阳光，出现一种亮黄色。我用望远镜可以分辨出小船和支撑它的绳索。在我看来，这个大气球还没有一个大茶壶大。[33]

现在每个人都试着做气球。怀特的小侄子用薄纸做了一个，“用浸满酒的棉花塞加热，用蜡烛点燃”。热气球成了男孩子们的狂热爱好，也成了干草堆的危险。伯明翰的报纸悬赏几内亚作为对罪犯新闻的奖励。在爱尔兰，埃奇沃思的孩子们也尝试了一下。他给玛丽亚写了一封热情洋溢的父亲式的鼓励信，最后写道：“我被打断了，进来了一个气球，女儿们出去了。”[34]就像放风筝一样，把老人和年轻人聚集在一起的事业具有某种魔力。当马修和安妮来到康沃尔与博尔顿待在一起时，他抛开矿业业务，做了一大堆巨大的气球和氢气桶："伟大的准备工程后，气球做好并被填充，在房子后的田野里起飞，制作者和科斯加恩附近所有的村民都特别高兴。"[35]

博尔顿对自己非常满意，决定在更大的范围内进行尝试。瓦特后来告诉詹姆斯·林德"博尔顿先生的爆炸气球的历史"时，这样解释。[36]他用直径约五英尺的薄纸做了一个气球，涂上清漆，里面装上大约一份普通空气和两份氢气的混合物。博尔顿在气球的颈子上系了一个烟花，"一个普通的小爆竹，或蛇形管，上面拴着一根大约两英尺长的火柴……当气球装满后，火柴就点燃了，气球就被
373 放飞了"。夜黑而平静，但是导火线太长，大约过了五分钟才点燃爆竹，这时气球已经在几英里外了。聚集在一起观看实验的一大帮人确信引线已经熄灭，所以当烟火最终被发现时，他们"大呼小叫"。爆炸的声音完全盖过了气球爆炸的声音，声音显然太大了，附近的人"把气球当成了流星，把爆炸当成了真正的雷声"。据说，这一切都有其道理。"他们的目的，"瓦特解释说，"是要确定雷声是由回声引起的，还是由连续的爆炸声引起的；但由于时机不佳，问题没解决。他当时在大约三英里外的家里，所能看到的只是爆炸是非常生动和迅速的；似乎就一秒钟，气球的材料着火了，持续了几秒钟的火焰效果。"

没有人被滚落的热气球伤着，大家虽然对打雷知之甚少，却玩得很开心。当第一个英国气球驾驶员詹姆斯·萨德勒（James Sadler）到达伯明翰，并在新剧院里展示他的大气球时，这种乐趣还在继续。消息公布了，这位未来的飞行员被命名为哈珀先生。气球被移到了科尔斯希尔街的坦尼斯法院，圣诞节后几天，人群"乘马车、骑着马或是步行"涌入小镇，"人数之多令人难以置

信”。[37]然而，有些地方出了问题。当发射被推迟时，失望的暴民爬上了为观众搭起的脚手架，把它拉了下来。在混战中，警察逮捕了四名愤怒的赌客，其中一人头骨骨裂。

气球驾驶员每天都在创造纪录。哈珀发射失败四天之后，布朗夏尔和美国人约翰·杰弗里斯（John Jeffries）从多佛来到加来。伯明翰不会被自己胜利的逃亡所欺骗。第二次尝试是1784年10月10日，这一次有伯明翰的哲学家们来帮忙——威瑟林、南特和“其他科学先生”负责给气球充气。尽管有雾和雨，大批群众还是出来了。两位女士向哈珀赠送了旗子，然后放飞了气球。“一个庄严而令人愉悦的景象”，它上升、盘旋，危险地向人群下降。接着，哈珀突然向上、向北飞升，穿透云层，“纯净的阳光照在他身上，他穿过最纯净的天空，做出了他的哲人朋友们所建议的观察结果”。[38]

晴雨表很低，雨下得很大，空气很冷。半小时后，哈珀上升了 374
4 000英尺。过了一段时间，在特伦瑟姆高尔勋爵的庄园上空，他俯冲下来，用喇叭招呼一个工人，问他在哪儿。在空中飞了将近一个半小时后，他飘向离伯明翰50英里的纽卡斯尔安德莱姆，撞上了一棵树，猛冲进灌木丛，直到当地的铁匠把它拽停。在旅途中，哈珀为普里斯特利收集了不同高度的空气，但都被打碎了。尽管如此，在利奇菲尔德待了一夜之后，他还是回到了伯明翰，受到了英雄般的欢迎。

一个珐琅鼻烟壶是为了纪念伯明翰的第一次气球飞行而制作的。这是一种带有复仇意味的公共科学，是浮夸的示威者和赞赏的人群的古老结合。在某种程度上，这也是月光社科学。气球可以教给人很多东西——关于气体的力量和材料的阻力、风的强度、大气的变化。但最重要的是，它把人类带入了另一个元素，预示着一个新的未来。达尔文的想象力当然被激发了，他开始创作一本新书，并在他们的“丝绸城堡”里为热气球驾驶员写了一首赞美诗，在高空滑翔，“像流星划过碧空的潮汐一样明亮”，把他的读者推向违背地心引力的星际飞行本身：

> 上升，伟大的蒙戈尔菲耶！大胆飞行。
> 高高的月亮上，苍白的冰反射着光；
> 在珍珠星的高处，月牙钩闪着光，
> 挂在东方，快乐的预示着明天……
> 用强大的船桨躲避太阳那迷人的宝座，
> 闪闪发光的黄道十二宫和银河带；
> 哪里有越来越强大的彗星，
> 通过其他系统改变他们的前进路线。[39]

气球很有趣，生意也来了。旋转发动机很受欢迎，瓦特以他一贯的谨慎态度，发布了一套详细的二十四项保养说明。所有部件必须定期上油，活塞每周需要更换，锅炉每月需要清洗，水总是在相同的高度，“因为在这一点上粗心的话，可能导致锅炉突然的损坏，
375 结果就是停止做工”（一个顽皮的学徒在上面潦草地写着“匆忙的公众假期”）。[40]第一次，博尔顿瓦特公司盈利了。直到 1783 年年底，瓦特的存款（至少在纸面上）超过了 4 000 英镑。他立即把全部款项转到苏格兰，后来博尔顿在危机时刻向他提出请求时，他坚定地说自己没有多余的资金。

不安的博尔顿四处寻找更多的新项目。其中一个似乎是绝对的

赢家——改良版的油灯，是由日内瓦的阿米·阿尔冈德发明的，灯芯是管状的，灯罩是玻璃的，可以隔绝烟和气味。[41] 当阿尔冈德在1783 年来到伦敦寻找技术工人时，他遇到了德·吕克。德·吕克把他介绍给宫廷，在那里他用气球的演示让皇室家族兴奋不已。通过艺术协会秘书塞缪尔·摩尔，他与博尔顿取得了联系。博尔顿自从 20 年前富兰克林和威廉·斯莫尔设计灯具以来就一直对灯具感兴趣。1784 年 5 月，索霍公司获得了一项专利，并获得了独家授权。本不该是这样：令人惊奇的样品被制造出来，包括一盏亚当设计的送给路易十六的灯，但是作坊被阿尔冈德不断的改进淹没，市场被仿品淹没。阿尔冈德的信变得更加绝望，博尔顿的信则更加含糊其辞。几年后，这项专利被宣布无效，因为它的设计已经被公之于世。“可怜的阿尔冈德被悲伤压得喘不过气来。”博尔顿懊悔地写道。[42] 他确实制作了阿尔冈德的灯——谢菲尔德镀银的壁炉架灯，黄铜壁灯，双层燃烧器，有时还会有韦奇伍德的水苍玉底座。整个团队都参与其中：达尔文的剪贴簿和写给韦奇伍德的大量信件都有灯具设计，而瓦特也设计了马车灯。最后，在 1787 年，博尔顿也开始为另一种设计制作一种新的“液体静压灯”——阿尔冈德在日内瓦建立了自己的灯厂，但他在 1803 年死于贫困和不幸。

一些博尔顿产业成功了，比如瓦特的复印机。其他的失败或不再流行，如阿尔冈德灯和基尔的铜合金。但他把全部心血都倾注到他们身上，尽管阿尔冈德灯短暂地预示要重振索霍，但他仍需要证明自己能够真正向世界出售力量。哪里最需要力量？每一天，给所有的人吗？当然是提供生活必需品——啤酒和面包。他的大型发动机能在哪里展示得最好呢？不是在康沃尔这片海雾之乡，而是在伦敦这个大都市。答案是为伦敦的酿酒厂制造发动机，并在伦敦建 376

一个玉米磨坊，这是一个非常出色的宣传噱头。到1783年末，博尔顿和瓦特已经在为古德温和惠特布莱德这两家酿酒商制造发动机了。在这里，发动机代替了马，所以不节约煤，瓦特不得不想出一种计算专利权费的新方法。最后，他估计一匹马每分钟能举起3.3万磅的水。从那以后，“马力”一直是发动机功率测量的单位。

酿酒人很高兴，他们可以毫不费力地研磨。[43] 乔治三世造访了惠特布莱德，非常震撼。但真正值得一看的是萨里河岸上著名的阿尔比恩玉米磨坊，位于黑衣修士桥附近，是当时世界上最大的蒸汽磨坊。博尔顿和瓦特从1782—1783年开始就与之联系。瓦特设计了两个最大的双动力旋转发动机，每台驱动10套磨盘，每小时磨150蒲式耳小麦，并运行起重机进行装卸。塞缪尔·怀亚特设计了这座建筑，年轻的约翰·伦尼被雇来监督工厂的工作。（瓦特可能对默多克直言不讳感到恼火，他写信给罗宾逊供其参考，其中一个问题是“他是否摆脱了那种让人相信自己的观点比主人的好”的自负。）[44] 伦尼的工厂工作使他名声大噪，第一次使用铁轴和齿轮而不是木材，伟大的伦敦磨坊带来了最后一项新发明。1788年，博尔顿在那里发现了一种新的装置，可以调节磨石之间的距离，从而调节磨石的速度。这种装置是由两个铅锤的离心力产生的。他经常提出建议，其中很多都很好，而瓦特通常不采纳这些建议，或者声称这些建议是他自己发明的。这次不一样。在南方的帮助下，瓦特发明了离心式调速器，随着发动机转速的增加，两个球体飞出，带动控制杆打开和关闭节流阀，调整发动机的性能。这是他最后一项重大发明。

32 林奈的行列

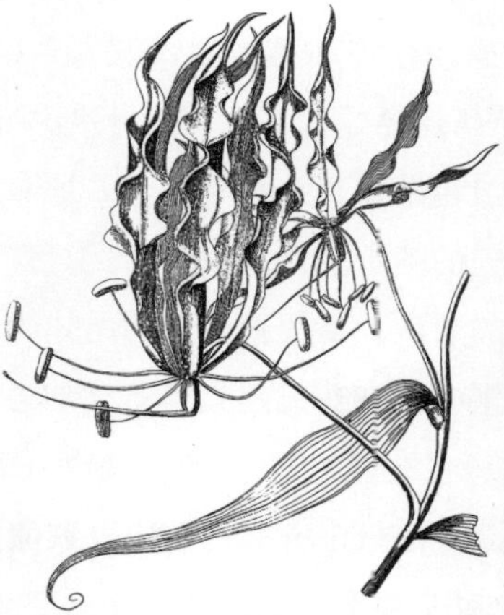

嘉兰，《植物园》，1791
花名来源于拉丁的"惊叹""美丽"之意

达尔文很快就进入了德比的生活。怀特赫斯特从伦敦回来后就见过他，还结交了新朋友，比如把他介绍给诗人威廉·海利的约翰·贝里奇（John Beridge）医生。往北几英里，在克伦福德，阿克赖特的两家大型棉纺厂拔地而起。下游是阿克赖特的前合伙人杰德迪亚·斯特拉特（Jedediah Strutt）的袜子工厂。[1] 377

斯特拉特的儿子威廉——达尔文一生的朋友，并通过理查德和玛丽亚·埃奇沃思把他介绍给了他——成了德比哲学学会的坚定成员。[2] 刚开始的时候规模很小，在会员家里聚会，女士们跳舞，有时很不情愿。据苏姬·韦奇伍德说，斯特拉特小姐们不得不端茶上菜，"而且一点也不喜欢这样"，但是达尔文"以他一贯的礼貌，通过展示几项适合年轻女性能力的有趣实验，使她们非常高兴；一根烤着的试管，管子自己转了一圈。不久，这个非正式的团体就有了更稳固的基础”。[3]1784 年 8 月 7 日，他们制定了自己的规则，约定在古老的大马车酒馆，国王的头，会面，并购买书籍，并附上详细的目录，对逾期还书和错过会议的人处以严厉的罚款。[4]在 1780 年代，这里是当地科学家、医生、土地所有者和企业家的重
378 要聚会场所，其成员包括斯特拉特、贝奇，还有理查德·弗兰奇和布鲁克·布思比这样的绅士。在开幕会议上，作为会长，达尔文情绪高昂，宣扬科学的力量，以扼杀“迷信无知的怪胎诞生”。

在几年的时间里，他在德比建立了自己的力量，就像他在利奇菲尔德一样。他自己的做法也不一样，在某一时刻，他为德比的《每周娱乐》（Weekly Entertainer）书写爆发致命的牲畜疾病：他主张当时激进的杀戮和埋葬牛和追踪感染源头，而不是当时的放血和催吐，随后他建议应获得政府命令，在方圆五英里范围内宰杀牲畜——这是现代口蹄疫政策的前身。[5]大约一个月以后，他给德文郡公爵（他的同学乔治·卡文迪什的侄子，漂亮的乔治安娜的丈夫）提供饮食、饮酒和痛风方面的建议。至于他在整条街的新房子，就在镇中心，他正与邻居就一扇新窗户可以看到他的院子而大吵一架。1784 年初，为了改善水源供应，在他的家人搬到这里之前，他打了一口自流井（这个名字在之后的 50 年里都没有被创造出来），并写了一篇开创性的关于工程原理和基础地质原理的论文。[6]

然而，达尔文的无休止的活动中有一些相当紧张的东西。尽管他很有趣，但在他对一种后来被收入《动物志》的疾病的定义中，有一则很有说服力的笔记：

厌世。无聊。堕落的生活。从最早的古代记录开始，尘世事物

的空虚就给哲学家、道德家和神学家提供了一个主题：“虚空的虚空”，传道者说，“一切都是虚空！”我想，凡是过了人生全盛时期的人，在某些时刻都能感到万物的虚无。[7]

达尔文推荐的治疗方法包括“婚姻生活中令人愉快的忧虑”和科学的培养，“比如化学、自然哲学、博物学，它们是供了令人愉快的新奇事物的取之不尽的源泉，并通过它所引起的努力来缓解无聊”。

达尔文自己制药。几乎在他刚结婚的时候，在拉德伯恩安静的几个小时里，他开始同时就几个主题疯狂写作。其中有两个故事要追溯到他在利奇菲尔德创建植物园的时候，当时他向安娜·苏厄德 379
提到了把林奈变成诗歌的可能性，还草草记下了可能的翻译。在他离开利奇菲尔德之前，建立了一个小型的植物学会——非常小，因为只有他自己、布鲁克·布思比和一个大教堂的学监威廉·杰克逊。苏厄德言辞尖锐，认为这是达尔文的另一项建设自我的事业：威廉·杰克逊是一个“出身最低的人”，她说，他讨好布思比“崇拜和模仿达尔文医生”——只有“冒充的哲学家、浮夸庄严也不怎么道德的花花公子，还有对揭露宗教的那些毫无意义的冷嘲热讽引以为傲的人”。

不管杰克逊怎么拍马屁，他都是一个有用的助手。达尔文离开后，他照料了利奇菲尔德植物园，并在达尔文最终决定处理林奈的植物系统翻译时提供了帮助。这一想法可能是由他与戓瑟林的长期竞争促成的，也是由他的兄弟罗伯特的《植物学原理》所促成的。达尔文的翻译要想成功，他知道必须利用这些关系。从拉德伯恩飞来的信越来越多，他把样本页寄给了四十多位著名的植物学家，其中包括小卡尔·林奈（他于 1778 年继承了父亲在乌普萨拉的植物学教授职位），韦奇伍德告诉他林奈在伦敦。[8]

达尔文是按照当时的惯例翻译的。许多著名的书籍，如托马斯·彭南特（Thomas Pennant）的《英格兰古物调查》或吉尔伯特·怀特的《塞尔伯尼自然史》，几乎都是合作的作品，是由多年的书信和调查写成的。达尔文的通讯人包括乡村牧师约翰·莱特富特（John Lightfoot），他是皇家学会会员，他的《斯科舍植物》两年前就已经出版；诺福克郡的外科医生詹姆斯·克罗（James Crowe），他是研究苔藓、真菌和东盎格鲁宽阔溪流上垂柳的专家；多塞特郡的医生理查德·普尔特尼（Richard Pulteney），另一位皇家学会会员，他为《绅士杂志》写过植物学方面的文章，刚刚出版了一本《林奈著作通俗观点》。[9]

33 位通讯员回信提出了建议，从他们的邻居那里寄来了一些稀有植物的样本，并讨论了植物学术语应该用拉丁文还是英文后缀。例如，“花瓣（Petalum）”应该写成“花瓣（Petal）”吗？达尔文的
380 信件和对书籍的询问使班克斯应接不暇。语言问题是最多的，在某些方面也是最吸引人的。有些决断很轻易：他坚持林奈的“雄蕊”（他是第一个称其为“雄蕊”的人）和“雌蕊”，而不是威瑟林谨小慎微的“韭黄”和“尖端”。但达尔文当时正着手建立一种新的植物语言，在英语中创造出动词的复合词，就像林奈在拉丁语中创造的复合词一样。他觉得英语可能更合适，它的复合词更生动、更准确：

> 锥子尖（Awl-pointed）就指尖头叶藜（acuminatum）；刚毛尖（bristle-pointed）指虎杖（cuspidatum），要比拉丁词更贵气。中空

端（end–hollowed）指不尖的（retusum）；凹口端（end–notched）指凹叶景天（emarginatum），中空边（edge–hollow’d）指星辰花（sinuatum）；扇形的（scollop’d）指浅波叶（repancum）；匍线（wire–creeping）指西北羊角拗（sarmentosus）……10

单词创造和改编的细微差别在其复杂性上可能令人困惑：

……我们的一些朋友认为，蛋形（eggshape）应该写为蛋形的 eggshaped。我们认为剑状（sword–form）、蛋形、戟形（halbert–shape）等使用形容词可能更好，一片剪形的（sisser–formed）树叶，是将一片树叶剪成剪形，而剪形叶意味着剪是一种形式。所以线形的（thread–formed）风格，就是一种线的形式风格；而线形就是一种线的形式。

达尔文说，他会（毫无疑问是在忍气吞声）试着听听约翰逊博士对这个问题的看法，如果伟大的可汗觉得“蛋形”更好，他就这么写。他在接下来的信中遗憾地补充道，他努力避免使用任何荒谬或淫秽的词语（“露齿而笑”似乎给他带来了麻烦）。

过去三年来，一直担任皇家学会会长的约瑟夫·班克斯，对达尔文对这项工作的献身精神感到受宠若惊，而且非常乐意提供帮助。他查阅了达尔文对术语的翻译，并从自己的图书馆借给他一些珍贵的书籍，比如默里版本的《系统》和小卡尔·林奈新出版的《植物增刊》。现在布鲁克·布思比已经亲自去见过班克斯，工作正在进行。也许他们应该着手进行第二次翻译，这次是林奈的《植物的属和种》。但领域都清楚了吗？根据威瑟林的说法，利奇菲尔德

植物学会的一位成员（未透露姓名）在 1783 年春天找到他，想知
381 道他是否有这个想法。威瑟林受宠若惊，尽管很乐意帮忙，但由于忙于下一版的植物整理工作，他无法亲自动手。1784 年，他得到了一些校样，当他们讨论这个问题时，威瑟林拿出了他的新版本的一些页，说明他的新口音方法可以帮助发音，还提到他雇佣了一个朋友来翻译《植物系统》。

在 1783 年那个奇怪的夏天还有那个冬天的气球狂热期间，《植物系统》分四部分出版，分两卷再版，共计近一千页，描述了 24 个纲的 1 444 种植物。一个非常有用的特性是使用口音的发音系统。在前言中，约翰逊博士[1]和所有的记者都受到了感谢，但有一位植物学家，他的帮助没有得到承认，只受到了嘲讽：

> 威瑟林医生以《植物整理》的名义发表了《英国圣公会植物志》，但是却完全忽略了区分性别，而性别的区分对于这个体系的哲学来说是必不可少的；而且已经……使这位拉丁植物学家无法理解他的许多工作。[11]

1785 年，当《植物系统》在格里菲斯的《每月评论》上收到一份热情洋溢的通知时，威瑟林再也无法控制了。[12]当书评人把自己的书描述为“哈德逊的译本”，并嘲笑他“过于勉强的精致概念”时，他被刺痛了。威瑟林本就已经被达尔文在查尔斯的论文中使用洋地黄的案例激怒了，现在达尔文关于洋地黄和软毛囊的论文加重了这一罪行（1785 年 1 月，在威瑟林所著的《洋地黄分析》发表前，皇家内科医师学会会仔细地阅读达尔文的论文）。威瑟林

[1] 塞缪尔·约翰逊的笔名。

愤怒地写信给拉尔夫·格里菲思。他描述了利奇菲尔德植物学会的来访，指责他们蓄意破坏他自己的翻译计划，并窃取了他的发音方案。如果有人问他，他会答应的，但现在看起来他就像复印机：

> 在这样打击完信心之后，我并不奇怪，达尔文医生在他所写的工作序言中是否应该把我从他们所咨询的光荣榜单中排除，或者他应该在前言显然走出他的攻击方式植物系统；因为我常说，那个伤害我的人，觉得要为自己辩护比我原谅他要难得多。[13] 382

这些信件整个夏天都在激烈地争论着，格里菲思坚决反对公开他的信件，因为每一位愤愤不平的作者都会要求留出篇幅，而且还会痛苦地大谈评论家的正确角色。

达尔文对这个争论只是耸耸肩，好像它不值得去争论似的。他的下一个译本很快就准备好了，以至于他不得不把来自班克斯图书管理员乔纳斯·德瑞安德（Jonas Dryander）的最新资料塞进附录。它在 1787 年作为《植物的科及其自然特征》出版了很厚的两卷，译自最新版的《植物的属》。再一次，达尔文以“伪植物学家”的身份，用序言来刺激威瑟林，指责他发明了“不文雅的”英语植物名称。

植物学已经成为月光社竞争而不是合作的舞台。达尔文非常清楚，威瑟林正在为他的第二版《整理》煞费苦心地工作，甚至在他们的月光社新成员乔纳森·斯托克斯的帮助下登记了。威瑟林从小就认识他，1776 年，他还是一名医科学生，曾向爱丁堡医学会报告过洋地黄病例。他很聪明，人脉很广。1781 年，他和约翰·亨特等人一起参加了伦敦皇家学会的会议，在那里他遇到了班克斯和卡尔·林奈。[14] 几个月光社人都在相同的会议上，普里斯特利和怀特赫斯特是会员，博尔顿和韦奇伍德是客人。他们发现他是一颗冉冉升起的新星：他的爱丁堡论文（献给威瑟林）是关于去燃素空气的，引用了普里斯特利、基尔和达尔文的话；他把植物学家约翰·福瑟吉尔的植物分类，并尝试对矿物和泥土进行新的分类。此外，他还游历了欧洲，会见了著名的植物学家，并已建立了自己的植物收藏。1783 年 5 月，他作为普里斯特利的客人去了皇家学会，仲夏时，他在斯图尔布里奇找到了一份医生的工作：

> 我在半个小时车程，由普里斯特利博士、威瑟林、博尔顿、瓦特、基尔、高尔顿组成的哲学聚会上（他们每个月聚会一次），讨论哲学问题。他们叫作月光社，我经常被邀请参加他们的会议。[15]

383 达尔文在努力写《植物整理》。它的前两卷写于 1787 年（与利奇菲尔德家族同一年），包括许多新的植物和栖息地的描述，加上一个由斯托克斯写的带有精辟注释的长书目。最后一卷专门介绍隐花植物类（真菌、苔藓等），并于五年后出版。那时，威瑟林已经和他的助手闹翻了，斯托克斯搬走了，据说带走了威瑟林所有珍贵的书。当他最终把书还回来时，许多页都被剪掉作为“插图”，这让威瑟林感到恐怖。斯托克斯继续从事着自己的有趣的植物学工作，但从现在起他受到了冷遇。[16]

威瑟林漫长的工作在某种程度上牵涉所有的月光社成员，甚至包括孩子们。玛丽·安妮·高尔顿记得，在和父亲散步的时候，他们“一直忙着寻找新植物，后来我的法国家庭教师在他的指导下把它们画出来”。他们被鼓励收集自然历史，并提供书籍和显微镜，但也被迫帮助威瑟林收集真菌，寻找新的物种。对孩子们来说，这极其无聊。他们把自然据为己有，花几个小时用各种化学物质和“各种各样的方法”在真菌上作画。她确信威瑟林被愚弄了。[17]

这两位医生和植物学家截然不同。达尔文大胆而富有想象力，敏锐而精确——他的书中包括了如何创建植物收集箱，让其缩小到1/10英寸以内的指导，并且在指导发现标本时提供很小的空间来一丝不苟地填写。他似乎对物种比对植物本身更感兴趣。相比之下，达尔文本人则对他的植物情有独钟。在后来的一本磨损的棕色皮革笔记本中，显然在任何天气它都被塞进了一个夹克口袋里，他列出了他花园里所有耐寒的植物，他每天去德文特的路上经过的每一丛植物：飞燕草和夹竹桃，虎耳草和安提兰，牡丹和麝香草。[18] 笔记本的章节不是按植物分类的，而是按家分的：“小屋之外”“鱼塘之外”“朝向避暑别墅”。铅笔涂改的地方悲伤地标记着“消失了”（或者更令人心酸的“消失了？”）。他种的果树很少有题外话，如“早期绝品——真是个好苹果”。

达尔文不会把他的兴趣仅仅局限在翻译上，一旦语言问题解决 384
了，翻译工作就会变得枯燥乏味。他越来越关注植物本身，园艺成了他的发明；他设计了一个“甜瓜测量仪或黄铜园丁”，这是一个平衡的金属管，有两个铜球，一个装有易燃气体（氢气），另一个装有水银，水银可以根据温度上下摆动，可以放在温床或温室后面，“只要有阳光”就能打开。[19] 在他的笔记本中，他的语言有时成为精确的“科学”观察和诗歌理解的无缝结合，期待着柯勒律治或多萝西·华兹华斯（Dorothy Wordsworth）。1月的一个早晨，他写道：

> 当我乘车到树林外时，树木非常美丽，缠着许多韵律——大约在早晨九点，月落前 1/2 或 3/4 个小时，暖风袭来，大约在 3~4 分钟，所有的韵律都下来，大自然的整个面貌都改变了。[20]

达尔文从未设法使正在研究的主题分开，他关心的是“整个大自然的面貌”。怀着极大的信心，他将林奈翻译看作进行更广泛探索的跳板：1783 年，当他向班克斯借用法国和瑞士博物学家的两本书时，他解释说，他希望看到“是否可以将植物的生理学带入科学一样的东西，或可以与动物相提并论的东西”。[21] 他已经在实验，用染色剂追踪叶脉，看它们是否用气孔“呼吸”：

> 那些有许多呼吸孔的昆虫，如黄蜂和苍蝇，立即被浇在它们身上的油呛死，1783 年，我小心翼翼地用油把葡萄牙月桂和香脂的几片叶子盖上；虽然它不会经常附着在上面，但我发现它们都在一两天内死去，这表明动物的肺和蔬菜的叶子有另一个相似之处。[22]

许多这样的研究最终进入了《植物学》，这是达尔文对植物生命的广泛研究。更多的观察结果被埋在对植物的热爱的笔记中，其中的第一份草稿可能在 1784 年就已经准备好了。没有什么比这更能清楚地表达达尔文的热情、任性的想象力和学识的有力结
385 合。似乎是翻译中丰富的构词法（导致了许多现在常见的词如“苞片”“花药”“小花”等的创造）激发了一些创作冲动。这首诗起源于利奇菲尔德，当时他无意中向安娜·苏厄德暗示林奈体系是“缪斯的快乐主题”。与此同时，他还在他的那本剪贴簿里匆匆写下了

一句话：“林奈当然可以被翻译成英语，而不会失去他的性术语或其他隐喻，同时避免任何不雅的想法。”他在页边空白处写道：

> 1个男性（花花公子）。2两名男性等。13许多男性。14两个大师（领主）。15四个大师。16一个兄弟会。17两兄弟情谊。18许多兄弟情谊。19同时代的人。20调情男性。21一间房（分开的床）。22两间房（分开的房）。23个一夫多妻制。24秘密婚姻。[23]

在开头的“顺序”之后，达尔文开始写“一位女士（美女妻子），两位女士等人（妻子）”。这段引文中括号内的单词是在第一 386
个单词上草草写下的事后想法。即便如此，他仍明白，某些说法可能会令人震惊。在接受“调情（male coquetts）”之前，他尝试了“男女士（maleladies）”和“悍妇（viragoes）”，并在选择更冷静的“一夫多妻”之前，粗鲁地划掉了“多次婚姻”和“戴绿帽子”。

从那以后，也许是出于对伊丽莎白的渴望，达尔文就断断续续地写诗。《植物园》的开篇让人想起了林奈，他写了一种反过来的奥维德《变形记》。至少从一开始，这项工作就不严肃。他提供了一个“暗箱”，里面的影子在白色的画布上跳舞，一个“微笑的娱乐”，一个“嵌入的花园”。这是达尔文又一次作为表演者，在家庭哑谜游戏中采用了一些典礼主持人的幽默讽刺的表达方式。而奥维德，“伟大的亡灵巫师”，却把男人和女人、神和女神变成了树和花：

> 我用同样的方法，在它们各自的植物公馆里被囚禁了这么久之后，我将它们恢复到原来的动物性；在这里将它们展示在你面前。

你可以把它想象成挂在女更衣室烟囱上的各式各样的小画像，它们之间只有一层薄薄的丝带。虽然你可能不熟悉原始人，但他们的容貌之美，他们优雅的举止，或者他们华丽的服装，都会使你感到愉快。[24]

同样有趣的是，故事的背景是一个充满性幻想的童话场景，一个仲夏夜梦之地，那里有古老的橡树、相思的紫罗兰、纯洁的百合花和妒忌的野樱草，还有萤火虫、蜘蛛和有角的蜗牛。但是每一朵花都是在花萼的“婚床”中，在雄蕊和雌蕊的作用下被引入的，在下面的注释中，这个幻想被翻译回植物学术语。虽然华丽的纠缠涉及每一个可能的雄雌结合，但这是一个温和的性世界，没有暴力或攻击，由一个女神掌管。

在这期间，作者受到书商的挑战。“你的诗，植物学家先生，”他嘱咐他，“是纯粹的描写。我希望这些笔记是具有含义的。”诗人声称他的诗歌是视觉的，是用来娱乐的，而科学需要散文，“因为它的推理模式来自比隐喻或明喻更严格的类比”。对诗歌或绘画的屈服就像不加思考的梦，“在这段时间里，无论多么短暂，物体本身似乎就存在于我们面前”。在一本图画书或一部现代动画片中，
387 人们对植物的喜爱是有原因的。虽然这首诗充满了新奇的装置，但正是在散文中，达尔文用他自己的声音说话，他的植物学视野中的“诗意”暗示才得以显现。他的笔记中既有林奈的定义，也有他自己的观察，还有从雷、德勒姆、汉斯·斯隆到旅行书籍、历史和朋友的来信等权威人士的看法。这种对比甚至在最短的一节中也很明显，就像在这一节中对二蕊紫苏（Collinsonia）的描写一样：

两个乡村青年，它们都姓科林（Collin），
特征和形状全都一样，
对美丽的科利尼亚（Collinia）的爱，
皱起黝黑的眉头，转动不安分的眼睛。
哀怜的美哀痛着，
用微笑来安抚这一对嫉妒的人儿。[25]

笔记是这样的：

二蕊紫苏。两个男的（雄蕊）一个女的（雌蕊）。我最近在这朵花里发现了一件非常奇怪的事情。这两只雄的离得很远，雌的先弯下身去和其中一只接触，过了一段时间就离开了，把自己的注意力放在另一只身上。很可能其中一个花药先于另一个成熟……柳兰仙子的雌性在雄性中弯下身子好几天，在受精后又重新直立起来。

这是事实和要点，虽然仍然严重拟人化，但这些笔记往往会拐到其他主题上：昆虫或动物，神话和历史中柏树的使用，一些植物"绒毛衣服"的隔热功能，甚至提到俄罗斯的奥斯蒂卡克人（Osticak）设法将蘑菇混合起来，以便享受"12或16小时的宿醉感"。

达尔文本人也在场，穿着粗壮靴子的肥胖医生全神贯注地俯身看着一株小植物，或者从显微镜下观察雄蕊和花瓣的形成。他给读者讲述了尼德伍德森林里冬青树的故事，冬青树的根部多刺，但在动物够不着的较高的树枝上，叶子很光滑。在一个秋日的早晨，他停下来观察银耳，这种真菌在附近的鸽子谷尤其常见。当孤独的银

耳昏倒在德比郡黑暗的峭壁上，悲叹着她的秘密爱情时，诗句突然变成了一种耸人听闻的植物学上的崇高：

388 冰冷的感觉穿透她麻木的四肢，
刺骨的冰箭在她心中颤抖。
“我沉下去了，我掉下去了！哦，救命，救救我！”她哭喊着。
她僵直的舌头停止了未竟的声音。[26]

再一次，达尔文的平淡无奇的笔记有更真实“自然的”感伤：“我经常观察到这类真菌，在老旧铁轨和地面变成透明的果冻，它们在秋日的早晨被冻住了。”

这些笔记常常带着一种全神贯注的惊叹，惊叹于植物生命的奇妙变化，惊叹于动物、鸟类和鱼类，从燕子到鲸鱼的聪明的适应性。有时达尔文的散文，即使主题很简单，也能达到一种自然的圣经般的节奏：

以树叶为食的毛毛虫通常是绿色的，而蚯蚓则是它们栖息的土地的颜色；蝴蝶和经常开的花是一样的颜色；经常在树篱上活动的小鸟，它们的背像树叶一样是绿色的，肚子像天空一样是浅色的，因此从它们下面或上面飞过的鹰很难看见它们。云雀、鹧鸪、野兔，是干燥的蔬菜或泥土的颜色，它们栖息在那上面。青蛙在它们常去的溪流的泥土中变色；那些生活在树上的是绿色的。[27]

不可避免，就像他的那本剪贴簿一样，他的笔记里充满了疑问。他在关于含羞草的文章中写道，他想知道敏感的植物是否像动物一样睡着了。他注意到地衣是如何用织锦覆盖在岩石上，然后逐渐消失，形成一种支撑其他植物的壤土，他想知道这是否是“在原始海洋被地下大火唤醒后”，整个地球被植被覆盖的原因。姜黄的不育雄蕊使人想到昆虫的退化翅膀或雄性动物的乳头。一些动物：

在很长一段时间里，它们身体的某些部位发生了变化，这可能是为了使它们适应获取食物的新方法……也许所有大自然的产物都在向更完美的方向发展——关于地球逐步形成的现代发现和推论支持了这一观点，并与万物创造者的尊严相一致。[28]

当代人的知识和推论在这里结合在一起，它们开始了一种月光社常见的猜测。在他最终为植物园所做的广告中，达尔文说他的目 389
标是“在科学的旗帜下引入想象力”，引导他的读者从感官体验和诗意的愉悦转向林奈的理论和“哲学的推理”。但在 1781 年，他变得更加谦虚，对自己的作者身份保持沉默——这是可以理解的，因为诗歌和植物学在很大程度上都是女性的领域。1781 年 10 月，达尔文感谢班克斯对一首诗作了评论，他声称自己只是“写了几个注释，并修改了一些诗句，其中一部分是苏厄德小姐写的，另一部分是塞尔先生写的”。他说，这首诗的目的是“通过把许多令人愉快的事实写进注释，来吸引女士和其他失业的学者学习植物学”。[29]

在接下来的两年里，诗歌不断发展壮大。1784 年 5 月，在亨利 · 富泽利（Henry Fuseli）的推荐下，达尔文找到了出版商约瑟夫 · 约翰逊。他解释说，他寄来的草稿是第二部分，他仍在研究第一部分，即《植物的经济》。他还提出了两个条件：保留版权，以便日后修改这首诗；他写道：“无论如何，我都不会让自己的名字出现在这部作品上，因为我认为这会对我的行医造成伤害，就像所有其他发表过诗歌的医生一样。”[30]如果利奇菲尔德的印刷商约翰·杰克逊（他刚刚出版了安娜·苏厄德的诗体小说《路易莎》）能够把它印刷出来，他就可以在报刊上对它进行修改。

约翰逊对此很感兴趣，但达尔文仍然犹豫不决。利奇菲尔德协会的译文和威瑟林的新《植物整理》，早在人们对植物的喜爱扰乱书商书架上的灰尘之前，就已经被翻阅和阅读过了。到那个时候，这首关于植物性生活的诗就会神奇地扩展到无数个方向，歌颂当时的所有成就，从运河到纽扣制作。

33 保护我们的兴趣

理查德·阿克赖特爵士，约瑟夫·赖特绘制

盗版，政治，专利，间谍——新兴工业家的帝国似乎四面受 390
敌。和以往一样，韦奇伍德最关心的还是埃特鲁里亚。美国战争期间小麦的高成本和缺少有报酬的工作导致了频繁的粮食骚乱，1783 年 3 月，一群人在埃特鲁利亚外的运河上围攻了一艘载满玉米的驳船，他们认为这些玉米是要运到曼彻斯特高价出售的。民兵被召集起来告知暴民，如果在一小时内不解散，他们就下令开枪。一个小时过去了。12 岁的汤姆·韦奇伍德告诉他的父亲：“福尔克纳医生嘴里说了‘开火’。当两个人不小心倒下时，他停了下来，想得更多，女人比男人可差多了。”[1]

韦奇伍德被发生在家门口的暴力事件震惊了，他迅速出版了一本小册子——《写给陶瓷之地年轻居民》，敦促他们不要听从长辈们的煽动。表达他的信念（就像它被蒙蔽时一样真诚和衷心），即在这个行业没有剥削工人，但却给周围带来好处，他回想起过去，当地“简陋的小屋”，耕地贫瘠，道路无法通行，而该地区现在表现出“最令人满意和快速的改善”的效果——高工资、优质房屋、道路和运河，这个以前不为人知的地方如今已在国家中广为人知。[2]

391 在这艘驳船被捕获的时候，韦奇伍德正在伦敦，在此之前，下议院正在就与美国和法国的条约进行辩论。1783 年 4 月，他代表斯塔福德郡的陶工们写信给查尔斯·詹姆斯·福克斯（Charles James Fox）和财政专员格雷·库珀（Grey Cooper）爵士，抗议他们的出口受到国外限制的损害，而英国的低关税却让进口源源不断。新近重新开放的边境的诱惑也使他焦虑不安，促使他写了第二本小册子——《写给陶器厂工人关于为外国制造商服务的问题》。“自由”也有它的局限性：这是一个危言耸听的市场，充斥着移民、传染病、破产和美国灾难的恐怖故事，还有在法国生活的种种危险、济贫法的缺失、回家的艰难。更糟糕的是，他提出用 50 基尼来换取那些试图收买当地工人的信息——在草案中有一段后来被划掉的内容，建议建立一个国家情报网络。[3] 他还向瓦特建议，制造商们可以联合起来组成一个协会，以防止移民，并对政府施加压力，要求他们代表新崛起的强大阶层的利益。

困难之一是，制造商在议会中几乎没有发言权。到目前为止，许多实业家都避开了政治，他们发现摆脱党派关系更适合自己。奇怪的是，除了个别例外，他们对改革漠不关心，但不可避免的是，他们开始被拉进公共领域。例如，博尔顿和塞缪尔·加贝特都是 1783 年 9 月在伯明翰成立的一个综合商务委员会的领导人，该委员会旨在反对废除针对黄铜出口的法律的计划，但同时也负责保护当地利益。另一个问题是，首先，政府本身就处于混乱之中。美国战争结束后不久，几乎是承认帝国的重新定位从西到东，福克斯带来了一个非常需要的法案来重塑东印度公司，它受到腐败和暴力的困扰。在反对者看来，福克斯提议的“委任状”就像是给孩子们的工作，是为辉格党捞钱的捷径。当法案在下议院通过后，威廉·皮特和国王（他讨厌福克斯）聚在一起，当法案到达上议院时，国王的一封公开信谴责法案的支持者是他的敌人。福克斯输了，联盟被击败，第二天早上皮特当上了首相。

在 1784 年 4 月的大选中，皮特确认了他的胜利。博尔顿为乔 392
治国王写了一篇热情洋溢的忠诚演说，但像大多数制造商一样，他寄希望于 24 岁的皮特。但皮特面临着可怕的国家债务，他希望通过增加税收、削减开支和使贸易限制合理化来缓解债务。令制造商们吃惊的是，他似乎对他们的利益一无所知：他最初的提议之一就是对原材料征税，尤其是染色棉和亚麻。制造商必须取得新的执照，采掘工可以日夜进入工厂，要求提供详细资料，如果拖欠款项就会被没收机器。棉花利益集团对这种“浮夸的税收”感到震惊，并呼吁其他行业提供支持。博尔顿愤怒地对切奇沃特的矿主托马斯·威尔逊吼道：“让税收建立在奢侈品、恶习上，如果你喜欢还可以对财产征税；要对获得的财富和支出征税，而不是对获得财富的手段征税——千万不要试图去切开生金蛋的母鸡。”[4]

皮特亲自会见了最直言不讳的制造商，其中包括博尔顿。博尔顿很快就意识到“我们年轻的部长”没有在听他说话，并很快承诺将采取更多令人讨厌的措施。[5]他是对的。皮特无视反对力量，他与都柏林新议会的商业协议提案激起了更多的反对。他的“爱尔兰决议”是一项真心实意的措施，旨在通过废除旧的保护性规定来治愈创伤、缓解紧张局势并激发民众对王室的忠诚。但对英国制造商而言（皮特的反对者，包括福克斯、谢菲尔德勋爵和前辉格党贸易专员威廉·伊登，巧妙地操纵了这一制度），这看起来像是英国向爱尔兰的进口必须支付关税，但爱尔兰的货物却是免费的。棉花纺纱厂、制陶厂和制铁厂联合起来反对条约，并在其他行业拉拢支持。

韦奇伍德出面组织了这次活动。他认为，他们需要的是一个全国性的组织（一种有趣的不同于早期激进活动的组织形式）。在冰冷的 1785 年 2 月，他与博尔顿取得联系，前往伯明翰回家，加贝特和其他人：“我的意思是向他们推荐一个由英格兰和苏格兰所有主要工厂和地区的代表组成的委员会，在爱尔兰商业事务悬而未决
393 的时候，在伦敦坐下来开会。”[6] 慢慢地，英国制造商的总商会成立了。甚至瓦特也勉勉强强地参与进来，写了一篇关于钢铁贸易的文章。

今年，韦奇伍德在伦敦待了几个月。在英国商业的事业中，人们援引了过去的理性之神，“你很清楚”，他在五一节那天不耐烦地写信给博尔顿，“我们必须处理不合理的房子、不合理的人、不合理的主张”。他失望的部分原因是制造商本身的胆怯，害怕政府，并受制于他们的顾客。钢铁老板们深信他们要完蛋了，答应要来开会，但一个也没来：

这个镇上的主要手套制造商与政府有合约，所以他不能来。纽扣商为国王陛下做纽扣，所以他被牢牢地绑在他陛下大臣的纽扣孔上。简而言之，这位部长发现自己身上有如此多的纽扣和漏洞，以

至于几乎没有几家主要的制造商能够自由地为国家服务……

另一个愤怒的原因是琐碎的细节问题。当时和现在一样，委员会在细节上陷入困境。韦奇伍德告诉普里斯特利，下议院的辩论似乎没完没了。然而，这场运动的激烈程度令政府感到震惊：60份请愿书淹没了威斯敏斯特，如此多的修正案被提上议程，以至于尽管这个残破的法案在伦敦的两院都获得了通过，但在都柏林，它的优势太过微小，以至于它实际上不得不被放弃。韦奇伍德疲惫不堪，但觉得自己赢了。他难得地休了个假，整个8月都在德比郡游玩。

韦奇伍德的立场一直很奇怪，这与他公开宣称的自由贸易信念大相径庭。他相信了反对党那些危言耸听的谣言，把他的大量存在抛在了一项不值得的、狭隘的措施后面。包括埃奇沃思在内的爱尔兰人认为，他们迫切需要培育自己不断增长的产业，避免陷入困境。封锁开始了，人们情绪高涨。1784年，一位都柏林商人因违反英国货物进口禁令而被涂上柏油和插上羽毛。韦奇伍德试图向埃奇沃思解释他的信念，即与英国完全合并将是一个比保护性关税更好的选择。但他说，在政治中，就像在宗教中一样，几乎没有两个有思想的人，在所有事情上都有完全相同的想法。最重要的是“同 394
意我们有差异，同意进行公正的调查和公正的辩论”。[7]韦奇伍德的斗争没有任何公正之处，但他写了很长时间，充满激情地支持自己的观点。

政治是一个问题，专利是另一个问题，尤其是博尔顿和瓦特，他们已经面临了不止一个挑战。1781年，乔纳森·霍恩布洛尔在一位布里斯托尔资本家的支持下，取得了一项可膨胀蒸汽的双缸

“复合”发动机的专利。[8]博尔顿很爽快，不担心任何霍恩布洛尔的东西：

如果我们真的让自己被那个应该被诅咒的家庭所伤害。看在上帝的分上，不要在那头失去片刻的安宁，继续干吧，把发动机建起来，把钱装进我们的口袋。[9]

霍恩布洛尔继续前进，在巴思附近的拉德斯托克煤矿安装了他们的第一个复合发动机。“我要打起精神来了，”瓦特一反常态地吼道，“我要准备应付最坏的情况，不要躺着让人割断我的喉咙——我请求你拿出你的决心，不要在战斗之前就失败。”[10]他们的发动机安装工人詹姆斯·劳（James Law）试图监视拉德斯托克发动机房，但只能从窗户往里勉强看到一眼；瓦特随后前往布里斯托尔，在那里他了解到主要合伙人塔克少校正在巴思。他跟着他到了那里，听说他出去打猎了，最后在村里的酒店里把他逼到了墙角。“一个长着土豆脸、傻乎乎的家伙，一只眼睛的瞳孔上有一道伤疤。简而言之，我不喜欢他的相貌。”[11]少校温文尔雅地答应把这件事告诉他的合伙人，瓦特只好在布里斯托尔报上登了一则关于侵犯他专利权的通知。

恐慌有点滑稽，但瓦特的紧张是对的。不久之前，阿克赖特的梳棉机专利曾遭到质疑，理由是它是无效的，因为晦涩和不完整。“我不喜欢因为没有说明书而搁置专利。”瓦特焦虑地写道，“我为我们自己担心……康沃尔所有的钟都会因我们被打倒而敲响的。”[12]1783年，在更多与阿克赖特的斗争中，利益的划分变得清晰起来。

如果说博尔顿是西米德兰兹郡的国王，阿克赖特就是东米德兰
兹的皇帝。他于1732年出生在普雷斯顿，在尝试纺纱机之前，他
曾做过理发师、秘鲁制造者和旅馆老板。在1769年获得专利后， 395
他开始经商，部分资金由杰德迪亚·斯特拉特和他的合伙人提供。很快，他就变得非常富有，建起了自己的磨坊，并将自己的电动水车和梳棉机授权给他人使用。我们仍然可以在约瑟夫·赖特的精彩肖像画和托马斯·卡莱尔（Thomas Carlyle）的描述中生动地看到他：“一个相貌平平的、几乎是粗鄙的、双颊鼓鼓的、大腹便便的人，带着痛苦的沉思，但却有着丰富的自由消化能力。”[13] 人们普遍认为，作为他财富来源的水动力框架的关键元素是基于其他人的设计，包括刘易斯·保罗和约翰·怀亚特，博尔顿早在20年前就摆脱了贫困。也许正因为如此，再加上阿克赖特大胆地认为他比他们更了解发动机，博尔顿和瓦特很难接受他。当他在1781年失去专利时，博尔顿报告说，所有认识他的人都认为他是“一个暴君，比权贵更专制，他的失望会让他丧命。如果他是一个理智的人，他就不会失去专利了”。[14]

然而，达尔文就住在克伦福德下游，他被工厂的机器迷住了， 396
在他的笔记本里写满了纺纱机和存货架的设计。在《对植物的爱》中，他还为在棉花树下的阿克赖特写了一首赞美诗，并附以详细的注释：

接下来用手指移动铁腕，
宽大的梳理机，形成永恒的线；
缓慢地，用柔软的唇，旋转，
柔嫩的丝线，缠绕在高耸的尖端；

随着速度加快，连续滚动，
留下布匹，向前延伸；
线轴飞舞，转轴闪闪发光；
慢慢地，动起转轮。[15]

他决心要把所有的东西都变成图像，这对任何一个人来说都过分荒谬，后来，拙劣的模仿者们兴高采烈地把梳理转向烹饪：

螺旋槽在平滑的蜿蜒流动中形成，
链条长长，转轴闪闪发光，
慢慢地，动起牛肉。[16]

396 然而，达尔文的热情是真诚的，1785 年 1 月，他请求博尔顿帮助阿克赖特取回梳理机专利。他要求审查 1781 年的案子，认为这个判决不公正。从那以后，阿克赖特对这台机器做了很多改进，“所有这些我都很精通，我自己也可以做更多的改进”。[17] 如果这项专利可以被轻易推翻，博尔顿自己就安全吗？这是一个共同的问题：在阿克赖特的审判中提供证据符合他的利益，也可能带来利润——

你们将来要为棉纺厂制造火力发动机；我从纺羊毛中了解到，它也会增加十倍收益……

尽管你们的发明，通过抽干康沃尔郡的水，为成千上万人提供了工作——阿克赖特先生雇佣了成千上万人——我认为你们应该互相保护，以免人类忘恩负义。他的案子在 2 月 14 日审理，所以时间紧迫。

这些论点很有分量。瓦特同意和达尔文一起去伦敦，不顾严寒。但当他进入证人席时，他的证据被严加防守，几乎毫无用处，而达尔文的口吃给法庭带来了很大的麻烦。尽管如此，在法庭上漫长的一天之后，专利还是判给了阿克赖特。

他的胜利没有持续多久。自 1781 年以来，兰开夏郡的棉花纺纱厂在建筑和机器上花了一大笔钱，雇佣了大约三万人，包括男人、女人和孩子。他们负担不起，以高得令人望而却步的价格成为他的特许经营商，于是在 4 月份申请取消这一决定。雷克斯和阿克莱特对决的重大审判发生在 6 月，达尔文和瓦特再次一路颠簸来到伦敦。争论一直持续到凌晨一点，陪审团做出了有利于王室的裁决。曼彻斯特的一份大报欢呼雀跃，称“老狐狸终于在自己的陷阱里被自己的大胡子困住了”。[18]

9 月，韦奇伍德建议瓦特与阿克赖特会面，讨论所有的专利问题。他们确实见了面，并起草了“法案要点”，但问题仍然存在。[19] 在这个事件中，阿克赖特要求重新审判的请求被拒绝了，国王的法官裁定专利申请被取消。

人们常常认为，专利阻碍了其他发明家的发展，这是正确的。
在这方面，没有人比瓦特更冷酷无情了。例如，1784 年的保护专 397
利就包含了一项特别条款，要求在轮式马车上使用蒸汽，这是威廉·默多克一直在研究的。他已经在雷德鲁斯的客厅里装上了一台三轮小发动机。1776 年，他在特鲁罗国王学院的会议室里，拿着一把火铲、拨火棍和火钳，又做了一个“一圈可以走一两英里”的模型。他甚至在晚上把这只燃烧着火焰的小怪物赶下了一条小巷，吓到了一个当地的牧师，他以为那是魔鬼（尽管特雷维希克发誓说它“像跛脚鸭一样摇摇晃晃”）。[20] 但是瓦特的专利阻碍了默多克的一切发展——再一次，是特雷维希克在 1790 年代，成功地提出了这个想法。

制造商还必须应对来自工业间谍的其他威胁。瓦特从 1779 年起就一直很谨慎，当时他带两位普鲁士游客参观索霍，并带他们回家吃晚饭，结果却得知他们一回去就按照他的设计制造了自己的发动机。多年来，韦奇伍德对间谍活动的恐惧也与日俱增。在 1785 年的一次利奇菲尔德会议上，他报告说，现在已知有“三组间谍”在中部地区活动。[21] 更糟糕的是，博尔顿把 1784 年定居伯明翰的丹麦商人永贝里介绍给了韦奇伍德，尽管他被丹麦政府派去收集情报是一个公开的秘密。5 年后，永贝里离开了这个国家，他的包里被发现塞满了工具、机器、模型甚至是黏土样品的图纸，这些都是他贿赂韦奇伍德的工人得来的。丹麦大使馆为他支付了 300 英镑的保释金，他一拿到钱就逃回家，他的秘密完全值得保释金。

博尔顿经常在保密的好处和合同的价值之间摇摆不定，这次他赌赢了：几年之后，当永贝里成为丹麦的高级官员时，索霍收到了来自国外的最大的发动机订单。他在斯坦男爵那里做了同样的有希望计算。斯坦是普鲁士矿业官员，他在 1787 年混进伦敦一家啤酒厂看瓦特的发动机，后被发现，博尔顿报道给班克斯“他和他的两个助手，带着贿赂和石墨铅笔”。[22] 就像博尔顿悲伤写道的那
398 样：“如果我在对待陌生人的行为中有什么可责备自己的地方，那就是在那些我对我的国家和我自己的责任需要更多保留的事情上太

随便、太不谨慎了。”

博尔顿也确实喜欢展示自己的能力。他喜欢统治。在索霍，至少在外人看来，他看起来像个皇帝。游客名册上有来自戈特堡的伯爵、来自巴黎的学者、来自阿姆斯特丹的商人。孟德斯鸠男爵和圣查曼子爵都参加了这次旅行。“塞尔瓦先生，威尼斯建筑师”和“艾伦·菲茨赫伯特（Allen Fitzherbert）伯爵阁下，驻圣彼得堡的大臣”都坐上了马车。[23] 他还得迎合那些苛刻的赞助人，比如伊丽莎白·蒙塔古，现在她用信件轰炸他，谈论她在波特曼广场的新房子、平板玻璃窗等。“一个哲学家总是嘲笑我把一所房子当作重要的东西，”她有点神经质地写道，但是，“我不是一个哲学家，无论是谁，都倾向于根据事物的体积来考虑问题，我相信，从这个角度来看，我的房子也不是一件小事。”[24] 博尔顿并没有失去调情的能力，也没有失去拉赞助的能力。当他的朋友、针线活艺术家玛丽·林伍德（Mary Linwood）计划在伦敦举办一个刺绣展时，他低声说：“要是我亲爱的林伍德小姐能让我在索霍戴上她的丝绸脚镣……就好了。”然后他成功为她引见，向女王展示了她的作品。[25]

1786 年，博尔顿正忙着向他的大客户炫耀阿尔比恩磨坊。399
1786 年 3 月的盛大开幕典礼将以假面舞会来庆祝，这一传闻让瓦特大吃一惊：“在面粉厂的假面舞会，与公爵、贵族和女士们有什么关系？”他惊恐地问。凡引人注目的事，都当避免：“我们应该知足。”[26] 博尔顿反驳说，他只有三个人，但是当重要的人如伊登、兰斯顿勋爵和彭林勋爵（“想要一个引擎”）、印度董事（“将是我们的客户”）和皇家学会会长想要时，他是不会拒绝的。但是瓦特说的有道理。当博尔顿护送一群人的时候，他突然意识到一位杰出的学者卡伦侯爵失踪了：他是在转动的轮子所在的黑暗洞中被发现的，当时他正忙着用手绢盖住一幅素描。

整个 18 世纪 80 年代，猫捉老鼠的游戏仍在继续。如果制造商能掌握外国的知识或模式，那就是公平的游戏，甚至是爱国。如果其他国家的男人想要得到它们，这些就是“无赖的外国把戏”，必须被制止。有时，利润的动机是令人振奋的开放。约翰·威尔金森的弟弟威廉自 1770 年代起，就在法国经营一家大型铸造厂，甚至在国家处于战争状态时仍在继续这样做——威尔金森家族不会被任何人统治。

大人物们可以做他们自己的权力掮客。1785 年，由于担心生产过剩和蓬勃发展的安格尔西铜矿的价格下跌，博尔顿帮助建立了康沃尔金属公司，承诺每年从康沃尔矿山购买一定的吨位（实际上是生产一座铜矿）。博尔顿没有时间与任何“一群戴着假发、神情严肃、呆头呆脑的委员会先生们”进行冗长乏味的谈判。[27] 相反，他呼吁联合可怕的约翰·威尔金森和安格尔西岛的大亨托马斯·威廉姆斯，他在一个巨大的公共会议上遇到冒险家：“康沃尔人是不会像对待他们那样对待我的。威尔金森先生和威廉斯先生是有才能的人，我很尊敬他们。”[28] 更温和的是，他告诉他的女儿，他毫不怀疑“但我们所进行的革命将拯救康沃尔免于毁灭”。[29]

400 1785 年，所有的月光社商人都以不同的方式在公众面前展示他们的实力。他们也为自己在科学界地位的上升感到高兴：博尔顿、瓦特和威瑟林，然后是基尔和高尔顿，这一年都被选为皇家学会会员。现在，韦奇伍德快乐地接受埃奇沃思的建议，设立一个政治上的贸易禁令，希望它不过是暂时的而是永久的，然后轻松地转向其他领域：温度计、运河驳船，以及他的新的气体柜。气体柜巧妙地将粪便烧成灰烬，并完美地回应“每一种意图都很完美，据我所知，哪怕是最美妙的鼻子也能闻到最不令人讨厌的气味”。[30]

然而到了 1786 年 2 月，当积雪压在树篱上的时候，韦奇伍德已经回到了伦敦，与英国总商会一起制定与法国的新商业条约。在爱尔兰发生小冲突之后，皮特的傲慢变成了谨慎的尊重，他机智地把谈判条约的工作交给了威廉·伊登——他现在改变了立场，担任了一个政府职位。韦奇伍德对最终于 9 月 26 日签署的法国条约感高兴。这是英国利益的胜利，其用语使它成为自由放任经济学的早期地标，甚至是对某种形式的欧洲共同市场的含蓄期待，提供了旅行、居住、商品购买和宗教宽容的平等权利。“通过陆路或海上方式免费，安全地获得通用或特殊的许可证或护照。”[31] 在伯明翰，人们有点乐观地希望，“我们的纽扣能换几瓶香槟”。[32]

11 月，博尔顿和瓦特带马特前往法国，约翰·韦奇伍德和汤姆·拜尔利也一同前往（约翰寄回了博尔顿晕船的生动记述）。伯明翰的人应邀检查了马尔利的一家大型工厂，该工厂从塞纳河向凡尔赛提供饮用水。他们还希望，外交部部长韦根内斯和总审计长卡洛纳现在可能都希望给予他们制造发动机的特别许可。为了使这一过程顺利进行，他们同意建议卡洛纳的兄弟购买在拉沙里泰的铁厂，该铁厂是由伯明翰叛徒迈克尔·阿尔科克于很久以前建立的。

在巴黎，他们受到了部长、科学家和银行家的欢迎，其中包括颇具影响力的德莱塞尔家族。博尔顿对女儿安妮说：“下周我们每 401
天都将非常忙，忙着送信，忙着做各种仪式。”另外，“我今天早上才认识马特。第一次见到他的时候，他的头发梳得跟弗朗索瓦一样，你会对这种变化感到吃惊的，我们今天在德莱塞尔先生家吃饭，他住在富丽堂皇的宫殿里……”[33] 他自己从头到脚都穿着时髦的衣服，手里拿着一把剑。（但瓦特穿的什么呢？）参观的人很多。

虽然他们也没有明确的秩序，卡洛纳自己很快失业了，他们失去了“特权”的希望，但他们的旅行带来收益：瓦特从贝托莱氯漂白的新技术，他传给了他的岳父——格拉斯哥的亚麻制造商。[34] 博尔顿自己很开心，带着另一个商业梦想归来，在索霍铸币。

其他人则对法国条约不那么满意。尽管蓬勃发展的北方纺织厂和工厂希望自由贸易，但服装厂等老行业希望得到保护。韦奇伍德因为改变方针而遭到许多人的嘲笑：先是主张限制爱尔兰，后来又主张与法国进行自由贸易。有关腐败的流言四起，还有对他傲慢的指责。后者是对的。韦奇伍德认为：“一个人能从伦敦的牙刷制造商那里得到一个代表团，就能获得与从伯明翰或曼彻斯特派来的代表同等的投票权，这太可笑了。”[35] 商会很快就四分五裂。

政客和制造商的联盟也让人不安，他们走到一起只是为了实现自己的目标。当谢菲尔德嘲笑伊登与韦奇伍德这样的人突然建立的友谊时，伊登回答说，他知道制造商们“摇摆不定、反复无常”：那些得到的人是害羞的、狡猾的、舒适的、沉默的，那些得不到的人是虚伪的、阴沉的、多疑的；而那些不是输了就是认为自己可能输的人，都是些吵闹的、荒唐的、不怀好意的家伙。[36] 设立共同的目标有很长的路要走。当瓦特在 1787 年告诉一个法国通讯员，“我们有土地的绅士们”认为“我们这些可怜的机械师不比那些种植葡萄园的奴隶强多少”，他大概是对的。[37] 但在它短暂的生命中，总商会展现出了前所未有的工业力量，并发展出了组织和游说的方法，为下一个世纪树立了榜样。

402 这种实力的展示引发了舆论的骚动，尤其是在那些有着老牌既得利益集团的群体中。当制衣商想要保护他们失败的生意时，他们提出了一项法案来阻止羊毛的出口，农民们非常愤怒。正如亚瑟·杨和其他人所看到的那样，这使得手工制造业直接与农业相抵触。这时，又听到了一个来自月光社的声音，那是托马斯·戴的声音。在《给亚瑟·杨的信》中，他对工业带来的进步赞不绝口。“什么沼泽被抽干了，”他喊道，“什么干旱的沙漠被开垦了，什么动物的增加，幸福和人口的增加！”[38]但他现在觉得，商业已经变得目中无人、粗野而不可阻挡，“我担心，在它的最后阶段，它容易变成一股不受影响的洪流，在它的过程中威胁，毁灭，带走自由、公共精神和一切男子气概的美德”。[39]夸张统治着：制造商正在把农民变成奴隶，不比利物浦商人有感情。他们正在规划未来的战线。“制造商”，他以激情而非准确写道：

组成一个有秩序、镇定自若的团体，紧密团结在共同利益的标准下，随时准备从敌人的疏忽中得益，以改进一切有利条件，虽然经常被击退，但仍要继续冲锋。相反，他们的对手虽然人数众多、势力强大、影响巨大，但似乎没有能力组成联盟或组织。[40]

戴的世界末日的爆发是可怕的。但是，像往常一样，他是先驱者。在未来的岁月里，许多人会和他一样，对这片绿色、宜人的土地上行进的新兴、不断增长的工业强国的强大方阵感到恐惧和痛恶。

34 家庭与情感

苏珊娜·韦奇伍德

403 月光社的各种友谊已经延续了许多年。在给博尔顿的信中，达尔文公正地提到了“我们之间长久而古老的友谊的真正精神；我敢说，任何一方都不会停止，直到我们的思想大厦腐烂分解”。[1]距离对他们的感情影响不大，他们的感情是由工作伙伴关系、共同的兴趣和竞争构成的。他们的孩子使他们更加亲近。马特·博尔顿、詹姆斯和格雷戈里·瓦特，以及韦奇伍德和普里斯特利的孩子们开始互相了解。埃奇沃思家的姑娘们留在了韦奇伍德家和基尔家，韦奇伍德和达尔文夫妇变得比以前更亲密了。“达尔文夫人说，她听说你们全家会一起出城，就像一个商队一起去麦加，”医生写道，“因此，我们希望你将在德比有一个休息的地方，修正你们自己和骆驼，之后再启程去奇德尔和尤托克西特燃烧的沙漠。”[2]

22岁时，苏姬·韦奇伍德（现在叫苏珊娜或苏珊，与她的年龄相称）敦促韦奇伍德与达尔文同乘一辆马车去伦敦。“想想看，你一路上和医生在一起该有多幸福！！这么多话题。”[3]她经常住在德比，而波尔家的姑娘们则和家人一起去伦敦。她是一个八卦的好来源，向家里报告伊丽莎白·达尔文有多累，以及她是如何宣布在这个之后她将不再生孩子的。苏珊甚至试图教达尔文音乐。他喜欢它，也喜欢她。“你的勋章我还没见过，”他向韦奇伍德坦白道，404
“上面覆盖着那么多层层叠叠的帽子和褶边，韦奇伍德小姐被卷入了一场纸牌聚会，被人们看见，又像流星一样不见了。”[4]看着罗伯特·达尔文和苏珊在一起，父亲们集思广益，制订计划。

1786年，达尔文和伊丽莎白又有了一个儿子——弗朗西斯。这个活泼淘气的男孩后来成为许多家庭冒险活动的中心人物。在爱尔兰，埃奇沃思夫妇也有了一个新生儿，名叫查尔斯。但是那些大一点的孩子们，现在已经快长大了，也被父母们惦记着——似乎离“埃特鲁里亚的学校”的日子已经过去很久了，一些月光社人现在正逼迫他们的儿子们跟随他们的脚步，也许是太用力了。在高大的达尔文兄弟中（两人都超过六英尺高），伊拉斯谟在德比过着律师的生活，而过去三年在爱丁堡和莱顿度过的罗伯特，现在在什鲁斯伯里当医生，他立即获得了成功、病人、金钱和重要度。为此，达 405
尔文确信，罗伯特发表在《哲学汇刊》的论文“眼部光谱”（与达尔文本人的著作和高尔顿的著作有可疑的相似之处），成功帮助他在1787年11月当选英国皇家学会会员——三个支持罗伯特的签名为约西亚·韦奇伍德、马修·博尔顿和詹姆斯·瓦特。

这三个人也在为他们的孩子谋划。约翰·韦奇伍德现在20岁了，在爱丁堡待了一年——1787年，乔斯和汤姆跟着他。但是没

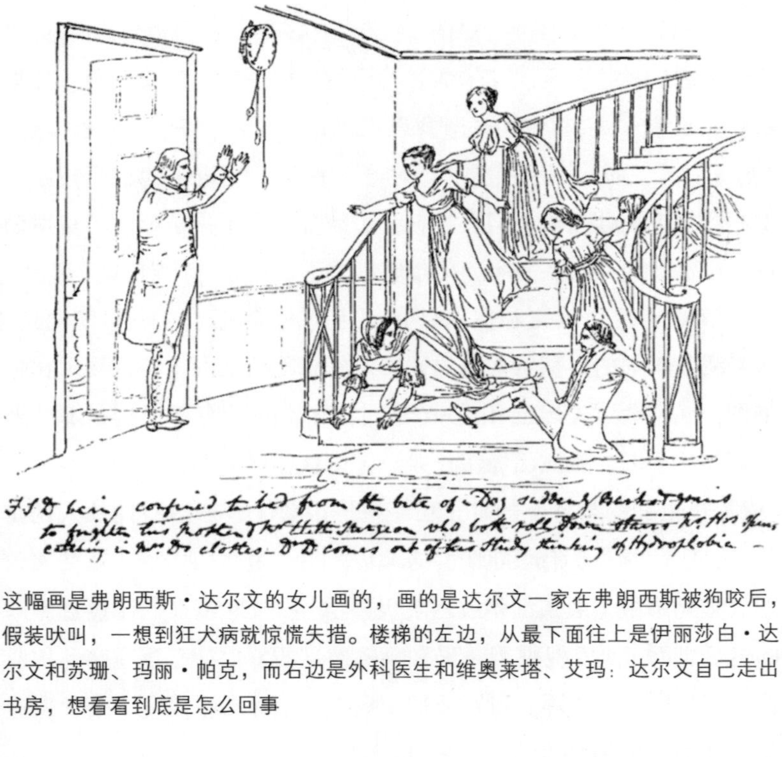

这幅画是弗朗西斯·达尔文的女儿画的，画的是达尔文一家在弗朗西斯被狗咬后，假装吠叫，一想到狂犬病就惊慌失措。楼梯的左边，从最下面往上是伊丽莎白·达尔文和苏珊、玛丽·帕克，而右边是外科医生和维奥莱塔、艾玛：达尔文自己走出书房，想看看到底是怎么回事

有一个男孩喜欢这个城市，他们抱怨那里的肮脏、荒野、狂风、冒烟的烟囱、平庸的戏剧和集会。[5]1787年，约翰被派往法国，然后又被派往瑞士和意大利，为埃特鲁里亚收集想法。他充分利用了父亲的人脉，在那不勒斯受到威廉·汉密尔顿爵士彬彬有礼的欢迎——他真正喜欢的是社交生活，而不是商业机会。

博尔顿和瓦特还希望他们的儿子在外表上完全是欧洲人，精通法语和德语。15岁时，詹姆斯·瓦特被送往国外，这在一定程度上是为了缓解家庭紧张：自从他和安妮生下孩子后，瓦特第一次婚姻所生的儿子和女儿一直受到冷遇。瓦特拒绝参加玛格丽特在苏格兰举行的婚礼，认为詹姆斯来看她是多愁善感。[6]詹姆斯自己一直是安妮批评的对象，也是瓦特对工作和世界苦难的加尔文主义强调的对象。瓦特在威尔金森的铸造厂学习了两年木工和机械制图之后，似乎已经放弃了成为一名优秀工程师的希望。1784年末，他去了日内瓦（年轻的约瑟夫·普里斯特利已经在那里了），在德·吕克的指导下学习几何、代数和绘画。即使在这里，瓦特也指责他，因他认为伟大的索绪尔的演讲是“夸夸其谈”，因为他读了太多的小说，去了太多的剧院，并建议他“注意不要养成吃好东西的习惯”，而安妮则用对比来嘲笑他。约瑟夫·普里斯特利成功地归来，且没有变成一个花花公子，“他没有给理发师和美发师的发粉和香水付很多钱”。她嗤之以鼻。[7]詹姆斯很快出发了，先是到德国北部的施塔特菲尔德学习德语和数学，然后到弗赖堡学习矿物学，最后在1787年回国，受到了冷遇。安妮明确表示她不希望他 406
待在家里。他能在伦敦的阿尔比恩工厂找到一份工作吗？相反，他在曼彻斯特一家白棉布制衣印刷公司当学徒。不久，他陷入了债务，他衷心请求了博尔顿，而不是他的父亲：“他自己从来没有做过年轻人，所以对我一生中不可避免的花费是不了解的，因为一个人必须要有好朋友做伴，而且他也不希望自己的行为与其他年轻人完全不同。”[8] 博尔顿立刻给了他 50 英镑，并给了他一个伯父般的简短演讲。

1780 年代末，马特·博尔顿跟随詹姆斯来到德国。但是在 1787 年，17 岁的马特在法国。在他父亲访问巴黎之后，他住在巴黎，先是在凡尔赛宫请了一位家庭教师，后来又在首都巴黎学习法国科学，这让他很高兴，阅读伏尔泰和范妮·伯尼的著作，并把法国纽扣制造商的报告寄回家。博尔顿比瓦特更宽容，马特喜欢读小说，喜欢卷头发，喜欢给他写信，心里饱含鼓励、温柔和期待。然而，即使是在巴黎令人分心的时候，博尔顿还是希望他勤于动手。他写道：“一个人永远也不能成为化学家，除非他在做实验的时候，甚至在研磨，或者吹风箱的时候，都能获得灵巧和整洁。”这教会了他一些基本的美德：“在实验室、在工厂、在账房，清晰、有序、规律、整洁、准确和干净是必不可少的。”[9]

有一段时间，达尔文、博尔顿、瓦特和韦奇伍德可以专注于他们的私人生活。但就在他们这么做的时候，另一个月光社小组的成员约瑟夫·普里斯特利被推到了聚光灯下，这一次的问题不是科学或贸易，而是宗教、政治和普里斯特利的整个世界观。自 1780 年以来，他在伯明翰赢得了牧师的名声，他的会众每年都在增加。书商威廉·赫顿的女儿凯瑟琳·赫顿也加入了进来，并对他产生了感情。她对一位朋友说：“我认为他作为一个传教士，性格和蔼可亲，还是一个伟大的哲学家。”

在讲道坛上，他很温和、有说服力、不受外界影响，他的布道充满了良好的推理和健全的感觉。他不是所谓的演说家；他没有行动，没有言辞；但他的声音和举止就像一个朋友对另一个朋友说话 407
一样。[10]

并不是伯明翰的每个人都认为他的举止是合理的。圣公会教徒越来越担心城中异教徒的力量——一神论者、贵格会教徒、卫理公会教徒和浸信会教徒。事后看来，这是一个需要圆滑处事的时期，而这是普里斯特利所不知道的。他来了不到一年就开始行动了。他建立了三种主日学校，就像他在利兹所做的那样：一种供 14 岁以下的儿童，另一种供较大的儿童，第三种供年轻人。他不仅教授异教徒道义，还教授识字、历史、化学。从 1784 年起，主日学校迅速发展成为地方教派间的运动。如果这些学校面向的是劳动人口，那么他的下一步行动——重组图书馆——就是中产阶级的冒险。它成立于 1779 年，当普里斯特利到达这里时，它只是橱柜里的一小堆书，每天开放一小时，供一个小圈子使用，这个小圈子的人很富裕，能够支付会员费和每年六先令的年费。普里斯特利制订了一些规则（同样是基于他在利兹的经历，他在那里建立了一个公共图书馆），并在《阿里斯的伯明翰公报》上刊登了它的存在。他们找到了一个合适的图书室，延长了开放时间，还雇了一名图书管理员。接下来，“一些会员提议成立一个独立的社团，购买科学书籍，尤其是那一类的外国出版物”。[11]

普里斯特利从来没有为自己买书投过票，总是为对手买书，但他就是无法避免无休的争吵。到目前为止，他已经是一位全国知名的人物，既是一位科学家，也是一位备受争议的神学家。传言始于他 1782 年写的《基督教堕落史》，当时他故意与霍斯利副主教作对，霍斯利是牛顿著作的编辑，后来成为圣戴维斯的主教。（这成了一个流传已久的笑话：任何有抱负的牧师只要与普里斯特利较量，他们就能得到一顶冠冕。）问题的一部分是普里斯特利高度个人化的千禧年观点，他认为进步必须借助于“特殊的天意”，即直接的神干预的可能性。世界命运的这种戏剧性变化很可能伴随着明显的随机苦难、戏剧性事件和灾难。

408 1785 年 11 月 5 日，正是在这种情绪下，火药阴谋[1]的周年纪念日，普里斯特利举行了一场布道，出版了一个小册子，内容是自由探索的重要性和范围。他的主题实际上是一神论教会的缓慢发展，他认为该教派的支持者不应该气馁：

> 我们就好像是把火药，一粒一粒地放在错误和迷信的古老建筑下面，一颗火星以后就可能燃烧起来，引起瞬间的爆炸；因此，那座多年建造的大厦，可能在顷刻之间就被推翻，而且效果之好，再也不能在原来的地基上建造了……

普里斯特利谨慎地强调他的方法是渐进主义的：“在这种革命的时机成熟之前，期待它是荒谬的，尝试它也是徒劳的。”但伤害已经造成了：“瞬间爆炸”和“革命”这两个词相隔几行就足以给他贴上起义者的标签。他故意选择了这样的话，不顾像韦奇伍德这样的朋友让他去掉“火药”的建议。从现在起，他的绰号是“火药乔”。（奇怪的是，这个绰号实际上应该是“火药安托万”·拉瓦锡，他多年来一直担任火药管理局局长，他的改进使法国的弹药远远领

[1] 1605 年，英国天主教徒在国会地下室放置炸药企图炸死国王的阴谋。

先于美国战争中的英国。)

在普里斯特利的煽动性布道之后，他的对手们迅速行动了。他多年来一直在使用这样的修辞，只要回顾一下他 20 年前的“气泵”比喻，就很容易从他的作品中摘录来展示他的颠覆思想。他们听到了威胁，暗示由于他和西奥菲勒斯·林赛的会议室没有得到适当的许可，可能会被关闭。在此期间，霍斯利副主教不祥地写道，人们可以相信“伯明翰这个好城市的交易和地方法官的明智的默许”，尽管到目前为止他还是睁一只眼闭一只眼，“把普里斯特利博士的好计划扼杀在萌芽之中”，以免它们成熟而产生危险的后果。[12]

然后是一段相对平静的时期。在 1786 年，没有一个人完全放松下来，但他们觉得可以回到正常的生活。尽管围绕着他的争论沸沸扬扬，普里斯特利还是出版了他的《实验与观察》第六卷，也是最后一卷。在去伦敦的旅途中，韦奇伍德重拾艺术，被波特兰花瓶迷住了。达尔文笔记本上的纺纱机之后是一系列灯饰设计，他在润色《植物的科》，继续打磨《对植物的爱》，阿克赖特的“铁腕”等。今年，虽然博尔顿在跟进阿尔比恩磨坊，但他的日记里还是穿插着月光社会议：3 月 15 日星期一在瓦特家（以一个小月牙形标记）；5 月 15 日在高尔顿家；6 月 12 日在斯托克斯医生家。[13]1786 年圣诞节前夕，韦奇伍德写信给埃奇沃思，再次友好地讨论起钴和陶瓷的馅饼碟（事实证明，埃奇沃思的这一建议经久不衰，因为做糕点用的面粉短缺，增加了饼皮状的陶瓷盖的吸引力）。据他报道，他在爱尔兰贸易条约运动中留下的唯一损害是，他在都柏林的代理人拒绝再购买他的任何“该死的东西”，因为一位爱尔兰勋爵发誓，如果有任何东西落在这个国家，他会亲自把它砸个粉碎。[14] 409

在他们所有的活动下面，地面在摇晃。伯明翰的普里斯特利点燃的导火线燃烧得很慢，但却很稳定。知识的各个方面都开始带上政治色彩，甚至语言本身也不一样：约瑟夫·斯彭斯（Joseph Spence）主张改革字母表，使“劳动人民”更容易拼写；霍恩·图克（Horne Tooke）讨论了语言的演变，无视“平民”和“精英”之间的分歧。[15] 月光社人——尤其是普里斯特利和达尔文——也从事这一事业。

普里斯特利的第一个挑战来自语言、书籍和教育领域。1787年，在伯明翰，一场风暴席卷了图书馆里关于神学争论的书籍，另一场风暴席卷了主日学校的运作。争论的时间不是随机选定的。这一年，英国下议院首次提出动议，废除禁止异教徒担任公职和进入大学的《公司法》和《判例法》。普里斯特利去下议院听辩论，并直接与皮特通信。这项动议被否决了，但它无法阻止改革的动力。随着时间一个月一个月地过去，爱尔兰的动乱也越来越明显地在阴暗角落里酝酿着，而法国，其魅力一直诱惑着博尔顿，魅力之下的麻烦却远远超过了条约和贸易。

410 改革者们日益高涨的热情反映出，情感政治已经渗透到英国生活的方方面面。在安宁斯利和《桑福德与墨顿》都能看到戴在行善，在他帮助孤儿、“堕落的妇女”、囚犯或新发现的殖民地上的无辜土著人的无数努力中，都可以看到这种精神。[16] 卢梭和其他欧洲作家的影响，被从印度和其他地方带回的东方哲学所影响：动物有灵魂，甚至原子也有感觉。从17世纪中叶开始，动物成了人们同情的对象：巴尔博尔德太太在很久以前，就为她的朋友普里斯特利在空中做实验时被关在笼子里的老鼠感到孤独而悲伤，甚至在她的诗里也有一只虫子在呼唤呵护：

谨慎，以免小虫你被咬碎，
一个兄弟的灵魂，被你发现；
为你不幸颤抖的手，
驱逐志趣相投的人。[17]

这样的情绪在很多讽刺作家身上都能找到，但很少有人怀疑感性是文明的标志。在哥特小说中，脆弱的女主人公面对无望的命运时，情感的洪流奔涌而出，在从过去拯救出来的古老歌谣中重新流淌。从彭斯的诗歌到达尔文的朋友罗伯特·贝奇的小说，新作家从各省涌现出来，他们的笔调常常很激进，这些作品不可避免地带有对贵族骄傲的嘲讽。[18]但比掠夺乡村的纯真更重要的是对人类的剥削。情感政治与贸易政治在一个新点燃的问题上发生了最激烈的冲突，这个问题就是奴隶制。从1773年戴的《垂死的黑人》起，这场运动就由韦斯利关于奴隶制的衷心的思想推动着；根据亚当·斯密的简短论述，自由劳动力最终会变得更便宜；1781年发生了骇人听闻的宗号船大屠杀，船主将132名生病的奴隶抛下船外，并要求保险赔偿，理由是他的行为属于“弃船救船”的范围。在法庭上，曼斯菲尔德勋爵同意了，他把奴隶的命运比作马匹的命运。

对高贵的野蛮人的崇拜把奴隶的形象理想化了，奴隶从非洲的 411
土地上被扯了下来，潮水般的同情与对奴隶被剥夺的自然权利的不满交织在一起。用普里斯特利的话来说，奴隶制把人变成了畜生，“以致他们被剥夺了理性本性的所有优势”。[20]在美国战争期间和之后，这一运动发展壮大。1783年，贵格会向国会提交了一份废奴主义者的请愿书。四年后，镇压奴隶贸易协会成立，加入了伦敦贵格会委员会，成员包括长期的废奴主义者如格兰维尔·夏普、强大的圣公会成员托马斯·克拉克森（Thomas Clarkson）和西部骑士团议员威廉·威尔伯福斯（William Wilberforce），威廉也是皮特的亲密伙伴。

韦奇伍德成为委员会成员，在斯塔福德协助起草一份请愿书。他给瓦特写信说："我认为你和我在奴隶贸易问题上的立场是一致的，这是理所当然的。我已经和我的弟兄们一起向制陶厂提出了废除它的请愿书，因为我不喜欢在这种肮脏的事情上采取折中办法。"[21] 他求助的人之一是安娜·苏厄德，她对大自然的困境感到震惊，但对奴隶的命运却充满了保留意见。她的一个论点是，废除奴隶制度会损害西印度群岛的商业，而另一个论点是，奴隶只会更换他们的主人，把他们的自由劳动力交给外国竞争对手。韦奇伍德承认，这场运动中已经出现了一些分歧，有些人想废除，有些人只想规范贸易。但是，即使是一个主人的改变"也将是一件大事"。西班牙的制度允许奴隶为自由而工作，至少这给了他们一些希望。他恳求道："让我们把这种清查的状态与一个西印度奴隶的绝望做一下对比吧。西印度奴隶在几年的时间里由于过度的不间断劳动而耗尽生命，这是大家都知道的，也是经过精心计算的必然结果。"[22] 他忍不住告诉她，"据我所知，这种不人道的交通方式给我们的数百万同胞带来了无尽的痛苦"。安娜被说服了。

韦奇伍德不知疲倦地推动着这项事业，运用了他所有的游说技巧、广泛的人脉、对广告和宣传的卓越把握。他请哈克伍德为协会制作一个印章模型，上面画着一个跪着的黑人奴隶举起双手恳

求，上面刻着："我不是一个人，一个兄弟吗？"韦奇伍德给费城 412
的富兰克林寄去了一个邮包，他很高兴能与这位老人再次为共同的事业而奋斗，并把个人的事业与更广泛的斗争联系起来：

这将是一个未知世界之前的时代，当我们的数百万同胞立即得到解脱，成为解脱的对象时，自由的主题将在开明的民族中得到更多的讨论和更好的理解。[23]

数以百计的浮雕被制作出来，成为流行的符号，就像今天人们为某项事业佩戴的丝带。男人把它们作为衬衫别针和外套纽扣来展示，或者把它们放在鼻烟壶盖上拿着，女人把它们当作手镯、胸针和装饰性的发夹。很快，克拉克森意识到，他们无处不在；这一次，时尚促进了正义和人性。妇女们将会徽做成针线活出售以筹集资金，后来还设计了她们自己的徽章——"我难道不是奴隶和姐妹吗？"[24]

韦奇伍德全身心地投入到这项新的事业中，到1788年的夏天，他已经疲惫不堪。他失去的腿一阵阵地疼，眼睛也痛——总而言之，他觉得自己的阳刚之气减弱很多，当达尔文建议月缬草治疗他的眼睛时，他开玩笑地赞同这种古老的草药疗法，指出"它可以使动物纤维变硬，这正是你所知道的衰老的本质"。[25]达尔文是韦奇伍德反奴隶运动的同盟，就像20年前争夺运河一样。当时的推动力是物质的，是贸易和地区繁荣的问题；现在它是感性的和人道主义的，但说服的技巧却大同小异——引导公众舆论，攻击议会，改变人们的想法。达尔文建议重印笛福的《雅克上校的生活》，这本书早在1722年就谴责了这种贸易，并把韦奇伍德的奖章放进了他的《植物园》：

听，哦不列颠！强大的群岛女王，
美丽的艺术，温顺的宗教，
你那诡计多端的儿子是怎样侵入非洲海岸的？
谋杀、掠夺、盗窃——这都叫贸易！
奴隶，戴着镣铐，跪着哀求，
张开他宽大的双臂，抬起眼睛望着你；
饥寒交迫，遍体鳞伤，
“我们不是兄弟吗？”悲哀被扼住；
空气！把你蔚蓝的洪水带到天堂，
他们的无辜的哭泣！——地球！不要掩盖他们的鲜血！[26]

413 韦奇伍德对美国肉桂的描绘也体现了奴隶制。肉桂的种子被大西洋彼岸的墨西哥湾流带到东方，而奴隶们则被带到相反的方向。尽管他的诉求针对的是拥有“拯救权力”的立法者，但他的诉求也针对的是所有从事甚至支持这种交易的人：“他允许压迫，但他也犯了罪。”[27]达尔文被他所了解到的震惊了。“我刚听说，”他写信给韦奇伍德，“伯明翰为我们岛上的奴隶制制造了封锁言论的工具。如果这是真的，而且下议院的一位发言人可以展示这样一件工具，它就可能会有巨大的影响。”[28]

正如他的笔记所显示的，在伯明翰，人们的感觉更加模棱两可。在曼彻斯特的领导下，这个小镇很快就有了自己的反奴隶制委员会，普里斯特利是主要成员之一。这个委员会宣称，尽管当地人支持商业利益，但他们反对“任何总是起源于暴力、往往以残忍告

韦奇伍德奴隶解放奖章，黄色水苍玉上的黑色纹路，
由威廉·哈克伍德于 1787 年制

终的商业”。[29] 对于废除这项制度的抵抗很强烈。不像布里斯托尔或是利物浦的大港口，伯明翰虽然并没有直接参与这项交易，但仍然非常依赖这项交易。主要的制造商甚至向议会请愿反对废除奴隶
414 制，声称他们的大部分产品“适应并处理了非洲贸易，无法在任何其他市场销售；有几千人受雇于这样的公司，并由这样的公司维持着”。[30] 甚至高尔顿也卖枪支到非洲。

高尔顿、博尔顿和普里斯特利都加入了代表团，欢迎奥劳达·艾奎诺（Olaudah Equiano），当他 1789 年到伯明翰演讲时，他的自传是反奴隶制运动的焦点。但博尔顿的思想并不高明，几年前他一直乐意与三个种植园吃饭，他们“希望看到蒸汽代替马”，其中包括一个“非常和蔼可亲的人，每年有 1 万到 1.2 万英镑收入”，拥有牙买加最大种植园的臭名昭著的彭南特，他把自己的糖业财富投资到北威尔士的板岩采石场。[31] 埃奎诺的来访几乎不像是大马士革公路的改道：一年后，博尔顿和瓦特与利物浦的奴隶贩子约翰·道森（John Dawson）通信时，对于为特立尼达提供发动机一事，没有丝毫疑虑。[32] 下议院中强大的利益集团，在国王本人的支持下，阻止了废奴主义者的道路。他们的第一个法案被彻底击败，尽管威尔伯福斯和他的盟友们年复一年地斗争，但直到将近 20 年后，英国的奴隶贸易才最终被禁止。

尽管遭遇种种挫折，但人人都在谈论权利和自由。月光社人对自己的孩子很乐观，对自己的工作充满了计划，他们信心十足。表面上看，已经建立起来的秩序在改革情绪的浪潮面前开始暂时屈服了。但并非总是如此。1787 年 4 月，苏姬·韦奇伍德从伦敦写信回来，高兴地报告说，他们的熟人克莱夫夫人不仅对韦奇伍德的贸

易和改革政策不满，而且：

她对你还有另一项指控——你的宗教原则不可能是正确的，否则你就不会认识像达尔文这样的人！！至于夫人，如果世界上再没有别的医生，她宁死也不听他的劝告。[33]

35 大工程

观看韦奇伍德的波特兰花瓶复制品的门票，1790 年

415 月光社人不断地交谈、通信和合作。但他们从来不是一个单一的单位，滚成一个球，朝着单一的目标前进。他们走在各自的路上。五十多岁的达尔文、博尔顿和韦奇伍德各自都有一项心爱的冒险：对达尔文来说，是植物园；对博尔顿来说，是新的索霍铸币厂；对韦奇伍德来说，是波特兰花瓶。每一个项目都很有远见，每个人都展现了人的本性，每一种艺术都融合了技术、技巧和材料、历史和进步的不同观点，融合了诗人的语言和艺术家的技巧。

一开始，索霍铸币厂的想法听起来像是自我嘲弄——到目前为止，这位伟大的、永远负债累累的企业家还能去哪儿呢？答案是，通过造钱来赚钱。[1] 博尔顿再一次发现了市场的空白，这是他的新蒸汽动力的又一个黄金机会。制造硬币将结合博尔顿瓦特公司的蒸汽技术和索霍的老式金属工艺，并利用可怕的康沃尔铜山。（由于生产过剩，矿山再次面临关闭的威胁，在不可避免的骚乱中，博尔顿发现自己成了替罪羊。）设计硬币需要雕刻家和雕刻师的技艺，之后一吨又一吨地把它们倒出来，就会显示出机器动力的优点。更棒的是，在博尔顿看来，这次冒险是“爱国”的，甚至是慈善的，可以预防犯罪，挽救潜在的罪犯。

的确，英国的货币处于混乱之中。随着工业的扩张和工资的提 416
高，人们迫切需要零钱。皇家铸币厂仍在使用重型螺旋压铸机，需要两个人来拉杠杆末端的重球，并在每一次压铸机的震动中锤下一枚硬币。造币厂缓慢地、嘎吱嘎吱地把金币和银币一枚一枚地印好。过去30年里，铜的唯一发行量是1770年少得可怜的半便士，连银也很稀少。在一些每周工资以先令为单位的地方，雇主有时不得不让四五个人一起去商店或酒吧花一英镑。

伪造不可避免，尤其是在伯明翰，那里有熟练的金属工人。如果一台机器可以做出一个压印的纽扣，那么它显然也可以做出一枚硬币。到18世纪80年代末，当他在收费站叮当作响地找零钱时，博尔顿估计有2/3的铜币是假的。[2] 作为一名有着巨额工资账单的商人，多年来他一直对小硬币的短缺感到担忧，他建议议会应紧急关注这种货币，并在瓦特第一次来到索霍时，他就与瓦特讨论过将蒸汽用于铸币。20年后，他又有了这个想法。他不断地提出新想法——在轴承座上钉一枚硬币来固定直径，使厚度标准化，使边缘凸起，形成斜角以防止磨损——但即使他自己铸造基尼币来证明索霍的能力，威斯敏斯特也没有人会反对。

1786年，他为东印度公司铸造了100吨的铜币。当他和瓦特在巴黎时，他们参观了铸币厂，并注意到奖牌获得者让·皮埃尔·德罗兹提出的一些先进思想，但没有被法国政府采纳。这些包括一个连接的轴承座，可以在打击时固定硬币，并允许边缘被刻上铭文。回到家后，博尔顿再次来到政府，组织请愿活动。他所做的只是建立了一个繁琐的枢密院委员会，这个委员会花了 3 年时间来思考这个问题，最后提出的建议从未得到执行。但博尔顿给他们留下了深刻的印象：在 1788 年 1 月他提供证据后，他被要求提交新的半便士图案。[3] 起初，他让德罗兹在巴黎的制造商制作了这个模型，然后自己把德罗兹带了过来（这正是英国制造商在英吉利海峡
417 的贸易转向相反方向时所热衷的事情）。索霍的样品已于 5 月准备好，样品的边缘刻有铭文："恺撒的东西归恺撒。"

博尔顿已经投入了他几乎不可能匀出的资金，现在他提出要把造币厂的生产成本削减一半。模式得到了批准，交易似乎开始了。但官方的行动缓慢，尤其是考虑到伦敦的既得利益。政府的命令要过十年才会下达。然而，在最初的兴奋中，博尔顿确信他能使大量半便士从天而降。1788 年，他建造了世界上第一个蒸汽驱动的铸币厂，隐藏在他的工厂附近，后面是一个被称为"童话农场"的弧形扩建部分，这里是他的茶室、化石室和实验室。[4] 蒸汽机带动一种机械装置，在与每台压机相连的一个真空圆筒的帮助下，使每一个压机螺丝旋转。在工厂后面的轧钢厂里，他装上新的轧辊，把铜锭变成"比以前用来制造硬币的铜片还薄"的薄板和带材。在铸币厂，他建立了一个工厂，用于金属的测量和退火。

很快，他就接到了六份重磅印刷和大宗订单：美洲殖民地的铜币和塞拉利昂公司的银币。1787 年，托马斯·威廉姆斯在安格尔西的帕雷斯矿山发行了自己铸造的金属便士。约翰·威尔金森迅速订购了一枚精美的硬币，他的半身像周围环绕着一个骄傲的名

字——“约翰·威尔金森钢铁大师”；在背面是一个铁匠铺，有两个大的倾斜锤。这是第一枚没有刻上国王头像的硬币，因此引起了不小的轰动。伦敦杂志刊登了一篇尖锐的“关于威尔金森先生铜币的警句”，暗指古董像章上的古典英雄：

那么，从这个例子中，威尔金森，
给自己一个无敌的样本！
竞标铁君通行证， 419
像他把自己包进了黄铜！
显示他的谦虚，还有理性，
如何，又是在哪儿挣到的便士！
就像铁一样，
通过吸引来收集。
因此，在他看来，这很恰当，
把他的厚颜无耻印在铜板上。

在接下来的五年里，博尔顿大量冲压了威尔金森的代币（单是一份要求“尽快”的订单，就印上了五吨）。每一期的正面都有他的头像，但背面的图案可能是一个女人，穿着齿轮装饰的传统服装，一艘风帆满帆的船，一个裸体的伏尔甘站在他的铁砧前，或者是一个正义的象征。其中一次是为了纪念1787年的审判。威尔金森被驳船建造商的怠工所激怒，他们在为政府提供装载重炮的重要合同的新船方面进展缓慢，威尔金森挑战了垄断，建造了自己的铁船：数百人聚集在岸边，希望看到“约翰的蠢蛋”号沉没，然后当她漂浮得很高时，他们欢呼起来，在铸造厂自己的枪炮声中向他敬礼。

这些硬币和韦奇伍德商会的成功一样，都是制造业实力和独立性的展示。铁匠师傅严厉的侧影向王座、政府和旧秩序投去蔑视的目光。从兰开斯特到南安普顿，从邓迪和格拉斯哥到爱尔兰的奥法利郡，博尔顿为公司和个人制作了代币。把它们拿在手里，就像是在摆弄当时的图像。这个时代和月光社计划的许多方面都汇聚在这里：一面是雄心壮志的商人侧脸，另一面可能是一个农村场景，或者是古代仪式的召唤。那些带有古老纹章的地方城镇，它们的尊严可能会被相反的醒目的销售口号磨灭。在“利兹半便士”上，羊毛制品的赞助人布莱泽主教，衬托在新混合布料大厅的景象和“约克郡羊毛制品的成功”的标语中。一些标语显示出一种礼貌的新古典主义；还有一些人痴迷于“古老阿尔比恩”的古物，比如装饰康沃尔和安格尔西硬币的德鲁伊教成员。还有更多的人在宣传新交通网络的优点，比如斯图尔特导航系统的精美标志，或是霍尔本客栈老
420 板克里斯托弗·伊伯森（Christopher Ibbertson）的标志，在那里圣乔治和巨龙队突然宣布“往英格兰各地邮寄和长途马车”。有时，碑文也暗示着颠覆旧方式的商业价值。美丽的格拉斯哥用臂章和斜倚的河神装点着“让格拉斯哥繁荣”的标志，这是“让格拉斯哥繁荣……是因你所传的道”。

尽管这些代币很普通，但它们是一种装饰性的艺术品，博尔顿用了技艺精湛的雕刻师，诸如喜怒无常的德罗兹、后来的迪马雷和康拉德·海因里希·库奇勒（Conrad Heinrich Kuchler）等。随着订单的增加，他的技术经验也越来越丰富。1790 年 7 月，他申请了一项专利，用蒸汽动力来“代替人力”铸币。[6] 就像他两年后解释的那样，他的造币厂有八台大螺旋铸币机，全都连在一起，但每台

都有自己的离合器和齿轮，这样一来，从很小的法国的苏到英国的克朗，可以同时印出八种不同大小的钱币。印刷机必须排成一个圆圈，整个排布就像一个沉重的儿童旋转木马，不停地旋转着，喷出一股铜水，每分钟印制 50 枚到 120 枚不等的硬币。这是机械“复制”的典范，也是博尔顿作品的主题。这些印刷机本身也很灵巧，操作起来简直就像小孩子玩的游戏：每台机器只需要一个 12 岁的男孩，而他无须努力就能完成操作。他可以在这一刻停止冲压，然后在下一秒再次启动。

博尔顿把孩子们的工作时间限制在 10 个小时以内，比许多工厂少得多，并自豪地给他们穿上白色的夹克和裤子，每周洗一次。他的同代人甚至可以称赞他是一个慈善家，一个真正有感情的人。在《植物园》中，达尔文建议博尔顿“应该用橡树花环覆盖”，以将潜在的造假者从绞刑架上解救出来。他给人的印象是，为了博尔顿和他的国家的荣誉，这台机器几乎是自动运转的：

螺旋下降，沉重的飞轮缠绕，
茶色的盘子，新的圆形大像章；
坚硬的钢铁染料在铜圈里抽搐，
他那粗壮的铁锤向下跺脚。
竖琴、百合花和狮子融为一体，
乔治、不列颠守卫硬币。[7]

博尔顿从硬币做到了奖牌。他最早的作品之一，是为了纪念 421
1789 年乔治三世在经历了长达一年的疯癫后的康复。第一批铸造像是由王后的读者和博尔顿的朋友安德烈 · 德 · 吕克呈上的。

韦奇伍德也制作了一个“康复像章”。他总是能迅速利用热门事件，例如，他在1787年制作了一枚奖牌，以纪念与法国的商业条约，今年又制作了一枚奖牌，纪念澳大利亚的第一个殖民地悉尼湾，用的是班克斯从这个遥远的海湾送给他的黏土。但是，韦奇伍德仍然烧陶，以证明他为之献出生命的新陶器可以与过去的珍宝相媲美——其中到达英国的最伟大的陶器之一是巴贝里尼花瓶。这是一个由深蓝色玻璃和白色浮雕组成的奇迹，很可能是在奥古斯都时代，也就是千年之初的亚历山大制造的。[8]在17世纪早期，它被红衣主教弗朗西斯科·巴贝里尼（Francesco Barberini）拥有，巴贝里尼将其留在了他们位于罗马的家族宫殿里，它在无数的版画作品中被复制，其中包括韦奇伍德的主要来源之一是蒙法冈的《古代解释》。1780年，巴贝里尼系列的最后一件作品被卡债毁掉，卖给了苏格兰古董商兼交易商詹姆斯·拜尔斯（James Byres）。拜尔斯拥有由宝石雕刻师詹姆斯·塔西制作的巴黎灰塑复制品，后来以1 000英镑的价格将它卖给了威廉·汉密尔顿。1784年，汉密尔顿也秘密地把它卖给了波特兰公爵夫人（霍勒斯·沃波尔称她为“一个简单的女人，但只有空花瓶才能让她完全清醒和陶醉”[9]），在她去世一年后，这幅画与她其他的大量收藏品一起被拍卖，它们被戏称为“波特兰博物馆”。1786年6月7日，她的儿子，即第三公爵，赢得了竞标。

关于这个花瓶有各种各样的谣言：有人认为它是玛瑙做的，而不是玻璃做的；据说这是一个骨灰盒，曾经盛放过亚历山大·塞维鲁皇帝和他母亲的骨灰。主题本身仍然是神秘的，也许与珀琉斯和忒提斯的故事有关。多年来，韦奇伍德一直试图把这幅画复刻到水苍玉上。拍卖结束后，他立即写信给波特兰公爵，问他能否借到原作。1786年6月10日，那幅画到达了埃特鲁里亚。韦奇伍德立刻写信给汉密尔顿，他既高兴又绝望。根据蒙法冈的版画，他曾确信自己能与原作媲美，“如果允许的话，也可以超越原作”，但现在 422
他看到了，他说，“我的饰章陨落了，如果我没有太坚定地向许多朋友保证自己会尽我所能尝试的话，我几乎不应该召集足够的决心继续前进”。[10] 他会使用最好的塑像师，用比玻璃还硬的黑色水苍玉制作模型，可以像玛瑙一样切割，然后在车床上抛光。最困难的挑战将是模仿精细的切削，如此花边和微妙，它更像绘画而不是雕塑。

韦奇伍德非常紧张，坚持只接受订购，条件是如果没有成功，订购者就不必购买了。这一挑战激发了他一生的经验，他所有的技巧，他组建的完美团队，他对陶瓷胎体和烧制的实验。他得到了亨利·韦伯（Henry Webber）、他的儿子乔斯、哈克伍德和威廉·伍德（William Wood）的帮助，但他花了4年的时间才完成了作品——开始是黑色的，后来是深蓝色的。

韦奇伍德对花瓶本身的形状感到不安，因为它比他心目中的美要肥大得多，也要杂乱得多。的确，他有时想把这些图形完全转换成一种不同的、更美的形状，并把它们用在其他作品上，其他形式上。一直以来，韦奇伍德都与汉密尔顿保持联系，经常写信向他征求意见。他感谢汉密尔顿送给自己古董半身像的复制品，并告诉汉密尔顿关于自己的壁炉架、花瓶和雕像的事情：“但我最伟大的作品是波特兰花瓶。”[11]1787年仲夏，他已经完成了第三个版本的图形，在担心他如何才能接近原始的风味，那时艺术家已经能够减少周围白色浮雕玻璃的透明度，来让深蓝色的底呈现出阴影的效果。

这让他也尝试利用阴影。他还担心烧制过程中出现的问题：加热多一点或少一点，在窑中待的时间多一点或少一点，结果可能会完全不同。他的最后一个也是最困难的一个问题是，要找到一个与花瓶强烈的深蓝色相配、又不会在窑里被烧坏的水苍玉。

到 1788 年春天，他已经复制了两三件整个花瓶，但没有一件令他完全满意。第一份几乎完美无缺的手稿于 1789 年 10 月被送到达尔文那里进行检验，这也许是韦奇伍德对达尔文信任的最高标志。他让达尔文发誓保密，但达尔文不可避免地在做自己的
423 事：“我违背了你的意愿，”他写道，“我把你的花瓶给了两三个人看，但他们是哲学家，不是鉴赏家。我怎能拥有一颗宝石而不向几个德比哲人传达这种乐趣呢？”[12]

韦奇伍德还收集了到目前为止写在花瓶上的所有评论，以便为他的买家打印一份精选。[13] 一种解释来自达尔文，后来在《植物的经济》中被重印。达尔文确信这个花瓶描绘了希腊的埃利乌西尼神话的起源。[14] 他和埃及的石匠们一样，断言古代世界的真正智慧属于东方三贤士，也许是从印度来的，这些智慧是用他们的象形文字写的，后来被解释为神话。在古希腊伊洛西斯人的秘密中，伟大智慧的核心仍然存在：相信在自然界的普遍循环中，有机物不能被破坏，只能被转化——这一信念反映在达尔文的进化论中。

1790 年早春，韦奇伍德准备好了。（据称共复制了 50 份，但仅存 16 份左右。）在约瑟夫·班克斯的私人住宅展出之前，女王在五朔节那天进行了一次私人参观。幸运的是，波特兰公爵拥有韦奇伍德伦敦陈列室所在的土地，所以波特兰花瓶被恰当地陈列在希腊街的波特兰之家。雷诺兹爵士颁发了一份正式证书，称其“在整体效果和大部分细节上都是正确和忠实的模仿”。[15]

1789 年，当韦奇伍德询问达尔文对他的第一份珍贵手稿的看法时，他是在回敬达尔文。今年早些时候，在这本书出版前一个月，达尔文就给他寄去了《对植物的爱》。这首诗比韦奇伍德的花瓶更久才见天日：1787 年，达尔文最终接受了约瑟夫·约翰逊的提议，但即便如此，他也不愿在这首诗上署名，因为他觉得这首诗很重要。

像博尔顿和韦奇伍德一样，快到 50 岁的时候，他开始感到中年的影响，把甘汞当作痛风药，忍受着奇怪的不眠之夜。1788 年，他正在阅读基尔的新《化学词典》的校样页，让人一次给他送去四页，这样他就可以像读报纸一样阅读了。他仍在学习，决心“用一切方法提高自己”，但在某些方面，他发现很难保持开放的心态。与威瑟林的另一场争吵爆发了，这一次来自什鲁斯伯里的罗伯 424
特·达尔文，在威瑟林干预了他的一位病人的治疗方法。罗伯特（在达尔文的怂恿下）怒不可遏地指责威瑟林贪婪无能。[16]

在早晚的间隙，达尔文动起笔来。他在室内写作，把一个靠垫放在椅子扶手上，把写字板搁在上面；盛夏时节，他在自己的凉亭里写作，凉亭的窗户对着河。在去看病人的路上，他在他的马车里写字，马车的前面“放着一个装信纸和铅笔的容器，还有一个装刀、叉和匙的容器；一边是一堆书，从地板一直堆到前窗……另一个篮子里装着水果、蜜饯、奶油和糖”。[17] 除了数不清的信件外，达尔文还写了关于云和温泉浴场的文章，并为《动物志》积累了素材。他的诗一直躺在书桌上，获得了新的灵感和更多的注解。最后，在 1789 年 4 月，《对植物的爱》出版了，几乎被达尔文的第六个孩子亨利的出生盖过了风头。达尔文立即开始了第二版的写作，然后是第三版（包括大麻的新诗节，他敬畏地注意到，一种生长在英格兰的植物在五个月内就从种子长到 14 英尺高）。1789 年秋天，他仔细研究了更多发明的细节，询问了博尔顿关于他的发动机和造币机的情况。博尔顿注意到了良好的宣传，便兴高采烈地寄来了一份谦虚的“事实目录”：

改进的 BW 发动机的便利性和性能。

a. 它是世界上最强大的机器。

b. 这是最容易操控的。

c. 它是最有规律的，它的特性是符合最不费力的工作。[18]

瓦特也寄了一封长信，带着友好的、讥讽的抱怨说：“我不知道蒸汽机是怎样从植物中来的；我无法在自然系统中找到它们，因此我认为它们既不是植物、动物，也不是化石，否则它们就逃不过林奈的注意。不过，如果它们都属于您的系统，那就不管瑞典人了。”[19]

到 1790 年年底，所有的信息都被写进了达尔文的诗里。《植物
426 的经济》出版唯一受到阻碍的地方，是他决定在书中加入波特兰花瓶的插图——这只花瓶最终由威廉·布莱克雕刻而成。（达尔文满怀希望地写道，他不知道自己的名字，但“约翰逊说他什么都能做好”。[20]）与此同时，《对植物的爱》的评价也满是狂喜。达尔文的押韵对句可能已经过时了，但他的主题是完全新颖的：他的笔记就像一本新技术和科学进步的百科全书。在评论中，“愉悦”和“指导”这两个词的比例相当，而年迈的霍拉斯·沃波尔对“世界上最美妙的诗歌”热情不高。[21] 达尔文骄傲地欢呼，告诉基尔、艾奇沃

思和其他朋友，他确切地赚了多少钱。1790 年 5 月，桂冠诗人托马斯·沃顿（Thomas Warton）去世，他甚至向一位听过威廉·皮特的朋友暗示，或许他可以被提名为桂冠诗人称号，以帮助他“庞大且不断增加的家庭”。

奇怪的是，达尔文确实代表了这个国家。我们可以理解华兹华斯和柯勒律治这样的年轻诗人，以及汉弗莱·戴维这样的化学家是如何同样为之倾倒的。在最终版本中，植物园以一种创造宇宙的愿景迸发出生命，预示着“大爆炸”理论的诞生。弥尔顿与赫歇尔相遇时，混乱中传来了“让光明出现！”的命令。

所有的领域，以太在转，
质量进到一百个 sun，
地球围绕着每一个太阳爆炸，
第二颗行星从第一颗产生；
它们以抛射力飞行时弯曲，
在明亮的椭圆轨道，他们依依不舍；
球在球中转动，圆心在圆心中滚动，
形式，自我平衡，转成整体。

这是迄今为止，使用法国科学新语言的第一部文学作品。它的开篇从蒲柏的《夺发记》里的侏儒、精灵和仙女，以及他们对隐藏的力量和炼金术的神秘感的描写，跳跃到关于热和气体的最新概念，甚至使用了术语“卡路里”。“你真是宗教异端，你不能相信圣餐变体论，”基尔写道，“但你可以相信，苹果和梨，干草和燕麦，面包和葡萄酒，糖、油和醋不过是水和木炭，而且用一个词来称呼 427

埃玛·克鲁（Emma Crewe）设计的《对植物的爱》的封面，1791 年

所有这些东西，即氧氢碳化物，这在语言上有了很大的进步。”[22]

全新的词汇，如“氧”和“氢”，以及达尔文自己创造的经久不息的新词，如“虹彩”，与生活在“埃特纳的岩石子宫”里的独眼巨人同属一页。在密密的笔记中，达尔文有自己对夜晚磷光和温暖泉水的观察，还有对库克船长的航行、维吉尔的地学和普里斯特利发现的“纯净空气”的观察。（达尔文甚至想象这可能适用于“潜水钟”，并期待着冒险家们“乘坐倒置的大型船只或潜水气球在海底旅行”的那一天。[23]）当代读者欣赏到了植物世界的性（达尔文写道“有性繁殖是一种性行为”[24]），但他们更着迷于英雄主义的工业诗歌。有时候，《植物园》本身就像是一次盛大的月夜聚会，一场与祖先和朋友之间有趣的、有争议的对谈：这首诗是一面棱镜，捕捉着他们所有关心的事情的反射光。[25]

正如它的标题所暗示的，与布丰相呼应，《植物的经济》强调自然世界的自我调节经济。对很多人来说，这也非常令人震惊，它用充满性的异教版本的创世纪取代了创世纪：

> 爱是神圣的，展开深沉的翅膀，
> 从无底深渊呼唤着生命的世界……[26]

这带有一种令人担忧的法国哲学的无神论思想，他们认为宇宙完全是物质的，是一个活跃的实体，以不断变化的组合形式展示生命。[27]更重要的是，达尔文描述了为生存而逐渐进化的各种各样的装置，并设法提出艺术、发明和工业在某种程度上是这种“自然的”历史进步的最新阶段。

达尔文在他的下一本书《动物志》中进一步阐述了这些观点。

基尔明智地建议他把这本书分成两卷，第一卷在1794年出版，第二卷在两年后出版。就像《植物园》使他成为英国首屈一指的诗人一样，这本书也使他成为英国首屈一指的医学作家。达尔文的医学包含了整个人身体上的、社会上的和心理上的疾病，他列出的痛苦
428 不仅包括流感和腹痛、肿瘤和牙痛，还包括抑郁、愤怒、宗教狂热、妄想。生物是一束纤维，神经末梢在受到刺激时可以收缩，连接在“感觉器官”的意识中，感觉器官是思考和感觉的器官。这是对四个主要原因的反应：“刺激”，对外界刺激的反应；“感觉”，由快乐或痛苦引起；“意志”，对欲望或厌恶做出反应的能力，以及“联想”。[28]意志和联想导致了非自私情感的增长，包括同情他人的能力、欣赏美的能力或发现不公正的能力。达尔文提出了一个颇有争议的观点：通过繁殖，经验的印记模式被传递给每一代，每一代又依次向前发展。

这里有许多与达尔文青年时代和晚年的伟大权威相呼应的东西。[29]但是，没有人能像达尔文在他的长章节“论世代”中所做的那样，在不受造物主指导的情况下阐述生命发展的理论。“年纪太大，心肠太硬，一点虐待都不怕”，他不再被牧师西沃德和他的同类的愤怒吓倒了。[30]“这是不是太大胆了，”他问道，

自地球开始的长时间尺度下，或许在人类历史的几百万年前就开始了，所有温血动物都起源于一根生命丝状体，这未免太大胆了吧？丝状体具有动物性，具有获得新器官的能力，并具有受刺激、感觉、意志和联想支配的新习性；因此具有通过自身固有的活动而不断改进的能力，并能将这些改进代代相传，直到万代！[31]

他死后出版的《自然神殿》更清楚地传达了这些大胆的思想。宇宙是由产生热量的“化学溶解”“斥力”（爆炸物质）“吸引力”（引力的凝聚力）和收缩形成的。随着地球表面的变化，海洋下的有机生命也在发展——“一切都来自贝壳”。当达尔文还是个孩子的时候，他的想象力就被电和莱顿瓶激发了。现在，伽伐尼发现，当电火花从一台电机里射出时，一只解剖的青蛙的肌肉收缩了。[32] 整个躯体都是电路吗？甚至表面上没有生命的物质也有生命的可能。达尔文在《自然神殿》的第一篇中，描述了他是如何用面粉和水做成糊状物，以及这些微小的动物或“鳗鱼”是如何在一个密封的玻璃瓶中生长的。[33] 429

多年后，在寒冷和下雨的 1816 年 8 月，雪莱和拜伦讨论电疗法和达尔文的实验，激发了听众玛丽。科学家可能不仅观察生命，还创造生命：“也许生物可能是制造的零部件，聚集在一起，赋予生命的温暖。”[34] 达尔文本人没有这种傲慢。他声称，他只是记录了真实的情况。变形是生命和故事的组成部分：蝴蝶来自毛虫，青蛙来自蝌蚪。在他们周围的每一个地方，他的读者都能看到动物是如何适应环境的；化石记录显示有多少物种已经灭绝；动物繁殖显示出特征是如何通过世代形成的。欲望、饥饿和对安全的需求确保了最强壮的动物赢得了对这个物种的保护，发展出了让它们为猎物而战、躲避捕食者或在拥挤、竞争激烈的环境中寻找食物的特征：

有些鸟有更坚硬的喙来咬碎坚果，如鹦鹉。其他的已经长出了喙，适应了敲碎坚硬的种子，比如麻雀。另一些则吃花的软种子或树的芽，如雀类。[35]

但是，如果大自然的牙齿和爪子都是红色的，或者像达尔文在《自然神殿》中所说的“一个伟大的屠宰场，战争的世界”，这就是发展的必然代价。这同样适用于竞争激烈的贸易世界，或政治世界。有时，达尔文关于竞争的观点与马尔萨斯1798年关于人口的论文相近。然而，尽管马尔萨斯只让人感到沮丧，达尔文却继续表现出乐观的精神，这种精神曾激发了整个月光社计划，并被地球上生命的挣扎所证实：

在全球呼喊，生命如何生生不息，
死亡被征服，幸福被幸存；
人类一步步占领的地球，
年轻复兴的自然征服了时间。[36]

36 转变

	Noms nouveaux.	Noms anciens correſpondans.
Subſtances ſimples qui appartiennent aux trois règnes & qu'on peut regarder comme les élémens des corps.	Lumière	Lumière.
	Calorique	Chaleur. Principe de la chaleur. Fluide igné. Feu. Matière du feu & de la chaleur.
	Oxygène	Air déphlogiſtiqué. Air empiréal. Air vital. Baſe de l'air vital.
	Azote	Gaz phlogiſtiqué. Mofete. Baſe de la mofete.
	Hydrogène	Gaz inflammable. Baſe du gaz inflammable.
Subſtances ſimples non métalli-	Soufre	Soufre.
	Phoſphore	Phoſphore.
	Carbone	Charbon

拉瓦锡的《简单物质表》，1789 年

1788 年 2 月，74 岁的约翰·怀特赫斯特去世。朋友们开始面 430
临时间的冲击。

10 岁的玛丽·安妮·高尔顿是个虔诚、庄重的小女孩。当著名的达尔文医生来巴尔大公馆给她的母亲看病时，她非常惊讶他从马车里把自己庞大的身躯挤了出来。他的头几乎埋在肩膀里，眼睛很敏锐，他讨厌“发酵的酒”，并相信要多吃，尤其是甜食。高尔顿家摆出温室水果、西印度糖果、凝脂奶油和斯提尔顿奶酪，达尔文都吃了。他讲了一个女公爵被含铅油漆毒死的故事，还引用了莫名其妙的希腊语。他是个怪物，他嘲笑吓人的经文。

达尔文医生常说：“人是吃的动物，是喝的动物，是睡的动物，是生活在物质世界里的动物，物质世界满足了人类动物的一切欲望。他除了具有认知能力外，还具有探索和运用这个世界的各种资源的天赋。这些都是现实，其他一切都是虚无，良心和感情只不过是想象中的特点罢了。”

在他的男性朋友中，有些人注意到，他可能没有说“睡觉”。[1]

5月，埃奇沃思对一直生病的韦奇伍德表示同情。埃奇沃思承认，他自己已经“由于过度工作和焦虑而陷入可怕的状态”，但
431 通过放松和“喝了三四杯红葡萄酒，而不是波特酒和半品脱黑啤酒”，恢复了健康。

我真的很清醒……但是达尔文医生认为我倾向于成为一个酒鬼——因此我认为，他关于这个主题的理论非常值得怀疑，我宁愿相信成千上万人的大型实验，他们在我身边都非常健康。[2]

但达尔文曾直截了当地告诉他：“我只喝水，身体一直很好。”[3]

马特·博尔顿从巴黎度假回来，穿着高级法国时装。“这对我来说太棒了”，玛丽·安妮回忆道：

看到普里斯特利博士、威瑟林医生、瓦特先生、博尔顿先生和基尔先生，他们都表现出极大的兴趣，每个人都有自己的特点，他们几乎都在全神贯注地听着他的话；而且不可能把极度焦虑、希望、恐惧、好奇、炽热的热情或深思熟虑的严肃的迹象弄错……我的耳朵听到了“玛丽·安托瓦内特”“红衣主教德·罗安”“钻石项链”“饥荒”“人民的不满”“沉闷的沉默，而不是‘万岁！’”[4]

在巴黎，戴维画下拉瓦锡和他的妻子。戴着卷曲的假发，打着白色的领带，穿着黑色的及膝马裤和带扣的鞋子，这位科学家无可挑剔地坐在一张铺着红色天鹅绒的桌子旁，桌子上放着闪闪发光的玻璃管和仪器。手里拿着羽毛笔，他抬头看着玛丽安妮，她的手轻轻地放在他的肩上，就像缪斯女神的手。她穿着银白色的塔夫绸，系着蓝丝带。这是一个平静、安全的科学、理性和情感的世界，任何狂风都无法撼动它。

关于燃素的争论仍在继续，达尔文是第一个叛变的人。1788 年 11 月，他向瓦特挑战，要瓦特阅读弗朗索瓦对元素的介绍，“并告诉我，这些事实是否普遍正确，如果是，理论就能把它们很好地结合在一起”：

我将耐心地等待这一重大争论的结果，它涉及化学理论的很大一部分——感谢上帝，化学信仰不是靠火和剑传播的——目前我倾向于不太正统的一方。[5]

瓦特屈服了。基尔犹豫了一下。然而，他却为法国化学家们所困扰：他患有风湿病，他自己的化学词典进展缓慢。1789 年 1 月，433
伯索利特告诉他，巴黎的哲学家们被新术语淹没了：“我们在这里被硫酸盐、碳酸盐、硝酸盐和 c 这些东西。”基尔写信给普里斯特利：

我希望伯索利特先生和他的同事们能把他们的事实用通俗易懂的文字叙述出来，这样所有的人都能理解，并把他们的新诗保留下

来，作为对这些事实的理论评述……[6]

普里斯特利再次请求他的时间，回复道：

我已经从铅矿中得到了一些绿色的液体，我非常希望能见到你，我希望你能和我一起检查一下。我还有些别的东西要给你看，要告诉你，特别是我认为对新学说的致命一击。[7]

他抗议得太多了。

在新的一年里，达尔文写信给博尔顿，急于缓和罗伯特与威瑟林的争吵带来的紧张：

我常常为离你这么远而感到难过。你那赚钱的火力发动机，在我看到它后的一个星期里给了我极大的快乐，还有那离心式的调火方法。如果你要来德比，请给我一天的陪伴…

再见，亲爱的博尔顿，你的老朋友

E. 达尔文[8]

1789 年 2 月，举国欢庆乔治三世从疯狂中康复。韦奇伍德在给达尔文的信中戏谑地写道："我希望你们在德比都非常忠诚，为了陛下尽情畅饮，就像我们在这里所做的那样，而且还将继续这样一段时间。"[9] 在伯明翰（那里的老人们已经表达了他们对摄政王当选人的忠诚，只是以防万一），那里有烟火，航海办公室旁有一堆篝火，燃烧了三吨煤。在寒风和冻雨中，人群挤满了街道。所有的公共建筑都有明亮的透明度和标志，索霍、工厂、住宅和庭院都

“被成千上万盏不同颜色的灯完全和壮观地照亮，谨慎地陈列着”。后来，一个巨大的蒙戈尔菲耶气球“以一种非常庄严和令人愉快的方式”在小镇上空滑翔。[10]

7月里，经过了愉快的一天，暮色渐长，玛丽·安妮看到一辆 434
马车轰隆隆地朝高尔顿家驶去：

> 过了几分钟，客厅的门开了，哈利·普里斯特利冲了进来，一个十六七岁的年轻人挥舞着帽子，喊道：“好哇！自由，理性，永远的兄弟之爱！打倒弑君者和祭司。永远是人民的尊严法国是自由的，巴士底狱被占领了，威廉在那儿帮忙。我刚收到他的一封信。他已经把巴士底狱的画像和废墟上的两块石头给你了（他对我说），你很快就会收到的；来吧，你一定要听听他的信。我们都惊呆了。

两个月后，基尔写信给戴，祝贺他即将出版的最后一卷《桑福德与墨顿的故事》。但是戴从来没有读过这封亲切的信，也没有看过他出版的书。在安宁斯利，他有一匹小马驹，但他拒绝通过武力将其驯服，他相信他可以以德服马。1789年9月28日，他出发去见埃丝特，但他的小马被路边的风向标吓了一跳，猛踩了一下风向标，一头撞在了石头上。他被抬到附近的一所房子里，没等外科医生找到他，他就死了，成了自己仁慈哲学的殉道者。

到20世纪初，连他的坟墓都找不到了。关于他的一个谣言一直流传着——他在安宁斯利的房子附近埋了2.5万英镑。20世纪20年代的劳动者们仍在争论它究竟位于哪棵大橡树之下。[12]

“先生，”埃奇沃思给戴的侄子写道，

我有一张赖特绘制的戴先生，如果戴太太想要的话，那就让她请便吧。她可以确信，除了一个我自己的孩子以外，不会有别人得到它的……我把我刚出生的儿子叫作托马斯·戴，我希望他的名字能激发他模仿我的好朋友的美德。[13]

这个婴儿只能活三天。埃丝特也日渐衰微。两年后，她也去世了。

冬天带来了铁霜、风雪和浓雾。啊，达尔文叹息道："失去朋友是变老的恶魔。"[14]

37 骚乱

《废除测试法案》局部图，詹姆斯·吉里，1790 年 2 月

1789 年 7 月巴士底狱的陷落震惊了英国的激进分子。花花公 435
子们炫耀着革命的红帽子，报刊上充斥着颂歌，男男女女在街上跳舞。16 岁的柯勒律治想象着知识自由地在年轻一代中传播："思想不识束缚，雄辩无畏成长。"[1] 华兹华斯很高兴，1790 年他来到巴黎参加周年庆典。在黑暗的伦敦，布莱克向他的同胞们大声喊道：

火，火正在降下！向上看！向上看！伦敦市民啊，加强你们的支持……

驱散用诅咒书写的乌云，把无情的法律踩成尘土，把永恒的马从黑夜的洞穴里放出来，哭喊着帝国已不复存在！现在，狮子和狼都停了下来。[2]

在月光社的朋友们中，普里斯特利当然是全心全意地投入热情，韦奇伍德也是。“我知道你会和我一起高兴”，他写信给达尔文，

> 在法国发生的光荣革命。政客们告诉我，作为一个制造商，如果法国获得自由，我将会破产，但我愿意在这方面碰碰运气，我也不认为一个国家的幸福建立在它邻国的不幸上。[3]

达尔文同意了。在《植物的经济》中，他插入了一长段，想象
436 着法国人被无数的“忏悔者和国王”的琴弦束缚着，就像格利佛在利力浦特[1]一样，当“爱国者的火焰”点燃时，他们的束缚就会破裂。[4]1790年年初，他问瓦特：“难道你不祝贺你的孙子们获得普遍自由的曙光吗？我觉得自己在化学和政治上都变成了法国人。”[5]

就瓦特而言，政治上的兴奋不过是一件令人讨厌的事，导致法国的哲学信件缩减成涓涓细流，“因此我最近在化学方面没有听到什么有趣的东西”。[6]在伯明翰的其他人中，博尔顿一如既往地保持着谨慎的中立，支持普里斯特利和他那些异教徒朋友，同时发出正确的支持政府的声音，并密切关注着他的货币的潜在新市场。然而，威瑟林对新政权抱有开放的希望，而基尔则把这场革命看作一场反对专制的直接胜利，仿效光荣革命的模式。这是“理性的唯一胜利”：

> 是人类的思想逐渐照亮了整个民族，通过哲学表明，政府的

[1]《格列佛游记》中的地名。

真正目的是多数人的幸福，并消除那些建立少数人暴政的恶毒的偏见，这些偏见是野蛮时代无知的遗迹。[7]

在接下来的两年里，英国人的意见分歧越来越大。从1789年起，社会活动家们就开始将法国的宗教自由与国内持不同政见者的立场进行对比。1789年5月，他们第二次试图废除《测试法案》的努力，以20票的微弱劣势失败。

在伯明翰，许多杰出的商人都是一神论者、贵格会教徒或浸信会教徒，他们热切关注着斗争的进展。1789年10月，普里斯特利的朋友威廉·罗素说服伯明翰各教派成立了一个联合委员会，目的是建立一个全国性的组织。11月，异教徒牧师理查德·普赖斯不顾年老体衰，向伦敦革命协会做了一场振振有词的布道，题为“论对祖国的爱”。前一年，英国各地都举办了庆祝百年庆典的宴会——博尔顿亲自主持了伯明翰庆典——但普赖斯的负担是，
1688年的遗产远比人们想象的要激进。是大宪章赋予他们选择自 437
己行政长官的权利，如果他们做错了事，则给予惩罚。他说，他活着就是为了看到知识破除迷信，人类的权利得到明确的体现。他呼吁立即废除《测试法案》，争取平等代表权，他赞扬了美国的新政权和法国的革命：

你现在不能把世界置于黑暗之中。不再与增加的光明和自由作斗争，恢复人类的权利，在他们和你一起被毁灭之前，同意纠正滥用权力的行为。[8]

普赖斯的布道激起了一个强有力的对手埃德蒙·伯克的反对，

他曾是美国叛乱和许多自由主义事业的支持者。反思法国大革命，在伦敦相对于诉讼程序在某些社会事件，发表的第二年，伯克提出革命而不是开始结束，所有机构的破坏，文化的破坏，用“计算器和经济学家”的规则代替人道主义。但在1789年年末，伯克属于少数派，许多人与普赖斯一样乐观，对改革的热情逐月高涨。不幸的是，就这样，对持不同政见者的反对更加强硬了。1790年年初，在伯明翰，普里斯特利发现自己的压力越来越大。关于图书馆和主日学校的旧争论又被重新讨论了一遍。他失声了，口吃更严重了。他的房子被袭击了，当他的女仆打开窗户想看看是谁闯进来的时候，她开了枪。在圣菲利普教堂里，牧师斯宾塞·马丹（Spencer Madan）公然对他进行人身攻击。在沃里克郡的一次由艾尔斯福德伯爵（普里斯特利的敌人霍斯利主教的前学生）主持的会议上，教会党不祥地认为捍卫宪法是“适当的”行动。尽管他试图在“致市民的熟悉信件”中为自己辩护，“可恶的普里斯特利”这句口号却被“用粉笔写在伯明翰的每一堵空白墙上”。[9]2月下旬，就在关于《测试法案》第三次辩论的前一周，拉塞尔告诉他，听说如果法案被否决，教会领袖就会下令敲响钟声，人们担心民众可能会故意煽动反对意见。他们正在考虑向加贝特、博尔顿和其他一些人求助，以防止这种情况发生。

438 当法案被宣读时，伯克和福克斯以及谢里登之间的分歧已经不可挽回。为了维持现状，伯克对该法案进行了猛烈的攻击，他引用了普里斯特利著作中的“颠覆性”摘录和普赖斯的革命布道作为证据，证明他们意图摧毁国教。虽然福克斯一直说到声音嘶哑，辩论一直持续到凌晨三点，但失败不可避免。

那年春天，普里斯特利在伦敦，经常和福克斯商量。到现在，他在《绅士杂志》上已经被称为“混乱自由的首席牧师”，在政治漫画中也是一个熟悉的人物，比如“燃素博士：普里斯特利政客或政治牧师”，一只口袋里装着火药，另一只口袋里装着“革命祝酒词”。（他的家人觉得这些照片很滑稽，他的女儿萨莉专门收集了这些照片。）回到伯明翰，反对他的文件和信件如雪片般飞来，其中一些是人们非常熟悉的“约翰·诺特、巴顿·伯纳舍尔”的搞笑信件，在当地很受欢迎。他自己的支持者以“马刺制造者阿贝尔·夏普”和“亚历山大·阿姆斯特朗”（Alexander Armstrong）的名字为自己辩护，后者的辩护使英国国教神职人员的沾沾自喜和普里斯特利对工人的价值和享有独立观点的主张形成了鲜明对比：“俗话说，每个人都为自己，上帝为我们所有人。我们可能会提出问题并给出自己的答案。”[10]

当伯克的《思考》最终在今年11月出版时，收到了38份回复，其中包括玛丽·沃斯通克拉夫特《辩护人的权利》，以及汤姆·潘恩在1791年和1792年分两部分出版的《人权》。“你看到潘恩先生对伯克先生的回答了吗？”普里斯特利问韦奇伍德，“这是我所见过的最出色、最大胆的出版物。”[11]最初的反应之一来自普里斯特利本人。他承认革命可能是“许多人的灾难，也许是许多无辜的人的灾难”，但这最终将被证明是正义的，“最终是最光荣和幸福的”。[12]他为革命和“更伟大的善”的政府描绘了一幅千禧年蓝图——一个不会干涉宗教的国家。在那里，人们将享受他们的“自然权利”，没有国教，没有国家仪式，没有常备军。国防和军队开支可用于公共工程。普遍的善意会占上风，偏见会消失。殖民地将会消失，“美洲、非洲或亚洲的任何一部分都不会屈从于欧洲的任何一部分”。事实上，《启示录》和《圣经》所承诺的理想状 440

态，与“在基督教和真正的哲学的帮助下，良好的感觉和普遍的商业精神不可能不及时发挥作用”是没有区别的。

1791 年 4 月，理查德·普赖斯去世，5 月 1 日，普里斯特利在哈克尼发表了他的葬礼演说。幻想的语气依然存在。一种新的曙光正在出现，一股新的风正在吹过，它向人类展示了权利和政府的真正本质：“当外面刮着这样的顺风的时候，让每一个年轻的心灵扩展自己，抓住上升的大风，分享光荣的热情。”[13] 普里斯特利说，改革者必须做好受迫害的准备，并记住“世界可能会压迫某些人，但无法压迫正义”。

5 月初他回到了家。一大堆麻烦正在酝酿之中，这表明把一个单一的原因归咎于事件是多么困难。伯明翰的贸易受到了影响，因为新的时尚不再流行，人们更喜欢系带的鞋子，而愤怒则转向了大的制造商，其中很多是反对者。另外，地方法院处理小额债务的请求也引起了争吵；不断上升的教区税率；对小房产的评级，以及市民被迫为新的《警察法案》付钱。[14] 所有这些争吵都混杂在一起，形成了一个“长老会阴谋”，目的是夺取这座城市的控制权。

普里斯特利和他的朋友们在各个方面都遭到了破坏。随着仲夏时节的到来，法国发生的事件更激起了保守主义者的恐慌：6 月，路易十六和玛丽·安托瓦内特从杜伊勒里宫逃跑，结果又在瓦雷恩被重新抓获。在那个紧张的月底，普里斯特利告诉他在伦敦的朋友们，伯明翰将建立自己的宪政社会。它的第一个行动将是在 7 月 14 日攻占巴士底狱周年纪念日为“自由的朋友”举行一场公开晚宴。基尔被邀请担任晚宴的主席，他毫不犹豫地接受了邀请，“从未想过”，他后来写道：

1791 年 7 月 1 日卡通画，燃素博士

> 使我们的2600万同胞从专制统治中获救，并像我们英国人一样自由和快乐地举行和平会议，可能被误解为对政府的冒犯，该政府最大的吹嘘是就自由，或任何自称基督教的人，命令我们像爱自己一样爱邻居。[15]

441 晚宴在《公报》上公布，紧接着又简短宣布所有出席者的名字将印在半便士的小册子上——威胁很明显。接下来，传单副本被发现，那上面宣布晚宴庆祝“第二年的高卢人的自由”，并谴责议会腐败，皮特虚伪，神职人员是“法律压迫者”，皇室奢侈，王冠“太重头承受不住”，呼吁支持者保持和平，“直到大多数惊叫，奴隶制的和平比自由的战争。让暴君们当心那一刻”。[16]这张大字报很热门，很可能是激进分子写的，也可能是教会和国王党陷害的，目的是诋毁伯明翰的反对者。后者立即否认了它，并提出用一百几尼悬赏作者的名字——随后地方官们这样做了，政府也这样做了。宴会的日子临近了，普里斯特利被明智地劝阻。

那天气氛很紧张。宴会一度推迟，但房东一直说服他们继续。三点钟左右，大约80个人来到皇家酒店，迎接他们的是一小群起哄者（其中一些人快活地喊着“不要教皇制”，也许是为了纪念很久以前的骚乱，这让长老会的食客们大吃一惊）。尽管晚餐本身很安静，但并不清醒，人们举杯了18次，先是为“国王和宪法”，然后为“法国国民议会的爱国者”“人的权利”和“美利坚合众国”，去拥抱波兰的革命，汉普顿和悉尼和辉格党烈士。[17]

沿着这条路走下去，反雅各宾派正在召开会议，他们在大约五点钟的时候解散，眼看着宴会上的客人们离开，并向他们胡乱地扔泥巴和石头。大约三小时后，一群更大、更坚定的暴徒来到了这里。晚餐结束已经很久，他们气坏了，打碎了酒店所有的窗户，然后像被指示的那样，径直转向普里斯特利的新会馆。大门和房门都被打破，讲坛和长凳被砸毁，垫子被扔了出来并被烧毁，会议厅的图书馆被炸毁，整个建筑也被点燃。另一支队伍到达了旧的会议厅，在焚毁建筑物之前烧毁了墓地里的装饰。消防车开得很慢（显然，圣马丁教堂的牧师已经下令把他们设备的钥匙拿走），当他们 442
来的时候，人群让他们把水龙喷向邻近的建筑物，但不喷向会议厅本身。

下一个目标是在费尔希尔一英里外普里斯特利的家。普里斯特利和玛丽正在玩西洋双陆棋，这时塞缪尔·赖兰（Samuel Ryland）冲了进来，说服他们到附近的罗素家避难。威廉·普里斯特利和普里斯特利的一些学生留下来，决心保卫这座房子。威廉·罗素（William Russell），治安法官，商人和一神教的领袖——聋得像个柱子，但却无所畏惧——拿起他的手枪，骑马回到费尔希尔，警告威廉转移手稿和贵重物品。

当第一波攻击者到达费尔希尔时，他们喝了酒，骂骂咧咧，然后离开了。罗素和威廉挡住了第二群人，直到对方开始扔石头，他们才逃走。人群涌了进来，破门而入，把家具从窗户扔了出去，把图书馆里所有的书和手稿都撕了烧了。普里斯特利看到了这一切：

那时非常安静，在皎洁的月光下，我们可以看到相当远的地方。由于地势较高，我们清楚地听到了房子里发生的一切，人群的每一声喊叫，以及他们砸门和砸家具的几乎每一击。因为他们找不到火，尽管有人出价两基尼换一支点燃的蜡烛……后来我听说他们费了好大的劲想点燃我那台放在图书室里的大电机，可是没成功。[18]

最后房子开始着火了。当罗素、普里斯特利和他的朋友们走在月光下的道路上，向另一个避难所走去时，夜因火焰而明亮，因噪音而喧闹。对凯瑟琳·赫顿来说，普里斯特利是一位殉道者，他的坚定和冷静具有一种超凡脱俗的品质："在我看来，没有人能在任何考验中表现得比他更像神，或更像我们的救世主。"[19]

在他们身后，费尔希尔花园遭到破坏，乔木和灌木被连根拔起。有些人发现了酒窖，由于没有开瓶器，他们直接砸碎瓶颈，站在深及脚踝的酒里。其他人发现了房子后面的实验室。普里斯特利所有的工具都被毁了——他的韦奇伍德制造的研钵，他的蒸馏瓶，他的烧瓶，他的机器。人们欢呼雀跃。墙壁被夷为平地，火焰咆
443 哮。一名男子被坠落的飞檐砸死。据说，当时在场的治安法官斯宾塞博士警告暴徒，当房子和实验室被烧毁时，不要再互相伤害。到了凌晨四点，附近的田地里到处都是精疲力竭的暴徒，他们仍然拿着棍棒。

黎明时分，避难者回到了罗素家。在这里，他们试图入睡，直到有谣言传来，说暴民们正在重新集结，叫喊着要杀普里斯特利。玛丽和普里斯特利匆匆穿好衣服，驾车去找他们的女儿。那天下午，普里斯特利离开了小镇，在夜幕降临时迷了路，孤苦伶仃、迂回曲折地跋涉到伍斯特，然后赶夜邮车去往伦敦。他终于在这里得到了西奥菲勒斯·林赛的庇护。

伯明翰当局起初似乎并不在意，大部分的绅士们都在斯塔福德郡参加了射箭比赛。然而，周六早上，艾尔斯福德勋爵来到了费尔希尔的废墟，并说服群众——他们称赞他是一个好教堂和国王——回到城里。这是一个错误（也可能不是），因为几个异教徒

的家就在他们的路线上。伯明翰的所有门窗上似乎都潦草地写着“永远的教堂和国王”。每家商店都关了门，许多人逃走了。[20]有几次，有人向暴民提供了明显是为了煽动他们的情报：宴会上有叛国祝酒的谣言，费尔希尔有造反的传单，8月份有信件暗示非国教徒计划炸毁教堂并暗杀国王。

宣传产生了效果。第二天下午两点钟，人群涌进了巴斯克维尔的老房子——现在已是商人兼银行家约翰·赖兰的家了。这座城也被烧了。七个人死在地窖里，正在喝酒的时候，房顶塌下来，把他们烧死了。尽管如此，在伯明翰监狱被打开，里面的人被释放之前，官方并没有对暴乱者采取任何行动。随后，一百多名特别警官宣誓就职，但这支匆忙集结的队伍很快在一场激战中被击溃，一名警官后来因伤势过重而死亡。

随后，暴徒们将矛头指向了其他目标，包括威廉·赫顿的房子和书店。天一亮，他们就游行到乡下去了，那里又有七座异教徒的房屋、农场和一间小会议室被洗劫一空。每一个都是精心挑选的。在这些日子里，人们注重的不是暴乱的疯狂，而是干净和效率。正如《泰晤士报》所言，拆迁工人“以一种冷静而有秩序的方式工作，就好像他们被雇主以每天这么高的工资雇佣一样”。[21]威瑟林报告说，“暴民有一份要攻击的名单”，并补充说，这些名单“偶尔被修改，并不断添加”。[22] 444

威瑟林是英国圣公会教徒——“他可能从未听过长老会的布道”——他没有参加晚宴，尽管他在14日回家的路上小心翼翼地穿过人群。然而，他是普里斯特利、基尔、危险的“哲学家”和月光社富有制造商们的朋友。在接下来的日子里，他在埃吉巴斯顿庄园的仆人们都在守夜。博尔顿和瓦特也同样焦急不安，他们把索霍的工人武装起来，并配备了固定警卫。周五晚上，威瑟林的园丁报告说，他的房子将受到攻击，但不知道什么时候。星期六早上传来消息，说明天它就会被烧掉，这使他有足够的时间搬走“三个推车两个马车的货物”，包括他最值钱的家具、书籍和标本。送走这些后，他们遇到了一群约有 300 人的掠夺团伙，这样的一伙人在纵火前，先了解这家人在运送他们的财产——一辆马车必须藏在干草堆里，用干草覆盖，同时用金钱和饮料来驱散人群。第二天，“一群更坚定的恶棍”带着更多的贿赂和酒被赶走，到了晚上，威瑟林的大部分物品都被存放在附近的教堂里。八点，纵火开始了，大约有 300 人。威瑟林在伯明翰等待着军队的到来，在埃吉巴斯顿，他那些结实的朋友们——一个面包师、一个职员、一个马车制造者——又一次赶走了暴徒，用“从伯明翰专门雇来的一些磨工和一些有名的战士”来加强他们的防御。在随后的战斗中，至少有一名暴徒死亡。

当天晚上十点钟左右，当暴徒们在埃吉巴斯顿庄园重新集结时，一队龙骑兵终于从诺丁汉赶来。街上灯火通明，人们欢呼起来，危险似乎已经过去了。第二天一大群煤矿工人涌入城镇，仍然希望战斗，这带来新的恐慌——“整个城镇都被占领了，将化为灰烬”。但此时，来自利奇菲尔德的骑兵已经增援了龙骑兵，秩序很
445 快或多或少恢复了。[23] 在农村，零星的冲突和“掠夺”仍在继续，但到了 7 月 20 日，也就是宴会结束后的一个星期，“一个暴动者也没有了，所有的工厂都在工作，仿佛没有中断过似的”。[24]

暴乱结束了。四所会议室和 27 所房屋被袭击，至少八名暴徒和一名特警死亡，还有更多的人受伤。结果，吓坏了的月光社人计算了他们的损失，而博尔顿发泄了一些发自内心的私利。索霍至少

没有受到伤害。在写给一位法国朋友的信中，他装出一副超然的样子，而不是大惊小怪：

伯明翰不和谐的党派精神和积怨使我们的好邻居毁于一旦，但我很高兴一个人住在乡下，对这个刺耳的话题我几乎保持沉默。通过关注我自己的事情，我和平而安全地生活在火焰、劫掠、抢夺、混乱和无政府状态中，在这些一神论者、三位一体论者、宿命论论者和各种各样的意志论者中。[25]

博尔顿终于松了一口气，承认对他来说最重要的是他的工厂。他曾呼吁他的工人们不要加入“暴民国王的法庭”，但是为了以防万一，他安装了大炮。“我本应该让他们烧了我的房子，而不是向他们开枪，”他承认，“但我庄严地决定，在他们企图对我的工厂下手时，我就把他们的头给毁了，如果我的工厂毁了，就会有1 000 人失业。”[26]

官方的回应模棱两可。在骚乱期间，《泰晤士报》(*The Times*)不断收到虚假信息（后来被公开撤回），例如，报道称有人为叛国敬酒。詹姆斯·吉尔雷（James Gillray）出版了《伯明翰祝酒词》(*A Birmingham toast*，革命协会，7 月 14 日)。他画的人没有一个在那里，包括谢里登、福克斯、霍恩·图克或普里斯特利（拿着圣餐，喊着：“国王的头，在这里！”)，但是吉尔雷特意将食客们与“切国王的刀”联系在一起，与庆祝查理一世的秘密盛宴联系在一起。第二张印刷品《党的希望》展示了同一集团在王室和斯特兰福德，准备砍下乔治三世的头，而普里斯特利对困惑的胖国王说着安慰的话：“一个人如果能通过这种方式为他的国家带来一场光荣的革命，那么他应该为自己有机会死去而感到高兴。”[27]

446 不出所料，乔治三世宣称他不得不因普里斯特利“为他和他的政党灌输的教条而受苦，为人们看到他们真实的光芒而感到高兴”。[28] 皮特保持了沉默，伯克公开表示高兴。另一方面，内政大臣邓达斯敏锐地看到暴乱本身，而不是晚宴，显示了危险的“平等原则”在起作用：暴民的事业很容易从支持转为反对。（两年后，同样的伯明翰人确实在喊着“永远的汤姆·潘恩”。）邓达斯敦促地方法官，找出组织者的呼吁被悄悄忽略了——这并不奇怪，因为法官们无疑就像圣公会牧师和当地地主一样助长了这场骚乱。次年 4 月，这些案件终于在沃里克郡高等法院开庭审理，涉案的数百人中有 17 人被起诉。[29] 陪审团或许急于表示对教会和国王的支持，只有四人被判有罪，其中两人被处以绞刑，两人被赦免。

普里斯特利的月光社朋友们聚集在一起。骚乱发生后，高尔顿立即收留了玛丽·普里斯特利，他自己也在招致危险。韦奇伍德马上写道：“在目前的情况下，我能对你有所帮助吗？请你放心，我的好朋友，我诚心诚意地祝你幸福。相信我——照我说的去做，告
447 诉我如何去做，我将把这作为友谊中最牢固的时刻之一。”[30] 9 月，高尔顿催促普里斯特利告诉自己什么时候可以回到镇上，并答应他见面，很高兴能向公众展示自己对这个人的感情，和这个人的友谊给了高尔顿极大的荣誉。[31] 此外，下一次月光社会议将在下个星期一在巴尔举行——普里斯特利会来吗？

达尔文写信给韦奇伍德：“伯明翰骚乱是人类的耻辱。”[32] 德比哲学学会在 9 月 3 日的会议后给普里斯特利博士发了一份“致辞”：

几乎所有历代为人类造福的伟人都曾遭到他们的迫害：伽利略

詹姆斯·吉尔雷《伯明翰的祝酒词》，革命协会发表，1791 年 7 月 14 日。普里斯特利举起大浅盘，喊道：“头，在这”

> 因为他的哲学发现而被宗教法庭监禁；苏格拉底因教授“只有一个上帝”而得到一杯毒芹汁的奖赏。你的敌人无法用理性战胜你的论点，就诉诸暴力，他们把无情的无知和发疯的狂热的狗叫到你面前；它们点燃了火焰，就像宗教裁判所的火焰一样，不是为了照亮真理，而是像刺客的黑暗之灯，照亮凶手的猎物。[33]

但是这封信的结尾有点伤人，它继续表达了这样一种希望：普里斯特利不会再在这些人中间冒生命危险，他会放弃辩论，而去发展科学。然后，他已经广为流传的名声就会“像凤凰一样从你精心制作的实验室的火焰中以焕然一新的活力升起”。德比郡的社团也不全同意：查尔斯·霍普牧师向当地媒体抱怨，出席的成员不够多：达尔文立即把他赶了出去。

在瓦特的回应中，这种同情但“远离”的信息更加清晰。高尔顿（徒劳地）希望普里斯特利能来参加9月的月光社会议，这使他充满了恐惧，于是他揣着手枪去了巴尔。瓦特一直没有给普里斯特利写信，直到他听说他想回伯明翰去临时的“工会会议中心”布道，这个中心将于11月开放。这一消息促使瓦特抓起笔提醒他：对“你的家人、你的朋友以及全人类都负有责任，不应该让你冒生命危险，因为生命对他们所有人来说都是如此珍贵。”[34]

普里斯特利在伦敦和欧洲的支持者们大声疾呼支持他；兰斯顿、斯坦霍普、谢里登和福克斯都站在他那边；全国各地的异教徒
448 和立宪社团都站在他那边；法国爱国者在巴黎为他提供了一所房子；他的姐夫约翰·威尔金森为他安排了在法国和美国的资金，以防他不得不移民。与此同时，威尔金森还在克拉普顿为普里斯特利买了一幢房子，并在附近的哈克尼接替普里斯特利担任牧师。那年

9月，他住下来了，月光社的老朋友们立即帮他建立了一个新的实验室：韦奇伍德和他的儿子汤姆寄来了钱、迫击炮和仪器；高尔顿和威瑟林送来了钱；瓦特送了一台复印机。所有人都建议他在伯明翰骚乱的问题上减少对公众的呼吁，但所有人都自愿为他的索赔要求担任证人。[35] 他非常想念他的朋友们，他告诉瓦特，"在你们通常见面的时候"，他不会忘记想到月光社。[36]

第二年，基尔拿起笔，在普里斯特利的辩护中写了自己的小册子"蒂莫西·索伯赛斯（Timothy Sobersides），灭火器制造者"。[37] 月光社在这些暴动中受到了致命的伤害——不是财产的损失，甚至也不是普里斯特利的离去，而是他们所信仰的一切——"理性""科学""自由""实验"——所受到的诽谤。这是一场反对知性主义的暴动，其永恒的形象是焚书。一位目击者回忆道："房子里整整半英里的地方都撒满了书，进入图书馆时，书架上连一打书都没有，而地板上几英寸深的地方都是被撕碎的手稿。"[38]

伯明翰的墙上有一条标语是"没有哲学家——只有永恒教会和国王"。他指的是法国哲学，法国哲学被认为是点燃革命导火索的罪魁祸首。但伯明翰附近有自己的"哲学家"——月光社。当地的小册子曾把矛头指向思想高尚、不切实际的知识分子（有"丰富知识"的人）和皇家学会（"国王俱乐部"）的成员。[39] 普里斯特利的理性主义本身就是一个攻击对象：他脱离了工人阶级。伯克最讨厌的事是理论脱离实际，他宣称法国起义是"一场教条和理论教条的革命"。[40] 在其他地方，他将这种"理论的"心态定义为体现在哲学家身上，他们不仅漠不关心，而且完全是危险的："这些哲学家在他们的实验中考虑人，就像他们在空气泵中或在恶臭气体的容器中考虑老鼠一样。"[41] 就在两年前，基尔曾自豪地写道："在欧洲的 449

每个国家，普遍的知识和对科学的爱好的扩散，整个阶层的人，似乎是当今时代的一个特征。”[42] 但现在，用伯克的话说，科学沾满了鲜血，它的实践者傲慢而冷漠。在《反思》中，伯克攻击理查德·普赖斯的布道，称这位老牧师与“文学阴谋家、迷人的哲学家、政治神学家和神学政治家”有联系，他们所有人都完全“不了解这个他们如此喜欢干预的世界，对所有的事务都缺乏经验，却信心十足”。[43] 他用一些术语，这些术语让人想起普里斯特利的苏打水、法国的化学，黑尔蒙特从容器中喷出的“气体”，把科学与造反联系在一起：

当我看到自由精神在行动时，我看到一个强有力的原则在起作用，而这，在一段时间内，是我所能知道的一切。野外的气体，固定的空气，显然是松脱了，但我们应当暂时搁置我们的判断，直到最初的沸腾消退了一些，酒也澄清了一些，直到我们看到了比表面的不安和泡沫更深层的东西。[44]

这很聪明，但也很尖锐。普里斯特利几乎没有政治行动或行政实践的意识——上帝会命令改变的手段和方法。他真诚地相信，革命可以迎接新千年的到来，在他的老朋友托马斯·贝尔沙姆临终时，对他说：“你可能会活着看到它，我不能了。我想不会超过 20 年吧。”他把理智和预言混在一起，似乎总是隐含着暴力的威胁。

在这些漫画中，可以看到对科学和革命的联合攻击。1792 年，当普里斯特利的继任者约翰·爱德华兹牧师抵达时，“约翰·诺特·巴顿·布尼舍尔”抓住机会谴责了他前任的自命不凡：

但爱德华兹先生，你的名字后面应该有称号吧？因为朴实无华的J·爱德华兹，需要一门才艺来展示。现在，我在想，或许T.G.，A.B.，J.L.，B.M.，分别代表裁缝、男爵、伦敦、祈求月光。这些哪一个看起来比普里斯特利先生的DD，F.R.S.（皇家学会会员）更荣耀？[46]

伯明翰骚乱是一个具有象征意义的时刻，知识分子从此对英国民众长期不信任。第一次，在你的名字后面加上首字母变得很危险。

38 传递下去

达尔文和伊斯拉漠下国际象棋，1790 年

450 “在这里犯下如此多暴行的地狱恶棍们，通过驱逐普里斯特利博士，几乎摧毁了我们的月光社。”瓦特对约瑟夫·布莱克呻吟着说，“至少我们见面时，政治比哲学更重要。”[1]的确，在接下来的几年里，会议只是零星地举行，在普里斯特利离开后，月光社的光亮渐渐消失了。法国大革命介入了，就像旋转的地球把它的影子投射到月球上，遮盖了交谈和实验，直到剩下的只是一个影子，反射着微弱的红光。

这并不是说个人的成就到此就结束了。在许多方面，这个小组的成员正处于他们成就的顶峰。1792 年，乔舒亚·雷诺兹爵士指使瑞典肖像画家卡尔·冯·布雷达（Carl von Breda）前往伯明翰，在那里画了博尔顿的矿物和工厂，瓦特和他的发动机设计图画，威瑟琳和他的洋地黄。今年，约瑟夫·赖特也为伊拉斯谟·达尔文画了最后一幅肖像，他比以往任何时候都要胖，他的纽扣紧紧地扣着他那件漂亮的阔棉布大衣，那是一个幽默、威严的人物，手里拿着羽毛笔。[2] 达尔文的重量级散文作品《动物志》和《植物学》出版，但关于园艺学的研究仍未问世；博尔顿和瓦特赢得了专利之战；索霍铸币厂将兴旺发达；波特兰花瓶被誉为国宝。但是有一种变化的感觉——而且常常是危险的——一种移交给新一代的感觉，他们有 451
不同的方式、不同的观点，从这两个意义上来说，他们已经“成长”出了月光社运动。在接下来的几年里，年长的疯子和他们的儿子之间的斗争和紧张关系就像万花筒一样，令人着迷。

早在 1790 年，韦奇伍德就已经把他的三个儿子和长期担任公司经理的外甥汤姆·拜尔利请进了公司。但唯一真正忠于公司的是二儿子约西亚，就连他也觉得在伦敦的展厅里接待顾客有失身份。他说，他成长的时间太长了，“觉得自己与所有人都是平等的，无法忍受那些走进商店的人的傲慢态度”。[3]1792 年，他娶了英国西部贵族家庭的女儿伊丽莎白·艾伦（Elizabeth Allen）为妻。同年，他的哥哥约翰离开了公司，先是当了银行家，后来又当了乡村绅士，娶了伊丽莎白·艾伦的妹妹路易莎。

20 岁时，身材高挑、风度翩翩、才华横溢、魅力十足、患有忧郁症的汤姆·韦奇伍德也走上了自己的路。他仍然在这家公司工作，设计图案，进行实验，并与普里斯特利就他关于光和热的论文进行通信。[4] 汤姆是一个真正创新的化学家，他被誉为摄影之父：他做了舍勒关于银盐感光性的实验，银盐在光线下会变黑，十年后，通过将它们置于明亮的灯光下，置于用硝酸银润湿的浅色皮革或白纸上，他成功地将剪影和图纸复制到玻璃上。[5] 但是他没有办法把它们固定好，盐在光线中不断地变暗，他的创作也注定要永远消失在暗室里。汤姆是一个典型的浪漫主义者，一个不安的灵魂。1792 年，他在埃伊特鲁里亚的日子结束了。那年夏天，他动身前往巴黎，与小詹姆斯·瓦特会合。达尔文为他治病很多年，在 1794 年给他开了处方：“大约 5 粒大黄茎和 3/4 粒鸦片，每天晚上吃几个月，可能整个冬天都要吃。”[6] 这是第一次致命的尝试，也许不仅是对汤姆来说，当时他和他的兄弟约西亚住在奥特里圣玛丽附近，那里是柯勒律治的家。

移交工作并不容易。如果说汤姆·韦奇伍德进入了激进—浪漫
452 主义的圈子，在巴黎结识了华兹华斯，在萨默塞特结识了柯勒律治，那么詹姆斯·瓦特的人生之路，至少从一开始就更让他的父亲感到担忧。在曼彻斯特，詹姆斯曾是政治的活跃分子。他的密友是两名主要的激进分子，大律师托马斯·库珀和一家大型纺织厂的老板托马斯·沃克。通过他们，他加入了曼彻斯特文哲学会和一个建立于 1790 年的雅各宾派友好的宪政社团。他和库珀、沃克以及其他一些人激烈地争论，文哲学会应该在骚乱后公开支持普里斯特利。当委员会拒绝时，所有的提议者都退出了。詹姆斯几乎完成了他的学徒生涯。与父亲和继母的不和排除了他在索霍工作的可能性，也阻止了他与同样不知所措的年轻约瑟夫·普里斯特利创业的想法。最后，詹姆斯成了他的政治盟友沃克兄弟的欧洲推销员。1792 年 3 月，据说是为了卖纺织品，他和两个悠闲的“自由之友”——库珀和约翰·图芬（John Tuffen）——乘船到了加来。[7]

英国当时有一场热病。托马斯·潘恩的《人权》第二部分刚刚出版；雅各宾派的同情者把头发剪短，不抹粉；新的俱乐部诞生了，其中包括伦敦通信协会。似乎是为了与他们日益高涨的热情相

呼应，春天异常炎热，温度计在3月份飙升至约28℃，而詹姆斯瓦特正是在这个月启程的。当他到达巴黎时，他遇到了拉瓦锡和其他化学家，其中许多是他父亲的通讯人，他们现在都在谈论政治而不是哲学。这年4月，詹姆斯在曼彻斯特宪法协会向巴黎雅各宾俱乐部发表演讲，他和库珀在一次国际集会上挥舞着旗帜游行。伯克在下议院亲自谴责了这两件事。（报纸上的一篇报道差点把安·瓦特吓死。她对丈夫说："如果我不知道你在伦敦，我肯定会以为是你。"[8]）

伯明翰成了叛乱的温床。伯克一度将匕首扔在议会的地板上，声称这是运往法国政府的伯明翰武器的一部分。绝望的老瓦特警告他的儿子："我们政府的眼睛都盯着你。"[9]正当他的专利案件面临危机的时候，他却被涂上雅各宾党的污点，这使他怒不可遏。然而，从他写给安妮的信中可以看出，他也有自己的怨恨。下议院对待他像对待"敲诈者"一样，声称发明是别人的："可以这么认为，但如果是这样的话，我希望看到一个腐败的贵族统治的终结，这个 453
贵族既没有感激之情来保护自己的支持者，也没有意识来维护自己的法令。"[10]

这一年，其他月光社人的儿子也在巴黎。6月，威廉·普里斯特利在那里申请入籍，并被介绍给国民议会。（《泰晤士报》在报道这位"伯明翰英雄"受到大会欢迎时开玩笑说，普里斯特利要跟他走，还把自己和汤姆·潘恩的"可燃"作品拿来当弹药，这是个好主意，因为它可能会证明"在火药这东西上是一个巨大的节省"。[11]）接下来是汤姆·韦奇伍德，他在7月份报道称，詹姆斯是一位"愤怒的民主党人……瓦特说，一场新的革命不可避免地要发生，十有八九会给国王、法耶特和几百个人带来灾难"。[12]到那时，政府已经准备好迎接普鲁士的入侵，而在9月初，当入侵来临的时候，反革命分子在巴黎和各省的监狱里被屠杀了数千人。英国的旁观者吓坏了。瓦特写信给妻子说，詹姆斯寄来了一些关于最近发生的残忍的谋杀案的描述，他对这些谋杀案表示憎恶，但仍保持着和以前一样的原则……我告诉他，任何义务都不能促使他支持法国人的事业，他的义务要求他做他的事，他没有权利用耻辱来掩护我。”[13]他说，瓦特曾告诉詹姆斯，要他放弃与巴黎同事的一切联系。当瓦特的信到达巴黎时，在马拉花言巧语的鼓动下，公社的领导人已经要求制定一部新宪法。法国君主制于9月21日正式废除，第二天法国宣布成立共和国。

不久之后，新政权授予几位外国人以法国公民的荣誉，包括普里斯特利、潘恩、杰里米·边沁、威廉·威尔伯福斯和乔治·华盛顿。一个月后，普里斯特利当选为国民大会成员。但他谢绝了这项危险的荣誉——经常成为被攻击的对象，在小册子、演讲和漫画中被嘲笑，而这来自法国的赞誉对他没有帮助。他已经发现伦敦的生活很艰难，“皇家学会的大多数成员都因为我的宗教和政治观点而回避我”。[14]由于无法工作，他怀旧地回忆起在费尔希尔的日子，经常写信诉说自己的失落感，并承诺向月光社会议发送文件。
454 “我最后悔离开伯明翰的一件事，就是失去了你的陪伴，以及月光社的其他成员，”他对威瑟林说，“我在这里的哲人朋友们冷漠而疏远。”[15]

那时，普里斯特利正“不情愿地”考虑跟随儿子去法国。1792年6月，他给主要竞争对手拉瓦锡写信说，如果发生更多的骚乱：

我很乐意投靠你的国家，尽管目前的联合政府对你不利，我仍希望能获得你的自由。我还希望这个问题对科学和自由同样有利……[16]

但在巴黎，许多英国的同情者对事态的发展感到不安。詹姆斯·瓦特和汤姆·潘恩一样，在许多派系中都效忠于较为温和的罗伦党人，但现在他发现，带头的是丹东和德穆兰，他讨厌他们蛊惑人心。后来有许多关于瓦特留下来的故事：据说，在没有证据的情况下，他曾介入丹东和罗伯斯庇尔之间的决斗；曾被罗伯斯庇尔斥为皮特的代理人，这就是他逃亡的原因。真相就不那么浪漫了。10 月，他离开巴黎，开始了自己的旅行推销员之旅，向南游历了马赛、利沃诺和那不勒斯。但是，即使在他旅行的时候，他的思想仍然停留在巴黎。他甚至可以把刺杀国王的可能看作无罪的，“当它可以挽救我的数百万同胞的生命”。[17] 在接下来的一年里，他与愤怒的父亲的通信达到了最低点。“我绝望了，”瓦特写道，“你吸收了自由的观念，而在我看来，这些观念与人类的幸福是完全不相容的。”[18]

在那些日子里，“一切都与法国革命有关”。考克伯恩勋爵回忆说：“所有的事情，不是这件事或那件事，而是几乎所有的事情，都浸透在这一事件中。”[19] 例如，博尔顿发现了一个很好的商机。1791 年 1 月，听说国民议会计划改革法国的货币体系，他提出为他们创造一个全新的法国货币。他与蒙内隆兄弟有联系，尽管大会拒绝了他的计划，但蒙内隆兄弟还是迫不及待地发行了他们自己的象征性货币。博尔顿以奥古斯汀·杜普雷（Augustin Dupre）的一枚奖牌为基础，敲出了五片索尔，展示了联邦政府在法国面

455 前宣誓，法国手中举着《人权宣言》。在设计周围写着“不自由毋宁死[1]”。在资金匮乏的巴黎，代币非常受欢迎，要求用骑兵驱散代币的人群。索霍还颁发了三枚爱国勋章，分别是“国王的誓言”“卢梭”和“拉斐特”。虽然蒙内隆家族在1792年3月破产，但奥古斯汀·蒙内隆继续从事贸易，从伯明翰运送了40多吨代币，直到1793年9月私人铸币被禁止。博尔顿一直对公众情绪十分敏感（能够同时参与两个市场），在过去的一年里，他也一直在确认英国的反应，他发行了令人心酸的“最后的访谈”大奖章，展示了路易十六在被处决前与家人分离的画面，以及玛丽·安托瓦内特被送上断头台的画面。

所有的月光社人都以不同的方式感受到了革命的影响。在《植物的经济》（*The Economy of Vegetation*）中，达尔文曾公开为解放“法国巨大的自由”而高兴，1791年12月，他与约瑟夫·斯特拉特和塞缪尔·福克斯一起创立了德比政治信息协会，这是在人权运动之后成立的最早的激进组织之一。1792年，达尔文仍然很乐观。在给他的老同学迪克森（以“理查德·迪克森公民”的幽默称呼）的一封密信中，他写道，“法国人战胜了国王联盟，这让我非常高兴，我希望他们能保持自由，将自由的圣火传播到欧洲”。[20]德比协会的宣言（它的要求之一是成年男性有完全选举权）于7月发表，11月提交给国民大会，并于次月在《晨报》（*Morning Chronicle*）上发表。

时机不能更糟糕，很快《晨报》的编辑就因煽动诽谤而被传讯。甚至在9月的大屠杀之前，在皮特政府的扶植下，一波又一波的恐慌袭击了英国：托马斯·罗兰顿（Thomas Rowlandon）刻印

[1] 原文为法文。

的宣传印刷品《对比》(*The Contrast*)广泛传播，展示了法国倾向趋于平稳的可怕后果；“教会与国王”的暴民举行示威，反对已知的激进分子，其中包括托马斯·沃克，他在曼彻斯特的仓库遭到袭击；一份反对煽动文字的公告发布了，汤姆·潘恩在许多城镇的雕像上被焚烧。政府官员托马斯·里夫斯（Thomas Reeves）创立了“保护自由与财产协会，反对共和党人与“平等主义者”。很快，456
“平等主义者”的成员数量就增加了一倍。柯勒律治称他为“间谍帮司令”。

1793年1月，路易十六被处决的消息传来。2月，随着革命军队越过荷兰边境，英国和荷兰被拉入公开战争，加入了奥普联盟。在伦敦，正如罗伯特·奥古斯塔斯·约翰逊（Robert Augustus Johnson）告诉威瑟林（威瑟林由于健康原因在里斯本过冬，曾寻求政治新闻）的那样，军队被召回，悬赏提供煽动性报纸出版商的信息，仆人被贿赂汇报谈话，“改革和革命被称为同义的”；所有那些不同意政府的人都被贴上了共和党人的标签，并“受到了最下流的辱骂和最粗俗的诽谤”。[21] 简而言之，几乎每个人的脸上都有一种阴郁的恐惧。威廉·普里斯特利离开法国去了美国，许多英国雅各宾派也移民了，其中包括瓦特的朋友库珀、约瑟夫和哈里·普里斯特利。普里斯特利告诉威瑟林：“很多人都要去美国，包括我所有的儿子。我的打算是，当他们安顿下来后，我要跟随他们，并 457
在那里结束我的生命。”[22] 他悲惨地结尾道，“希望如此，几乎不奢求有更好的日子。”

那是个炎热的夏天。举国上下汗流浃背，战战兢兢。博尔顿保持沉默，他的一桶桶代币被运到巴黎。法国现在是敌人，卷入了流血冲突：9月，罗伯斯庇尔领导下的公共安全委员会控制了政府，

《对比》，由乔治·默里勋爵设计，托马斯·罗兰森雕刻，是 1792 年年末最受欢迎的版画之一

并宣布恐怖主义是主要的政治武器。人们害怕入侵，但詹姆斯·基尔从未失去改革的热情，他是许多前军人的典型——爱国主义主要集中在军事目标上，发表了一篇《国家的军事性质》（*Martial Character of Nations*）的文章和出版了一本《古代和现代战争艺术词典》（*Dictionary in the Art of War Ancient and Modem*）和一本字典在古代和现代战争的艺术（也许是拾起了 30 多年前他的出版商扔进火里的那本书的笔记）。

一整年，小詹姆斯·瓦特都在瑞士和德国缓慢地向北行进，他饱受优柔寡断的折磨，认真地考虑加入革命军队，尽管他所有的朋友都极力反对。1794 年春天，詹姆斯悄悄地从阿姆斯特丹溜了回来，并于 1794 年 3 月初敲响索霍馆的门。这年 4 月，他对一位荷兰朋友说，虽然这个国家可能很糟糕，但这是我所知道的最好的国家。[23] 从这时起，他和年少的博尔顿都披上勤劳的外衣，躲避患难。那一年，两个人在他们父亲的公司里成为合伙人。詹姆斯从未结婚，他和他的西西里男仆、他的猫、他的狗独自生活，沉浸在工作中：这位前共和党人变成了一位勇敢的资本家。

在过去的一年里，英国的气氛变得越来越紧张。1793 年 8 月，在爱丁堡，律师托马斯·缪尔（Thomas Muir）仅仅因为倡导议会改革而被判 14 年监禁，一神教牧师托马斯·帕尔默被判 7 年监禁。无数的煽动叛乱案件被拖上法庭，最后，在 12 月，《晨报》的编辑们因发表德比演说而受到审判，这是由伟大的托马斯·厄斯金（Thomas Erskine）辩护的，他在前一年曾与潘恩打过官司。尽管法官、首席大法官凯尼恩勋爵在总结陈词时抨击了演说的“恶劣”意图，并明确宣布这是“严重的煽动诽谤”，但陪审团似乎不愿定罪。5 个小时后，他们回来说，虽然“发表论文有罪”，但并没有 458
恶意——这是一个没有意义的判决。他们被送回陪审室，在那里辩论了一整夜，第二天早上 5 点记录“无罪”。

达尔文和德比协会的其他成员侥幸逃脱了一劫，如果不是这样，他们也可能被审判。顺便提一句，厄斯金曾说过，据传这篇讲话出自一位受人尊敬的作家笔下，“是那个时代的第一个诗人；他扩大了味觉的范围，用新的花朵来装饰想象的空间。”也在这一年里，他对革命激动人心的赞歌，安全地嵌入了《植被经济》（*The Econmy of Vegetation*），也被最直言不讳的、最有影响力的激进的周刊《执政为民》（*Politics for the People*）摘录和重印，由不知疲倦的激进的书商丹尼尔·伊顿（Daniel Eaton，尝试自己这年分发

《人权》）出版。

尽管达尔文的观点是激进的，但他并不是一个革命者。家庭、财产、法律和秩序；科学可能带来的“改善”；自然本身提供了一种根深蒂固的秩序和进步的模式——这些是他信仰的主要内容。他在当地的舞台仍然是德比哲学学会，1792 年的一位嘉宾回忆起他“绝妙的想象力和机智，让我们一直在欢笑和惊讶中”，[24] 但他的科学工作现在得到了更广泛的认可，他在 1792 年获得了新林奈学会的奖学金，并于次年入选美国哲学学会。尽管有煽动叛乱的污点，他的行当依然兴旺发达。然而，家庭事务是第一位的。1790 年，年仅 1 岁的哈里去世了，他父亲无情地为他放血，就像对待任何一个成年病人一样。不久，他的女儿哈里奥特出生了。他对迪克森说：“我现在最怕的就是这个该死的老年，它就像苔藓爬在树上，在人身上爬来爬去，全身皱纹像烤熟的梨一样到处都是。”[25]60 岁时，达尔文有六个九岁以下的孩子，但房子慢慢地开始空了。他的三个波兰的继子女都结婚了，他很快就把玛丽和苏珊·帕克安顿在阿什伯恩的学校里，11 岁的维奥莱塔和 10 岁的埃玛是他们的第一批寄宿生。

即使在日益压抑的气氛中也有一些轻松愉快的时刻。那年夏天，达尔文愉快地写了与伊丽莎白和孩子们在河里游泳的故事。这年夏天，博尔顿前合伙人的女儿帕蒂·福瑟吉尔写下了热情洋
459 溢的日记，其中对战争和革命一字未提。她和博尔顿一家住在德比，达尔文“带我们穿过他的花园（然后乘船过河）到另一个花园里，花园里长满了他收集的所有常见的野草，他非常喜欢这些野草”。[26] 博尔顿的队伍继续前往德比郡，在马特洛克与埃奇沃思家会合，这可能是另一个夏天——参观卡斯尔顿洞穴、纸牌聚会和舞

会："晚饭后，我们像往常一样跳舞，因为这是最后一晚，我们坚持了很长一段时间，在山上和很远的地方跳舞，这是我见过的最欢乐的舞蹈之一……"[27]

当达尔文发现自己被认为是叛逆者时，他退出了科学领域，在他的著作中，他将改变的希望与生物进化的观点而不是与当前的政治观点联系在一起。1791 年，普里斯特利拒绝了达尔文的建议。"请原谅，"他礼貌而坚定地回答道，"我仍然参加神学和哲学的研究，我认为前者在重要性上远远超过后者。"[28] 但是现在，他对政治太过热忱了。他的儿子已经移民，1794 年 2 月，他所有的朋友都逼迫他去美国避难，普里斯特利定下了行程。他很小心地打包他的仪器和书。在 3 月 30 日，他最后一次在哈克尼的采砾场布道。十天后，他乘船远去。 460

在离开之前，普里斯特利得知拉瓦锡因在旧政权下"向农民收税"而被捕。拉瓦锡最后的避难所——科学院在 1793 年被废除。在经过几个月的监禁后，拉瓦锡于 1794 年 5 月 5 日受审。当天他就上了断头台，他的尸体被扔进了一个无名的坟墓。在他受审期间，对他的一项指控是与英国人通信。

普里斯特利将他的最后一部作品《从水中产生空气的实验》（*Experiments on the Generation of Air from water*）献给了月光社，宣称它："既鼓舞了我，又启发了我。所以，我在那儿所做的一切，从哲学的角度来说，几乎既归功于我也归功于你们。"[29] 他在回忆录中写道："我认为在伯明翰定居是我一生中最幸福的事。"[30] 但是，尽管月光社其他成员与他继续保持通信，资助他的研究并提供设备，普里斯特利留在月光社的时代已经结束了。他们有自己的忧虑。瓦特眼看着女儿杰西死于肺病，这使他与詹姆斯打交道时变得更加野蛮。达尔文和瓦特一样痛苦，用鸦片和洋地黄来治疗杰西，并在她 1794 年 6 月去世时温柔地安慰他。作为一个医生和一个父亲，他和他的朋友们分享了太多作为父母的痛苦，一种无助感增强了他们的亲密感。然而，在他的作品中，他可以把这些个人的痛苦融入一个更大的模式中，这是《动物法则》的一部分。

即使在反动的气氛中，幻想的激进主义的浪潮仍在继续。达尔文很受年轻作家的推崇，比如威廉·戈德温，他在 1793 年对《政治正义论》（*Enquiry concerning the Principles of Political Justice*）的研究中采用了经验主义、"联想主义"和社会进化，得出了一个强有力的无政府主义（如果合乎逻辑的话）结论。如果个人被教育去理解他们的社会责任，从政府和法律的暴虐干涉中解脱出来，社会就会自行运转：精神会控制物质，甚至疾病和死亡也会消失。

461 另一位自认为能战胜疾病的崇拜者是托马斯·贝多斯（Thomas Beddoes）医生，达尔文在 1787 年第一次见到他。[31] 贝多斯在爱丁堡受过教育，是一位热心的化学家和地质学家，他是法国化学的热心皈依者，也是这场革命的狂热支持者。1793 年，他离开了牛津大学，在被辞退之前辞去了化学讲师的职位。贝多斯是一名月光社的自然继承者——这简直是一种讽刺——他目前的项目是研究吸入氧气、氢气和其他气体是否有助于治疗肺结核等肺部疾病。达尔文建议他搬到布里斯托尔，因为那里有热水井和富有的病人。由于贝多斯是托马斯·戴的崇拜者，基尔把他介绍给埃奇沃思。埃奇沃思和他的家人在那里为他患有肺病的儿子洛弗尔寻找治疗方法。[32] 埃奇沃思的孩子们喜欢他的实验，他还为《实用教育》（*Practical Education*）编写了"玩具"这一富有想象力的章节。不久，他向

20 岁的安娜求婚，令所有人吃惊的是，安娜接受了求婚。

埃奇沃思对他的小小胖胖的民主党女婿有疑虑，意识到“如果贝多斯推迟他的政治项目，直至完成医疗建设，他就会成功地大赚一笔，但是，如果他吹响煽动叛乱的号角，贵族们宁愿与撒旦下地狱，也不愿与任何民主的恶魔为伍”。[33] 但是贝多斯面临的问题不只反动的公爵夫人那么简单，其中一个问题就是如何获得所需的纯气体和最有效的仪器。这次，月光社人又帮了忙。杰西去世后，瓦特开始设计一种新的装置，用于批量生产未受污染的气体。埃奇沃思在给达尔文的信中写道：“我想，在我碳酸化、氢化或氮化任何人之前，我将等待贝多斯医生的下一本书。”[34] 他不用等太久：在瓦特的贡献下，贝多斯的第一卷《人造空气的医学用途》（*Medicinal Uses of Factitious Airs*）在年底出版。[35] 不久，达尔文开始给病人吸氧，包括他可怜的女儿埃玛，他还吞下了“骨灰、磷酸苏打粉和树皮粉……所以氧气只是这个过程的一部分”。[36]

1798 年，气动力研究机构终于成立，几乎所有的月光社人都成了订阅者，汤姆·韦奇伍德和格雷戈里·瓦特推荐了一个天才做贝多斯的助手——十几岁的汉弗莱·戴维（Humphry Dary）——当时因健康原因，而住在彭赞斯的女房东的儿子。在接下来的几年里，贝多斯分发书籍、说教小说和小册子，安娜邀请了一群不同 462
寻常的活动家和理想主义者，包括戴维斯·基尔（Davies Giddy）（后来改名为吉尔伯特，成为英国皇家学会主席）、罗伯特·索西（Robert Southey）和塞缪尔·泰勒·柯勒律治（Samuel Taylor Coleridge）。1794 年，索西和 19 岁的柯勒律治构思了一个狂喜的计划——“理想的平等社会”（Pantisocracy），这是萨斯奎哈纳河（Susquehanna）岸上的一个由 12 对夫妇组成的乌托邦社区。这个计划不可避免地失败了，但在接下来的两年里，洛克、哈特利、普里斯特利、达尔文和戈德温的精神注入了柯勒律治的宗教沉思、演讲和《守望者》(*Watchman*) 中。知识将带来进步；人和社会都是完美的；伊甸园将被开垦。

达尔文对贝多斯的支持和对《动物法则》的研究，让他设想通过医学而不是政治来改善社会。他的大部分作品都很严肃，但有些也非常有趣，比如他和汤姆·韦奇伍德关于制作一张气垫床的信件。("他认为羽毛总是发臭的，"达尔文开玩笑地告诉瓦特，"他希望能在云朵上休息，就像你在天花板上看到的那些神和女神一样。"[37]) 但对当权者来说，他似乎仍有几分威胁性。达尔文的邻居厄普顿先生，10 年前，曾与达尔文就窗户发生过一场小小的争执，后来被证明是政府间谍。同年晚些时候，达尔文的作品和思想在《黄金时代》(*The Golden Age*) 中被恶搞，这是达尔文写给贝多斯的所谓诗性书信，书中把植物适应了肉类生长的疯狂幻想与"低平等的卑劣肮脏"联系在一起。

1794 年夏天是月光社和全国生活的低谷。5 月，人身保护令被暂停，12 名改革者被监禁，并在 10 月将以叛国罪受审。第一个案件是针对鞋匠托马斯·哈代 (Thomas Hardy)，他是伦敦通信协会 (Lodon Communication Society) 的秘书；第二个是针对经验丰富的激进分子霍恩·图克 (Horne Tooke)。他们一个接一个地被无罪释放，这在很大程度上要归功于托马斯·厄斯金有力的辩护。其他案件被驳回。但是，尽管取得了胜利，激进派的浪潮还是达到了顶峰并爆发：太多的人被围捕、监禁、流放或驱逐到国外。

叛国罪的审判被宣告无罪，这在月光社中引起了一阵欢呼：韦奇伍德本人就是一个受人瞩目的人；他被告知，如果法国入侵，他的名字会被列入捕者名单的前列。[38]但在伊特鲁里亚，法律上的胜 463
利意义不大。11月下旬，韦奇伍德病倒了。达尔文给他开了明矾和肉豆蔻，混合奎宁和大黄粉用来治疗他的心脏。但是，在他12月初去巴克斯顿的旅行之后，他看起来好多了，以至于医生热情地建议他"不用再用树皮了，而且现在不要吃药"。[39]但随后他的右下颚感染了，疼痛加剧，他开始发烧。达尔文从一开始就几乎没抱有希望，但是他还是尽可能地长时间地和韦奇伍德在一起。[40]韦奇伍德的儿子约西亚说，三个星期的病让萨利和他的家人做了最坏的打算，他们永远不会忘记达尔文的功劳："我们都相信，他的友好和非凡的关怀让他活了很多天。"[41]据他的外甥汤姆·拜尔利说，最后两天，韦奇伍德昏迷不醒。但在这个家族中流传了一百年的另一个故事却讲述了不同的版本。[42]达尔文把韦奇伍德照顾得很好，但达尔文也私下给了他一些鸦片酊。1795年1月2日，韦奇伍德告诉萨莉和苏珊娜不要进来，因为他确信自己整晚都会睡得很香。第二天早上——苏姬30岁生日那天——他们发现他的房间从里面反锁着。木匠格里夫斯拿着梯子跑过来，从窗户爬进去，发现韦奇伍德躺在那里死了。

40年前，韦奇伍德开创自己的事业时只有10英镑，但如今他在遗嘱中留下了一大笔财产。1796年春天，正如两位父亲长久以来期望的那样，罗伯特·达尔文与苏珊娜·韦奇伍德结婚了，苏珊娜作为继承人继承了2.5万英镑——按现代价值计算超过100万英镑。

39 “火力发动机与杂项工程”

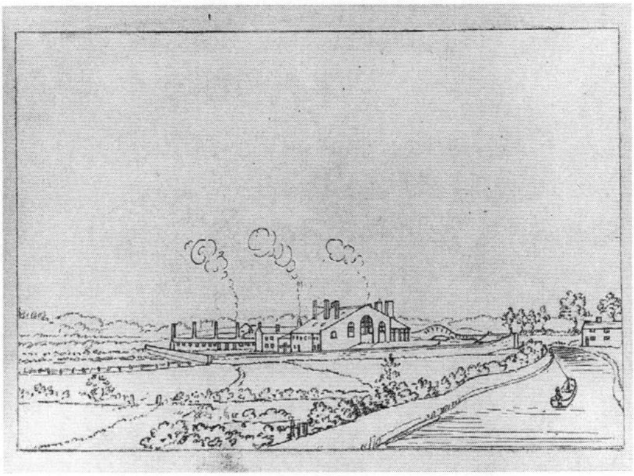

索霍铸造厂，约翰·菲利普绘制

1794年至1795年的冬天是近50年来最糟糕的冬天，冷得牛奶都冻在了挤奶女工的桶里。1月是有记录以来最冷的一个月，英格兰中部的平均气温为零下3.1摄氏度。3月，英格兰中部和康沃尔郡发生了食物骚乱。随着小麦价格飙升，骚乱蔓延；在伯明翰和棉花城镇，工厂和仓库遭到袭击。糟糕的收成加剧了紧张局势。在这年年底，在国王的马车前往国会开幕的路上，一群发出嘘声的暴徒用石头砸了他的马车，皮特颁布了他臭名昭著的反对“煽动性会议”和“叛国行为”的两项法案：前者尤其针对知识分子团体，要求他们持有执照，禁止讨论宗教或政治。镇压加剧：改革者遭到攻击，陪审团被挤满，工人被新闻集团挑选出来填满海军船只。1797年，斯匹特海德和诺尔发生了叛乱。许多人未经审判就被监禁。1798年，纳尔逊在尼罗河战役中取得胜利，但政府的神经并没有受到影响，今年，达尔文的出版商约瑟夫·约翰逊因出售煽动性著作而入狱。

1795年年初，达尔文满怀悲痛地写信给埃奇沃思，他对世界的现状和韦奇伍德的去世一样悲痛：

> 他是公众的也是私人的损失——我们都会变老，但是你！——当我觉得总是没有痛苦或恐惧的死亡——这世界的恶魔你说话，他似乎每天夺去了地面上其他绅士，皮特先生和我们亲切的 465
> 帮助——我不敢提他的名字，因为担心可能的叛国罪……
>
> 美国是唯一安全的地方——一个50岁以上的人（我不是指你）想要什么？土豆和牛奶——没有别的了。在美国，国王和牧师可以免税。

有时，艰苦的生活和个人的悲剧使生活接近无法忍受。瓦特已婚的大女儿玛格丽特于1796年在格拉斯哥去世，达尔文说，他想知道究竟是什么让一个人想要继续活下去，尤其是在公共事务如此惨淡的时候。他认为，“思想的活动”是唯一能使人不去想“在英国和其他致力于这场血腥战争的国家里已经存在或可能即将存在的痛苦”。[1]

然而，随着与法国的战争拖延下去，月光社人仍然期待着。当穷人和地主阶级受苦时，工业家们却在战争中得到了好处，其中包括月光社。军队必须有吃的、穿的和武装。铜产量上升，尤其是船舶的护套，硬币也是必要的。博尔顿十年前支持的亨利·科特（Henry Cort）的锻铁和滚铁方法，终于开始广泛使用。炼钢炉和铁炉大量生产钢铁，煤炭产量飙升，就连棉纺厂也经历了繁荣。18 世纪 90 年代出现了大量圈地行动和新一轮的运河热，投机者赚了大钱。即将到来的是工厂烟囱冒烟和劳动者流汗的时代——机器时代。

从一开始，对法国大革命的一种回应就是，它不可能发生在英国：宪法太健全，英国人的权利太安全；穷人比吃得烂泥的法国农民富裕得多。这是老辉格党人在巴士底狱陷落时，从基尔温和的欢呼中听到的一种思想基调："幸亏在这个国家没有这种必要。"这也是福音派的一个主题，在威廉·威尔伯福斯的演讲和汉娜·摩尔的小册子中回响，决心让劳动人民看到他们的祝福，而不是他们的需求。

这种对安静的狂热倡导对制造商来说是一种安慰。1796 年，在战争中期，博尔顿发出了同样的声音：

466 正如铁匠离不开他的打锤者，主人也离不开他的工人。让每个人在神所喜悦的状态中各尽其职、各尽其职，他们会发现这才是平等的真正基础。[2]

博尔顿的平等概念实际上是直接接受等级制度，用工业术语而不是封建术语重新表述。这是一个把男人、女人和儿童作为制造商的工具等毫不脸红的描述。唯一明智的做法是好好利用它们。尽管韦奇伍德和博尔顿谈论着自由，但他们是这场征服和控制的运动的领导者，几年之后，戴维·戴尔（David Dale）和罗伯特·欧文（Robert Owen）在新拉纳克的样板工厂和村庄成为他们的缩影。

博尔顿一直真诚地关心工作条件，例如，坚持把阿尔比恩工厂的墙壁粉刷成白色，以抵消黑暗和灰尘，给所有的工人送圣诞礼物，每年提高他们的工资，解决与房东之间的问题。但在这样的动荡时期，制造商更需要忠诚、安静的员工来维持贸易。1791年，索霍的发动机安装工人举行了一次罢工，博尔顿很快解决了这个问题，此后几年没有再出现任何问题。[3]1792年，《人权》出版的那年，"索霍工厂保险协会"的章程被印刷和传看，上面有一块精美的雕版，上面有稳定（立方体）、忠诚（狗）的象征，也有艺术、谨慎、勤劳和富足的象征。"散布在蜂房上的花朵"，博尔顿解释道，"代表着工业化的成就。"同年，作为新伯明翰药房的司库，博尔顿大张旗鼓地宣布："如果这个机构的资金不足以支持它，我将填补它的不足。"

在伯明翰周围还有很多其他的工作，然而索霍的工人们在博尔顿所有的危机中，在所有这些起义的岁月中，仍然忠于博尔顿，这不仅是因为他旺盛的个性，也因为他的规则。他的机会主义和源源不断的想法让车间陷入疯狂，让工人们咒骂，但他们的口袋里依然装满了钱。他的行为举止就像一个小帝国的喧闹统治者："高贵的"这个形容词经常被用来形容他。在谈到自己的造币努力时，沃特表达了一种双刃剑的敬意："他在整个过程中更像是一个君主，而不是一个私人制造商，对名声的热爱总是比对利益的热爱更能刺 467
激他。"

尽管如此，对利益的热爱仍然很重要。在新情况下，博尔顿把目光投向了新的市场：例如，法国就是他的货币市场。但他也意识到，在他即将退休的时候，利用他们最伟大的商业成就——蒸汽机——是至关重要的。尽管从1790年开始的三年间订单量增加，但由于更多工人的工资也增加了，实际上每年的制造业损失都越来越大。有两件事必须做：使生产合理化和收回所欠的专利费。这些任务主要落在了下一代人的身上：1794 年 10 月，他们的儿子正式加入了合伙企业，公司的名字也改成了博尔顿瓦特和儿子们，其中包括瓦特聪明的小儿子格雷戈里，这年 19 岁。为了增加经验，威廉·默多克从康沃尔回来帮忙。

自从他第一次敦促瓦特把思想转向旋转发动机，博尔顿就意识到这将意味着新的生产方法。在矿井或运河上使用老式的往复式发
468 动机时，现场总有工程师熟悉纽科门老式发动机，能从许多部件上安装索霍式发动机。磨坊和工厂则不是这样，因为它们到目前为止都是依靠水或马拉的轮子。现在，这些发动机通常必须完全在索霍制造，并在那里进行测试，然后才能在工地上重新安装。它们更小，由它们自己的框架支撑，而不是建在一个巨大的发动机房中，相当于一个完整的、可移动的机器。他看着利润下降并且意识到，像威尔金森这样的分包商的成本是巨大的，博尔顿决定建立一个完整的发动机在索霍工作，这是他梦想了三十年的事情。他在 1769 年给瓦特写信时，就曾说为“整个世界”制造发动机是值得的。1795 年，脾气暴躁的威尔金森兄弟约翰和威廉之间的最后一场争吵，导致了伯沙姆钢厂的关闭。科尔布鲁克代尔公司可以向索霍提供气瓶，但数量不够，而在其他地方生产的气瓶也没什么希望。

在离工厂一英里的地方，博尔顿开始在伯明翰运河岸边建造新的索霍铸造厂。它由铁匠铺、锻造厂、镗床、铸造厂和车削车间组成，三个月就完工了。威尔金森的几位经验丰富的工人被雇用了，1796 年 1 月 30 日，它以一场为所有工人和建筑商举行的盛大庆祝

索霍保险协会的牌匾

午宴拉开了序幕，自称为“索霍之父”的博尔顿发表了一篇充满乐观幻想的演讲。[6]《阿里斯的伯明翰公报》捕捉到了这种语调，以至于它读起来就像博尔顿自己的新闻稿：

在这座宽46英尺、长100英尺的寺庙的大厅里，两只肥羊（索霍新开垦的土地上的第一批果实）被供奉在伏尔甘的祭坛上，独眼巨人吃掉了它们。这两道大菜都是用大块大块的牛肉、小牛肉腿和火腿做的，还有无数的肉片和水煮布丁，配上优美的玛丽安音乐。晚餐结束后，索霍的创始人走了进来，他在墙上洒了酒，为把这枝新树枝祝圣，然后以伏尔甘的名义，还有所有的火与水之神，宣布它的名字为索霍铸造，所有的人喊阿门……仪式结束后，六门大炮鸣响，乐队奏起《天佑吾王》，二百名忠实的臣民齐声合唱。[7]

约翰·萨瑟恩在给小詹姆斯·瓦特的信中戏谑地写道，小詹
469 姆斯·瓦特错过了这一盛事，整场进行顺利，除了“丢了点东西……刀子、叉子、胡椒盒、芥末壶、水杯、水壶、桌布、刀叉、汤匙等”。[8]

在新的合作关系下，特别是在詹姆斯·瓦特二世的积极参与和威廉·默多克敏锐的监督下，铸造厂逐渐克服了早期的质量问题。博尔顿和瓦特两位老人解决了一个问题。但铸造厂的成本超过了2万英镑，这是一项15年都没有收回的投资，所以现在更迫切的是把所有可用的现金都收回来。当他们要收回专利费时，他们不仅收回旧发动机的，而且还收回了所有侵犯瓦特专利的盗版复制品——许多这样的发动机已经制造出来了。旋转引擎的成功对博尔顿和瓦特来说太大了，无法满足需求，许多磨坊主和制造商很自

然地转向别处，希望能让其他工程师偷偷地建造它们。很长一段时间里，瓦特都不愿意去反抗这件事，因为他担心专利的条款太宽泛，没有法院会支持它。但现在，从实际的角度来看，这似乎至关重要——与其说是为了保护专利，还不如说是为了收取未付的专利费，以确保未来的支付。从 1794 年开始，年轻的合伙人就开始追查侵权行为，诉讼的威胁常常足以带来专利费收入。

如果磨坊主不情愿和解，康沃尔的情况就不同了。这是他们大多数发动机的所在，也是他们大部分资金的来源，也是他们的垄断地位最遭人憎恨的地方。最后瓦特对乔纳森·霍恩布洛尔采取了行动，他在整个公爵领地都安装了他的双动发动机。当霍恩布洛尔试图延长他的竞争对手的专利时，博尔顿和瓦特坚决反对，最终赢得了胜利。

一个竞争对手一败涂地，但另一个对手顶上了他的位置。他们以前的发动机安装工爱德华·布尔（Edward Bull）在 21 岁的天才理查德·特雷维希克的帮助下，为西部矿山的船长们制造了“倒置”发动机。他们赢得了阻止布尔和特雷维希克的禁令——特雷维希克避开了所有想抓住他索要专利费的企图，直到突然之间，他带着布尔以令人困惑的华丽姿态出现在索霍的门阶上，被逼到了最近一家酒吧的水龙头室里。法院从未怀疑布尔侵犯了专利权。正如瓦 470
特所担心的那样，问题在于专利本身的有效性。多年来，这个问题一直拖到 1795 年上诉法院审理，仍然没有明确的裁决。与此同时，合伙人可以继续就个别案件进行斗争。其中一次是在 1796 年，对手是杰贝兹·霍恩布洛尔和他的搭档马伯利。马伯利利用瓦特的独立冷凝器发明了一种“摆式蒸汽机”。当陪审团为瓦特做出裁决时，索霍举行了盛大的庆祝活动，并鸣炮庆祝，但霍恩布洛尔和马伯利孤注一掷，对瓦特的专利发起了整体挑战。1799 年 1 月，国王法庭全体一致支持瓦特："我们彻底赢了。"他告诉博尔顿。[9] 詹姆斯·瓦特二世叫索霍人送号手去，"在迦特宣告，在阿斯卡隆的街上传扬[1]。马伯利和他所有的主人都被赶走了！"[10]

在赢得这些官司的过程中，瓦特作为"哲学家"的声誉无疑是重要的，他精心培养的关系也是如此，为他们作证的证人有一半是皇家学会会员，其余的人在某个阶段是索霍的员工。[11] 但在很多方面，这是一次象征性的胜利，也是一次代价高昂的胜利。诉讼的花费巨大，专利费将在一年内耗尽，瓦特的发动机和他一样老化。1799 年，他们在康沃尔的经纪人托马斯·威尔逊以不完全可信的精度估计，所欠的专利税总额为 162 052 英镑 3 先令 7 便士，以今天的价格计算，约为 900 万英镑。尽管愤怒的科尼什矿长被迫支付了一部分，但他们肯定从未付清全部，他们的怨恨意味着公司在那里的业务结束了。甚至在专利失效之前，特雷维希克强大的高压发动机就已经在冒着热气、出汗罢工。尽管格林尼治发生了可怕的爆炸（完全被索霍的宣传所利用），但特雷维希克的怪物们很快就从康沃尔蔓延到了科尔布鲁克代尔。

当他们的儿子在 1794 年进入这个行业时，博尔顿 66 岁，瓦特只有 58 岁。虽然博尔顿继续着他的风格，瓦特却专注于实验和与贝多斯的合作。发动机版税使他从对钱的恐慌中解脱出来。1790 年，他和安从哈珀山的老摄政王的住所搬到了塞缪尔·怀亚特为他设计的新房子里，名叫希斯菲尔德，新房子在汉斯沃斯荒
471 原上，从索霍步行 20 分钟即可到达。第二年，当那片荒地被围起

[1] 迦特，《圣经》中腓力斯的五大城市之一；阿斯卡隆，古巴勒斯坦城市。

来的时候，他买了40英亩地，种树，盖暖房，还有一个带围墙的菜园。[12]

有一段时间，一切看起来都很好。才华横溢的格雷戈里被送往激进、进步的格拉斯哥大学，那里的教授们被热情地邀请到瓦特家。但是，随着杰西1794年的去世，悲伤在希斯菲尔德蔓延开来，随之而来的是与格雷戈里的疏远。一年后安妮写的信令人心碎，谴责对他的不满，不想取悦他的父母，因为他们“总是愿意满足他的每一个愿望”，只要他“自由地向他们敞开心扉”，而不是以如此冷淡的“谨慎的矜持”来迎接他们。[13]两代人之间的差距很大。接下来的几年里，格雷戈里和他的朋友威廉·克莱顿正兴致勃勃地交换信件，内容包括严肃的矿物讨论，穿插着母亲山与粪便有关的诗歌，古老的洞穴，比如魔鬼的屁股，还有地质学家们在野外的生动的漫画，一袋袋的岩石和一瓶瓶的杜松子酒，与德比郡古老的月光社探险截然不同。他们记录了可笑的皇室专利，不是蒸汽机专利，而是学生时代的原始设备，如“离心净化”，并沉迷于对“撒旦式”友情的滑稽模仿，称对方为“最愤怒的圣徒”“慈善的恶魔”“美丽的盛开的切姆博克罗斯（Chermbocolo）”。[14]就在这个时候，老瓦特给格雷戈里发了一封充满深情的信，详细描述了凯恩戈姆山和这个“最浪漫的山谷”的美丽。[15]与他的儿子对比，他看上去苍老、天真、拘谨。尽管格雷戈里才华横溢，精神饱满，但现在已经有迹象表明，他也病了。

在那些年里，瓦特常常沉浸在工作的慰藉中。在希斯菲尔德厨房楼上的一间长阁楼里，他建了一个工作间，把车床和工作台放在窗边，为他的化石和其他标本搭架子，把多年前从苏格兰带来的所有旧工具整理好。据说，这个脏乱、满是灰尘、散发着化学气味的天堂，是安·瓦特的洁癖中的避难所。博尔顿也在筑巢。1787 年，他委托塞缪尔·怀亚特改造索霍住宅。门厅要很雅致，
472 有一根长柱廊，门厅里有大理石柱子，有大理石壁炉和红木门。但这也要是科学家的房子，怀亚特计划一年后，约翰·罗索恩（John Rawsthorne）绘制了一套从未使用过的替代设计，机翼上的房间分别标有“湿化学”“干化学”“博物学”“植物学——绿房子”“天文学”。[16] 在仔细列出了利弊后，博尔顿终于在 1794 年购买了土地的
473 永久业权，马上就有了新的鸟舍、橘子园和茶室的计划。1796 年，詹姆斯·怀亚特的最终设计加入了古典的过梁和亚当风格的圆形门廊。最后他和詹姆斯·怀亚特吵了一架，塞缪尔回来把它修完。

无论里里外外，都没有节省开支。家具包括窗户的彩饰、漆制的椅子和“法式靠垫”、白色的花边和花饰的印花布、玫瑰和罂粟花的镶边、绿色的流苏丝绸和大羽毛床，以及大厅的亚当风格的铺地织物。[17] 战争、苦难、骚乱和镇压从未触及这种对国内奢侈品的追求。花园也进行了大修整，博尔顿在笔记本上记下了很多想法和草图，并与景观设计师汉弗莱·雷普顿（Humphry Repton）讨论了用蒸汽来驱动瀑布的问题。雷普顿欣然接受了一台复印机作为礼物。（与其说雷普顿是被索霍花园吸引的，不如说是被博尔顿的皮带扣或鞋带吸引的，他问能否给他一双，因为弯下腰来系鞋带对“我这样的胖男人”来说已经很难了。[18]）约翰·菲利普的精美画作展示了这个时期的索霍花园，到 18 世纪末，博尔顿的精美住宅完工了。它在技术上是最新的，包括为浴室提供热水管道（第一次用蒸汽加热）和一个让加热的空气流经房子的系统，通过楼梯上的孔过滤出去。瓦特和博尔顿，以及在他们之前的富兰克林和怀特赫斯特，长期以来一直都在想着炉栅和蒸汽供暖。博尔顿曾写信给

兰斯顿勋爵，说要给他的图书室安装供暖设备，1796 年 11 月，威廉·威瑟林在埃吉巴斯顿庄园为他安装了援气设备，威瑟林希望这能帮助他治好胸疾。威瑟林写道，凛冽的空气使他“想起了你们蒸汽温暖的空气，我保证在冬天的几个月里会过得很舒服”。[19] 然而到了最后，威瑟林一家无法忍受焊接铜管的味道，整个系统回到了索霍。

虽然瓦特和博尔顿现在都有时间考虑物质上的享受，但他们不是一直这样，当瓦特退隐时，博尔顿利用相对自由的时间，从发动机业务中分出精力，专注于其他事情。他仍然领导着控制地方标准的运动，例如，1796 年的《纽扣法案》中对纽扣的镀金，采纳了一些新想法，包括怀特赫斯特和蒙戈尔菲耶早些时候研究的一项冲击起水机的专利。但他真正关心的是铸币厂，从开始这就不是一帆 474
风顺的。一旦成功了，铜生产商就提高了价格；这影响了当地的其他制造商，包括纽扣制造商，他们迅速降低了工资，博尔顿再一次受到指责。1792 年，在骚乱初期，他愤怒地写信给托马斯·威尔逊，说他为伯明翰所作的贡献比任何人都多；他与白色金属纽扣毫无关系，这是最受影响的行当：“我不与任何俱乐部打交道，不参加任何公开会议，不属于任何党派，也不是宗教狂热分子。”[20] 但没有影响。大约一个星期后，他报告说“工人们戴着帽徽在街上游行，敲着鼓聚集起来，无知和嫉妒的目光转向索霍”。[21]

博尔顿给自己的人配备了棍棒，但是喧闹声过去了，铸币厂仍在继续工作。当他在 1790 年代重新大规模装修索霍时，他甚至给了供应商詹姆斯·牛顿（James Newton）一桶一桶的硬币。货币的需求量越来越大，这场代价高昂的战争带来了通货膨胀。1797 年，英格兰银行在必要时暂停了将纸币兑换成黄金的业务。今年，博尔顿终于赢得了渴望已久的政府合同，获得了 480 吨便士硬币和 500 吨两便士硬币——被称为“车轮”的重型硬币，此后再没有人制造这种硬币。“几天前爸爸和博尔顿先生一起吃过饭，”年轻的萨拉在给弟弟威廉的信中写道，“带回来了一批珍贵的标本，准备将来铸币——两便士正在流通，都是些可怜而笨拙的东西。”[22] 这只是一个开始，从 1797 年到 1799 年，博尔顿记录的“硬币的总重量”为 1 266 吨，“相当于 45 407.440 个硬币”。[23]

博尔顿满怀兴奋地对造币厂进行了改进。1798 年至 1799 年，他扔掉了十年前安装的印刷机，嫌它们太吵了。他扩建并根据非常不同的原理设置了新的机器。从现在起，博尔顿铸币厂的蒸汽机将不再驱动轮子和轴，而是将真空泵入一个名为“精神管道”的长圆柱体，这是约翰·萨瑟恩（老发明天才约翰·怀亚特的女婿）的一项杰出发明，为铸币机提供了主要动力。

新铸币机器大获成功。更多更大的订单一直持续到 19 世纪，便士、半便士和法新，甚至还有一大堆五先令的银币，都是由海军
475 从墨西哥缴获的西班牙元重新铸造而成的。一个月又一个月，博尔顿的硬币压在向南驶往首都的驳船上。1805 年，当皇家铸币厂最终在塔山上规划时，博尔顿签订了合同，提供机器和蒸汽机，并规划建筑。在他的一生中，机器从索霍运往西班牙、俄罗斯和丹麦的皇家铸币厂。

索霍铸币厂既提供利润，也提供冒险。1799 年，博尔顿带领自己的人突袭了三个当地的造假者，并与之进行了一场激烈的战斗，人们破门而入，穿过活板门，从梯子上跑下来。这和执法一样是公开的展示，没有人被起诉，但这让他觉得自己又年轻了，可以享受一场战斗。1800 年圣诞节，当他听到有人密谋抢劫工厂的谣

言时，他又陷入了另一次斗争。连续两个晚上，他和詹姆斯·瓦特二世以及一群雇员藏在楼梯下面，手里拿着大口径短枪和棍棒。第一天晚上，窃贼来了，但没能把门打开；第二天晚上，他们强行打开了门，抢走了他们的战利品，陷入了一场激烈的混战中。清晨，博尔顿踉踉跄跄地倒在床上，听到更多的噪音，他朝黑暗中开枪。“早上，”他告诉安妮，“我发现我们的灰色小马一直在窗户下吃草，比我还害怕。我们检查了一下，发现她没有受伤。”[24]

博尔顿从来没有停止过炫耀（沃尔特·斯科特听说了这起抢劫案后说：“我喜欢博尔顿，他是个勇敢的人。”）即使在他 70 多岁的时候，他也喜欢给来访者留下深刻印象的机会。1794 年，曾是银行家，在伦敦为丈夫承担佣金的寡妇夏洛特·马修斯告诫博尔顿，不要变得过分清醒。她注意到，他为他的新马甲选择了“粉红色的丝绸图案，现在我只穿黑色，我不能允许你穿粉红色……在你这个年龄，相似的颜色比多样化的颜色更好”。[25] 他很少听，这是一个奢侈的男性时尚的时代——高领、长袜、紧身上衣和紧身马裤都是邦德街的潮流。博尔顿很可能认为，一件粉红色的背心不过是一件小事。

1799 年 8 月，博尔顿给夏洛特·马修斯寄去了一份热情洋溢的报告，描述了俄国大使在圣彼得堡造币厂谈判期间访问索霍的情景。这是一次规模宏大的企业招待活动。他们和安妮以及她的朋友麦恩德小姐一起观看了肯布尔扮演的哈姆雷特，以及麦克雷蒂扮演的蓝胡子闹剧；他们有优雅的晚餐（“菜很好，一个男厨师整个星期都为你服务”），音乐之夜和白天参观伯明翰工厂。高潮是乘坐一艘经过特殊装饰的驳船在运河上“秘密探险”。另一艘驳船继续前行，船上挤满了演奏小号、法国号、单簧管、长笛、巴松管和双大 476

鼓的音乐家。在驶进铸造厂做了短暂的参观后，他们又去了另一个地方，在那里他们看到了“我们的一个发动机在锻造钢铁，一个倾斜的锻炉，在研磨钢板和熨斗，在研磨枪管，钻孔和研磨眼镜”。最令这位可怜的大使感到震惊的是，他在回家的路上穿过达德利隧道，进入了达德利城堡山下的巨大石灰岩洞穴。

我们又上了船，在音乐的帮助下，我们大大增加了这个郡的人口。我们停了几次，去看了煤矿、炼铁炉、火力发动机和各种各样的工程，终于进入了黑暗的地带。前进的时候，新的巨大的洞窟打开了，我们常常从洞窟里看到地上的居民在俯视着我们。乐队的音乐一直在演奏，美丽的回声从埃里伯斯湾的客厅回荡而来。[26]

这趟从斯梅斯维克到达德利的阴暗运河之旅，一定是18世纪所有旅游行程中最奇怪的一次，它把工业和地下的崇高带到了一个欢乐而滑稽的顶峰。它也危险地接近于一种自我主义的崇高，仿佛他不仅安排了这次旅行，安排了一百支火炬和音乐，而且还以某种个人的恶魔力量变出了工厂、火力发动机和熔炉。

尽管博尔顿充满了享受和虚张声势，但从18世纪90年代中期开始的大部分时间里，他的身体状况都很差，饱受肾脏疾病的折磨。基尔也经常因为风湿而被关在家里，但是在60多岁的时候，他仍然在管理他的工厂，看着女儿阿梅利亚在他们山顶的大房子里长大。真正的病人是威廉·威瑟林，还不到50岁，他正在与持续不断的疾病作斗争（博尔顿说了一句可悲的双关语：“身体之花已

经凋谢[1]得很厉害了，需要把它送到里斯本去——”[27]）。1792年， 477
他从总医院辞职，在国外度过第二个冬天后，他放弃了行医——尽管在葡萄牙他也分析温泉，并成为葡萄牙科学院的一员。[28]

他冷冷地写道：“我觉得去国外旅行对医生来说非常不方便，因为既花钱又拿不到钱。”[29]但实际上，威瑟林并没有金钱上的担忧，他在18世纪80年代早期以极低的价格买下了一大片土地，现在土地正好位于伯明翰扩张的中心地带。出租、租赁和出售土地（包括新联合街的一大片土地），再加上对康沃尔和运河公司的投资，让他的家庭紧跟潮流。他一直很忙，写了一篇关于保护真菌的短文，[30]并且每天花六个小时准备他的第三版《植物学》。“我能冒险卖出2 000份吗？”他满怀希望地问书商。[31]他的顾问包括他那个时代的所有专家，都说这是他最好的一本书。1796年作为《英国植物整理》出版了四卷，他的儿子又编辑了四版，最后一版，也就是第十一版，出版于1877年。

鉴于他们都支持贝多斯，威瑟林没有写信给达尔文。可悲的是，这两个月光社人到最后都成了敌人。例如，他们目前都在研究杂交植物和斯帕兰扎尼的“骡子”实验。威瑟林可能易怒、傲慢、顽固，但那些了解他的人都很喜欢他，他努力却无望地保持一些月光社精神。法国的化学反应、法国的战争以及英国对它们的反应，一起破坏了月光社的工作。1795年，瓦特写信给威廉·罗巴克说：“我没有任何重要的哲学新闻。这些被诅咒的法国人谋杀了哲学，并继续折磨着整个欧洲。”[32]他们与国际科学界的联系不仅在实际意义上被削弱，而且在政治上也开始显得可疑。所有那些有工业利益的人都比以往更加努力地工作，几乎没有给科学留下什么空

[1] 威瑟林，Withering还有凋谢的意思。

间。但是这些仍然经常重叠，基尔的工作阻止了他去参会见柯万，那时蒂普顿几乎被煤矿工人从附近的矿坑挖出的矿层破坏了。但是，当基尔和他的搭档亚历山大·布莱尔于1794年在蒂维达尔开办了他们自己的煤矿时，他们发现煤矿被玄武岩包围着——在某些
478 情况下，玄武岩就在下面——这直接导致基尔撰写了关于当地矿物学的论文，以供斯特本·肖（Stebbing Shaw）研究斯塔福德郡之用。

旧的争论仍在继续，人们采取了新的立场。达尔文在爱尔兰的德比和埃奇沃思忙得不可开交，向基尔和达尔文讲述他的新发明。信来来回回——达尔文向博尔顿询问施韦佩的苏打水，博尔顿幽默地向他询问关于他“沙哑的抱怨”的建议。他太忙了，没有时间变老：“我被抽得像个陀螺似的。”[34] 但是，尽管他们互致了情意绵绵的信件，其余的月光社人现在仍各自独立地工作着，互相给予、索取和快速的交换已经过去了。1799年，威瑟林悲叹说，他很久没有见到罗伯特·奥古斯都·约翰逊了，他离开凯尼尔沃思去务农了：

在我们的月光社会议上，我们失去了他，自从普里斯特利离开后，我们的月光社会议从未兴旺过。对一个人来说，这些成员要么太忙，要么太闲，要么太不想做任何事；每个人对公共事务状态的兴趣使谈话偏离了正轨。[35]

40 “时间是！时间曾是！”

爱德华，艾玛和维奥莱塔·达尔文，1787 年

在爱尔兰，公共事务几乎压垮了埃奇沃思。1794 年，他已经 50 岁了，但玛丽亚还记得，他仍然像以前一样热情： 479

在心灵的教育方面，他的赞许的温暖，或他的义愤的力量，都有很大的影响。他对任何卑劣的行为表示轻蔑；当他听到任何慷慨的行为时，眼睛里满是喜悦；他那雄辩的语言和强烈的强调博得了所有能看、能听、能感觉或能理解的人的同情。

并不全是。那个红脸的爱尔兰人虽然哈哈大笑，但仍然喜欢围着桌子跳舞，在柯勒律治和安娜·埃奇沃思笔下以克利夫顿为背景的敏锐年轻人看来，他似乎很可笑。虽然在 1798 年，埃奇沃思的

《实用教育》引起了广泛的兴趣，但随着世纪的转折，是玛丽亚成了那个明星，而不是理查德——1800 年，她出版了第一部长篇小说《奥蒙德》。在伦敦的背景下，她的父亲是个“吵闹的讨厌鬼”。这是拜伦的原话，不过后来他又改口了，说他是“一个很好的老头儿，有一副清澈、苍老的红润脸色，但很活跃、活泼、无穷无尽”。拜伦在日记中写道：“埃奇沃思跳来跳去，滔滔不绝，但他看上去既不虚弱，也不年老，也不体衰。”[1]

玛丽亚成功的时候，埃奇沃思一家又经历了一次革命。自从 1794 年法国入侵的第一次谣言传出以来，埃奇沃思一直试图说服爱尔兰政府，然后又说服海军部接受他的电报发明，但都徒劳无
480 功。在法国，克劳德·查普（Claude Chappe）已经在起跑点上击败了他，于 1791 年在巴黎和里尔之间建起了 16 个基站，石塔上的支臂绕着一根杆子旋转，简单密码信息可以在两分钟内从里尔传到首都。埃奇沃思变得越来越沮丧，在所有的起起落落、谈判、展示和审判中，他给达尔文写了几封激动人心的信。他想建造一排 20 英尺高的高塔，塔上有巨大的三角形指针，指针绕着圆圈旋转，通过不同的位置组合来传递信息。他解释说，他的系统是数字系统，创建了一个包含 7 000 种不同组合的代码，“有一本对应的词典”。此外，它还可以被改编成七组不同的词汇表，“海军、陆军、民兵、上议院、下议院、地理和技术术语，等等”。[2]

达尔文适时地回应了这一观点。他认为，埃奇沃思的电报：

就像一个巨人挥舞着他的长胳膊，用他的手指说话，那些长胳膊在晚上可能会被灯覆盖。你应该把四个或六个这样巨大的数字排成一行，这样它们就可以同时拼出一个完整的单词，而在爱尔兰海

岸周围，你还可以看到其他一些这样巨大的数字，它们彼此相望；因此，你们要坚强起来，不要再像培根修士那样，在英国周围筑一道铜墙，用那厚着脸皮的脑袋说：“时间是！时间曾是！时间是过去！”3

直到1804年，埃奇沃思才开始尝试采用这种方法。但即使他不能成为一名成功的电报工程师，他仍然可以在政治上表达爱国主义。1796年，他买下了朗福德郡圣约翰镇的一个口袋选区[1]，成为爱尔兰国会议员。在议会中，他强烈要求改善穷人的教育，结束地方法官对天主教徒的偏见。他对达尔文说：“最下层的人民长期受到压迫，他们的无知可能导致可怕的灾难。”4 他未来几年最重要的工作将是为爱尔兰教育调查委员会工作。

然而，1797年，伊丽莎白和她的姐姐一样，经过17年的婚姻生活，年仅44岁，因肺病去世，埃奇沃思的电报实验和他的政治生活都随之停止。不到一年，他娶了第四位妻子弗朗西丝·博福特（Frances Beaufort），她比玛利亚小一岁。这桩婚姻也给她的弟弟弗朗西斯·博福特带来了一位新的亲密朋友。（弗朗西斯·博福特后来成为海军水利学家，是博福特风力等级的发明者，也是小猎犬号航行的发起者，达尔文的孙子查尔斯将乘坐小猎犬号远渡重洋。） 481
弗朗西丝被埃奇沃思镇的那户人家迷住了，他们都是“化学家、机械师、文学爱好者，是一个更幸福、更随和、更深情的家庭”。他们的婚姻非常成功，在接下来的几年里，埃奇沃思部落又添了六个孩子。但在1798年，爱尔兰处于叛乱的边缘。1798年5月，在他们从婚礼回家的路上，这对夫妇看到一个吊在车上的男人，这是对

[1] 由个人或一个家族操纵的选区。

其他人的残酷警告。

一段时间以来，绅士们一直在征召志愿骑兵来保卫他们的家园。埃奇沃思被认为是造反分子的一个原因是，虽然几乎所有的这些军队都是新教徒，但埃奇沃思镇的志愿骑兵队是作为最后的不得已之举而招募的，这里混合了两种信仰。当法国于到达梅奥郡时，他的部队准备好了，但仍没有武器，他和他的家人被迫逃离新教徒管辖的朗福德镇，这是一个不太舒服的避难所：正当人们为叛军被击败的消息欣喜若狂时，一群激动的新教暴民试图把他当作法国间谍以私刑处死。第二天早上，一家人回到了家。这是一个可怕的时刻。叛军穿过村庄时，村庄被洗劫一空，门窗被震碎。但在家里，玛丽亚写道，

一切都和我们离开时一样。一张我们一直在查阅的地图还摆在图书馆的桌子上，里面有几支铅笔和几张纸条，上面写着初学的算术……壁炉架上还有一朵插在水杯里的三色堇，是一个孩子临摹用的。[5]

就像风眼中的孤岛，叛乱的飓风在他们周围盘旋，只留下中间的世界完好无损。

起义被严厉镇压，之后又出现了新的联合法案，埃奇沃思一开始支持这个想法，但在最后一分钟投了反对票，他觉得“强行让爱尔兰人接受这个法案是错误的，尽管全国有六分之五的人反对”。[6]

与此同时，他与弗朗西斯和玛丽亚一起去了英国，在什鲁斯伯里拜访了罗伯特·达尔文，与基尔家待在一起，并会见了所有的伯明翰人。“瓦特一家和博尔顿，”弗朗西斯热情地写道，“和他们的

火力发动机一样值得一看。”[7] 埃奇沃思和玛丽亚还单独前往德比看 482
望了达尔文。这是两位老朋友最后一次见面。

《动物志》出版后，达尔文仍在经历着好名声和坏名声的过山车。在这本书中，他也许写了对自己的辩护，一个月光社科学的信条——轻信——是他的意志疾病之一。

Credulitas。轻信。生命短暂，难得一遇；我们的感觉是谬误的，我们的推理是不确定的；因此，人类在从摇篮到棺材的永恒错误中挣扎。他必须通过类比来纠正实验，通过实验来纠正类比……[8]

即使如此，在实验被重复或被他人证实之前，没有人应该满足于对事实的信念。他写道，无知和轻信总是相伴而生，“误导和奴役了人类”。哲学或实验科学：

古往今来，都竭力反对他们的进步，想要摆脱他们强加的枷锁；哲学家因此被称为不信者：什么的不信者？幻想小说、巫术、妖怪、鬼怪、吸血鬼、仙女；星星对人类行为的影响，圣人的骨头创造的奇迹，不祥的鸟的飞行，濒死动物骨头的预言，梦的解释者，算命人，魔术师，现代预言家，巫术，占卜术，动物磁性，金属的牵引机，还有各种各样的愚蠢？他们曾经不信，也曾经鄙视过这些，但是他们向真理和自然低头……[9]

激动人心的东西。这些话对像威廉·戈德温这样的年轻理想主义者来说是一种号召，戈德温于1797年经过德比，希望见到达尔文。医生不在什鲁斯伯里，所以戈德温继续自己的旅程。但他后来承认，想念达尔文让他感到羞愧："我认为我们错了，"他对玛丽·沃斯通克拉夫特说，"这么一个非凡的人，这么一个我们可能会找到的真正的奇迹，我想我们应该毫不犹豫地牺牲36个小时。"[10] 前一年，柯勒律治也在这里，兴奋地写道：

> 德比市充满了奇闻逸事，有棉花，有丝绸作坊，有画家赖特，还有达尔文医生，什么都有，除了基督教徒！达尔文医生拥有的知
> 483 识范围也许比欧洲任何一个人都要广，而且是最有创造力的哲人。除了宗教以外，他对所有的问题都有自己的看法。他在宗教问题上拿我开玩笑……[11]

尽管达尔文嘲笑他的一神论，但他对柯勒律治来说似乎仍然是一个"非常有教育意义和娱乐性的老人"。（但是柯勒律治的确加了最后一句："我绝对让达尔文的诗恶心死了。"）

柯勒律治对达尔文的好奇心部分是由汤姆·韦奇伍德培养起来的。汤姆不仅是一位出色的化学家，也是一位理论家，他目前正在设想分析肉体和精神上的感觉的可能性，这种可能性显然受到了动物行为学的影响，并从与痛苦或快乐相关的联想中追踪它们。他几乎和戈德温一样，认为这些知识将为塑造行为和培养充满善意的下一代铺平道路。戴维在布里斯托尔的实验也产生了另一种感觉和善意。他正在研究不同比例的氧和氮的影响，1799年7月，罗伯特·索西（Robert Southey）兴奋地写信给汤姆：

> 戴维发明了一种新的乐趣，这种乐趣用语言是无法形容的……它

使人如此强壮，如此快乐！没有任何缺陷，取而代之的是精神和身体的力量。优秀的气囊！汤姆，我相信天堂里的空气一定是这种奇妙的快乐气体。[12]

笑气，一氧化二氮，似乎并没有害处，但达尔文的处方可能会有。在接下来的几年里，鸦片在汤姆·韦奇伍德和柯勒律治的生活中占据重要地位。

在某种程度上，笑气本身对贝多斯造成了持久的伤害，并间接地对月光社人造成了伤害。汉弗莱·戴维经常去伯明翰，今年早些时候，他花了十天时间与基尔和瓦特就卡路里和热量问题进行了愉快的争论。他写道："我和他们聊了很多化学。基尔先生是我见过的最见多识广的人之一，而且非常和蔼可亲。"[13]戴维对他的一氧化二氮的新发现感到兴奋，并遵循民主的原则，他研制了一种仪器，包括一个不透气的呼吸室，让每个人都能体验到这种令人愉悦的新气体。他和他的朋友们都试过了，甚至埃奇沃思"在房间里蹦蹦跳跳，都没有能力控制自己"。[14]但出了些问题。仪器有时不工作，气体很难准备。（马特·博尔顿和格雷戈里·瓦特试图按照戴维的指示行事，结果非常失望。）更重要的是，这些实验——以及 484
戴维令人震惊的建议，如快乐和仁慈的情感是由身体的化学反应而不是上帝创造的——立即遭到了反对者的攻击。在漫画和报刊中，戴维和普里斯特利与革命的狂热和疯狂的宗教热情，以及当时的其他"法国"风尚联系到了一起，如动物磁性和催眠术。[15]戴维是个精明的野心家，他以最快的速度跳槽了。他没有放弃他的老的友谊，但他抛弃旧政治和哲学：1801 年，他去了非常受人尊敬的新成立的伦敦皇家学院，谴责法国革命，支持社会分层，强调化学的实际应用和电力，重新将自然哲学连接到一个神圣有序的宇宙。

在他留下的朋友中，月光社科学也被倾覆。汤姆·韦奇伍德和柯勒律治分享的一些关于“感觉”的探索，使用了大量的化学和有机物质。华兹华斯的水手兄弟约翰成了新的供应来源，著名的约瑟夫·班克斯爵士送了一袋四盎司重的大麻，或者叫印度大麻（bhang），作“实验”之用。柯勒律治在写给汤姆的信中高兴地写道：“我们将对印度大麻进行公正的审判。”“把一些莨菪碱药片拿下来，我要好好地尝一尝鸦片、莨菪和忘忧草。顺便说一句，我一直认为荷马对忘忧草的描写是在撒谎。”[16] 汤姆的体重急剧下降，他时而与毒瘾作斗争，时而又戒掉它。他对弟弟说：“没有它，我的生活毫无乐趣可言。”[17] 他在 1805 年 7 月去世，34 岁。

格雷戈里·瓦特死于前一年，1804 年 10 月，因肺痨去世。他也表现出了巨大的潜力，他的第一篇地质学论文于当年 4 月在英国皇家学会发表。[18]“他是个高尚的人，也会成为伟人的。”戴维悲叹道。“啊！他没有理由死——他不应该死。”[19] 瓦特收集了儿子从孩提时代起的作品和绘画，并把它们放在阁楼工作室长凳旁的箱子里，度过余生。

达尔文无法阻止这些死亡，而在汤姆的例子中，他甚至可能促成了这些死亡。他并不总是一个好医生，但直到 18 世纪 90 年代
485 末，他的孙子查尔斯记录下了关于他的一些经久不衰的传说。据说，乔治三世派他去当私人医生，但他拒绝了。一位神秘的绅士从伦敦赶来，向他请教“世界上最伟大的医生，想听听你认为我的病是否还有一线希望”。达尔文给他做了检查，说这个病没有希望了，然后问他，如果他来自伦敦，为什么没有见过著名的皇家御医理查

德·沃伦？“唉！医生，”他回答，“我是沃伦医生。”[20]

达尔文有过辉煌和幸福的时刻：他的第一个外孙，罗伯特和苏珊娜的女儿玛丽安，出生于1798年4月。但他越来越觉得，自己像一个日渐稀少的船员中的幸存者。在这十年里，死亡一直伴随着他，斯米顿、阿克赖特、韦奇伍德、约瑟夫·赖特和詹姆斯·赫顿相继去世。1799年，约瑟夫·布莱克去世。他的老对手威瑟林也是这样，在他57岁的时候，就在他搬到费尔山普里斯特利的老家附近的一所新房子的几天之后去世了。

达尔文还觉得，人们对他的看法正在慢慢地变得对他不利。他被一个年轻学生托马斯·布朗的大量手稿所困扰，这些手稿对《动物志》学提出了尖锐的问题，比如感觉和思想的关系——好问题，很难回答。[21] 接着，他发现自己与威廉·戈德温（William Godwin）和理查德·佩恩·奈特（Richard Payne Knight）——研究阴茎崇拜的半吊子历史学家和《公民社会的进步》的作者——一起出现在一本支持皮特的讽刺杂志上，该杂志由年轻的外交部副部长乔治·坎宁（George Canning）创办。《反雅各宾》的“三角形的爱”借用了达尔文的说法，但却鄙视植物学，认为科学应更严肃，“以几何的名义来激发想象力”。这是对《植物园》的拙劣的模仿，所有注释以及所有介绍性注释都以“人类的永恒和绝对的完美”为开头，并声称人类完全是通过自身的力量而崛起的。“田里的卷心菜，是我们现在比较聪明和有尊严的生存状态。”[22] 它将达尔文与法国大革命牢牢拴在一起，对进化论持非宗教观点，对电力作为一种善的力量持古怪观点。不幸的是，也很有趣。

两个月后，《反雅各宾》刊登了吉尔雷的漫画《新道德》，画中达尔文在一个标着“动物志，或雅各宾植物”的篮子下面蹒

486 蹒而行。吉尔雷把达尔文和普里斯特利、吉尔伯特·韦克菲尔德（Gilbert Wakefield）、索西和柯勒律治相提并论。然而，无论柯勒律治和华兹华斯如何受到他的意象和思想的影响，他们现在也都背弃了他。1798 年，他们的《抒情诗集》在前言中把日常生活中的事件置于神话、幻想和“俗艳”的语言之上。从现在起，由于拙劣的模仿，达尔文的诗看起来很愚蠢；多亏了《抒情诗集》，他看起来也很老派。他的激进主义和风格就是这样，柯勒律治这年写道：“我已经吹响了煽动叛乱的号角，碎片散落在忏悔室里。”[23]

达尔文对这些攻击不屑一顾，他在《自然神庙》的工作中寻求安慰，在这本书中，科学家和实业家被更明确地描述为现代的神。另一个农业创新在他的大部头著作《植物学；或农业和园艺
487 的哲学》里。这本书深深植根于科学进步的精神，尤其是苏格兰的传统。达尔文把这本书献给了约翰·辛克莱（John Sinclair）爵士，他是农业委员会的第一任主席，是他邀请达尔文来写这本书的。这本书是一系列丛书中的一本，其中包括唐纳多勋爵关于农业和化学的论文和理查德·基尔万关于肥料的研究。[24] 这是为了应对 1790 年代饥荒和面包短缺，达尔文呼吁用土地来种小麦而不是牛，用谷物来种面包而不是酿酒（他指出，酗酒也是暴乱的一个主要因素）。尽管这本书很实用，但达尔文的真正目标是将农业和园艺系统化，使之成为一门科学。在这之上还有一个更伟大的理论，即植物、昆虫、动物、人类和人的知识本身都是相互联系的，都是不断滚动和进步的自然界的一部分。

因为关心生产力，达尔文不得不面对自然的脆弱和力量，面对害虫和捕食者以及物种的减少。他再一次相信自然是为了生存而在内部组织起来的——个人的痛苦没有“最大多数人的最大幸福”重

要（杰里米·边沁最近用社会术语表达的功利主义公式）。[25]但是，当他看到圈地运动等发展确实增加了产量，也感受到了人力成本，并提议按照分配制度将圈的地分给更多的人，让穷人有饭吃，而不是让他们进城工作。

《植物学》既富有想象力，又很实用，尤其是它将植物生命的化学推向了新的边界：在光合作用的分析中，发现了氮、碳和磷在植物营养中的关键作用。先是关于植物生理和结构的一节，然后一节有关于植物的经济，种子、光合作用、营养、肥料和排水，最后一节是关于提高花卉和作物生产力的前瞻性，包括诸如甜菜的未来生产力。对达尔文来说，树液的流动和树叶的呼吸展现了一个生动的生命，就像血液的流动，肺的力量，跳动的心脏；植物也有肌肉、神经和“大脑”。正如当代评论家所指出的，他的分析被他习惯的将植物和身体的类比削弱了。然而，这种共享活力的感觉也让《植物学》极具可读性。它那跳跃的节奏唤起了一连串的发现和想
法，它对小细节的高度关注使每一个花蕾、每一颗种子、每一片叶 488
子都极为独特，其多样性和独创性令人惊叹。

达尔文喜欢写《植物学》，他同意埃奇沃思和戴的看法：“认为在土壤中栽培是一个人能从事的最有趣、最持久、当然也是最天真的娱乐。但即使在这里，他也无法驱逐政治。这本书的另一个预言是提出英国应该植树造林，还讨论了培育木材，他猛烈抨击目前“疯狂的人类社会”，战争主导一切，人类毁灭或奴役彼此，丝毫不留情，就像他们毁灭和奴役兽性世界一样。”[27]

很少有人发现达尔文如此刻薄。个人的悲伤和政治上的绝望在这个冬天困扰着他。尽管从什鲁斯伯里的罗伯特到家里的小哈里奥

特，他的家庭总的来说还是兴旺发达的，但他越来越担心伊拉斯谟，现在他已经快 40 岁了。伊拉斯谟是一个很好的当地律师，更依赖于社区和朋友们，包括月光社老朋友们，但伊拉斯谟似乎觉得父亲的第二个家庭已经挤开第一个，因此抱怨着，例如，他的苏珊娜姑母的追悼会很寒酸，她照顾了他们这么长时间。[28]他变得越来越孤僻，时而精神消沉，时而行动迟缓，时而兴高采烈，时而惊天动地：1799 年夏天，他突然买下了德比五英里外的布莱德索隐修会，那是一座“孤零零的老旧杂货堆”，里面有鱼塘和农舍。达尔文愉快地不屑一顾，告诉罗伯特：“伊拉斯谟打算住在那……睡一辈子！”

高潮过后是低谷，这件事告终，是因为伊拉斯谟那看似微不足道却惊慌失措地无法完成的年终账目。12 月 29 日，在德比他的老房子里，他花了两天时间和书较劲，店员让他去睡觉。“我不能，”他双手抱着头回答道，“因为我答应过如果我还活着，明天就把账送来。”[29]接下来发生了什么不清楚。根据安娜·苏厄德的间接叙述，家族故事是，伊拉斯谟冲出家门，奔向冰冷、湍急的德温特
489 河，把帽子和围巾留在了岸边，然后跳进了水里。其他人，包括达尔文，认为他是滑倒了。当他不见了，他的围巾在花园里被发现时，救援船立即出发了，达尔文也被叫来了。他夜里在岸边踱来踱去，绝望地回到家里。当伊拉斯谟的尸体被发现的消息传来时，他踉踉跄跄，他的女儿们让他坐了下来，“他真的坐了下来，用手托着头”，沉默了许久。[30]

他从未完全康复。他和其他人一样，责怪自己没有注意到伊拉斯谟的痛苦。他们家的一位朋友，克莱夫太太，不久就写信给他，说她非常爱他，“经常对他扮演母亲的角色”。她真的觉得自己有

错，“知道他有时是多么痛苦，我想他父亲一定知道”。[31] 在接下来的一年里，达尔文与伊拉斯谟的死亡记述作斗争。不久，他和伊丽莎白决定自己搬到隐修会去，着手进行必要的改建工作。他不断修改自己的发明，与各种各样的病人相处，包括德文郡公爵夫人乔治安娜，他指导她如何建立新的“电堆”（实际上是沃尔特的发现），这是一种浸泡在水中的非电池。[32]

瓦特一家来拜访，他的书出版了，先是《植物学》，然后是新版《动物志》。但达尔文病了，也很累，他至少得过一次肺炎，靠的是给自己服用有争议的洋地黄治愈的。1802 年年初，他和伊丽莎白终于搬进了隐修会。仅仅两周后，即 4 月 10 日，他就开始发冷和发烧。几天后，他起床了，和伊丽莎白的养母苏珊·曼瓦林（Susan Mainwaring）一起在花园里散步，拿他发誓永远不会完成的建筑工程开玩笑。4 月 17 日，他开始给埃奇沃思写信。他开始说：“我很高兴地发现，尽管爱尔兰有许多麻烦，你还是用机械装置来自娱自乐。”然后告诉他那幢新房子，有个健谈的小溪和阴凉的山谷，就像彼得拉克的瓦尔基乌萨一样。[33]“我希望你喜欢这描述，”他写道，“更希望你本人和你家里的任何一个人，有一天能赏光来看我们。”

他写了一半信就睡着了。第二天早晨，他哆嗦着醒来，到厨房去取暖，要了一碗酪乳送到书房里来。他躺在沙发上，夹着几本书，被要求穿上大衣。[34] 他昏倒了，病得很重，很快就衰弱下去了。那封未写完的信，带着热情的邀请，连同曼瓦林太太的一张便条，抵达埃奇沃思镇：“先生，这个家庭正遭受着极大的痛苦。我 490
非常悲痛地通知您，非常宝贵的达尔文医生去世了。”[35]

达尔文如他所愿，被葬在了伊拉斯谟的旁边。伊丽莎白一直住在隐修会，直到 1832 年去世。她最大的乐趣就是让家里坐满了她的孩子、孙子和曾孙。达尔文的精神一直活在这里，有一个奇异多彩的结局：1877 年，当教堂的改建暴露了家族坟墓时，他的孙女伊丽莎白·韦勒（Elizabeth Wheler）记录道，“我祖父的棺材被炸开了，他的遗体清晰可见，保存完好。他穿着一件紫色天鹅绒睡袍，容貌未曾改变”。[36]

月　亏

瞧啊！新月闪烁冬寒之辉！
而幽荧的光在四周延蔓，
（这游溢的幽光铺展
却被一根银丝环拥并镶边）
我看见残月在她的怀中，预示
即将到来的暴雨与狂风

——柯勒律治《消沉：一首颂歌》

尾声 “江湖骗子”

1819年夏天，玛丽亚·埃奇沃思来到了英格兰中部，带着两年前去世的父亲的回忆录。这是一份尴尬的文件，前半部分充满了埃奇沃思生动、滑稽、自负的早期记忆，后半部分是关于爱尔兰晚年的记录，是他去世时留给她的笔记。一年前，她穿过爱尔兰海，去见那些可能会让她难堪的人——包括斯奈德一家和塞布丽娜·比克内尔，后者是戴多年前实验的对象。但是这一年和下一年，在把手稿交给伦敦的出版商之前，她拜访了她父亲朋友的家人。她与阿梅利亚·基尔的关系尤其亲密，十年前，她嫁给了詹姆斯·莫伊利埃特（James Moilliet）。莫伊利埃特是一位瑞士银行家，在博尔顿的推荐下，于1789年定居伯明翰。回忆录出版后的第二年，玛丽亚逃离了流言蜚语，住在瑞士的莫伊利埃特家里。到那年年底，月光社的巨人都已逝去，这是死亡的一个篇章：普里斯特利在1804年，博尔顿在1809年，埃奇沃思在1817年，瓦特在1819年，基尔在1820年。只有高尔顿还活着，看到了1832年的伟大改革法案。

月光社建立起来的纽带终生牢固。在美国的那些年里，普里斯特利一直在为他的燃素论辩护，直到最后。他总是提到伯明翰团体的支持。尽管受到杰斐逊的资助，杰斐逊于1801年成为总统，是威廉·斯莫尔的老学生，但甚至在新大陆普里斯特利也经常被攻击为“造反分子”，他遭受着失望和悲伤，包括玛丽和他16岁的儿子哈里的死亡。但是他继续他的演讲、写作和实验，在他的脑海里对他的月光社朋友们讲话、争吵，如《自然神殿》里达尔文关于进化论的观点，他认为那是“无神论”。他那流畅的笔从来没有慢下来——他去世的那一周还在修改校样。直到最后，他还是很乐观地对他的孙子孙女们说：“我也要跟你们一样去睡觉了，因为在坟墓里，死只不过是一场酣睡，我们还会再见面的。”[1]

在伯明翰，重点是金钱而不是信仰：未来是工业的帝国，而非被拯救的王国。钞票仍然是优先事项。1801年，令人敬畏的夏洛特·马修去世后，索霍公司在伦敦成立了自己的经纪公司或银行，大部分的蒸汽机业务都是通过这种方式实现的。[2]1799年和1800年的《结社法》（该法案对年轻的工会进行了长达20年的迫害）引发了大规模的工业动乱，但博尔顿并未受到影响，他带着自己的铸币厂取得了胜利，看着索霍在他和瓦特的儿子以及威廉·默多克的领导下蓬勃发展。多年来，默多克一直致力于解决气体照明的问题——像往常一样，博尔顿和瓦特劝阻他不要申请专利。但当格雷戈里·瓦特在巴黎看到示威活动时，他敦促他们鼓励默多克的工作。亚眠的和平预示了法国在 1802 年到 1803 年的短暂战争间隙，整个索霍在“大型照明”中闪耀着煤气灯。博尔顿从病床上爬起来观看这一切。几年之内，伦敦和其他城市的街道，以及全国各地的许多工厂都使用煤气照明。

“索霍为亚眠的和平而照明”，《阿里斯的伯明翰公报》，1802 年

然而，索霍的儿子们属于新一代，他们拥有的是工业实力，而不是炫耀和分享。博尔顿带游客参观他的大工厂的老习惯被摒弃了。1802 年，他的儿子和瓦特兄弟在当地和伦敦的报纸上刊登了一则通告：

索霍工厂：请公众注意，无论任何申请或建议，该工厂都不对外展示。出于公共和私人的动机，业主们采取了这一措施，他们希望他们的朋友们能免去被拒绝的痛苦。[3]

博尔顿从来没有完全失去他的活力，也没有失去他对表演和伟大姿态的热爱。1805 年，他获得了一枚特殊的纳尔逊奖章，授予每一个在特拉法加战斗的人（军官用铜，其余用锡）。两年后，将近 80 岁的他领导并赢得了在伯明翰建造一座剧院的战斗，尽管反对者认为这不道德。(尽管患有严重的风湿病，基尔还是来到索霍家，与“西登斯夫人和鹿腿肉”一起庆祝她的到来。[4])但是到了1809年的春天，博尔顿写信给他的女儿安妮，带着不寻常的自怜和颤抖的手，“直到我把你抱在怀里，否则我不会快乐，因为我现在非常非常的难受……请快来吧，我病得很厉害”。[5]他于8月17日去世。老索霍的人们在他的葬礼上哭泣，瓦特和基尔写回忆录，在他们庄严的谈话中，流露了基尔的打趣，还有瓦特对博尔顿的无节制和冒险的愤怒。

基尔也活到了80多岁，在1802年曾经美丽的苏珊娜去世后活了下来；他的女儿说，尽管他有着坚定的禁欲主义哲学思想，他还是发出了一声悲恸的喊叫，并且多年来一直把苏珊娜的戒指戴在脖子上的黑丝带上。五年后，当他不得不重建被烧毁的房子时，他的禁欲主义再一次被唤起，为了节省去蒂普顿的路程，他在家里安装了一个计数室，他的助手们把炉灰耙到地板上，成功地把地窖里的一根房梁点着了。基尔精明、简洁、温文尔雅，他深爱着他的六个莫伊利埃特的孙辈。当他自己的猫塞丽玛在池塘里淹死时，他为他们写了一篇对托马斯·格雷的《论一只心爱的猫》的戏仿之作：

苏珊娜哭，詹姆斯丢下他的棍子和鼓，
爱米丽娅哭，快乐的约翰沉默无声。
甚至老格拉，铁石心肠，
却像注视着战场上悲惨场景……[6]

在《父亲与女儿的化学对话》中，他写得更严肃，他把一些古老的月光社知识传给了他们。但他把他的主要配方带进了坟墓，那就是使他致富的大碱法的秘密。

七年前，也就是 1813 年，老人们已经意识到，月光社至少作为一个半正式的机构，现在只是一个空壳。可以到此为止了。他们用抽签的方式处理了他们的书，塞缪尔·高尔顿带着这些书离开了。没有人抱怨，尽管他们所有人都会喜欢这个奖，因为他们没有想过放弃实验，尤其是瓦特。当他的老朋友一个接一个地离去时，瓦特似乎特别振作。他现在不再为钱发愁了。他的健康状况比以往任何时候都要好，尽管他确实有一点迷糊，在谈话时睡着，或者在胡思乱想着不相干的趣闻轶事。他过去的节俭和忧虑消失了。他投身于一处乡村地产上，考察了德文郡、多塞特郡和蒙茅斯郡，然后在威尔士中部投资了近 30 个农场，并把他的主要基地设在了上怀尔河的美丽河谷，在雷雅德附近的多尔多洛德，在一座占地面积不断扩大的老农舍里。这并不是他唯一的避暑地。曾经的工作狂现在去温泉城和苏格兰度假了。这个老清教徒，只要他的儿子詹姆斯读小说，就对他大吼大叫；他还拒绝雇佣一个可能喜欢音乐的助手。在 1802 年至 1802 年短暂的和平时期，他和安甚至去了法国，埃奇沃思夫妇也去了。

瓦特年老时又高又瘦，满头白发，受到汉弗莱·戴维和约翰·道尔顿等科学家以及约翰·伦尼和托马斯·特尔福德等年轻工程师的款待和尊敬。格拉斯哥大学授予他荣誉学位；利物浦勋爵给了他一个男爵爵位（他谢绝了）；法国科学院任命他为助理研究员。对沃尔特·斯科特来说，看着他在爱丁堡的文人学士中大放异彩，就像看到了另一个时代的巫师："这位强大的元素的统帅，这位时间和空间的搭建者，这位魔法师，他那浑浊的机器已经改变了世界，它们非同寻常，只是现在才开始被人注意到。"他还记得瓦特曾和一位语言学家争论过，他说“他和瓦特讨论过字母表的起源，就好像他和卡德摩斯[1]是同时代的人。”（但他补充道，同样能说明问题的是，瓦特“是一个不知羞耻、固执的小说读者，就好像他是一个 18 岁的女帽匠的学徒……”）

瓦特死于 1819 年。他的形象是由他的家人和朋友精心宣传的，他是这个群体中第一个被神话化的人，维多利亚时代的英雄工程师的典范，他们将跨越塞缪尔·斯迈尔斯的书，凭借他们的天才和决心从卑微的开始。他的纪念碑在威斯敏斯特大教堂，由苏格兰同胞亨利·布鲁厄姆（Henry Brougham）所写，他被誉为“科学最杰出的追随者和世界上真正的赞助者之一”。[7]

月光社的连接还在继续。有迹象表明小詹姆斯·瓦特想要娶安妮·博尔顿，但这一切都没有实现。尽管有其他追求者，安妮还是留在了索霍，照顾她的哥哥，直到他娶了玛丽安她才搬出去，玛丽安是钢铁大师威廉·威尔金斯的女儿。高尔顿的儿子塞缪尔·德图斯娶了维奥莱塔·达尔文：他们聪明的儿子弗朗西斯创立了可疑的优生学的统计科学。在后来的几代人中，更多的婚礼与高尔顿家、埃奇沃思家、基尔家有关，而苏基和罗伯特的儿子查尔斯·达尔文也娶了他的表妹埃玛·韦奇伍德。1859 年，他《物种起源》一书中的进化论享誉世界。

然而，这些孩子生活在一个不同的世界。玛丽亚·埃奇沃思对评论感到紧张是对的。她的父亲继续为教育事业而工作，尤其是在爱尔兰。他从未停止过对马车、道路、农业实践、电报系统的改进建议，但到了 1820 年，埃奇沃思的机械和婚姻冒险成了人们嘲笑

[1] 希腊神话中的腓尼基王子。

的对象，而不是赞美的对象。[8] 总的来说，在新世纪的头几十年里，舆论开始反对启蒙运动、理性和民主改革，而这正是月光社所代表的思想。甚至在这个世纪到来之前，《反雅各宾派》就把这个贬为幼稚的胡言乱语：

> 理性，哲学，' fiddledum，diddledum '[1]
> 和平友爱，higgledy，piggledy，
> higgledy，piggledy 'fiddledum，diddledum[9]

从 1793 年到 1815 年，经过 20 年几乎持续不断的战争，下一代人对改革和创新的看法更加怀疑，像罗兰森这样的讽刺作家继续嘲笑科学的自命不凡，甚至在戴维受人尊敬和时髦的演讲中也是如此。

细节来自托马斯・罗兰森的化学讲座

[1] 引号是因为这句话出自 Southey 的 *The Soldier's wife* 一诗。

到那时，支持月光社人取得如此巨大成就的非正式网络已经消失了。自然哲学变得更加专门化，退回到专业机构中。在化学领域，拉瓦锡的体系现在已经成为规范，而“燃素”的观念似乎就像炼金术一样遥远，而福音主义的氛围则把达尔文的进化论思想贴上了奇想者蔑视上帝的幻想的标签。从另一个角度来看，浪漫主义作家们摒弃了理性的枯燥洞见和对天生本能的否定，他们更喜欢婴儿时期的“荣耀的云迹”，而不是可以印上模范公民印记的白纸。对他们来说，实验的吸引力在于它揭示了自然界中隐藏的力量，类似于“天才”的灵感。当谢利还是一个小男孩的时候，他带着和多年前伊拉斯谟·达尔文一样的莱顿瓶实验去追求他的姊妹：谢利的姐姐海伦描述了他“腋下夹着折叠的棕色包装纸，一根电线和一个瓶子”。她写道，“他一走近，她的心就会因恐惧而下沉；但羞愧使我保持沉默，我们和尽可能多的人一起，手拉着手，围着育儿桌，准备通电”。[10]1810 年，学生谢利的房间里杂乱地摆放着十字架、小瓶、显微镜、电机、抽气机和电水槽。但这个带电的、无神论的学生与月光社理性主义者的相似之处并不多，而更像柯勒律治式的“忽必可汗”的幻想家，他的“所有人都应该大喊：‘当心！/小心！/他闪烁的眼睛，他飘浮的头发！’”

因此，对它的反对者，以及它的一些浪漫主义信徒来说，科学是危险的、恶魔般的、革命性的。30 年或更长的时间里，月光社的能量源泉都在地下流动。然而，这项发明和工业扩张却进展迅速。到 1800 年，博尔顿和瓦特公司已经卖出了近 500 台蒸汽机，尽管这还只是全国动力系统使用的一小部分。[11]很快，特雷维希克尝试了第一个蒸汽铁路机车，从 19 世纪 20 年代开始，铁路开始缓慢爬行，随后整片大地。英国的经济地理发生了变化，中部地区和北部的煤田和工业区的人口不断增加，从乡村迁移到城市：1700年，每六个人中就有一个人住在城镇，到了1800年，每三个人中就有一个人住在城镇。

工厂和磨坊的蒸汽机轰隆隆地运转着，人们羡慕它们赚到的钱。但随着它们用烟雾笼罩天空，吞噬人类劳动，人们对它们的厌恶和敬畏与日俱增。在中部和北部地区，1812年的卢德分子暴动使那些被迫失去生计的手工工人痛苦不堪。几年后，埃比尼泽·艾略特（Ebenezer Elliot）把责任完全归咎于“瓦特！还有他食量百万饲料的工程！”，当他想象着带领一个盲人参观工业现场时：

……你听不见那永不停歇的轰鸣，
铁的力量，被永不停息的火催促，
日夜不停地劳碌，永不疲倦，
或对贪婪的人说，“你做错了”。12

一旦自由意志主义情绪消失，对社会的“理性”探索就会固化为功利主义者、未来的葛擂梗[1]们的准则。旧的“进步”观点被一群不快乐的人所接受。在他们充满希望的壮年梦想、能量和激情的发明中，月光社人无法预见社团的转向。

这个群体本身不仅仅是一群个体。它有自己的进化生命，几乎成为一面镜子，或一个微观世界，不同的潮流在18世纪下半叶一起流动，相互冲突和碰撞，创造了一个新社会。这些在不同的光线下会有不同的表现。月光社小组是资产阶级资本家，他们不断贬低劳动的作用，夸大领袖、思想家和发明家的重要性；但他们也是

[1] 狄更斯小说《艰难时世》中的人物。

激进分子、教育家和知识民主的坚定信徒。他们轻松愉快，精力充沛，白手起家，他们利用旧的赞助和阶级网络，但他们也蔑视这些，将权力轴心从大都市转移到省，从有钱人转移到工业，从议会转移到人民。

尽管他们头脑冷静，而且常常受自身利益的驱使，但在某种程度上，他们也是浪漫主义者。1818 年，玛利亚·埃奇沃思完成了她父亲的回忆录，玛丽·雪莱出版了《弗兰肯斯坦》，也就是《现代普罗米修斯》。“这门科学的古代老师们，”她的叙述者宣称，“承诺了不可能，却什么也没做。”相比之下：

> 现代的大师们承诺甚少；他们知道金属是不能转化的，而长生不老药是一种幻想。但是这些哲学家……确实创造了奇迹。它们深入到大自然的深处，显示出她是如何在她的藏身之处工作。他们升上到了苍穹；他们发现了血液如何循环，以及我们呼吸的空气的性质。他们获得了新的几乎无限的权力；他们可以指挥天上的雷声，模仿地震，甚至用自己的影子来嘲笑看不见的世界。

月光社人不是弗兰肯斯坦，但他们自信地认为，他们可以探索每一种元素，而科学最终可以赋予人类几乎“无限”的力量。

据说，月光社开启了工业革命。任何个人或团体都不能以这种方式改变一个社会，人们可以一次又一次地看到，如果他们没有发明或发现什么东西，其他人就会去做。然而，这一小群朋友在当时的科学、工业、艺术，甚至农业的几乎所有运动中都处于领先地位。他们是收费公路、运河和新工厂系统的先驱。他们是给国家带来高效蒸汽动力的一群人。他们忙于为植物分类和命名，研究矿物质的动力，探测和计算出地球形成的历史。他们当中的哲学家们敏锐地关注着人类知识本身的本质，关注着学习的过程，除此之外，他们还关注着所有有机生命的起源和进化。所有这些人，尽管不总是取得巨大的成功，但都把他们对实验的信念和对进步的乐观态度运用到个人生活中，运用到国家的政治生活和改革中。

他们组成了一群非凡的个体，混杂着友谊、依赖、争吵和忠诚。它们色彩缤纷，力量强大，与众不同：达尔文挤进他的马车，博尔顿炫耀他的机器，瓦特绝望地抱着他的头，威廉·斯莫尔安慰并规划，怀特赫斯特搜寻德比郡荒原，基尔仔细观察晶体形式，埃奇沃思发明他的木马并为霍诺拉哭泣，戴试图将仁爱施予忘恩负义的萨里，韦奇伍德触摸着精致的蓝色水苍玉，普里斯特利捡起他的一杯薄荷并为神奇的绿色叶子沉思。他们感受到了宇宙的伟大和无限的可能性，感受到了无极之小的美丽——萌芽，石英的颗粒，微观的动物——感受到了浩瀚的壮观，蒸汽轰鸣的力量，翻滚的云层，亿万年来熔岩无情的流动。他们知道知识是暂时的，但他们也明白它带来了力量，并相信这种力量应该属于我们所有人。在现代世界的形成过程中，在所有这些朋友都怀着鼓舞人心的信念，以不同的方式急切地向月亮进发之时，月光社人的遗产仍然与我们同在。

缩写、来源和注释

某些档案和资源应用缩写，如下所示。在每章中首次列出作品或来源时给出完整的参考文献；此后为缩写。

AB　Anne Boulton (née Robinson; second wife of Matthew Boulton) 安妮 · 博尔顿（娘家姓罗宾逊；马修 · 博尔顿第二任妻子）

AnneB　Anne Boulton (daughter of Matthew Boulton) 安妮 · 博尔顿（女儿）

AR　Anne Robinson (later Boulton; see AB) 安妮 · 罗宾逊（后博尔顿；见 AB）

AS　Anna Seward 安娜 · 苏厄德

AW　Ann (Annie) Watt (née Macgregor; second wife of James Watt) 安（安妮）· 瓦特（娘家姓麦格雷戈，詹姆斯 · 瓦特第二任妻子）

BF　Benjamin Franklin 本杰明 · 富兰克林

CD　Charles Darwin (grandson of Erasmus Darwin) 查尔斯 · 达尔文（伊拉斯谟 · 达尔文孙子）

ChasD　Charles Darwin (son of Erasmus Darwin) 查尔斯 · 达尔文（伊拉斯谟 · 达尔文儿子）

ED　Erasmus Darwin 伊拉斯谟 · 达尔文

EDjnr　Erasmus Darwin (son of Erasmus Darwin) 小伊拉斯谟 · 达尔文

（伊拉斯谟 · 达尔文儿子）

EM Elizabeth Montagu 伊丽莎白 · 蒙塔古

JB Joseph Black 约瑟夫 · 布莱克

JF John Fothergill 约翰 · 福瑟吉尔

JK James Keir 詹姆斯 · 基尔

JnWe John Wedgwood (brother to Josiah) 约翰 · 韦奇伍德（约西亚兄弟）

JP Joseph Priestley 约瑟夫 · 普里斯特利

JR John Roebuck 约翰 · 罗巴克

JS Jonathan Stokes 乔纳森 · 斯多克斯

JW James Watt 詹姆斯 · 瓦特

JWjnr James Watt junior (son of James Watt) 小詹姆斯 · 瓦特（詹姆斯 · 瓦特儿子）

JWe Josiah Wedgwood 约西亚 · 韦奇伍德

JWejnr Josiah Wedgwood II (son of Josiah Wedgwood) 小约西亚 · 韦奇伍德（约西亚 · 韦奇伍德儿子）

JWh John Whitehurst 约翰 · 怀特赫斯特

JWr Joseph Wright 约瑟夫 · 赖特

LH Logan Henderson 洛根 · 亨德森

MB Matthew Boulton 马修 · 博尔顿

MD Mary (Polly) Darwin (née Howard; wife of Erasmus Darwin) 玛丽 · 达尔文（“波莉”，娘家姓霍华德，第一任妻子）

ME Maria Edgeworth (daughter of Richard Lovell Edgeworth) 玛丽亚 · 埃奇沃思（理查德 · 洛弗尔 · 埃奇沃思女儿）

MH Mary Howard (later Darwin; see MD) 玛丽 · 霍华德（后达尔文，见 MD）

MRB Matthew (Matt) Robinson Boulton (son of Matthew Boulton) 马

修·罗宾逊·博尔顿（马修·博尔顿儿子）

MW Margaret (Peggy) Watt (first wife of James Watt) 玛格丽特·瓦特“佩吉”（詹姆斯·瓦特第一任妻子）

RAJ Robert Augustus Johnson 罗伯特·奥古斯塔斯·约翰逊

RLE Richard Lovell Edgeworth 理查德·洛弗尔·埃奇沃思

RWD Robert Waring Darwin (son of Erasmus Darwin) 罗伯特·韦林·达尔文（伊拉斯谟·达尔文儿子）

SG Samuel Galton 塞缪尔·高尔顿

SWe Sarah (Sally) Wedgwood (wife of Josiah Wedgwood) 萨拉·韦奇伍德“萨莉”（约西亚·韦奇伍德妻子）

SuWe Susannah (Sukey) Wedgwood (daughter of Josiah Wedgwood) 苏珊娜·韦奇伍德“苏基”（约西亚·韦奇伍德女儿）

TB Thomas Bentley 托马斯·本特利

TD Thomas Day 托马斯·戴

TWe Tom Wedgwood (son of Josiah Wedgwood) 汤姆·韦奇伍德（约西亚·韦奇伍德儿子）

WM William Matthews 威廉·马修

WS William Small 威廉·斯莫尔

WW William Withering 威廉·威瑟林

档案和未发表的资料来源

BCA Birmingham City Archives

B&F Boulton & Fothergill Papers BCA

B&W Boulton & Watt Papers BCA

BL British Library, London

DAR Darwin Papers, University Library, Cambridge

Down Darwin Archive, Down House, Downe, Kent

ED Commonplace Book Erasmus Darwin, Commonplace Book (ms), on loan to the Erasmus

Darwin Centre, Lichfield

JBM Johnson Birthplace Museum, Lichfield

JWP James Watt Papers, Birmingham City Archives

Keir Memorandum (1802) James Keir, Memorandum on Erasmus Darwin, sent to RWD

12 May 1802, DAR 227.6:76

Keir Memorandum (1809) James Keir, Memorandum on Matthew Boulton, sent to MRB, 3 December 1809, MBP 290/112.

MBP Matthew Boulton Papers, Birmingham City Archives

NLI National Library of Ireland, Dublin

RS The Royal Society, London

RSA The Royal Society of Arts, London

RSM The Royal Society of Medicine, London

UCL Galton–Pearson Papers, University College, London

W. The Wedgwood Archives, Special Collections, University of Keele

Watt Memorandum (1809) James Watt, ms memoir of Matthew Boulton,

Glasgow, 17 September 1809; BCA

Wellcome The Wellcome Library, London

WWP William Withering Papers, Special Collections, Birmingham University Library

出版的来源

出版地点为伦敦，除非另外说明。

Anderson and Lawrence R. G. W. Anderson and Christopher Lawrence, *Science Medicine and Dissent: Joseph Priestley (1733–1804)*, Wellcome Foundation catalogue, 1987

Annals *Annals of Science*

Arts and Sciences United *Josiah Wedgwood: 'The Arts and Sciences United'*, Exhibition Catalogue, Science Museum, London, 1978

BG Ec. Veg. Erasmus Darwin, *The Botanic Garden* part I *The Economy of Vegetation* (1791)

BG Plants Erasmus Darwin, *The Botanic Garden* part II *The Loves of the Plants* (Lichfield, 1789)

Barker-Benfield G. J. Barker-Benfield, *The Culture of Sensibility: Sex and Society in Eighteenth-century England* (Chicago, 1992)

Berg *Manufactures* Maxine Berg, *The Age of Manufactures: Industry, innovation and work in Britain, 1700–1820* (1985)

Birmingham Life J. A. Langford, *A Century of Birmingham Life: A Chronicle of Local Events, 1741–1841*, 2 vols (1841, rev. 1870)

BJECS *British Journal of Eighteenth-Century Studies*

BJHS *British Journal for the History of Science*

Boswell *Johnson* *Boswell's Life of Johnson*, edited by G. B. Hill, revised and enlarged by L. F. Powell, 6 vols (Oxford, 1934–50)

Botanical Arrangement William Withering, *A Botanical Arrangement of all the Vegetables Naturally Growing in Great Britain* (Birmingham, 1776)

Brewer John Brewer, *The Pleasures of the Imagination: English Culture in the Eighteenth Century* (1997)

Butler Marilyn Butler, *Maria Edgeworth: A Literary Biography* (Oxford, 1972)

Butler *Romantics* Marilyn Butler, *Romantics, Rebels and Revolutionaries: English Literature and its Background, 1760–1830* (Oxford, 1981)

Clow and Clow A. and N. Clow, *The Chemical Revolution* (1952)

Constantine David Constantine, *Fields of Fire: A Life of Sir William Hamilton* (2001)

Consumer Society N. McKendrick, J. Brewer and J. H. Plumb, *The Birth of a Consumer Society: The Commercialization of Eighteenth-Century England* (1982)

Craven Maxwell Craven, *John Whitehurst of Derby, Clockmaker & Scientist, 1713–88* (Ashbourne, 1996)

Cultures of Natural History N. Jardine, J. A. Secord and E. C. Spay (eds), *Cultures of Natural History* (Cambridge, 1996)

Daniels Stephen Daniels, *Joseph Wright* (1998)

Darwin Charles Darwin, *The Life of Erasmus Darwin, being an introduction to an Essay on his Scientific Works, by Ernest Krause*, 2nd edn (1887)

Delieb Eric Delieb, *The Great Silver Manufactory: Matthew Boulton and the Birmingham Silversmiths, 1760–1790* (1971)

Dent Robert K. Dent, *Old and New Birmingham, A History of the Town and Its People* (Birmingham, 1880)

Dickinson *Boulton* H. W. Dickinson, *Matthew Boulton* (Cambridge 1936) ['Watt Memorandum (1809)' included as Appendix 1]

Dickinson *Watt* H. W. Dickinson, *James Watt, Craftsman and Engineer* (1935)

Dickinson and Jenkins H. W. Dickinson and Rhys Jenkins *James Watt and the Steam Engine* (Oxford, 1927)

Edgeworth *Memoirs* *Memoirs of Richard Lovell Edgeworth Esq.* (1820); text used is 3rd edn (1844)

EDL Desmond King-Hele (ed.), *The Letters of Erasmus Darwin* (Cambridge, 1981)

EHR *English Historical Review*

Electricity Joseph Priestley, *The History and Present State of Electricity* (1767)

Enlightenment Roy Porter, *Enlightenment: Britain and the Creation of the Modern World* (2000)

Essential Writings Desmond King-Hele (ed.), *Essential Writings of Erasmus Darwin* (1968)

Experiments on Air Joseph Priestley, *Experiments and Observations on Different Kinds of Air*, 3 vols (1774, 1775, 1777)

Experiments and Observations Joseph Priestley, *Experiments and Observations relating to various Branches of Natural Philosophy*, 2 vols (1779; Birmingham, 1781)

Fara Patricia Fara, *Sympathetic Attractions: Magnetic Practices, Beliefs, and Symbolism in Eighteenth-Century England* (Princeton, 1996)

Farrer K. E. Farrer (ed.), *Letters of Josiah Wedgwood*, 3 vols (Manchester, 1903–6)

Fitton R. S. Fitton, *The Arkwrights, Spinners of Fortune* (Manchester, 1989)

Foxglove William Withering, *An Account of the Foxglove* (Birmingham, 1785)

Franklin Papers Leonard W. Labaree (ed.), *Papers of Benjamin Franklin* (Newhaven, 1965)

Galton Karl Pearson, *The Life, Letters and Labours of Francis Galton*, 3 vols (1914)

Genius H. Young (ed.), *The Genius of Wedgwood*, Victoria and Albert Museum exhibition catalogue (London, 1995)

Gibbs Frederick William Gibbs, *Joseph Priestley* (1965)

Gignilliat George Warren Gignilliat, *The Author of Sandford and Merton, a Life of Thomas Day Esq.* (New York, 1932)

Golinski Jan Golinski, *Science as Public Culture: Chemistry and Enlightenment in Britain, 1760–1820* (1992)

Griffiths John Griffiths, *The Third Man: The Life and Times of William Murdoch, 1754–1839* (1992)

Harris J. R. Harris, *Industrial Espionage and Technology Transfer, Britain and France in the Eighteenth Century* (1998)

Heilbron J. L. Heilbron, *Electricity in the 17th and 18th Centuries* (Berkeley, Ca., 1979)

Hist. Sci. *History of Science*

Hutton *History* William Hutton, *History of Birmingham*, 3rd edn (1795)

Hutton *Life* *The Life of William Hutton* (1816), edited by Carl Chinn (Birmingham, 1998)

Inquiry John Whitehurst, *Inquiry into the Original State and Formation of the Earth* (1778)

Isis *International Review of History of Science*

Israel Jonathan Israel, *Radical Enlightenment: Philosophy and the Making of Modernity 1650–1750* (Oxford, 2001)

Jacob Margaret C. Jacob, *Scientific Culture and the Making of the Industrial West* (Oxford, 1997)

Keir *Day* [James Keir], *An Account of the Life and Writings of Thomas Day, Esq.* (1791)

Keir *Dictionary* [James Keir, translation of Pierre Joseph Macquer], *Dictionary of Chemistry*, 2nd edn, 1777

King-Hele Desmond King-Hele, *Erasmus Darwin: A Life of Unequalled Achievement* (1999)

Klonk Charlotte Klonk, *Science and the Perception of Nature; British Landscape Art in the late eigh-*

teenth and early nineteenth century (Cambridge, 1992)

Langford Paul Langford, *A Polite and Commercial People, England 1727–1783* (Oxford, 1989)

McNeil Maureen McNeil, *Under the Banner of Science; Erasmus Darwin and his Age* (Manchester, 1987)

Marsden Ben Marsden, *Watt's Wonderful Engine* (Cambridge, 2002)

Meteyard Eliza Meteyard, *The Life of Josiah Wedgwood*, 2 vols (1865); edited by R. W. Lightbown (1970)

Misc. Tracts William Withering junior, *Miscellaneous Tracts of the Late William Withering, M.D., F.R.S.* (1822)

Moilliet and Smith J. L. Moilliet and Barbara Smith, *A Mighty Chemist: James Keir of the Lunar Society* (privately printed, 1982)

Mokyr Joel Mokyr, *The Gift of Athena: Historical Origins of the Knowledge Economy* (Princeton, 2002)

Money John Money, *Experience and Identity: Birmingham and the West Midlands, 1760–1800* (Manchester, 1977)

Morrell Jack Morrell, *Science, Culture and Politics in Britain, 1750–1870* (Aldershot, 1997)

Muirhead *Life* James Patrick Muirhead, *The Life of James Watt with Selections from his Correspondence* (1858)

Muirhead *Mechanical Inventions* James Patrick Muirhead, *The Origins and Progress of the Mechanical Inventions of James Watt*, 2 vols (1854)

Musson and Robinson A. E. Musson and Eric Robinson, *Science and Technology in the Industrial Revolution* (Manchester, 1969)

Ormolu Nicholas Goodison, *Ormolu: The Work of Matthew Boulton* (1974; new edition 2002)

Pardoe F. E. Pardoe, *John Baskerville of Birmingham: Letter-Founder & Printer* (1975)

Partington J. R. Partington, *A History of Chemistry*, vol. III (1962)

Partners in Science E. Robinson and D. McKie, *Partners in Science: The Letters of James Watt and Joseph Black* (1970)

Peck T. W. Peck and K. D. Wilkinson, *William Withering of Birmingham* (Bristol, 1950)

Phil. Trans. *The Philosophical Transactions of the Royal Society*

Phytologia Erasmus Darwin, *Phytologia; or the Philosophy of Agriculture and Gardening* (1800)

Plan Erasmus Darwin, *A Plan for the Conduct of Female Education in Boarding Schools* (Derby, 1797)

Porter *Beddoes* Roy Porter, *Doctor of Society: Thomas Beddoes and the Sick Trade in Late Enlightenment England* (1991)

Porter *Geology* Roy Porter, *The Making of Geology: Earth Science in Britain, 1660–1815* (Cambridge, 1977)

Priestley *Autobiography* *The Autobiography of Joseph Priestley* (1806), edited by Jack Lindsay (1970)

Reilly Robin Reilly, *Josiah Wedgwood, 1730–1795* (1992)

Reilly and Savage Robin Reilly and George Savage, *The Dictionary of Wedgwood* (1980)

Richards Sarah Richards, *Eighteenth-century Ceramics: Products for a Civilised Society* (Manchester, 1999)

Robinson and Musson Eric Robinson and A. E. Musson (eds), *James Watt and the Steam Revolution: A Documentary History* (1969)

Roll Eric Roll, *An Early Experiment in Industrial Organisation* (1930)

Rolt L. T. C. Rolt, *James Watt* (1962)

Rowland Peter Rowland, *The Life and Times of Thomas Day, 1748–89* (Lewiston, 1996)

Rutt *Life* J. T. Rutt (ed.), *Life and Correspondence of Joseph Priestley*, 2 vols (1831–2)

Rutt *Works* J. T. Rutt (ed.), *The Theological and Miscellaneous Works of Joseph Priestley* (1817–32)
Sandford and Merton Thomas Day, *The History of Sandford and Merton*, 3 vols (1783–89)
SchimmelPenninck Christiana C. Hankin (ed.), *The Life of Mary Anne SchimmelPenninck*, 3rd edn, (1860)
Schofield Robert E. Schofield, *The Lunar Society* (Oxford, 1963)
Schofield *Priestley* Robert E. Schofield, *The Enlightenment of Joseph Priestley* (Pennsylvania, 1997)
Scientific Autobiography Robert E. Schofield (ed.), *A Scientific Autobiography of Joseph Priestley (1733–1804)* (Cambridge, Mass.,1966)
Scientific Correspondence H. C. Bolton, *Scientific Correspondence of Joseph Priestley* (1891)
Seward Anna Seward, *Memoirs of the Life of Dr Darwin* (1804)
Seward *Letters* A. Constable (ed.), *Letters of Anna Seward* (Edinburgh, 1811)
Seward *Poetical Works* Walter Scott (ed.), *Poetical Works of Anna Seward* (1810)
SHPS *Studies in History and Philosophy of Science*
Sketch [A. Moilliet], *A Sketch of the Life of James Keir* (1859)
SL George Savage and Ann Finer (eds), *The Selected Letters of Josiah Wedgwood* (1965)
Smiles Samuel Smiles, *Lives of Boulton and Watt* (1865)
Spectator *The Spectator*, edited by Donald F. Bond, 5 vols (Oxford, 1965)
Tann Jennifer Tann (ed.), *The Selected Papers of Boulton & Watt,* I *The Engine Partnership 1775–1825* (1981)
Temple of Nature Erasmus Darwin, *The Temple of Nature, or, The Origin of Society* (1803)
UBHJ *University of Birmingham Historical Journal*
Vases and Volcanoes Ian Jenkins and Kim Sloan, *Vases and Volcanoes: Sir William Hamilton and his Collection*, British Museum exhibition catalogue (1996)
Weather Journals *The Weather Journals of a Rutland Squire: Thomas Barker of Lyndon Hall*, edited by John Kington (Oakland, 1988)
Wedgwood Circle Barbara and Hensleigh Wedgwood, *The Wedgwood Circle 1730–1897* (1980)
Whitehurst *Works* C. Hutton (ed.), *The Works of John Whitehurst, F.R.S.* (1792)
Wright of Derby Judy Egerton, *Wright of Derby*, Tate Gallery exhibition catalogue (1990)
Young Hilary Young, *English Porcelain, 1745–95: Its Makers, Design, Marketing and Consumption* (1999)
Zoonomia Erasmus Darwin, *Zoonomia; or, The Laws of Organic Life*, part I (1794); part II (1796); 3rd rev. edn (1801)

注 释

除非另有说明，所有来自伊拉斯谟·达尔文的信件都引用自 *EDL*，其启发性的笔记是无价珍宝。德斯蒙德·金 - 赫勒（Desmond King-Hele）正在着手修订这一版，以包括近年来问世的许多信件。

韦奇伍德 - 本特利的信件可以在法雷尔（Farrer）中找到，但却是经过高度编辑的。因此，我引用了基尔的（W.）档案馆的韦奇伍德档案原件；然而，他们在 *SL* 中也可以找到。参考了伯明翰城市档案馆（BCA）中的博尔顿和瓦特以及其他论文，使用的是 2001 年版本。整个迷宫般的档案目前正在重新编目，以方便未来的研究人员使用，新的参考资料将被采用，但从旧的系统到新的系统会交叉参考。

拼写和标点符号遵循来源。

月圆

前言："震惊世界"

1. JP, *Experiments on the Generation of Air from Water* (1793), Dedication. Membership of the Lunar society is uncertain, sometimes including Baskerville, sometimes excluding Wedg- wood, although he was central to their work. 奉献精神。月光社成员身份尚不确定，有时包括巴斯克维尔，有时不包括韦奇伍德，尽管他是他们工作的中心。参见 Eric Robinson, 'The Lunar society: its membership and organisation', *Trans. of the Newcomen Society*, xxxv (1962–1963)。

2. ED to MB 11 March 1766.

3. John Woodward, *Essay Towards a Natural History of the Earth* (1695).

4. Rosamond Wolff Purcell and Stephen Jay Gould, *Finders, Keepers: Eight Collectors* (1992) 17.

5. 同上。

6. R. Porter, ‘Science, provincial culture and public opinion in Enlightenment England’ ,*BJECS*, 3 (1980). 参见 Golinski, and Larry Stewart, *The Rise of Public Science: Rhetoric, Technology and Natural Philosophy in Newtonian Britain, 1660–1750* (Cambridge, 1992). 对于“工业启蒙”和知识经济的产生的不同看法，见 Mokyr；“激进启蒙”，见 Israel。

7. JWe to TB 31 October 1768, W. E25–18212.

8. BG: Ec. Veg. 1. 529 note. 这个建议是威廉 · 斯莫尔在 18 世纪 70 年代初与詹姆斯 · 瓦特的通信中首次提出的。

9. 见 D. Read, *The English Provinces, c. 1760–90* (1964) and *P. Borsay, The English UrbanRenaissance: Culture and Society in the Provincial Town, 1660–1770* (Oxford, 1989).

10. 见 John Styles, ‘Manufacturing, consumption and design in eighteenth-century England’,in John Brewer and Roy Porter (eds), *Consumption and the World of Goods* (1993) 536–538.

11. Stella Tillyard, *Aristocrats: Caroline, Emily, Louisa and Sarah Lennox, 1740–1832* (1995) 171. 参见 Maxine Berg and Helen Clifford (eds), *Consumers and Luxury: Consumer Culture in Europe 1650–1850* (Manchester, 1998)。

12. 见 *Enlightenment*, and David Spadaforda, *The Idea of Progress in Eighteenth-Century Britain*(Newhaven and London, 1990)。

13. *Weather Journals* 24.

14. David Souden (ed.), *Byng's Tours: The Journals of the Hon. John Byng 1781–1792* (1991) 23.

土之卷

1 地球，埃尔斯顿和电力

1. *Weather Journals* 59.

2. Robert Darwin, 'old notebooks before I burnt them in 1800', DAR 227.5.12.

3. Darwin 6, 以及 ED Commonplace Book。

4. Darwin 2. 内战后，伊拉斯谟的保皇党曾祖父成为了一名律师，并娶了联邦外交官伊拉斯谟 · 厄尔（Erasmus Earle）的女儿为妻。他们的长子娶了诺丁汉郡的女继承人安 · 华林（Ann Waring），她继承了埃尔斯顿老宅。

5. ED to Thomas Okes [23?] November 1754.

6. Darwin 4. Portrait by Jonathan Richardson, 1717.

7. Darwin 4, *Phil. Trans.* April and May 1719.

8. 见 W. Moore, *The Gentlemen's Society at Spalding* (1851); D. M. Owen (ed.), *The Minute Booksof the Spalding Gentleman's Society, 1712–1755*, Lincoln Record Society, 73 (Lincoln, 1981)。

9. ED to Thomas Okes [23?] November 1754.

10. King-Hele 5. 罗伯特和伊丽莎白 · 达尔文的肖像见 *Galton*, plate vii。

11. Hutton *Life* 29.

12. *Aris's Birmingham Gazette*, 17 April 1746.

13. ED to Susannah Darwin, March 1749, and UCL 578,34, *EDL* 4, n. 1.

14. Susannah Darwin to ED, 20 February 1749, DAR 227.3.1.

15. ED to Susannah Darwin, March 1749.

16. ED to Samuel Pegge, 28 December 1749.

17. 引自 Porter *Beddoes* 24。

18. Darwin 6. 克里斯托弗 · 达尔文最近在剑桥大学图书馆收藏了 60 多本笔记，其中包括伊拉斯谟和他的兄弟们写的许多诗句，包括他的 10 首"谜"和许多少年诗歌。

19. *Spectator* iv 442.

20. *Spectator* iii 575. 见 Patricia Fara, *Isaac Newton: The Making of Genius*

(2002)。

21. Alexander Pope, ‘Epitaph, Intended for Sir Isaac Newton’, *Pope: Poetical Works*, edited byHerbert Davis (Oxford, 1966) 651.

22. J. T. Desaguliers, 引自 Daniels 38。参见 *Newton Demands the Muse: Newton's Optics andthe Eighteenth Century Poets* (Princeton, 1946) 37。

23. 见 Paul Elliott, ‘The birth of public science in the English provinces: Natural Philosophyin Derby, c.1690–1760’, *Annals* 57 (January 2000) 61–100。

24. *Gentleman's Magazine*, 1732, 见 Craven 17。

25. Daniels 48.

26. Edgeworth *Memoirs* 26.

27. 感谢帕特里夏·法拉（Patricia Fara）的描述。对于这些早期发现简洁生动的描述，请参见她的 *An Entertainment for Angels: Electricity and Enlightenment* (2002)。

28. Heilbron 247.

29. Henry Baker to Henry Miles, 29 April 1745, 引自 W. D. Hackman, *Electricity from Glass: The History of the Frictional Electrical Machine* (Alphen aan den Rijn, 1978) 105. 见 Darwin’s version of this in *BG Ec. Veg.* i 349–56。

30. 见 Hackman, *Electricity from Glass*, 90–103, 以及 Heilbron 309–23。

31. Musschenbroek to Reaumur, 20 January 1746, Heilbron 313–14.

32. John Neale, *Directions for Gentlemen who have Electrical Machines* (1747); 引自 SimonSchaffer, ‘The consuming flame: electrical showmen and Tory mystics in the world of goods’, in John Brewer and Roy Porter (eds), *Consumption and the World of Goods* (1993) 491。参见 Maurice Daumas, *Scientific Instruments of the 17th and 18th Centuries and their Makers* (1989)。

33. W. Henly to J. Canton, n.d., Heilbron 317.

34. 见 Schaffer, ‘The consuming flame’, 497, and his ‘Natural Philosophy and Public Spectaclein the Eighteenth Century’, *Hist of Sci*, 21 (1983) 1–43.

35. Isaac Newton, *Opticks* (1704; 1952 edition) 404.

2 玩具

1. 英格兰中部地区讲稿，见 Heilbron, and Musson and Robinson 381–382。

2. Darwin 17.

3. Notebook, MBP 290/2.

4. 同上。

5. *Sketchley's Birmingham Directory*, 1767, 56.

6. *A Blacksmith's Shop* (1771), *An Iron Forge* (1772), *An Iron Forge viewed from without* (1773). 见 Daniels 50–3, 以及 *Wright of Derby* 101–4。

7. John Leland, *Itinerary* (1538), in Henry Hamilton, *The English Brass and Copper Industries to1800* (1926) 122–3.

8. Alexander Missen, in Hutton *Life* xii. 见 Berg *Manufactures* 287–313, M. J. Wise (ed.),*Birmingham and its Regional Setting*。 *A Scientific Survey* (Birmingham, 1950), 以及 P. Hudson, *Regions and Industries* (Cambridge, 1989)。早期工作包括 S. Timmins (ed.), *The Resources, Products and Industrial History of Birmingham and the Midland Hardware District* (1866), 以及 W. H. B. Court, *The Rise of the Midlands Industries 1600–1838* (1938)。

9. 克拉伦登法典包括《公司法》(1661)；统一法案（1662)；《公会法》(1664)；《五英里法》(1665)，禁止不信教的牧师居住在距旧教区五英里以内的地方，以及《测试法》(1673)。

10. 有关伯明翰和谢菲尔德的比较，参见 Maxine Berg, 'Small Producer Capitalism in Eighteenth-Century England', *Business History*, 35, i (1993) 17–39。

11. Hutton *History* 90–91.

12. 见 Carl Chinn, *Birmingham: The Great Working City* (Birmingham, 1994) 和 Eric Hopkins,*Birmingham, The First Manufacturing Town in the*

World, 1760–1840 (1989)。

13. Hutton *History* 55.

14. 见 William Bennett, *John Baskerville* (1937) 和 uncorrected galleys (BCA; MS 705/4)。

15. William Hutton, *European Magazine*, November 1785; Pardoe 19.

16. Pardoe 20.

17. Will of John Baskerville, January 1773, Pardoe 126.

18. 见 Eric Robinson, 'Matthew Boulton' s Birthplace and his home at Snow Hill: A problemin detection' , *Transactions of the Birmingham Archaeological Association*, 1957, vol. 75, 88–89。

19. Hutton *History* 379.

20. *Aris's Birmingham Gazette*, 29 December 1746.

21. Dent 90–92.

22. JW Memorandum (1809) 1.

3 苏格兰

1. 调查见 Gerard L' E. Turner, 'Scientific Instruments' , in Pietro Corsi and Paul Weidling (eds), *Information Sources in the History of Science and Medicine* (1983) 243–258。

2. John Wallis, in Heilbron, 10; 参见她详细的介绍调查。

3. 对于托马斯 · 瓦特，参见 *Muirhead Life* 4–9, Dickinson *Watt* 15; 对于瓦特的叔叔请参阅 Jacob 100–105。

4. George Williamson, *Memorials of the Lineage, Early Life, Education and Development of the Geniusof James Watt* (1856), 引自 Dickinson Watt 19。

5. JWP 4/161.

6. In Harry Grey Graham, *The Social Life of Scotland in the Eighteenth Century* (Edinburgh, 1901)142.

7. 见 Jane Rendall, *Origins of the Scottish Enlightenment* (1978) 17, 以及 A. L. Brown andMichael Moss, *The University of Glasgow: 1451–2001* (Edinburgh, 2001)。

8. Chambers, *Traditions of Edinburgh*, i 105; 参见 John Thomson, *An Account of the Life,Lectures and Writings of William Cullen, M.D.*, 2 vols (Edinburgh, 1859)。

9. JW to James Watt senior, 1 July 1755, JWP 6/46.

10. 'The improvement of the Sand glass for the True Measuring of Time in order to find Longitude'; G. L'E. Turner, *Scientific Instruments*, xiv 19.

11. JW to James Watt senior, 21 July 1755, JWP 6/46.

12. JW to James Watt senior, 31 March 1756, JWP 6/46; *Muirhead Life* 39.

13. JW to James Watt senior, 20 April 1756, JWP 6/46.

14. JWP April 1756, 19 June 1756, JWP 6/46.

15. JW to James Watt senior, 2 October 1756, JWP 4/11.2.

16. 'Robison's Narrative' (1796); Robinson and Musson 24.

17. Henry Cockburn, *Memorials of his Time* (1910 edn), 46. 关于布莱克，参见 R. G. W. Anderson, 'Joseph Black' , in D. Daiches et al. (eds), *A Hotbed of Genius*(Edinburgh, 1986), 以及 A. D. C. Simpson (ed.), *Joseph Black, 1728–1799* (Edinburgh, 1982)。

18. Introduction to Black's *Lectures* (1803), in James Sambrook, *The Eighteenth Century* (1986) 15.

19. Adam Hart-Davis, 'James Watt and the Lunaticks of Birmingham', *Science*, 6 April 2001, 56.

20. Smiles 33.

21. David Hume, *A Treatise of Human Nature*, edited by Ernest Rhys, 2 vols (1911) 5.

22. Lord Charlemont, 引自 Alistair Smart. *Allan Ramsay, 1713–1784* (Edinburgh, 1992)。

23. 见 Christopher Lawrence, ‘The Nervous System and Society in the Scottish Enlightenment’, in Barry Barnes and Steven Shapin (eds), *Natural Order: Historical Studies of Scientific Culture* (1979)。

4 医生的包

1. Darwin 12.

2. 达尔文通过 Brachygraphy of Thomas Gurney 学习；他的笔记在国王学院的乔治 · 贝克（GeorgeBaker）博士的演讲中：Wellcome WMS 2043; 见 King-Hele 13–14。

3. King-Hele 15.

4. 见 Roy Porter, ‘Medical lecturing in Georgian London’, *BJHS*, 28 (March 1995), 91–100, 和 W. F. Bynum and Roy Porter (eds), *William Hunter and the Eighteenth-CenturyMedical World* (Cambridge, 1985), Porter, *The Greatest Benefit to Mankind* (1997) 245–305。

5. *The Collected Letters of Oliver Goldsmith*, edited by Katharine C. Balderston (Cambridge,1928) 3.

6. *SchimmelPenninck* 37.

7. *Phytologia* 208; King-Hele 18.

8. 引自 D. Daiches et al. (eds), *A Hotbed of Genius* (Edinburgh, 1986) 1。

9. 见 Christopher Lawrence, ‘Ornate physicians and learned artisans: Edinburgh medicalmen, 1726–1776’, in Bynum and Porter, 153–76; and R. G. W. Anderson and A. D. C.Simpson (eds), *The Early Years of the Edinburgh Medical School* (Edinburgh, 1976)。

10. 见 Guenter B. Risse, *Hospital Life in Enlightenment Scotland. Care and*

Teaching at the RoyalInfirmary of Edinburgh (Cambridge, 1986)。

11. *Pharmacopoeia Edinburgensis; or New Edinburgh Dispensatory*, 4th edn (1744).

12. JK to Robert Darwin, 1802; King-Hele 17.

13. 受莱顿训练的哈勒于 1747 年出版了他的生理教科书，*Primae lineae physiologiae*，其次是 *Elementa physiologiae corporis humani* (8 vols, 1757—1766)。

14. 库伦的想法和影响见 Golinski 11–40。

15. Robert Whytt, *On the Vital and Other Involuntary Motions of Animals* (1751); 讨论见 Klonk18; Porter, *The Greatest Benefit*, 251。

16. ED to Thomas Okes, [23?] November 1754.

17. ED to Albert Reimarus, 9 September 1756, Darwin 18.

18. DAR 227: 1.4; King-Hele 20.

19. Boswell *Johnson* ii 464.

20. Seward 2–3. 有关 Seward 的有趣讨论，参见 Brewer, 'Queen Muse of Britain', 573–612。

21. E D Commonplace Book.

22. DAR 227: 1.14; King-Hele 29.

23. ED to MH, 24 December 1757.

24. 同上。

25. King-Hele 32, 34.

26. ED to MD, 18 May 1758, DAR 227: 1.16.

27. Seward 15.

28. Seward *Poetical Works* vii.

29. Seward 65–8.

30. *Aris's Birmingham Gazette*, 25 October 1762.

31. Heilbron 342.

32. 论文5月5日被诵读，发表在 *Phil. Trans*. i (1757) 250—254。

33. Seward 16. 皇后学院的一位导师米歇尔（Michell）讲了希伯来语，希腊语，算术，几何和哲学。

5 瓶瓶罐罐

1. 'Burslem in 1750 based on a plan by Enoch Wood', F. Falkner, *The Wood family of Burslem* (1912). 但是，由于该日期的伯斯勒姆地图不可靠，参见 Lorna Weatherill, *The Pottery Trade and North Staffordshire, 1660–1760* (Manchester, 1971) 155–6。

2. JWe Experiment Book 1759—1774, W. E26–19115.

3. 见 'The Earliest Entrepreneurs', Young 33–53。

4. JWe Memorandum, 'Pot-works in Burslem about the year 1710–1715' (1776), *SL* 24.

5. Simeon Shaw, *History of the Staffordshire Potteries* (Hanley, 1829) 110—112.

6. 同上，97—98。

7. JWe to TB, 3 April 1765, W. E25–18072.

8. Meteyard i 200.

9. 同时，104–5. 也可参阅 Enoch Wood, 引自 Reilly 5。

10. Seward 2.

11. 契约、韦奇伍德档案馆，由他的母亲和他的叔叔阿伯纳 · 韦奇伍德和塞缪尔 · 阿斯特伯里签名；Reilly 3–4。

12. JWe Notebook, c.1749, W. E26–19115.

13. Reilly 18.

14. Thomas Whieldon's notebook, Weatherill, *The Pottery Trade*, 104–8.

15. *Aris's Birmingham Gazette*, 17 June 1754.

16. Weatherill, *The Pottery Trade*, 87.

17. 有关韦奇伍德的技术实验，参见 N. McKendrick, 'The role of science in theIndustrial Revolution, a study of Josiah Wedgwood as a scientist and industrial chemist', inM. Teich and R. Young (eds), *Changing Perspectives in the History of Science* (Dordrecht, 1973)。

18. JWe Experiment Book 1759—1774, W. E26–19115.

19. 见 Lilian Beard, 'Unitarianism in the Potteries from 1812', *Transactions of the Unitarial Historical Society* vi (1935–8), 14–16。

20. *Wedgwood Circle* 11.

21. See *Genius* 63–7.

22. See Richards 53–5, and 82, nn. 62–5.

23. See Richard Bentley, *Thomas Bentley* (Guildford, 1927).

24. JWe to TB, 15 May 1762, W. E25–18048.

25. 见 Neil McKendrick, 'Josiah Wedgwood and Thomas Bentley: an Inventor–EntrepreneurPartnership in the Industrial Revolution', *Transactions of the Royal Historical Society*, 5th ser.,xiv (1960), 1–33, 尽管这有时夸大了本特利的角色。

26. JWe to TB, 16 September 1769, W. E25–18254.

27. JWe to TB, 26 October 1762, W. E25–18049.

6 向索霍前进

1. MB to Benjamin Huntsman, 19 January 1757, MBP Letter Book 1.

2. Notebook 1, 1751 (later dates inside), MBP 376.

3. 我要感谢谢娜 · 梅森（Shena Mason）的这个细节。

4. ED to MB, [30? October 1762].

5. JK Memorandum 1809, MBP 290/112.

6. MBP 366/1. 见传记前言 *Whitehurst Works*;也可参见 W. Douglas White, 'The Whitehurst family', *Derbyshire Miscellany Supplement*, March

1958。

7. BF to Joseph Galloway, 6 September 1758, Franklin Papers viii 146.

8. BF to Deborah Franklin, 6 September 1758, ibid.

9. 同上。

10. John Michell to MB, 5 July 1758; Schofield 24.

11. William Shenstone to MB, 19 July 1758, Marjorie Williams (ed.), *The Letters of WilliamShenstone* (Oxford, 1939) 484.

12. 同上 , 489。

13. 同上 , 490—493。

14. 因为马修赞扬玛丽"生育许多孩子"，可能有更多死于婴儿或双胞胎的人在她自己的家庭中死亡。见 MBP 252/60, Dorothy Robinson' s Memoranda, 'account of my children' : 1725 年， 双 胞 胎（ 约 翰（John，d.1728），还有一个死胎）；双胞胎，1727 年（玛丽，还有一个死胎）；儿子，1728 年（死胎）；双胞胎，1731 年（卢克和威廉，约 8 周）；女儿，1733 年（安妮）。

15. Notes, MBP 290/6.

16. 'Upon seeing the Corps of my Dear Wife many Excellent Qualitys of Hers arose to myMind which I could not then forbare acknowledging Extempory with my pen & depositingit in her Coffin', MBP 291/72.

17. MB to Dorothy Robinson, n.d., MBP 252/62. The letters in MBP 252 and 279 未注明日期，但可以根据内部证据确定顺序。

18. MB to AR, n.d., MPB 279/8.

19. MB to Dorothy Robinson, n.d., MBP 252/62.

20. MB to Dorothy Robinson, n.d., MBP 252/61. 对于他的无礼，请参阅 MBP 279/4 关于在周日工作的随意笑话来冒犯巴克先生。

21. MB to AR, n.d. [December 1759, not 'April 1763' as marked], MBP 279/8.

22. ED to MD, 12–13 June 1759, DAR 227: 1.17.

23. MB to AR, n.d., MBP 279/4.

24. *Journal of the House of Commons* xxviii (1757—1761) 785–901.

25. MB to AR, n.d., MBP 252/8.

26. John Fry, *The case of marriage between near kindred* (1756), published at Boyle's Head in FleetStreet. Boulton's order is dated 22 April 1760: Dickinson Boulton 34–5.

27. MB to AR, n.d., MBP 279/9.

28. 裁缝的账单, Elizabeth and Hannah Concher, 17 July 1760. Soho House。

29. MB to RLE, 20 November 1780 (MBP 143, Letter Book K, 58); and RLE to MB, 2. October 1780 (MBP 230/101).

30. 裁缝的账单 , 14 May 1763; paid 28 September 1768. Soho House。

31. John Taylor, testimony to House of Commons, 1759, 引自 *Genius* 100。

32. 见 Harris 114。

33. 见 D. G. C. Allan, *William Shipley: Founder of the Royal Society of Arts: A Biography withDocuments* (1968) 169—188。

34. MB to Lord Hawkesbury, 17 April 1790, MBP 237.

35. MB to Timothy Hollis, 3 February 1761, Schofield 26.

36. 他的第一位建筑师是约瑟夫 · 皮克福德（Joseph Pickford），他也为怀特赫斯特（Whitehurst）建造了房屋，Craven 65。

37. Notes, MBP 308/9.

38. 见 E. Robinson, 'Boulton and Fothergill 1762—1768 and the Birmingham Export of hardware' , University of Birmingham Historical Journal vii, no. 1 (1959)。合伙人在获得投资金额的利息后，将平均分配利润。博尔顿的资本投资为 6206 英镑 17 先令 9 便士，包括建筑物，工具和材料；福瑟吉尔 5394 英镑 16 先令 0 便士。

39. JF to MB, 7 May 1762, *Ormolu* 10.

40. Robinson notebook, 31 August 1764, MBP 252/68. 争论的焦点是签了他的标记的遗嘱修改附录，如果安妮毫无争议地死去，他就把农场留给堂兄弟们。

41. Kenneth Quickenden, 'Boulton & Fothergill's Silversmiths', *Silver Society Journal* vii (autumn1995) 342.

42. 同上, 348–54: a fascinating picture of workshop organization. For extracts from the Inventory, taken by Scale after Fothergill' s death, 见 *Ormolu* Appendix v, 269–77。

43. JF to John Lewis Baumgartner, 13 July 1765, Letter Book B, 158; MB to James Adam, 1October 1770, Letter Book D, 29–30. 见 Quickenden, 'Silversmiths' , 347。

44. 见 Robinson, 'Boulton and Fothergill' , and Ormolu 15–18, and J. E. Cule, *The FinancialHistory of Matthew Boulton, 1759–1800*, unpublished thesis, University of Birmingham, 1935。

45. Notes on dispute with Fothergill, MBP 308/54.

46. 同上。

7 天才的哲学家们

1. MBP 367/1 Notebook 1751–59, 376. Boulton used the English translation of 1750, *The art of hatching and bringing up domestic fowls of all kinds at any time of the year, either by means of the heat of hotbed or that of the common fire*. 也可参见 MBP 290/7。

2. 同上 , 21。

3. Mark Akenside, *Hymn to Science* (1744).

4. Priestley *Autobiography* 92.

5. JP, *Familiar Letters Addressed to the Inhabitants of the Town of*

Birmingham, by the Revd. Mr Madan (1790–92), Letter 4, 6. 见 *Enlightenment* 398。

6. Priestley *Autobiography* 71.

7. 乔治 · 哈格斯通（George Haggerstone）牧师在麦克劳林（Maclaurin）所在的爱丁堡学习。包括书 Isaac Watts' s *Logic*, Locke' s *Essay on Human Understanding and 'sGravesande'sElements of Natural Philosophy*. 见 Rutt *Life* i 13。

8. Rutt *Life* i 62.

9. Priestley *Autobiography* 85.

10. Anna Laetitia Aikin to Betsy Belsham, quoted in Betsy Rodgers, *A Georgian Chronicle: Mrs Barbauld and her Family* (1958) 52.

11. Rutt *Life* i 50.

12. Priestley *Autobiography* 71.

13. 见 *Enlightenment* 180–83, 以及 Richard C. Allen, *David Hartley on Human Nature* (New York,1999)。

14. 被 Roy Porter 引用于 'Matrix of Modernity', Royal Historical Society Gresham Lecture,November 2000, 重印在 *History Today*, April 2001, 24–31。

15. Adam Smith, *Theory of Moral Sentiments* (1759), edited by D. D. Raphael and A. L. Macfie(Oxford, 1976) 166, part iii, ch. 5.

16. Joseph Priestley, *History of the Corruptions of Christianity* (1782). 见 Rutt *Works* iv,Introduction, 7。

17. JP, *Disquisitions relating to Matter and Spirit*, 2nd edn (Birmingham, 1782) i vii.

18. In his *Naturalis Philosophiae Theoria*, 耶稣会士罗杰 · 约瑟夫 · 博斯科维奇（Roger Joseph Boscovitch，1711—1787 年）提出了力量和“点子”的概念。

19. Priestley *Autobiography* 86.

20. 同上，87。

21. JP to John Canton, 14 February 1766; *Scientific Autobiography* 15.

22. Gibbs 27.

23. 同上，28。

24. 两个带电体之间的吸引力与它们之间距离的平方成反比。由库伦在 1784—1785 年间演示。

25. *Experiments and Observations* i xi, in Golinski 81；见 51–90 for Priestley' s writing。

26. 见 Jan Golinski, Making Natural Knowledge: *Constructivism and the History of Science*(Cambridge,1998) 2–4。

27. *Experiments and Observations* i xi.

28. JWe to TB, 9 October 1766, W. E25–18130.

29. Schofield 28.

30. 'Franklin's "glass harmonica" used glass basins of graduated size (and so pitch) half-submerged in water, mounted on a spindle. When the spindle was rotated the glasses revolved and the friction of the player's fingers produced the sound.' Shena Mason, unpublished paper on music at Soho, 1998.

31. Lectures noted in Aris' s Birmingham Gazette from 1750 include William Griffiths, 1755; Joseph Hornblower, 1757; James Ferguson, 1761 and 1771; John Arden, 1765, 1767 and 1771; John Warltire, annually from 1776 to 1782, 1784 and 1789. 见 Money 151。

32. 见 Berg Manufactures 295–301。专利见 Christine McCleod, *Inventing the Industrial Revolution: The English Patent System, 1660–1800* (Cambridge, 1988), 有关 19 世纪的观点，参见 Richard Prosser, *Birmingham Inventors and Inventions* (1881)。

33. JR to John Seddon (probably pre-1762), Schofield 29.

34. T. C. Hansard, *Typographia* (1825) 717—8, 311.

35. 见 J. M. Robinson, *The Wyatts: An Architectural Dynasty* (Oxford, 1979)。

36. *Aris's Birmingham Gazette*, 25 October 1762.

37. ED to MB, [30] October 1762.

38. 'An uncommon case of a Haemoptysis' , *Phil. Trans*. li (1760) 526–9. ED 选举为皇家学会会员见 King-Hele 45—46。

39. *Aris's Birmingham Gazette*, 17 January 1763; Schofield 31.

40. ED to MB, 1 July 1763.

41. 金 · 海勒（King-Hele）50 指出，理想气体定律归功于查尔斯（J. A. C. Charles）(1787)，约翰 · 道尔顿（John Dalton, 1801）受了部分压力。

42. JWe to TB, 31 March 1763, W. E25–18052.

43. BF to MB, 22 May 1765, MBP 233/119.

44. Merrill D. Perriman (ed.), Thomas Jefferson, *Writings* (New York, 1984), 'Autobiography', 4.

45. See Gillian Hull, 'William Small, 1734–1775: no publication, much influence', Journal ofthe Royal Society of Medicine, 90 (February 1997), 102.

46. Small's advice, in a letter from Stephen Hawtrey to New Hawtrey, 26 March 1765. SwemLibrary Archives, College of William and Mary, Williamsburg, Virginia. Herbert GanterCollection, Box iii, Folder 21. Cited by Martin McClaggett, unpublished paper.

47. 同上。

48. 两位都是邮政局长威廉 · 亨特（William Hunter）的朋友。1763 年 4 月，富兰克林前往弗吉尼亚与亨特的遗嘱打交道，其中提到了他和斯莫尔（Small）。

49. 有关富兰克林与这些俱乐部的联系，见 Carl van Doren (ed.), *Benjamin Franklin's Autobiographical Writings* (New York, 1945) 141—142, 与月光社见 E. Robinson, 'R. E. Raspe, Franklin' s "Club of Thirteen" and the

Lunar Society', *Annals* ii, 2 June 1955。

50. John Baskerville to MB, 9 December 1765, MBP 219/201.

51. Keir Day 29–30.

52. 派遣使节和建立牢房是富兰克林劝导的一个公认的方面。

53. ED to MB, 11 March 1766.

8 出击

1. JWe to TB, 9 January 1764, W. E25–18055.

2. JWe to TB, 23 January 1764, W. E25–18056.

3. 同上。

4. JWe to TB, 28 May 1764, W. E25–18057.

5. JWe to JnWe, 11 March 1765, W. E18071–25.

6. JWe to JnWe, 2 February 1765, W. E25–18059.

7. 扎切斯 · 沃克（Zaccheus Walker）娶了玛丽 · 博尔顿（Mary Boulton），从 1760 年开始在索霍担任店员，后来成为会计师。托马斯 · 迈恩（Thomas Mynd）娶了博尔顿的妹妹，后者于 1773 年独立经营，但接受了索霍的委托。第二个堂兄约翰 · 本特利（John Bentley）的父亲理查德也曾在博尔顿福瑟吉尔工作，他于 1776 年独立，但仍继续提供商品。

8. JWe to TB, 6 March 1765, W. E25–18070.

9. *Arts and Sciences United* 12; 见 D. Towner, Creamware (1978)。

10. 并从她的兄弟约翰借了 500 英镑。Josiah C. Wedgwood and JoshuaG. E. Wedgwood, *Wedgwood Pedigrees* (Kendal, 1925) 174, n. 3; Reilly 36。

11. JWe to JnWe, [summer 1765], SL 34.

12. JWe to JnWe, [17 June 1765], W. E25–18073.

13. *Wedgwood Circle* 20.

14. JWe to JnWe, 7 August 1865, W. E25–18089.

15. JWe to TB, [after 8 September 1767], W. E25–18167.

16. M B to AB, February/ March 1760, M B P 279/14–20.

17. JWe to JnWe, 7 August 1765, W. E25–18089.

18. 见 *Genius*, 162–9.

19. JWe to TB, 3 September 1770; SL 96.

20. JWe to TB, 26 July 1767, W. E25–18160.

21. 见 MBP Letter Book A (1757—1765). 福瑟吉尔说法语和德语，见 EricRobinson, 'Boulton and Fothergill, 1762–82 and the Birmingham export of Hardware' ,*UBHJ* vii 1 (1959)。

22. 1763. Shena Mason, talk to the Society of Jewellery Historians, 10 April 2000.

23. 见 Robinson, 'Boulton and Fothergill' , 67–8, and Musson and Robinson 218。

24. 见 Dickinson Boulton 49–50; Musson and Robinson 224—227 和 Daniel Solander correspondence, MBP 254/S2/269: 有严格的法律禁止熟练工人移民。

25. MB to AB, 18 November 1765, MBP 279/25.

26. MB to AB, 24 November 1765, MBP 279/27.

27. William Wyatt to MB, 26 January 1766, MBP 375/228.

28. Journal of the House of Commons, 16 February 1763, Petition to parliament for a turnpike from Lawton to Stoke; 部分引自 *SL* 24。

29. Arthur Young, 1771, in *English Canals* i (Lingfield, 1967).

9 蒸汽

1. ED to MB, [1764?].

2. 见 L. T. C. Rolt, *The Horseless Carriage* (1950) 16。

3. ED to MB, 11 March 1766.

4. ED to MB, 12 December 1765.

5. Muirhead *Mechanical Inventions* ii, 204; 罗宾逊的想法见 the *Universal Magazine ofKnowledge and Pleasure* xxii (1757) 229–31。

6. 这段参考文献见 letters between JW and James Watt senior, 以及 to JohnWatt, 1757–58, JWP 4/11.7–23。

7. *Glasgow Journal*, 1 December 1763, in Roll 21.

8. Michael Wright 所写的一篇文章见 *New Scientist* (March 2002) 描述了瓦特工作室（现在位于科学博物馆）的工作坊中发现的制笛工具，以及一个刻有“TLot”字样的钢制邮票，是了不起的巴黎长笛制造商 Thomas Lot 的标志。

9. 关于瓦特的管风琴，见‘Robison’s Narrative’in Robinson and Musson 38。

10. ‘Robison’s Narrative’, Robinson and Musson 24.

11. ‘Letter to Dr Brewster from Mr Watt’, in John Robison, *A System of Mechanical Philosophy*,edited by David Brewster (Edinburgh, 1822) ii, 116n.

12. Robison, *Mechanical Philosophy* ii, ix.

13. JW 在 1817 年将其重述给格拉斯哥工程师罗伯特·哈特（Robert Hart）:‘Reminiscences of JamesWatt’, *Transactions of Glasgow Archaeological Society*, 1859。(The wording varies.)

14. Joseph Black, ‘History of Mr Watt’s Improvement of the Steam-Engine’ [1796–97], Muirhead *Life* 58.

15. JW to James Lind, 29 April 1765, JWP C1/15.

16. Robinson and Musson 27.

17. Muirhead *Life* 95.

水之卷

10 他们建造了运河

1. 运河领域，权威依然是 Charles Hadfield, *British Canals* (1959) 和 *The*

Canals of the West Midlands (Newton Abbot, 1966; 3rd edn, 1985); 参见 Jean Lindsay’s *excellent The Trent and Mersey Canal* (1979)。

2. 见 H. Bode, *James Brindley* (1973)。

3. 通过 1760 年的第二部法案，运河将在曼彻斯特而不是索尔福德终止，而 1762 年的法案则授权将其延伸至朗科恩。

4. 见 EDL 18–27。

5. 见 EDL 19–20 n. 5。

6. JWe to TB, 2 January 1765, W. E25–18058.

7. JWe to JnWe, 11 March 1765, W. E18071–25.

8. JWe to ED, 3 April 1765, DAR 227:3:4.

9. JWe to TB, 2 January 1765, W. E25–10859.

10. JWe to ED, 5 June 1765, DAR 227.3.11.

11. 请参阅达尔文与韦奇伍德的往来通信，以及剑桥的运河小册子和笔记 : DAR 227, 和 UCL 10。

12. UCL 190A: King-Hele 57.

13. JWe to TB, 26 September 1765, W. E25–18091.

14. JWe to TB, 27 September 1765: W. E25–18092.

15. JWe to TB, 7 October 1765, W. E25–18093.

16. JWe to ED, DAR 227.3:14 and 15.

17. JWe to TB, 7 October 1765, W. E25–18093.

18. JWe to TB, 18 November 1765, W. E25–18099.

19. JWe to TB, 7 October 1765, W. E25–18098.

20. JWe to TB, 12–15 December 1765, W. E25–18015.

21. JWe to TB, [November 1765], W. E25–18012.

22. DAR 220:3:20, King-Hele 57.

23. *Aris's Birmingham Gazette*, 28 April 1766.

24. Meteyard i 455–6.

25. JWe to TB, [December 1767], W. E25–18176.

26. *The History of Inland Navigations*, 2nd edn (1769), 引自 Langford 416。

27. JWe to TB, 2 March 1767, W. E25–18139.

28. Reilly 58.

29. ED to MB, 12 December 1765.

30. MB to JWe, 7 October 1766, MBP 298/97. (博尔顿被提及为航行请愿，'Lichfield, Jany 17, 1766'，signed by John Barker: MBP 298/93。)

31. 见 correspondence, MBP 298/119—125。

32. Notes on petition, Birmingham Canal Company vs Charles Colmore, MBP 298/11.

33. WS to M. Meredith, [January 1771?], MBP 298/13.

34. 见通信 M. Meredith, M B P 298/14–24。

35. MB to the Earl of Warwick, [1772], Schofield 42.

36. Birmingham Navigation account with Boulton & Watt, 1784: MBP 298/9.

37. 见 WS to JW, MBP 340/11–32 (December 1769 to June 1773); 许多信件被印在 Muirhead *Life* 161–250。

38. JW to WS, 9 September 1770, JWP 4/59, Muirhead *Life* 204.

39. King-Hele 136–7. 第一台升降机于 18 世纪 80 年代后期在萨克森开业：1800 年在多塞特郡和萨默塞特运河上建造了以与达尔文类似的原理运行的升降机，并于 1875 年在柴郡的诺斯威奇建造了该升降机。

11 画出光

1. 关于伯德特、费雷尔斯和怀特赫斯特见 David Fraser's *Wright of Derby* 16–19. King-Hele 97 认为达尔文是那个戴手表的人，坐在座位的左前方，并暗示这些男孩可能是查尔斯和伊拉斯谟。然而，一个男孩被确认

为伯爵 · 费雷尔的侄子，见 *Wright of Derby* 54。

2. *A Philosopher giving that lecture on the Orrery, in which a lamp is put in place of the Sun*, 1766 (Derby Museum and Art Gallery); *An Experiment on a Bird in the Air Pump*, 1768 (National Gallery, London). 见 *Wright of Derby* 54–61 和 Daniels 32–42。

3. Elisabeth Inglis-Jones, *The Great Maria* (1959) 57. 感谢 Pauline Diamond。

4. JK to ED, 20 August 1766, Sketch 48.

5. *Partners in Science* 13.

6. 见 JW to JWe [1785], JWP C1/12。

7. ED to MB, 27 January 1782.

8. MB to AB, October 1766, Rita McLean and Val Loggie, 'The Correspondence betweenJosiah Wedgwood I & Matthew Boulton', *Etruria*, spring 2001, 9.

9. *Edgeworth Memoirs* 118.

12 魔法与机械

1. ED to MB [summer 1766].

2. 引自 Patricia Fara, 'A treasure of hidden virtues: The attraction of magnetic marketing', *BJHS* 28 (June 1995) 28。

3. EDL 40: Boulton's endorsement to the letter.

4. 见 Schofield 51, and Fara, op.cit。人造磁铁是 Gowin Knight 在 1745 年制造的，但是 John Canton 和 John Michell 都设计了自己的方法。Boulton 与 J. H. Magellan 的往来信件有关磁铁的延迟运送 , 9 September 1773, MBP 244/52–64。

5. Edgeworth *Memoirs* 105.

6. 同上 , 116。

7. JW to MW, 11 April 1767, JWP 4/4/20.

8. Fara 61.

9. Edgeworth *Memoirs* 68.

10. 同上，102。

11. 同上，93—94。

12. 同上，106—107。

13. JWe to TB, W. E25–18432.

14. 见‘Erasmus Darwin’s improved steering for carriages – and cars’，*Notes and Records ofthe Royal Society*, 56 (2002) 41–62。

15. ED to JWe, 14 June 1768, King-Hele 81.

16. WS to JW, 12 August 1768, M B P 340/1.

17. WS to JW, 18 April 1769, M B P 340/5.

18. JWe to TB, 23 May 1767, W. E25–18147.

19. ED to JW, 18 August 1767.

20. JW to MB, 20 October 1768, MBP 348/1.

21. JR to JW, 30 October 1768, Robinson and Musson 48.

22. MB to JW, 7 February 1769, JWP 6/19/23.

23. JWe to TB, 3 March 1768, W. E25–18191.(这是一项艰巨的任务，因为达尔文曾解释说，这将需要“68000 块砖，4000 英尺英寸的松木板，长 30 英尺，直径 1 英尺，带有两个帆的竖轴”）见 EDL 54, 以及 Essential Writings 121–3。

24. ED to JW, 15 March 1769.

25. ED to JW, 1771, DAR 227:1.32.

26. JW to WS, 31 January 1770, JWP 4/59. For optics see also WS to JW, 3 February and19 October 1771, 27 January 1773, MBP 340/16, 17, 26. 关于达尔文见 ED Commonplace Book。

27. 关于普里斯特利和库克见 *Scientific Autobiography* 95–8。

28. ED to BF, 18 July 1772.

29. *Temple of Nature*, Additional Note xv, 107–20.

30. 感谢 Chris Keneally 的解释。

31. Edgeworth *Memoirs* 356.

32. Down MS. 3 September 1771, *Essential Writings*, fig. 10.

13 探索德比郡

1. Thomas Hobbes, De Mirabilis Pecci: *Being the Wonders of the Peak in Derbyshire* (1678) 14. 引自 Ian Ousby, *The Englishman's England: Taste, Travel and the Rise of Tourism* (Cambridge, 1990) 132。

2. Meteyard i 210.

3. Jane Austen, *Pride and Prejudice*, edited by R. W. Chapman (Oxford, 1933) 239. 也感谢 Richard Hamblyn, '"An Absurd Curiosity": Science and the Souvenir Object', unpublished paper, Luxury Conference, University of Warwick, 1999。

4. Patty Fothergill's diary, 1793, Soho House.

5. Daniels 15. For Burdett and the Derbyshire map, 见 *Wright of Derby* 88。

6. 见饮用 Ferber in Faujas de St Fond, *A Journey through England and Scotland*(1784; 1907 edn) ii 283–4。

7. 改粘土由 André Duché 于 1739 发现，已被指定为 Bow 瓷器厂的成分之一。

8. JWe to TB, 21 July 1774, W. E25–18548.

9. JWe to TB, 16 February 1767, W. E25–18186.

10. JWe to TB, 8 September 1767, W. E25–18166.

11. ED to JWe, 2 July 1767. 见 King-Hele's informative n. 1, EDL 43–4; 他认为骨头来自更新世，化石来自石炭纪。有关韦奇伍德对兔堡化石的看法，见 Meteyard i 500–502。

12. ED to JWe, 2 July 1767.

13. W. Hunter, 'Observations on the bones, commonly supposed to be elephants bones, whichhave been found near the River Ohio in America', *Phil. Trans*. lviii (1768) 34–5.

14. ED to JWe, 18 August 1767.

15. ED to JWe, 2 July 1767.

16. ED to MB, 29 July 1767.

17. 同上。

18. WS to JW [September 1768], MBP 340/3. 关于瓦特对基尔的看法见 JW to James Lind, 25November 1768, JWP C1/15/4。

19. In Charles's student thesis (1780), 127–8, King-Hele 73.

20. 见 Trevor D. Ford, *The Castleton Area, Derbyshire, Geologists Association Guide*, no. 56(1996) 23; 参见 Ford' s *Treak Cliff Cavern and the Story of Blue John Stone* (Castleton, 1992) 和 他 的 'Blue John Fluorspar', *Proceedings of the Yorkshire Geological Society* (1955)。

21. John Fleming, *Robert Adam and his Circle* (1962) 246–7.

22. *Ormolu* 26.

23. E.g. Robert Wood and James Dawkin, *The Ruins of Palmyra* (1753); the Comte de Caylus,*Recueil d'Antiquités Egyptiennes, Etrusques, Grecques et Romaines* (1752–67); J. F. Neufforges,*Recueil Elementaire d'Architecture* (1757–68): 见 *Ormolu* 49, 51。

24. *Vases and Volcanoes* 51. 参见 Constantine 32–45。（这些花瓶实际上不是埃特鲁里亚，而是希腊进口的。）该收藏品于 1772 年由大英博物馆购买。

25. JWe to TB, 16 February 1767, W. E25–18163.

26. [Sir William Hamilton], D' Hancarville, *Collection of Etruscan, Greek and Roman Antiquities*(1766–76) i viii, 引自 *Ormolu* 55。

27. P. J. Wendler to MB, and MB to Wendler, 1767, MBP 261/35–9.

28. 1770 年，它被当地竞争对手 Palmer of Hanley 破坏。

29. 博尔顿的询问见 Musson and Robinson 218–20。

30. MB to JWh, 28 December 1768.

31. Receipt, 2 March 1769, to John Platt, MBP 249/32. 见 J. D. Potts, *Platt of Rotherham,Mason Architects, 1700–1810* (Sheffield, 1959)。

32. JW to TB, 6 June 1772, W. E25–18376.

33. 见 *Phil. Trans.* lvii (1768) 192–200, 以及 lviii (1769) 1–12。

34. Porter *Geology* 109.

35. 1785 年 3 月 7 日至 4 月 4 日在爱丁堡阅读了赫顿的论文。他的 'Theory of the Earth', *Transactions of the Royal Society of Edinburgh* (1788) 209–304, 详细阐述并提供证明和插图于 *The Theory of the Earth*, 2 vols (Edinburgh, 1795). 关于苏格兰学校见 Porter *Geology* 149–56, 184–96。

36. John Michell, 'Conjectures concerning the cause and observations upon the phenomena of earthquakes', *Phil. Trans*. li (1760) 566–634. 参见 Susanne B. Keller: 'Sections and views; visual representations in eighteenth-century earthquake studies', *BJHS* 31 (June 1999) 129–60。

37. R. E. Raspe 在黑森研究了玄武岩，并在 1769 年独立得出了相同的结论，以及 *Phil. Trans*. lxi (1771) 580–83. 关于背景，见 Rachel Laudan, *From Mineralogy to Geology, the Foundations of a Science, 1650–1830* (1967)。

38. John Whitehurst, *Inquiry*, 1st edn, 49, 引自 David Fraser, 'Fields of radiance: the scientific and industrial scenes of Joseph Wright', in Denis Cosgrove and Stephen Daniels (eds), *The Iconography of Landscape* (Cambridge, 1988), 125。

39. JWr to Richard Wright, 11 November 1778. 引自 William Bemrose, *The Life andWork of Joseph Wright, ARA* (London and Derby, 1885) 34–5。

40. JWr to his sister Nancy, 4 May 1775, *Wright of Derby* 175.

41. Unpublished talk by Helen Langdon, British Academy, 14 March 2001. 见 drawings ofcaves (*Wright of Derby* 87, 95, 96)，以及 paintings (97, 98, 99)。

42. JWe to TB, n.d. [autumn 1767], W. E25–18188.

43. Ford, *The Castleton Area*, 7–13.

44. King-Hele 89.

45. *Vases and Volcanoes* 235.

46. ED to Thomas Gifford, 4 September 1968, DAR 268.1.

14 化学反应

1. Schofield 86 指出，瓦特的配方与切尔西、德比和伍斯特的“软瓷”非常接近。

2. WS to JW, 12 February 1769, MBP 340/4.

3. JWh to MB, 13 April 1769, MBP 366/3.

4. Schofield 100–101; J. J. Ferber, *Versuch einer Oryctographie von Derbyshire in England* (Mittau,1776; translated by J. Pinkerton, 1808).

5. *Sketch* 8.

6. 同上，14。

7. Edgeworth *Memoirs* 184–5.

8. Keir *Dictionary* Preface, 引自 Moilliet and Smith 14。

9. P. J. Macquer, *Dictionary of Chemistry*, translated by J. Keir, 3rd edn (1771) i 9.

10. 见 Clow and Clow 203。

11. Derby Art Gallery, first exhibited 1771: 见 *Wright of Derby* 84–6。

12. Paul Strathern, *The Search for the Elements* (2000) 188.

13. 见 Daniels 27–31。

14. JWe to TB, 31 November 1771, SL 117.

15. Macquer article on ‘Fluor’, Schofield 94.

16. *Sketch* 51.

17. 这些包括 Gellert’s *Chymie Metallurgique*, 2 vols; Swedenborg’s *Principia Rerum Naturalium*, 3 vols, 收录在他的‘Treatise on Iron’; *Schluer's Traité de Mines*, 2 vols。

18. ED to JWe, 14 June 1768.

19. WS to JW, 26 July 1769, MBP 340/7.

20. Peter Woulfe to MB, 3 September 1769, MBP 262/223.

21. Moillet and Smith 22.

22. 瓦特的参与见‘James Watt and Early Experiments in Alkali Manufacture’,Musson and Robinson 352–71。

23. WS to JW, 10 October 1769, MBP 340/8.

24. JK to JW, 27 February 1772 (参见 14 December 1771); *Partners in Science* 27。

25. *Journals of the House of Commons*, 37, 915; 见 Clow and Clow 92–100; Schofield 78。

26. Moillet and Smith 25.

27. 关于国会请愿 1780–81, 见 Musson and Robinson 363–5。

28. Moillet and Smith 16. See D. R. Guttery, *From Broad-glass to Cut Crystal. A History of the Stourbridge Glass Industry* (1956).

29. WS to JW, 19 October 1771, MBP 340/17.

30. Clow and Clow 95.

31. JK to MB, 22 October 1772, MBP 319/3.

32. 同上。

33. *Phil. Trans.* lxvi (1776) 530–42.

34. *Sketch* 75–6.

35. 关于工业，见‘Soap’, in Clow and Clow 116—129。

36. K. T. Rowland, *Eighteenth-Century Inventions* (Newton Abbot, 1974)

83.

37. ED to RLE, 20 February 1788.

38. ED to RWD, 21 February 1788, King-Hele 223.

39. Simeon Shaw, *History of the Staffordshire Potteries* (Hanley, 1829) 136–7; Moillet and Smith30–31.

15 生活的考验

1. JWe to TB, 20 May 1767, W. E25–18147.

2. Money 162–6. 在 1765 年十月 , *the Birmingham Gazette* 宣称美国订单在 18 个月内下降了 60 万英镑。

3. Money 65.

4. Marginalia in *An Inquiry*, 一个匿名小册子。*Franklin Papers* 17, 341—342。

5. JWe to TB, 16 March 1768, W. E25–18194. Reilly 253.

6. JP, *Appeal to the Professors of Christianity* (1770), *The Doctrine of Philosophical Necessity Illustrated*(1777), *A History of the Corruptions of Christianity* (1782), *History of Early Opinions ConcerningJesus* (1786). 见 J. A. Passmore, *Priestley's Writings on Philosophy, Science and Politics* (1965)。

7. JP, *An Essay on the First Principles of Government* (1768; 2nd edn, 1771).

8. 同上 , 12–13。

9. 普里斯特利的个人主义被视为对后来的自由主义的期待，见 D. O. Thomas, 'Progress, Liberty and Utility: The Political Philosophy of Joseph Priestley', in Andersonand Lawrence 73–9。

10. J P to B F, 14 February 1769, *Franklin Papers* 16, 41–2

11. Priestley *Autobiography* 92.

12. Langford 430.

13. Darwin 42.

14. 同上，35; Keir Memorandum (1802)。

15. Seward 3–4.

16. 同上，108—115。

17. ED [to unknown], 7 February 1767.

18. Darwin 40.

19. 同上，43。

20. 同上。41. Johnson' s edition of Shakespeare appeared in 1765。

21. *Aris's Birmingham Gazette*, 29 September 1766.

22. ED to RWD, 19 April 1789.

23. DAR 227.7.9, King-Hele 74.

24. DAR 227.7.9, King-Hele 75.

25. 同上。

26. Seward 64.

27. King-Hele 76.

28. WS to JW, 17 September 1771, MBP 340/14.

29. MB to AB [April 1772], MBP 349/38.

30. ED to MB, 9 June 1769.

31. JWe to TB, 2 March 1767, W. E25–18139.

32. JWe to TB, 31 December 1767, W. E25–18182.

33. JWe to TB, 6 July 1767, W. E25–18160.

34. Peter Swift to William Cox, 31 May 1770, Reilly 69. 35 JWe to TB, 20 June 678, W. E25–18200.

36. JWe to TB, 19 September 1772,W. E25–18402.

37. JWe to TB, 14 November 1772, W. E25–18419.

38. JWe to TB, 12 October 1772, W. E25–18412.

39. ED to JWe, 14 June 1768.

40. King-Hele 82.

41. Seward 62.

42. WS to JW, February 1769, MBP 340/4.

43. Dorothy Porter, *Patient's Progress* (1989) 150.

44. DAR 227.1.142, King-Hele 94.

45. 同上。

46. DAR 227.2:7, King-Hele 92.

47. Darwin College, Cambridge, *Wright of Derby* 220.

48. 关于 Lucy Swift, 见 King-Hele 105。

16 卢梭与罗曼

1. Darwin 26.

2. Edgeworth *Memoirs* 111–12.

3. Darwin 36.

4. TD to RLE [1769], Edgeworth *Memoirs* 142.

5. 同上 , 113。

6. 同上 , 124。

7. Seward 27; for Day' s inheritance 见 Gignilliat 2–3。

8. Seward 35.

9. 休谟挑战了这一理想于 *Treatise of Human Nature* (1739—1740): 见 *Enlightenment* 247–51。参见 Elizabeth Rawson, *The Spartan Tradition in European Thought* (1969)。

10. Edgeworth *Memoirs* 135.

11. Seward 36.

12. Edgeworth *Memoirs* 137.

13. TD to RLE, November 1769, Edgeworth *Memoirs* 143.

14. 同上 , 139—140。

15. 同上，143。

16. Seward 18.

17. National Portrait Gallery, London. 安娜·苏厄德错误地声称，这本书是汉普顿反抗暴君查尔斯一世的演讲；第二个来源于埃奇沃思，现在在曼彻斯特城美术馆。见 *Wright of Derby* 118。

18. Seward 39.

19. 同上，40。

20. 感谢 Anne Secord 的观察。

21. Seward 52.

22. 同上，41。

23. 见诗歌 Honora in Seward *Poetical Works* i 65–103。

24. ‘Monody of the Death of Major André’, Seward *Poetical Works* ii 68–88.

25. Edgeworth *Memoirs* 115.

26. 同上，158—159。

27. 同上，161。

28. 同上，162。

29. TD to AS, 31 August 1771, JBM ms 2001.71.60.

30. TD to AS, 18 December 1771, Mary Alden Hopkins, *Dr Johnson's Lichfield* (1956) 155.

31. Seward 44.

32. TD to AS, 14 March 1772, JBM ms 2001.71.16.

33. Hopkins, *Dr Johnson's Lichfield*, 116—117.

34. Edgeworth *Memoirs* 174.

35. 同上，207。

36. WS to ED, 27 August 1773, DAR 227.6.1; Edgeworth *Memoirs* 209.

17 花瓶，镀金，银器，青蛙

1. Keir Memorandum (1809) 9.

2. Elizabeth Montagu to MB, 31 October 1771, MBP 330/1.

3. JWe to TB, 15 March 1768, W. E25–18193. (Wedgwood reminded Bentley that they had seen these at Lord Bolingbroke’s, and 韦奇伍德提醒本特利，他们曾在博林布鲁克勋爵家见过这些东西，还见过‘two or three old China bowles, for want of betterthings, stuct rim to rim which had no bad effect but look whimsical and droll enough’。)

4. William Cox, SWe and Catherine Willett, joint letter to TB, 29 November 1768, W. M2.

5. JWe to SWe, 15 February 1769, Reilly 38.

6. William Cox, SWe and Catherine Willett, joint letter to TB, 29 November 1768, W. M2.

7. JWe to TB, 21 November 1768, W. E25–18215.

8. MB to JWe, 28 December 1768, 17 January 1769, MBP 136, Letter Book D.

9. JWe to TB, 27 September 1769, W. E25–18258.

10. JWe to TB, 23 February 1769, W. E25–18231.

11. JWe to TB, 13 September 1769, W. E25–18252.

12. Elizabeth Montagu to MB, 31 October 1771, MBP 330/1.

13. MB to Elizabeth Montagu, 16 January 1772, draft, MBP 330/3.

14. MB to AB, [1770], MBP 279/38.

15. 见 *Ormolu* 53–54 有关 Boulton’s use of Stuart’s designs: 2002 版本有更多关于 Stuart 的内容。

16. JWe to TB, 24 December 1770, W. E25–18334.

17. ED to MB, 4 January 1771.

18. JWe to MB, 19 February 1771, MBP 361/8.

19. JWe to TB, 7 September 1771, SL 114. 1770 年，博尔顿买了一头狮子、一头公羊的头、一头鹿的头、一只熟睡的巴克斯酒神和‘Group of Hercules and Atlas’, *Ormolu* 57–58。

20. MB to AB, 6 March 1770, 参见 3 March 1770, MBP 279。

21. 对于陶瓷的一般问题，见 Young 94–154。

22. 见 G. Blake-Roberts, ‘The London Decorating Studio’, in*Genius* 92–101。

23. 见 JWe to TB, 25 June 1769, W. E25–18245; 17 September 1769, W. E25–18255。

24. MB to James Adam, 1 October 1770, MBP 136, Letter Book (1768—1773) 29. 有关绘图和设计，见 Charles Saumarez-Smith, ‘Eighteenth-century man’, *Designer*(March 1987) 19—21。关于伯明翰，见 Young 100。

25. 有关所涉及的过程的详细说明，见 *Ormolu*, ‘Manufacture’。

26. MB to J. H. Ebbinghaus, 20 October 1767, MBP 135, Letter Book (1767).

27. 这些配方等来自 Boulton’ s Notebook (1768—1775) 引用在 *Ormolu* 71—73。

28. 有关谍报活动见 MB to the Paris merchant, Solomon Hymen, 17 June 1772, MB PLetter Book (1771—1773), and 13 March 1775, Letter Book (1774—1777)。

29. JWe to TB, 21—22 April 1771, *SL* 106.

30. JWe to TB, 23 August 1772; W. E25–18392.

31. Constantine 65.

32. 同上, 72。

33. Kenneth Crisp Jones (ed.), *The Silversmiths of Birmingham and their Marks, 1750—1980*(Fakenham, 1981) 25–6. 见 Kenneth Quickenden, ‘Boulton & Fothergill’ s Silversmiths’ ,*The Silver Society Journal* vii (autumn 1995)

343。

34. 博尔顿的银器见Quickenden, 'Boulton & Fothergill' s Silversmiths'; Delieb（部分设计和时间内容不可靠）; Robert Rowe, Adam Silver (1965); David Kynaston, 'The History of Birmingham Silversmiths', in Crisp Jones (ed.), *The Silversmiths of Birmingham*。

35. MB to Shelburne.他的活动见Arthur Ryland, 'The Birmingham Assay Office' inSamuel Timmins (ed.), *The Resources, Products and Industrial History of Birmingham and the Midland Hardware District* (1866) 499–510, and Jennifer Tann, *Birmingham Assay Office 1773—1993* (Birmingham, 1993) 13–27。

36. MB Diary, MBP 381 (1773). Targets included Shelburne, the Dukes of Portland and Richmond, and the Marquess of Bute. 见E. Robinson, 'Matthew Boulton and the art of Parliamentary lobbying', *Historical Journal* vii (1964)。

37. WS to MB, 28 January 1773, MBP 340/27.

38. 研究细节见1780 Boulton & Fothergill Day Book, 1779—1781, by KennethQuickenden, in 'Silver, plated and silvered products from the Soho Manufactory, 1780', *The Silver Society Journal* x (autumn 1998), 77–95。

39. 有关钟表的调查见 *Ormolu*104–129。

40. 见 *Ormolu* 109 and plate 85。

41. MB to Lord Cathcart, 30 October 1771, in *Ormolu* 121.

42. MB to JWh, 11 April 1772, MBP 279/38.

43. MB to John Scale, 31 March 1772, MBP 337/7.

44. 对于金匠、珠宝商和企业家詹姆斯·考克斯（James Cox），见Clare Le Corbeiller, 'James Cox:a biographical review', Burlington Magazine cxii (1970) 351–6, Catherine Pagani, 'The Clocks of James Cox', *Apollo*, January 1995, 15–22, 以及 Roger Smith, 'James Cox (c.1723—1800): a revised biography', *Burlington Magazine*, June 2000, 353–6。

45. MB to AB, 11 April 1772, MBP 279/38.

46. William Porter to MB, 1776, *Ormolu* 123.

47. 参见精美的插图目录, Michael Raeburn, Ludmila Voronikhina andAndrew Nurnberg (eds), *The Green Frog Service* (London and St Petersburg, 1995)。

48. 同上 , 11。

49. 见 M. Baker,‘A Rage for Exhibitions: The Display and Viewing of Wedgwood’s Frog Service’, in *Genius*。

50. *BG Ec. Veg*. ii 291–6.

18　运营展览

1. JWe to TB, 13 September 1769, W. E25–18252.

2. JWe to TB, 1 October 1769, W. E25–18264.

3. JWe to TB, 19 November 1769, W. E25–18269.

4. JWe to MB, 19 September 1771, MBP 361/8.

5. Keir Memorandum (1809).

6. Watt Memorandum (1809).

7. 见 Reilly 74。

8. 见 JWe to TB, 7 September 1771, SL 113–15。

9. MB to London agent, J. L. Baumgarten, August 1767: MBP 135, Letter Book C (1767). 博尔顿和展览参见 Peter Jones,‘Matthew Boulton’s “Enchanted Castle”: Visions of the Enlightenment in the English Midlands c.1765—1800’in Roland Mortimer (ed.), *Visualisations* (Berlin,1999)。

10. EM to MB, 31 October 1771, MBP 330/1.（1771 年至 1786 年之间有 63 封信。）

11. Lord Edward Fitzmaurice, *Life of William, Earl of Shelburne* (1875—1876) i 277.

12. M. L. Mare and W. H. Quarrel, *Lichtenberg's Visits to England* (Oxford, 1938) 97; in *Ormolu* 13.

13. Berg *Manufactures* 293.

14. 见 *Ormolu*, 'Manufacture', 62–77。

15. JWe to TB, 24 December 1770, W. E25–18334.

16. JWe to TB, 9 September 1769, W. E25–18265.

17. Young 23.

18. 见 Reilly, 'Management and Security', 133–148, 一个简洁概括。

19. JWe to TB, 3 September 1770, SL 94–97.

20. JWe to TB, 16 February 1771, SL 103–4.

21. 见 Neil McKendrick, 'Josiah Wedgwood and Cost Accounting in the Industrial Revolution', *EHR* xxiii (1970) 45–67。

22. JWe to TB, 22 July 1772, W. E25–18381.

23. 'Proposal to Boulton & Fothergill by John Scale' [1773]. MBP [Scale] 14.

24. JWe to TB, 20 September 1772, W. E25–18407.

25. MB to Peter Bottom, 30 March 1768, in John Lord, *Capital and Steam Power, 1750—1800*(1966) 58.

26. 见 John Hodges to Dr Thomas Percival, 16 November 1782, by which time the 'SohoClub' had been running for some years: MBP 147, Letter Book N 48。

27. McNeil 142.

28. 关于管理见 Roll 225–36。

29. Boswell *Johnson* ii 459.

30. 引自 Anna E. Meredith, *Matthew Boulton* (Birmingham, 1972) 3:1。

31. 有关英国和法国的工厂纪律， 见 Paul Mantoux, *The IndustrialRevolution in the Eighteenth-century* (1983 edn) 375–6. 关于韦奇伍德见 N. McKendrick,

'Josiah Wedgwood and Factory Discipline', *Historical Journal* iv (1961) 30–55。

32. Minutes of the Evidence, Committee of House of Lords, 1785 252, 253, in Witt Bowden,*Industrial Society towards the end of the Eighteenth Century* (1924; 1965 edn) 275.

33. William Blake, 'Jerusalem: The Emanation of the Giant Albio' (1804—1820), McNeil 43.

34. 见 E. Robinson, 'Eighteenth-century commerce and fashion: Matthew Boulton's marketing techniques', *EHR* xvi (1963—1964) 39–60; 和 Hilary Young, 'From the Potteries toSt Petersburg: Wedgwood and the Making and Selling of Ceramics', in *Genius* 9—20。

35. Richard Cumberland, *The Observer* i (1786), Essay 25, 233–4; 感谢 Elizabeth Eger。

36. MB to AB, 6 March 1770.

37. JWe to TB, 31 May 1767, W. E25–18141.

38. 见 Barker-Benfield 211–12。

39. 见 James Adam to MB, 14 August 1770, 5 November 1770 and 28 January 1771, and MB to Adams, 1 October 1770, MBP 218/4—6. 至于韦奇伍德、博尔顿和艾德菲（Adelphi），见 W. E25—18334.。参见讨论 John Wyatt to MB, 27 February 1776; to B&F, 8 March 1776, MBP 375/72 and 76, 以及 *Ormolu* 87–95。

40. JK to MB, April 1772, MBP 319/2.

41. JWe to TB, 11 April 1772, W. E25–18365.

42. JWe to TB, 24 March 1768, W. E25–18196. 参见 JWe to MB, 19 March 1768, MBP361/6。

43. 装饰性目录出现在 1774 年、1777 年、1779 年和 1787 年，还有一个单独的宝石目录（也在法文版中）。对于广告一般见 Maxine Berg and

Helen Clifford, ‘Commerce and Commodity: Graphic Display and Selling New Consumer Goods’ in M. Nash and D. Ormrod (eds), *Markets for Art* (1999) 187–99。

19 逆流

1. Notebook 6 (1771) 88, MBP 376/6.

2. ED to JWe, 30 September 1772.

3. *BG Ec. Veg.* iii 329—36, 见 EDL 66。

4. JW to WS, 7 November 1772, Muirhead *Life* 207. 5 Edgeworth *Memoirs* 219—220.

6. Gibbs 87.

7. Will of John Baskerville, Pardoe 125; 其他引用来自 accounts in Pardoe 148–157。

汽之卷

20 空气实验

1. *Experiments on Air* ii 33.

2. 同上。

3. 同上, 29。

4. 同上, 34。

5. 同上, 43。

6. Becher (*Physica Subterranea* 由 Stahl 编辑), 将这种三合会精炼成在所有矿物质中都可以发现的三个“泥土”：可燃性原理：*terra merurialis*, *terra lapida* 和 *terra pinguis*：当金属被煅烧时，它上升到空中，留下金属灰。

7. 有关较长的实验序列，见 *Experiments on Air* ii 29–103。

8. 同上, 102。

9. 关于卡文迪什见 Christa Jungnickel and Russel McCormmach, *Cavendish, The Experimental Life* (1999)。

10. 引用在 James Keir, *Treatise on Gases* (1777) 73–74。

11. *Experiments on Air* i 36. Also JP to Richard Price, 19 October 1771, *Scientific Autobiography* 90.

12. 有关普里斯特利与医学的联系，见 Golinski 105–17, ‘Airs and their uses’; Andersonand Lawrence, *passim*; Schofield *Priestley* 256–9。

13. 关于争论、通信和 JP’s 配方见 *Experiments on Air* ii 293–399. For apparatus, 见 Anderson and Lawrence, cat. 29, 103。

14. J. J. Schweppe & Co. to MB, 4 August 1802, MBP 253/6 (感谢 Shena Mason). 关于普里斯特利对竞争者的回应见 Golinski 114–17。

15. Tobias Smollett, *The Expedition of Humphry Clinker* (1771; 1985 edn) 95–6, 引自 Richards 115。

16. *Electricity* xxii, in Martin Fitzpatrick, ‘Joseph Priestley and the Millennium’, Anderson andLawrence 31.

17. JW to JB, 3 February 1783, *Partners in Science* 118.

18. *Experiments on Air* i 87–9.

19. Journal of Jonathan Williams junior, May 1771, *Franklin Papers* 18, 115.

20. July 1772, *Franklin Papers* 19, 215–16.

21. BF to JP, 10 April 1774, *Franklin Papers* 21, 188–9 和 *Experiments on Air* i 321–3。

22. 同上。

23. ED to BF, 18 July 1772.

24. BF to ED, 1 August 1772, in *EDL* 64, n. 7.

25. ‘Observations on Different Kinds of Air’, *Phil. Trans.* lxii (1772) 147–264.

26. WS to JW, 15 March 1773, MBP 340/29.

27. Sir John Pringle, *A Discourse on the Different Kinds of Air* (1774) 26—27.

28. JWe to TB, 4 October 1772, W. E25–18411.

29. 关于博伍德见 Simon Schaffer, 'States of Mind: Enlightenment and Natural Philosophy' ,in G. S. Rousseau (ed.), *The Languages of Psyche, Mind and Body in Enlightenment Thought*(Berkeley, 1990) 250–52。

30. JP, *An Examination of Dr Reid's Enquiry into the Human Mind on the Principles of Common Sense*(1774), 以及 Hartley' s *Theory of the Human Mind* (1775). 清晰的论证见 Klonk 15–18, 也可参见 Isaac Kramnick, *Republicanism and Bourgeois Radicalism; Political Ideology in Late Eighteenth-Century England and America* (New York, 1990) esp. 80–91。

31. *Experiments on Air* i 10.

32. Boswell *Johnson* iv 238, 以及 Golinski 93。

33. JWe Commonplace Book i, Schofield 93 (参见 184–5).

34. *Experiments on Air* ii 36.

35. 关于拉瓦锡见 Jean-Pierre Poirier, *Lavoisier: Chemist, Biologist, Economist* (Philadelphia,1996) and Partington 363–494。

36. Moilliet and Smith 1.

37. *Experiments on Air* ii 276: Golinski 114.

38. *Philosophical Empiricism* (1775) 166–7.

21 "世界所要的一切"

1. WS to JW, 5 February 1769, MBP 340/4. 见 Robinson and Musson 56–61, 以及 C. McCleod, *Inventing the Industrial Revolution: The English Patent System, 1660—1800* (1988)。

2. JB to JW, 28 January 1769, *Partners in Science* 19.

3. JW to WS, 28 April 1769, MBP 348/8.

4. MW to JW, 9 August 1768, JWP 4/4.15.

5. MW to JW, 9 August 1768, 2 March 1770, 30 August 1770, JWP 4/4.15, 14, 10.

6. WS to JW, [1772], MBP 348.

7. JW to WS, 18 April 1769, MBP 348/7.

8. JW to WS, 20 September 1771, MBP 348/20.

9. WS to JW, 27 January 1773, MBP 340/26.

10. 引自 Langford 570。

11. JB to JW, 1 October 1772, *Partners in Science* 33.

12. 有关博尔顿和斯莫尔与戴的股份交易，见 Rowland 94–5. 斯莫尔的贷款是 2400 英镑兑 8 股股票。

13. 17 May 1773, Muirhead *Life* 244. 5 月 17 日罗巴克的报价和 5 月 29 日签署的协议见 Tann 33–5。

14. JW to WS, 25 July 1773, MBP 348/38.

15. 尽管他的计划被搁置了，但他还是得到了托马斯·特尔福德（Thomas Telford）的建议，特尔福德沿着瓦特线修建了喀里多尼亚运河。

16. MW to JW, 14 September 1773, JWP 4/4/15.

17. Watt's diary, 1773, B&W/MI/20, 76–7.

18. 同上。

19. JW to WS, September 1773, MBP 348/38.

20. WS to JW, 8 October 1773, see also 27 October, MBP 340/35–7.

21. JW to WS, 11 December 1773, MBP 348/38.

22. 同上。

23. JR to WS, 14 March 1774, MBP 334/21.

24. J R to WS, 28 January 1774, MBP 334/28.

25. JW to WS, 29 April 1774, MBP 348/42.

26. JR to JW, 12 November 1774, JWP 4/57.

27. JW to James Watt senior, 11 December 1774, JWP 4/60.

28. King-Hele 121: DAR 227.7:19.

29. James Hutton to JW, [1774], JWP 4/76.

30. WS to JW, autumn 1773, MBP 340.

31. WS to JW, Muirhead *Life* 251.

32. MB to JW, 25 February 1775, JWP 4/59.

33. MB to JW, 28 February 1775, JWP 4/59.

34. MB to Robert Small, MBP 340.

35. Muirhead *Life* 254.

36. JW to MB, February 1775, MBP 348/46.

37. 罗宾逊向帝国宫廷发出邀请，成为铁兵器的总创始人，1771 年 4 月 22 日 : *Partners in Science* 24。

38. MB to JW, spring 1775, MBP 6/26.

39. ED to JW, 29 March 1775.

40. JW to James Watt senior, 8 May 1775, JWP 4/60.

41. MB to JW, August/September 1775, Muirhead *Life* 257.

42. *Aris's Birmingham Gazette*, 11 March 1776. 该引擎位于伯明翰科技博物馆 Thinktank 中。（感谢 Shena Mason 对恐龙的记忆。）

43. MB to JW, summer 1776, Muirhead *Life* 257.

44. JW to MB, July 1776, Dickinson Watt 92–3. 有关发动机业务的合作关系和融资，参见 James Lord, *Capital and Steam Power, 1750—1800* (1923)。

45. MB to JW, 3 July 1776, MBP 348.

46. Boswell *Johnson* ii 459.

22 “像毽子一样飞来飞去”

1. Thomas Jefferson to WS, 7 May 1775, MBP 340/42.

2. Bicknell’ s and Day’ s source was Michel Adanson’ s *Voyage to Senegal* (1759) 和 A. Benezet,*A Caution to Great Britain and her Colonies* (1766), *A Historical Account of Guinea* (1771)。

3. 关于转变见 Roger Anstey, *The Atlantic Slave Trade and British Abolition, 1760—1810* (1975) 和 Robin Blackburn *The Overthrow of Colonial Slavery, 1776—1848* (1988)。

4. *The Dying Negro* (1775 edn), dedication.

5. *A Fragment of an original letter on the Slavery of the Negroes*. David R. Chesnutt et al., *The Papersof Henry Laurens*, xi, 引自 Rowland 85。

6. *Ode to the New Year, The Devoted Legions* (1776) 和 *The Desolation of America* (1777)。

7. TD to MB, 24 March 1777, 18 August 1777, MBP 305/11, 14. 博尔顿部分偿还了戴，而基尔接管了大部分贷款。

8. 同样由罗巴克支持，对卡伦感到焦虑。见 Money 59–60, 101–2; 和 Brian D. Barger, ‘Matthew Boulton and the Birmingham Petition of 1775’, *William and Mary Quarterly*xiii (1956) 26–30。

9. JWe to TB, 8 August and 22 December 1777, W. E25–18805 and 18776. 见 Reilly 235。

10. JWe to TB, 25 February 1778, W. E25–18814.

11. JWe to TB, 19 March 1778, W. E25–18818.

12. ED to Charles Greville, 12 December 1778.

13. JP to MB, 6 November 1775, *Scientific Autobiography* 153.

14. 见 Eric Robinson, ‘R. E. Raspe, Franklin’ s “Club of 13” 和 the Lunar Society’, *Annals* xi(June 1955)。

15. JWe to TB, 4 May 1776, W. E25–18666.

16. King-Hele 131.

17. JWe to TB, 15 January 1775, W. E25–18584.

18. 'Josiah Wedgwood's Journey into Cornwall', Part 2, edited by G. Wills, *Proceedings of theWedgwood Society* ii (1957) 98.

19. 同上 , 87。

20. Seward 68.

21. 同上 , 75。

22. ED to WW, 25 February 1775.

23. Nicholas Spice 引 用 , review of Brian Robins (ed.), *The John Marsh Journals, in LondonReview of Books*, 18 May 2000, 3。

24. MB to JK, 1 March 1776, *Sketch* 56–7 (misdated 1777; 见 Schofield 142 n. 1).

25. MB to John Wyatt, 24 February 1776, B&F Letter Book G, MBP 137.

26. JWh to MB, 14 August 1776, MBP 366/17.

27. Papers included JR, 'Experiments on Ignited Bodies' and JWh, 'Experiments on IgnitedSubstances', *Phil. Trans*. lxvi (1776), Schofield 167–8. 关于会议见 MB to JW, 25July 1776, MBP 348。

28. ED to MB, 5 April 1778.

23 植物和热情

1. A. G. Morton, *History of Botanical Science* (1981) 257.

2. 关于林奈见 Wilfrid Blunt, *The Compleat Naturalist*。*A Life of Linnaeus* (1971); LisbetKoerner, *Linnaeus: Nature and Nation* (Cambridge, Mass., 2000), Koerner's 'Linnaeus in hisTime and Place', *Cultures in Natural History*, 145–62。

3. 其他工作包括他的 *Genera plantarum* (1737) 和 *Species Plantarum* (1753)。

4. 它仅涉及七个部分：花的四个——花萼、花冠、雄蕊和雌蕊——以及三个水果的子房、花托和种子。

5. 44 卷的 *Histoire Naturelle* 可追溯到 1749 年，这是布丰去世后的八年。

6. 引自 Brian L. Silver, *The Ascent of Science* (1998) 259。

7. King-Hele 124.

8. Garden Committee of the Society of Apothecaries, 8 February 1775; in Sue Minter *TheApothecaries' Garden: A History of Chelsea Physic Garden* (2000) 47.

9. *Misc. Tracts* i 19.

10. 'Experiments upon the different kinds of Marle found in Staffordshire', *Phil. Trans*. lxiii (1773) 161. (所有威瑟林文章都可见 *Misc. Tracts*。)

11. Schofield 123.

12. ED to WW, 13 May 1775.

13. Buffon, *Histoire Naturelle* iii (1753), in Morton, *History of Botanical Science*, 291.

14. ED to WW, 13 May 1775. *Linnaeus's emphasis on sexuality was attacked* 由 英 国 作 家 所 写， 诸 如 William Smellie, principal compiler of *Encyclopaedia Britannica*, 1771, 而民众却淡化了他的性意象。

15. Seward *Letters* iii154; King-Hele 132.

16. ED to Elizabeth Pole, [1775?].

17. Seward 104–5.

18. 见 *Zoonomia* ii 52, 379。

19. King-Hele 139.

20. 同上。Seward (104–5) 描述了伊丽莎白 · 波尔（Elizabeth Pole）于 1778 年春季访问时，带给因百日咳剂量错误而生病的孩子。

21. 同上 , 106。

22. 引自 Seward 125–8。

23. ED to Joseph Cradock, 21 November 1775.

24. Seward 81–2.（*Memorials* 中没有提及这名女子的名字，但苏厄德在与 Hayley 的通信中表明了自己的身份。）

25. Peck, 70.

26. 同上 , 75:‘Effects, Rules, Cautions’。

27. 同上 , 72。

28. 同上 , 73。

29. ED Commonplace Book, 120.

30. 同上 , 8–9。

31. WW to Dr Hall Jackson, New Hampshire, 27 October 1786; WW to J. C. Lettsom[1788], WWP 1/19, 5/111.（Lettsom 最近提议将 WW 作为伦敦医学会的通讯成员。）

32. JK to ChasD, 2 May 1776, *Sketch* 53.

33. ED to EDjnr, 12 May 1787.

34. 见 King-Hele 144。

35. *Experiments establishing a Criterion between Mucaginous and Purulent Matter* (1780).

36. ED,‘A new case in Squinting’, *Phil. Trans.* lxviii (1778) 86–96; WW, *An Account of theScarlet Fever and Sore Throat, or Scarlatina Anginosa particularly as it appeared in Birmingham in 1778* (1779). 关于邓肯的描述见 *Medical Commentaries* vii (1780) 193–203。

24 征服康沃尔

1. J. Hornblower senior to JW, 23 December 1776, JWP 4/36.5.

2. JW to MB, 14 August 1777, MBP 348/76.

3. AW to AB, 1 September 1777, MBP 357/13.

4. JW to MB, August 1777, MBP 348.

5. JW to John Smeaton, 4 April 1778, in John Lord, *Capital and Steam Power 1750—1800* (1923)199, 也引用 Watt' s 1769 letter about Smeaton' s coinage of 'engineer'。

6. JW to MB, 9 August 1777, MBP 348/75.

7. JW to MB, c.September 1777, MBP 348/120.

8. JW to MB, 1779, Griffiths 91.

9. JW to MB, 2 February 1778, MBP 348/84.

10. JW to MB, 6 September 1778, MBP 348/108.

11. 1778/1779 年的订单包括一台用于 Hallamanning 的 40 英寸缸式发动机，两台用于波狄斯（Poldice）和风团机遇（Wheal Chance）的 63 英寸发动机：联合（United）两架 58 英寸的；1780 年，为风团处子（WhealVirgin）生产了 5 台大型发动机；为 Dolcoath、Wheal Treasury 和 Wheal Crenver 设计的发动机。

12. 见 JW to MB, 2 and 8 July 1778, MBP 348/90, 93。

13. JF to MB, July 1778; Dickinson *Boulton* 110.

14. 见 MB to JW, 25 July 1778, B&W Box 20, Bdl. 5, 以及 Watt Memorandum (1809)。

15. 因此，波狄斯同意为两个发动机支付 1500 英镑；综合矿山五个 2500 英镑。

16. Roll 98–101.

17. JW to JB, 12 December 1778, *Partners in Science* 43.

18 其复杂历史见 'The Steam Engine in France' , Harris 287—322, and Jacob174–7。

19. Rolt 76.

20. MB to JW, 1 September 1778, B&W Box 20, Bdl. 5.

21. JW to MB, 31 June 1779, MBP 348/143.

22. JW to MB, May 1779, MBP 348.

23. Rolt 78.

24. AW to MB, 28 June 1781, MBP 357/20.

25. JW to MB, 23 January 1782, Griffiths 88.

26. Smiles 198–9.

27. 见 JK to MB, 16 January 1777, MBP 319/10. 关于协议见 Statement by William Matthews, 29 May 1775, MBP 334/31。

28. Keir Memorandum (1809).

29. 同上。For Keir's suggestions, 见 JK to MB, 14 October 1778, 1 February 1779, MBP319/27, 39。

30. *Sketch* 66–75, Schofield 158–9. Patent lodged 10 December 1779; 其比例与蒙兹合金相似，蒙兹合金是 19 世纪中期发展起来的一种包铜合金。

31. Keir Memorandum (1809).

32. 这些是手工上色的印刷品，然后像油画一样涂上清漆，用于壁画和家具装饰。尽管有像蒙塔古夫人这样的客户，还有一些出口，他们却没有盈利。

33. 见 Griffiths 29。

34. Smiles 210.

35. MB to AB, 14 September 1780, MBP, unnumbered.

36. MB to JW, 12 November 1782, MBP Parcel D/4, Folder 4.

37. MB to AnneB, 6 and 17 August 1785, MBP 291/10—11.

38. MB to JW, 25 and 30 September 1780, MBP 143, Letter Book J 16/18.

39. 1780 年，Boulton & Watt 公司持有 Wheal Union 公司 1/16 的股份，Pool Mine 公司 1/32 的股份，并持有 Consolidated (与 John Wilkinson)、Poldice、Polgooth、Wheal Jewel 和 United 公司的股份。1784 年，他们和威尔金森一起，对切斯沃特产生了浓厚的兴趣。1782 年 10 月，博尔顿将价值 1000 英镑的 Polgooth 股票转让给了韦奇伍德。

40. JW to MB, 31 October 1780, MBP 349/22.

25 暗沉的土和闪亮的石

1. JW to JB, 8 January 1779, *Partners in Science* 44.

2. JW to JB, 13 January 1779, *Partners in Science* 50.

3. JB to JW, 7 September 1782, *Partners in Science* 116.

4. JW to John Williams, 16 March 1777, Dickinson Watt 177. 见 John Williams, *An Accountof Some Remarkable Ancient Ruins, Lately discovered in the Highlands and Northern Parts of Scotland*(1777)。Williams 也著有 *The Natural History of the Mineral Kingdom* (1789)。

5. JWe, 'Notes & Experiments', W. E26–19109–13.

6. JWe Notebook, 1779, W. E26–32346A.

7. Notes to *BG Ec. Veg*. ii 134, 143, 215, 228.

8. ED to JWe, 7 April 1779, King-Hele 158.

9. 同上。

10. Science Museum cat. 17.

11. JWe to TB, 21 May 1776, W. E25–18643.

12. JWe to TB, 3 November 1777, W. E25–18790.

13. JWe to TB, 14 February 1776, W. E25–18654.

14. *Dictionary of Chemistry* (2nd edn, 1777) iii; Schofield 172–3; 也可参见 R. E. Schofield, 'Josiah Wedgwood and the Technology of Glass Manufacturing', *Technology and Culture* iii (1962) 285–97。

15. 'JW Notes and Experiments', [1779], W. E26–19113, 'Attempt to discover Causes ofCords and Wavings in Flint Glass'.

16. 通过搅拌达到均匀的想法归功于 Louis Guinand, 1798。

17. JK, 'On the Crystallisations observed on Glass', RS Paper, 23 May 1776, Schofield 174–5.

18. JWe Experiment Book, W. E26–19117.315, trial 2956.

19. James Hutton, 'Theory of the Earth', *Transactions of the Royal*

Society of Edinburgh i (1788)304, in Klonk 77. (See chapter 13, n. 35.) 也可参见 Porter *Geology* 149—165。

20. JWe to TB, 24 October 1778, W. E26–18857.

21. JWe to TB, 4 November 1778, W. E26–18859.

22. *Inquiry* 191.

23. 见 Porter *Geology* 125—126。

24. *Inquiry*, 2nd edn, 1786.

25. TD to MB, 29 October 1780, MBP 305/27.

26. JW to MB, 18 October 1781, MBP 349/101.

27. WW, ‘Experiments and Observations on the Terra ponderosa, &c.’ *Phil. Trans.* lxxiv (1784) 293–311. 一开始据说是来自坎伯兰郡阿尔斯通荒原的铅矿，但后来威瑟林给出了一个更有可能的来源，即 Furness, Lancs 的铅矿，也是韦奇伍德的“cawk”的来源。见 Iain A. Williamson, ‘The Anglezarke Lead Mines’, *Mining Magazine*, 108, (March 1963), 133–9。

28. 他在乌平厄姆附近的 Nevil Holt 发现了一种新的盐，并在温泉湖上翻译了 Bergman 著作。至于岩石样本，见 WW, ‘An Analysis of two Mineral Substances &c.’, *Phil. Trans.* lxxii (1782) 327–36, and JP, *Experiments and Observations* iii 215–222。

29. 归功于 Richard Kirwan’s *Elements of Mineralogy* (1784), and J. H. Magellan’s new edition of Cronstedt’s *Mineralogy* (1788), Schofield 306。

26 创造性的复制

1. *Zoonomia* i 376; *Enlightenment* 603, n. 75.

2. *A catalogue of cameos, intaglios, medals, busts, small statues, and bas reliefs; with a general account ofvases and other ornaments, after the antique, made by Wedgwood & Bentley* (5th edn, 1779).

3. ED Commonplace Book, 14–15; also JB to JW, 11 March 1779, *Partners*

in Science 61.

4. ED Commonplace Book 33, 38; 有关导弹，见 *Essential Writings* 125。

5. The electrical doubler (Commonplace Book 79), 受伏打的启发，它是一台发电机，在两块玻璃板和黄铜圆盘之间装有带电的中央金属圆盘，可以将它们输入放出，然后将电荷通过导体传递到莱顿瓶中。

6. ED Commonplace Book 53, 69, 78.

7. JW to ED, 12 May 1779, King-Hele 155.

8. JW to MB, 28 June 1779, MBP 348.

9. MB to JW, 14 May 1780, B&W Box 20, Bdl. 8.

10. 同上。

27　儿女

1. JWe to TB, December 1779, SL 248.

2. JWe to TB, 17 July 1778, W. E25–18848.

3. JWe to TB, 1 and 19 August 1778, W. E25–18843 and 18845. 4 JWe to TB, 19 August 1778, W. E25–18845.

5. 同上。

6. JWe to TB, 24 August 1778, W. E25–18846.

7. ED to JWe, August 1779, DAR 221:1:56.

8. *Wedgwood Circle* 89.

9. ChasD to RWD, 23 September 1777, DAR 227.6.4.

10. JK to ED, [nd], *Sketch* 66.

11. JWe to TB, 7 March 1779, W. E26–18881.

12. JWe to TB, 9 October 1779, W. E26–18929.

13. JWe to TB, 19 December 1779, W. E26–18946.

14. The Reverend Henry Pickering to MB, 5 December 1779, in Eric Robinson, 'TrainingCaptains of Industry: The Education of Matthew Robinson

Boulton [1770—1842] and theYounger James Watt [1769—1848]'. *Annals of Science* x (December 1954), 301—313.

15. ED to JWe, December 1779, EDL 99.

16. JWe to TB, 19 December 1779, W. E26–18946.

17. SuWe to JWe, 13 March 1783, DAR 246.238.

18. 举例见 JW to AW on bleaching, 20 October 1787, JWP Letter Book 1。

19. *Schimmelpenninck* 6.

20. JWh to MB, 30 October 1775, MBP 366/15.

21. Hannah More, *Essays on Various Subjects* (1791) 9.

22. ED to Richard Dixon, 30 March 1791.

23. *Plan* 11.

24. 同上 , 46。

25. Keir Day 25–6.

26. SuWe to JWe, W. L95/17561A.232.

27. Letter to the author from Marilyn Butler, October 2001.

28. RLE and ME, *Practical Education* (2nd edn, 1801) i 95–6.

29. JWe to TB, 18 December 1779, W. E26–18945.

30. Published as*Hartley's Theory of the Human Mind, or the Principle of the Association of Ideas* (1775). 见 Butler 59–67。

31. RLE and ME, *Practical Education* (1798) ii 734.

32. RLE to JP, [early 1780], Butler 63.

33. Edgeworth Memoirs 237.

34. 同上 , 238。

35. RLE to JWe, in JWe to TB, 10 May 1780, W. LHP.

36. Edgeworth Memoirs 243.

37. ED to AS, 6 November 1780, 以及 Seward 133–45。

38. Seward 148–9.

39. Darwin–Pole children: Edward, 31 January 1782; Violetta, 23 April 1783; Emma,24 August 1784; Francis Sacheverel, 17 June 1786; John, 5 September 1787; Henry,10 April 1789, d. 1790; Harriot, 5 July 1790.

40. Memoir of John Rylands, Gibbs 139–40.

41. 同上 , 140。

42. 埃丝特的父亲理查德（Richard，1705–1757)）见 Thomas Lowndes, *Select MiscellaneousProductions of Mrs Day and Thomas Day, Esq.* (1805). 有关韦克菲尔德连接，请参阅 J. Hunter, Familiae Minorum Gentium, edited by J. W. Clay (1894) i 49–57 (感谢 Deborah Scriven of Wakefield Library)。也可参阅 *Wright of Derby* 69。

43. 韦克菲尔德的约翰 · 米尔恩斯的妻子是位银行家，他的亲戚是罗巴克夫妇的银行合伙人。感谢 Steve Uglow。

44. TD to EDjnr, 29 January 1779. BL Add. MSS 29, 300, f55.

45. EDjnr to RWD, [1776], DAR 227.6.2.

46. ME, *Letters for Literary Ladies* (1795) 22–31.

47. Butler 204–5.

48. Keir Day 7.

49. 见 Gignilliat 264。

50. 关于戴“软化的斯多葛主义”见 Barker-Benfield 148–153。

28 发展艺术家

1. JWe to TB, 12 November 1780, SL 261.

2. Ralph Griffiths to JWe, 25 November 1780, W. E30–22420.

3. Reilly and Savage 335.

4. Christie & Ansell sale catalogue, 1781, in *Etruria* 5, no. 3 (Spring 2002), 24.

5. JWe to Charles James Fox, 23 July 1785, SL 284.

6. JW to Lady Templetown (draft), 27 June 1783, W. E26–18958.

7. 见 Carola Hicks, *Improper Pursuits: Lady Di Beauclerk, Woman and Artist* (2001)。

8. John Flaxman to JWe, 8 July 1782, W. E2/30187.

9. John Flaxman to JWe, 22 August 1782, Samuel Smiles, *Josiah Wedgwood* (1894) 210.

10. JWe to ED, 28 June 1779, W. E26–19001.

11. David Irwin, *John Flaxman* 1755—1826 (1979) 20—21.

12. John Flaxman to JWe, 5 February 1784, W. E2/30188.

13. 后来的一个故事表明，Stubbs 在北非看到了这种情况：Constance-Anne Parker, *Mr Stubbsthe Horse Painter* (1971), 72。他的灵感更可能来自于罗马的一座古代雕塑，见 Francis Haskell and Nicholas Penny, *Taste and the Antique* (1981) 251 和 *Stubbs* 90。

14. 不幸的是，这种混合物在特定温度下就会融化，从而把脏漆和旧画布分开：Robert Shepherd,'Stubbs: a Conservator's View', *Stubbs*, 20–21。

15. Paul Mellon Collection, *Stubbs* 123: 在边缘可以看到"Wedgwood"的印记。

16. JWe to TB, 4 November 1777: 参见 17 October 1778, W. E26–18856.

17. JWe to TB, 30 May 1779, Bruce Tattersall, *Stubbs and Wedgwood* (1974), 19. 早期的小牌匾约为 22 英寸乘 15 英寸。

18. JWe to TB, May 1779, W. E26–18890.

19. JWe to TB, 21 October 1780, Tattersall, *Stubbs and Wedgwood*, 21.

20. JWe to TB, 25 September 1780, Reilly 300.

21. 关于 Stubb 和"绅士们", 见 Judy Egerton in *Stubbs* 14–19。

22. JWe to TB, 13 August 1780, Farrer ii 475.

23. 见 Louise Lippincott, 'Expanding on portraiture. The market, the

public and the hierarchy of genres’, in Ann Bermingham and John Brewer (eds), *The Consumption of Culture 1600-1800: Image, Object, Text* (1995) 85。

24. 见 JWr to JWe, 29 May 1783 and 23 October 1783: *Wright of Derby* 131。

25. JWr to JWe, 31 December 1783, Benedict Nicolson, *Joseph Wright of Derby, Painter of Light*(1968) i 147.

26. 同上。

27. *The Corinthian Maid*, National Gallery of Art, Washington. See *Wright of Derby* 132–3. 见 Anne Bermingham, ‘The Origin of Painting and the Ends of Art: Wright of Derby’s Corinthian Maid’, in John Barrell (ed.), *Painting and the Politics of Culture* (1992) 135–66。

28. William Hayley, *An Essay on Painting* (1778); *Wright of Derby* 133.

29. JWe to TB, 5 May 1778, Daniels 55.

30. JWe to JWr, 29 April 1784, W. E26–18966.

31. 见 Daniels 56–8。

32. 他们从未在埃特鲁里亚见过面，尽管《科林斯少女》中熟睡的灰狗与 1781 年为韦奇伍德制作的珐琅饰板相呼应。

29　从国家到领土

1. Speech of Thomas Day Esq., *As delivered to the Free holders of Essex at Chelmsford* ([24January] 1780).

2. 见 Roy Foster, Modern Ireland, 1600—1972, 241–58。

3. JWe to TB, 13 October 1779, W. E26–18930.

4. 见 John Goodchild, ‘James Milnes; An eighteenth-century Merchant Prince’, *WakefieldHistorical Society Journal* 10 (1983), n.p。

5. 关键文本是 Rousseau, *Discours sur les sciences et les arts* (1750) 和 Adam Ferguson, *Essayon the History of Civil Society* (1767)。 见 Butler *Romantics* 23。

6. *Speech of Day at Chelmsford.*

7. *Two Speeches of Thomas Day, Esq., at the General Meetings of the Counties of Cambridge and Essex*([25 March, 25 April] 1780) 参见 Gignilliat 181。

8. JW to JB, 9 June 1780, *Partners in Science* 94.

9. Reginald Blunt, *Mrs Montagu, 'Queen of the Blues': Her Letters and Friendships from 1762—1802*(1923) ii 96–97.

10. JWe to TB, 9 September 1780, SL 256.

11. TD to MB, 3 May 1782, MBP 305/35.

12. JWe to RLE, 25 January 1784, SL 274.

13. RLE to ED, 7 September 1794, Edgeworth *Memoirs* 337–8.

14. ED to RLE, 20 February 1788.

15. Published 1776. 其他爱丁堡著作包括 Francis Home, *Principles of Agriculture andEducation* (1757); William Fordyce, *Elements of Agriculture and Vegetation* (1765); AlexanderHunter, *Georgical Papers*, 4 vols (1770—1772); James Anderson, *Essays relating to Agriculture* (1775)。

16. TD to RLE, [early 1787]: Edgeworth *Memoirs* 306 错 写 为 1789; RLE' s reply in NLIis 5 February 1787。

17. *Sandford and Merton* ii 14.

18. TD to RLE, [1784], Rowland 261.

19. *The Black Book of Edgeworthstown* 251–252, in Butler 82.

20. Edgeworth *Memoirs* 260–61.

21. Butler 87.

火之卷

30 火

1. JWe to MB, 10 March 1781, MBP 361/9.

2. WW to Mr Rathbone junior, 16 February 1781. WWP 10.

3. MB to LH, 6 September 1781; Smiles 373.

4. Muirhead *Mechanical Inventions* ii 123.

5. ED to JW, 6 January 1781.

6. 达尔文回信给戴时就此回应 *Divine Benevolence asserted* (1781) byThomas Balguy, Bishop of Winchester, 很明显，上帝创造万物的目的是为了创造幸福，which ‘makes it evident that every thing was made by the Lord, with the design of producing happiness’. ED to TD, 16 May 1781。

7. ED to RLE, 20 February 1788.

8. ED to MB, 27 January 1782.

9. *Schimmel Penninck* 251.

10. Schofield 270–75. Priestley sent Galton’s paper to the RS, April 1781. 色轮通常归功于 Thomas Young. RWD used SG’s findings in ‘New Experiments in the Ocular Spectra of Light’, *Phil. Trans.* lxxvi (1786) 313—348, reproduced in *Zoonomia* i (1794) 534–66; 他自己的论文直到 1799 才发表 , in the *Monthly Magazine*。

11. *Schimmel Penninck* 36–7.

12. A. M. Broadley and Lewis Melville (eds), *The Beautiful Lady Craven, the Original Memoirs of Elizabeth, Baroness Craven, afterwards Margravine of Aspach* [1913] i 46; Schofield 228.

13. JW to MB, 26 October 1782, MB 350/59.

14. Addition, 30 April 1783, in H. Moyes to WW, RSM MS534.62–3. 笔记于 *SewardLetters* i (1785) 97, 称玛丽 · 诺尔斯（Molly Knowles）为“著名的贵格会女郎，她在精纺中如此出色地处理了国王的照片”……calls Mary Knowles ‘the celebrated Quaker lady who worked theKing’s picture so admirably in worsted’。感谢 Norma Clarke。

15. C. Wright to WW, 30 January 1785, RSM MS534.69.

16. Catherine Wright to WW, 11 August 1785, RSM MS534.79. 关于赖特见 Patricia。Fara and Anne Secord in M. Ogilvie and J. Harvey (eds), *The Biographical Dictionary of Womenin Science* (2000) 1404–5。

17. Faujas de St Fond, *Journey through England and Scotland in 1784* (1797; 1907 edn) ii 357.

18. JP, *Experiments and Observations Relating to the Analysis of Atmospherical Air &c.* (Philadelphia,1796), 被 John McEvoy 引用在 'Continuity and Discontinuity in the ChemicalRevolution', in *Osiris* 4 (1988) 195。

19. 见 John McEvoy, 'Causes and Laws, Powers and Principles: The MetaphysicalFoundations of Priestley's Concept of Phlogiston', in Anderson and Lawrence 55–71。

20. MB to JWe, 30 March 1782, MBP 146, Letter Book M, 271.

21. JWe to M B, March 1782, M B P 361/12. 见 *Scientific Correspondence* 97。

22. 见 B. Bensarde-Vincent and F. Abbi (eds), *Lavoisier in European Context: Negotiating a NewLanguage for Chemistry* (Nantucket, 1995)。

23. Lissa Roberts, 'The Death of the Sensuous Chemist: The "New" Chemistry and the Transformation of Sensuous Techonology', *SHPS* 26, no. 4 (December 1995), 503–29.

24. Muirhead *Mechanical Inventions* ii 225–6.

25. 关于语言争论见 Golinski 130–52, 和 summary in*Making Natural Knowledge:Constructivism and the History of Science* (Cambridge, 1998), 118–19.

26. 引自 E. Robinson, 'Eighteenth-century Commerce and Fashion: Matthew Boulton' sMarketing Techniques', *EHR* xvi (1963) 49。

27. JW to Richard Kirwan, 14 November 1783; John Whitehurst, *An*

Attempt toward ObtainingInvariable measures of Length, capacity and Weight, from the Measuration of Time, independent of the Mechanical Operations Requisite to ascertain the Centre of Oscillation, or the True Length of Pendulums (1787); Schofield 256–61.

28. Chisholm 为 William Lewis 秘书 20 年, RSA 化学家, *Philosophical Commerce of Arts* (1763—1765) 和 *Chemical and Mineral History of Iron* (1767—1770) 作者。

29. 见 Science Museum cat. 18–19, 34–37。韦奇伍德论文包括, ‘An attempt to make a thermometer for measuring the higher Degrees of Heat’, *Phil. Trans*. lxxii (1782) 305–26; ‘Attempt to compare and connect the Thermometer for Strong Fire . . . with the common Mercurial Ones’, *Phil. Trans*. lxxiv (1784) 358–84; ‘Additional Observations’, *Phil. Trans*. lxxvi (1786) 390–408。

30. JP to JWe, 21 March 1782, *Scientific Autobiography* 206.

31. ‘Frigorific Experiments on the mechanical Expansion of Air, explaining the Cause of thegreat Degree of Cold on the Summits of high Mountains, the sudden Condensation of Aerial vapour, and of the perpetual Mutability of atmospheric Heat’, *Phil. Trans*. lxxviii (1788) 43–52. 见 *Essential Writings* 181–8。

32. Arthur Donovan, *Antoine Lavoisier: Science, Administration and Revolution* (Oxford, 1993) 154.

33. ED to JW, 6 January 1781.

34. Gibbs 155.

35. 描述于 Warltire’s letter to JP, 18 April 1781, Appendix to *Experiments and Observations*ii (1781) 395; Muirhead *Life* 315–16。

36. JW to MB, 10 December 1782, MBP 350/72. 对于瓦特的激动，见与让·德·吕克于 1782 年 12 月和 1783 年 12 月的通信；给他姐夫 Gilbert

Hamilton, 26 March 1783, and to JP, 2 May (in Muirhead *Life*); to JB, 21 April 1783, 12 April 1784 (*Partners in Science*), and *Phil. Trans.* (1784), 331–3。

37. JP to JWe, 8 January 1783, Gibbs 157.

38. JP to Joseph Banks, 14 December 1783, *Scientific Autobiography* 229.

39. JW to Joseph Fry,15 May 1784, Smiles 305–6.

40. Donovan, *Lavoisier*, 159–65.

41. J K to E D, 15 March 1790, *Sketch* 108.

31 博尔顿的炽烈天空

1. ED to JWe, [summer 1782], King-Hele 183.

2. ED to MB, 26 December 1782.

3. ED to MB, 4 March 1783.

4. MB to JW, 21 June 1781, B&W D/3, Folder 2.

5. MB to JW, 7 August 1781, B&W D/3, Folder 3.

6. MB to JW, 7 December 1782, B&W Parcel D/4, Folder 5.

7. 关于专利 cf. 1781, 1782, 1784 和 1785, 见 Musson and Robinson 89–125. 小的“行星”是指位于杆末端的固定齿轮，它围绕着“太阳”旋转，后者是连接至驱动轴的较大的旋转齿轮，每个冲程旋转两次或更多次。

8. 1781 年的专利还涉及双引擎，带齿的活塞齿条和蒸汽轮。

9. JW to MB, 30 June 1784, MBP 350/113.

10. MB to WM, 19 June 1782, MBP 328. 他们的工头扎克索斯 · 沃克（Zaccheus Walker）进行的计算显示，在最初对索霍进行的 20 000 英镑投资中，损失为 11 000 英镑。

11. MB to WM, 28 June 1781, MBP 146, Letter Book M.

12. WM to MB, 2 April 1782, MBP 328/67.

13. MB to JW, 2 November 1782, MBP 146, Letter Book M, 396.

14. John Southern to MB, 30 July 1782, Fitton 57.

15. ED to MB, 4 March 1783.

16. John Wesley, *Journal*, July 1782.

17. Gilbert White, *Natural History of Selborne* (1789), Letter lxv.

18. *Weather Journals* 88.

19. MB to Elizabeth Fothergill, 2 August 1783, MBP 307/296.

20. SG to Mrs Barker, 13 July 1783, MBP 308/75. 参见 Elizabeth Fothergill to MB,18 July 1783, MBP 307/304。

21. MB to AB, 9 November 1780, MBP, unnumbered.

22. MB to AB, 3 May 1781, MBP 279/101. (细节见 MBP 279/66–91。)

23. MB to AnneB, 17 August 1785, MBP 291/11.

24. MB to JW, 28 October 1783, Fitton 65.

25. MB to JW, September 1783, B&W Box 20, Bdl.10.

26. ED 关于风的笔记见 ED *Commonplace Book* 46–7, 121–3, 137–8, 147–8。

27. Schofield 250. 他还草草寄去一张关于气体的粗糙的但令人愉悦的论文，要寄给普里斯特利，“这个人把自己献给了气体（固定、脱燃素等），他的朋友们在这个问题上所做的一切事情，他都享有权利”。

28. JW to JB, 25 September 1783, *Partners in Science* 128.

29. ED to MB, 17 January 1784.

30. 查尔斯的计算发表在 *Journal de Paris*, December 1783; the Faujasde St Fond book, *Descriptions des expériences de la Machine Aérostatique de MM de Montgolfier*, 1784 年七月由一位 M. Pradeux 寄给博尔顿。

31. Faujas de St Fond, *Journey through England and Scotland in 1784* ii (1797; 1907 edn) 351.

32. 为了乐趣，请在网站上查看此说明‘printsgeorge.com/ArtEccles_Aeronauts 4.htm’。实际上，萨奇夫人体重 14 英石，以至于卢纳迪必须下车。在向哈罗行驶 13 英里的过程中，她磕碰到比金斯手中的气压计，摔断了它。

33. Gilbert White to Ann Barker, 19 October 1784, Richard Mabey, *Gilbert White* (1986) 195.

34. RLE to ME, 12 February 1784, Butler 92.

35. Smiles 270.

36. JW to James Lind, 26 December 1784, JWP C1/15.

37. *Aris's Birmingham Gazette*, 3 January 1785.

38. 同上 , 10 January 1785。

39. *BG Plants* ii 41–58.

40. 'Directions for Working Rotative Engines c.1784', Dickinson and Jenkins, Appendix iii,399–400.

41. 关于阿尔冈德见 John J. Wolfe, *Brandy, Balloons and Lamps: Ami Argand, 1750–1803*(Carbondale, 1999)。

42. MB to JW, 24 February 1786, B&W Box 20, Bdl 12, Folder 1.

43. March 1786. 引自 Peter Matthias,'An Industrial Revolution in Brewing,1700–1830', *The Transformation of England*, 225。惠特布莱德的约瑟夫 · 迪拉菲尔德（Joseph Delafield）告诉他的兄弟，旧发动机需要六匹马：他们订购了一台功率为 10 的发动机，根据瓦特的计算，“我们认为它的工作量相当于 14 匹马”。惠特布莱德发动机于 1888 年被运到澳大利亚，并在悉尼的发电站博物馆每天进行演示。

44. JW to John Robison, 20 January 1784, *Partners in Science* 133.

32 林奈的行列

1. 杰德迪亚 · 斯特拉特在 1758 年申请了一项机器制造罗纹长袜的专利。1802 年，威廉 · 斯特拉特接替达尔文成为德比哲学学会的会长。

2. 见‘The Derby Philosophical Society’, Musson and Robinson 190–99。

3. SuWe to JWe, 13 March 1783, DAR 264:238.

4. 见 King-Hele 197–8. 每年缴纳一基尼，罚款数额巨大。

5. King-Hele 191, 以及 *EDL* 129–31。

6. 'An Account of an artificial Spring of Water', *Phil. Trans.* lxxv (1785) 1–7.

7. *Zoonomia* iv 90.

8. ED to Carl Linnaeus junior, 14 September 1781.

9. 见 notes to EDL, 114–15。

10. ED to Sir Joseph Banks, 29 September 1781.

11. [ED], Botanical Society of Lichfield, *A System of Vegetables* (Lichfield 1783), Preface.

12. [Samuel Goodenough], *Monthly Review* lxxii 401–10 and lxiii, 1–13.

13. WW to Ralph Griffiths, RSM MS534.75. 到了 18 世纪 90 年代中期，古德诺（Goodenough）与威瑟林交换植物标本：见 MS534/166—173。

14. 斯托克斯早期作品包括 Botanical Commentaries to *Fothergill Catalogue* (1782); *de Aere Dephlogisticato* (Edinburgh, 1782), 'On the Nomenclature of Fossils', *Edinburgh University Natural History Society minutes* (1782) 和 *Hortus Uptonensis: a Catalogue of Stove and Green-House Plants in Dr Fothergill's Garden at Upton* (c.1785).: Schofield 223. 关于月光社成员在 RS 会议见 *Journal Book of the Royal Society* (1780—1782)。

15. JS to Carl Linnaeus, June–21 August 1783, Schofield 226.

16. 他后期作品包括 *A Botanical Materia Medica* (1812) 和 *Botanical Commentaries* (1830)。

17. *Schimmel Pennick* 43.

18. ED Notebook, DAR 227.2.11.

19. E D Commonplace Book 109.

20. 同上，90。

21. ED to Joseph Banks, 23 February 1782. 请求书目为 H. L. Duhamel' s *LaPhysique des Arbres* (1758) 和 Charles Bonnet' s *Recherches sur l'Usage des Feuilles des Plantes* (1754)。

22. *Phytologia* 45.

23. E D Commonplace Book 72.

24. *BG* 'Proem', vii.

25. *BG Plants* i 51–6. 有关自然哲学的诗歌，见 William Powell Jones, *The Rhetoric of Science; A Study of Scientific Ideas and Imagery in Eighteenth-Century English Poetry* (1966)。

26. *BG Plants* i 457–61.

27. 同上 , note to Rubia, i 373。

28. 同上 , note to Curcuma, i 65。

29. ED to Joseph Banks, 24 October 1781.

30. ED to Joseph Johnson, 23 May 1784.

33　保护我们的兴趣

1. TWe to JWe, 11 March 1783, SL 268.

2. *An Address to the Young Inhabitants of the Pottery* (Newcastle, 1783).

3. 见 Harris 481。

4. MB to Thomas Wilson, 16 December 1784, Dickinson Boulton 130.

5. MB to Samuel Garbett, [late 1784], MBP 305.

6. JWe to MB, 21 February 1785,W. E26–19098.

7. JWe to RLE, 3 October 1785, *SL* 285.

8. 霍恩布洛尔声称，他是在 1776 年想到这一点的，第二个圆柱体并不是一个"单独的冷凝器"。见 Hugh Torrens, 'Jonathan Hornblower (1753—1815) 和 the steam engine: A historiographic analysis' , in Denis Smith (ed.) *Perceptions of Great Engineers: Fact and Fantasy* (1994)。

9. MB to JW, 7 July 1781, MBP 146 Letter Book M, 95.

10. JW to MB, 28 September 1782, Dickinson *Watt* 133.

11. JW to MB, late 1782, Smiles 256.

12. Dickinson and Jenkins 327. 见 Fitton 96。

13. Thomas Carlyle, ‘Chartism’，引自 *Wright of Derby* 197—198。

14. MB to JW, 7 August 1781, Fitton 98.

15. *BG Plants* ii 97–104.

16. George Canning et al., ‘The Loves of the Triangles’, Lloyd Sanders (ed.), *Selections from the Anti-Jacobin* (1904) 101.

17. ED to MB, 25 January 1785.

18. Fitton 138.

19. 见 E. Robinson, ‘James Watt and the Law of Patents’, *Technology and Culture 13* (1972)127–8; Watt’s ‘Thoughts upon Patents’ is in Robinson and Musson 214–28。

20. MB to JW, 2 September 1786, MBP. 关于默多克的蒸汽马车见 Griffiths, 142–68。

21. JWe to JW, 30 January 1784,*SL* 279. 4 月他起草了一份备忘录，建议鼓励各商业委员会相互协作。

22. MB to Joseph Banks, 10 February 1787, Tann i 157.

23. Soho Visitors’ Book (1781—1783), MBP 204/206.

24. EM to MB, 28 September 1780, MBP 330/33（见 correspondence 1780–82, MBP 330/29–60)。

25. MB to Mary Linwood, MBP 148, Letter Book O, 66–7.

26. JW to MB, 10 March and 17 April 1786, MBP 351/52 and 64.

27. MB to JW, 18 July 1785.

28. MB to JW, 26 July 1785.

29. MB to AnneB, 6 August 1785, MBP 291/10.

30. JWe to RLE, 13 February 1786, SL 291.

31. House of Commons *Journals* xlii 266–74, 引自 Witt Boden, *Industrial Society in England towards the End of the Eighteenth Century*, 2nd edn (1965)。

32. *Birmingham Life* i 329.

33. MB to AnneB, 18 November 1786, MBP 291/16.

34. MB to C. L. Berthollet, [March] 1788, MBP. 参见 Clow and Clow, 189–190, and 'TheIntroduction of Chlorine Bleaching', Musson and Robinson 251–337。

35. JWe to JW, 27 March 1787, MBP Letter Books (Office) 1786—1788, 159, in Boden, 191. 有关制造商对总商会的看法，见 Money 44。

36. William Eden to Lord Sheffield, February 1787, Reilly 276.

37. MBP, Letter Book (Office), 1786—1787.

38. TD, *A Letter to Arthur Young, Esq., on the Bill now depending in Parliament to prevent the exportation of Wool* (1788).

39. 同上。

40. 同上。

34 家庭与情感

1. ED to MB, 12 March 1789.

2. ED to JWe, 13 March 1784.

3. SuWe to JWe, 1 February 1785, DAR 264:240.

4. ED to JWe, [?23 March 1784].

5. Eliza Meteyard, *A Group of Englishmen (1795—1815)* 35.

6. 见 JW to Margaret Miller, 25 April 1791, JWP LB2/25。

7. JW to JWjnr, 16 January 1784, and AW to JWjnr, 17 July 1785; JWP, LB1.

8. JWjnr to MB, 26 March 1789, MBP 353/1.

9. MB to MRB, 19 December 1787, in Musson and Robinson 110–11.

10. Dent 221.

11. *Aris's Birmingham Gazette*, 14 June 1781. 一年之内，股票数量达到了 500 种。到 1786 年，它的数量达到了 1600，到 1790 年达到了 3400。后来，人们要求建立一个适当的图书馆（在从威瑟林租借的土地上），该图书馆于 1797 年开放。

12. Gibbs 174.

13. MB Diary, MBP 381 (1786).

14. JWe to RLE, 24 December 1786, *SL* 301.

15. Joseph Spence, *Grand Repository of the English Tongue* (1775). 1786 年第一卷 Horne Tooke' s *Diversions of Purley* 出版 (2nd edn, 1798; vol. 2, 1805): 见 Darwin, *Temple of Nature*, n. xiv。见 Olivia Smith, *The Politics of Language, 1791—1819* (Oxford,1984)。

16. 关于敏感性和改革，请参见 Langford 461–518, 和 Barker-Benfield 215–86。

17. Anna Laetitia Barbauld, in Langford 504.

18. 见 Butler *Romantics* 31–38。

19. Francis D. Klingender, *Art and the Industrial Revolution* (1947) 72–3.

20. *Enlightenment* 361. 见 J. Walvin, *Slavery and British Society, 1776—1848* (1982)。

21. JWe to JW, 1788, JWP C1/8.

22. JWe to AS, February 1788, *SL* 319–10.

23. JWe to BF, 29 February 1788, *SL* 311.

24. Neil McKendrick, 'Commercialization of Fashion'，引用在 Barker-Benfield 213。

25. King-Hele, 231. 关于韦奇伍德的木腿 JWe to ED, 27 June 1788, *SL* 314。

26. *BG Plants* ii 421–30. 见 David Turley, *The Culture of English Anti-Slavery, 1780—1860* (1991)。

27. *BG Plants* iii 439–42.

28. ED to JWe, 13 April 1789, DAR 227.1.112. King-Hele 232.

29. 引自 Edward Royle and James Walvin, *English Radicals and Reformers, 1760—1848*(Brighton, 1982) 36。

30. *Petition against the Abolition of the Slave Trade* (1789): Birmingham City Library.

31. MB to JW, 19 April 1783, B&W Box 20 Bdl 10.

32. John Dawson to B&W, 9 November 1790, B&W Box 4.3.12.

33. SuWe to JWe, April 1777, W. L95/17651 A244.

35 大工程

1. 细节研究见 R. Doty, *The Soho Mint and the Industrialisation of Money* (1998), 也可见 J. O. Sweeney, *A Numismatic History of the Birmingham Mint* (Birmingham, 1981)。

2. MB to Lord Hawkesbury, 14 April 1789, MBP 237/13.

3. 有关 1788 年 1 月及以后的证据，见 the PRO ‘Papers relating to copper 1798—1802’, Dickinson *Boulton 136–56 passim*。

4. 感谢 George Demidowicz 有关铸币厂的详细内容：将在即将发行的书中，George Demidowicz (ed.), *Matthew Boulton and Soho: House, Manufactory, Mint and Landscape*。

5. *London Magazine* (1787), in R. C. Bell, *Commercial Coins, 1787–1804* (Newcastle, 1963), 145. Bell 用大量注释说明了许多标记。

6. Patent no. 1757, 8 July 1790.

7. *BG Ec. Veg* i 283–8.

8. 见 Reilly and Savage, 276; W. Mankowitz, *The Portland Vase and the*

Wedgwood Copies(1952); D. E. L. Haynes, *The Portland Vase*, 2nd edn (1975), 以及 A. Dawson, *Masterpieces of Wedgwood* (1984; rev. edn, 1995) 112–25。

9. 引自 *Vases and Volcanoes* 187。

10. JWe to Sir William Hamilton, 24 June 1786, W. E26–18976.

11. JWe to Sir William Hamilton, 16 June 1787, *SL* 307.

12. ED to JWe, October 1789, DAR 221.1:117, King-Hele 243.

13. 见 J. Wedgwood, *Account of the Barberini, now Portland vase, With various explications of its bas-reliefs that have been given by various authors* (1788); JWe to Sir William Hamilton, [before29 April 1788], SL 313。

14. Martin Priestman, *Romantic Atheism: Poetry and Freethought, 1780—1830* (1999) 72–3.

15. Reynolds [Sci. Mus. 61]. 汤姆 · 拜尔利和乔斯 · 韦奇伍德带着这本书去了海牙，威廉 · 伊登（现在的奥克兰勋爵）是那里的大使，然后去了德国。原作于 1810 年归还给了这家人，并交给了大英博物馆 :1845 年，它被一位精神错乱的游客打碎，并经历了煞费苦心的修复。

16. ‘Appeal to the Faculty Concerning the case of Mrs Houlston, February 1789’. 见 Peck 108–22。

17. *Schimmel Penninck* 177.

18. MB to ED, 4 January 1790, EDL 198, n. 1.

19. JW to ED, 24 November 1789, JWP LB2.

20. ED to JWe, 9 July 1791, DAR 227.3.39.

21. King-Hele 236.

22. J K to E D, 15 March 1790, *Sketch* 111.

23. *BG Ec. Veg.* iv 207n.

24. *Phytologia* 103.

25. 雄辩于 McNeil 16–21。然而 Francis D. Klingender, *Art and the Industrial Revolution*(1947) 10–20, 显示该惯例追溯于 Yalden (1710) and

Dalton (1755)。

26. BG Ec.Veg. i 101–2. 见 Butler Romantics 78。

27. 关于达尔文的自然神论见 Priestman, *Romantic Atheism*, 62–80, 以及 Priestman' s excellentchapter, 'Masters of the Universe', for the influence of Lucretius and d' Holbach' s *Système dela nature* (1770) on William Jones, Richard Payne Knight and Darwin。

28. *Zoonomia* iii, v–vi.

29. *Zoonomia* 的复杂影响见 McNeil 92–105。

30. King-Hele 298.

31. *Zoonomia* ii 505 (and in Essential Writings 87).

32. 伽伐尼的第一次实验是在 1781 年进行的；他的研究发表于 1796 年。

33. "微生物"来源于面团也于 d' Holbach; Priestman, *Romantic Atheism*, 16。

34. Mary Shelley, Preface to *Frankenstein, or The Modern Prometheus: The 1818 Text*, edited by Marilyn Butler (Oxford, 1994).

35. *Zoonomia* ii 237.

36. *Temple of Nature* iv 451–4. 关于达尔文和"进步"见 *Enlightenment* 437–45。

36 转变

1. *SchimmelPenninck* 241; *Enlightenment* 438.

2. RLE to JWe, 15 May 1788, W. EB1.474.

3. ED to RLE, 20 February 1788, EDL 179.

4. *SchimmelPenninck* 125–6.

5. ED to JW, 18 November 1788. *Elements of Natural History and Chemistry* (4 vols) by A. F. deFourcroy was published in 1788.

6. *Sketch* 94.

7. 同上，93–4。

8. ED to MB, 18 January 1789.

9. JWe to ED, 15 March 1789, *SL* 316.

10. Dent 197.

11. *SchimmelPenninck* 118.

12. Gignilliat 349.

13. Edgeworth *Memoirs* 311.

14. ED to RWD [October 1789].

37 骚乱

1. Coleridge, 'The Fall of the Bastille', Richard Holmes, *Coleridge: Early Visions* (1989) 33.

2. Conclusion to *Marriage of Heaven and Hell* (1790–92). 参见 *Visions of the Daughters of Albion*(1791–93), *The French Revolution* (1790–91) 和 *America* (1791—1793)。

3. JWe to ED, [July 1789], Farrer iii 92–3.

4. *BG Ec. Veg.* ii 377–94.

5. ED to JW, 19 January 1790.

6. JW to JWjnr, 11 October 1789, JWP W/6.

7. *Sketch* 118.

8. *Enlightenment* 448.

9. Dent 224.

10. Alexander Armstrong, Whip-maker, and Abel Sharp, Spur-maker, V*ery Familiar Letters to John Nott, Button Burnisher* (Birmingham, 1790), letter vi, 12–13, 引自 Money 147。

11. JP to JWe, 26 February 1791, *Scientific Autobiography* 255.

12. *Letters to the Right Honourable Edmund Burke*, 2nd edn (1791),154.

Anderson and Lawrence 31.

13. Gibbs 195–6.

14. 有关这些问题和赫顿的立场，请参阅 Money11–22。

15. JK, letters of 20 and 24 July, appended to some editions of 某些版本的附 录 *An Authentic Account of the dreadfulRiots in Birmingham* (Birmingham, August 1791)。

16. *Authentic Account* 5.

17. Hutton *Life* 107–8.

18. *An Appeal to the Public on the Subject of the Riots in Birmingham* (1792).

19. Dent 230.

20. The Reverend W. Jesse to the Earl of Dartmouth; Gibbs 202.

21. *The Times*, Sunday 17 July 1791, Dent 243.

22. WW to Sir Henry Gough Calthorpe, 21 September 1791, Peck 192.

23. *Authentic Account* 21.

24. George Rude, *The Crowd in History* (1985 edn) 145.

25. M B to Charles Dumergue, 18 August 1791, M B P 229/203.

26. M B to F. Swediaur, 21 July 1791, M B P 346/64.

27. Published 19 July 1791, Richard Godfrey, *James Gillray: The Art of Caricature* (2001), 95.

28. B. Dobree (ed.), *The Letters of King George III* (1935) 212.

29. 见 *The Report of the Trials of the Rioters; taken in shorthand, 11 August 1791* (1791)。

30. JWe to JP, July 1791; *Scientific Correspondence* 112.

31. SG to JP, 5 September 1791; *Scientific Correspondence* 118.

32. ED to JWe, 25 July 1791, DAR 227.1:138, King-Hele, 256.

33. *EDL* 215–16.

34. JW to JP, [September 1791], Muirhead *Mechanical Inventions* ii 243–4.

35. 并非所有证人都需要；最终，高尔顿和约翰逊出现了。普里斯特利的索赔为 4083 英镑 10 先令 3 便士；他的仪器价值 602 英镑 2 先令；书籍 432 英镑 15 先令 6 便士；论文和手稿 420 镑 15 先令；家庭用品 1307 镑 8 先令；建筑损坏 1267 镑 4 先令。通过利率他被允许赔偿 2096 英镑 10 先令，最终在两年后支付。参见 Dent 250—256, 以及 Gibbs 212–13。

36. JP to JW, *Scientific Correspondence* 135; 参见 letters relating to the riots, 120–38。

37. *A Letter from Timothy Sobersides, Extinguisher-Maker, at Wolverhampton, to Jonathan Blast, Bellows-Maker, at Birmingham* (1792), 广泛引用自 Moillet and Smith, Appendix B, 66–72。

38. Dent 229.

39. Money 147. The 'cabal' of Banks and the RS had already been satirized by John Wolcott ('Peter Pindar') and Francis Garden: see W. P. Jones, *The Rhetoric of Science* (1966) 195–9.

40. *Thoughts on French Affairs* (1791), 引自 Maurice Crosland, 'The Image of Science as athreat: Burke versus Priestley and the "Philosophic Revolution"', *BJHS* (1987) 20, 281。

41. *Letters to a Noble Lord*, Crosland, 'The Image of Science', 294.

42. *Dictionary of Chemistry* (1789) Preface.

43. Edmund Burke, *Reflections on the Revolution in France*, edited by Conor Cruise O'Brien(Harmondsworth, 1981) 93–4.

44. 同上, 90。

45. Thomas Belsham, *Memoirs of the late Theophilus Lindsey* (1812) 375, in Martin Fitzpatrick, 'Joseph Priestley and the Millennium', Anderson and Lawrence 36, n. 30.

46. Money 148.

38 传递下去

1. JW to JB, 23 November 1791, *Partners in Science* 185.

2. 关于 von Breda paintings 见 MBP 223/28–39。关于赖特见 *Wright of Derby* 221–2。

3. JWejnr to JWe, 13 April 1791, *SL* 338–9.

4. 'Observations on The Production of Light from Different Bodies, by Heat and by Attrition', *Phil. Trans.* lxxii (1792) 28–47, 270–82.

5. TWe and H. Davy, 'An Account of a Method of Copying Paintings upon Glass, and of Making Profiles by the Agency of Light upon Nitrate of Silver', *Journal of the Royal Institution*i (1802) 70.

6. ED to TWe, 10 August 1794.

7. 这一章节见 Peter M. Jones, 'Living the Enlightenment and the French revolution:James Watt, Matthew Boulton, and their sons', *Historical Journal* xlii (1999), 157–82. 关于大多激进组织和 Cooper and Walker 的角色见 Edward Royle and JamesWalvin, *English Radicals and Reformers, 1760–1848* (Brighton, 1983) 48–79。

8. AW to JW, in Jones, 172.

9. JW to JWjnr, 27 May 1792, JWP LB2.

10. JW to AW, 28 February 1792, MBP MII 4.4.28. 引自 Jacob 118。

11. *The Times*, 14 June 1792, Gibbs 215.

12. TWe to JWe, 7 July 1792.

13. JW to AW, 16 September 1792, MBP MII 4.4.

14. Priestley *Autobiography* 130.

15. JP to WW, 2 November 1792, WWP 5/124.

16. JP to Antoine Lavoisier, 2 June 1792, *Scientific Autobiography* 264.

17. JWjnr to JW, 17 October 1792, Jones, 'Living the Enlightenment', 176.

18. JW to JWjnr, 17 July 1793, Jones, 'Living the Enlightenment', 177.

19. 引自 McNeil 59。

20. ED to Richard Dixon, 25 October 1792.

21. RAJ to WW, 23 March 1793, WWP 5/95.

22. JP to WW, 15 April 1793, WWP 5/125.

23. JWjnr to L. D. Huichelbose van Liender, 5 April 1794. JWP, LB 7, Jones 182.

24. Marianne Sykes, King-Hele 274.

25. ED to Richard Dixon, 25 October 1792.

26. Patty Fothergill's diary, 27 August 1793, Soho House.

27. 同上 , 30 August 1793。

28. King-Hele 257.

29. JP, *Experiments on the Generation of Air from Water* (1793), Dedication.

30. Priestley *Autobiography* 120.

31. 1792 年，他公开模仿《植物园》，发表了一首带有注释的长诗《亚历山大的远征》(*Alexander's Expedition*)。

32. 戴的思想的影响见 Dorothy A. Stansfield, *Thomas Beddoes M.D.,1760—1808: Chemist, Physician, Democrat* (Dordrecht, 1984)。

33. RLE, note added to Maria's letter to her aunt Mrs Ruxton, 21 July 1793, Butler 110.

34. ED to JW, 1 September 1794, EDL 94. 关于气体的共同研究工作见 Dorothy A. Stansfield and Ronald G. Stansfield, 'Dr Thomas Beddoes and James Watt: Preparatory Work 1794–6 for the Bristol Pneumatic Institute', in W. D. A. Smith, *Under the Influence: A History of Nitrous Oxide and Oxygen Anaesthesia* (1982)。

35. *Letters from Dr Withering, Dr Ewart, Dr Thornton and Dr Biggs... on Asthma, Consumption, Fever and other Diseases* (1794).

36. ED to JW, 21 November 1795.

37. ED to JW, 1 September 1794.

38. ED to RLE, 15 March 1795.

39. ED to JWe, 9 December 1794, DAR 227.1:155, King-Hele 294.

40. EDjnr to RWD,12 January 1795: DAR 227.6:42.

41. JWejnr to RWD, 13 January 1795, DAR 227.6.

42. For Tom Byerley' s account, 见 Reilly 340. Reilly 不相信第二个版本，记录在 Farrer i vii, and repeated in *Wedgwood Circle* 104。

39 “火力发动机与杂项工程”

1. ED to JW, 21 June 1796, JWP W/9.

2. MB speech, *Aris's Birmingham Gazette*, 1 February 1796.

3. MB to JW, 23 March 1791, B&W Box 20, Bdl 20, Folder 1.

4. *Rules of the Soho Insurance Company*, 'Explanation of the Plate', MBP

5. Watt Memorandum (1809).

6. 见 handwritten test of speech, MBP 290/19。

7. *Aris's Birmingham Gazette*, 1 February 1796.

8. John Southern to JWjnr, 2 February 1796, JWP/LB 1, fol.65r.

9. JW to MB, 25 January 1799, MBP 352/98.

10. JWjnr quoted in Dickinson *Watt* 177; see also JWjnr to MRB, 25 January 1799, B&W Folder 1.

11. FRS 证人包括 de Luc, Herschel, Lind, Robert Mylne and Jessie Ramsden; employees included Murdoch, Southern, John Rennie and Richard Mitchell。见 David Philip Miller, 'The Usefulness of Natural Philosophy: the Royal Society and the culture of practical utility in the later eighteenth century' , *BJHS* 32 (June 1999)193–7。

12. 希斯菲尔德在 1926 年被拆毁，房子建在地上。

13. AW to Gregory Watt, 10 November 1795, JWP6/14/45.

14. Gregory Watt to William Creighton, undated [1796—1800], JWP C/24 and 6/10.

15. JW to Gregory Watt, 24 August 1800, JWP6/14.

16. For the two plans see Samuel Wyatt, 'Soho House: Elevation of the Front',1787, and JohnRawsthorne, 'Soho House, Plan and Elevation', 1788: Christie's catalogue, *Fine ArchitecturalDrawings and Watercolours*, 16 December 1986, 32, 33.

17. James Newton, 1797–98, MBP Miscellaneous papers, Box 1; Thos. Downing to MB, 7February 1799. MBP 229, Box D2, 69.

18. Humphrey Repton to MB, 6 December 1795. MBP: MRB, General Correspondence.

19. MB to Lord Lansdown, 12 November, 1 December 1794, MBP 242/88, 91. WW to MB,24 November 1796, WWP 5/36. 参见 Robertson Buchanan, *Essays on the Economy of Fueland Management of Heat* (1810) Preface。

20. M B to Thomas Wilson, 14 February 1792, M B P 369/123.

21. M B to Thomas Wilson, 26 February 1792, M B P 369/126.

22. Sarah Withering to William Withering junior, 16 March 1798, WWP, 5/177.

23. 引自 Anna E. Meredith, *Matthew Boulton* (Birmingham, 1972) 5.

24. Robbers, MBP 1799.

25. Charlotte Matthews to M B, 1794, M B P 325/119.

26. MB to Charlotte Matthews, 7 August 1799, MBP 323/163. Quoted in unpublished talk by Shena Mason, June 1999, 'Hark I hear Musick! Music, and the Boultons of Soho'.

27. MB to ED, 7 January 1793, MBP 304/40.

28. *A Chemical Analysis of the Water at Caldas da Rainha* (Lisbon, 1795).

29. WW to George Robinson,10 November 1794, WWP, 1.

30. 'A New method of preserving Fungi', *Transactions of the Linnean Society* ii (1794) 263–6.

31. Asn.27.

32. JW to William Roebuck, 19 August 1795, JWP LB 2.

33. 'Mineralogy of the South West part of Staffordshire' (article dated 14 June 1798), inStebbing Shaw, *History and Antiquities of Staffordshire* (1798–1801).

34. 见 ED to MB, 8 October 1794, and n. 1, *EDL* 263。

35. WW to Dr Edward Ash, 12 May 1798, WWP 8.

40 “时间是！时间曾是！”

1. Byron's Journal at Ravenna, 19 January 1821, in Butler 230.

2. RLE to ED, 11 December 1794, Edgeworth Memoirs 338–9. 参见 RLE, 'An Essay onthe Art of Conveying Secret and Swift Intelligence', *Transactions of the Royal Irish Academy* vi(1797) 95–139, 和 Supplement, 313–17。

3. ED to RLE, 15 March 1795.

4. Edgeworth *Memoirs* 338.

5. 同上 , 378–9。

6. RLE to ED, 31 March 1800, 同上 , 389。

7. Frances Edgeworth to Louisa Beaufort, 27 July 1799, Butler 143.

8. *Zoonomia* iv 152; *Essential Writings* 76.

9. *Zoonomia* iv 155.

10. R. M. Wardle (ed.), *Godwin and Mary* (1967) 99.

11. Samuel Taylor Coleridge to Josiah Wade, 27 January 1796, King-Hele 301.

12. *Wedgwood Circle* 112.

13. Humphry Davy to Davies Giddy, 22 February 1799, J. A. Paris, *Life of Humphrey Davy*(1839–40) i 171.

14. John Davy (ed.), *The Collected Works of Humphry Davy* (1839–40) iii 308; Golinski 168.

15. For Mesmerism in this context, 见 Fara 201–7。

16. Samuel Taylor Coleridge to TWe, [c. February 1803], *Wedgwood Circle* 127.

17. 同上。

18. 'Observations on Basalt, and on the Transition from vitreous to the stony Texture', *Phil.Trans*. xciv (1804) 279–314.

19. 引自 Rolt 133。

20. Darwin 105–6.

21. Thomas Brown, *Observations on the Zoonomia of Erasmus Darwin* (1798). 见 *EDL* 298–303.

22. Lloyd Sanders (ed.), *Selections from the Anti-Jacobin* (1904) 92–3.

23. *Enlightenment* 462. 见 Desmond King-Hele, E*rasmus Darwin and the Romantic Poets* (1986)。

24. Archibald Cochrane, Earl of Dundonald, used new French nomenclature in his *Treatise;shewing the Intimate Connexion which subsists between Agriculture and Chemistry*. While RichardKirwan published *On the manures most advantageously applied to various Sorts of Soils* (1796).

25. Jeremy Bentham, *Introduction to the Principles of Morals and Legislation* (1789). On *Phytologia*, 见 McNeil 106–15。

26. RLE to TD, 5 February 1787, Edgeworth NLI, Ms10, 166.

27. *Phytologia* 526; *Essential Writings* 118.

28. ED jnr to RWD, [Summer 1791], DAR 227.6.32.

29. Darwin, manuscript of *Life*, King-Hele 326.

30. 同上。

31. Mrs Clive to unnamed correspondent, DAR 227.6.53.

32. ED to Georgiana, Duchess of Devonshire, [November 1800]. 伏打关于不同金属接触会产生电流的发现发表于 1800 年年初。

33. ED to RLE, 17 April 1802, Edgeworth *Memoirs* 396 和 *EDL* 338。

34. 见 letter from the solicitor, N. Edwards, partner of EDjnr, to RWD, 18 April 1802: DAR 227.6.71.

35. Edgeworth *Memoirs* 397.

36. DAR 210.14:16, in the pamphlet by Nicholas Redman, 'Dr Erasmus Darwin and Breadsall Priory, Derbyshire' (2001).

月亏

1. Gibbs 248.

2. 来自 Soho Archive 小组的 Tim Procter 的信息，他们发现了这家银行公司的存在，'M. R. Boulton, J. Watt & Co.'。

3. MBP 342, Dickinson *Boulton* 74.

4. JK to MB, 1807, Moillet and Smith 59.

5. MB to AnneB, 11 March 1809. Dickinson *Boulton* 192.

6. Moilliet and Smith 54.

7. In David Philip Miller, '"Puffing Jamie" : the commercial and ideological importance ofbeing a "Philosopher"' *Hist. Sci.* xxviii (March 2000) 2. 参见 Christine McCleod, 'James Watt, heroic invention and the idea of the industrial revolution', in Maxine Berg and Kristine Bruland (eds), *Technological Revolution in Europe: Historical Perspectives* (Cheltenham,1998)。

8. 埃奇沃思后期发表作品包括 *Essays on Professional Education* (1809) 和 *An Essay on the Construction of Roads and Carriages* (1813)。

9. L. Sanders (ed.), *Selections from the Anti-Jacobin* (1904) 29; *Enlightenment* 466.

10. Hellen Shelley, 引自 Thomas Jefferson Hogg, *The Life of Percy Bysshe Shelley* [1858],edited by H. Wolfe, 2 vols (1933)。

11. Estimates differ: Musson and Robinson, *James Watt and the Steam Revolution* (1969), 指出到 1800 年建了 500 台发动机 ; Jennifer Tann, *Boulton & Watt's organisation of Steam EngineProduction* (1977), 指出是 451，输出 11 251 马力。

12. Ebenezer Elliott, in Griffiths 81.

索 引

Figures in *italics* refer to captions. 'ED' indicates Erasmus Darwin, 'JP' Joseph Priestley, 'JWe' Josiah Wedgwood, 'JW' James Watt, and 'MB' Matthew Boulton.